AF505451

Autores

Randall I. Charles
Professor Emeritus
Department of Mathematics
San Jose State University
San Jose, California

Janet H. Caldwell
Professor of Mathematics
Rowan University
Glassboro, New Jersey

Mary Cavanagh
Executive Director of Center for Practice,
Research, and Innovation in Mathematics
Education (PRIME)
Arizona State University
Mesa, Arizona

Juanita Copley
Professor Emerita, College of Education
University of Houston
Houston, Texas

Warren Crown
Professor Emeritus of Mathematics Education
Graduate School of Education
Rutgers University
New Brunswick, New Jersey

Francis (Skip) Fennell
L. Stanley Bowlsbey Professor of Education and
Graduate and Professional Studies
McDaniel College
Westminster, Maryland

Stuart J. Murphy
Visual Learning Specialist
Boston, Massachusetts

Kay B. Sammons
Coordinator of Elementary Mathematics
Howard County Public Schools
Ellicott City, Maryland

Jane F. Schielack
Professor of Mathematics
Associate Dean for Assessment and
Pre K-12 Education, College of Science
Texas A&M University
College Station, Texas

William Tate
Edward Mallinckrodt Distinguished University
Professor in Arts & Sciences
Washington University
St. Louis, Missouri

Matemáticos asesores

David M. Bressoud
DeWitt Wallace Professor of Mathematics
Macalester College
St. Paul, Minnesota

Roger Howe
Professor of Mathematics
Yale University
New Haven, Connecticut

Gary Lippman
Professor of Mathematics and Computer Science
California State University East Bay
Hayward, California

PEARSON

Glenview, Illinois · Boston, Massachusetts · Chandler, Arizona · Upper Saddle River, Nueva Jersey

Asesor

Grant Wiggins
Researcher and Educational Consultant
Hopewell, New Jersey

Asesor de ELL

Jim Cummins
Professor
The University of Toronto
Toronto, Canada

Revisores de los estándares estatales de *Common Core*

Elizabeth Baker
Mathematics Coordinator
Gilbert Public Schools
Gilbert, Arizona

Amy Barber
K-12 Math Coach
Peninsula School District ESC
Gig Harbor, Washington

Laura Cua
Teacher
Columbus City Schools
Columbus, Ohio

Wafa Deeb-Westervelt
Assistant Superintendent for
Curriculum, Instruction, and
Professional Development
Freeport Public Schools
Freeport, New York

Lynn Gullette
Title 1 Math Intervention
Mobile County Public Schools
Gilliard Elementary
Mobile, Alabama

Beverly K. Kimes
Director of Mathematics
Birmingham City Schools
Birmingham, Alabama

Kelly O'Rourke
Elementary School Assistant Principal
Clark County School District
Las Vegas, Nevada

Piper L. Riddle
Evidence-Based Learning Specialist
Canyons School District
Sandy, Utah

Debra L. Vitale
Math Coach
Bristol Public Schools
Bristol, Connecticut

Diane T. Wehby
Math Support Teacher
Birmingham City Schools
Birmingham, Alabama

Copyright © 2013 by Pearson Education, Inc., or its affiliates. All Rights Reserved. Printed in the United
States of America. This publication is protected by copyright, and permission should be obtained from the
publisher prior to any prohibited reproduction, storage in a retrieval system, or transmission in any form
or by any means, electronic, mechanical, photocopying, recording, or likewise. For information regarding
permissions, to Rights Management & Contracts, Pearson Education, Inc., One Lake Street, Upper Saddle River,
New Jersey 07458.

Pearson, Scott Foresman, Pearson Scott Foresman, and enVisionMATH are trademarks, in the U.S. and/or in other
countries, of Pearson Education Inc., or its affiliates.

Common Core State Standards: © Copyright 2010. National Governors Association Center for Best Practices and
Council of Chief State School Officers. All rights reserved.

*UNDERSTANDING BY DESIGN® and UbD™ are trademarks of the Association for Supervision and Curriculum
Development (ASCD), and are used under license.*

ISBN-13: 978-0-328-70141-4
ISBN-10: 0-328-70141-6

1 2 3 4 5 6 7 8 9 10 V082 16 15 14 13 12

Grado 3 Temas y títulos

Estándares comunes

Estándares de contenido matemático

Rama: Números y operaciones en base diez
Temas: 1, 2 y 3

Rama: Operaciones y razonamiento algebraico
Temas: 4, 5, 6, 7 y 8

Rama: Números y operaciones: Fracciones
Temas: 9 y 10

Rama: Geometría
Tema: 11

Rama: Medición y datos
Temas: 12, 13, 14, 15 y 16

Estándares de práctica matemática

- ✔ Entender problemas y perseverar en resolverlos.
- ✔ Razonar de manera abstracta y cuantitativa.
- ✔ Construir argumentos viables y evaluar el razonamiento de otros.
- ✔ Representar con modelos matemáticos.
- ✔ Utilizar las herramientas apropiadas de manera estratégica.
- ✔ Prestar atención a la precisión.
- ✔ Buscar y utilizar la estructura.
- ✔ Buscar y expresar uniformidad en los razonamientos repetidos.

Rama: Números y operaciones en base diez

Tema 1 Numeración

Tema 2 Sentido numérico: La suma y la resta

Tema 3 Usar el valor de posición para sumar y restar

Rama: Operaciones y razonamiento algebraico

Tema 4 Significados de la multiplicación

Tema 5 Operaciones de multiplicación: Usar patrones

Tema 6 Operaciones de multiplicación: Usar operaciones conocidas

Tema 7 Significados de la división

Tema 8 Operaciones de división

Rama: Números y operaciones: Fracciones

Tema 9 Fracciones

Tema 10 Comparación y equivalencia de fracciones

Rama: Geometría

Tema 11 Figuras bidimensionales y sus atributos

Rama: Medición y datos

Tema 12 La hora

Tema 13 Perímetro

Tema 14 Área

Tema 15 Volumen líquido y masa

Tema 16 Datos

Grado 3 Contenido

Estándares comunes

Estándares de práctica matemática

- ✔ Entender problemas y perseverar en resolverlos.
- ✔ Razonar de manera abstracta y cuantitativa.
- ✔ Construir argumentos viables y evaluar el razonamiento de otros.
- ✔ Representar con modelos matemáticos.
- ✔ Utilizar las herramientas apropiadas de manera estratégica.
- ✔ Prestar atención a la precisión.
- ✔ Buscar y utilizar la estructura.
- ✔ Buscar y expresar uniformidad en los razonamientos repetidos.

Grado 3: Colores de las Ramas

Rama: Números y operaciones en base diez
Temas: 1, 2 y 3

Rama: Operaciones y razonamiento algebraico
Temas: 4, 5, 6, 7 y 8

Rama: Números y operaciones: Fracciones
Temas: 9 y 10

Rama: Geometría
Tema: 11

Rama: Medición y datos
Temas: 12, 13, 14, 15 y 16

Estándares de contenido matemático

Rama
Números y operaciones en base diez

Estándar relacionado
- Utilizar la comprensión del valor de posición y de las propiedades de las operaciones para efectuar cálculos aritméticos con números de varios dígitos.

Estándares
3.NBD.1, 3.NBD.2

Tema 1 Numeración

Estándares de contenido matemático

Rama

Números y operaciones en base diez

Estándares relacionados

- Utilizar la comprensión del valor de posición y de las propiedades de las operaciones para efectuar cálculos aritméticos con números de varios dígitos.

- Resolver problemas relacionados con las cuatro operaciones e identificar y explicar patrones aritméticos.

Estándares

3.NBD.1, 3.NBD.2, 3.OA.8, 3.OA.9

Tema 2 — Sentido numérico: La suma y la resta

Estándares de contenido matemático

Rama

Números y operaciones en base diez

Estándares relacionados

- Utilizar la comprensión del valor de posición y de las propiedades de las operaciones para efectuar cálculos aritméticos con números de varios dígitos.

- Resolver problemas relacionados con las cuatro operaciones e identificar y explicar patrones aritméticos.

Estándares

3.NBD.1, 3.NBD.2, 3.OA.8

Tema 3 — Usar el valor de posición para sumar y restar

(continúa en la próxima página)

Estándares de contenido matemático

Rama

Operaciones y razonamiento algebraico

Estándares relacionados

• Representar y resolver problemas relacionados con la multiplicación y la división.

• Entender las propiedades de la multiplicación y la relación entre la multiplicación y la división.

• Resolver problemas relacionados con las cuatro operaciones e identificar y explicar patrones aritméticos.

Estándares

3.OA.1, 3.OA.3, 3.OA.5, 3.OA.9

Estándares de contenido matemático

Rama

Operaciones y razonamiento algebraico

Estándares relacionados

• Representar y resolver problemas relacionados con la multiplicación y la división.

• Multiplicar y dividir hasta 100.

• Resolver problemas relacionados con las cuatro operaciones e identificar y explicar patrones aritméticos.

• Utilizar la comprensión del valor de posición y de las propiedades de las operaciones para efectuar cálculos aritméticos con números de varios dígitos.

Estándares

3.OA.3, 3.OA.7, 3.OA.8, 3.OA.9, 3.NBD.3

Manual de resolución de problemas

Manual de resolución de problemas

Usa este Manual de resolución de problemas a lo largo del año como ayuda para resolver problemas.

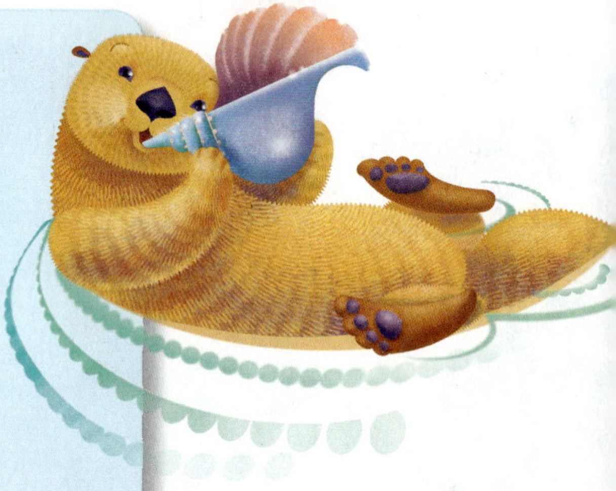

¡Las ilustraciones me ayudan a entender!

¡Explicar algo me ayuda a entenderlo!

¡Todos podemos tener un buen dominio de la resolución de problemas!

¡Casi siempre hay más de una manera de resolver el problema!

¡No te rindas!

Proceso de resolución de problemas

Lee y comprende

© Responde a estas preguntas para comprender los problemas.

❓ ¿Qué trato de hallar?
- Decir qué información pide la pregunta.

❓ ¿Qué sé?
- Decir el problema en mis propias palabras.
- Identificar hechos y detalles clave.

Planea y resuelve

© Escoge una herramienta apropiada.

❓ ¿Qué estrategia o estrategias debo intentar?

❓ ¿Puedo representar el problema?
- Tratar de hacer un dibujo.
- Tratar de hacer una lista, una tabla o una gráfica.
- Tratar de representarlo o usar objetos.

❓ ¿Cómo resolveré el problema?

❓ ¿Cuál es la respuesta?
- Decir la respuesta en una oración completa.

Estrategias
- Mostrar lo que sabes
- Hacer un dibujo
- Hacer una lista organizada
- Hacer una tabla
- Hacer una gráfica
- Representarlo/Usar objetos
- Buscar un patrón
- Intentar, revisar y corregir
- Escribir una ecuación
- Razonar
- Empezar por el final
- Resolver un problema más sencillo

Vuelve atrás y comprueba

© Da respuestas precisas.

❓ ¿Comprobé mi trabajo?
- Comparar mi trabajo con la información del problema.
- Estar seguro de que todos los cálculos son correctos.

❓ ¿Es razonable mi respuesta?
- Hacer una estimación para ver si mi respuesta tiene sentido.
- Estar seguro de que se responde a la pregunta.

Usar diagramas de barras

© Los diagramas de barras son herramientas que te permiten entender y resolver problemas verbales. Los diagramas de barras muestran cómo se relacionan las cantidades en un problema.

Problema 1

Los estudiantes del tercer grado participan en una feria de arte. ¿Cuántos proyectos pertenecen a las escuelas Hilltop y Banneker?

Proyectos para la feria de arte

Escuela	Número de proyectos
Banneker	11
Edison	12
Hilltop	8
Jefferson	13

Datos

Diagrama de barras

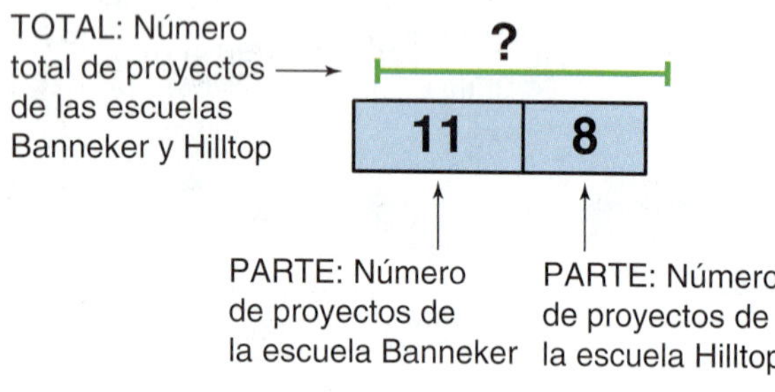

$$11 + 8 = \boxed{}$$

Puedo sumar para hallar el total.

Problema 2

El club de música decidió comprar 17 CD. Compró 8 en septiembre. ¿Cuántos más comprará el club?

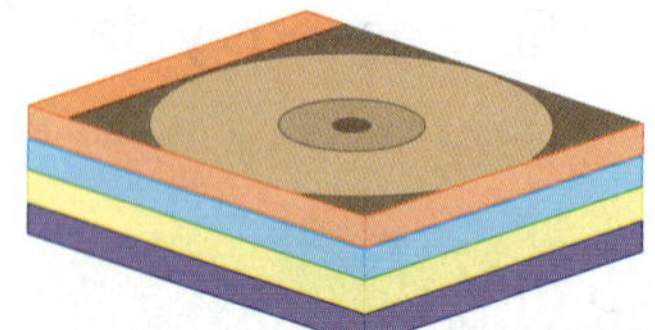

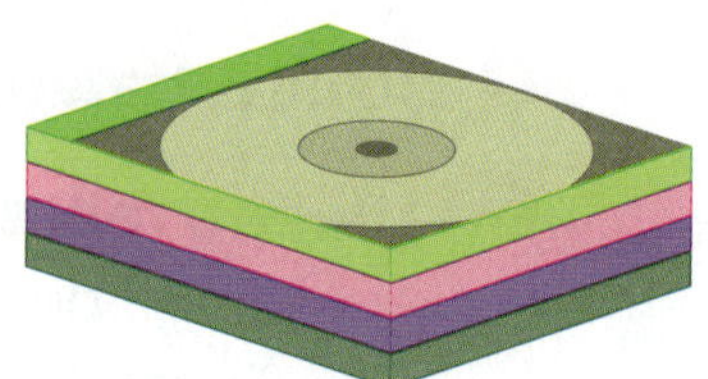

Diagrama de barras

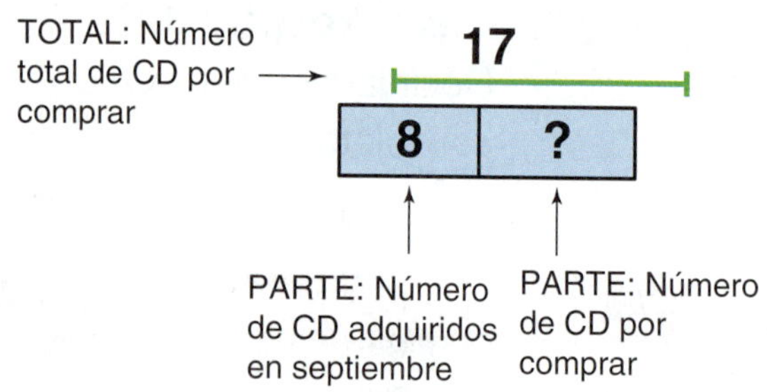

$$17 - 8 = \boxed{}$$

Puedo restar para hallar la parte que falta.

Problema 3

Los sábados, las entradas para una película cuestan sólo $5 cada una, sin importar la edad. ¿Cuál es el costo de las entradas para una familia de cuatro personas?

Diagrama de barras

TOTAL: Costo total de las entradas → ?

| 5 | 5 | 5 | 5 |

PARTE: Costo de cada entrada

$$4 \times 5 = $$

Puedo multiplicar porque las partes son iguales.

Problema 4

Treinta estudiantes viajaron en 3 microbuses al zoológico. En cada microbús había el mismo número de estudiantes. ¿Cuántos estudiantes había en cada microbús?

Diagrama de barras

TOTAL: Número total de estudiantes → 30

| ? | ? | ? |

PARTE: Número en cada microbús

$$30 \div 3 = $$

Puedo dividir para hallar cuántos hay en cada parte.

Estrategias de resolución de problemas

© Las estrategias son herramientas para comprender y resolver problemas.

Estrategia	Ejemplo	Cuándo usarla
Hacer un dibujo	Un jardín que tiene 4 yardas de ancho tiene un poste en cada extremo, y otro en cada yarda. ¿Cuántos postes se necesitan para todo el jardín? Cuatro yardas 1 yarda 1 yarda 1 yarda 1 yarda Postes	Trata de hacer un dibujo cuando te ayude a visualizar el problema o cuando se incluyan relaciones como unir o separar.
Hacer una tabla	Emily corre 2 millas todos los días. Jana corre 5 millas cada tercer día. Luego de 5 días, ¿quién ha recorrido una distancia mayor?	Trata de hacer una tabla cuando: • haya 2 o más cantidades, • las cantidades cambien según un patrón.
Buscar un patrón	La tarjeta que tiene el 1 es roja. La que tiene el 2 es verde. La que tiene el 3 es azul. Si este patrón de color continúa, ¿qué color tiene la tarjeta número 12?	Busca un patrón cuando algo se repita de manera predecible.

Tabla del ejemplo "Hacer una tabla":

Día	1	2	3	4	5
Emily	2	2	2	2	2
Jana	5		5		5

Estrategia	Ejemplo	Cuándo usarla
Hacer una lista organizada	¿De cuántas maneras diferentes puedes calcular el cambio para una moneda de 25¢ usando monedas de 10¢ y de 5¢?	Haz una lista organizada cuando se te pida que halles combinaciones de dos o más elementos.

1 moneda de 25¢ =

1 moneda de 10¢ + 1 moneda de 10¢ + 1 moneda de 5¢

1 moneda de 10¢ + 1 moneda de 5¢ + 1 moneda de 5¢ + 1 moneda de 5¢

1 moneda de 5¢ + 1 moneda de 5¢ + 1 moneda de 5¢ + 1 moneda de 5¢ + 1 moneda de 5¢

Estrategia	Ejemplo	Cuándo usarla
Intentar, revisar y corregir	Ashley gastó $27, sin incluir impuestos, en artículos para perros. Ella compró dos unidades de un artículo y una unidad de otro artículo. ¿Qué compró? $8 + $8 + $15 = $31 $7 + $7 + $12 = $26 $6 + $6 + $15 = $27	Usa Intentar, revisar y corregir cuando se combinen cantidades para hallar un total, pero no sepas qué cantidades.

Estrategia	Ejemplo	Cuándo usarla
Escribir una ecuación	Malik colecciona muñecos de juguete. Él tenía 27 y le regaló 3 a su hermano. ¿Cuántos le quedaron? Halla $27 - 3 = n$.	Escribe una ecuación cuando el cuento describa una situación que use una operación o varias operaciones.

Más estrategias

Éstas son más herramientas para comprender y resolver problemas.

Estrategia	Ejemplo	Cuándo usarla
Representarlo	Hay 26 estudiantes en la clase. Cuatro estudiantes se sientan en cada mesa. ¿Cuántas mesas se necesitan para la clase?	Piensa en representar un problema cuando los números son pequeños y, en el problema, haya una acción que puedas hacer.
Razonar	Un lado del cuadrado grande mide 8 pulgadas. ¿Cuál es el perímetro de uno de los cuadrados pequeños?	Razona cuando puedas usar la información conocida para hacer un razonamiento sobre la información desconocida.
Empezar por el final	Hay bicicletas y triciclos en la sección de bicicletas del parque. Hay 8 ruedas en la sección de bicicletas del parque. Si cada niño tiene sólo una bicicleta, ¿cuántos niños hay en el parque?	Trata de empezar por el final cuando: • conozcas el resultado final de una serie de pasos, • quieras saber lo que sucedió al principio.

Estrategia	Ejemplo	Cuándo usarla
Resolver un problema más sencillo	Cada lado de cada triángulo de la figura de la izquierda mide un centímetro. Si hay 12 triángulos uno junto al otro, ¿cuál es el perímetro de la figura? Miro 1 triángulo, luego 2 triángulos, luego 3 triángulos. perímetro = 3 cm perímetro = 4 cm perímetro = 5 cm	Trata de resolver un problema más sencillo cuando puedas crear un caso más sencillo que sea más fácil resolver.
Hacer una gráfica	Taj les pidió a los estudiantes en su clase que nombraran su actividad al aire libre favorita. ¿Cuáles fueron las dos actividades que tuvieron aproximadamente el mismo número de respuestas?	Haz una gráfica cuando: • se den los datos de una encuesta, • la pregunta se pueda responder leyendo la gráfica.

Escribir para explicar

Las buenas explicaciones escritas comunican tu razonamiento a los demás. Aquí puedes ver una buena explicación matemática.

Escribir para explicar ¿Puedes dividir este rectángulo en 4 partes iguales? ¿Hay más de una manera de hacerlo?

Puedo pensar en doblarlo. Si lo doblo a la mitad obtendré 2 partes iguales. Si lo doblo de nuevo a la mitad, obtendré otras 2 partes iguales.

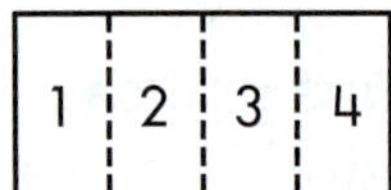

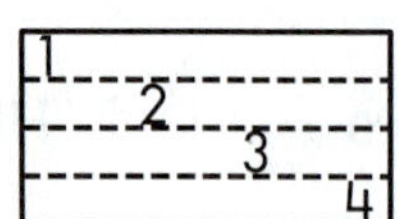

Si doblo el rectángulo dos veces en la misma dirección, obtengo 4 partes iguales. Éstas son 3 maneras de hacerlo.

Consejos para escribir buenas explicaciones matemáticas ...

Una buena explicación debe ser:
- correcta
- sencilla
- completa
- fácil de entender

Las explicaciones matemáticas pueden usar:
- palabras
- dibujos
- números
- símbolos

Resolución de problemas:
Hoja de anotaciones

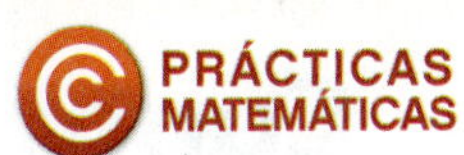

Esto te ayuda a organizar tu trabajo y a darle sentido a las matemáticas.

Nombre Jane

Elemento didáctico
1

Resolución de problemas:
Hoja de anotaciones

Problema: El 14 de junio de 1777, el Congreso Continental aprobó el diseño de la bandera nacional. La bandera de 1777 tenía 13 estrellas, una por cada colonia. La bandera de hoy en día tiene 50 estrellas, una por cada estado. ¿Cuántas estrellas se sumaron a la bandera desde 1777?

¿Qué debo hallar?

El número de estrellas sumadas a la bandera.

¿Qué sé?

Bandera original
13 estrellas

Bandera de hoy en día
50 estrellas

¿Qué estrategias uso?

Muestra el problema
- ☑ Hacer un dibujo
- ☐ Hacer una lista organizada
- ☐ Hacer una tabla
- ☐ Hacer una gráfica
- ☐ Representarlo/Usar objetos

- ☐ Buscar un patrón
- ☐ Intentar, revisar y corregir
- ☑ Escribir una oración numérica
- ☐ Razonar
- ☐ Empezar por el final
- ☐ Resolver un problema más sencillo

¿Cómo represento el problema?

50	
13	?

¿Cómo lo soluciono?

Estoy comparando las dos cantidades.

Podría sumar hacia adelante de 13 a 50. También podría restar 13 de 50. Voy a restar.

$$\begin{array}{r} 50 \\ -13 \\ \hline 37 \end{array}$$

¿Cuál es la respuesta?

Se sumaron 37 estrellas a la bandera desde 1777 a hoy en día.

¿Se comprueba? ¿Es razonable?

$37 + 13 = 50$, por tanto resté correctamente.

$50 - 13$ es aproximadamente
$50 - 10 = 40$
40 está cerca de 37. 37 es razonable.

ED·1

Copyright © Pearson Education, Inc., or its affiliates. All Rights Reserved. 3

Conoce tu libro de Matemáticas

Antes de empezar a trabajar en las lecciones, revisa tu libro de texto. En estas páginas puedes leer algunas preguntas que te ayudarán a aprender más sobre tu libro, y sobre las matemáticas que estudiarás este año.

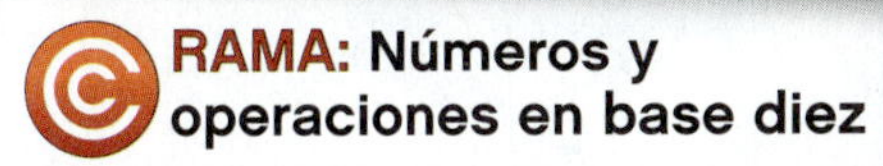

Tema 1 — Numeración

▼ ¿Cuántas ranuras, o estrías, tienen algunas monedas alrededor de sus bordes? Lo averiguarás en la Lección 1-7.

Repasa lo que sabes

Vocabulario

Escoge el mejor término del recuadro.

> • centenas   • unidades
> • números   • decenas

1. El número 49 tiene 4 __?__.

2. El número 490 tiene 4 __?__.

3. El número 54 tiene 4 __?__.

Valor de posición

Escribe los números.

4. 3 decenas 5 unidades   **5.** 9 decenas

6. cuarenta y seis   **7.** noventa y ocho

Dinero

Escribe el valor de las monedas.

8.   **9.**    **10.**

Cuenta salteado para hallar las cantidades que faltan.

11. 5¢, 10¢, ▢, ▢, 25¢

12. 10¢, ▢, 30¢, 40¢, ▢

Comparar números

13. Escribir para explicar ¿Qué número es mayor, 95 ó 59? ¿Cómo lo sabes?

14. Escribe estos números en orden de menor a mayor.

14   54   41

Preguntas esenciales
- ¿Cómo se leen y se escriben los números más grandes?
- ¿Cómo se pueden comparar y ordenar los números enteros?

Aprendizaje interactivo 

Plantea el problema. Empieza cada lección con una actividad en conjunto para resolver problemas. Te ayudará a comprender las matemáticas.

Aplicar las prácticas matemáticas

- ¿Qué me piden que halle?
- ¿Qué otra cosa puedo intentar?
- ¿Cómo se relacionan las cantidades?
- ¿Cómo puedo explicar mi trabajo?
- ¿Cómo puedo usar las matemáticas para representar el problema?
- ¿Me serviría de ayuda alguna herramienta?
- ¿Hay precisión en mi trabajo?
- ¿Por qué funciona esto?
- ¿Cómo puedo hacer generalizaciones?

Lección 1-1

Usar herramientas Resuelve el problema usando bloques de valor de posición.

¿De cuántas maneras puedes mostrar 274 usando bloques de valor de posición? ¿Cómo puedes escribir cada una de las maneras que hallaste?

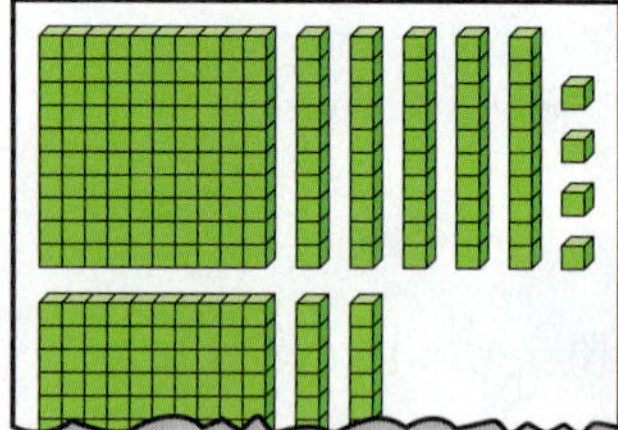

Lección 1-2

Usar herramientas Resuelve el problema usando bloques de valor de posición.

¿Cómo puedes mostrar el número 1,500 de dos maneras usando bloques de valor de posición? Muestra cada una con bloques de valor de posición. Después dibuja cada manera y luego escríbela con palabras.

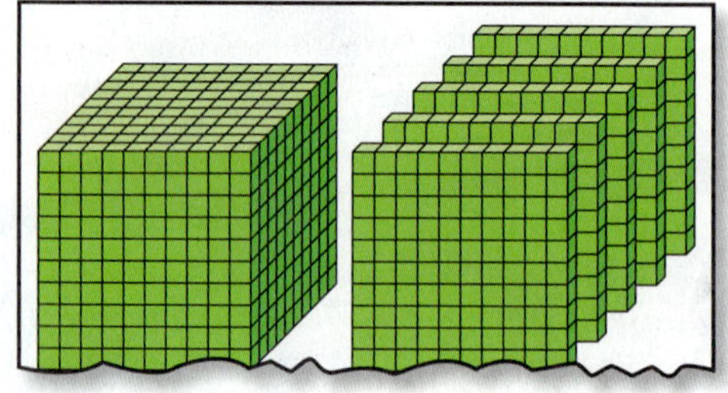

Lección 1-3

Usar la estructura Usa tus conocimientos sobre valor de posición y números más pequeños para completar esta tarea.

El número de personas que observan un desfile se muestra en la tabla de valor de posición de la derecha. ¿Cómo puedes usar la tabla de valor de posición para mostrar este número en forma desarrollada? ¿Cómo puedes mostrar el número en palabras?

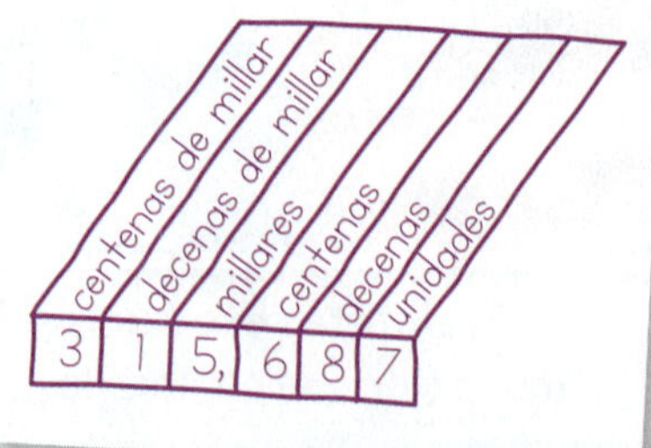

Lección 1-4

© **Usar la estructura** Resuelve el problema usando una recta numérica.

Las marcas verticales de la recta numérica de la derecha están espaciadas exactamente. ¿Cuáles son los números que faltan? ¿Cómo lo decidiste? Escribe todos los números que faltan en la recta numérica B de tu hoja de anotaciones. Explica cómo sabes qué números debes escribir.

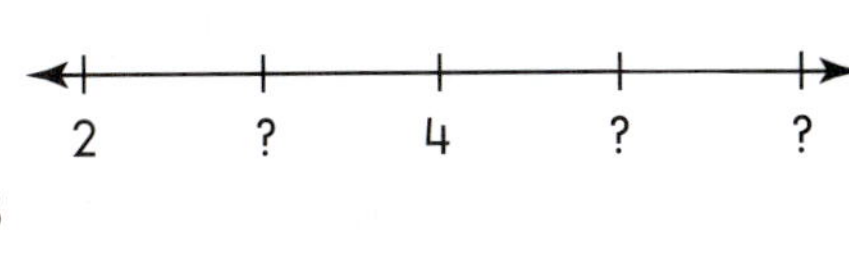

Lección 1-5

© **Razonar** Resuelve el problema usando una recta numérica.

Las marcas verticales de la recta numérica de la derecha están espaciadas exactamente. ¿Cuáles son los dos números que faltan? ¿Cómo lo decidiste? Escribe todos los números que faltan en la recta numérica B de tu hoja de anotaciones y explica cómo sabes qué números debes escribir.

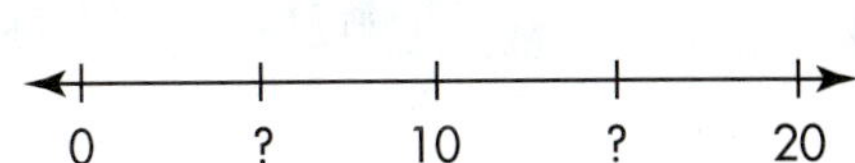

Lección 1-6

© **Razonar** Usa materiales de valor de posición para completar esta tarea.

Tengo un conjunto de 345 bolígrafos y otro de 380 bolígrafos. ¿Cómo puedes usar bloques de valor de posición y una tabla de valor de posición para averiguar qué conjunto tiene más? Explica cómo lo decidiste.

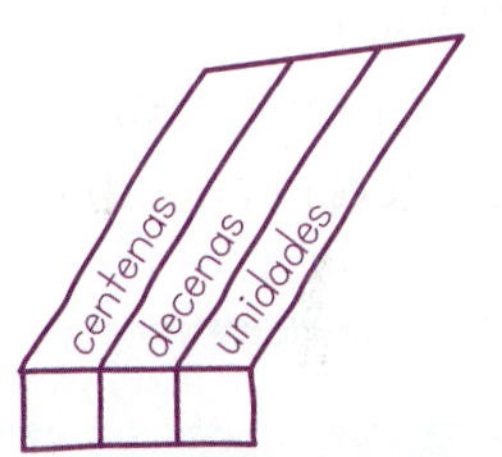

Lección 1-7

© **Razonar** La hoja de anotaciones muestra la altura de algunas de las cataratas más altas del mundo. ¿Cómo sabes cuál es la que tiene mayor altura? Ordena los números de mayor a menor. Explica cómo lo decidiste.

millares	centenas	decenas	unidades

Ordenadas de mayor a menor _____________

Lección 1-8

© **Usar herramientas** Resuelve el problema de la manera que prefieras.

¿Qué números corresponden a las siguientes pistas? Es un número impar de 2 dígitos. El dígito en el lugar de las decenas es mayor que 3. El dígito en el lugar de las unidades es menor que 5. Haz una lista organizada de todos los números posibles. ¿Cómo sabes que los has hallado todos?

Estándares comunes

3.NBD.1 Utilizar la comprensión del valor de posición para redondear números enteros a la decena o centena más cercana. También, **3.NBD.2.**

Representar números

¿Cómo lees y escribes números de 3 y 4 dígitos?

Todos los números se componen de los dígitos 0, 1, 2, 3, 4, 5, 6, 7, 8 y 9. El valor de posición es el valor del lugar que tiene un dígito en un número.

¿Sabías que un camello de dos jorobas pesa entre 1,000 y 1,450 libras?

Manos a la obra
bloques de valor de posición

Este camello pesa 1,350 libras.

Otro ejemplo

¿Cómo muestras 1,350 en una tabla de valor de posición?

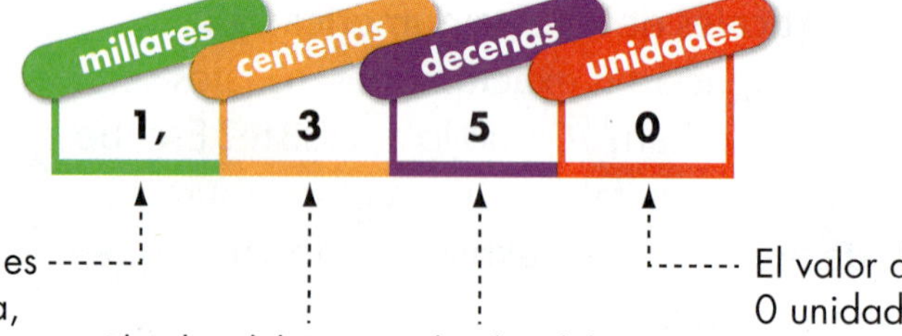

El valor del 1 es 1 millar, o sea, 1,000.

El valor del 3 es 3 centenas, o sea, 300.

El valor del 5 es 5 decenas, o sea, 50.

El valor del 0 es 0 unidades, o sea, 0.

Explícalo

1. Si mostraras 1,305 en una tabla de valor de posición, ¿cómo se diferenciaría del ejemplo de arriba?

Práctica guiada*

PRÁCTICAS MATEMÁTICAS

¿CÓMO hacerlo?

Escribe los números en forma estándar.

1. 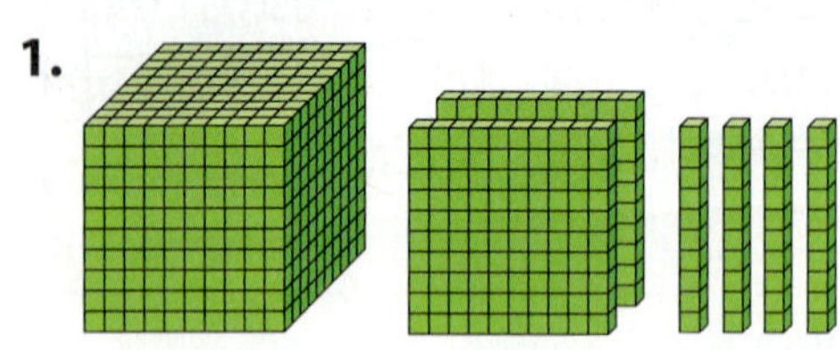

2. $8,000 + 500 + 30 + 9$

3. ochocientos nueve

4. dos mil cuatrocientos sesenta y uno

¿Lo ENTIENDES?

5. **Comunicarse** Explica el valor de cada dígito en 6,835.

6. Un caballo pesa aproximadamente 2,150 libras. Escribe este número de dos maneras diferentes.

7. **Usar herramientas** Escribe un número de 4 dígitos con un 5 en las decenas, un 2 en las centenas y un 6 en cada uno de los lugares restantes. Usa bloques de valor de posición para ayudarte.

Glosario animado, eTools
www.pearsonsuccessnet.com

Puedes encontrar otro ejemplo en el Grupo A, página 24.

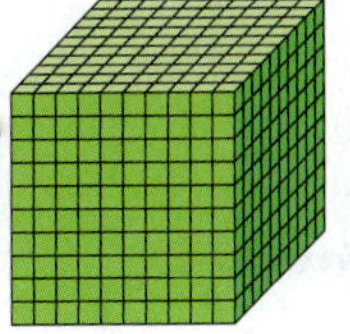
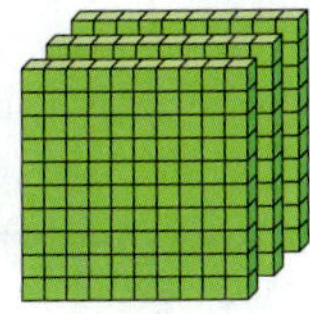
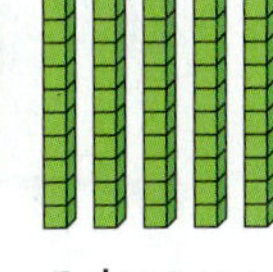

Puedes mostrar 1,350 de distintas maneras.

Puedes usar bloques de valor de posición.

1 millar   3 centenas   5 decenas 0 unidades

Un número escrito de una manera que sólo muestra sus dígitos está escrito en **forma estándar**.   1,350

Escribe una coma entre los millares y las centenas.

Un número escrito como la suma de los valores de sus dígitos está escrito en **forma desarrollada**.

$$1,000 + 300 + 50$$

Un número escrito usando palabras es un **número en palabras**.

mil trescientos cincuenta

Práctica independiente

En los Ejercicios **8** y **9**, escribe los números en forma estándar.

8. 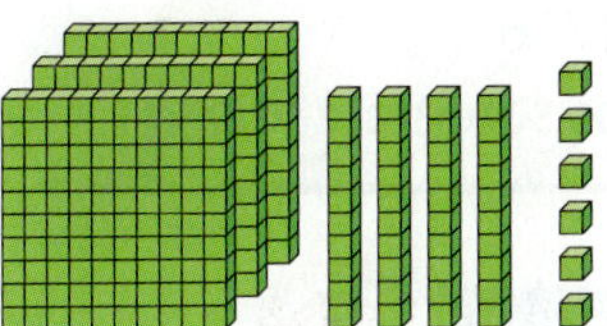

9. 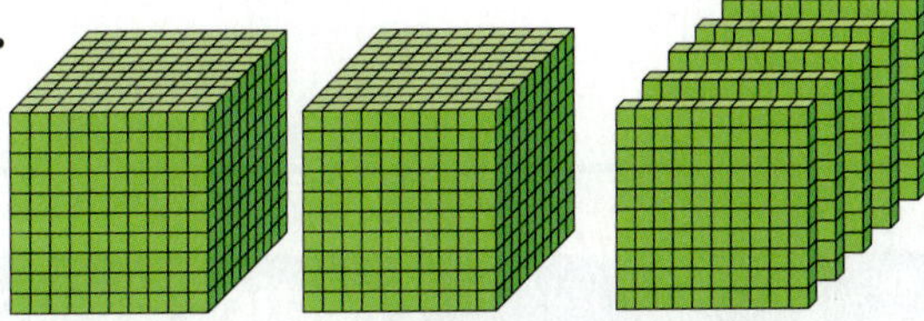

En los Ejercicios **10** a **13**, escribe los números en forma desarrollada y en palabras.

10. 707   **11.** 326   **12.** 5,163   **13.** 6,204

En los Ejercicios **14** a **17**, escribe el lugar que ocupa el dígito subrayado. Luego, escribe su valor.

14. 13<u>8</u>   **15.** <u>5</u>93   **16.** <u>4</u>,261   **17.** 9,8<u>7</u>6

Resolución de problemas

18. Una de las calabazas más grandes que se hayan cosechado pesó 1,689 libras. Escribe este número en palabras.

19. Razonar Escribe el número más grande posible y el número más pequeño posible usando estos cuatro dígitos: 5, 2, 8 y 1. Usa cada dígito una sola vez en cada número.

20. ¿Cuál es la forma en palabras de 2,406?

  A veinticuatro mil seis

  B dos mil cuatrocientos seis

  C dos mil cuarenta y seis

  D doscientos cuarenta y seis

21. Escribir para explicar Sam usó bloques de valor de posición para mostrar el número 3,124. Luego añadió dos bloques de millar más. ¿Cuál es el nuevo número? Explícalo.

Maneras de nombrar números

¿Cómo usas y nombras los números?

El puente Sunshine Skyway cruza Tampa Bay, Florida. Su tramo más largo se muestra en la imagen. ¿De qué diferentes maneras se puede nombrar este número?

Otros ejemplos

Puedes usar números para nombrar las direcciones y los años.

Direcciones

avenida Glen 23105
Veintitrés mil ciento cinco

Años

4 de julio de 1776
Mil setecientos setenta y seis

Práctica guiada*

PRÁCTICAS MATEMÁTICAS

¿CÓMO hacerlo?

Nombra el número que representa el modelo de dos maneras.

1.

Nombra cada número de dos maneras.

2. 3,500

3. 8,100

¿Lo ENTIENDES?

4. Razonar En el ejemplo sobre el puente Sunshine Skyway, ¿en qué se parecen las dos maneras de nombrar 1,200? ¿En qué se diferencian?

5. Hacerlo con precisión El tramo más largo del puente de Brooklyn, en Nueva York, mide aproximadamente 1,600 pies de longitud. ¿Cómo puedes nombrar este número de dos maneras?

Práctica independiente

En los Ejercicios **6** a **9**, nombra cada número de dos maneras.

6. 5,200

7. 6,500

8. 9,800

9. 4,700

 Puedes encontrar otro ejemplo en el Grupo B, página 24.

Puedes usar millares y centenas.

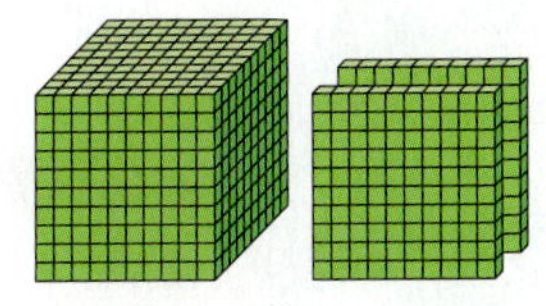

Puedes usar solamente centenas.

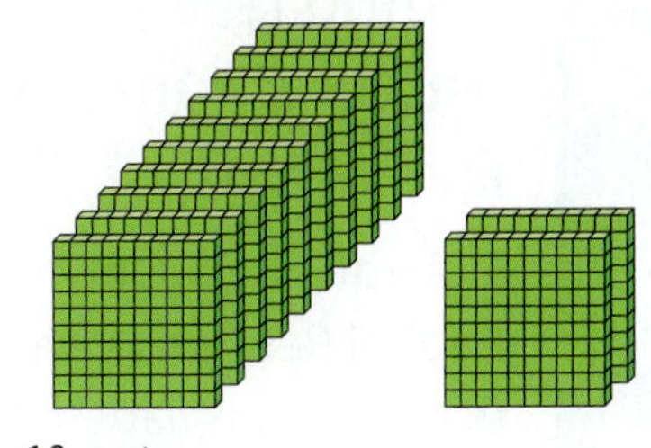

En los Ejercicios **10** a **12**, escribe cada año en palabras.

10. 1492

11. 1825

12. 1948

Resolución de problemas

Hacerlo con precisión Usa la tabla de la derecha en los Ejercicios **13** y **14**.

13. Beth escribió la dirección que escuchó: calle Allen, quince mil ciento ocho. ¿Qué se encuentra en esta dirección?

14. Escribe de dos maneras el número de la dirección del Mercado Gibson.

Datos

Lugar	Dirección
Tienda de deportes Campeón	Calle Allen, 1518
Correo Central	Calle Allen, 15008
Mercado Gibson	Calle Allen, 3900
Centro de bolos Tops	Calle Allen, 15108

15. Escribir para explicar Ana dijo: "Yo nací en el año mil novecientos setenta y nueve". Escribe el número que nombra el año. ¿En qué se diferencia un número que nombra a un año de un número de 4 dígitos en forma estándar?

16. ¿Cuál es otra manera de escribir el número 6,200?

   A seiscientos dos

   B seiscientos dos mil

   C sesenta y dos centenas

   D sesenta mil doscientos

17. En la Florida hay 7,700 lagos que cubren más de diez acres. Escribe dos nombres para este número.

18. **Estudios Sociales**

Jonesborough, Tennessee, fue fundada en 1779. ¿Cómo puedes escribir este año en palabras?

Estándares comunes

3.NBD.1 Utilizar la comprensión del valor de posición para redondear números enteros a la decena o centena más cercana. También, **3.NBD.2.**

Números más grandes

¿Cómo lees y escribes números más grandes?

El parque nacional Capitol Reef, en Utah, ocupa aproximadamente 241,904 acres de tierra.

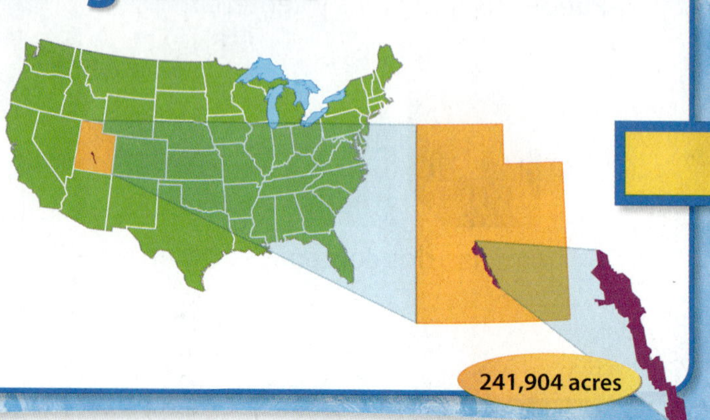

Práctica guiada*

PRÁCTICAS MATEMÁTICAS

¿CÓMO hacerlo?

En los Ejercicios **1** a **3**, escribe los números en forma estándar.

1. trescientos cuarenta y dos mil seiscientos siete

2. noventa y ocho mil trescientos veinte

3. $500,000 + 40,000 + 600 + 90 + 3$

4. ¿Cuál es el valor del 9 en el número 379,050?

¿Lo ENTIENDES?

5. **Evaluar el razonamiento** Ramón dice que el valor del dígito 7 en 765,450 es 70,000. ¿Estás de acuerdo? ¿Por qué o por qué no?

6. **Escribir para explicar** Describe en qué se parecen y en qué se diferencian 130,434 y 434,130.

Práctica independiente

Escribe los números en forma estándar.

7. veintisiete mil quinientos cincuenta

8. $100,000 + 20,000 + 6,000 + 300 + 50$

Escribe los números en forma desarrollada.

9. 46,354

10. 395,980

Escribe cuál es el lugar del dígito subrayado. Luego escribe su valor.

11. 404,705

12. 163,254

13. 45,391

14. 283,971

15. 657,240

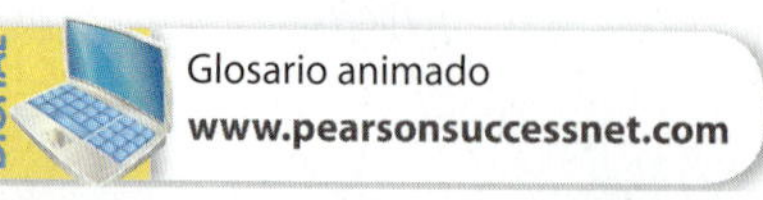

Glosario animado
www.pearsonsuccessnet.com

Puedes encontrar otro ejemplo en el Grupo C, página 24.

¿Cómo puedes mostrar 241,904 de distintas maneras?

tabla de valor de posición:

período de los millares
período de las unidades

centenas de millar
decenas de millar
millares
centenas
decenas
unidades

| 2 | 4 | 1, | 9 | 0 | 4 |

Un **período** es un grupo de 3 dígitos en un número, contados desde la derecha. Dos períodos se separan con una coma.

forma estándar:
241,904

forma desarrollada:
200,000 + 40,000 + 1,000 + 900 + 4

número en palabras: doscientos cuarenta y un mil novecientos cuatro

Halla los números que faltan.

16. 26,305 = 20,000 + ☐ + 300 + 5

17. 81,960 = 80,000 + 1,000 + ☐ + 60

18. 400,000 + ☐ + 30 + 2 = 470,032

19. 118,005 = ☐ + 10,000 + 8,000 + 5

20. 300,000 + ☐ + 600 + 3 = 304,603

21. 200,000 + 4,000 + 60 + 3 = ☐

Resolución de problemas

PRÁCTICAS MATEMÁTICAS

Razonar En los Ejercicios **22** a **24**, usa la tabla.

22. Escribe la población de cada ciudad de la tabla en forma desarrollada.

23. Escribe en palabras la población de Des Moines, IA.

24. ¿Qué ciudades de la tabla tienen más de cien mil habitantes?

Población urbana	
Ciudad	**Número de habitantes**
Des Moines, IA	193,886
Taylorsville, UT	58,048
Akron, OH	209,704

Datos

25. Representar Con la caída de 303,628 piezas de dominó se batió un nuevo récord mundial. Escribe 303,628 en forma desarrollada.

26. ¿Cómo se escribe en palabras 505,920?

    A cincuenta y cinco mil, noventa y dos

    B quinientos cinco mil, noventa y dos

    C cinco mil, quinientos noventa y dos

    D quinientos cinco mil, novecientos veinte

Estándares comunes

3.NBD.1 Utilizar la comprensión del valor de posición para redondear números enteros a la decena o centena más cercana.

Rectas numéricas

¿Cómo puedes localizar y escribir números en una recta numérica?

Observa esta recta numérica.

- Cada número entero tiene su propio punto en la recta numérica.
- El cero es el número entero menor en la recta numérica.
- Una recta numérica nunca termina, así que no existe un número mayor.

Práctica guiada*

PRÁCTICAS MATEMÁTICAS

¿CÓMO hacerlo?

En los Ejercicios **1** y **2**, escribe el número que corresponde a cada punto con letra en la recta numérica.

1.

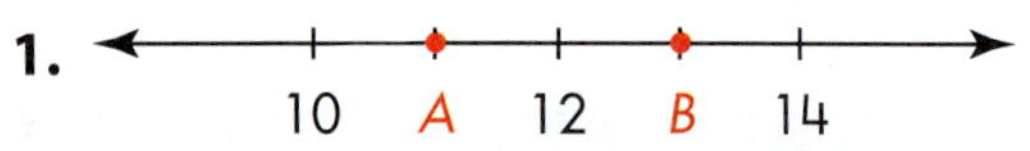

2.

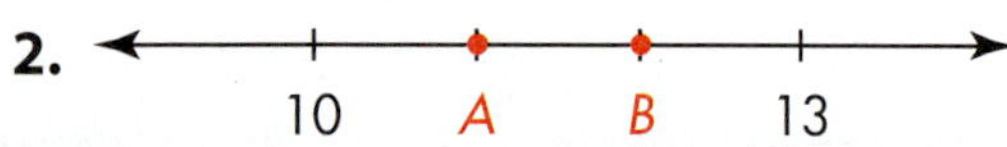

¿Lo ENTIENDES?

3. Razonar ¿En qué se parecen las rectas numéricas de los Ejercicios 1 y 2? ¿En qué se diferencian?

4. Escribir para explicar ¿Por qué hay 5 números en la recta numérica del Ejercicio 1 y sólo 4 números en la recta numérica del Ejercicio 2?

Práctica independiente

En los Ejercicios **5** a **9**, escribe el número que corresponde a cada punto con letra en la recta numérica.

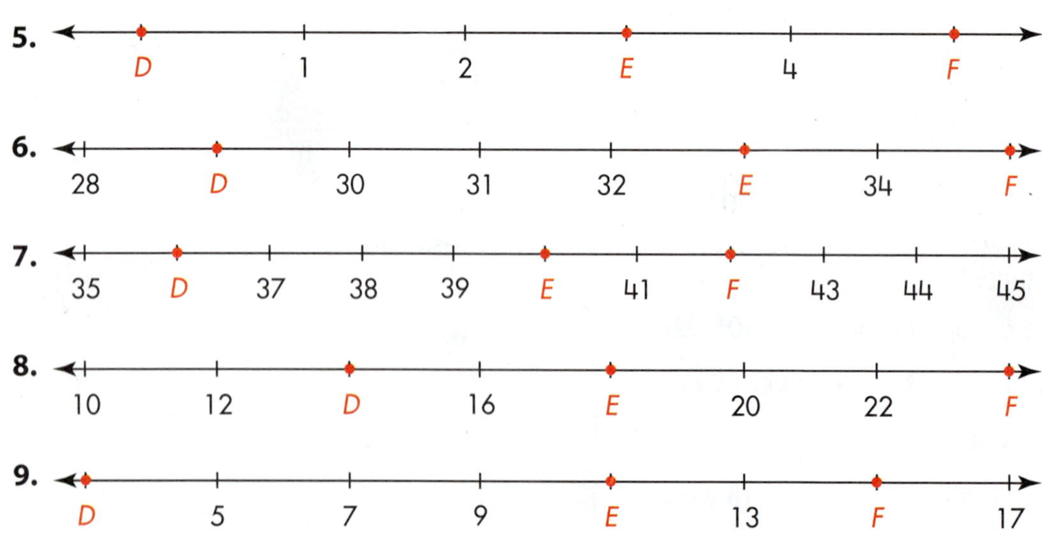

*Puedes encontrar otro ejemplo en el Grupo D, página 25.

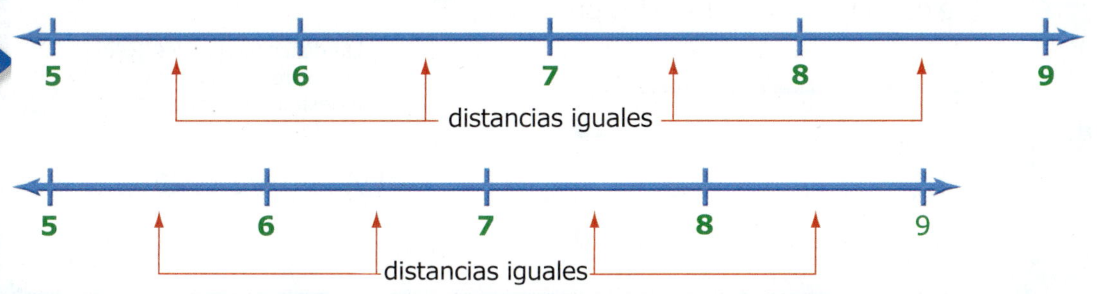

En una recta numérica, la distancia entre cualquier número entero y el siguiente número entero es la misma.

Estas dos rectas numéricas muestran los números 5 a 9.

10. En 1976, se estableció el récord mundial de "la piel de manzana más larga del mundo", que medía aproximadamente 170 pies. ¿Qué punto con letra representa mejor la longitud de "la piel de manzana más larga del mundo"?

11. Evaluar el razonamiento Maryanne marcó y rotuló los puntos de la recta numérica de abajo. Explica lo que está equivocado en su trabajo.

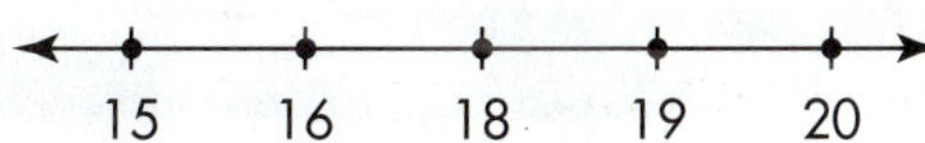

12. Evaluar el razonamiento Tito marcó y rotuló los puntos de la recta numérica de abajo. Explica lo que está equivocado en su trabajo.

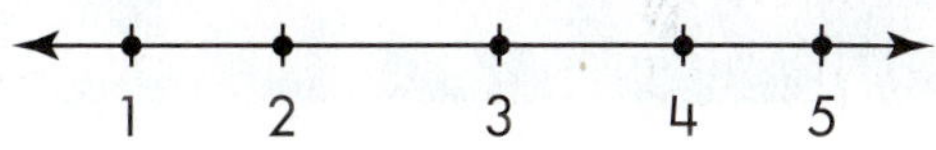

13. ¿Qué punto con letra en la recta numérica representa el 30?

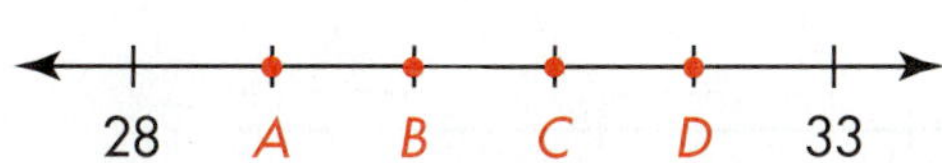

A Punto *A*   **C** Punto *C*

B Punto *B*   **D** Punto *D*

14. ¿Qué número representa el punto *C* en la recta numérica?

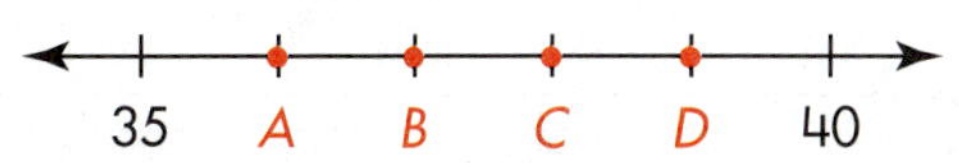

A 36   **C** 38

B 37   **D** 39

15. Escribir para explicar Explica por qué tanto el punto *A* como el punto *B* representan el número 6.

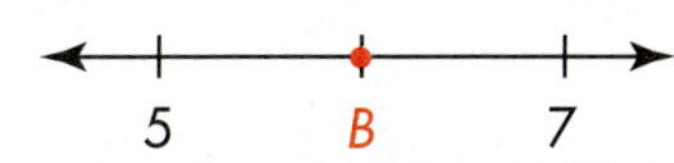

Estándares comunes

3.NBD.1 Utilizar la comprensión del valor de posición para redondear números enteros a la decena o centena más cercana.

Contar en la recta numérica

¿Cómo puedes completar el patrón de una recta numérica?

¿Qué números representan los puntos *A* y *B*?

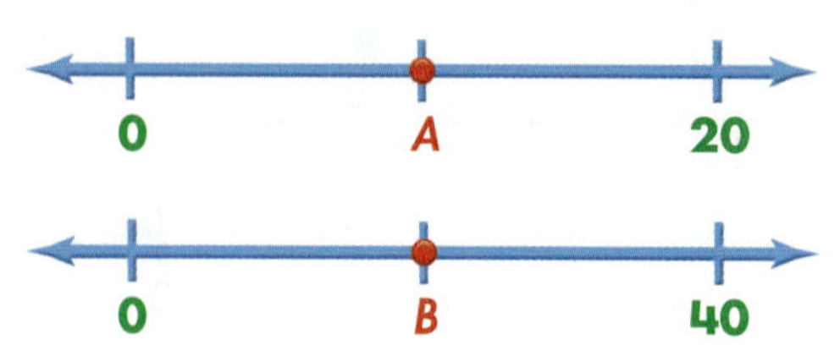

Las distancias iguales en una recta numérica muestran diferencias iguales en los números.

A es 10 y *B* es 20.

Práctica guiada*

PRÁCTICAS MATEMÁTICAS

¿CÓMO hacerlo?

1. ¿Qué números enteros faltan en esta parte de la recta numérica?

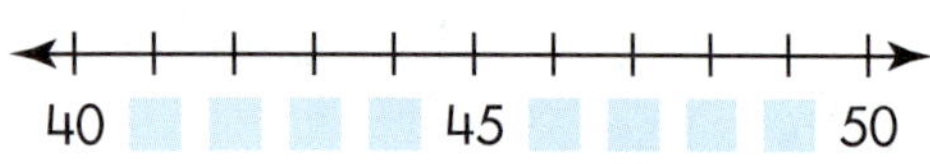

2. ¿Qué números enteros faltan en esta recta numérica?

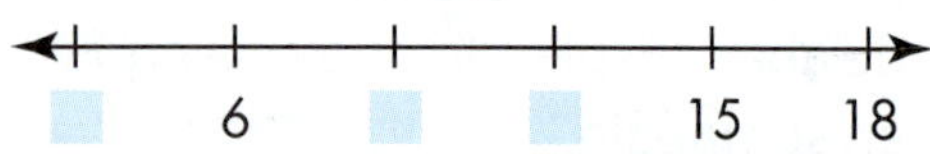

¿Lo ENTIENDES?

3. Escribir para explicar Describe cómo hallaste el patrón en la recta numérica del Ejercicio 2.

4. Razonar En la recta numérica de arriba, en la que contaste por decenas, ¿cuáles son los tres números que siguen después del 100?

Práctica independiente

Escribe los números enteros que faltan en cada recta numérica.

5.
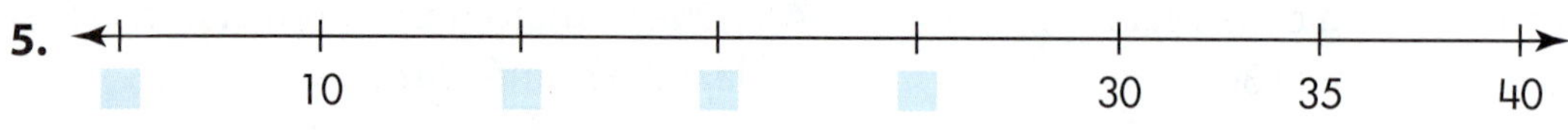

6.
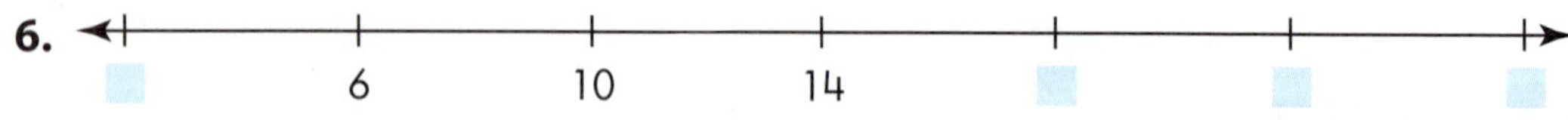

7.
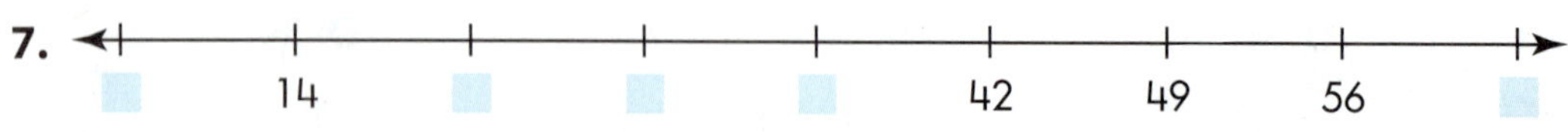

8.
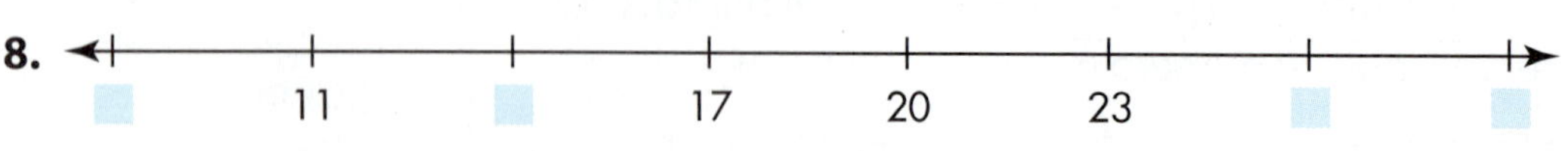

9.
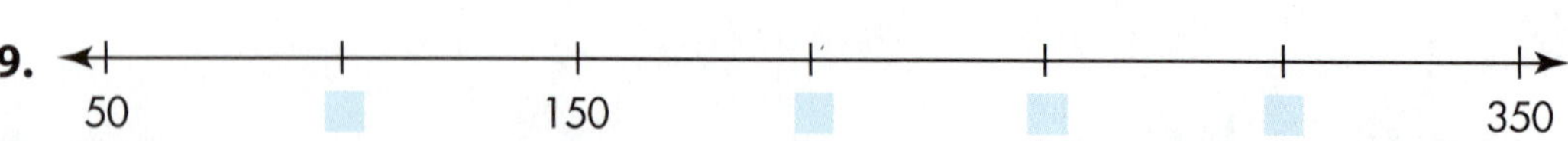

Puedes encontrar otro ejemplo en el Grupo D, página 25.

Usa el valor de posición para hallar los números enteros que faltan en la recta numérica.

Cuenta salteado con diferentes números hasta que halles los números que corresponden al patrón.

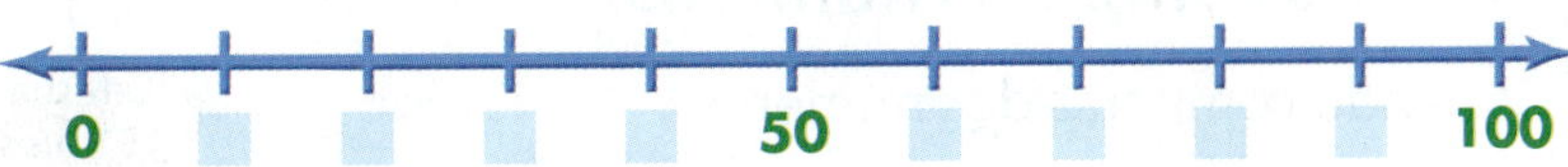

Cada punto marcado en esta recta numérica representa las decenas.

Por tanto, los números que faltan son 10, 20, 30, 40, 60, 70, 80 y 90.

Resolución de problemas

10. El 7 de agosto de 2004, se preparó en Italia un sándwich que medía 2,081 pies de longitud. Haz una recta numérica como la de abajo. Luego, dibuja un punto que indique dónde se encuentra el 2,081 en la recta numérica.

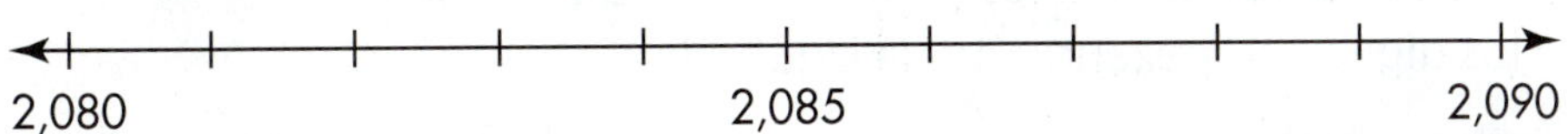

La escala de algunas gráficas de barras es una recta numérica. La gráfica muestra cuántos libros han leído cuatro estudiantes este año. Usa la gráfica para los Ejercicios **11** a **14**.

11. ¿Qué números faltan en la escala?

12. ¿Quién leyó dieciséis libros?

13. Escribir para explicar ¿Cuántos libros leyó Meg? ¿Cómo lo sabes?

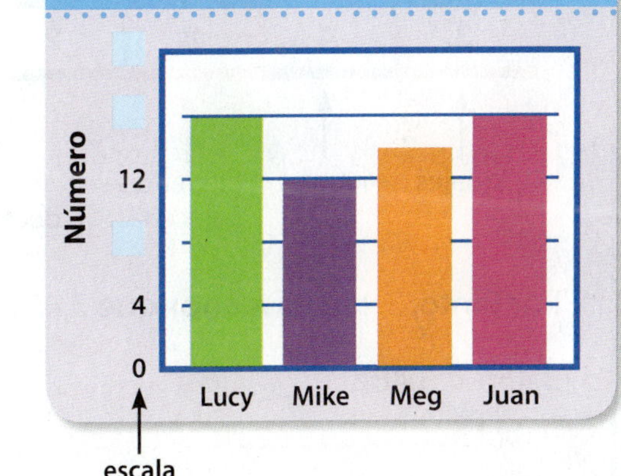

14. Ed leyó el doble de libros que Mike. ¿Cuántos libros leyó Ed?

15. Razonar ¿Qué punto en la recta numérica representa al 24?

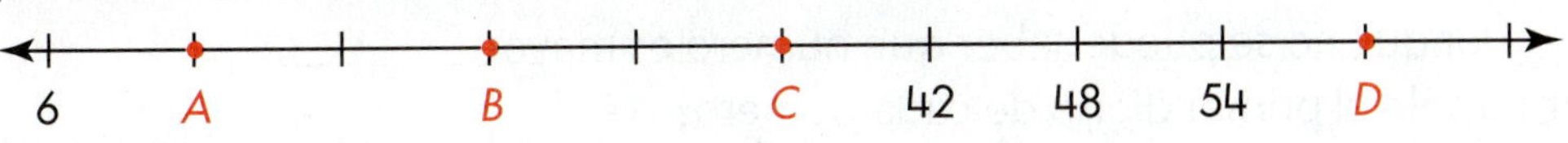

A Punto *A*   **B** Punto *B*   **C** Punto *C*   **D** Punto *D*

Estándares comunes

3.NBD.1 Utilizar la comprensión del valor de posición para redondear números enteros a la decena o centena más cercana.

Comparar números

¿Cómo comparas números?

Cuando comparas dos números averiguas qué número es mayor y qué número es menor.

¿Cuál es más alta, la Estatua de la Libertad o su base?

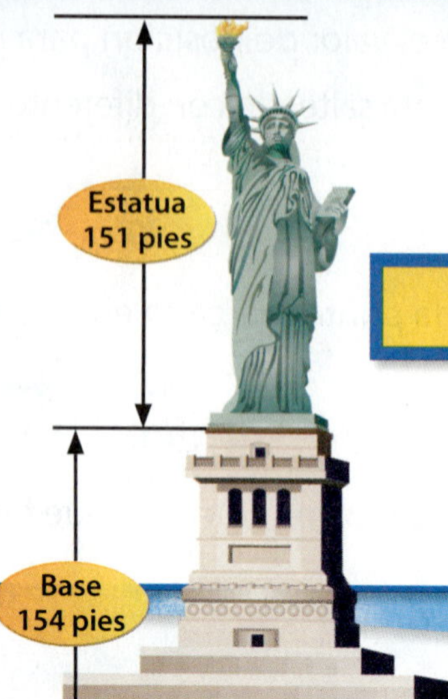

Otro ejemplo ¿Cómo usas las tablas de valor de posición y las rectas numéricas para comparar números?

Compara 3,456 y 3,482 usando una tabla de valor de posición. Luego muestra estos dos números en una recta numérica.

En una tabla de valor de posición, alinea los dígitos según su valor de posición. Compara los dígitos empezando por la izquierda.

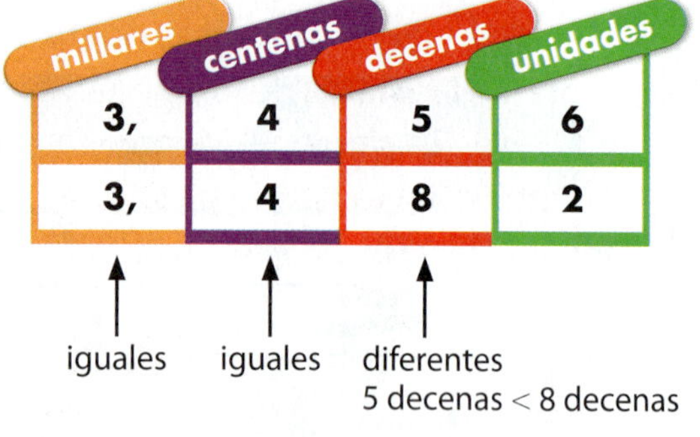

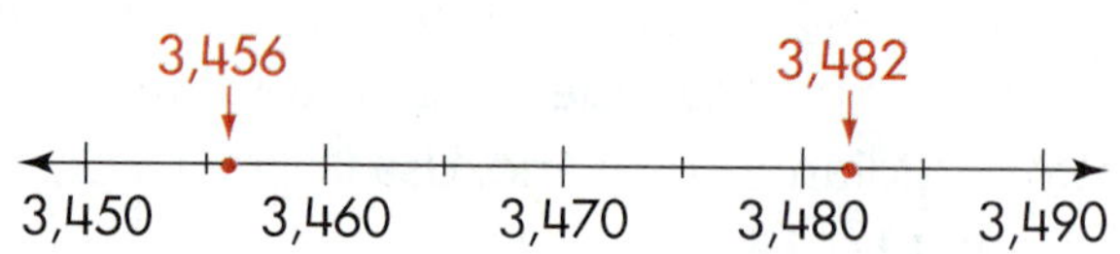

En la recta numérica, 3,456 está a la izquierda de 3,482.

Por tanto, 3,456 **es menor que** 3,482.

$3{,}456 < 3{,}482$

Explícalo

1. **Razonar** En este ejemplo, ¿por qué no es necesario comparar el dígito del lugar de las unidades?

2. **Razonar** ¿Por qué no se puede saber qué número es mayor comparando sólo el primer dígito de cada número?

Puedes usar símbolos.

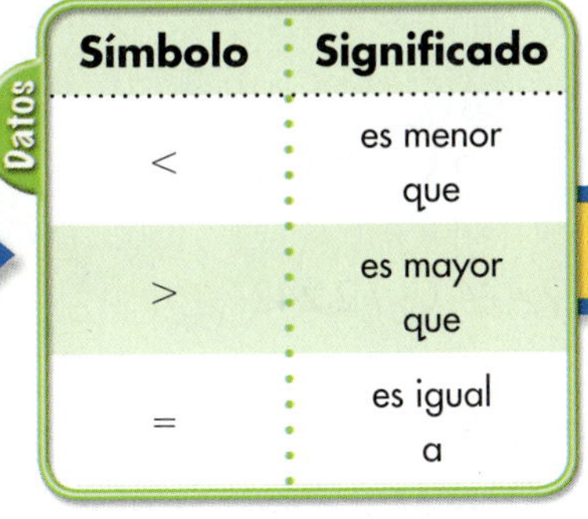

Símbolo	Significado
<	es menor que
>	es mayor que
=	es igual a

Puedes comparar 151 y 154 usando el valor de posición.

154 es mayor que 151.

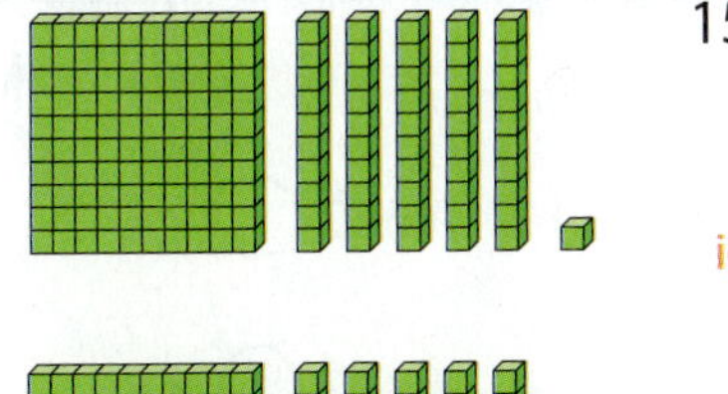

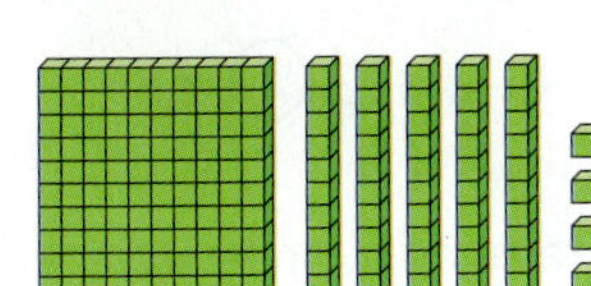

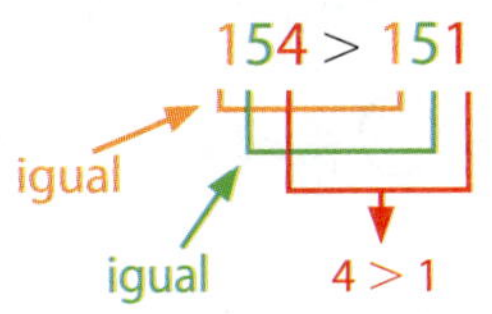

Los bloques de valor de posición también muestran que 151 es menor que 154.

151 < 154

Por tanto, la base es más alta que la estatua.

Práctica guiada*

PRÁCTICAS MATEMÁTICAS

¿CÓMO hacerlo?

Compara los números. Usa <, > ó =.

1.

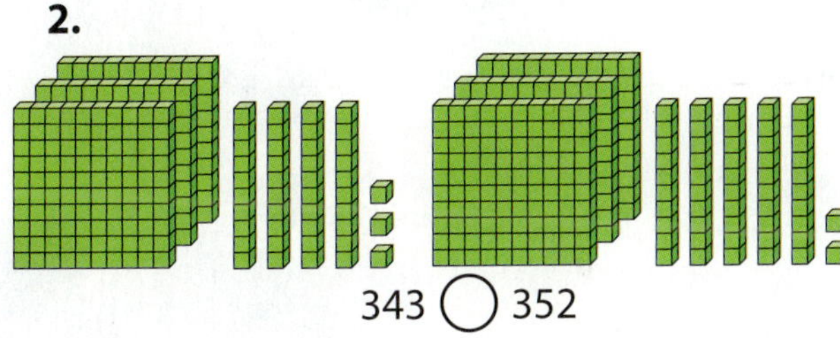

141 ◯ 64

2.

343 ◯ 352

3. 2,561 ◯ 2,261

4. 6,807 ◯ 6,807

¿Lo ENTIENDES?

5. Evaluar el razonamiento Carla dice que como 4 es mayor que 1, el número 496 es mayor que 1,230. ¿Estás de acuerdo? ¿Por qué o por qué no?

6. Escribir para explicar La altura total de la Estatua de la Libertad es de 305 pies. La altura del Monumento a Washington es de 555 pies. ¿Cuál es más alto? Explica cómo lo sabes.

7. Dibuja una recta numérica para comparar los números.

1,462 ◯ 1,521

Práctica independiente

Compara los números. Usa <, > ó =.

8.

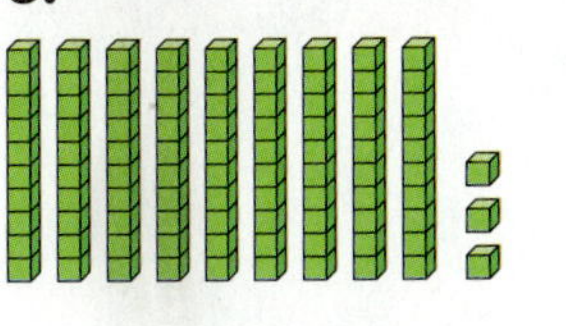

93 ◯ 120

9.

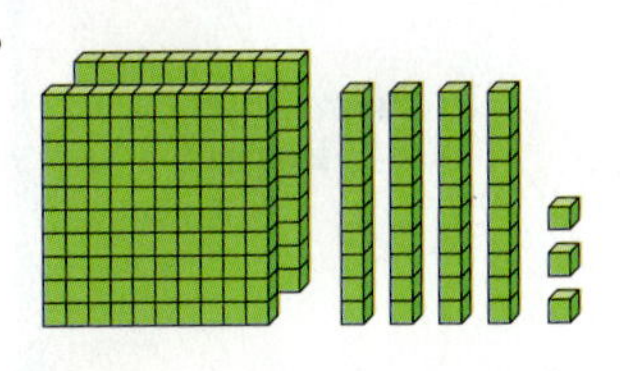

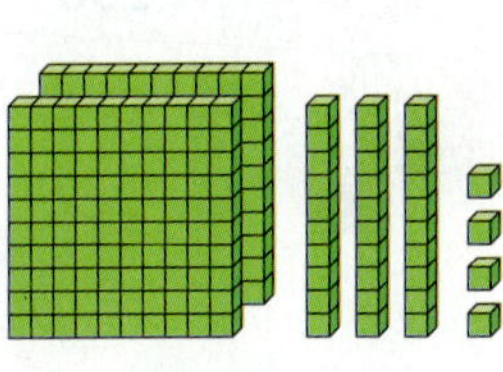

243 ◯ 234

Compara los números. Usa <, > ó =.

10. 679 $\bigcirc$ 4,985

11. 9,642 $\bigcirc$ 9,642

12. 5,136 $\bigcirc$ 5,163

13. 8,204 $\bigcirc$ 8,402

14. 3,823 $\bigcirc$ 3,853

15. 2,424 $\bigcirc$ 2,242

Escribe los dígitos que faltan para hacer verdadera cada oración numérica.

16. ▯24 > 896

17. 6▯7 < 617

18. 29▯ = 2▯0

19. ▯,000 < 1,542

20. 3,▯12 > 3,812

21. 2,185 > 2,▯85

En los Ejercicios **22** y **23**, usa las ilustraciones.

22. Comunicarse ¿Cuál es más alto: el Monumento a Washington o la Gran pirámide de Egipto? ¿Cómo lo sabes?

23. ¿Cuál es más alto: el Arco de San Luis o la Aguja espacial?

24. Razonar Mark está pensando en un número de 3 dígitos. Rory está pensando en un número de 4 dígitos. ¿Cuál de los dos está pensando en el número mayor? ¿Cómo lo sabes?

25. Usar la estructura Supón que estás comparando 1,272 y 1,269. ¿Será necesario que compares los dígitos de las unidades? ¿Qué número está más a la derecha en la recta numérica? Explícalo.

26. ¿Qué oración numérica es verdadera si se reemplaza cada recuadro por el número 537?

  A 456 > ▯

  B ▯ = 256

  C 598 < ▯

  D ▯ > 357

Enlaces con el Álgebra

Patrones numéricos

Recuerda que se puede contar salteado para hacer un patrón numérico. El contar salteado también se puede usar para hallar los números que faltan en un determinado patrón.

Copia y completa. Escribe el número que complete los patrones.

Ejemplos: 2, 4, 6, 8, ▮, 12

Piénsalo ¿Puedes contar salteado por un número determinado para obtener todos los números del patrón?

Cuenta de dos en dos para obtener este patrón.

2, 4, 6, 8, 10, 12

1. 3, 6, 9, 12, ▮, 18

2. 14, ▮, 18, 20, 22, 24

3. 20, 30, ▮, 50, 60, 70

4. 25, 50, 75, 100, 125, ▮

5. 3, 8, 13, 18, 23, ▮

6. 9, 19, 29, ▮, 49, 59

7. 7, 9, 11, ▮, 15, 17

8. 12, ▮, 20, 24, 28

9. 90, 80, 70, ▮, 50, 40

10. 22, 20, 18, 16, ▮, 12

11. 86, 81, ▮, 71, 66, 61

12. 150, ▮, 100, 75, 50, 25

En los Ejercicios **13** y **14**, copia y completa cada patrón. Luego, usa los patrones como ayuda para resolver los problemas.

13. Rusty vio que los números de las casas en una calle seguían un patrón. Primero Rusty vio el número 101. Después vio los números 103, 105 y 107. Luego faltaba el número de una casa y después venía el número 111. ¿Cuál era el número que faltaba?

101, 103, 105, 107, ▮, 111

14. Alani estaba contando salteado los fideos que iba haciendo. Los números que dijo eran: 90, 95, 100, 105, 110, 115. Alani tenía que decir un número más para terminar de contar todos los fideos que había hecho. ¿Cuántos fideos había hecho Alani?

90, 95, 100, 105, 110, 115, ▮

15. Escribir un problema Copia y completa el siguiente patrón numérico. Escribe un problema de la vida diaria que siga ese patrón numérico.

5, 10, 15, 20, 25, 30, ▮

Ordenar números

¿Cómo ordenas números?

Cuando ordenas números, los escribes de mayor a menor o de menor a mayor.

En el mapa aparecen tres ríos. Escribe sus longitudes en orden, de mayor a menor.

Práctica guiada*

PRÁCTICAS MATEMÁTICAS

¿CÓMO hacerlo?

En los Ejercicios **1** y **2**, ordena los números de menor a mayor.

1. 769   679   697

2. 359   368   45

En los Ejercicios **3** y **4**, ordena los números de mayor a menor.

3. 4,334   809   4,350

4. 1,137   1,573   1,457

¿Lo ENTIENDES?

5. Construir argumentos La longitud de otro río tiene un 2 en el lugar de las centenas. ¿Puede ser este río más largo que el río Colorado? ¿Por qué o por qué no?

6. Copia y completa la recta numérica de abajo para mostrar los números 315, 305 y 319 en orden.

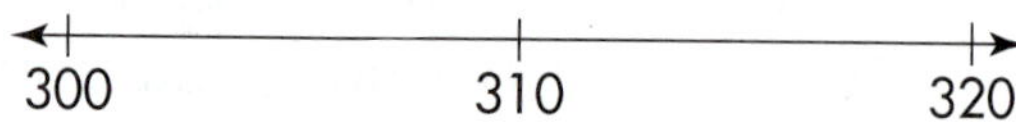

Práctica independiente

En los Ejercicios **7** a **9**, ordena los números de menor a mayor.

7. 6,743   6,930   6,395

8. 995   1,293   1,932

9. 8,754   8,700   8,792

En los Ejercicios **10** a **12**, ordena los números de mayor a menor.

10. 2,601   967   2,365

11. 3,554   3,454   3,459

12. 5,304   5,430   5,403

13. Copia y completa la recta numérica que sigue para mostrar 1,020, 965 y 985 en orden.

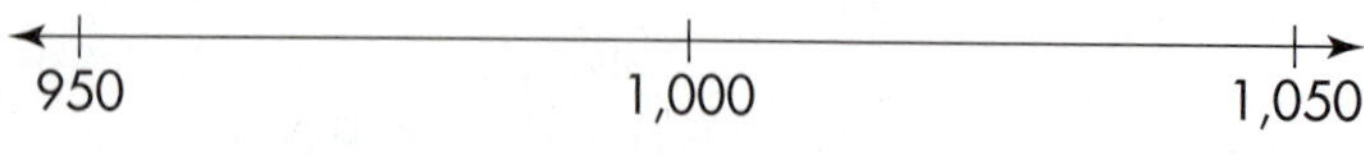

  Puedes encontrar otro ejemplo en el Grupo E, página 25.

Puedes usar una tabla de valor de posición como ayuda.

Las longitudes de los ríos en orden, de mayor a menor, son:

Mississippi: 2,348 millas;
Missouri: 2,315 millas;
Colorado: 1,450 millas.

Resolución de problemas

PRÁCTICAS MATEMÁTICAS

En los Ejercicios **14** a **17**, usa los dibujos.

14. ¿Qué animal pesa 100 libras más que el alce?

15. Razonar Una tonelada es igual a 2,000 libras. ¿Qué animales pesan menos de 1 tonelada?

16. Escribe el nombre de los animales en el orden de su peso, de menor a mayor.

17. ¿Es razonable? Margo dice que el dromedario pesa unas quince centenas de libras. ¿Estás de acuerdo o estás en desacuerdo?

18. Escribir para explicar Describe cómo escribirías los siguientes números de menor a mayor.

3,456   3,654   2,375

19. ¿Qué número está entre 5,695 y 6,725?

A 5,659   **B** 6,735   **C** 6,632   **D** 6,728

20. Las ranuras que se encuentran en el borde de algunas monedas se llaman estrías. Observa la tabla de la derecha. Haz una lista de las monedas de la tabla en orden del mayor al menor número de estrías.

Datos	Moneda	Número de estrías
	Dólar de Susan B. Anthony	133
	Moneda de 50¢	150
	Moneda de 25¢	119
	Moneda de 10¢	118

Resolución de problemas

Hacer una lista organizada

Randy está jugando a un juego llamado *Adivina el número*. ¿Cuáles son todos los números posibles que corresponden a las pistas que ves a la derecha? Puedes hacer una lista organizada para hallar todos los números posibles.

Pistas

- Es un número par de 3 dígitos.
- El dígito en el lugar de las centenas es mayor que 8.
- El dígito en el lugar de las decenas es menor que 2.

Práctica guiada*

PRÁCTICAS MATEMÁTICAS

¿CÓMO hacerlo?

Haz una lista organizada para resolver el problema.

1. Rachel tiene una moneda de 25¢, una moneda de 10¢, una moneda de 5¢ y una moneda de 1¢. Le dio a su hermano dos monedas. Haz una lista de todos los pares de monedas que le pudo haber dado a su hermano.

¿Lo ENTIENDES?

2. Comunicarse ¿Cómo te ayudó el hacer una lista organizada para resolver el Ejercicio 1?

3. Escribir un problema Escribe un problema que se pueda resolver haciendo una lista organizada. Resuelve el problema.

Práctica independiente *

PRÁCTICAS MATEMÁTICAS

En los Ejercicios **4** y **5**, haz una lista organizada para resolver los problemas.

4. Haz una lista de todos los números de 5 dígitos que corresponden a estas pistas.

- El dígito en el lugar de las decenas de millar es 7.
- El dígito en el lugar de los millares es menor que 2.
- El dígito en el lugar de las centenas es mayor que 7.
- Los dígitos en el lugar de las decenas y en el lugar de las unidades son iguales a $10 - 5$.

5. Jen, Meg y Emily están haciendo fila para entrar al cine. ¿De cuántas maneras pueden hacer la fila? Haz una lista.

Aplicar las prácticas matemáticas

- ¿Qué me piden que halle?
- ¿Qué otra cosa puedo intentar?
- ¿Cómo se relacionan las cantidades?
- ¿Cómo puedo explicar mi trabajo?
- ¿Cómo puedo usar las matemáticas para representar el problema?
- ¿Me serviría de ayuda alguna herramienta?
- ¿Hay precisión en mi trabajo?
- ¿Por qué funciona esto?
- ¿Cómo puedo hacer generalizaciones?

Puedes encontrar otro ejemplo en el Grupo F, página 25.

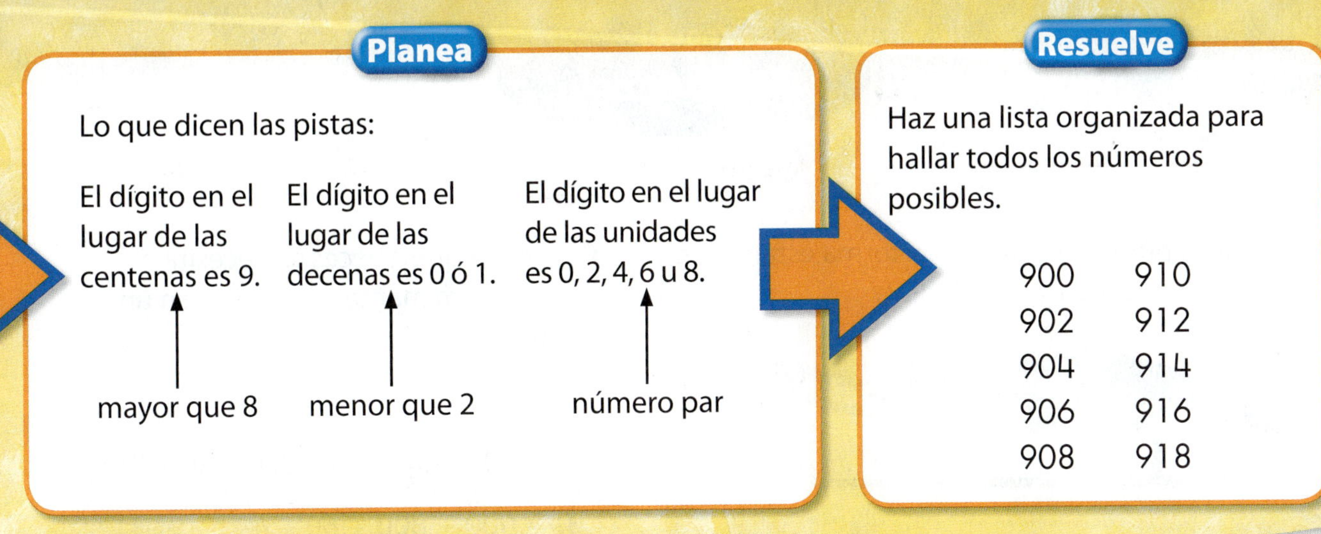

En los Ejercicios **6** a **8**, usa la tabla.

6. ¿Cuántos tipos de sándwiches puedes escoger si deseas pan blanco?

7. ¿Cuántos tipos de sándwiches puedes escoger si no deseas pavo?

8. Supón que el pan integral es otra opción de pan. ¿Cuántos tipos de sándwiches podrías escoger?

Opciones para sándwiches	
Opciones de pan	**Opciones de relleno**
Blanco	Jamón
Centeno	Atún
	Pavo

9. Jeremy tiene pantalones de color beige y pantalones negros. También tiene tres camisas: azul, verde y roja. Haz una lista de las diferentes combinaciones que Jeremy puede usar.

10. Perseverar Dennis compró 3 libras de manzanas por $3. También compró unas uvas por $4. ¿Cuánto gastó Dennis?

11. ¿De cuántas maneras puedes formar 15 centavos usando monedas de 10¢, de 5¢ o de 1¢?

A 15 maneras

C 6 maneras

B 9 maneras

D 3 maneras

12. Perseverar Carla compró 4 hojas de cartulina gruesa. Cada hoja costó $2. Pagó con un billete de $10. Carla cortó cada hoja en 2 pedazos. ¿Cuántos pedazos tiene?

Ojo *Hay información que sobra en el problema.*

13. Razonar ¿Cuál es este número de 3 dígitos?

- El dígito en el lugar de las centenas es 3 menos que 5.
- El dígito en el lugar de las decenas es mayor que 8.
- El dígito en el lugar de las unidades es 1 menos que el dígito en el lugar de las decenas.

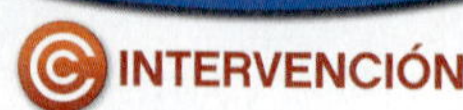

Grupo A, páginas 6 y 7

Escribe el número siguiente en forma estándar, en forma desarrollada y en palabras.

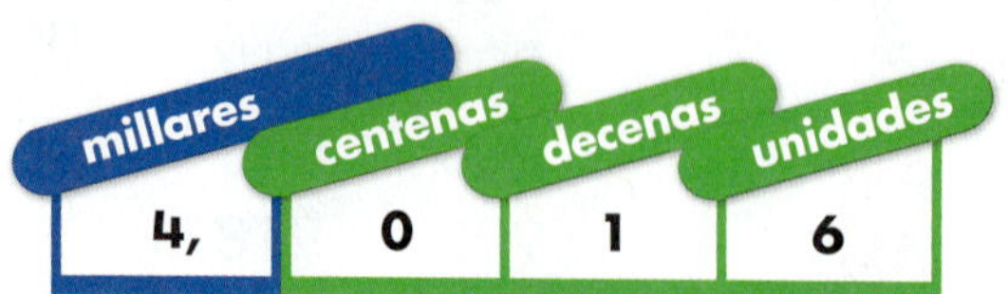

Forma estándar: 4,016

Forma desarrollada: 4,000 + 10 + 6

Número en palabras: cuatro mil dieciséis

Recuerda que a veces se necesita el dígito 0 para mantener el lugar en un número.

Escribe los números en forma estándar.

1. 1,000 + 5   **2.** 300 + 20 + 7

3. 7,000 + 800 + 60 + 4

4. 9,000 + 300 + 5

Escribe los números en forma desarrollada y en palabras.

5. 8,214   **6.** 620

Grupo B, páginas 8 y 9

Escribe 1,300 de dos maneras distintas.

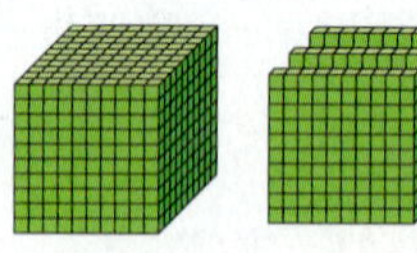

1 millar + 3 centenas
Un millar, tres centenas

10 centenas + 3 centenas
trece centenas

Recuerda que 10 centenas es igual a 1 millar.

Escribe cada número de dos maneras distintas.

1. 1,700   **2.** 5,600

3. 4,800   **4.** 9,100

Grupo C, páginas 10 y 11

Halla el valor del 4 en 847,193.

El 4 está en el lugar de las decenas de millar.

El valor del 4 es 40,000.

Recuerda que 10 millares es igual a 1 decena de millar.

Escribe qué lugar ocupa cada dígito subrayado. Luego, escribe su valor.

1. 341,791   **2.** 829,526

3. 570,890   **4.** 215,003

5. 197,206   **6.** 473,069

7. 628,174   **8.** 782,413

Observa estas rectas numéricas. ¿Qué números muestran los puntos *A* y *B*?

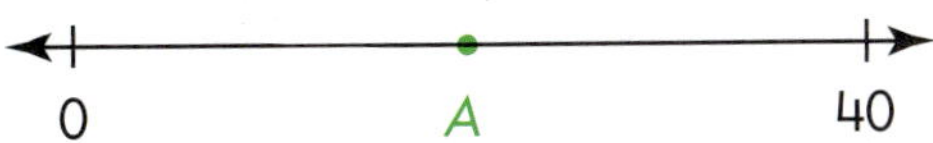

El punto *A* representa 20.

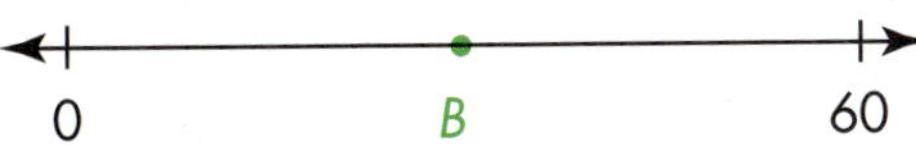

El punto *B* representa 30.

Las distancias iguales en una recta numérica muestran diferencias iguales en los números.

Recuerda que debes hallar un patrón que corresponda a todos los puntos en la recta numérica.

Escribe el número de cada punto con letra en la recta numérica.

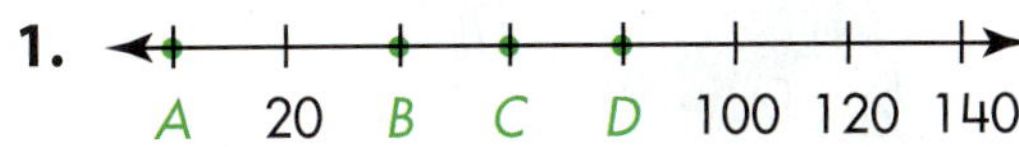

Compara 7,982 y 7,682.
Alinea los dígitos según su valor de posición.
Compara los dígitos comenzando por la izquierda.

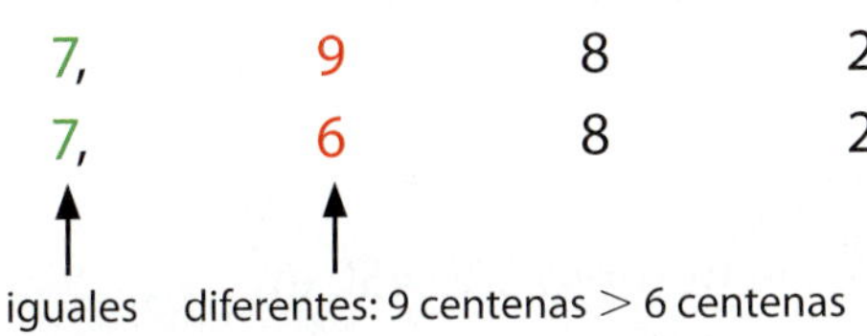

| 7, | 9 | 8 | 2 |
| 7, | 6 | 8 | 2 |

↑ iguales   ↑ diferentes: 9 centenas > 6 centenas

7,982 > 7,682

Recuerda que cuando ordenas números, debes comparar un lugar a la vez.

Compara los números. Usa <, > ó =.

1. 479 ◯ 912   **2.** 1,156 ◯ 156

Escribe los números en orden, de mayor a menor.

3. 393   182   229

4. 1,289   2,983   1,760

Cuando hagas una lista organizada para resolver problemas, sigue estos pasos.

Paso 1

Lee con cuidado las pistas o la información que te da el problema.

Paso 2

Escoge una pista o dato y úsala para empezar tu lista.

Paso 3

Repite el paso 2 hasta que hayas usado todas las pistas o la información para hacer la lista organizada.

Recuerda que debes comprobar que todos los elementos de tu lista organizada correspondan a todas las pistas.

1. Pedro tiene una canica roja, una azul, una amarilla y una verde. Pedro le dijo a Frank que escogiera dos canicas. ¿Cuántos pares diferentes de canicas puede escoger Frank? Haz una lista de los pares.

Opción múltiple

1. Los bloques de valor de posición muestran el número de estudiantes de la escuela. ¿Cuántos estudiantes hay? (1-1)

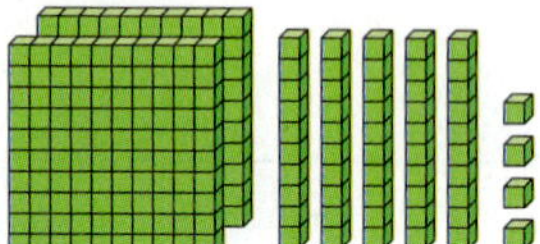

  A 2,054

  B 254

  C 250

  D 245

2. El viernes, 1,593 personas vieron la obra *La Cenicienta*. El sábado la vieron 1,595 personas y el domingo 1,586. ¿Qué lista enumera estos números, de menor a mayor? (1-7)

  A 1,586 1,593 1,595

  B 1,586 1,595 1,593

  C 1,593 1,595 1,586

  D 1,595 1,593 1,586

3. Ryan suma el mismo número de tarjetas de básquetbol a su colección cada semana. La recta numérica muestra cómo está creciendo su colección. ¿Qué número representa el punto *N*? (1-5)

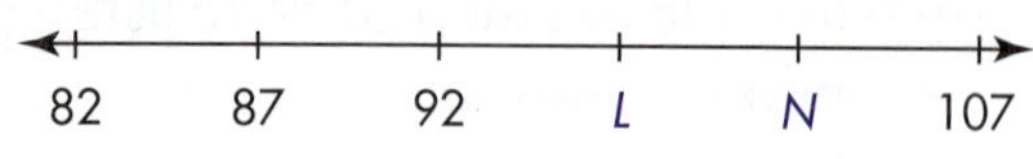

  A 94

  B 97

  C 100

  D 102

4. ¿Cuál es el valor del 9 en el número 295,863? (1-3)

  A 90

  B 9,000

  C 90,000

  D 900,000

5. Los estudiantes del campamento de verano marcaron su edad en una recta numérica. María marcó su edad con la letra *M*. ¿Cuántos años tiene María? (1-4)

  A 10

  B 13

  C 14

  D 17

6. ¿Cuál es el número 530,450 en palabras? (1-3)

  A Quinientos treinta mil cuarenta y cinco

  B Quinientos treinta mil cuatrocientos cincuenta

  C Quinientos treinta cuatro cincuenta

  D Cincuenta y tres mil cuatrocientos cincuenta

7. ¿Qué número es mayor que 4,324? (1-5)

  A 4,342

  B 4,322

  C 4,314

  D 3,424

8. ¿Qué punto en la recta numérica representa al 43? (1-5)

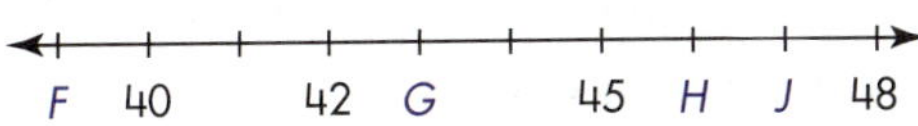

9. ¿Qué valor tiene el 7 en 107,695? (1-3)

10. Escribe en palabras el número 3,700. (1-2)

11. Carson usó bloques de valor de posición para mostrar este número. ¿Qué número puede escribir Carson para los bloques de valor de posición? (1-1)

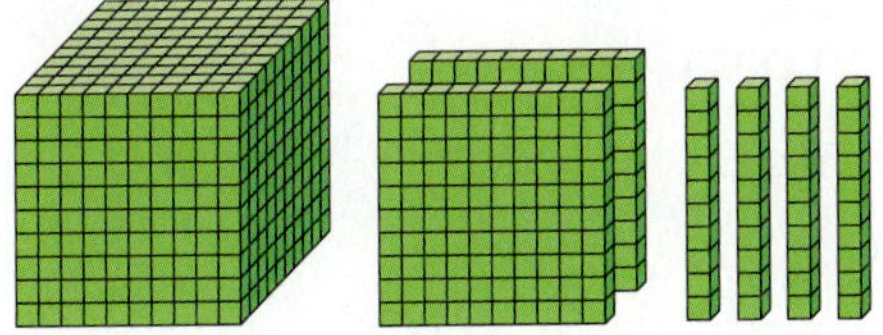

12. Héctor usó las siguientes pistas para hallar un número desconocido de 4 dígitos. Mi dígito de los millares es 3. Mi dígito de las decenas es uno menos que mi dígito de las centenas. Mi dígito de las centenas es 7. La suma de mi dígito de las unidades y mi dígito de los millares es 5.

¿Cuál es el número? (1-8)

13. Alex, Eric, Josh y Tony juegan al tenis. ¿Cuántos grupos diferentes de 2 pueden formar? (1-8)

14. Una biblioteca tiene 11,400 libros de ficción, 11,413 libros de no ficción y 11,431 libros ilustrados. Haz una lista del número de libros que tiene en orden de mayor a menor. (1-7)

15. Greenvile tiene 1,568 estudiantes y Linden tiene 1,705 estudiantes. ¿Qué ciudad tiene el mayor número de estudiantes? (1-6)

16. Jason marcó y rotuló los puntos de la recta numérica. ¿Qué error cometió? (1-4)

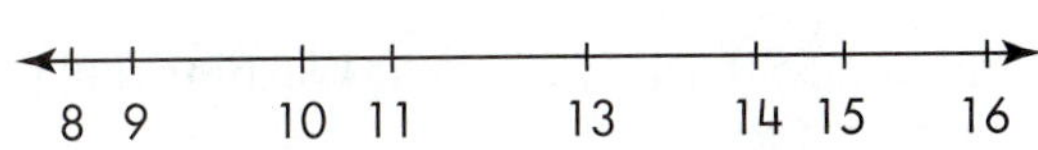

17. Escribe en palabras el número 1,300 de dos maneras diferentes. (1-2)

18. Karen quiere hacer un sándwich. Puede escoger entre pan de centeno, pan de trigo integral o pan de varios cereales. Karen puede escoger un ingrediente entre el pavo, el rosbif, el atún o el queso para poner sobre el pan. ¿Cuántos sándwiches diferentes puede hacer? (1-8)

19. Parker usa bloques de valor de posición para mostrar este número. Escribe el número en forma estándar y en forma desarrollada. (1-1)

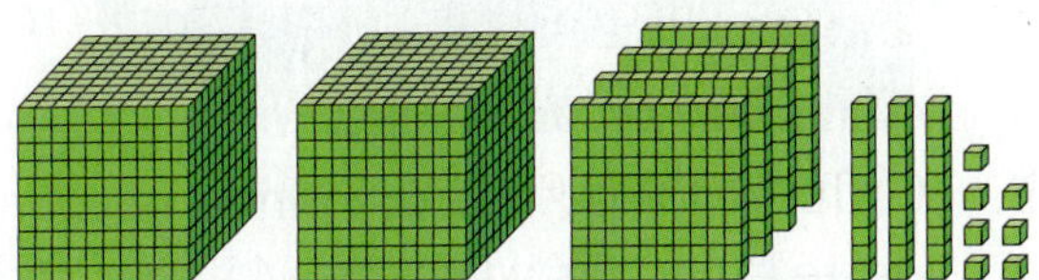

Usa los datos de la tabla para planear un viaje de vacaciones.

Distancia entre las ciudades		
Ciudad 1	**Ciudad 2**	**Número de millas entre las ciudades**
San Francisco, CA	Denver, CO	1,241
Denver, CO	San Luis, MO	871
Indianápolis, IN	Washington, D.C	605
Dallas, TX	Boston, MA	1,867

1. ¿Qué tan lejos están San Francisco y Denver? Escribe la distancia en forma estándar y en forma desarrollada.

2. En una hoja aparte, dibuja bloques de valor de posición para mostrar la distancia que separa a San Francisco y Denver. Rotula y explica tu dibujo.

3. Ordena las distancias de la tabla de mayor a menor. ¿Es la distancia entre San Francisco y Denver la menor o la mayor? Si no es ni una ni otra, ¿cómo podrías describirla?

4. ¿La distancia entre qué dos ciudades se muestra a continuación?

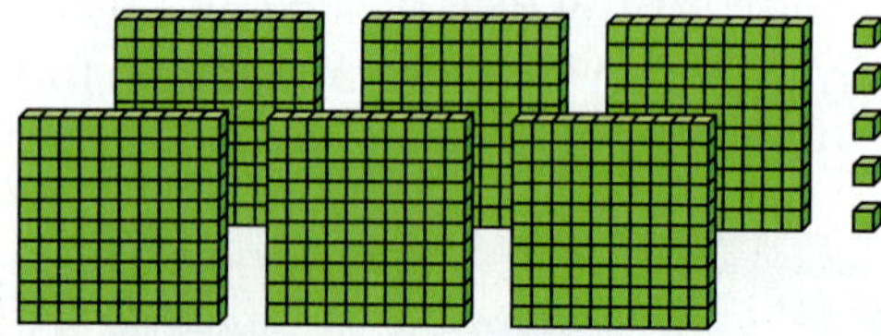

5. ¿Cuál de los puntos con letra representa mejor la distancia entre Dallas, TX y Boston, MA en la recta numérica de abajo? Explica cómo lo sabes.

Tema 2

Sentido numérico: La suma y la resta

▼ En los últimos años, ¿cuántas misiones del Laboratorio de Propulsión a Chorro de la NASA han estudiado los cometas? Lo averiguarás en la Lección 2-2.

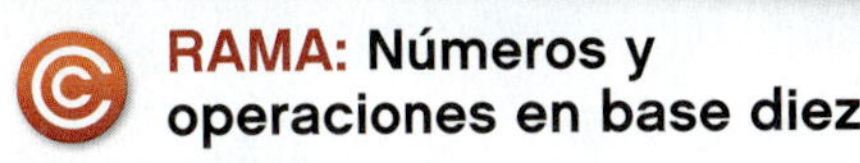

Repasa lo que sabes

Vocabulario

Escoge el mejor término del recuadro.

- centenas
- total
- resta
- decenas

1. En el número 259, el 2 está en el lugar de las __?__.

2. Cuando se __?__, se halla la parte que falta.

3. La respuesta a un problema de suma se llama __?__.

Valor de posición

Copia y completa.

4. 35 = ▢ decenas ▢ unidades

5. 264 = ▢ centenas ▢ decenas ▢ unidades

6. 302 = ▢ centenas ▢ decenas ▢ unidades

Operaciones de suma

Escribe el total de cada suma.

7. 7 + 6   8. 8 + 6   9. 9 + 9

Operaciones de resta

Halla las diferencias.

10. 9 − 5   11. 11 − 3   12. 16 − 7

13. Janika compró 3 libros el lunes y 6 libros el martes. ¿Cuántos libros compró en total?

© 14. **Escribir para explicar** Derrick tiene 4 globos rojos, 2 azules, 2 verdes, 2 amarillos y 2 anaranjados. Explica cómo puedes contar salteado para hallar cuántos globos tiene en total.

Preguntas esenciales

- ¿Cómo se pueden hallar mentalmente los totales y las diferencias?
- ¿Cómo se pueden estimar las sumas y las diferencias?

Aprendizaje interactivo 

Plantea el problema. Empieza cada lección con una actividad en conjunto para resolver problemas. Te ayudará a comprender las matemáticas.

Aplicar las prácticas matemáticas

- ¿Qué me piden que halle?
- ¿Qué otra cosa puedo intentar?
- ¿Cómo se relacionan las cantidades?
- ¿Cómo puedo explicar mi trabajo?
- ¿Cómo puedo usar las matemáticas para representar el problema?
- ¿Me serviría de ayuda alguna herramienta?
- ¿Hay precisión en mi trabajo?
- ¿Por qué funciona esto?
- ¿Cómo puedo hacer generalizaciones?

Lección 2-1

Hacer generalizaciones Resuelve el problema usando los vasos de la derecha.

En la fila superior de vasos, ¿es el total de los dos vasos de la izquierda el mismo que el de los dos vasos de la derecha? Explica tu respuesta. En la segunda fila de vasos, ¿es el total de los tres vasos de la izquierda el mismo que el de los tres vasos de la derecha? Explica tu respuesta.

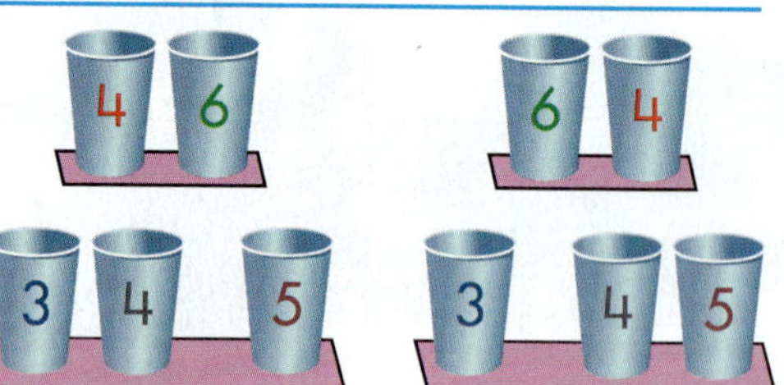

Lección 2-2

Usar herramientas Resuelve el problema. Usa fichas como ayuda.

Ling confeccionó 14 sombreros para vender en la feria y vendió 6 de ellos. ¿Cuántos sombreros le quedan a Ling? Haz un dibujo que muestre cómo hallaste la respuesta.

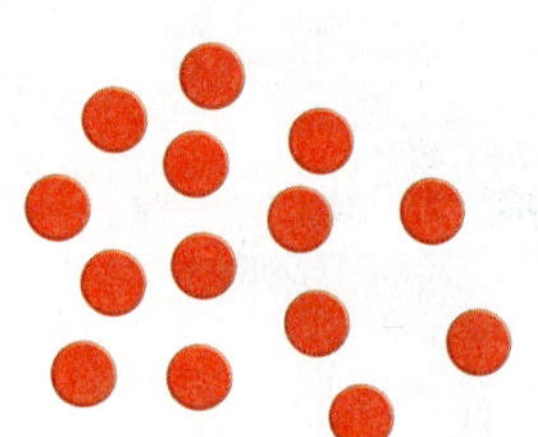

Lección 2-3

Razonar Calcula mentalmente para resolver el problema.

La tienda escolar vendió 36 lápices la semana pasada. Esta semana vendió 23. ¿Cuántos lápices ha vendido en total? Explica cómo hallaste la respuesta mediante el cálculo mental.

Lección 2-4

Razonar Calcula mentalmente para resolver el problema.

Deseas comprar un producto que originalmente costaba $63. Si te hacen el descuento anunciado a la derecha, ¿cuál es el precio de venta? Explica cómo hallaste la respuesta mediante el cálculo mental.

DESCUENTO DE $17 sobre el precio original

Lección 2-5

Razonar Piensa en varias maneras de hallar números que indican aproximadamente cuántos o cuánto.

Supón que tienes 27 calcomanías. ¿Cómo podrías describirle a alguien *aproximadamente cuántas* calcomanías tienes? Usa una recta numérica para mostrar que tu respuesta es razonable.

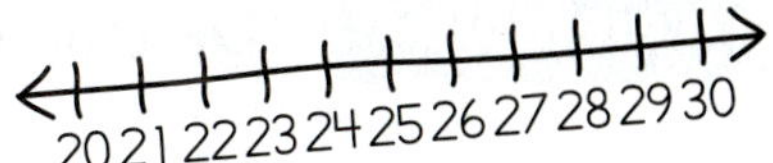

Lección 2-6

¿Es razonable? Resuelve el problema. Sólo necesitas una estimación.

¿Pesan más que la osa negra los dos osos malayos juntos? Sin hallar los valores exactos, describe cómo puedes decidirlo.

Tipo de oso	Peso	
	Hembra	Macho
Oso malayo	78 libras	95 libras
Oso negro	215 libras	345 libras

Lección 2-7

¿Es razonable? Resuelve el problema. Sólo necesitas una estimación.

Sara recolectó 356 latas. Pierre recolectó 117 latas. ¿Aproximadamente cuántas latas más recolectó Sara? Sin hallar los valores exactos, explica cómo puedes saberlo.

Lección 2-8

Usar la estructura ¿Qué puedo escribir en el brazo izquierdo de la balanza de platillos para que tenga el mismo valor que lo que está escrito en el brazo derecho? ¡Proporciona 5 respuestas distintas!

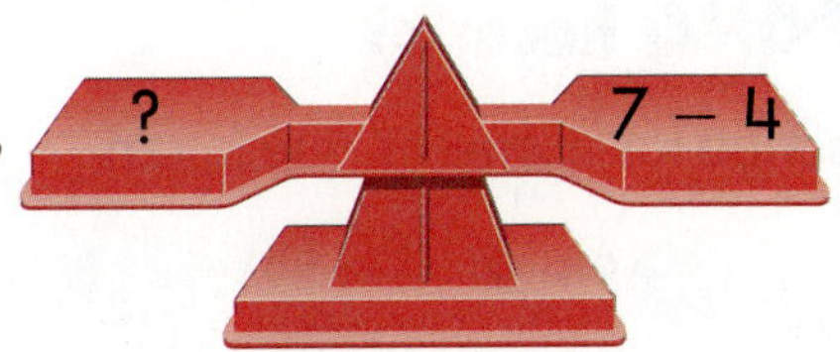

Lección 2-9

¿Es razonable? Una de las opciones de la derecha es la respuesta correcta. Sin hallar la respuesta exacta al problema, selecciona la respuesta correcta y explica tu elección.

Heidi tiene 19 calcomanías. Wendy tiene 28 calcomanías. ¿Cuántas calcomanías tienen ambas en total?

A. Wendy tiene 9 calcomanías más que Heidi.

B. Ambas niñas tienen 47 calcomanías.

C. Ambas niñas tienen 37 calcomanías.

Estándares comunes

3.NBD.2 Sumar y restar con facilidad hasta 1000 utilizando estrategias y algoritmos basados en el valor de posición, las propiedades de las operaciones y la relación entre la suma y la resta. También, 3.OA.9.

Significado y propiedades de la suma

¿De qué maneras puedes pensar en la suma?

Puedes usar la suma para juntar grupos.

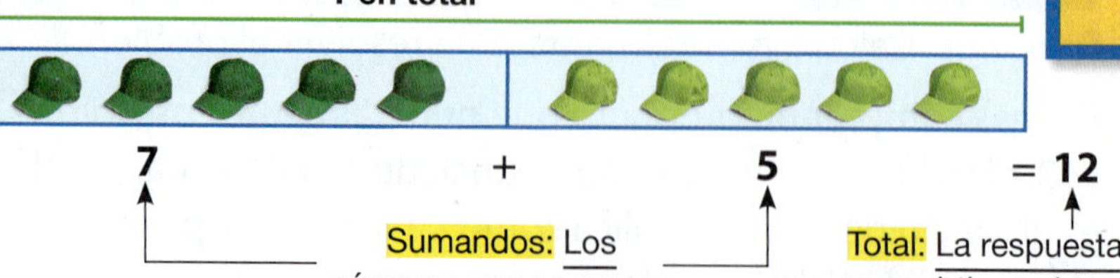

$$7 \quad + \quad 5 \quad = 12$$

Sumandos: Los números que se suman

Total: La respuesta que se obtiene al sumar

Otro ejemplo ¿De qué otra manera puedes pensar en la suma?

Marta tiene dos pedazos de cinta. Uno mide 4 pulgadas de longitud y el otro mide 3 pulgadas. ¿Cuántas pulgadas de cinta tiene Marta en total?

Puedes usar una recta numérica para pensar en la suma.

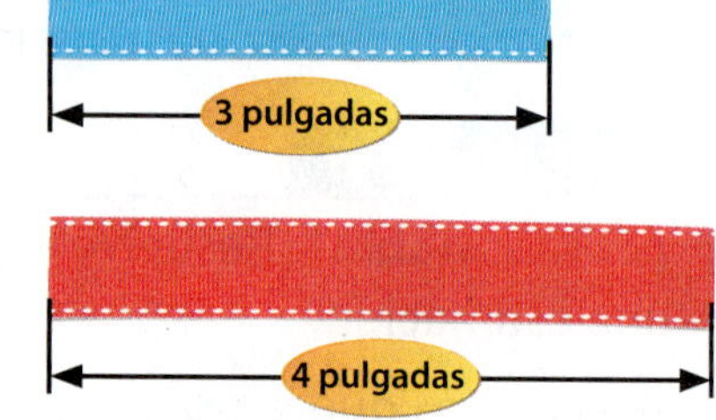

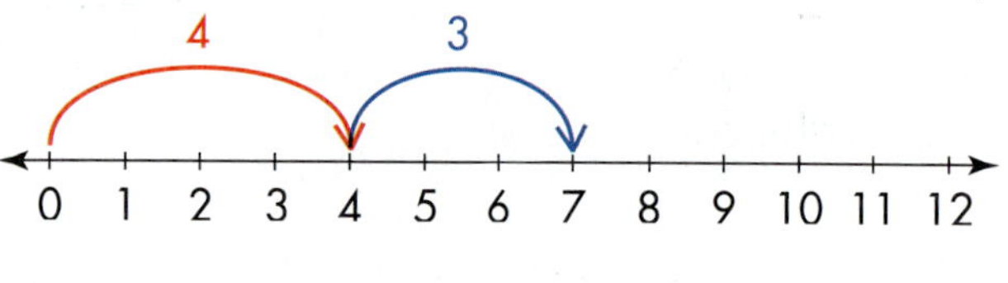

$$4 + 3 = 7$$

En total, Marta tiene 7 pulgadas de cinta.

Práctica guiada*

PRÁCTICAS MATEMÁTICAS

¿CÓMO hacerlo?

Escribe los números que faltan.

1. $\boxed{} + 9 = 9$

2. $4 + 6 = 6 + \boxed{}$

3. $(2 + \boxed{}) + 6 = 2 + (3 + 6)$

¿Lo ENTIENDES?

4. **Razonar** ¿Por qué tiene sentido que la propiedad conmutativa también se llame *propiedad de orden*?

5. **Evaluar el razonamiento** Ralph dice que se puede volver a escribir $(4 + 5) + 2$ como $9 + 2$. ¿Estás de acuerdo? ¿Por qué o por qué no?

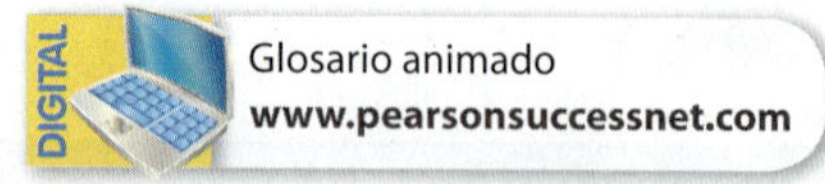

 *Puedes encontrar otro ejemplo en el Grupo A, página 58.

Propiedad conmutativa (o propiedad de orden) de la suma: Puedes sumar números en cualquier orden y la suma será la misma.

$$7 + 5 = 5 + 7$$

Propiedad de identidad (o propiedad del cero) de la suma: La suma de cero y cualquier otro número es ese mismo número.

$$5 + 0 = 5$$

Propiedad asociativa (o propiedad de agrupación) de la suma: Puedes agrupar sumandos de cualquier manera y la suma será la misma.

$$(3 + 4) + 5 = 12$$

$$3 + (4 + 5) = 12$$

$$(3 + 4) + 5 = 3 + (4 + 5)$$

Los paréntesis, (), indican qué se debe sumar primero.

Práctica independiente

Escribe los números que faltan.

6. $\square + 8 = 8 + 2$

7. $19 + \square = 19$

8. $(3 + \square) + 2 = 2 + 8$

9. $4 + (2 + 3) = 4 + \square$

10. $7 + 3 = \square + 7$

11. $\square + 25 = 25$

12. $(3 + \square) + 6 = 3 + (4 + 6)$

13. $(6 + 2) + \square = 8 + 7$

14. $(7 + \square) + 6 = 7 + 6$

15. $(5 + 6) + 3 = \square + (5 + 6)$

Resolución de problemas

PRÁCTICAS MATEMÁTICAS

16. Usar la estructura ¿Qué propiedad de la suma se muestra en la oración numérica $3 + (6 + 5) = (6 + 5) + 3$? Explícalo.

17. Dibuja objetos de 2 colores diferentes para mostrar que $4 + 3 = 3 + 4$.

18. Representar Un pez león tiene 13 espinas en la espalda, 2 en el medio de la parte inferior y 3 en la parte inferior, cerca de la cola. Escribe dos oraciones numéricas diferentes para hallar cuántas espinas tiene el pez león en total. ¿Qué propiedad usaste?

19. Representar ¿Qué oración numérica representa el dibujo?

A $3 + 8 = 11$

B $11 + 0 = 11$

C $11 - 8 = 3$

D $11 - 3 = 8$

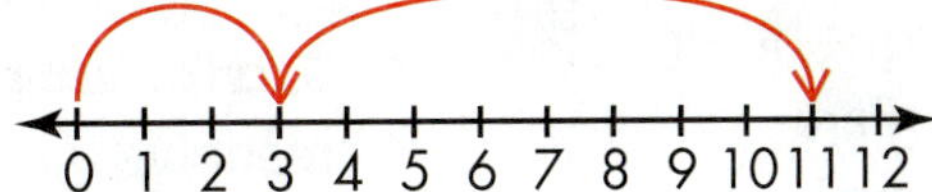

Significados de la resta

¿Cuándo restas?

La clase de la Sra. Aydin está haciendo banderas de la escuela para venderlas en la feria escolar.

La tabla muestra cuántas banderas han hecho varios estudiantes hasta ahora.

Banderas para la feria escolar

Estudiante	Número de banderas
Brent	12
Devon	9
Keisha	11
Ling	14
Pedro	7
Rick	8

Otro ejemplo — **Resta para hallar un sumando que falta.**

Rick piensa hacer 13 banderas. ¿Cuántas banderas más necesita?

Las partes y el todo muestran cómo están relacionadas la suma y la resta.

13 banderas en total

8	?

Una **familia de operaciones** es un grupo de operaciones relacionadas que usan los mismos números.

La parte que falta es 5. Esto significa que Rick tiene que hacer 5 banderas más.

$8 + \boxed{} = 13$

Puedes escribir una familia de operaciones cuando conoces las partes y el todo.

$5 + 8 = 13 \qquad 8 + 5 = 13$

$13 - 8 = 5 \qquad 13 - 5 = 8$

La **diferencia** es la respuesta cuando se restan dos números.

Práctica guiada*

¿CÓMO hacerlo?

Usa la tabla para escribir y resolver una oración numérica.

1. ¿Cuántas banderas más ha hecho Ling que Devon?

2. ¿Cuántas banderas más tiene que hacer Pedro para tener 15 en total? ¿Para tener el mismo número que Ling?

¿Lo ENTIENDES?

3. **Representar** Ling vendió 8 de las banderas que había hecho. Escribe una oración numérica para hallar cuántas banderas le quedaron. Luego resuelve el problema.

4. **Escribir un problema** Escribe y resuelve un problema verbal que se pueda resolver restando.

*Puedes encontrar otro ejemplo en el Grupo B, página 58.

Resta para quitar y hallar cuántos quedan.

Brent vendió 5 de las banderas que hizo. ¿Cuántas banderas le quedan?

12 banderas en total

5	?

$12 - 5 = 7$

A Brent le quedan 7 banderas.

Resta para comparar cantidades.

¿Cuántas banderas más hizo Keisha que Pedro?

Keisha	11

Pedro	?	7

$11 - 7 = 4$

Keisha hizo 4 banderas más que Pedro.

Práctica independiente

Escribe una oración numérica para cada situación. Resuelve los problemas.

5. Pat tiene 15 insignias. Chris tiene 9. ¿Cuántas insignias más tiene Pat que Chris?

Pat	15

Chris	9	?

6. ¿Cuántas banderas anaranjadas más hay que banderas verdes?

Resolución de problemas

PRÁCTICAS MATEMÁTICAS

7. Carla tenía 12 pasteles para vender. Después de vender algunos de ellos, le quedaron 4. ¿Cuántos pasteles vendió Carla?

8. El asta de una bandera tiene 10 pies de altura. La altura de la bandera es de 4 pies. ¿Cuántos pies más de altura tiene el asta que la bandera?

9. El Laboratorio de Propulsión a Chorro llevó a cabo 9 misiones entre 2003 y 2006. En dos de estas misiones se estudiaron cometas. ¿En cuántas de estas misiones no se estudiaron cometas?

10. Kevin tiene que aprender a deletrear 17 palabras esta semana. Ya ha aprendido a deletrear 9. ¿Cuántas palabras le quedan por aprender?

11. Representar Rob tenía 17 bolígrafos. Después de dar algunos a su amigo, le quedaron 8. ¿Qué oración numérica muestra una forma de hallar cuántos bolígrafos le dio Rob a su amigo?

A $17 + 8 = $ ▢   **B** $8 - 1 = $ ▢   **C** $17 - 1 = $ ▢   **D** $17 - $ ▢ $ = 8$

Estándares comunes

3.NBD.2 Sumar y restar con facilidad hasta 1000 utilizando estrategias y algoritmos basados en el valor de posición, las propiedades de las operaciones y la relación entre la suma y la resta.

Usar el cálculo mental para sumar

¿Cómo sumas usando el cálculo mental?

La Dra. Gómez anotó cuántas ballenas, cuántos delfines y cuántas focas vio. ¿Cuántas ballenas vio la Dra. Gómez en dos semanas?

Halla 25 + 14.

Datos

Animales marinos vistos		
Animal	**Semana 1**	**Semana 2**
Ballenas	25	14
Delfines	28	17
Focas	34	18

Otro ejemplo   ¿Cómo formas una decena para sumar mentalmente?

¿Cuántos delfines vio la Dra. Gómez en las dos semanas?

Puedes formar una decena para ayudarte a hallar 28 + 17.

Piénsalo • Descompón el 17.

$17 = 2 + 15$

• Suma 2 a 28.

$2 + 28 = 30$

• Suma 15 a 30.

$30 + 15 = 45$

? delfines en total

28	17

$28 + 17 = 45$

La Dra. Gómez vio 45 delfines.

Explícalo

1. Razonar ¿Cómo te ayuda el saber que $17 = 2 + 5$ a hallar mentalmente $28 + 17$?

2. ¿Cuál es otra manera de formar 10 para sumar $28 + 17$?

Una manera

Descompón uno de los sumandos.

- Descompón 14.
  $14 = 10 + 4$

- Suma 10 a 25.
  $25 + 10 = 35$

- Suma 4 a 35.
  $35 + 4 = 39$

$25 + 14 = 39$

La Dra. Gómez vio 39 ballenas.

Otra manera

Descompón los dos sumandos.

- Descompón los dos sumandos.
  $25 = 20 + 5$ $14 = 10 + 4$

- Suma las decenas. Suma las unidades.
  $20 + 10 = 30$ $5 + 4 = 9$

- Luego suma las decenas y las unidades.
  $30 + 9 = 39$

$25 + 14 = 39$

La Dra. Gómez vio 39 ballenas.

Práctica guiada*

¿CÓMO hacerlo?

1. Forma una decena para sumar $38 + 26$.

$$38 + 26$$
$$26 = 2 + 24$$
$$38 + \boxed{} = 40$$
$$40 + \boxed{} = 64$$
$$38 + 26 = \boxed{}$$

2. Descompón los números para sumar $25 + 12$.

$$25 + 12$$
$$12 = 10 + 2$$
$$25 + 10 = \boxed{}$$
$$\boxed{} + 2 = 37$$
$$25 + 12 = \boxed{}$$

¿Lo ENTIENDES?

3. Hacer generalizaciones Compara los ejemplos que aparecen arriba en "Una manera" y "Otra manera". ¿En qué se parecen? ¿En qué se diferencian?

4. Razonar Para hallar $37 + 28$, podrías sumar $37 + 30 = 67$. ¿Qué deberías hacer después?

5. Perseverar Descompón los números o forma decenas para hallar cuántas focas vio la Dra. Gómez en esas dos semanas. Explica qué método usaste.

Práctica independiente

Práctica al nivel Descompón los números para sumar mentalmente.

6. $72 + 18$
$$18 = 10 + \boxed{}$$
$$72 + \boxed{} = 82$$
$$82 + \boxed{} = 90$$
$$72 + 18 = \boxed{}$$

7. $34 + 25$
$$25 = 20 + \boxed{}$$
$$34 + \boxed{} = 54$$
$$\boxed{} + 5 = 59$$
$$34 + 25 = \boxed{}$$

8. $53 + 36$
$$36 = \boxed{} + 6$$
$$53 + \boxed{} = 83$$
$$\boxed{} + 6 = 89$$
$$53 + 36 = \boxed{}$$

Práctica al nivel Forma una decena para sumar mentalmente.

9. $47 + 9$
$9 = \boxed{} + 6$
$47 + \boxed{} = 50$
$\boxed{} + 6 = 56$
$47 + 9 = \boxed{}$

10. $55 + 37$
$37 = 5 + \boxed{}$
$\boxed{} + 5 = 60$
$60 + \boxed{} = 92$
$55 + 37 = \boxed{}$

11. $49 + 29$
$29 = \boxed{} + 28$
$49 + \boxed{} = 50$
$50 + \boxed{} = 78$
$49 + 29 = \boxed{}$

Halla las sumas usando el cálculo mental.

12. $35 + 26$ **13.** $50 + 42$ **14.** $43 + 4$ **15.** $71 + 13$

16. $52 + 44$ **17.** $7 + 54$ **18.** $63 + 12$ **19.** $62 + 34$

20. $37 + 9$ **21.** $5 + 38$ **22.** $65 + 15$ **23.** $33 + 23$

PRÁCTICAS MATEMÁTICAS

24. ¿Qué longitud puede tener una serpiente pitón?

25. ¿Cuál es la longitud total de la iguana?

26. **Evaluar el razonamiento** ¿Es correcto el cálculo de Bill? Si no lo es, di por qué y escribe la respuesta correcta.

Hallo $38 + 7$.
Pienso en 7 como $2 + 5$.
$38 + 2 = 40$
$40 + 7 = 47$
Por tanto, $38 + 7$ es 47.

27. ¿Cuál es la forma en palabras del número 4,038?

A cuatrocientos treinta y ocho

B cuatro mil trescientos ocho

C cuatro mil treinta y ocho

D cuarenta mil treinta y ocho

Calcular mentalmente para sumar

Usa **e tools**

Bloques de valor de posición

Muestra dos maneras de formar una decena para sumar 27 + 38.

Paso 1 Ve a la herramienta de Bloques de valor de posición de eTools. Haz clic en el Área de trabajo doble. En la parte superior del área de trabajo, muestra 27 con bloques de valor de posición. Muestra 38 en la parte inferior.

Paso 2 Usa la herramienta de flecha para seleccionar las unidades de la parte inferior del área de trabajo y arrástralas a la parte superior. Continúa hasta que formes una decena en la parte superior. Los odómetros muestran que tienes 30 + 35 = 65. Por tanto, 27 + 38 = 65, y 30 + 35 = 65.

Paso 3 Usa la herramienta de flecha para mover nuevamente los bloques y mostrar 27 + 38. Luego, selecciona unidades de la parte superior del área de trabajo y arrástralas a la parte inferior hasta que formes una decena en la parte inferior. Los odómetros muestran que tienes 25 + 40 = 65. Por tanto, 27 + 38 = 65 y 25 + 40 = 65.

Práctica

Usa la herramienta de Bloques de valor de posición de eTools.
Halla dos maneras de formar una decena para sumar.

1. 47 + 29 = ☐ + ☐ = 76
47 + 29 = ☐ + ☐ = 76

2. 58 + 36 = ☐ + ☐ = 94
58 + 36 = ☐ + ☐ = 94

Estándares comunes

3.NBD.2 Sumar y restar con facilidad hasta 1000 utilizando estrategias y algoritmos basados en el valor de posición, las propiedades de las operaciones y la relación entre la suma y la resta.

Usar el cálculo mental para restar

¿Cómo restas usando el cálculo mental?

La tienda está vendiendo chaquetas a precios rebajados. Una chaqueta está en oferta por $17 menos que el precio regular. ¿Cuál es el precio rebajado?

Puedes usar el cálculo mental para restar y resolver este problema.

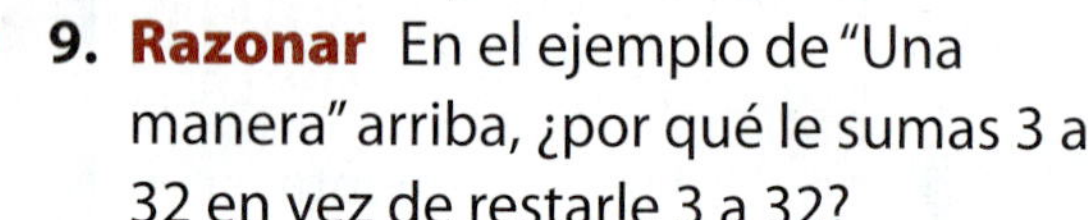
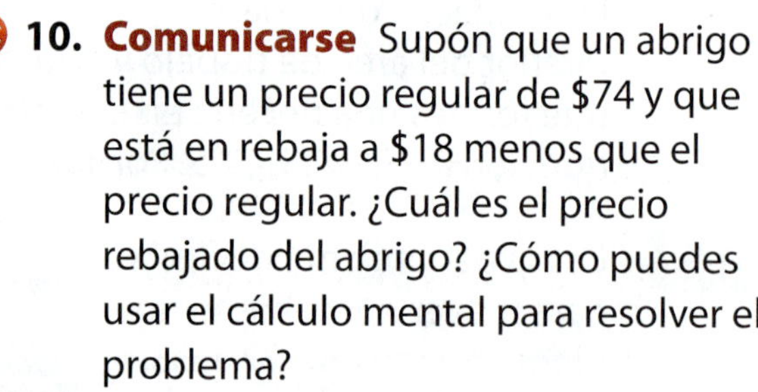

Práctica guiada*

PRÁCTICAS MATEMÁTICAS

¿CÓMO hacerlo?

En los Ejercicios **1** a **8**, halla las diferencias usando el cálculo mental.

1. 26 − 18

2. 34 − 19

3. 73 − 16

4. 45 − 27

5. 67 − 28

6. 83 − 39

7. 46 − 18

8. 49 − 19

¿Lo ENTIENDES?

9. Razonar En el ejemplo de "Una manera" arriba, ¿por qué le sumas 3 a 32 en vez de restarle 3 a 32?

10. Comunicarse Supón que un abrigo tiene un precio regular de $74 y que está en rebaja a $18 menos que el precio regular. ¿Cuál es el precio rebajado del abrigo? ¿Cómo puedes usar el cálculo mental para resolver el problema?

Práctica independiente

En los Ejercicios **11** a **30**, halla las diferencias usando el cálculo mental.

11. 28 − 19

12. 66 − 18

13. 39 − 17

14. 68 − 11

15. 52 − 9

16. 75 − 12

17. 29 − 18

18. 49 − 18

19. 64 − 15

20. 43 − 16

21. 97 − 14

22. 86 − 13

23. 31 − 14

24. 98 − 17

25. 57 − 18

26. 72 − 19

27. 53 − 39

28. 27 − 19

29. 82 − 27

30. 73 − 39

Puedes encontrar otro ejemplo en el Grupo D, página 59.

52 − 17 = ▢

Es más fácil restar 20.

52 − 20 = 32

Si restas 20, estás restando 3 más que 17. Tienes que sumarle 3 a la respuesta.

32 + 3 = 35

52 − 17 = 35

El precio rebajado es $35.

52 − 17 = ▢

Haz un problema más sencillo cambiando cada número de la misma manera.

Puedes cambiar 17 a 20 porque es fácil restar 20. Por tanto, suma 3 tanto a 17 como a 52.

52 − 17 = ▢
  ↓ +3   ↓ +3
55 − 20 = 35

52 − 17 = 35

Resolución de problemas

PRÁCTICAS MATEMÁTICAS

31. Comunicarse La flor gigante de la rafflesia puede llegar a ser tan ancha como se muestra en el dibujo de la derecha. Un solo pétalo puede medir 18 pulgadas de ancho. ¿Cómo puedes calcular mentalmente para averiguar cuánto más ancha que un pétalo es la flor entera?

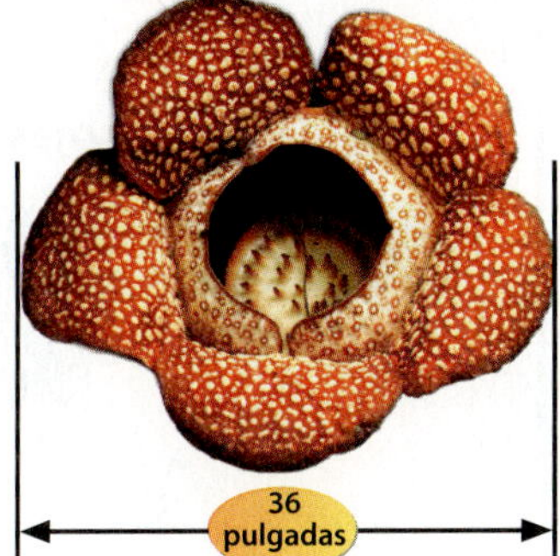

32. Evaluar el razonamiento Para restar 57 − 16, Tom sumó 4 a cada número, mientras que Saúl sumó 3 a cada número. ¿Servirán los dos métodos para hallar la respuesta correcta? Explícalo.

En los Ejercicios **33** y **34**, usa la foto de abajo.

33. a ¿Cuál es el precio rebajado de los *jeans*? Describe una manera de usar el cálculo mental para hallar la respuesta.

b María compró dos pares de *jeans*. ¿Cuál fue el precio rebajado total de los *jeans* que compró María?

34. Representar ¿Qué oración numérica muestra el precio regular de dos pares de *jeans*?

A 46 + 46 = ▢

B 46 + 18 = ▢

C 18 + 18 = ▢

D 46 − 18 = ▢

35. Representar Eva ahorró $38. Compró un libro por $17. ¿Qué oración numérica muestra una manera de hallar cuánto dinero le queda a Eva?

A 38 + 17 = ▢

B 38 − 17 = ▢

C ▢ − 38 = 17

D ▢ − 17 = 38

Estándares comunes

3.NBD.1 Utilizar la comprensión del valor de posición para redondear números enteros a la decena o centena más cercana.

Redondear

¿Cómo redondeas números?

A la decena más cercana, ¿aproximadamente cuántas piedras tiene Tito?

Redondea 394 a la decena más cercana. Para redondear, reemplaza el número por un número que indique aproximadamente cuántos.

Otro ejemplo   ¿Cómo redondeas a la centena más cercana?

A la centena más cercana, ¿aproximadamente cuántas piedras tiene Donna? Redondea 350 a la centena más cercana.

Una manera   Puedes usar una recta numérica.

Si un número está en la mitad, redondea al número más grande.

350 está en la mitad de 300 y 400; por tanto, se redondea a 400.

Otra manera   Puedes usar el valor de posición.

Halla el dígito que está en el lugar de redondeo. Luego, mira el siguiente dígito a la derecha.

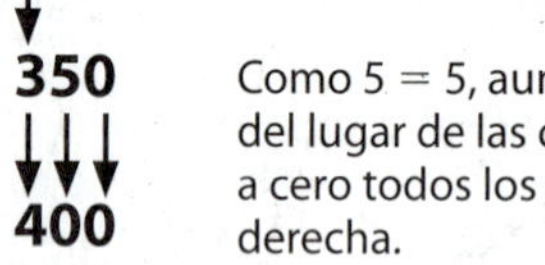

lugar de las centenas

350
400

Como 5 = 5, aumenta en uno el dígito del lugar de las centenas. Luego cambia a cero todos los dígitos que estén a la derecha.

Por tanto, 350 se redondea a 400. Donna tiene aproximadamente 400 piedras.

Explícalo

1. **Razonar** Si redondearas 350 a la decena más cercana, ¿todavía podrías decir que Donna tiene aproximadamente 400 piedras? ¿Por qué o por qué no?

2. **Razonar** Explica por qué 350 es el número más pequeño que se puede redondear a 400.

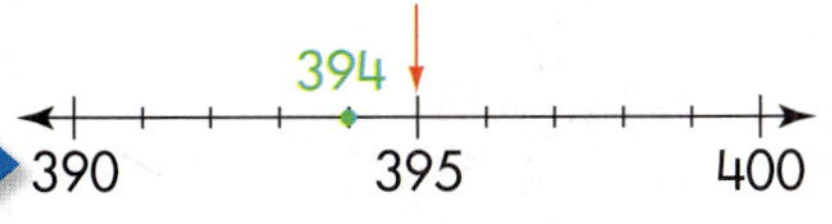

Una manera

Puedes usar una recta numérica.

número de la mitad

394

390   395   400

394 está más cerca de 390 que de 400; por tanto, 394 se redondea a 390.

Tito tiene aproximadamente 390 piedras.

Otra manera

Puedes usar el valor de posición.

- Halla el dígito en el lugar de redondeo.

- Observa qué dígito sigue hacia la derecha. Si es 5 o mayor, súmale 1 al dígito en el lugar de redondeo. Si es menor que 5, deja el dígito en el lugar de redondeo tal como está.

- Cambia a 0 todos los dígitos que estén a la derecha del lugar de redondeo.

lugar de las decenas

394

390

Como 4 < 5, deja el lugar de las decenas 390 tal como está.

Por tanto, 394 se redondea a 390.

Tito tiene aproximadamente 390 piedras.

Práctica guiada*

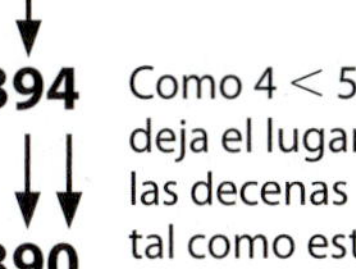

PRÁCTICAS MATEMÁTICAS

¿CÓMO hacerlo?

Redondea a la decena más cercana.

1. 37   **2.** 63   **3.** 85

4. 654   **5.** 305   **6.** 752

Redondea a la centena más cercana.

7. 557   **8.** 149   **9.** 552

10. 207   **11.** 888   **12.** 835

¿Lo ENTIENDES?

13. Hacerlo con precisión ¿Qué número está en la mitad de 250 y 260?

14. Razonar Si Tito agrega una piedra más a su colección, ¿cuántas piedras tendrá, redondeando a la decena más cercana? ¿A la centena más cercana? Explica tu respuesta.

15. Escribir para explicar Di qué harías para redondear 46 a la decena más cercana.

Práctica independiente

Redondea a la decena más cercana.

16. 45   **17.** 68   **18.** 98   **19.** 24   **20.** 55

21. 249   **22.** 732   **23.** 235   **24.** 805   **25.** 703

26. Redondea 996 a la decena más cercana. Explica tu respuesta.

Glosario animado
www.pearsonsuccessnet.com

Puedes encontrar otro ejemplo en el Grupo C, página 58.

Redondea a la centena más cercana.

27. 354

28. 504

29. 470

30. 439

31. 682

32. 945

33. 585

34. 850

35. 702

36. 870

37. Redondea 954 a la centena más cercana. Explica tu respuesta.

Resolución de problemas

PRÁCTICAS MATEMÁTICAS

38. Razonar Escribe un número que, redondeado a la centena más cercana, sea 200.

39. Escribir para explicar Describe los pasos que seguirías para redondear 439 a la decena más cercana.

40. Razonar Supón que estás redondeando a la centena más cercana. ¿Cuál es el número más grande que se redondea a 600? ¿Cuál es el número más pequeño que se redondea a 600?

41. Razonar Un número de 3 dígitos tiene los dígitos 2, 5 y 7. A la centena más cercana, se redondea a 800. ¿Cuál es el número?

42. Redondeado a la centena de dólares más cercana, un juego de computadora cuesta $100. ¿Cuál de los siguientes **NO** podría ser el precio real del juego?

A $89 **C** $110

B $91 **D** $150

43. ¿Cuál es la forma estándar de 700 + 40?

A 740 **C** 470

B 704 **D** 407

44. Hay 293 escalones hasta la parte más alta de la Torre inclinada de Pisa, en Italia. Redondeados a la centena más cercana, ¿aproximadamente cuántos escalones hay?

Enlaces con el Álgebra

Mayor, menor o igual

Recuerda que los dos lados de una oración numérica pueden ser iguales o desiguales. Los símbolos $>$, $<$ ó $=$ indican cómo se comparan los dos lados. La estimación o el razonamiento repetido pueden ayudarte a determinar si un lado es mayor.

Ejemplo: $6 + 2 \bigcirc 8 + 1$

Piénsalo ¿Es $6 + 2$ mayor que $8 + 1$?

Como $6 + 2 = 8$, 8 ya es menor que $8 + 1$. Escribe "$<$".

$$6 + 2 \mathbin{\textcircled{<}} 8 + 1$$

$>$	$<$	$=$
es mayor que	es menor que	es igual a

© Razonar Copia y completa. Reemplaza el círculo con $>$, $<$ ó $=$. Comprueba tus respuestas.

1. $3 + 4 \bigcirc 2 + 7$ **2.** $9 + 1 \bigcirc 5 + 4$ **3.** $5 + 3 \bigcirc 6 + 3$

4. $2 + 9 \bigcirc 1 + 8$ **5.** $4 + 6 \bigcirc 4 + 7$ **6.** $8 + 6 \bigcirc 9 + 5$

7. $18 + 2 \bigcirc 16 + 4$ **8.** $15 + 5 \bigcirc 10 + 8$ **9.** $14 + 4 \bigcirc 12 + 4$

10. $17 + 3 \bigcirc 20 + 1$ **11.** $21 + 2 \bigcirc 19 + 2$ **12.** $27 + 3 \bigcirc 26 + 4$

En los Ejercicios **13** y **14**, copia y completa cada oración numérica. Luego úsala para resolver el problema.

13. Aldo y Taro tienen algunos animales de juguete. Aldo tiene 8 lagartos y 3 ranas. Taro tiene 11 lagartos y 2 ranas. ¿Quién tiene más animales de juguete?

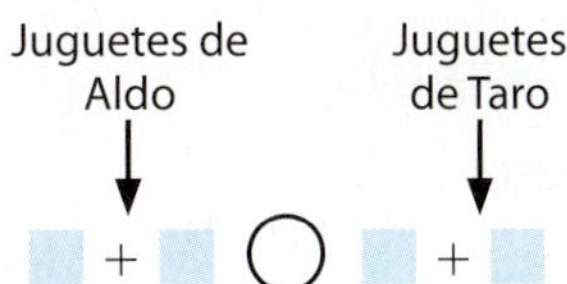

14. El número debajo de cada bloque indica cuántos hay en el conjunto. Val usó todos los cilindros grandes y pequeños. Ben usó todos los cubos grandes y pequeños. ¿Quién usó más bloques?

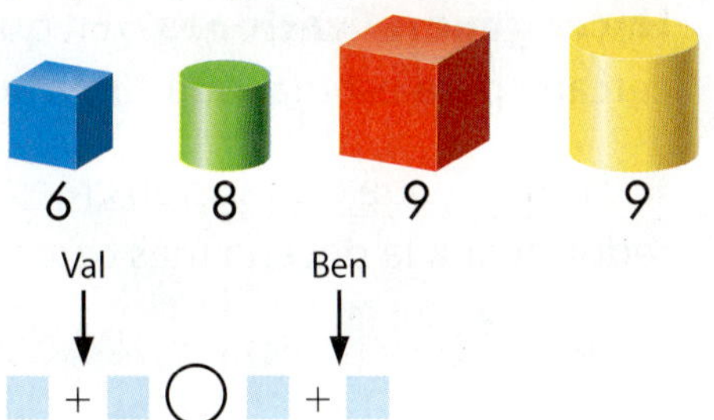

© 15. Escribir un problema Escribe un problema usando esta oración numérica. $9 + 2 > 4 + 5$.

Estándares comunes

3.NBD.2 Sumar y restar con facilidad hasta 1000 utilizando estrategias y algoritmos basados en el valor de posición, las propiedades de las operaciones y la relación entre la suma y la resta. También, 3.NBD.1, 3.OA.8.

Estimar sumas

¿Cómo estimas una suma?

¿Pesan más de 500 libras los dos pandas juntos?

Puedes **estimar** para hallar aproximadamente cuánto pesan los dos pandas.

Estima 255 + 322.

Otro ejemplo **¿Cómo puedes estimar sumas a la decena más cercana?**

Un panda come una gran cantidad de bambú en una semana. Supongamos que un panda comió 148 libras de bambú y otro comió 173 libras. ¿Aproximadamente cuánto bambú comieron los dos pandas?

Redondea a la decena más cercana para estimar la suma.

$$148 \longrightarrow 150$$
$$173 \longrightarrow 170$$

Halla 150 + 170.

Piénsalo
15 decenas + 17 decenas = 32 decenas
32 decenas = 320

Los pandas comieron aproximadamente 320 libras de bambú.

Explícalo

1. Hacer generalizaciones ¿En qué se parece redondear a la decena más cercana para estimar una suma a redondear a la centena más cercana?

2. Razonar ¿Qué estimación crees que se acerca más a la suma real, redondear a la decena más cercana o a la centena más cercana?

Redondea a la centena más cercana.

$$255 \longrightarrow 300$$
$$+\ 322 \longrightarrow +\ 300$$
$$600$$

255 + 322 es aproximadamente 600.
600 > 500

Los dos pandas juntos pesan más de 500 libras.

Usa números compatibles.

Los números compatibles son números cercanos a los sumandos, con los que es fácil sumar mentalmente.

$$255 \longrightarrow 250$$
$$+\ 322 \longrightarrow +\ 325$$
$$575$$

255 + 322 es aproximadamente 575 y 575 > 500.

El peso total es de más de 500 libras.

Práctica guiada*

PRÁCTICAS MATEMÁTICAS

¿CÓMO hacerlo?

Redondea a la decena más cercana para estimar las sumas.

1. 28 + 46   **2.** 75 + 17

Redondea a la centena más cercana para estimar las sumas.

3. 114 + 58   **4.** 198 + 426

Usa números compatibles para estimar las sumas.

5. 136 + 437   **6.** 654 + 253

¿Lo ENTIENDES?

7. Razonar Si se redondean los dos sumandos hacia arriba, ¿la estimación será mayor o menor que la suma real?

8. Construir argumentos Cuando se redondea al mismo lugar, todo el mundo obtendrá la misma respuesta. ¿Es esto verdadero si se usan números compatibles para estimar? Explícalo.

Práctica independiente

En los Ejercicios **9** a **12**, redondea a la decena más cercana para estimar las sumas.

9. 18 + 43   **10.** 75 + 72   **11.** 39 + 102   **12.** 376 + 295

En los Ejercicios **13** a **16**, redondea a la centena más cercana para estimar las sumas.

13. 403 + 179   **14.** 462 + 251   **15.** 64 + 403   **16.** 539 + 399

En los Ejercicios **17** a **20**, usa números compatibles para estimar las sumas.

17. 75 + 26   **18.** 167 + 27   **19.** 108 + 379   **20.** 145 + 394

Glosario animado
www.pearsonsuccessnet.com

Puedes encontrar otro ejemplo en el Grupo C, página 58.

Haz una estimación para determinar si las respuestas son razonables.
Escribe *sí* o *no*. Luego, explica tu razonamiento.

21. $32 + 58 = 70$

22. $83 + 46 = 129$

23. $55 + 64 = 99$

24. $105 + 23 = 308$

25. $713 + 118 = 831$

26. $328 + 365 = 693$

Resolución de problemas

Estudios Sociales En los Ejercicios **27** a **29**, usa la tabla de la derecha.

27. ¿Qué ciudad está más lejos de Gainesville?

28. El Sr. Tyson viajó desde Gainesville hasta Tampa de ida y vuelta. A la decena de millas más cercana, ¿aproximadamente cuántas millas recorrió?

29. El Sr. Tyson viajó desde Tallahassee hasta Gainesville y de allí a Cocoa. A la decena de millas más cercana, ¿aproximadamente cuántas millas recorrió en total?

Datos

Distancias desde Gainesville, FL	
Ciudad	**Millas de distancia**
Cocoa, FL	165 millas
Miami, FL	333 millas
Orlando, FL	114 millas
Tallahassee, FL	148 millas
Tampa, FL	129 millas

30. Estimación Redondea a la centena más cercana para estimar cuántos músicos hay en total en la banda de acordeón más grande del mundo y en la banda de trombón más grande del mundo.

Datos

Bandas más grandes del mundo	
Trombón	284 músicos
Acordeón	625 músicos

31. Razonar Para estimar una suma, ¿por qué redondearías a la decena más cercana en vez de a la centena más cercana?

32. Comunicarse ¿Cómo usarías el redondeo para estimar $268 + 354$?

33. Escribe el número 3,500 en palabras de dos maneras diferentes.

34. ¿Cómo usarías números compatibles para estimar $229 + 672$?

35. Piensa en la estructura Jared tiene 138 canicas. Manny tiene 132 canicas. ¿Qué oración numérica es mejor para estimar cuántas canicas tienen los dos en total?

A $38 + 32 = 70$

B $100 + 100 = 200$

C $108 + 102 = 210$

D $140 + 130 = 270$

Resolución de problemas variados

Perseverar Lee el cuento y luego responde a las preguntas.

¡No vemos la hora!

Jamie y sus hermanas estaban mirando por la ventana de su casa. Estaban hablando de todos los cuentos magníficos que su abuela siempre les cuenta cuando las visita. Hacía apenas unos 10 minutos, su papá había llamado a casa desde el aeropuerto. Había dicho que estaba exactamente a 26 cuadras de distancia. Tenía que hacer una parada más, 12 cuadras más lejos. Luego iría directamente a casa.

Cuando el papá por fin llegó a la esquina, las hermanas saltaron del sofá y corrieron a recibirlo. El papá llegó a la puerta con algunas bolsas del mercado, una maleta y una visitante muy especial. Muy pronto la familia estaría escuchando muchos cuentos magníficos.

1. ¿Qué conclusión puedes sacar del relato?

2. Cuando las hermanas estaban mirando por la ventana, el papá había llamado hacía unos 10 minutos. Escribe un número de minutos que pueda redondearse a 10 minutos.

3. Redondeadas a la decena de cuadras más cercana, ¿aproximadamente a cuántas cuadras de distancia estaba el papá de las niñas cuando llamó?

4. Redondeadas a la decena de cuadras más cercana, ¿aproximadamente cuántas cuadras recorrió el papá de las niñas desde su última parada hasta la casa?

5. Mira la siguiente tabla.

Escribe las distancias en orden de menor a mayor.

Lugar	Distancia de la casa
Panadería	38 cuadras
Banco	12 cuadras
Mercado	21 cuadras
Juguetería	26 cuadras

6. Usar la estructura Jamie ganó dinero haciendo mandados. Ahora quiere poner 70 centavos en su alcancía. ¿De qué dos maneras distintas puede usar monedas para formar 70 centavos? Haz una lista organizada para resolver el problema.

Estimar diferencias

¿Cómo estimas diferencias?

Se vendieron todos los boletos para un concierto. Hasta ahora, han llegado 126 personas al concierto. ¿Aproximadamente cuántas personas que tienen boletos no han llegado?

Como necesitas averiguar *aproximadamente* cuántas personas no han llegado, puedes hacer una estimación.

Estima 493 − 126, redondeando.

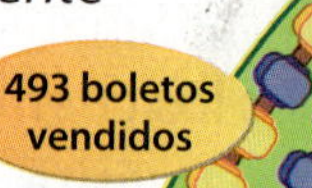

Otro ejemplo ¿Cómo usas números compatibles para estimar diferencias?

La familia Perry hace un viaje en carro. El viaje es de 372 millas. Hasta ahora, la familia ha viajado 149 millas. ¿Aproximadamente cuántas millas quedan por viajar?

Usa números compatibles para estimar 372 − 149.

Recuerda: Los números compatibles son números que son cercanos y con los que es fácil trabajar.

$$
\begin{array}{ccc}
372 & \longrightarrow & 375 \\
-\ 149 & \longrightarrow & -\ 150 \\
\hline
& & 225
\end{array}
$$

La familia Perry todavía tiene que viajar aproximadamente 225 millas.

Explícalo

1. **Razonar** ¿Por qué es fácil trabajar con los números 375 y 150?

2. Usa otro par de números compatibles para estimar 372 − 149.

3. **Construir argumentos** ¿Es suficiente una estimación para resolver este problema? ¿Por qué o por qué no?

<table>
<tr><td>

Puedes redondear cada número a la centena más cercana.

$$493 \longrightarrow 500$$
$$- 126 \longrightarrow - 100$$
$$400$$

Aproximadamente 400 personas no han llegado aún.

</td><td>

Puedes redondear cada número a la decena más cercana.

$$493 \longrightarrow 490$$
$$- 126 \longrightarrow - 130$$
$$360$$

Aproximadamente 360 personas no han llegado aún.

</td></tr>
</table>

Práctica guiada*

PRÁCTICAS MATEMÁTICAS

¿CÓMO hacerlo?

En los Ejercicios **1** y **2**, redondea a la centena más cercana para estimar las diferencias.

1. 321 − 112   **2.** 255 − 189

En los Ejercicios **3** y **4**, redondea a la decena más cercana para estimar las diferencias.

3. 579 − 214   **4.** 216 − 97

En los Ejercicios **5** y **6**, usa números compatibles para estimar las diferencias.

5. 328 − 207   **6.** 472 − 148

¿Lo ENTIENDES?

7. Razonar En el problema de arriba, ¿qué manera de redondear da una estimación que se acerca más a la diferencia real? Explica tu respuesta.

8. Comunicarse El teatro vendió 415 boletos para la comedia. Hasta ahora, 273 personas han llegado a ver la comedia. ¿Aproximadamente cuántas personas más deben llegar? Di qué método de estimación usaste y cómo hallaste tu respuesta.

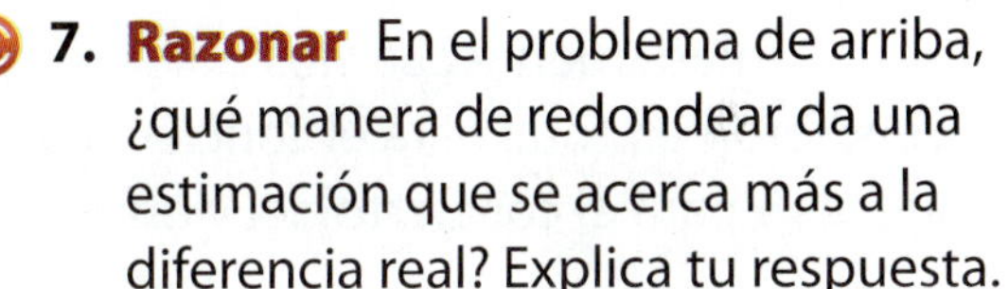

Práctica independiente

En los Ejercicios **9** a **11**, redondea a la centena más cercana para estimar las diferencias.

9. 186 − 75   **10.** 704 − 369   **11.** 291 − 93

En los Ejercicios **12** a **17**, redondea a la decena más cercana para estimar las diferencias.

12. 88 − 32   **13.** 149 − 95   **14.** 361 − 117

15. 75 − 41   **16.** 86 − 38   **17.** 227 − 121

En los Ejercicios **18** a **23**, usa números compatibles para estimar las diferencias.

18. 77 − 28

19. 202 − 144

20. 611 − 168

21. 512 − 205

22. 342 − 153

23. 904 − 31

Resolución de problemas

En los Ejercicios **24** a **27**, usa la tabla.

24. La sala de conciertos vendió 28 boletos menos para el concierto del domingo que para el concierto del viernes. ¿Aproximadamente cuántos boletos se vendieron para el concierto del domingo?

25. ¿Aproximadamente cuántos boletos se vendieron en total para el concierto del jueves y para el concierto del viernes?

Gran sala de conciertos	
Día del concierto	**Número de boletos vendidos**
Miércoles	506
Jueves	323
Viernes	251
Sábado	427
Domingo	

26. **Piensa en la estructura** ¿Aproximadamente cuántos boletos más se vendieron para el concierto del miércoles que para el concierto del viernes? Escribe una oración numérica que use números redondeados a la decena más cercana para estimar cuántos más se vendieron. Explica tu respuesta.

27. **Representar** ¿Qué oración numérica muestra la mejor manera de estimar cuántos boletos menos se vendieron para el concierto del viernes que para el concierto del jueves?

A 400 − 200 = 200

B 300 − 300 = 0

C 325 − 200 = 125

D 325 − 250 = 75

28. **Comunicarse** ¿Aproximadamente cuántos pies más largo era un *braquiosaurio* que un *tiranosaurio*? Usa números compatibles para estimar. Explica tu respuesta.

Resolución de problemas variados

La duración de un año en un planeta es el tiempo total que tarda el planeta en dar una vuelta completa alrededor del Sol.

1. ¿Aproximadamente cuántos días terrestres menos dura un año en Mercurio que un año en la Tierra?

2. ¿Aproximadamente cuántos días terrestres más dura un año en Marte que un año en la Tierra?

Datos	Duración del año	
	Planeta	**Duración del año** (en días terrestres)
	Mercurio	88
	Venus	225
	Tierra	365
	Marte	687
	Júpiter	4,330
	Saturno	10,756
	Urano	30,687
	Neptuno	60,190

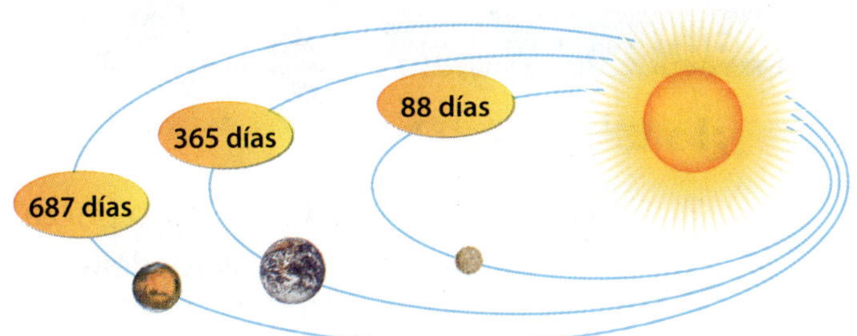

3. ¿Qué planeta tiene un dígito 6 con valor de sesenta mil en la duración de su año?

4. ¿Qué planeta tiene un año que dura aproximadamente seis mil días terrestres más que el de Júpiter?

5. Hacerlo con precisión ¿Qué cuerpo celeste de la tabla de la derecha tiene el promedio de temperatura más cercano al de Mercurio?

Datos	Cuerpo celeste	Promedio de las temperaturas en la superficie
	Mercurio	332°F
	Tierra	59°F
	Luna	225°F
	Venus	854°F

6. Escribe el promedio de las temperaturas en la superficie en orden de menor a mayor.

7. Usar herramientas El planeta favorito de Meg tiene por lo menos 5 letras en su nombre. La duración de su año es menor que 10,000 días terrestres. Haz una lista de todos los planetas que concuerden con estas pistas. Haz una lista organizada para resolver el problema.

Ecuaciones de suma y resta

¿Cómo funcionan las ecuaciones?

El equilibrio de la balanza de platillos muestra $20 + 9 = 29$.
Una **ecuación** es una oración numérica que usa un signo igual ($=$) para mostrar que el valor de la izquierda es el mismo que el valor de la derecha.

Práctica guiada*

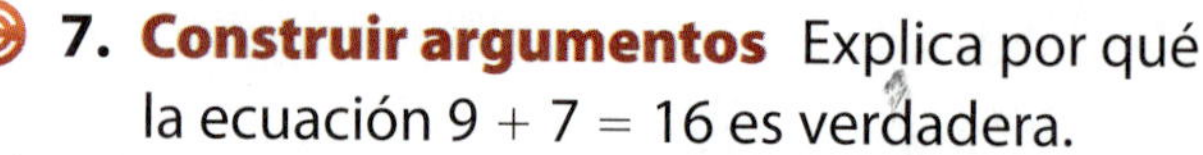

PRÁCTICAS MATEMÁTICAS

¿CÓMO hacerlo?

En los Ejercicios **1** y **2** decide si ambos lados son iguales. Si lo son, escribe =; de lo contrario, escribe ≠ (no iguales).

1. $7 - 3 \bigcirc 4$

2. $14 \bigcirc 8 + 8$

En los Ejercicios **3** a **6**, halla el valor de n que hace verdadera la ecuación.

3. $9 + n = 11$

4. $8 = 12 - n$

5. $10 + n = 17$

6. $n - 3 = 6$

¿Lo ENTIENDES?

7. Construir argumentos Explica por qué la ecuación $9 + 7 = 16$ es verdadera.

8. ¿Cuál es el valor de n en $5 = 5 + n$?

9. Evaluar los argumentos Sue dice que el valor de n en la ecuación de abajo es 12. ¿Tiene razón? ¿Por qué o por qué no?

Práctica independiente

En los Ejercicios **10** a **13**, decide si los dos lados son iguales. Si lo son, escribe =; de lo contrario, escribe ≠ (no iguales).

10. $13 \bigcirc 0 + 12$

11. $9 - 4 \bigcirc 13$

12. $22 + 9 \bigcirc 31$

13. $45 \bigcirc 50 - 5$

En los Ejercicios **14** a **21**, halla el valor de n que hace que la ecuación sea verdadera.

14. $18 = 11 + n$

15. $n - 4 = 6$

16. $25 = 19 + n$

17. $16 - n = 7$

18. $1 + n = 1$

19. $21 = n - 2$

20. $n = 32 + 6$

21. $4 = 5 - n$

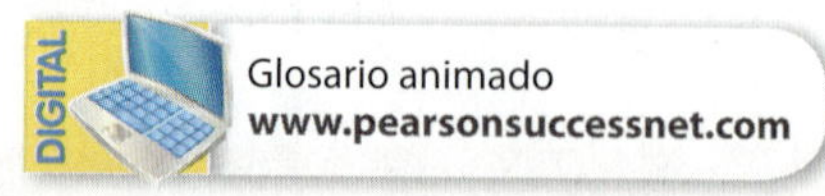

Puedes encontrar otro ejemplo en el Grupo F, página 59.

Estos son otros ejemplos de ecuaciones.

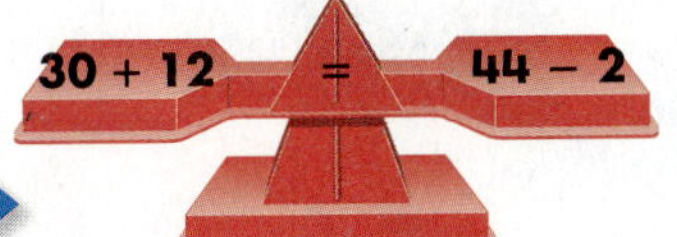

$30 + 12 = 44 − 2$

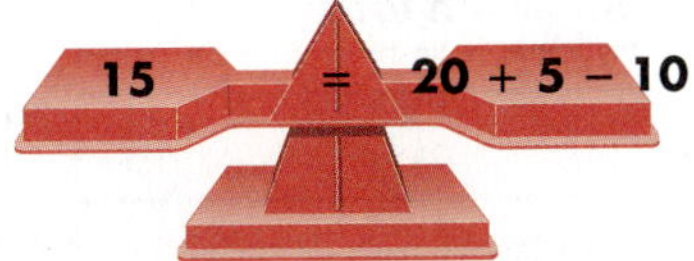

$15 = 20 + 5 − 10$

Algunas ecuaciones tienen símbolos o letras que representan *incógnitas*. ¿Qué número representa la letra n en esta ecuación?

$$7 = n − 8$$

La operación de resta que le corresponde es $15 − 8 = 7$.

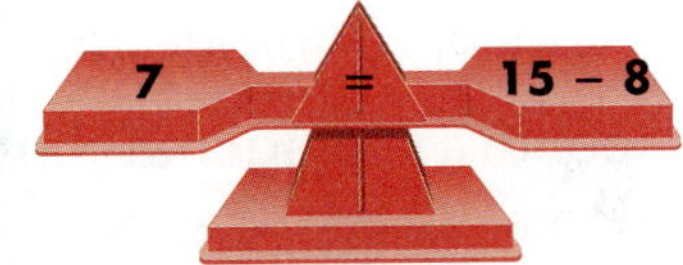

El valor de n es 15. Por tanto, $n = 15$.

Resolución de problemas

PRÁCTICAS MATEMÁTICAS

En los Ejercicios **22** y **23**, copia y completa la ecuación mostrada debajo de cada problema y úsala para resolverlo.

22. Nate tiene 10 piedras de río. Chen tiene 26 piedras de río. ¿Cuántas piedras de río más tiene Chen que Nate?

$10 + n = 26$

23. Tania recolectó 8 hojas menos que Gwen. Tania recolectó 12 hojas. ¿Cuántas hojas recolectó Gwen?

$n − 8 = 12$

24. Representar Ana tiene 5 estampillas. Su hermana tiene n estampillas. Entre ambas tienen 16 estampillas. Escribe una ecuación que represente el problema. ¿Cuántas estampillas tiene la hermana de Ana?

16 estampillas en total

5	n

25. Dean ayuda en el restaurante de la familia. Él registra la cantidad de horas que trabaja. ¿Cuántas horas trabajó en total durante el lunes y el miércoles?

Horas de trabajo de Dean

Días	Horas
Lunes	6
Martes	5
Miércoles	8

26. Escribir un problema Escribe y resuelve un problema que corresponda a la siguiente ecuación.

$48 = 20 + n$

27. ¿Qué valor de n hace verdadera la siguiente ecuación?

$n − 6 = 10$

A $n = 4$ **C** $n = 16$

B $n = 12$ **D** $n = 17$

28. ¿Es razonable? Samuel sumó $36 + 29$ y obtuvo 515. Explica por qué esta respuesta NO es razonable.

Estándares comunes

3.NBD.2 Sumar y restar con facilidad hasta 1000 utilizando estrategias y algoritmos basados en el valor de posición, las propiedades de las operaciones y la relación entre la suma y la resta. También, 3.OA.8.

Resolución de problemas

¿Es razonable?

Alejo tenía las canicas que se muestran a la derecha. Le dio 18 canicas a su hermano. ¿Cuántas canicas le quedan a Alejo?

Después de resolver un problema, pregúntate:

- ¿Es razonable la respuesta?
- ¿Respondí a la pregunta correcta?

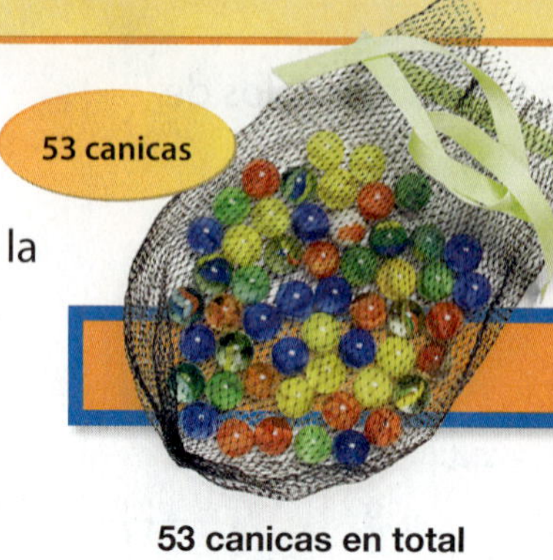

53 canicas en total

18 canicas	?

Práctica guiada*

PRÁCTICAS MATEMÁTICAS

¿CÓMO hacerlo?

1. Rosita está leyendo un libro que tiene 65 páginas. Le quedan 27 páginas por leer. ¿Cuántas páginas ha leído ya?

65 páginas en total

?	27

¿Lo ENTIENDES?

2. Comunicarse Explica cómo puedes comprobar que tu respuesta es razonable y que has respondido a la pregunta correcta.

3. Escribir un problema Escribe y resuelve un problema. Comprueba que tu respuesta sea razonable.

Práctica independiente

PRÁCTICAS MATEMÁTICAS

¿Es razonable? Resuelve el problema. Luego, comprueba que tu respuesta es razonable.

4. James está leyendo un libro que tiene 85 páginas. Leyó 35 páginas ayer y 24 páginas hoy. ¿Cuántas páginas leyó James en los dos días?

? páginas en total

35	24

5. Kyle tenía 56 carritos diferentes. Le dio 36 a su hermano. ¿Cuántos carritos tiene Kyle ahora?

Aplicar las prácticas matemáticas

- ¿Qué me piden que halle?
- ¿Qué otra cosa puedo intentar?
- ¿Cómo se relacionan las cantidades?
- ¿Cómo puedo explicar mi trabajo?
- ¿Cómo puedo usar las matemáticas para representar el problema?
- ¿Me serviría de ayuda alguna herramienta?
- ¿Hay precisión en mi trabajo?
- ¿Por qué funciona esto?
- ¿Cómo puedo hacer generalizaciones?

Puedes encontrar otro ejemplo en el Grupo G, página 59.

Respuesta de Jim	**Respuesta de Sally**	**Respuesta de Pablo**
53 − 18 = 35 El hermano de Alejo tiene 35 canicas.	53 − 18 = 45 A Alejo le quedan 45 canicas.	53 − 18 = 35 A Alejo le quedan 35 canicas.
53 − 18 es aproximadamente 50 − 20, o sea 30.	53 − 18 es aproximadamente 50 − 20, o sea 30.	53 − 18 es aproximadamente 50 − 20, o sea 30.
35 está cerca de 30; por tanto, 35 es razonable.	45 no está cerca de 30; por tanto, 45 no es razonable.	35 está cerca de 30; por tanto, 35 es razonable.
El número 35 es razonable, pero Jim no respondió a la pregunta correcta.	Sally respondió a la pregunta correcta pero el número 45 no es razonable.	El número 35 es razonable y Pablo respondió a la pregunta correcta.

Práctica independiente

¿Es razonable? En los Ejercicios **6** a **8**, usa la tabla para resolver.
Primero haz una estimación, luego comprueba que tu respuesta sea razonable.

6. ¿Cuántos puntos se anotaron en total en los Partidos 1 y 2?

? puntos en total

68	74

Datos

Puntos anotados en total	
Partidos	**Puntos**
Partido 1	68
Partido 2	74
Partido 3	89

7. En la primera mitad del Partido 1 se anotaron 39 puntos. ¿Cuántos puntos se anotaron en la segunda mitad?

68 puntos en total

39	?

8. Estimación ¿Aproximadamente cuántos puntos se anotaron en total en los tres partidos?

? puntos en total

70	70	90

9. Carl practica el piano 45 minutos cada día. Hoy practicó 15 minutos después de la escuela y 10 minutos antes de la cena. ¿Cuánto tiempo más tiene que practicar?

A 70 minutos   **C** 35 minutos

B 60 minutos   **D** 20 minutos

10. Carrie tiene 15 monedas de 1¢. Su hermano tiene 10 monedas de 1¢ más que Carrie. ¿Cuántas monedas de 1¢ tienen en total?

A 40 monedas   **C** 10 monedas

B 25 monedas   **D** 5 monedas

Grupo A, páginas 32 y 33

Usa la propiedad asociativa de la suma.

$(2 + \square) + 1 = 2 + (5 + 1)$
$(2 + 5) + 1 = 2 + (5 + 1)$

Puedes agrupar los sumandos de cualquier manera y la suma será la misma.

Usa la propiedad conmutativa de la suma.

$7 + \square = 6 + 7$
$7 + 6 = 6 + 7$

Puedes sumar los números en cualquier orden y la suma será la misma.

Recuerda la propiedad de identidad de la suma: la suma de cualquier número y cero es ese mismo número.

Escribe los números que faltan.

1. $(2 + 3) + 5 = 2 + (3 + \square)$

2. $\square + 0 = 6$

3. $(1 + \square) + 6 = 1 + (4 + 6)$

Grupo B, páginas 34 y 35

Escribe una oración numérica, luego resuélvela.

Anthony tiene 10 banderas. Le da siete banderas a sus amigos para que las usen durante un desfile el 4 de julio. ¿Cuántas banderas le quedan a Anthony?

10 banderas en total

7	?

$10 - 7 = 3$

A Anthony le quedan 3 banderas.

Recuerda que puedes restar para saber cuántas cosas quedan, para comparar o para hallar un sumando que falta.

Escribe una oración numérica, luego resuelve.

1. Una banda tiene ocho miembros. Cinco de los miembros de la banda cantan. ¿Cuántos no cantan?

Grupo C, páginas 36 a 38, 42 a 44, 46 a 48

Redondea 867 a la centena más cercana.

lugar de las centenas

867
↓↓↓
900

Como $6 > 5$, aumenta el dígito en el lugar de las centenas en uno. Luego, cambia todos los dígitos a la derecha a cero.

867 se redondea a 900.

Estima $478 + 134$.

Usa números compatibles.

$$\begin{array}{rcr} 478 & \longrightarrow & 470 \\ + \ 134 & \longrightarrow & + \ 130 \\ \hline & & 600 \end{array}$$

Recuerda que puedes descomponer los sumandos para usar el cálculo mental.

Halla las sumas usando el cálculo mental.

1. $30 + 56$ **2.** $45 + 19$

En los Ejercicios **3** a **8**, estima las sumas. Redondea a la centena más cercana.

3. $367 + 319$ **4.** $732 + 110$

Redondea a la decena más cercana.

5. $98 + 42$ **6.** $459 + 213$

Usa números compatibles.

7. $372 + 123$ **8.** $211 + 164$

Calcula mentalmente para hallar $83 - 16$.

20 es más fácil de restar que 16.
Por tanto, suma 4 a cada número y luego resta.

$$83 + 4 = 87 \text{ y } 16 + 4 = 20$$

$$87 - 20 = 67; \text{ por tanto, } 83 - 16 = 67$$

Recuerda que debes cambiar los dos números de la misma manera.

Halla las diferencias usando el cálculo mental.

1. $56 - 14$ **2.** $31 - 5$

Estima $486 - 177$.

Redondea cada número a la centena más cercana.

$$486 \longrightarrow 500$$
$$- \ 177 \longrightarrow - \ 200$$
$$300$$

O usa números compatibles.

$$486 \longrightarrow 500$$
$$- \ 177 \longrightarrow - \ 175$$
$$325$$

Recuerda que debes comprobar el valor de posición cuando redondeas.

En los Ejercicios **1** a **4**, estima las diferencias.

Redondea a la centena más cercana.

1. $367 - 319$ **2.** $872 - 110$

Usa números compatibles.

3. $472 - 228$ **4.** $911 - 347$

En una ecuación, el valor de la izquierda es igual al valor de la derecha.

¿Cuál es el valor de n que hace que la ecuación $4 + n = 12$ sea verdadera?

Puedes pensar en una operación de suma.
Como $4 + 8 = 12$, entonces el valor de $n = 8$.

Recuerda que puedes pensar en una operación de suma o resta para hallar el valor de n.

Halla el valor de n que hace que las ecuaciones sean verdaderas.

1. $7 + n = 15$ **2.** $6 = 10 - n$

Carla está leyendo un libro que tiene 87 páginas. Ha leído 49 páginas. ¿Cuántas páginas le quedan por leer?

Haz una estimación: $87 - 49$ es aproximadamente $90 - 50$, o sea 40.
$87 - 49 = 38$.

A Carla le quedan 38 páginas por leer. La respuesta es razonable porque 38 se acerca a la estimación de 40.

Recuerda que puedes usar una estimación para comprobar si tu respuesta es razonable.

1. Lucy tiene 45 tulipanes. 27 son tulipanes rojos. Los demás son amarillos. ¿Cuántos tulipanes amarillos tiene Lucy?

Opción múltiple

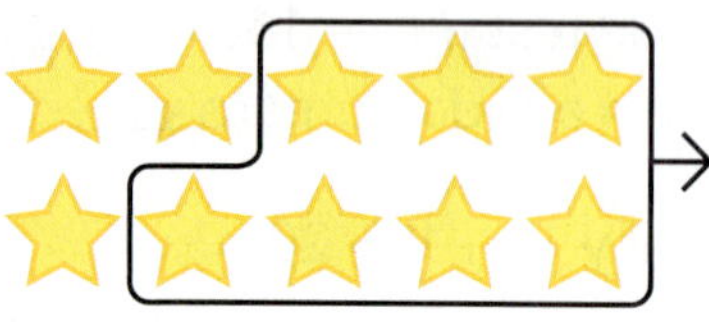

EVALUACIÓN

1. A la decena de libras más cercana, Riley pesa 90 libras. ¿Cuál podría ser su peso? (2-5)

A 84 libras

B 86 libras

C 95 libras

D 98 libras

2. Mario quiere tener 15 insectos en su colección. Tiene 8 insectos. ¿Qué oración numérica muestra una manera de hallar cuántos insectos más necesita? (2-2)

A $15 - 7 = $ ▢

B $15 - $ ▢ $ = 7$

C $8 + 15 = $ ▢

D $8 + $ ▢ $ = 15$

3. Rex tiene 252 tarjetas de futbol americano y 596 tarjetas de beisbol. ¿Qué oración numérica muestra la mejor estimación del número de tarjetas que tiene Rex en total, usando números compatibles? (2-6)

A $300 + 550 = 850$

B $300 + 500 = 800$

C $250 + 550 = 800$

D $250 + 600 = 850$

4. Tom tenía \$41. Gastó \$17. ¿Cuál es la mejor estimación de la cantidad que le quedó? (2-7)

A \$60

B \$30

C \$20

D \$10

5. ¿Qué oración numérica se muestra aquí? (2-2)

A $3 + 7 = 10$

B $17 - 7 = 10$

C $7 + 3 = 10$

D $10 - 7 = 3$

6. El Almacén de peces tropicales tenía 98 peces dorados el lunes. Para el viernes, había vendido 76 de los peces dorados. ¿Cuántos peces dorados no se habían vendido? Calcula mentalmente para resolver. (2-4)

A 22

B 32

C 38

D 174

7. ¿Qué oración numérica se puede usar para averiguar cuántos borradores hay en total? (2-1)

A $8 + 6 = 14$

B $9 + 6 = 15$

C $9 + 5 = 14$

D $3 + 6 = 9$

8. El grupo del Sr. Kipper recolectó $453 para el refugio local de animales. ¿Qué número resulta de redondear $453 a la centena más cercana? (2-5)

9. Ana nadó durante 39 minutos el sábado y 49 minutos el domingo. Para hallar el resultado de 39 + 49, Ada completó una de las cantidades a la decena siguiente, como se muestra a continuación. ¿Cuál es el número que falta? (2-3)

$$39 + 49 = 40 + \boxed{} = 88$$

10. Halla el valor de n que hace verdadera la siguiente ecuación. (2-8)

$$18 = 9 + n$$

11. Leonardo manejó 348 millas el lunes y 135 millas el martes. ¿Es 313 millas una respuesta razonable a cuánto más manejó Leonardo durante el lunes que durante el martes? Explica tu respuesta. (2-9)

12. Halla el valor de n que hace verdadera la siguiente ecuación. (2-8)

$$22 - n = 9$$

13. Para restar 62 − 17 mentalmente, Talía primero restó 62 − 20 = 42. ¿Qué debe hacer a continuación para hallar la diferencia final? (2-4)

14. Kaitlyn leyó un libro de 48 páginas. Su hermana leyó uno de 104 páginas. Estima el número total de páginas que leyeron las dos hermanas. (2-6)

15. Shawn tenía 342 tarjetas. Le dio 128 tarjetas a su hermana. Estima cuántas tarjetas le quedaron. Redondea a la decena más cercana para estimar tu respuesta. (2-7)

16. Un zoológico tiene 52 tipos de serpientes y 12 tipos de lagartos. Estima cuántos tipos más de serpientes hay en el zoológico que de lagartos. (2-7)

17. Carla pasó 28 minutos haciendo la tarea de Matemáticas y 43 minutos haciendo la de Ciencias. Calcula mentalmente cuánto tiempo más pasó haciendo la tarea de Ciencias que la de Matemáticas. (2-4)

18. Redondea a la centena más cercana para estimar la diferencia 398 − 129. (2-7)

19. ¿Qué propiedad de la suma se muestra en la oración numérica 3 + 9 = 9 + 3? Explícalo. (2-1)

20. Celia tiene $26 y Juan tiene $12. Usa la descomposición de números para hallar cuánto dinero tienen ambos en total. (2-3)

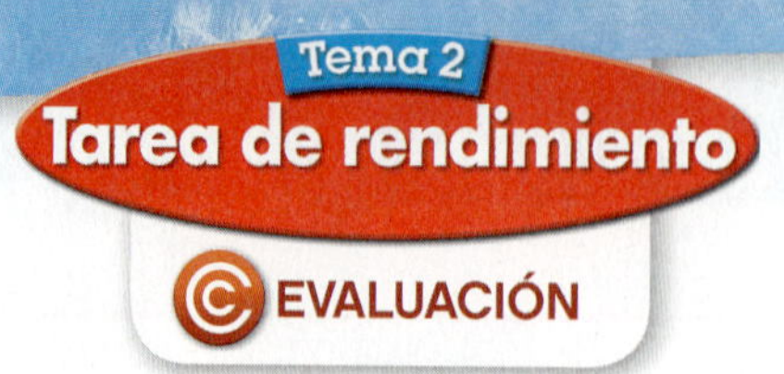

La Sra. Carlton está a cargo de la feria escolar y compró todos los artículos mostrados en la lista de compras.

1. Meg usó 6 de las hojas de cartulina gruesa para hacer carteles para la feria. ¿Cuántas hojas de cartulina gruesa quedan? En una hoja aparte, haz y rotula un dibujo, y explícalo con una oración numérica.

> **Feria escolar**
> **Lista de compras**
>
> 5 rollos de boletos
> 18 hojas de cartulina gruesa
> 84 globos
> 364 premios pequeños
> 248 premios grandes

2. ¿Cuál de las propiedades de la suma te permite sumar los números de rollos de boletos al número de hojas de cartulina gruesa en cualquier orden para obtener el mismo total de artículos?

3. Cada rollo tiene 75 boletos. Durante la primera hora de la feria se vendieron 30 boletos de un rollo. Calcula mentalmente cuántos boletos quedaron en el rollo. Explica tu razonamiento.

4. Miguel usó todos los globos para decorar los puestos y necesitó 16 más para terminar su trabajo. Usa el cálculo mental para hallar cuántos globos necesitó en total y luego explica tu razonamiento.

5. Estima cuántos premios pequeños y grandes se compraron para la feria. Explica el método que usaste para hacer tu estimación.

6. Estima cuántos premios pequeños más se compraron que premios grandes. Explica el método que usaste para hacer tu estimación.

7. Sara, María y Ken se llevaron 3 globos cada uno al final de la feria. ¿Cuántos globos se llevaron en total? Escribe una oración numérica para mostrar cómo resolviste el problema.

Tema 3

Usar el valor de posición para sumar y restar

▼ ¿Cuántas frutas frescas y procesadas come una persona en un año? Lo averiguarás en la Lección 3-9.

Repasa lo que sabes

Vocabulario

Escoge el mejor término del recuadro.

- diferencia
- ordenar
- estimar
- reagrupar

1. Cuando cambias 1 decena por 10 unidades, se llama __?__.

2. En una resta, el resultado es la __?__.

3. Cuando hallas una respuesta que está cerca de la respuesta exacta, se llama __?__.

Estimar diferencias

Redondea a la decena más cercana para estimar las diferencias.

4. 255 – 104   **5.** 97 – 61   **6.** 302 – 38

Redondea a la centena más cercana para estimar las diferencias.

7. 673 – 250   **8.** 315 – 96   **9.** 789 – 713

Números compatibles

© **10. Escribir para explicar** Usa números compatibles para estimar la diferencia de 478 – 123. Explica por qué los números que escogiste son compatibles.

11. ¿Cuál es la diferencia entre redondear y usar números compatibles para estimar una respuesta?

Pregunta esencial

- ¿Cuáles son los procedimientos estándar para sumar y restar números enteros?

Aprendizaje interactivo 

Plantea el problema. Empieza cada lección con una actividad en conjunto para resolver problemas. Te ayudará a comprender las matemáticas.

Lección 3-1

Razonar Resuelve el problema usando el método que prefieras. Piensa en el valor de posición.

Halla la suma de 327 + 241. Muestra todo tu trabajo.

$$327 + 241$$

Lección 3-2

Usar herramientas Resuelve el problema usando bloques de valor de posición.

Usa bloques de valor de posición para hallar la suma de 146 + 247. Explica cómo hallaste la respuesta.

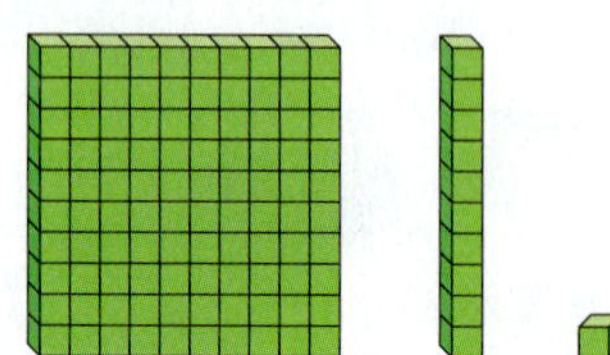

Lección 3-3

Usar herramientas Resuelve el problema usando cualquiera de las técnicas que has aprendido.

Supón que un autobús recorre 276 millas el lunes y 248 millas el martes. ¿Cuántas millas recorrió el autobús en total? Explica cómo hallaste la respuesta.

Lección 3-4

Hacer generalizaciones Resuelve el problema. Usa como ayuda lo que aprendiste en la lección anterior.

La tienda de mascotas tiene 162 peces dorados, 124 peces ángel y 53 peces globo. ¿Cuántos peces tiene en total? ¿Cómo podría una estimación ayudarte a resolver el problema? Explícalo.

Lección 3-5

Usar herramientas Resuelve. Haz un dibujo para ayudarte y luego escribe una oración numérica.

Una pecera tiene 25 gupis y 18 peces dorados. ¿Cuántos peces viven en la pecera? Muestra todo tu trabajo.

? peces en total	
25 gupis	18 peces dorados

Lección 3-6

Razonar Resuelve el problema usando el método que prefieras. Piensa en el valor de posición.

¿Cómo puedes hallar la diferencia de 534 − 108 al descomponer el problema en varios problemas de resta más pequeños?

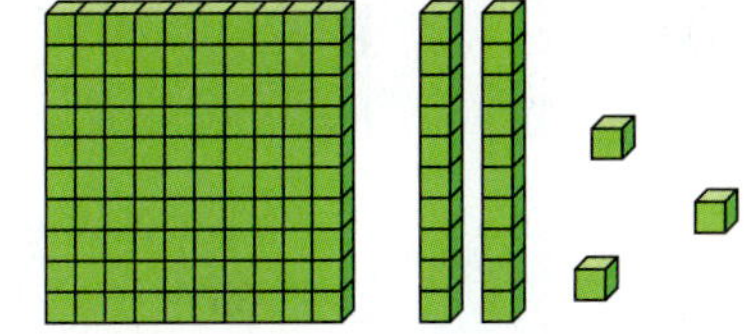

Lección 3-7

Usar herramientas Resuelve el problema usando bloques de valor de posición.

Usa bloques de valor de posición para hallar el resultado de 246 − 153. Explica cómo hallaste la respuesta.

Lección 3-8

Usar herramientas Resuelve el problema usando cualquiera de las técnicas que has aprendido.

El año pasado había 347 casas en venta en el condado Mill. De ellas, se vendieron 162. ¿Cuántas casas no se vendieron? Explica cómo hallaste la respuesta.

$$347 - 162$$

Lección 3-9

Hacer generalizaciones Resuelve el problema usando lo que aprendiste en las lecciones anteriores.

Un centro comunitario necesita recaudar $302 para comprar una impresora. Hasta el momento ha recaudado $164. ¿Cuánto le falta recaudar? Explica cómo hallaste la respuesta.

Lección 3-10

Representar Resuelve el problema. Usa la hoja de anotaciones de Resolución de problemas como ayuda.

La Escuela Jackson tiene 2 pisos y 600 estudiantes. Si en el primer piso hay 200 estudiantes, ¿cuántos hay en el segundo? Usa la hoja de anotaciones de Resolución de problemas para completar tu trabajo.

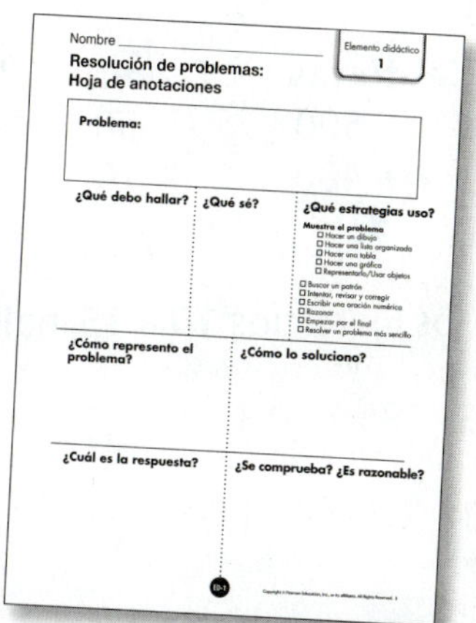

Estándares comunes

3.NBD.2 Sumar y restar con facilidad hasta 1000 utilizando estrategias y algoritmos basados en el valor de posición, las propiedades de las operaciones y la relación entre la suma y la resta.

Sumar con un algoritmo desarrollado

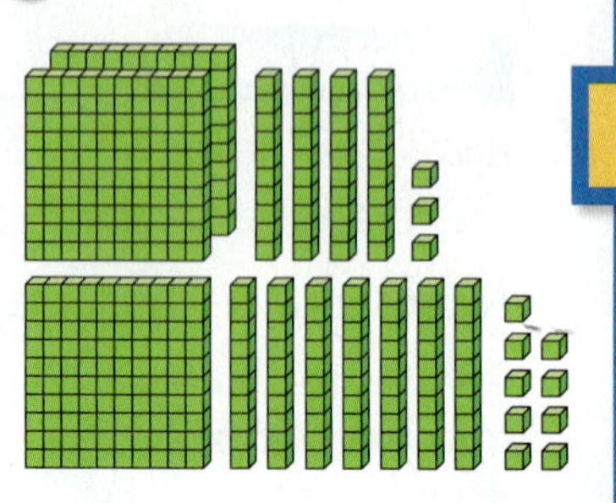

¿Cómo puedes descomponer problemas de suma grandes en problemas más pequeños?

Halla la suma o el total de 243 + 179.

Cada dígito de cada número se puede representar con bloques de valor de posición. Puedes usar el valor de posición para sumar los números.

Práctica guiada*

¿CÓMO hacerlo?

En los Ejercicios **1** y **2**, nombra el valor de los dígitos que forman los números.

1. el 7 en 700

2. el 4 en 542

3. Completa estos pasos para hallar 375 + 412.

Centenas	Decenas	Unidades	Total
300	70	5	
+ 400	+ 10	+ 2	

4. Halla 308 + 494.

¿Lo ENTIENDES?

5. Razonar ¿Cómo se relacionan los tres problemas del ejemplo con el ejercicio de tres dígitos con el que empezaste?

6. Comunicarse Supón que estuvieras sumando 405 + 527. ¿Cuál sería el problema correspondiente a las decenas? ¿Por qué?

7. Escribe los problemas que podrías usar para hallar 623 + 281.

Práctica independiente

En los Ejercicios **8** y **9**, completa los pasos para hallar las sumas.

8. 550 + 423

Centenas	Decenas	Unidades	Total
500	50	0	
+ 400	+ 20	+ 3	

9. 546 + 232

Centenas	Decenas	Unidades	Total
500	40	6	
+ 200	+ 30	+ 2	

En los Ejercicios **10** a **15**, halla las sumas.

10. 185 + 613.

11. 730 + 168.

12. 645 + 314.

13. 315 + 251.

14. 288 + 103.

15. 561 + 332.

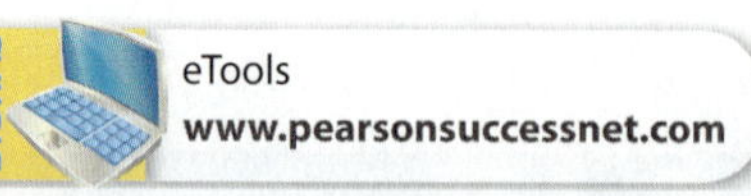

 Puedes encontrar otro ejemplo en el Grupo A, página 92.

Descompón 243 + 179 en problemas más pequeños. Piensa en los valores de posición de cada número.

Centenas	Decenas	Unidades
200	40	3
+ 100	+ 70	+ 9
300	110	12

Después suma los resultados de todos los lugares.

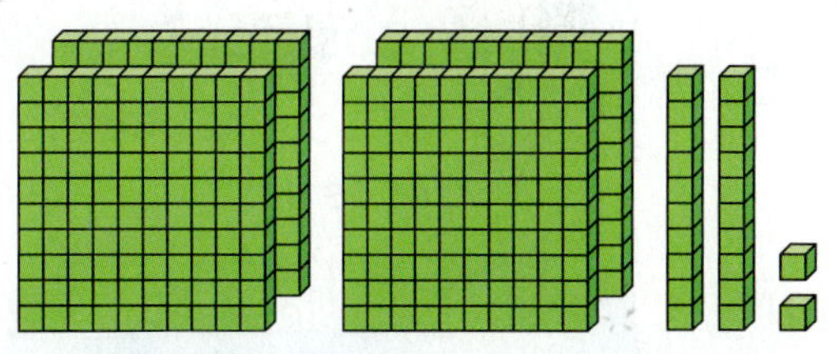

$$\begin{array}{r} 300 \\ 110 \\ +\ \ 12 \\ \hline 422 \end{array}$$

Resolución de problemas

PRÁCTICAS MATEMÁTICAS

16. John leyó un libro de 377 páginas; Jess leyó un libro de 210 páginas. ¿Cuántas páginas leyeron en total?

17. Perseverar Anne hizo un collar con 176 cuentas. Lynn hizo otro con 254 cuentas. ¿Cuántas cuentas usaron en total?

18. Había 431 personas mirando el partido de futbol en un estadio. Después llegaron 245 personas más. ¿Cuántas personas están mirando el partido ahora?

19. Razonar Guillermo necesita hallar el resultado de 318 + 230. ¿En cuáles tres problemas más pequeños puede descomponer su suma?

20. Escribir para explicar Pablo quiere sumar los puntos que su equipo favorito de básquetbol anotó en sus dos últimos partidos. El equipo anotó 137 puntos y 112 puntos. Describe cómo puede Pablo sumar estos números usando problemas más pequeños.

21. Comunicarse Laura quiere hallar el resultado de 335 + 420. Quiere descomponer el problema en problemas más sencillos. ¿Necesita hallar una suma para las unidades? Explícalo.

22. Perseverar Un cine vendió 275 boletos el lunes y 226 boletos el martes. ¿Cuántos boletos vendió en total el cine?

23. ¿Cuál de las siguientes opciones muestra la suma de las centenas, las decenas y las unidades en 331 + 516?

  A 800 + 40 + 6

  B 800 + 40 + 7

  C 700 + 40 + 8

  D 400 + 80 + 8

Estándares comunes

3.NBD.2 Sumar y restar con facilidad hasta 1000 utilizando estrategias y algoritmos basados en el valor de posición, las propiedades de las operaciones y la relación entre la suma y la resta.

Modelos para sumar números de 3 dígitos

Manos a la obra
bloques de valor de posición

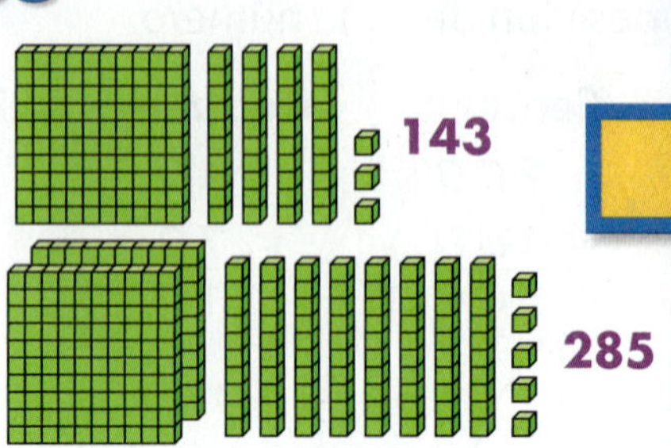

¿Cómo sumas números de 3 dígitos con bloques de valor de posición?

Puedes sumar números enteros usando el valor de posición para descomponerlos.

Halla $143 + 285$.

143

285

Otro ejemplo **¿Cómo sumas con dos reagrupaciones?**

Halla $148 + 276$.

Paso 1

Suma las unidades
8 unidades + 6 unidades = 14 unidades

Reagrupa.
14 unidades = 1 decena 4 unidades

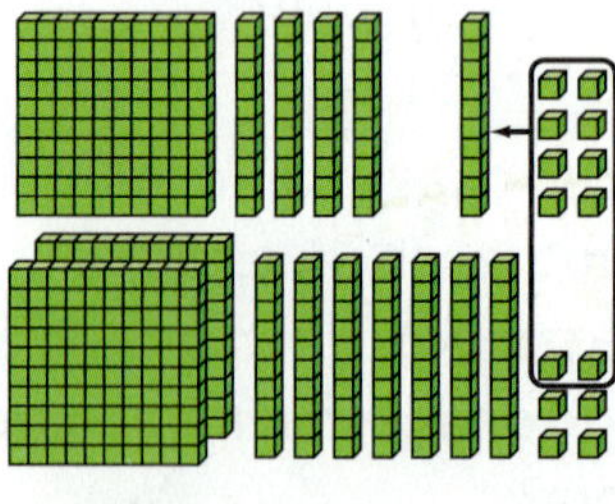

Paso 2

Suma las decenas.
1 decena + 4 decenas + 7 decenas = 12 decenas

Reagrupa.
12 decenas = 1 centena 2 decenas

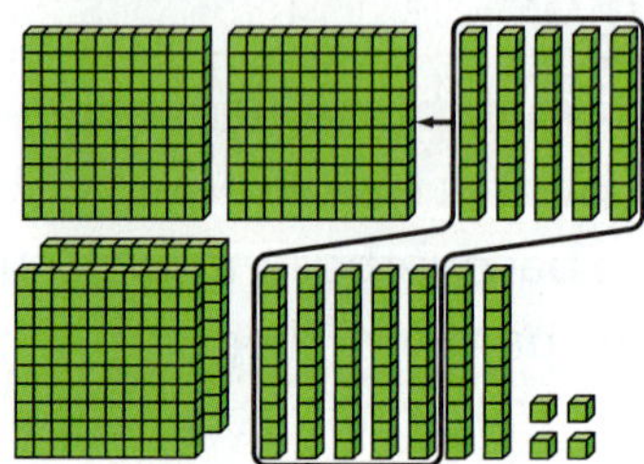

Paso 3

Suma las centenas.
1 centena + 1 centena + 2 centenas = 4 centenas

Por tanto, $148 + 276 = 424$.

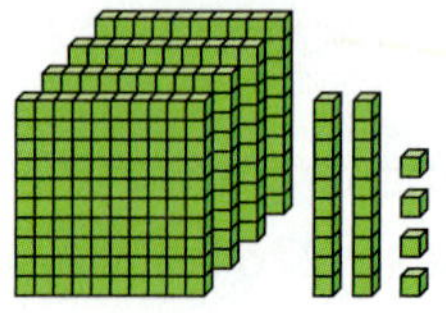

Explícalo

1. ¿Por qué tuviste que reagrupar dos veces?

2. **Razonar** ¿Por qué no reagrupaste las centenas?

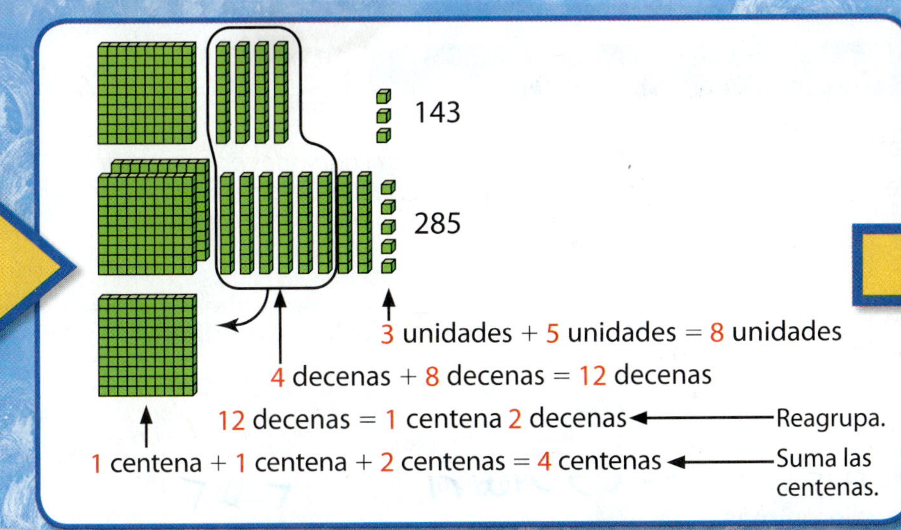

143

285

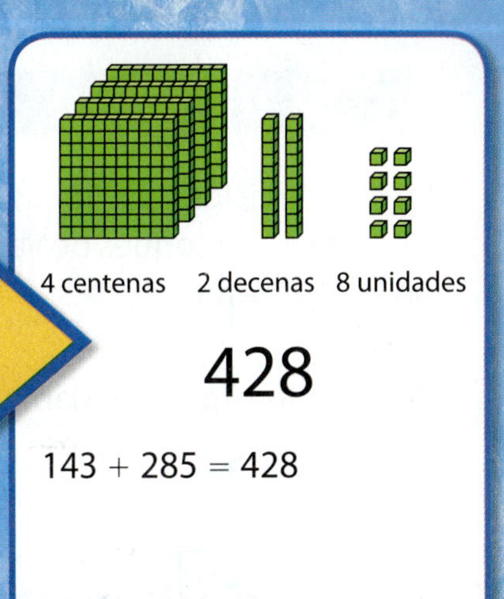

Práctica guiada*

 **PRÁCTICAS MATEMÁTICAS**

¿CÓMO hacerlo?

1. Escribe el problema y halla la suma.

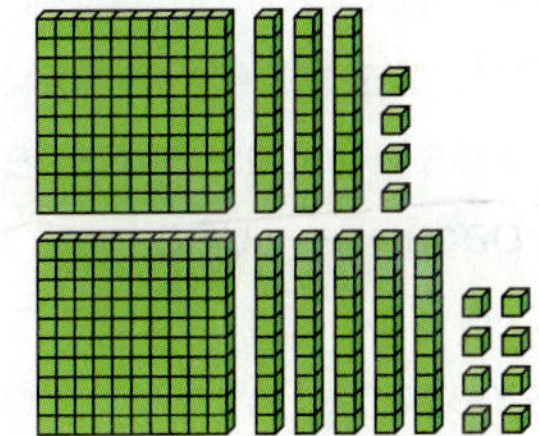

Usa bloques de valor de posición o haz dibujos para hallar cada suma.

2. 256 + 162   **3.** 138 + 29

¿Lo ENTIENDES?

4. Representar ¿Cómo sabes cuándo necesitas reagrupar?

5. El Sr. Wu manejó su carro 224 millas ayer. Manejó 175 millas hoy. Usa bloques de valor de posición o haz dibujos para hallar cuántas millas manejó en total.

Práctica independiente

Escribe los problemas y halla las sumas.

6. 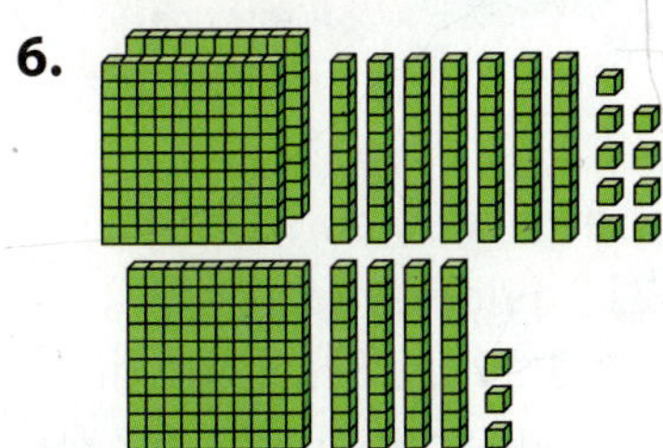

7. 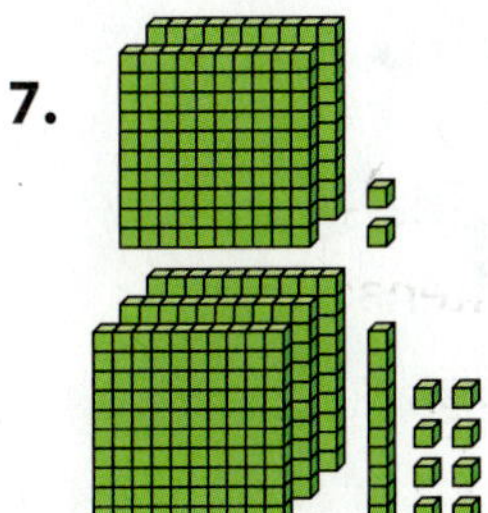

Halla las sumas. Usa bloques de valor de posición o haz dibujos como ayuda.

8. 635 + 222   **9.** 337 + 152   **10.** 359 + 211   **11.** 358 + 243

En los Ejercicios **12** a **15**, usa la tabla de la derecha. Usa bloques de valor de posición o haz un dibujo como ayuda.

Ojo *Puedes dibujar cuadrados para mostrar las centenas, líneas para mostrar las decenas y "x" para mostrar las unidades.*

12. Estima aproximadamente cuántos boletos se vendieron en total el sábado para las tres atracciones.

Datos

Número de boletos vendidos		
Atracción	**Sábado**	**Domingo**
Rueda de Chicago	368	406
Montaña rusa	486	456
Columpios	138	251

13. Escribir para explicar Sin sumar, ¿cómo puedes saber si se vendieron más boletos en los dos días para la rueda de Chicago o para los columpios?

14. ¿Cuántos boletos se vendieron para la rueda de Chicago en los dos días?

15. ¿Cuántos boletos se vendieron para la montaña rusa en los dos días?

16. Razonar Mike quiere usar bloques de valor de posición para mostrar $237 + 153$. Tiene 8 bloques de decenas. ¿Son suficientes para mostrar la suma? Explícalo.

17. Un tipo de árbol de pacanas produce aproximadamente 45 pacanas por cada libra de nueces. Si tienes una libra de estas pacanas y una libra del tipo de pacanas que se muestran abajo, ¿cuántas pacanas tienes?

18. Escribir para explicar ¿La suma de dos números de 3 dígitos es siempre un número de 3 dígitos? Explica cómo lo sabes.

19. ¿Qué oración numérica se muestra con estos bloques de valor de posición?

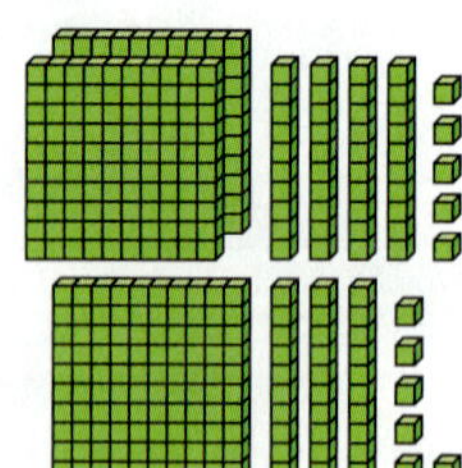

A $254 + 163 = 417$

B $245 + 136 = 381$

C $245 + 163 = 408$

D $254 + 136 = 390$

20. En un aeropuerto muy concurrido, aterrizaron 228 aviones entre el mediodía y las 3:00 P.M. El mismo día aterrizaron 243 aviones entre las 3 P.M. y las 6 P.M. ¿Cuántos aviones aterrizaron en total entre el mediodía y las 6 P.M.?

? aviones en total	
228	243

Sumar con reagrupación

Usa **e tools**

Bloques de valor de posición

Usa los Bloques de valor de posición de eTools para sumar 367 + 175 reagrupando.

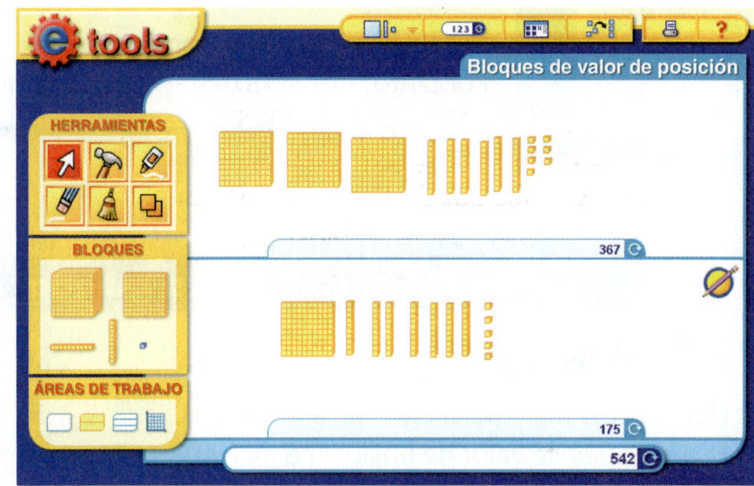

Paso 1 Ve a la herramienta de Bloques de valor de posición de eTools. Haz clic en el Área de trabajo doble. En la parte superior del área de trabajo, muestra 367 con Bloques de valor de posición. Muestra 175 en la parte inferior.

Paso 2 Usa la herramienta de flecha para mover las unidades de 175 a la parte superior del área de trabajo. Luego, usa la herramienta de pegar para seleccionar 10 unidades. Haz clic en el grupo de 10 unidades para formar una decena.

Paso 3 Usa la herramienta de flecha para mover las decenas de 175 a la parte superior del área de trabajo. Usa la herramienta de pegar para seleccionar 10 decenas. Haz clic en el grupo de 10 decenas para formar una centena.

Paso 4 Usa la herramienta de flecha para mover la centena de 175 a la parte superior del área de trabajo. Mira los bloques para hallar la suma, 367 + 175 = 542.

Práctica

Usa los Bloques de valor de posición de eTools para hallar las sumas reagrupando.

1. 248 + 374
2. 459 + 178
3. 566 + 293
4. 675 + 189

Estándares comunes

3.NBD.2 Sumar y restar con facilidad hasta 1000 utilizando estrategias y algoritmos basados en el valor de posición, las propiedades de las operaciones y la relación entre la suma y la resta. También, **3.OA.8, 3.NBD.1.**

Sumar números de 3 dígitos

¿Cómo usas la suma para resolver problemas?

La familia de Jason viajó en carro desde las cataratas del Niágara hasta Albany. ¿Qué distancia viajaron en total?

Halla 119 + 187.

Haz una estimación redondeando. 100 + 200 = 300
Por tanto, 119 + 187 es aproximadamente 300.

Práctica guiada*

PRÁCTICAS MATEMÁTICAS

¿CÓMO hacerlo?

Haz una estimación. Luego, halla las sumas. Usa bloques de valor de posición o dibujos como ayuda.

1. 126
    + 171

2. 415
    + 168

3. 445 + 524

4. 394 + 97

¿Lo ENTIENDES?

5. ¿Es razonable? En el ejemplo de la familia de Jason, ¿es razonable la respuesta 306 millas? Explícalo.

6. La Sra. Lane manejó 278 millas el martes y 342 millas el miércoles. Escribe y resuelve una oración numérica para hallar la distancia total que manejó.

Práctica independiente

En los Ejercicios **7** a **24**, haz una estimación. Luego, halla las sumas.

7. 347
    + 325

8. 136
    + 252

9. 564
    + 283

10. 231
    + 344

11. 324
    + 589

12. 441
    + 399

13. 333
    + 207

14. 127
    + 554

15. 271
    + 531

16. 426
    + 396

17. 324 + 68

18. 709 + 94

19. 496 + 275

20. 526 + 307

21. 438 + 233

22. 582 + 230

23. 494 + 313

24. 207 + 238

Puedes encontrar otro ejemplo en el Grupo B, página 92.

Resolución de problemas

PRÁCTICAS MATEMÁTICAS

Usar herramientas En los Ejercicios **25** a **28**, usa la tabla de la derecha.

25. a Escribe una oración numérica para hallar cuántas etiquetas reunieron en total los Grados 1 y 2.

   b Estima la respuesta.

   c Resuelve el problema.

   d ¿Es razonable tu respuesta? Explícalo.

Datos

Etiquetas de sopa reunidas	
Grados	**Número**
Grado 1	385
Grado 2	294
Grado 3	479
Grado 4	564

26. Razonar Sin hallar la suma exacta, ¿cómo sabes que los Grados 2 y 3 juntos reunieron más etiquetas que el Grado 4?

27. Escribe el número de etiquetas reunidas de menor a mayor.

28. ¿Qué oración numérica muestra cuántas etiquetas reunieron en total los Grados 1 y 4?

   A $385 + 479 = $ ▢

   B $385 + 564 = $ ▢

   C $294 + 479 + 564 = $ ▢

   D $385 + 294 + 479 + 564 = $ ▢

29. La montaña rusa más alta del mundo se llama Kingda Ka. Es 192 pies más alta que la primera rueda de Chicago. ¿Cuál es la altura de Kingda Ka?

Estándares comunes

3.NBD.2 Sumar y restar con facilidad hasta 1000 utilizando estrategias y algoritmos basados en el valor de posición, las propiedades de las operaciones y la relación entre la suma y la resta. También, **3.OA.8.**

Sumar 3 números o más

¿Cómo usas la suma para resolver problemas?

Una tienda de mascotas vende diferentes tipos de aves. ¿Cuántas aves hay en total en la tienda?

- Halla $137 + 155 + 18$.

- Haz una estimación:
  $140 + 160 + 20 = 320$

Práctica guiada*

PRÁCTICAS MATEMÁTICAS

¿CÓMO hacerlo?

Halla las sumas.

1.
```
   36
   47
+  35
```

2.
```
  247
  362
+  49
```

3.
```
  273
   82
+ 124
```

4.
```
   59
  506
  302
+  24
```

5. $9 + 46 + 24$

6. $385 + 97 + 34$

¿Lo ENTIENDES?

En los Ejercicios **7** a **9**, mira el ejemplo de arriba.

7. Razonar ¿Por qué hay un 2 sobre el lugar de las decenas en el Paso 2?

8. ¿Es razonable? ¿Cómo puedes saber que "310 aves" es una respuesta razonable?

9. Supón que la tienda de mascotas recibe 46 cotorras para vender. Escribe y resuelve una oración numérica para mostrar cuántas aves tiene para vender ahora.

Práctica independiente

Halla las sumas.

10.
```
   64
   42
+  88
```

11.
```
  307
   37
+ 234
```

12.
```
  602
  125
+ 231
```

13.
```
  246
   54
  233
+ 205
```

14.
```
  303
  128
   63
+ 149
```

15. $164 + 68 + 35$

16. $32 + 9 + 46 + 8$

17. $125 + 36 + 124 + 239$

 Puedes encontrar otro ejemplo en el Grupo B, página 92.

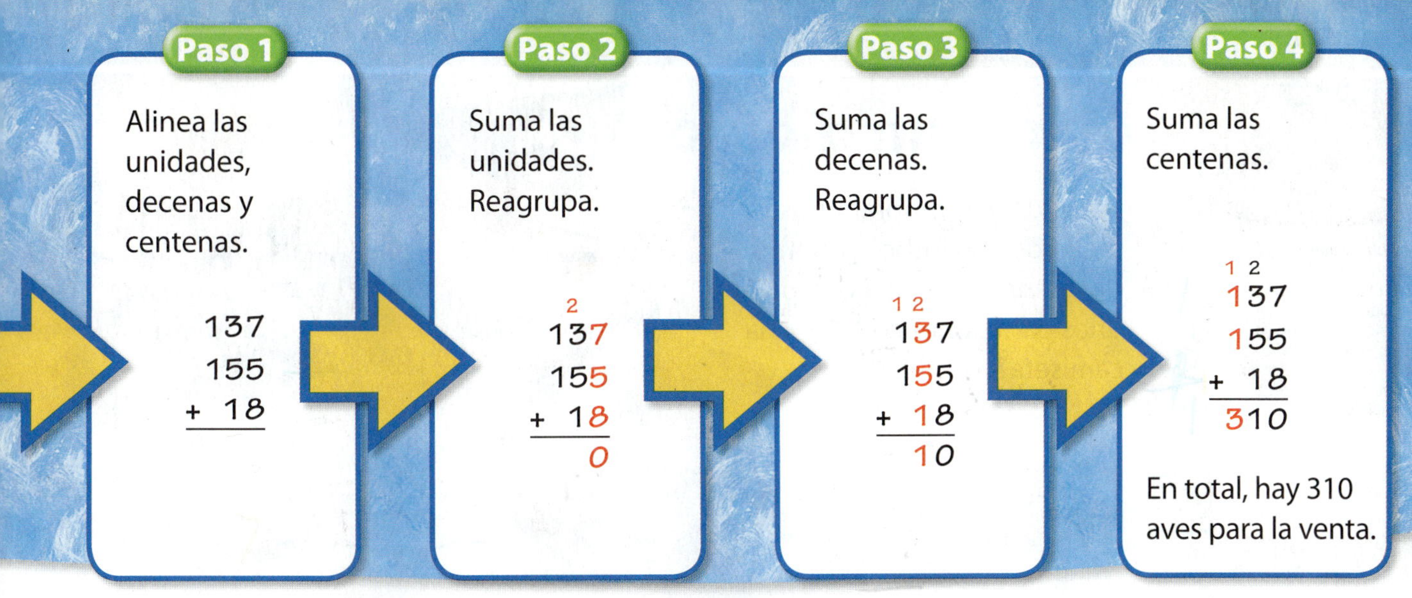

Resolución de problemas

Las calorías se usan para medir la energía de los alimentos. Usa las fotos para los Ejercicios **18** y **19**.

18. Karin se desayunó con cereal, un vaso de leche y un plátano. Sigue los pasos para hallar cuántas calorías comió en el desayuno.

  a Escribe una oración numérica para mostrar cómo resolver el problema.

  b Estima la respuesta.

  c Resuelve el problema.

  d Usa la estimación para explicar por qué tu respuesta es razonable.

19. Razonar Compara el número de calorías de un vaso de leche con el número de calorías de un plátano. Usa >, < ó =.

20. ¿Es razonable? Meg dijo que $95 + 76 + 86$ es mayor que 300. Explica por qué su respuesta no es razonable.

21. Usa la foto para hallar el tamaño de la cabeza del presidente Washington esculpida en Mount Rushmore.

22. Ramón tiene 225 monedas de 1¢, 105 monedas de 5¢ y 65 monedas de 10¢. ¿Cuántas monedas tiene?

  A 385 monedas   **C** 980 monedas

  B 395 monedas   **D** 3,815 monedas

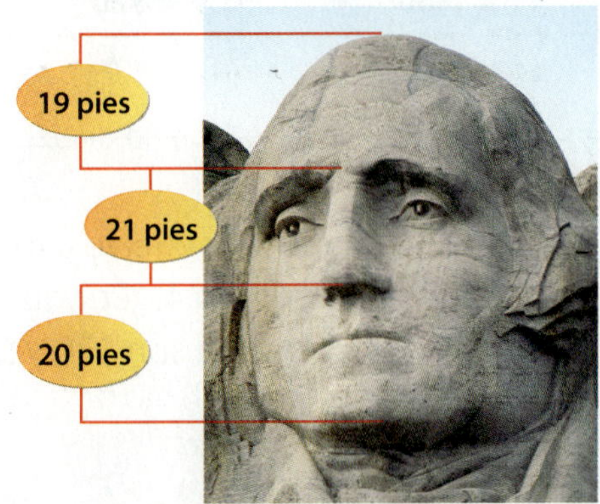

Estándares comunes

3.NBD.2 Sumar y restar con facilidad hasta 1000 utilizando estrategias y algoritmos basados en el valor de posición, las propiedades de las operaciones y la relación entre la suma y la resta. También, **3.OA.8.**

Resolución de problemas

Hacer un dibujo

David desea comprar unos recuerdos de futbol. ¿Cuánto dinero necesita para comprar unos pantalones cortos y una camiseta?

Práctica guiada*

PRÁCTICAS MATEMÁTICAS

¿CÓMO hacerlo?

1. Usa el dibujo de arriba. Carlos compró un cartel y un banderín. Copia y completa el diagrama para hallar cuánto dinero gastó.

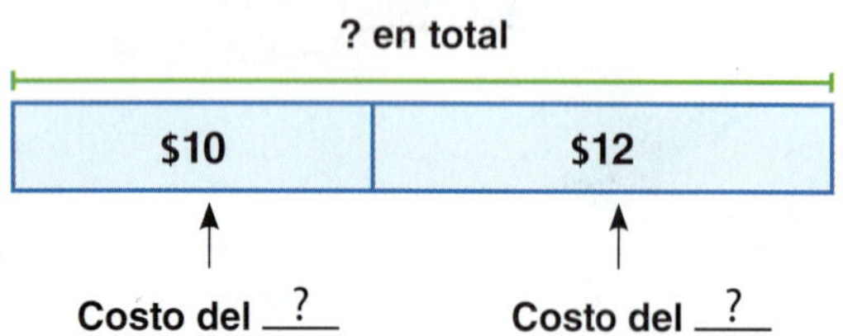

¿Lo ENTIENDES?

2. Mira el diagrama del Ejercicio 1.

  a ¿Qué muestra cada recuadro?

  b ¿Qué muestra la recta que está sobre el rectángulo?

3. **Escribir un problema** Escribe y resuelve un problema que se pueda resolver haciendo un dibujo.

Práctica independiente

PRÁCTICAS MATEMÁTICAS

4. El padre de David gastó $27 en boletos para el partido de beisbol. También gastó $24 en comida. ¿Aproximadamente cuánto gastó?

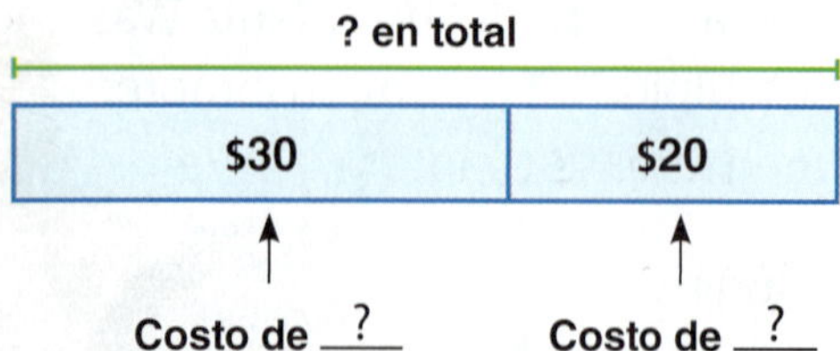

5. **Escribir para explicar** Vuelve a mirar el diagrama del Ejercicio 4. ¿Por qué los números en el diagrama son $30 y $20 en vez de $27 y $24?

Aplicar las prácticas matemáticas

- ¿Qué me piden que halle?
- ¿Qué otra cosa puedo intentar?
- ¿Cómo se relacionan las cantidades?
- ¿Cómo puedo explicar mi trabajo?
- ¿Cómo puedo usar las matemáticas para representar el problema?
- ¿Me serviría de ayuda alguna herramienta?
- ¿Hay precisión en mi trabajo?
- ¿Por qué funciona esto?
- ¿Cómo puedo hacer generalizaciones?

Dibuja un diagrama para mostrar lo que sabes.

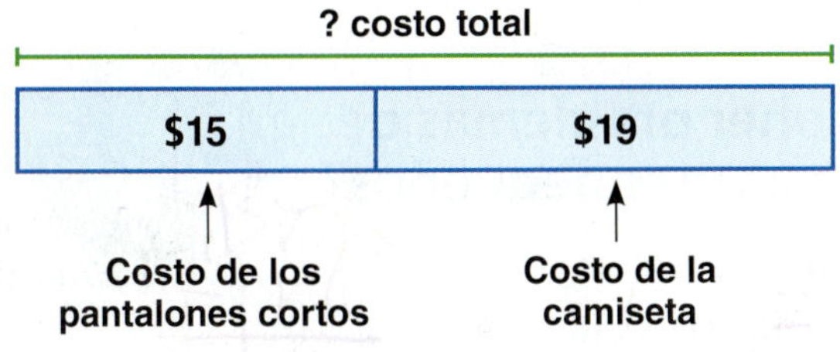

Conoces las partes. Suma para hallar el total.

$15 + $19 = ☐

$15 + $19 = $34

Piénsalo $15 + $20 = $35
$20 es $1 más que $19.

David necesita $34 para comprar pantalones cortos y una camiseta.

Asegúrate de que la respuesta sea razonable.

Haz una estimación.

$15 + $19 es aproximadamente

$20 + $20, o sea $40.

La respuesta es razonable porque $34 está cerca de $40.

Ⓒ **Perseverar** La tabla de la derecha muestra las mascotas que pertenecen a estudiantes del tercer grado de la Escuela Smith. Usa la tabla en los Ejercicios **6** a **8**. En los Ejercicios **6** y **7**, copia y completa el diagrama. Responde a las preguntas.

Datos

Mascotas de los estudiantes

Mascotas	Número de estudiantes
Gatos	18
Perros	22
Peces	9
Hámsteres	7
Serpientes	2

6. ¿Cuántos estudiantes tienen peces o hámsters?

7. ¿Cuántos estudiantes tienen gatos, perros o serpientes?

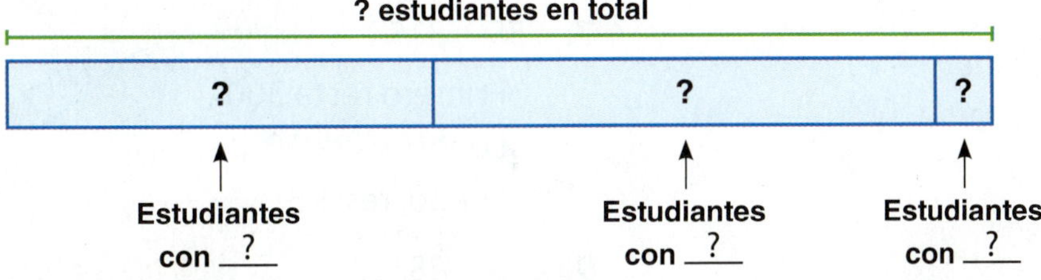

Ⓒ **8. Representar** Haz un diagrama para hallar aproximadamente cuántos estudiantes tienen gatos o perros.

Ⓒ **9. Estimación** En el acuario, Janika contó 12 tiburones toro, 9 tiburones cebra y 11 tiburones nodriza. ¿Aproximadamente cuántos tiburones contó Janika?

A 50 tiburones   **B** 30 tiburones   **C** 20 tiburones   **D** 15 tiburones

Estándares comunes

3.NBD.2 Sumar y restar con facilidad hasta 1000 utilizando estrategias y algoritmos basados en el valor de posición, las propiedades de las operaciones y la relación entre la suma y la resta.

Restar con un algoritmo desarrollado

¿Cómo puedes descomponer problemas de resta grandes en problemas más pequeños?

Drew anotó menos puntos que Marco en un juego de *Digit Derby*. Marco anotó 462 puntos. ¿Cuántos puntos más anotó Marco que Drew?

Halla 462 − 181.

Piénsalo

"Puedo restar 100, luego 80 y después 1".

Práctica guiada*

PRÁCTICAS MATEMÁTICAS

¿CÓMO hacerlo?

1. Sigue estos pasos para hallar 374 − 236.

Primero resta 200.
Luego, resta 30.
Luego, resta 4.
Luego, resta 2.

En los Ejercicios **2** y **3**, halla las diferencias.

2. 674 − 332   **3.** 369 − 175

¿Lo ENTIENDES?

4. Usar la estructura ¿Por qué necesitas escribir los números que restas en cada paso?

5. Razonar Ana está tratando de hallar 634 − 210. Decide comenzar restando 10 a 634. ¿Estás de acuerdo con Ana? Explícalo.

Práctica independiente

Práctica al nivel En los Ejercicios **6** a **9**, sigue los pasos para hallar las diferencias.

6. 738 − 523

Primero resta 500.
Luego, resta 20.
Luego, resta 3.

7. 755 − 315

Primero resta 300.
Luego, resta 10.
Luego, resta 5.

8. 336 − 217

Primero resta 200.
Luego, resta 10.
Luego, resta 6.
Luego, resta 1.

9. 643 − 281

Primero resta 200.
Luego, resta 40.
Luego, resta 40.
Luego, resta 1.

En los Ejercicios **10** a **15**, halla las diferencias.

10. 398 − 146   **11.** 455 − 182   **12.** 865 − 506

13. 794 − 355   **14.** 675 − 384   **15.** 472 − 154

 Puedes encontrar otro ejemplo en el Grupo A, página 92.

Resolución de problemas

16. Dan y Beth fueron a jugar bolos. Dan anotó 87 puntos. Beth anotó 128 puntos. ¿Cuántos puntos más tiene Beth que Dan?

17. Beth juega a los bolos una vez más en un intento de igualar su récord. Su récord es de 165 puntos y necesita 37 puntos más para alcanzarlo. ¿Cuál es el puntaje actual de Beth?

18. Escribir para explicar Supón que quieres restar un número de 3 dígitos a otro número de 3 dígitos. ¿Por qué el problema puede simplificarse si lo descompones en problemas más pequeños y restas repetidamente?

19. El Sr. Brown vende flores. Tiene 417 rosas rojas y 232 rosas amarillas. ¿Cuántas rosas rojas más tiene el Sr. Brown que rosas amarillas?

A 175   **C** 185

B 184   **D** 225

20. Hay 128 estudiantes en el comedor de la escuela. Casi al final de la hora del almuerzo, 53 estudiantes se van. ¿Cuántos estudiantes quedan en la cafetería?

21. Comunicarse Owen necesita hallar $345 - 124$. Decide hacer la resta por pasos. ¿Qué número piensas que debe restar primero? ¿Por qué?

22. Perseverar El libro de Donaldo tiene 316 páginas. La semana pasada leyó 50 páginas. Esta semana leyó otras 71 páginas. ¿Cuántas páginas le quedan por leer?

23. Razonar Liz quiere hallar la diferencia de $623 - 411$. Hasta ahora, ha restado las centenas y las decenas. ¿Cuánto ha restado hasta ahora? ¿Cuánto le falta por restar?

Ojo *Piensa en la pregunta escondida.*

Estándares comunes

3.NBD.2 Sumar y restar con facilidad hasta 1000 utilizando estrategias y algoritmos basados en el valor de posición, las propiedades de las operaciones y la relación entre la suma y la resta. También, 3.OA.8.

Modelos para restar números de 3 dígitos

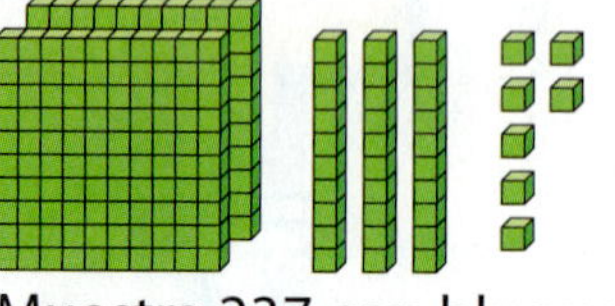

¿Cómo restas números de 3 dígitos con bloques de valor de posición?

Usa el valor de posición para restar primero las unidades, luego las decenas y por último las centenas.

Halla 237 − 165.

Muestra 237 con bloques de valor de posición.

Práctica guiada*

PRÁCTICAS MATEMÁTICAS

¿CÓMO hacerlo?

En los Ejercicios **1** a **6**, usa bloques de valor de posición o haz un dibujo para restar.

1. 249 − 187

2. 261 − 134

3. 158 − 76

4. 384 − 182

5. 173 − 158

6. 325 − 213

¿Lo ENTIENDES?

7. Comunicarse En el ejemplo de arriba, ¿por qué necesitas reagrupar 1 centena en 10 decenas?

8. Representar Colby ahorró $256 haciendo trabajos en el vecindario. Compró una impresora para la computadora por $173. ¿Cuánto dinero le queda? Haz un dibujo para que te ayude a restar.

Práctica independiente

En los Ejercicios **9** a **18**, usa bloques de valor de posición o haz un dibujo para restar.

Ojo Puedes dibujar cuadrados para mostrar las centenas, líneas para mostrar las decenas y X para mostrar las unidades. Este dibujo muestra 127.

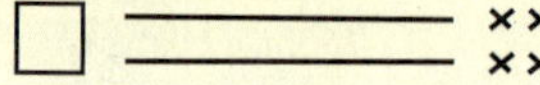

9. 347 − 263

10. 196 − 149

11. 218 − 117

12. 251 − 132

13. 423 − 291

14. 123 − 81

15. 265 − 84

16. 539 − 275

17. 376 − 153

18. 417 − 308

eTools
www.pearsonsuccessnet.com

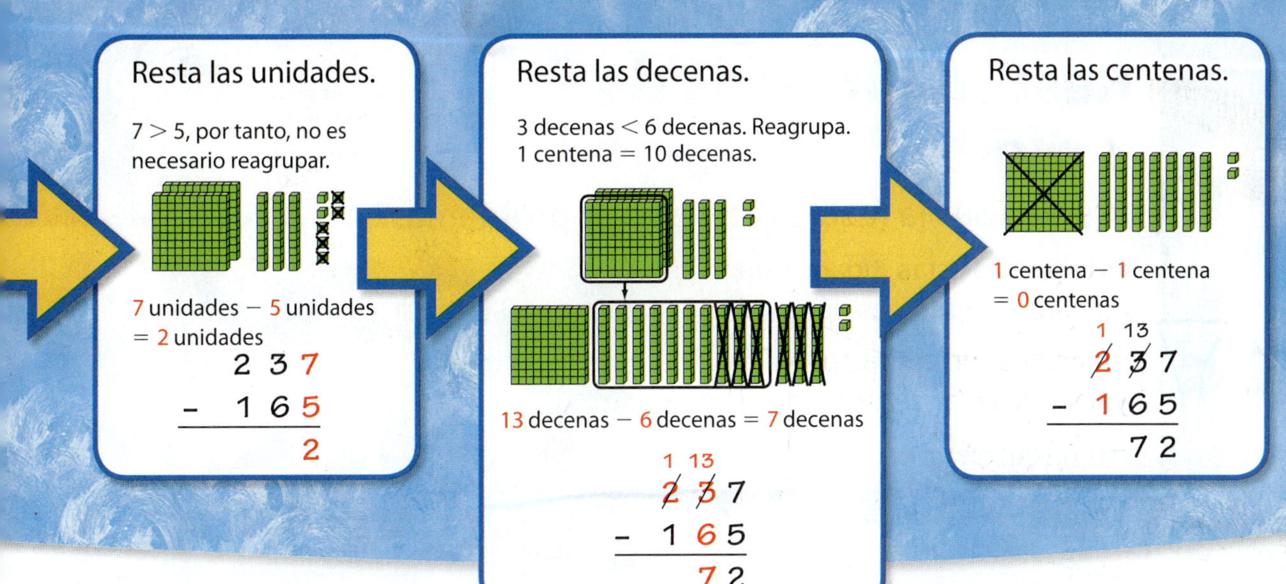

Resolución de problemas

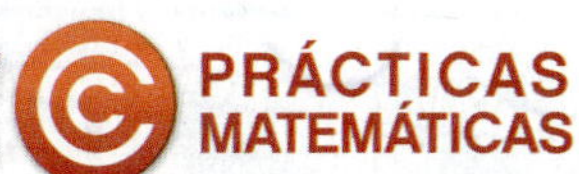

PRÁCTICAS MATEMÁTICAS

En los Ejercicios **19** y **20**, usa la tabla de la derecha.

19. La familia Wen viajó de Cincinnati a Cleveland. Luego, la familia viajó hasta Chicago. ¿Cuántas millas viajó la familia en total?

Distancias de viaje

Viaje	Millas
Cleveland a Chicago	346
Cincinnati a Cleveland	249
Washington, D.C., a Cleveland	372

20. Perseverar La familia Miller viajará de Washington, D.C., a Cleveland y luego hasta Cincinnati. Hasta el momento, los Miller han recorrido 127 millas. ¿Cuántas millas les faltan por recorrer?

21. Escribir para explicar ¿Qué ciudad está más lejos de Cleveland, Chicago o Washington, D.C.? ¿Cuánto más lejos está? Explica tu respuesta.

22. Razonar En los Estados Unidos, los estudiantes van a la escuela aproximadamente 180 días al año. Los estudiantes en Japón van a la escuela aproximadamente 60 días más que los estudiantes en los Estados Unidos. Aproximadamente, ¿cuántos días al año van los estudiantes a la escuela en Japón?

23. Un juego mecánico en el parque de diversiones tiene capacidad para 120 personas. Había 116 personas en el juego y 95 personas esperando en la fila. ¿Qué oración numérica puedes usar para hallar cuántas personas en total había en el juego o esperando en la fila?

A $116 - 95 = $

B $120 + 116 + 95 = $

C $116 + 95 = $

D $120 - 95 = $

Estándares comunes

3.NBD.2 Sumar y restar con facilidad hasta 1000 utilizando estrategias y algoritmos basados en el valor de posición, las propiedades de las operaciones y la relación entre la suma y la resta. También, **3.OA.8, 3.NBD.1.**

Restar números de 3 dígitos

Manos a la obra
bloques de valor de posición

¿Cómo usas la resta para resolver problemas?

Mike y Linda están jugando un juego. ¿Cuántos puntos más tiene Mike que Linda?

Halla 528 − 341.

Haz una estimación: 530 − 340 = 190

Otro ejemplo ¿Cómo restas con dos reagrupaciones?

Halla 356 − 189.
Haz una estimación : 400 − 200 = 200

Paso 1

Resta las unidades.
Reagrupa si es necesario.

6 unidades < 9 unidades. Por tanto, reagrupa 1 decena en 10 unidades.

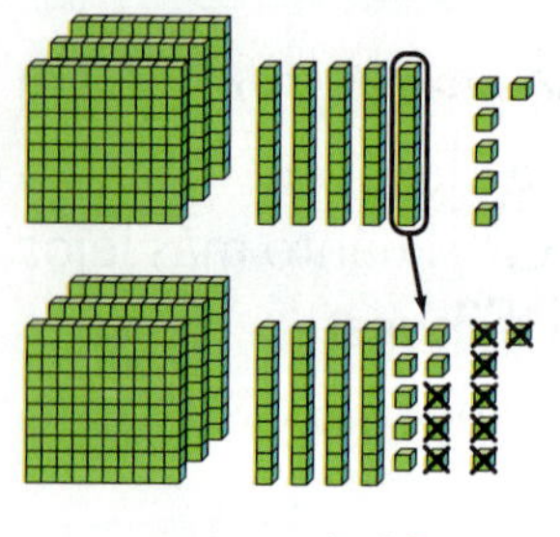

$$\begin{array}{r} 3\;\overset{4}{\cancel{5}}\;\overset{16}{\cancel{6}} \\ -\;1\;8\;9 \\ \hline 7 \end{array}$$

Paso 2

Resta las decenas.
Reagrupa si es necesario.

4 decenas < 8 decenas. Por tanto, reagrupa 1 centena en 10 decenas.

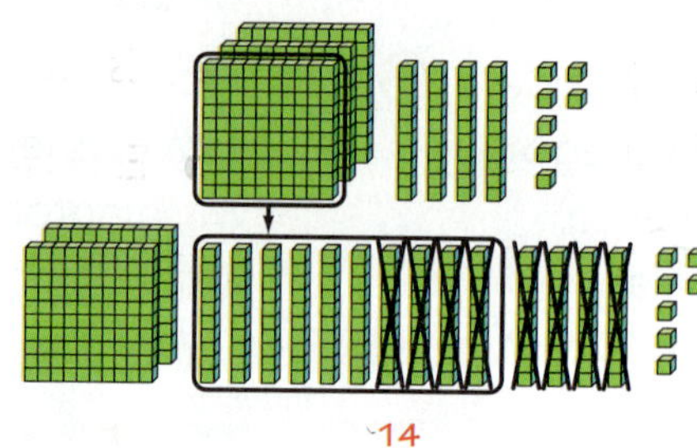

$$\begin{array}{r} \overset{2}{\cancel{3}}\;\overset{\overset{14}{\cancel{4}}}{\cancel{5}}\;\overset{16}{\cancel{6}} \\ -\;1\;8\;9 \\ \hline 6\;7 \end{array}$$

Paso 3

Resta las centenas.

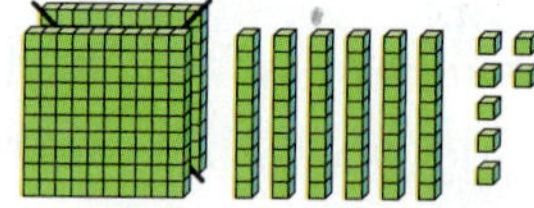

$$\begin{array}{r} \overset{2}{\cancel{3}}\;\overset{\overset{14}{\cancel{4}}}{\cancel{5}}\;\overset{16}{\cancel{6}} \\ -\;1\;8\;9 \\ \hline 1\;6\;7 \end{array}$$

La respuesta 167 es razonable porque está cerca de la estimación.

Explícalo

1. ¿Por qué necesitas reagrupar tanto una decena como una centena?

2. **Razonar** ¿Por qué 3 centenas 5 decenas 6 unidades es lo mismo que 3 centenas 4 decenas y 16 unidades? ¿Por qué 3 centenas 4 decenas 16 unidades es lo mismo que 2 centenas 14 decenas 16 unidades?

Resta las unidades.

8 unidades > 1 unidad
No necesitas reagrupar.

8 unidades − 1 unidad = 7 unidades

$$
\begin{array}{r}
5\ 2\ 8 \\
-\ 3\ 4\ 1 \\
\hline
7
\end{array}
$$

Resta las decenas.

Como 2 decenas < 4 decenas,
reagrupa 1 centena en 10 decenas.

12 decenas − 4 decenas = 8 decenas

$$
\begin{array}{r}
{\scriptstyle 4\ 12} \\
5\ 2\ 8 \\
-\ 3\ 4\ 1 \\
\hline
8\ 7
\end{array}
$$

Resta las centenas.

4 centenas − 3 centenas = 1 centena

$$
\begin{array}{r}
{\scriptstyle 4\ 12} \\
5\ 2\ 8 \\
-\ 3\ 4\ 1 \\
\hline
1\ 8\ 7
\end{array}
$$

Mike tiene 187 puntos más.

187 está cerca de la estimación de 190. La respuesta es razonable.

PRÁCTICAS MATEMÁTICAS

Práctica guiada*

¿CÓMO hacerlo?

En los Ejercicios **1** a **6**, resta. Si quieres, usa bloques de valor de posición.

1.
$$
\begin{array}{r}
374 \\
-\ 176 \\
\hline
\end{array}
$$

2.
$$
\begin{array}{r}
431 \\
-\ 145 \\
\hline
\end{array}
$$

3.
$$
\begin{array}{r}
568 \\
-\ 269 \\
\hline
\end{array}
$$

4.
$$
\begin{array}{r}
327 \\
-\ 238 \\
\hline
\end{array}
$$

5. $574 - 86$

6. $410 - 257$

¿Lo ENTIENDES?

7. Comunicarse En el ejemplo de arriba, explica cómo decides si es necesario reagrupar.

8. Al terminar el juego, Laura tenía 426 puntos y Lou, 158 puntos. ¿Cuántos puntos más tenía Laura que Lou?

  a Escribe una oración numérica.

  b Estima la respuesta.

  c Resuelve el problema.

  d Explica por qué tu respuesta es razonable.

Práctica independiente

Haz una estimación. Luego halla las diferencias. Comprueba las respuestas para saber si son razonables.

9.
$$
\begin{array}{r}
385 \\
-\ 296 \\
\hline
\end{array}
$$

10.
$$
\begin{array}{r}
276 \\
-\ 97 \\
\hline
\end{array}
$$

11.
$$
\begin{array}{r}
516 \\
-\ 238 \\
\hline
\end{array}
$$

12.
$$
\begin{array}{r}
629 \\
-\ 453 \\
\hline
\end{array}
$$

13.
$$
\begin{array}{r}
948 \\
-\ 569 \\
\hline
\end{array}
$$

DIGITAL — eTools
www.pearsonsuccessnet.com

Haz una estimación y resta. Comprueba las respuestas para saber si son razonables.

14. 392
− 195

15. 754
− 476

16. 819
− 652

17. 123
− 84

18. 435
− 367

19. 236 − 78

20. 568 − 362

21. 147 − 58

22. 952 − 794

Resolución de problemas

En los Ejercicios **23** a **25**, usa la tabla de la derecha.

23. Sigue los pasos para hallar cuántos nadadores más se inscribieron en la primera sesión de la Piscina Oak que en la primera sesión de la Piscina Park.

a Escribe una oración numérica para resolver el problema.

b Estima la respuesta.

c Resuelve el problema.

d Explica por qué tu respuesta es razonable.

25. Escribir un problema Escribe un problema con la información en la tabla. Incluye información que sobre.

26. La canasta más grande del mundo es el edificio en esta foto. Mide 186 pies de altura en total. ¿Cuál es la altura de las asas?

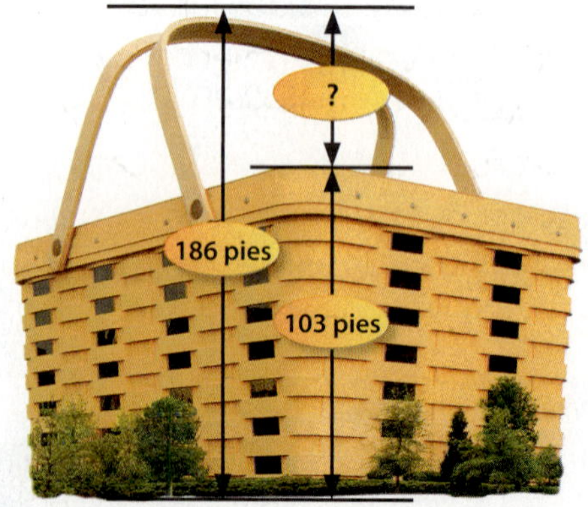

Datos	Inscripción en la clase de natación	
		Número de nadadores	
	Piscina	**1.ª sesión**	**2.ª sesión**
	Oak	763	586
	Park	314	179
	River	256	63

24. Perseverar En la piscina River, se inscribieron 29 nadadores adicionales a la segunda sesión. ¿Cuántos nadadores menos se inscribieron en la segunda sesión que en la primera?

Ojo *¿Qué suma puede ayudar?*

27. Ana hizo 14 sombreros. Después de regalarle algunos sombreros a la familia de Tito y otros a la familia de Luz, le quedan 3 sombreros. Si le regaló 6 sombreros a la familia de Tito, ¿cuál de las siguientes opciones muestra una manera de hallar cuántos sombreros le regaló Ana a la familia de Luz?

A $14 + 3 − 6 =$ ▢

B $14 − 3 − 6 =$ ▢

C $14 − 3 + 6 =$ ▢

D $14 + 3 + 6 =$ ▢

Enlaces con el Álgebra

Usar propiedades para completar oraciones numéricas

Las propiedades de la suma te pueden ayudar a hallar los números que faltan.

Propiedad conmutativa (o de orden) de la suma Puedes sumar los números en cualquier orden y el resultado será el mismo.
Ejemplo: $4 + 3 = 3 + 4$

Propiedad de identidad (o del cero) de la suma La suma de cualquier número y cero es ese mismo número. Ejemplo: $9 + 0 = 9$

Propiedad asociativa (o de agrupación) de la suma Puedes agrupar sumandos de cualquier manera y la suma será la misma.
Ejemplo: $(5 + 2) + 3 = 5 + (2 + 3)$

Ejemplo: $26 + \boxed{} = 26$

Piénsalo ¿26 más qué número es igual a 26?

Puedes usar la propiedad de identidad.

$26 + 0 = 26$

Ejemplo:
$36 + (14 + 12) = (36 + \boxed{}) + 12$

Piénsalo ¿Qué número hace que los dos lados sean iguales?

Usa la propiedad asociativa.

$36 + (14 + 12) = (36 + 14) + 12$

Copia y completa. Escribe el número que falta.

1. $19 + \boxed{} = 19$

2. $15 + 32 = 32 + \boxed{}$

3. $28 + (17 + 32) = (28 + \boxed{}) + 32$

4. $\boxed{} + 27 = 27$

5. $\boxed{} + 8 = 8 + 49$

6. $(16 + 14) + \boxed{} = 16 + (14 + 53)$

7. $(\boxed{} + 9) + 72 = 96 + (9 + 72)$

8. $\boxed{} + 473 = 473$

© Hacerlo con precisión En los Ejercicios **9** y **10**, copia y completa la oración numérica. Úsala como ayuda para resolver el problema.

9. Vicente caminó 9 cuadras desde su casa hasta la biblioteca. Caminó 5 cuadras más hasta la tienda. Luego, hizo el mismo camino de regreso a la biblioteca. ¿Cuántas cuadras más debe caminar hasta su casa?

$9 + 5 = 5 + \boxed{}$

$\boxed{}$ cuadras

10. Durante el juego, Bo anotó 7 puntos en cada uno de sus dos lanzamientos. Luego, hizo un lanzamiento más. Obtuvo el mismo puntaje total que Ed. Ed anotó 8 puntos en un lanzamiento y 7 puntos en cada uno de los otros dos lanzamientos. ¿Cuántos puntos anotó Bo en su último lanzamiento?

$7 + 7 + \boxed{} = 8 + 7 + 7$

$\boxed{}$ puntos

Restar de cero

¿Cómo restas de un número con uno o más ceros?

¿Cuánto más necesita el club?

Halla: 305 305:

$$\begin{array}{r} 305 \\ -\,178 \\ \hline \end{array}$$

Otro ejemplo ¿Cómo restas de un número con dos ceros?

Halla 600 − 164.

Resta las unidades.
0 unidades < 4 unidades.
Por tanto, reagrupa.

$$\begin{array}{r} \overset{5\ \ 10}{\cancel{6}\ \cancel{0}\ 0} \\ -\ 1\ 6\ 4 \\ \hline \end{array}$$

No puedes reagrupar 0 decenas.
Por tanto, reagrupa 1 centena. 6 centenas 0 decenas = 5 centenas 10 decenas

$$\begin{array}{r} \overset{5\ \ 10\ \ 10}{\cancel{6}\ \cancel{0}\ \cancel{0}} \\ -\ 1\ 6\ 4 \\ \hline \end{array}$$

Ahora reagrupa las decenas.
10 decenas 0 unidades = 9 decenas 10 unidades
Resta las unidades, las decenas y luego las centenas.

$$\begin{array}{r} \overset{5\ \ 10\ \ 10}{\cancel{6}\ \cancel{0}\ \cancel{0}} \\ -\ 1\ 6\ 4 \\ \hline 4\ 3\ 6 \end{array}$$

Práctica guiada*

PRÁCTICAS MATEMÁTICAS

¿CÓMO hacerlo?

En los Ejercicios **1** a **6**, halla las diferencias.

1. $\begin{array}{r} 402 \\ -\,139 \\ \hline \end{array}$

2. $\begin{array}{r} 300 \\ -\,157 \\ \hline \end{array}$

3. $\begin{array}{r} 607 \\ -\,439 \\ \hline \end{array}$

4. $\begin{array}{r} 820 \\ -\,167 \\ \hline \end{array}$

5. 200 − 74

6. 501 − 186

¿Lo ENTIENDES?

7. Usar la estructura En los ejemplos de arriba, ¿por qué escribes 10 sobre el 0 en el lugar de las decenas?

8. Evaluar el razonamiento Lía dice que necesita reagrupar cada vez que resta de un número con un cero. ¿Estás de acuerdo? Explica tu respuesta.

  Puedes encontrar otro ejemplo en el Grupo D, página 93.

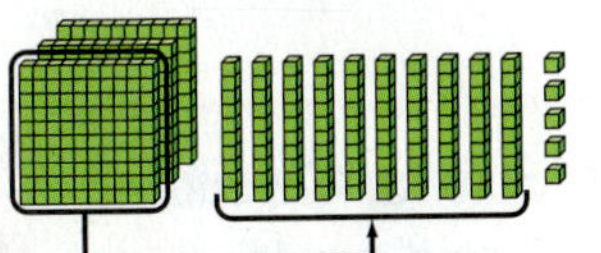

Reagrupa para restar las unidades.
En 305 no hay decenas para reagrupar.
Reagrupa 1 centena.

305 es lo mismo que
2 centenas 10 decenas
5 unidades.

$$\begin{array}{r} ^{2}\;{}^{10} \\ \cancel{3}\;\cancel{0}\;5 \\ -\;1\;7\;8 \end{array}$$

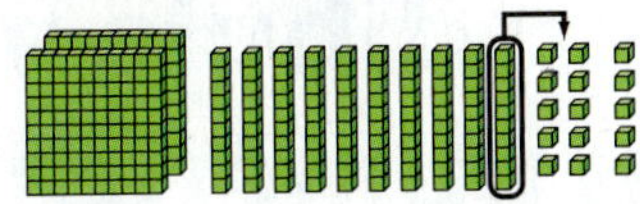

Reagrupa las decenas.

305 es lo mismo que
2 centenas 9 decenas
15 unidades.

$$\begin{array}{r} ^{2}\;{}^{9}\;{}^{15} \\ \cancel{3}\;\cancel{0}\;\cancel{5} \\ -\;1\;7\;8 \end{array}$$

Resta las unidades, las
decenas y luego las centenas.

$$\begin{array}{r} ^{2}\;{}^{9}\;{}^{15} \\ \cancel{3}\;\cancel{0}\;\cancel{5} \\ -\;1\;7\;8 \\ \hline 1\;2\;7 \end{array}$$

El club de arte
necesita $127.

Práctica independiente

En los Ejercicios **9** a **18**, halla las diferencias.

9.
$$\begin{array}{r} 203 \\ -\;157 \end{array}$$

10.
$$\begin{array}{r} 400 \\ -\;371 \end{array}$$

11.
$$\begin{array}{r} 304 \\ -\;95 \end{array}$$

12.
$$\begin{array}{r} 401 \\ -\;282 \end{array}$$

13.
$$\begin{array}{r} 500 \\ -\;64 \end{array}$$

14.
$$\begin{array}{r} 600 \\ -\;439 \end{array}$$

15.
$$\begin{array}{r} 306 \\ -\;248 \end{array}$$

16.
$$\begin{array}{r} 705 \\ -\;123 \end{array}$$

17.
$$\begin{array}{r} 800 \\ -\;74 \end{array}$$

18.
$$\begin{array}{r} 900 \\ -\;506 \end{array}$$

Resolución de problemas

PRÁCTICAS MATEMÁTICAS

19. Representar Una persona come, en promedio, aproximadamente 126 libras de fruta fresca en un año. Escribe una oración numérica como ayuda para hallar cuántas libras de fruta procesada comes. Luego, resuelve.

20. Escribir para explicar El club de arte necesita 605 cuentas. Una bolsa grande de cuentas contiene 285 cuentas. Una bolsa pequeña de cuentas contiene 130 cuentas. ¿Tendrán suficientes cuentas una bolsa grande y una bolsa pequeña de cuentas? Explica tu respuesta.

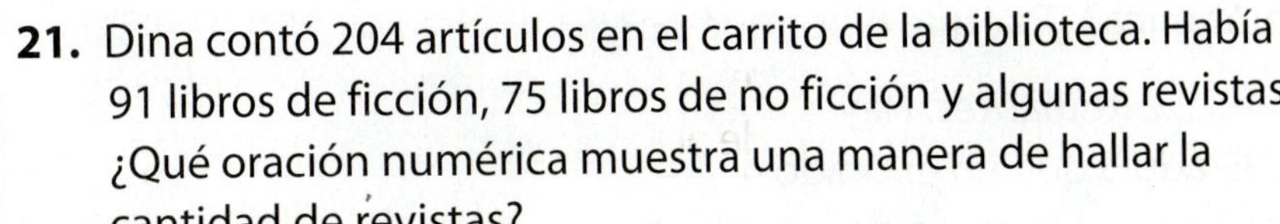

21. Dina contó 204 artículos en el carrito de la biblioteca. Había 91 libros de ficción, 75 libros de no ficción y algunas revistas. ¿Qué oración numérica muestra una manera de hallar la cantidad de revistas?

A $204 - 91 - 75 = $ ▢

B $204 + 91 + 75 = $ ▢

C $204 - 91 + 75 = $ ▢

D $204 + 91 - 75 = $ ▢

Estándares comunes

3.OA.8 Resolver problemas verbales de dos pasos utilizando las cuatro operaciones. Plantear los problemas utilizando una letra para representar la cantidad desconocida en la ecuación. Evaluar lo razonable de las respuestas utilizando el cálculo mental y las estrategias de estimación, incluido el redondeo. También, **3.NBD.2**.

Resolución de problemas

Hacer un dibujo y escribir una oración numérica

Hay dos períodos para almorzar en la Escuela Central. Si 221 estudiantes almuerzan en el primer período, ¿cuántos estudiantes almuerzan en el segundo período?

Otro ejemplo **¿Hay otros tipos de situaciones de resta?**

Hay 85 estudiantes en el Grado 2 de la Escuela Central. Hay 17 estudiantes más que en el Grado 3. ¿Cuántos estudiantes hay en el Grado 3?

Planea y resuelve

Usa un diagrama para mostrar lo que sabes.

Gr. 2	85	
Gr. 3	?	17

Sabes que hay 17 estudiantes más en el Grado 2 que en el Grado 3. Por tanto, puedes restar para hallar el número de estudiantes en el Grado 3.

Escribe una oración numérica.

$85 - 17 =$ ▮

Responde

$$
\begin{array}{r}
{\scriptstyle 7\ \ 15} \\
\cancel{8}\ \cancel{5} \\
-\ 1\ 7 \\
\hline
6\ 8
\end{array}
$$

Hay 68 estudiantes en el Grado 3.

Comprueba

Asegúrate que la respuesta sea razonable.

$85 - 17$ es aproximadamente $90 - 20$, o sea 70.

68 está cerca de 70; por tanto, 68 es razonable.

El número 68 es razonable y responde a la pregunta del problema.

Explícalo

1. Harry escribió $17 +$ ▮ $= 85$ para el diagrama de arriba. ¿Es correcta su oración numérica? ¿Por qué o por qué no?

2. **Razonar** El Grado 4 tiene 72 estudiantes. Hay 12 estudiantes más en el Grado 5 que en el Grado 4. ¿Sumarías o restarías para hallar el número de estudiantes en el Grado 5? Escribe y resuelve una oración numérica.

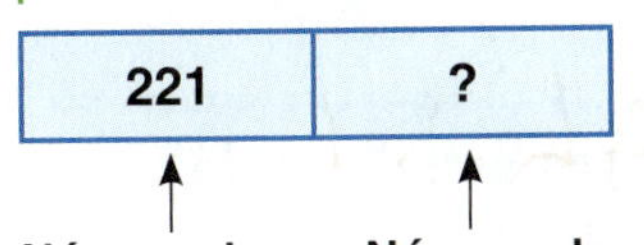

Haz un diagrama para mostrar lo que sabes.

485 estudiantes en total

221	?

↑ **Número de estudiantes en el primer almuerzo**   ↑ **Número de estudiantes en el segundo almuerzo**

Sabes el total y una parte.
Escribe la resta: 458 − 221 = ☐.

$$
\begin{array}{r}
4\ 5\ 8 \\
-\ 2\ 2\ 1 \\
\hline
2\ 3\ 7
\end{array}
$$

Hay 237 estudiantes que almuerzan en el segundo período.

Asegúrate de que la respuesta sea razonable.

458 − 221 es aproximadamente 460 − 220 ó 240.

237 está cerca de 240; por tanto, 237 es razonable.

El número 237 es razonable y responde a la pregunta correcta.

Práctica guiada*

PRÁCTICAS MATEMÁTICAS

¿CÓMO hacerlo?

1. Un total de 254 personas compiten en una carrera de bicicletas. Hasta ahora, 135 personas han terminado la carrera. ¿Cuántas personas siguen en la carrera?

254 personas en total

135	?

¿Lo ENTIENDES?

2. Escribir para explicar ¿Cómo sabes qué operación debes usar para resolver el Ejercicio 1?

3. Escribir un problema Escribe un problema que se pueda resolver sumando o restando. Luego, dale el problema a un compañero para que lo resuelva.

Práctica independiente

PRÁCTICAS MATEMÁTICAS

4. La altura de la cascada de Capote Falls es 175 pies. La altura de la cascada de Madrid Falls es 120 pies. Escribe y resuelve una oración numérica para hallar cuánto más alta es la cascada de Capote Falls que la de Madrid Falls.

Capote Falls	175	
Madrid Falls	120	?

Aplicar las prácticas matemáticas

- ¿Qué me piden que halle?
- ¿Qué otra cosa puedo intentar?
- ¿Cómo se relacionan las cantidades?
- ¿Cómo puedo explicar mi trabajo?
- ¿Cómo puedo usar las matemáticas para representar el problema?
- ¿Me serviría de ayuda alguna herramienta?
- ¿Hay precisión en mi trabajo?
- ¿Por qué funciona esto?
- ¿Cómo puedo hacer generalizaciones?

*Puedes encontrar otro ejemplo en el Grupo E, página 93.

En la Cámara de Representantes de los Estados Unidos, el número de representantes que tiene cada estado depende del número de personas que viven en el estado.

En los Ejercicios **5** a **7**, usa la tabla de la derecha.

5. Perseverar Copia y completa el diagrama de abajo. Nueva York tiene 14 representantes más que Michigan. ¿Cuántos representantes tiene Nueva York?

? representantes en Nueva York

15	14

Representantes estadounidenses en 2010	
Estado	**Número**
California	53
Florida	25
Michigan	15
Texas	32

Datos

6. Haz un diagrama para hallar cuántos representantes más tiene Texas que Florida.

7. ¿Qué par de estados tiene más representantes: California y Michigan o Florida y Texas?

8. Cuando se creó la Cámara de Representantes en 1789, tenía 65 miembros. Ahora tiene 435 miembros. ¿Cuántos miembros más hay ahora?

9. Razonar Hay 50 estados en los Estados Unidos. Cada estado tiene 2 senadores. Escribe una oración numérica para hallar el número total de senadores.

© Piensa en la estructura

10. Max hizo ejercicio durante 38 minutos el lunes y 25 minutos el martes. ¿Qué oración numérica muestra cuánto tiempo hizo ejercicio en los dos días?

A $40 + 30 =$ ▢

B $40 - 30 =$ ▢

C $38 - 25 =$ ▢

D $38 + 25 =$ ▢

11. Nancy tenía $375 en el banco. Sacó $200 para comprar una motoneta que costó $185. ¿Qué oración numérica muestra la cantidad de dinero que queda en el banco?

A $\$375 + \$185 =$ ▢

B $\$375 - \$185 =$ ▢

C $\$375 - \$200 =$ ▢

D $\$375 + \$185 + \$200 =$ ▢

Restar con reagrupación

Usa **e tools**

Bloques de valor de posición

Usa los Bloques de valor de posición de eTools para restar 324 − 168.

Paso 1 Ve a la herramienta de Bloques de valor de posición de eTools. Haz clic en el Área de trabajo doble. En la parte superior, muestra 324 con Bloques de valor de posición.

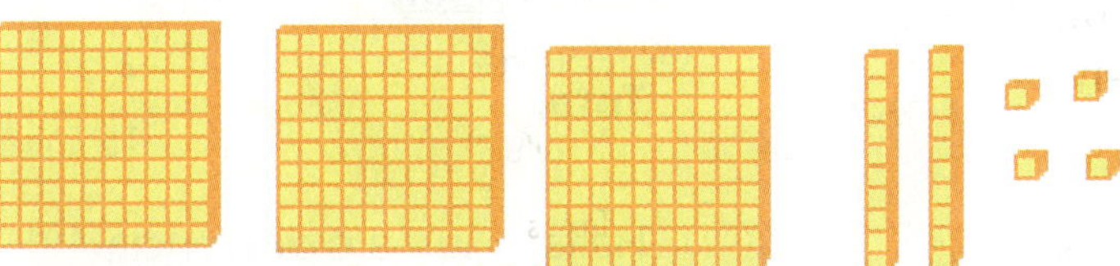

Paso 2 Usa la herramienta de martillo para romper uno de los bloques de decenas en diez unidades. Luego, usa la herramienta de flecha para quitar 8 unidades y moverlas a la parte inferior del área de trabajo.

Paso 3 Usa la herramienta de martillo para romper uno de los bloques de centenas en 10 decenas. Luego, quita las 6 decenas en 168 y muévelas a la parte inferior del área de trabajo.

Paso 4 Usa la herramienta de flecha para quitar el bloque de la centena en 168. Para hallar la diferencia, observa todos los bloques que quedan.

$324 - 168 = 156$

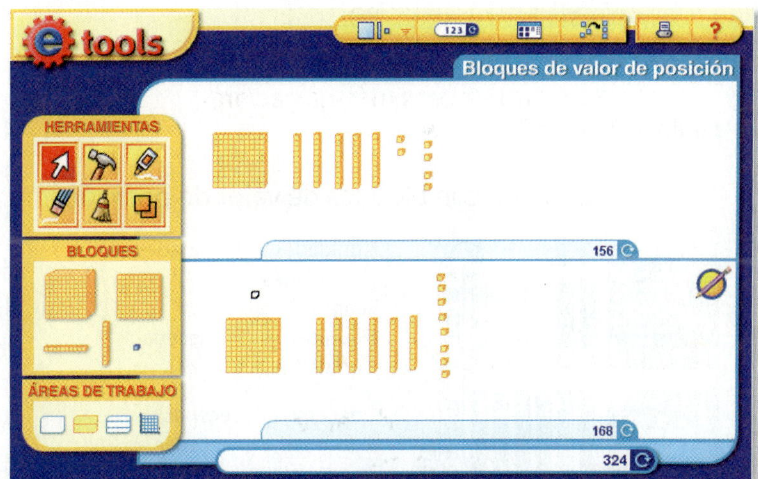

Práctica

Usa los Bloques de valor de posición de eTools para restar.

1. 445 − 176 **2.** 318 − 142 **3.** 546 − 259 **4.** 600 − 473

Grupo A, páginas 66 y 67, 78 y 79

Sigue los pasos para hallar 674 + 215.

Paso 1: Descompón 674 y 215 en problemas más sencillos.

Centenas	Decenas	Unidades
600	70	4
+ 200	+ 10	+ 5
800	80	9

Paso 2: Suma todos los totales.

```
        800
         80
      +   9
Total → 889
```

Para restar, puedes seguir los mismos pasos. Descompón el problema de resta más grande en problemas más pequeños.

Recuerda que debes pensar en los valores de posición de cada número.

Sigue los pasos para hallar 421 + 390.

1. Centenas	Decenas	Unidades
400	20	1
+ 300	+ 90	+ 0

Total

Halla la suma o diferencia.

2. 274 + 326   **3.** 563 + 156

4. 527 − 414   **5.** 732 − 351

6. 376 − 265   **7.** 947 − 655

Grupo B, páginas 68 a 70, 72 y 73, 74 y 75

Halla 125 + 168

Muestra 125 y 168 con bloques de valor de posición.

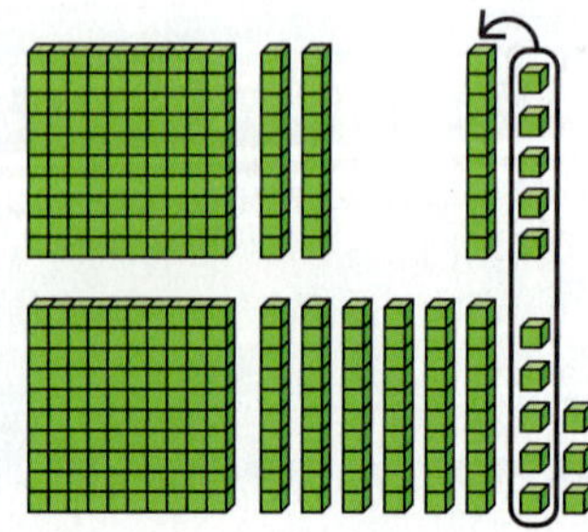

5 unidades + 8 unidades = 13 unidades
Reagrupa.
13 unidades = 1 decena 3 unidades

1 decena + 2 decenas + 6 decenas = 9 decenas

1 centena + 1 centena = 2 centenas

Por tanto, 125 + 168 = 293.

Halla 43 + 187 + 238.
Haz una estimación: 40 + 190 + 240 = 470

```
  1 1
    4 3
  1 8 7
+ 2 3 8
--------
  4 6 8
```

Alinea las unidades, decenas y centenas. Luego, suma cada columna. Reagrupa según sea necesario.

La respuesta de 468 está cerca de 470; por tanto, 468 es razonable.

Recuerda que debes sumar las unidades, luego las decenas y por último las centenas.

Halla las sumas o totales. Usa bloques de valor de posición o haz un dibujo como ayuda.

1. 265 + 116

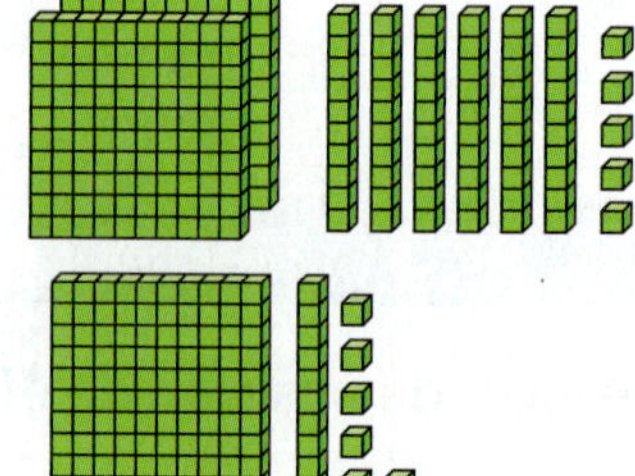

Halla las sumas.

```
2.     718          3.     139
     + 156                 209
                         +  55
```

Halla 236 − 127

$$\begin{array}{r} \overset{2}{}\overset{16}{} \\ 2\,\cancel{3}\,\cancel{6} \\ -\ 1\,2\,7 \\ \hline 1\,0\,9 \end{array}$$

Recuerda que debes restar las unidades, luego las decenas y por último las centenas.

Usa bloques de valor de posición o haz dibujos para restar.

1. 435
   − 217

2. 255
   − 161

Halla 306 − 129.

Haz una estimación: 300 − 100 = 200

$$\begin{array}{r} \overset{2}{}\overset{10}{} \\ \cancel{3}\,\cancel{0}\,6 \\ -\ 1\,2\,9 \end{array}$$
No hay decenas. Reagrupa las centenas.

$$\begin{array}{r} \overset{9}{} \\ \overset{2}{}\overset{10}{}\overset{16}{} \\ \cancel{3}\,\cancel{0}\,\cancel{6} \\ -\ 1\,2\,9 \\ \hline 1\,7\,7 \end{array}$$
Reagrupa las decenas.

177 está cerca de 200; por tanto, la respuesta es razonable.

Recuerda que cuando necesitas reagrupar decenas, pero tienes 0 decenas, debes reagrupar las centenas primero.

Halla las diferencias.

1. 308
   − 125

2. 397
   − 138

3. 200 − 136

4. 854 − 296

En el picnic de la escuela, 234 estudiantes participaron en las actividades. De esos estudiantes, 136 participaron en la carrera de costales. Los demás participaron en la carrera a 3 piernas. ¿Cuántos participaron en la carrera a 3 piernas?

234 estudiantes en total

136	?

Sabes cuál es el total y una parte; por tanto, puedes restar para hallar la otra parte: 234 − 136 = ☐.

234 − 136 = 98
98 estudiantes participaron en la carrera a 3 piernas.

Recuerda que hacer un dibujo del problema te puede ayudar a escribir una oración numérica.

Haz un dibujo. Escribe una oración numérica y resuélvela.

1. Un total de 293 personas comenzaron una carrera de velocidad. Hasta ahora, 127 personas han terminado la carrera. ¿Cuántas personas están corriendo todavía?

2. Jason tenía 35 cromos. Luego, compró 27 más. ¿Cuántos tiene ahora en total?

Opción múltiple

1. La Sra. Wesley compró 325 bebidas para el picnic. Compró 135 envases de leche, 95 botellas de agua y unas botellas de jugo. ¿Qué oración numérica muestra una manera de hallar cuántas botellas de jugo compró? (3-8)

   A $325 - 135 + 95 = $ ☐

   B $325 - 135 - 95 = $ ☐

   C $325 + 135 - 95 = $ ☐

   D $325 + 135 + 95 = $ ☐

2. ¿Qué reagrupación se muestra aquí? (3-7)

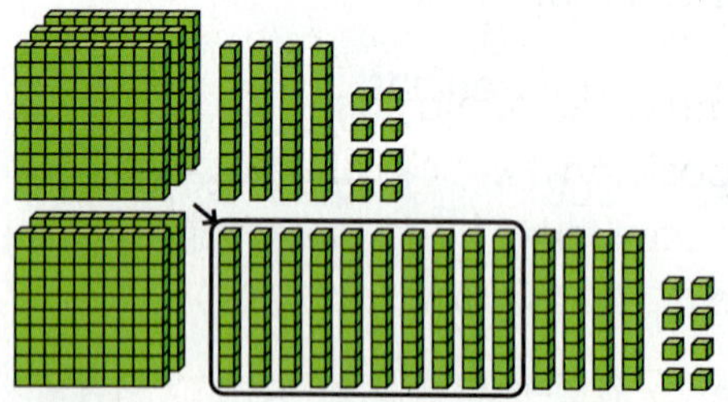

   A 3 centenas 4 decenas 8 unidades como 2 centenas 3 decenas 18 unidades

   B 3 centenas 4 decenas 8 unidades como 2 centenas 14 decenas 8 unidades

   C 2 centenas 4 decenas 8 unidades como 1 centena 14 decenas 8 unidades

   D 2 centenas 4 decenas 8 unidades como 2 centenas 3 decenas 18 unidades

3. Texas tiene 254 condados. Georgia tiene 159 condados. ¿Cuántos más condados tiene Texas que Georgia? (3-8)

   A 195   **C** 105

   B 145   **D** 95

4. ¿Qué dibujo representa el problema? En el parque nacional, Nessie vio 23 venados y 17 ardillas. ¿Cuántos venados más que ardillas vio? (3-10)

   A

?	
23	17

   B

17	
23	?

   C

23	
17	?

   D

23
17

5. Trisha tenía 300 boletos premiados. Cambió 237 boletos premiados por un animal de peluche. ¿Cuántos boletos premiados le quedaron a Trisha? (3-9)

   A 173   **C** 137

   B 163   **D** 63

6. El Monumento Nacional de las Ruinas Aztecas tiene aproximadamente 318 acres. Las viviendas de los acantilados de Gila tienen aproximadamente 553 acres. ¿Qué opción es razonable para el tamaño total de estos dos monumentos nacionales de Nuevo México? (3-3)

   A 971 acres, porque $318 + 553$ es aproximadamente $400 + 600 = 1000$

   B 871 acres, porque $318 + 553$ es aproximadamente $300 + 600 = 900$

   C 771 acres, porque $318 + 553$ es aproximadamente $300 + 500 = 800$

   D 671 acres, porque $318 + 553$ es aproximadamente $200 + 500 = 700$

7. Escribe la suma de las centenas, las decenas y las unidades en 256 + 341. (3-1)

8. ¿Qué suma se muestra?

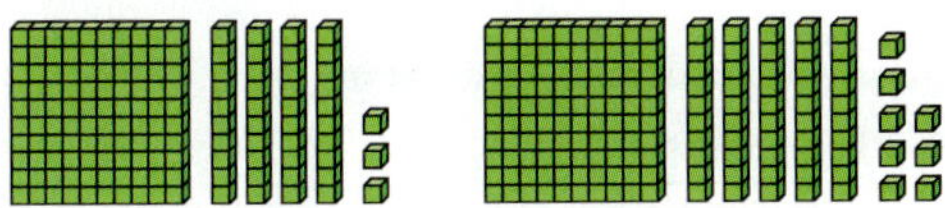

9. Entre las 6 A.M. y las 10 A.M., 389 camiones y 599 carros cruzaron un puente. ¿Cuántos vehículos son en total? (3-3)

10. Tricia gastó $35 en una cama de juguete, $48 en un tocador de juguete y $24 en una mesa. ¿Cuánto gastó en total? (3-4)

11. Cindy recogió 9 rosas y 14 margaritas. ¿Qué número reemplaza correctamente al signo de interrogación en el diagrama? (3-5)

? flores en total	
9 rosas	14 margaritas

12. Cristina anotó 485 puntos en un videojuego. Olivia anotó 196 puntos. ¿Cuántos puntos más anotó Cristina que Olivia? (3-8)

13. Alberto tenía $205 y gastó $67 en una bicicleta. ¿Cuánto le queda? (3-9)

14. Luke quiere hallar la diferencia de 175 − 134. Hasta ahora, ha restado las centenas y las decenas. ¿Cuál es la suma de los dos números que ha restado? ¿Cuánto le falta aún por restar? (3-6)

15. La Escuela Primaria Portman tiene 630 estudiantes. Hay 148 estudiantes en el tercer grado. ¿Cuántos estudiantes de la Escuela Primaria Portman no están en el tercer grado? (3-10)

630 estudiantes en total	
148	?

16. Escribe los dos números que se muestran abajo con bloques de valor de posición. Explica qué reagrupaciones necesitarías hacer para hallar la suma de los dos números. (3-2)

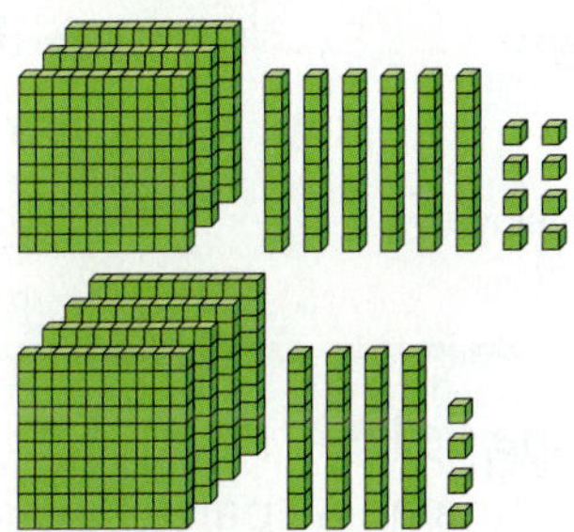

17. Melissa tenía 138 monedas en su colección. El martes agregó 114 monedas a su colección y el viernes agregó otras 25. ¿Cuántas monedas en total tenía Melissa al final de la semana? (3-4)

Has ganado 500 boletos en una sala de videojuegos. Puedes cambiar los boletos por premios. Planeas usar tantos boletos como puedas para ganar muchos premios.

La siguiente tabla muestra los premios disponibles en la sala de videojuegos. Usa la información de la tabla para escoger tus premios.

Premios de la sala de videojuegos			
Premio	**Número de boletos**	**Premio**	**Número de boletos**
Radio despertador	138	Calculadora	36
Tocadiscos CD	162	Muñeca de porcelana	94
Muñecos de juguete	75	Reloj	159
Revistas de historietas	14	Teléfono celular	83
Juego de escritorio	27	Libro de misterio	22
Avión a escala	46	Álbum fotográfico	40

1. Haz un registro de premios como el que se muestra abajo para anotar lo que vayas escogiendo y los boletos que te vayan quedando.

Premio	**Número de boletos**	**Boletos restantes**
Tocadiscos CD	162	$500 - 162 = 338$
Muñeca de porcelana	94	$338 - 94 = 244$
Teléfono celular	83	$244 - 83 = 161$

2. Selecciona una de las restas que hayas hecho bajo la columna "Boletos restantes". En una hoja aparte haz un dibujo con bloques de valor de posición para mostrar cómo restaste. ¿Hiciste reagrupaciones? Explícalo.

3. Usa un diagrama para resolver la resta que representaste en el Ejercicio 2.

4. Escribe los problemas de resta más pequeños que puedes usar para resolver el problema de resta que escogiste en el Ejercicio 2.

5. Supón que quisieras el tocadiscos CD, el reloj y el álbum fotográfico. ¿Cuántos boletos necesitarías en total?

Tema 4

Significados de la multiplicación

▼ Las mariposas monarca tienen alas de color anaranjado brillante. ¿Cuántas alas tienen las mariposas monarca? Lo averiguarás en la Lección 4-4.

Repasa lo que sabes

Vocabulario

Escoge el mejor término del recuadro.

- sumar
- contar salteado
- grupos iguales
- restar

1. Cuando combinas grupos para hallar cuántos hay en total, se llama __?__.

2. Los __?__ tienen el mismo número de objetos.

3. Cuando dices los números 2, 4, 6, 8, se llama __?__.

Grupos iguales

¿Son iguales los grupos? Escribe *sí* o *no*.

4.  

5.  

Sumar

Halla las sumas.

6. 5 + 5 + 5   **7.** 7 + 7

8. 3 + 3 + 3   **9.** 2 + 2 + 2 + 2

10. 6 + 6 + 6   **11.** 9 + 9 + 9

Suma repetida

12. Escribir para explicar Haz un dibujo para mostrar cómo resolver 8 + 8 + 8 = ▢. Luego copia y completa la oración numérica.

Preguntas esenciales

- ¿Cuáles son los diferentes significados de la multiplicación?
- ¿Cómo están relacionadas la suma y la multiplicación?

Aprendizaje interactivo

Plantea el problema. Empieza cada lección con una actividad en conjunto para resolver problemas. Te ayudará a comprender las matemáticas.

Aplicar las prácticas matemáticas

- ¿Qué me piden que halle?
- ¿Qué otra cosa puedo intentar?
- ¿Cómo se relacionan las cantidades?
- ¿Cómo puedo explicar mi trabajo?
- ¿Cómo puedo usar las matemáticas para representar el problema?
- ¿Me serviría de ayuda alguna herramienta?
- ¿Hay precisión en mi trabajo?
- ¿Por qué funciona esto?
- ¿Cómo puedo hacer generalizaciones?

Lección 4-1

© **Usar herramientas** Resuelve el problema de la manera que prefieras. Usa fichas como ayuda.

La Sra. Witt compró 3 cajas de pinturas para pintar con los dedos que tenían 5 frascos de pintura cada una. ¿Cuál es el número total de frascos que compró la Sra. Witt?

Lección 4-2

© **Usar herramientas** Resuelve el problema de la manera que prefieras. Usa fichas para representar el problema.

Mark pone tarjetas de deportes en un álbum. Pone 4 filas de tarjetas en cada página. Pone 3 tarjetas en cada fila. ¿Cuántas tarjetas hay en cada página?

Lección 4-3

Hacer generalizaciones Resuelve el problema. Busca lo que es igual en las matrices.

Cathy ha organizado algunas conchas de mar en dos matrices diferentes. Una matriz tiene 2 filas con 6 conchas de mar en cada fila. La otra matriz tiene 6 filas con 2 conchas de mar en cada fila. ¿Tienen las dos matrices el mismo número de conchas? Explícalo. Escribe una multiplicación para cada una.

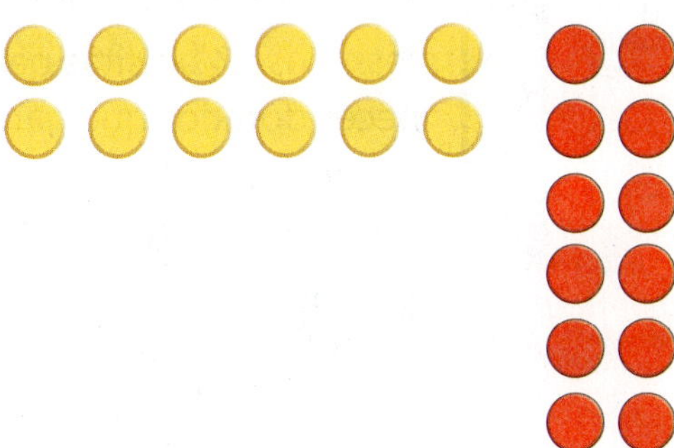

Lección 4-4

Comunicarse Usa lo que sabes acerca de la multiplicación para completar esta tarea.

Escribe un cuento sobre multiplicación de la vida real que pueda resolverse hallando 4×5. Luego, da la respuesta a tu problema en una oración completa.

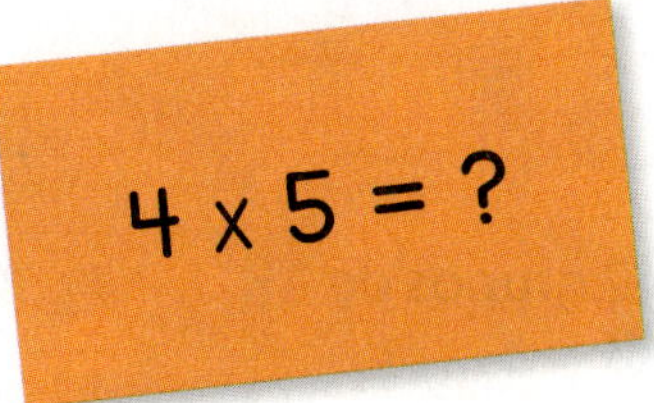

Lección 4-5

Comunicarse Resuelve el problema. Luego, escribe una explicación de cómo lo resolviste. Puedes usar palabras, dibujos, números y símbolos para explicarlo.

Kay necesita comprar el casco de bicicleta de la derecha. Ella gana $9 cada semana por cuidar niños. ¿Cuánto tiempo se tardará Kay en ganar el dinero que necesita?

Estándares comunes

3.OA.1 Interpretar los productos de los números enteros no negativos, por ej., interpretar 5 × 7 como el número total de objetos en 5 grupos de 7 objetos cada uno. . . . También, **3.OA.3, 3.OA.5.**

La multiplicación como suma repetida

¿Cómo hallas el número total de objetos en grupos iguales?

Jessie usó 3 bolsitas para llevar a su casa los peces dorados que ganó en la feria. Puso el mismo número de peces dorados en cada bolsita. ¿Cuántos peces dorados ganó?

Práctica guiada*

PRÁCTICAS MATEMÁTICAS

¿CÓMO hacerlo?

Copia y completa. Usa fichas.

1. 

2 grupos de ☐
$4 + 4 =$ ☐
$2 \times$ ☐ $=$ ☐

2.

☐ grupos de 5
$5 +$ ☐ $+$ ☐ $=$ ☐
$3 \times$ ☐ $=$ ☐

¿Lo ENTIENDES?

3. ¿Puedes escribir $3 + 3 + 3 + 3$ como una multiplicación? Explícalo.

4. Razonar ¿Puedes escribir $3 + 5 + 6 = 14$ como una multiplicación? Explícalo.

5. Representar Escribe una suma y una multiplicación para resolver el siguiente problema:

Jessie compró 4 paquetes de piedritas de colores para poner en la pecera. En cada paquete había 6 piedritas. ¿Cuántas piedritas compró Jessie?

Práctica independiente

Usar herramientas Copia y completa. Usa fichas o haz un dibujo para ayudarte.

6. 

2 grupos de ☐
$6 +$ ☐ $=$ ☐
$2 \times$ ☐ $=$ ☐

7.

3 grupos de ☐
$7 +$ ☐ $+$ ☐ $=$ ☐
$3 \times$ ☐ $=$ ☐

*Puedes encontrar otro ejemplo en el Grupo A, página 110.

Las fichas muestran 3 grupos de 8 peces dorados.

Puedes sumar para juntar grupos iguales.

$8 + 8 + 8 = 24$

La **multiplicación** es una operación que da el número total cuando juntas grupos iguales.

Lo que dices 3 veces 8 es igual a 24

Lo que escribes

$$3 \quad \times \quad 8 \quad = \quad 24$$

factor · factor · producto

Los **factores** son los números que se multiplican. El **producto** es la respuesta de un problema de multiplicación.

Suma:

$8 + 8 + 8 = 24$

Multiplicación:

$3 \times 8 = 24$

Por tanto,
$8 + 8 + 8 = 3 \times 8$.

Jessie ganó 24 peces dorados.

Copia y completa cada oración numérica. Usa fichas o haz un dibujo para ayudarte.

8. $2 + 2 + 2 + 2 = 4 \times \square$

9. $\square + \square + \square = 3 \times 7$

10. $9 + \square + \square = \square \times 9$

11. $6 + 6 + 6 + 6 + 6 = \square \times \square$

© **Perseverar** Escribe $+$, $-$ ó $\times$ en cada $\square$.

12. $4 \square 3 = 12$

13. $3 \square 6 = 9$

14. $4 \square 4 = 0$

15. $6 \square 4 = 10$

16. $5 \square 3 = 2$

17. $2 \square 4 = 8$

Resolución de problemas

© **PRÁCTICAS MATEMÁTICAS**

18. ¿Qué oración numérica muestra cómo hallar el número total de borradores?

A $5 + 5 = \square$

C $15 + 5 = \square$

B $15 - 5 = \square$

D $3 \times 5 = \square$

© **19. Representar** Escribe una suma y una multiplicación para resolver este problema: María tiene 6 linternas nuevas. Cada linterna lleva 3 pilas. ¿Cuántas pilas necesitará María para las linternas?

© **20. Comunicarse** Luka dice que puedes sumar o multiplicar para juntar grupos. ¿Tiene razón? Explícalo.

21. ¿Qué dibujo muestra 3 grupos de 2?

A 

B 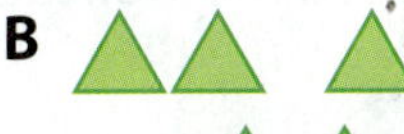

C 

D 

Estándares comunes

3.OA.3 Utilizar la multiplicación y la división hasta 100 para resolver problemas verbales relacionados con grupos iguales, matrices y cantidades de medición, … También, **3.OA.1, 3.OA.5.**

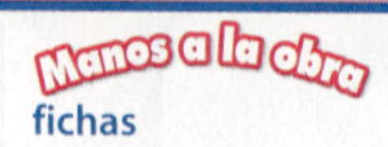

Matrices y multiplicación

¿De qué manera una matriz representa una multiplicación?

Dana guarda todos sus CD en un portadiscos que tiene 4 filas. Cada fila contiene 5 CD. ¿Cuántos CD tiene Dana?

Los CD están en una matriz. Una matriz representa los objetos en filas iguales.

Práctica guiada*

¿CÓMO hacerlo?

En los Ejercicios **1** y **2**, escribe una multiplicación para las matrices.

1. **2.**

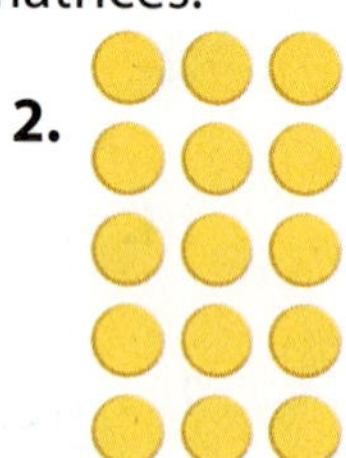

En los Ejercicios **3** y **4**, dibuja matrices para representar las multiplicaciones. Escribe el producto.

3. 3×6 **4.** 5×4

¿Lo ENTIENDES?

5. Hacerlo con precisión Mira el ejemplo de arriba. ¿Qué te indica el primer factor de la multiplicación sobre la matriz?

6. Representar María pone en una bandeja 4 filas con 7 galletas en cada fila. Dibuja una matriz para hallar el número total de galletas.

Práctica independiente

En los Ejercicios **7** a **9**, escribe una multiplicación para las matrices.

7. **8.** **9.**

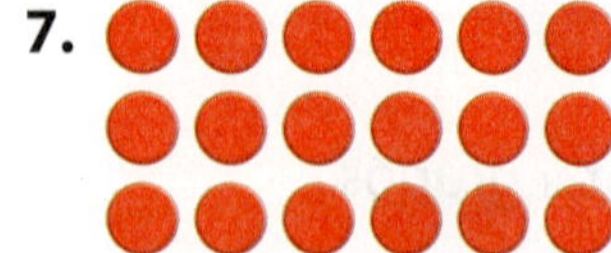

En los Ejercicios **10** a **14**, dibuja matrices para mostrar cada multiplicación. Escribe el producto.

10. 3×3 **11.** 5×6 **12.** 1×8 **13.** 4×3 **14.** 2×9

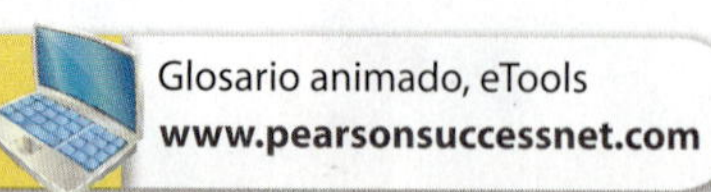

Puedes encontrar otro ejemplo en el Grupo B, página 110.

Las fichas muestran 4 filas de 5 CD.

Cada fila es un grupo. Puedes sumar para hallar el total.

$5 + 5 + 5 + 5 = 20$

También puedes multiplicar para hallar el total en una matriz.

Lo que dices   4 veces 5 es igual a 20

Lo que escribes $4 \times 5 = 20$

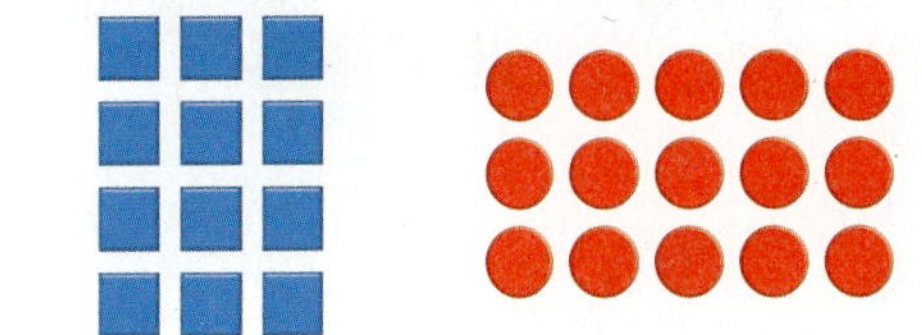

Dana tiene 20 CD.

En los Ejercicios **15** a **17**, usa >, < ó = en cada ☐. Usa fichas o haz un dibujo para ayudarte.

15. 3×6 ☐ 3×7

16. 2×4 ☐ 4×2

17. 5×6 ☐ 4×6

Resolución de problemas

PRÁCTICAS MATEMÁTICAS

18. ¿Qué matriz de la derecha muestra grupos iguales de 3 en cada fila?

19. **Comunicarse** ¿Cómo representa una matriz grupos iguales?

20. **Representar** El Sr. López plantó en su granja olmos en 3 filas. Plantó 6 árboles en cada fila. Escribe una suma y una multiplicación para hallar el número total de árboles.

21. **Razonar** Margo tiene 23 dibujos. ¿Puede usar todos los dibujos para hacer una matriz con dos filas iguales? ¿Por qué o por qué no?

22. Dan compró las estampillas que aparecen a la derecha. ¿Qué oración numérica muestra una manera de hallar cuántas estampillas compró Dan?

A $4 + 5 =$ ☐

B $5 \times 4 =$ ☐

C $5 + 4 =$ ☐

D $5 - 4 =$ ☐

Ⓒ

Estándares comunes

3.OA.5 Aplicar las propiedades de las operaciones como estrategias para multiplicar y dividir . . . También, 3.OA.1, 3.OA.3.

La propiedad conmutativa

¿Es importante el orden cuando multiplicas?

Libby y Sydney dicen cada uno que su cartel tiene más calcomanías.

¿Cuál de los carteles tiene más calcomanías?

Práctica guiada*

¿CÓMO hacerlo?

Escribe una multiplicación para cada matriz. Compara sus productos.

1. 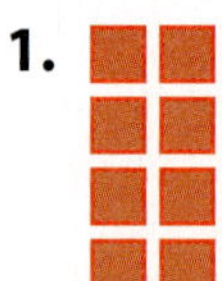 

Dibuja una matriz y da el producto de cada operación.

2. 5×2 2×5

Copia y completa.

3. $6 \times 4 = 24$; por tanto, $4 \times 6 = \underline{}$

¿Lo ENTIENDES?

4. ¿Qué operación de multiplicación se puede combinar con 2×6 para formar un par de operaciones que muestren la propiedad conmutativa de la multiplicación?

5. **Comunicarse** ¿Por qué a veces la propiedad conmutativa de la multiplicación es llamada *propiedad de orden?*

6. Scott pone unas calcomanías de deportes en filas. Hace 6 filas con 5 calcomanías en cada fila. Si pone las mismas calcomanías en 5 filas iguales, ¿cuántas calcomanías habrá en cada fila?

Práctica independiente

En los Ejercicios **7** y **8**, escribe una multiplicación para cada una de las dos matrices. Compara sus productos.

7.  

8.  

 Puedes encontrar otro ejemplo en el Grupo B, página 110.

En el cartel de Libby hay 4 filas con 3 calcomanías en cada fila. Hay dos maneras de escribir esto.

$3 + 3 + 3 + 3 = 12$

y

$4 \times 3 = 12$

En el cartel de Sydney hay 3 filas con 4 calcomanías en cada fila. Hay dos maneras de escribir esto.

$4 + 4 + 4 = 12$

y

$3 \times 4 = 12$

Ambos carteles tienen el mismo número de calcomanías.

La **propiedad conmutativa (o de orden) de la multiplicación** dice que puedes multiplicar números en cualquier orden y el producto será el mismo.

Por tanto, $4 \times 3 = 3 \times 4$.

En los Ejercicios **9** a **11**, dibuja una matriz para mostrar cada multiplicación. Escribe los productos.

9. 2×3 3×2

10. 3×8 8×3

11. 5×8 8×5

© **Hacer generalizaciones** En los Ejercicios **12** y **13**, copia y completa las multiplicaciones.

12. $7 \times 5 = 35$; por tanto, $5 \times 7 = $ ▢

13. $6 \times 7 = 42$; por tanto, $7 \times 6 = $ ▢

Resolución de problemas

© **PRÁCTICAS MATEMÁTICAS**

© **14.** **Escribir para explicar** ¿Cómo muestran las matrices de la derecha la propiedad conmutativa de la multiplicación?

© **15.** **Evaluar los argumentos** Taylor dice que el producto de 7×2 es el mismo que el producto de 2×7. ¿Tiene razón? Explícalo.

© **16.** **Representar** Muestra la propiedad conmutativa de la multiplicación dibujando dos matrices. Cada matriz debe tener al menos 2 filas y mostrar un producto de 6.

17. Miguel tiene 5 filas de calcomanías. Hay 3 calcomanías en cada fila. Escribe una suma y una multiplicación para mostrar cuántas calcomanías tiene.

18. Candice ordenó 32 bayas en la matriz que se muestra. ¿Qué otra matriz puede usar para las bayas?

  A 3 filas de 4 bayas

  B 5 filas de 4 bayas

  C 3 filas de 8 bayas

  D 8 filas de 4 bayas

Estándares comunes

3.OA.3 Utilizar la multiplicación y la división hasta 100 para resolver problemas verbales relacionados con grupos iguales, matrices y cantidades de medición, . . . También, **3.OA.1, 3.OA.5.**

Escribir cuentos sobre multiplicación

¿Cómo puedes describir una multiplicación?

Se pueden escribir cuentos para describir multiplicaciones.

Escribe un cuento sobre multiplicación para $3 \times 6 = $.

Práctica guiada*

PRÁCTICAS MATEMÁTICAS

¿CÓMO hacerlo?

En los Ejercicios **1** a **4**, escribe un cuento sobre multiplicación para cada problema. Haz un dibujo o usa objetos para hallar los productos.

1. 2×6

2. 3×5

3. 4×2

4. 3×8

¿Lo ENTIENDES?

5. ¿Cómo cambiaría el cuento sobre Randy si la multiplicación fuera $2 \times 6 = $?

6. ¿Cómo cambiaría el cuento sobre Elisa si la multiplicación fuera $3 \times 5 = $?

7. Comunicarse ¿Podría ser el cuento sobre las zanahorias también un cuento sobre suma? Explícalo.

Práctica independiente

Escribe un cuento sobre multiplicación para cada problema. Luego haz un dibujo o usa objetos para hallar los productos.

8. 7×3

9. 2×9

10. 4×5

Escribe un cuento sobre multiplicación para los dibujos. Usa el dibujo para hallar el producto.

11. 

12.

Puedes encontrar otro ejemplo en el Grupo C, página 111.

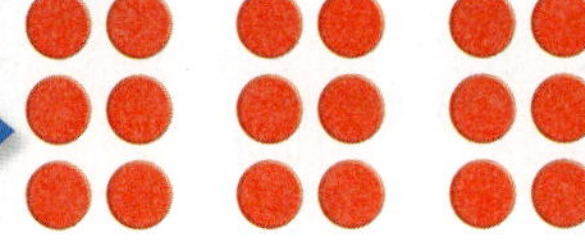

Grupos iguales

Randy tiene 3 paquetes de 6 botones. ¿Cuántos botones tiene?

$$3 \times 6 = 18$$

Randy tiene 18 botones.

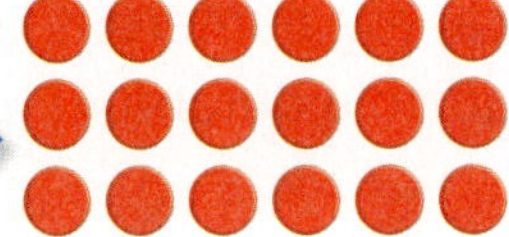

Una matriz

Elisa plantó 6 lirios en cada una de las 3 filas. ¿Cuántos lirios plantó?

$$3 \times 6 = 18$$

Elisa plantó 18 lirios.

"Cuántas veces la cantidad"

Kanisha tiene 6 zanahorias. Jack tiene 3 veces esa cantidad. ¿Cuántas zanahorias tiene Jack?

$$3 \times 6 = 18$$

Jack tiene 18 zanahorias.

Resolución de problemas

PRÁCTICAS MATEMÁTICAS

Comunicarse En los Ejercicios **13** a **15**, di si cada cuento es un cuento sobre suma, un cuento sobre resta o un cuento sobre multiplicación.

13. Kay tiene 6 lápices. Regala 4 a su amiga. ¿Cuántos lápices le quedan a Kay?

14. Kay tiene 6 lápices. Compra 4 lápices más en la tienda de la escuela. ¿Cuántos lápices tiene Kay ahora?

15. Kay tiene 6 bolsas de lápices. En cada bolsa hay 2 lápices. ¿Cuántos lápices tiene Kay?

16. Un equipo de futbol viajó a un partido de futbol en 4 microbuses. Los cuatro microbuses iban completos. Cada microbús tenía capacidad para 7 jugadores. ¿Cuántos jugadores fueron al partido?

    A 47   **C** 24

    B 28   **D** 11

17. Representar Steve tiene algunos paquetes de globos. Hay 8 globos en cada paquete. En total tiene 24 globos. Haz un dibujo para hallar cuántos paquetes de globos tiene Steve.

18. Un grupo de 12 mariposas monarca se está preparando para migrar. ¿Cuántas alas se estarán moviendo cuando el grupo salga volando?

Estándares comunes

3.OA.1 Interpretar los productos de los números enteros no negativos, por ej., interpretar 5 × 7 como el número total de objetos en 5 grupos de 7 objetos cada uno.…También, **3.OA.3, 3.OA.5, 3.OA.9.**

Resolución de problemas

Escribir para explicar

El padre de Gina le dio 2 monedas de 1¢ el lunes. Le prometió que, en adelante, iba a duplicar ese número de monedas de 1¢ cada día durante una semana.

Explica cómo puedes usar el patrón para completar la tabla.

Datos

Día	Número de monedas de 1¢
Lunes	2
Martes	4
Miércoles	8
Jueves	16
Viernes	32
Sábado	
Domingo	

Práctica guiada*

PRÁCTICAS MATEMÁTICAS

¿CÓMO hacerlo?

1. Comunicarse Brian compró 3 paquetes de tarjetas de beisbol. Hay 4 tarjetas en cada paquete. ¿Cuántas tarjetas de beisbol compró? Explica cómo puedes resolver este problema.

¿Lo ENTIENDES?

2. Si continúa el patrón de la tabla de arriba, ¿cuántas monedas de 1¢ recibirá Gina el próximo lunes?

3. Escribir un problema Escribe un problema. Explica cómo resolverlo usando palabras, dibujos, números o símbolos.

Práctica independiente

PRÁCTICAS MATEMÁTICAS

4. Pamela está ordenando mesas y sillas. Coloca 4 sillas en cada mesa.

a Explica cómo cambia el número de sillas al cambiar el número de mesas.

b Copia y completa la tabla.

Número de mesas	1	2	3	4	5
Número de sillas	4	8	12		

5. Representar Aarón cortó un tronco en 5 pedazos. ¿Cuántos cortes hizo? Explica cómo hallaste la respuesta.

Aplicar las prácticas matemáticas

- ¿Qué me piden que halle?
- ¿Qué otra cosa puedo intentar?
- ¿Cómo se relacionan las cantidades?
- ¿Cómo puedo explicar mi trabajo?
- ¿Cómo puedo usar las matemáticas para representar el problema?
- ¿Me serviría de ayuda alguna herramienta?
- ¿Hay precisión en mi trabajo?
- ¿Por qué funciona esto?
- ¿Cómo puedo hacer generalizaciones?

 Puedes encontrar otro ejemplo en el Grupo D, página 111.

Completa la tabla. Usa *palabras, dibujos, números* o *símbolos* para escribir una explicación matemática.

El número de monedas de 1¢ se duplica cada día. Esto significa que Gina recibirá 2 veces el número de monedas que recibió el día anterior.

Por tanto, necesito duplicar 32.
$32 + 32 = 64$ monedas de 1¢
Gina recibirá 64 monedas de 1¢ el sábado.

Luego, necesito duplicar 64.
$64 + 64 = 128$ monedas de 1¢
Gina recibirá 128 monedas de 1¢ el domingo.

Día	Número de monedas de 1¢
Lunes	2
Martes	4
Miércoles	8
Jueves	16
Viernes	32
Sábado	64
Domingo	128

6. Perseverar Copia y completa la tabla de abajo. Luego, describe cómo te ayuda a explicar el patrón.

Precio de los boletos para la obra de teatro de la escuela	
Número de boletos	Precio
1	$5
2	$10
3	$15
4	
5	

7. Hank gana $4 por limpiar las hojas del jardín y $6 por cortar el césped. ¿Cuánto ganará si limpia el jardín y corta el césped de 2 casas?

8. Representar Jake plantó árboles en una fila que mide 20 pies de longitud. Plantó un árbol al comienzo de la fila. Luego, plantó un árbol cada 5 pies. ¿Cuántos árboles plantó en esta fila? Haz un dibujo para explicarlo.

9. Usar la estructura Alexandra compró 5 bolsas de naranjas. Había 6 naranjas en cada bolsa. Luego, regaló 4 naranjas. ¿Qué oración numérica muestra cuántas naranjas compró Alexandra?

A $5 + 6 = $ ▪

B $5 \times 6 = $ ▪

C $(5 \times 6) - 4 = $ ▪

D $(5 + 6) - 4 = $ ▪

10. Usar la estructura Ana corrió 5 millas el lunes y 4 millas el martes. Teresa corrió 3 millas el lunes y 6 millas el martes. ¿Qué oración numérica muestra la distancia que corrió Ana en total?

A $3 + 6 = $ ▪

B $5 + 4 = $ ▪

C $5 - 4 = $ ▪

D $5 + 4 + 3 + 6 = $ ▪

Grupo A, páginas 100 y 101

Halla el número total de fichas.

●● ●● ●●

Hay 3 grupos de 2 fichas.

Puedes usar la suma para juntar grupos.

$2 + 2 + 2 = 6$

También puedes multiplicar para juntar grupos iguales.

$3 \times 2 = 6$

Por tanto, $2 + 2 + 2 = 3 \times 2$.

Recuerda que la multiplicación es una manera rápida de juntar grupos iguales.

Copia y completa.

1. 2 grupos de ▢
$5 + ▢ = ▢$
$2 \times ▢ = ▢$

2. 3 grupos de ▢
$6 + ▢ + ▢ = ▢$
$3 \times ▢ = ▢$

Grupo B, páginas 102 a 105

Dibuja una matriz para mostrar 2×3. Luego, escribe el producto.

Esta matriz muestra 2 filas de 3.   2 filas
   3 en cada fila

$3 + 3 = 6$ ó $2 \times 3 = 6$.

Dibuja una matriz para mostrar 3×2.

Esta matriz muestra 3 filas de 2.   3 filas
   2 en cada fila

$2 + 2 + 2 = 6$ ó $3 \times 2 = 6$.

La **propiedad conmutativa (o de orden) de la multiplicación** dice que puedes multiplicar números en cualquier orden y el producto será el mismo.

$2 \times 3 = 3 \times 2$.

Recuerda que debes usar la propiedad conmutativa (o de orden) de la multiplicación.

Dibuja una matriz para representar cada operación. Escribe el producto.

1. 2×4 **2.** 3×5 **3.** 4×4

4. 7×3 **5.** 1×6 **6.** 2×8

Copia y completa las rectas numéricas. Dibuja una matriz como ayuda.

7. $5 \times ▢ = 10$ **8.** $3 \times ▢ = 21$

    $2 \times ▢ = 10$ $7 \times ▢ = 21$

9. $2 \times ▢ = 12$ **10.** $4 \times ▢ = 24$

    $6 \times ▢ = 12$ $6 \times ▢ = 24$

Escribe un cuento sobre multiplicación para 3×5.

Haz un dibujo para hallar el producto.

Jéssica está guardando pretzels en 3 bolsas. Va a poner 5 pretzels en cada bolsa. ¿Cuántos pretzels tiene Jéssica en total?

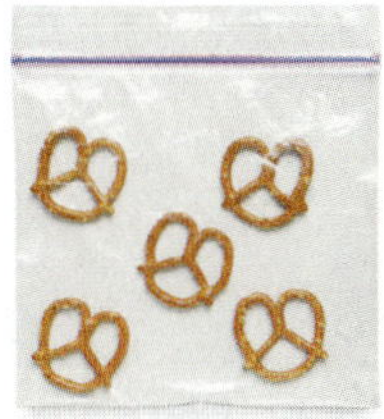  

Jessica tiene 15 pretzels.

Recuerda que tu cuento sobre multiplicación siempre debe terminar con una pregunta.

Escribe un cuento sobre multiplicación para cada problema. Haz un dibujo para hallar los productos.

1. 3×9 **2.** 5×6 **3.** 7×2

Escribe un cuento sobre multiplicación para cada dibujo. Usa el dibujo para hallar el producto.

4. 

5. 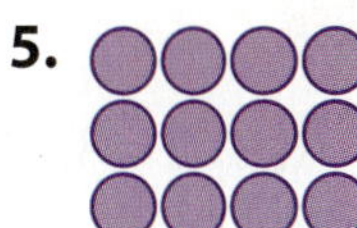

Puedes usar palabras, dibujos, números o símbolos para explicar una respuesta. Cuando expliques tu respuesta a un problema, asegúrate de:

- mostrar claramente tu explicación usando palabras, dibujos, números o símbolos.

- indicar qué significan los números en tu explicación.

- indicar por qué seguiste ciertos pasos.

Recuerda que otra persona debe poder entender tu explicación.

Resuelve los problemas. Explica cómo hallaste las respuestas.

1. Gina gana \$3 por hacer la cena y \$5 por cambiar las sábanas de su cama. ¿Cuánto ganará Gina en una semana si hace la cena 3 veces y cambia las sábanas una vez?

2. Jack está poniendo mesas para una fiesta. Cada mesa tiene 6 sillas. ¿Cuántas sillas necesita para 10 mesas?

Opción múltiple

1. ¿Cuál de las siguientes opciones tiene el mismo valor que 5×2? (4-1)

A $5 + 2$

B $2 + 2 + 2 + 2$

C $2 + 2 + 2 + 5$

D $2 + 2 + 2 + 2 + 2$

2. Para el 4 de julio, Ron coloca banderas en su patio como se muestra abajo. ¿Qué oración numérica se puede usar para hallar cuántas banderas colocó Ron en su patio? (4-2)

A $5 + 4 = $

B $4 \times 5 = $

C $4 + 5 = $

D $5 - 4 = $

3. ¿Qué cuento se podría resolver con 7×8? (4-4)

A Ben compró 7 bolsas de manzanas. Cada bolsa tenía 8 manzanas. ¿Cuántas manzanas compró Ben?

B Rob tiene 7 peces rojos y 8 peces anaranjados. ¿Cuántos peces tiene Rob en total?

C Tao tenía 8 problemas de matemáticas para resolver. Ha resuelto 7. ¿Cuántos le quedan?

D Max tiene 7 páginas en su álbum. Tiene 8 fotos. ¿Cuántas fotos puede poner en cada página?

4. ¿Qué número hace verdadera la segunda oración numérica? (4-3)

$9 \times 7 = 63$
$7 \times \; = 63$

A 63

B 56

C 9

D 7

5. ¿Cuál sería una operación de multiplicación para esta suma repetida? (4-1)

$6 + 6 + 6 + 6 + 6$

A 1×6

B 4×6

C 5×6

D 6×6

6. Alicia está comprando vasos de cartón para el picnic. Cada paquete tiene 8 vasos. ¿Cómo cambia el número de vasos al aumentar en 1 el número de paquetes? (4-5)

Paquetes	1	2	3	4	5
Vasos	8	16	24	32	40

A Hay 40 vasos más por cada paquete adicional.

B Hay 40 vasos menos por cada paquete adicional.

C Hay 8 vasos más por cada paquete adicional.

D Hay 8 vasos menos por cada paquete adicional.

7. Escribe una suma repetida para 8×6. (4-1)

8. La Sra. Salinas plantó sus flores como se muestra en el dibujo de abajo. Escribe una oración numérica que muestre mejor cuántas flores plantó. (4-2)

9. Escribe un cuento que se pueda resolver con 3×9. (4-4)

10. La familia Carroll reemplazó las baldosas del piso de su cocina. Una matriz de baldosas de 5×4 cabe en esa área. ¿Cuántas baldosas usaron? (4-2)

11. ¿Cómo te puede ayudar saber que $5 \times 13 = 65$ a hallar la respuesta de 13×5? Explícalo. (4-3)

12. Completa la oración numérica. (4-1)

$$7 + 7 + 7 + 7 + 7 + 7 = \boxed{} \times 7$$

13. Hamid pone libros en los estantes. Cada estante tiene 9 libros. ¿Cómo cambia el número de libros a medida que el número de estantes aumenta en 1? (4-5)

Estantes	1	2	3	4	5
Libros	9	18	27	36	45

14. Escribe el número que hace verdadera la segunda oración numérica. (4-3)

$$5 \times 4 = 20$$
$$4 \times \boxed{} = 20$$

15. ¿Puedes escribir $2 + 3 + 4 = 9$ como una multiplicación? Explícalo. (4-1)

16. Una banda de música tiene 3 filas de miembros de la banda. Hay 8 estudiantes en cada fila. ¿Cuántos estudiantes hay en la banda? Haz un dibujo para ayudarte. (4-2)

17. Mason tiene 4 cajas de barras de granola. Hay 5 barras de granola en cada caja. Escribe y resuelve una multiplicación para hallar cuántas barras de granola tiene Mason. (4-4)

18. Julianna gana $3 por pasear perros y $5 por bañar perros. ¿Cuánto ganará Julianna si pasea 2 perros y baña 4 perros? Explica cómo puedes hallar la respuesta usando una tabla. (4-5)

Pasear perros	$3	$6		
Bañar perros	$5	$10	$15	$20

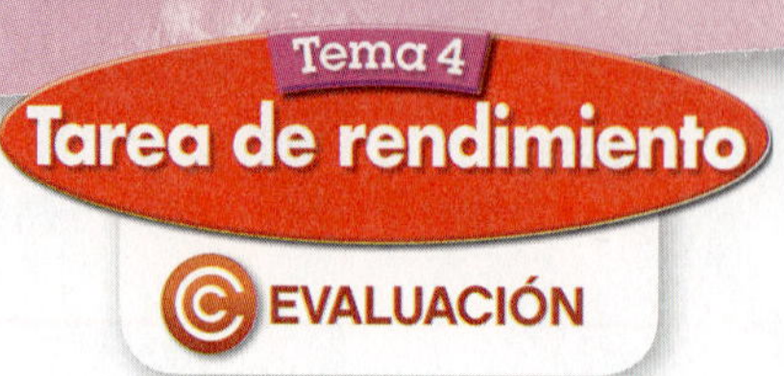

Tarea de rendimiento

EVALUACIÓN

Quieres hacer un diseño usando fichas cuadradas. Tienes 24 fichas cuadradas. Tu diseño debe estar ordenado en filas y debe tener el mismo número de fichas cuadradas en cada fila.

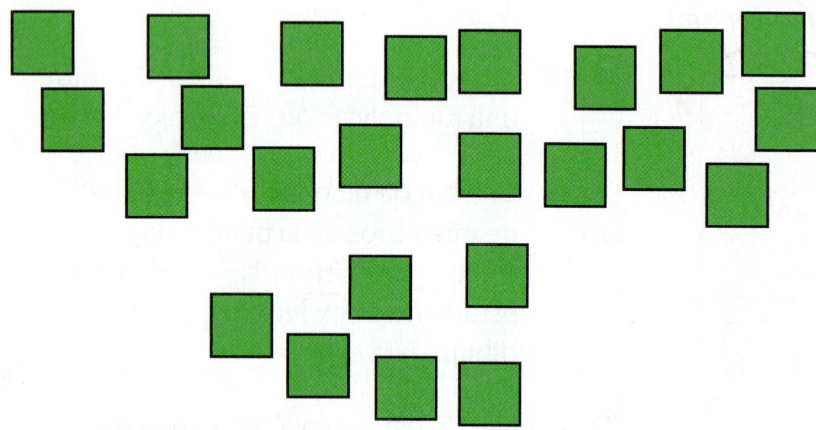

1. Haz un dibujo de algunas de las diferentes ordenaciones que puedes hacer. Haz por lo menos dos dibujos.

2. Escoge la ordenación que vas a usar en tu diseño. Dibuja un círculo alrededor de ese diseño. Escribe una suma repetida para la matriz.

3. Mira la suma repetida que escribiste. Escribe la suma repetida como una multiplicación.

4. Escribe un cuento sobre multiplicación para tu oración numérica.

5. Escribe una multiplicación para los diseños de fichas cuadradas de abajo. Explica cómo los diseños de fichas cuadradas muestran la propiedad conmutativa de la multiplicación.

Tema 5

Operaciones de multiplicación: Usar patrones

▼ ¿Cuántos corazones tiene una lombriz? Lo averiguarás en la Lección 5-1.

Repasa lo que sabes

Vocabulario

Escoge el mejor término del recuadro.

- factores
- suma
- producto
- iguales

1. Cuando sumas para combinar números, otro nombre para el total es ? .

2. En la oración numérica $5 \times 7 = 35$, el número 35 se llama ? .

3. La multiplicación se puede usar para juntar grupos ? .

Multiplicación

Escribe una multiplicación para las sumas repetidas.

4. $6 + 6 + 6 + 6 + 6 + 6 = 36$

5. $8 + 8 + 8 + 8 + 8 = 40$

Matrices

Dibuja una matriz de puntos para representar las multiplicaciones.

6. 2×7

7. 5×4

8. 1×9

9. 3×4

10. **Escribir para explicar** Adam ordenó algunas tazas en 4 filas. Puso 7 tazas en cada fila. Escribió $7 + 7 + 7 + 7$ para hallar el número total de tazas. Pat dice que Adam debe hallar el total escribiendo 4×7. ¿Quién tiene razón? Explícalo.

Pregunta esencial
- ¿Qué patrones se pueden usar para hallar ciertas operaciones de multiplicación?

Aprendizaje interactivo 

Plantea el problema. Empieza cada lección con una actividad en conjunto para resolver problemas. Te ayudará a comprender las matemáticas.

Aplicar las prácticas matemáticas

- ¿Qué me piden que halle?
- ¿Qué otra cosa puedo intentar?
- ¿Cómo se relacionan las cantidades?
- ¿Cómo puedo explicar mi trabajo?
- ¿Cómo puedo usar las matemáticas para representar el problema?
- ¿Me serviría de ayuda alguna herramienta?
- ¿Hay precisión en mi trabajo?
- ¿Por qué funciona esto?
- ¿Cómo puedo hacer generalizaciones?

Lección 5-1

Buscar patrones Resuelve el problema de la manera que prefieras.

¿Cómo puedes hallar cuántas patas hay en total en un grupo de 9 pollos? ¿De 8 pollos? ¿De 7 pollos? Muestra cómo hallaste la solución.

Lección 5-2

Usar herramientas Resuelve el problema de la manera que prefieras.

María compró 4 paquetes de agua embotellada. Hay 9 botellas en cada paquete. ¿Cuántas botellas compró? Muestra cómo hallaste la solución.

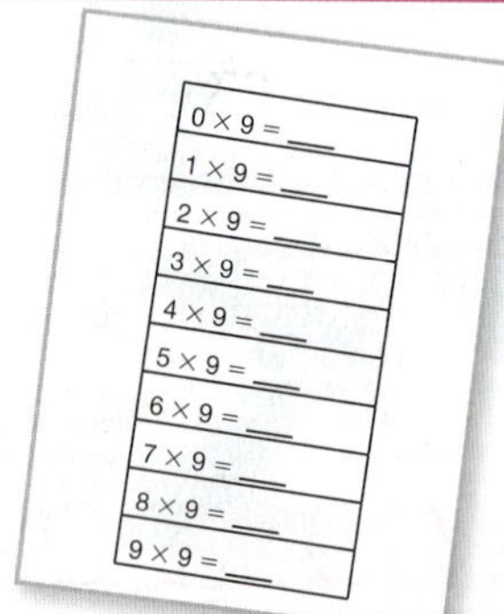

Lección 5-3

Hacer generalizaciones Resuelve el problema de la manera que prefieras.

Jackson tiene ? tazones. Pone una manzana en cada tazón. ¿Cuántas manzanas usa? Indica cómo lo decidiste.

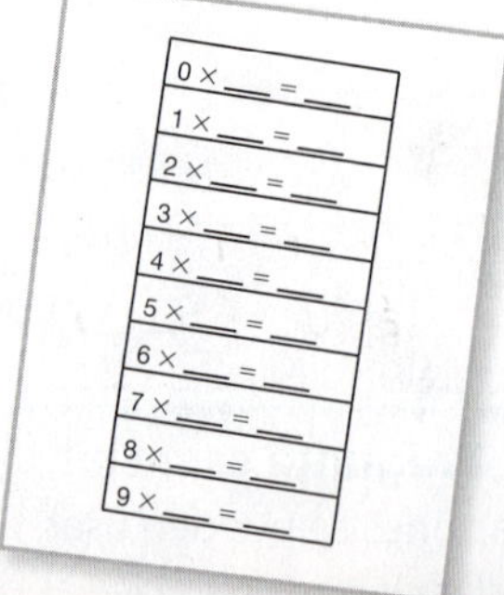

Lección 5-4

Buscar patrones Resuelve el problema. Usa la tabla de 100 como ayuda.

¿Cuántos dedos hay en tres manos? ¿En cuatro manos? ¿En cinco manos? Describe los patrones que hallaste.

1	2	3	4	5	6	7	8	9	10
11	12	13	14	15	16	17	18	19	20
21	22	23	24	25	26	27	28	29	30
31	32	33	34	35	36	37	38	39	40
41	42	43	44	45	46	47	48	49	50
51	52	53	54	55	56	57	58	59	60
61	62	63	64	65	66	67	68	69	70
71	72	73	74	75	76	77	78	79	80
81	82	83	84	85	86	87	88	89	90
91	92	93	94	95	96	97	98	99	100

Lección 5-5

Buscar patrones Resuelve el problema de la manera que prefieras.

Duke corre 10 millas cada semana. ¿Cuántas millas correrá en 6 semanas? ¿En 7 semanas? ¿En 8 semanas? Describe los patrones que hallaste.

$$0 \times \underline{\quad} = \underline{\quad}$$
$$1 \times \underline{\quad} = \underline{\quad}$$
$$2 \times \underline{\quad} = \underline{\quad}$$
$$3 \times \underline{\quad} = \underline{\quad}$$
$$4 \times \underline{\quad} = \underline{\quad}$$
$$5 \times \underline{\quad} = \underline{\quad}$$
$$6 \times \underline{\quad} = \underline{\quad}$$
$$7 \times \underline{\quad} = \underline{\quad}$$
$$8 \times \underline{\quad} = \underline{\quad}$$
$$9 \times \underline{\quad} = \underline{\quad}$$
$$10 \times \underline{\quad} = \underline{\quad}$$

Lección 5-6

Hacer generalizaciones Resuelve el problema de la manera que prefieras. Busca las operaciones básicas.

Halla los productos de la derecha. ¿Qué patrones ves en los productos? ¿Qué generalizaciones puedes hacer sobre este tipo de problemas?

$$5 \times 30 = \underline{\quad},$$
$$2 \times 40 = \underline{\quad},$$
$$9 \times 20 = \underline{\quad}.$$

Lección 5-7

Representar Resuelve el problema de la manera que prefieras.

Pablo compró 2 cuadernos de color rojo, 3 cuadernos de color verde y 3 cuadernos de color azul. ¿Cuántos cuadernos compró en total? Si cada cuaderno cuesta $5, ¿cuál fue el costo total? Muestra cómo hallaste la solución.

El 2 y el 5 como factores

¿Cómo usas los patrones para multiplicar por 2 y por 5?

¿Cuántos calcetines hay en 7 pares? Halla 7×2.

1 par	2 pares	3 pares	4 pares	5 pares	6 pares	7 pares
1×2	2×2	3×2	4×2	5×2	6×2	7×2
2	4	6	8	10	12	14

Hay 14 calcetines en 7 pares.

Otros ejemplos

¿Cuáles son los patrones de los múltiplos de 2 y de 5?

Los productos de las operaciones de multiplicación del 2 son múltiplos de 2.
Los productos de las operaciones de multiplicación del 5 son múltiplos de 5.
Los **múltiplos** son los productos de un número y otros números enteros.

Operaciones de multiplicación del 2

$0 \times 2 = 0$	$5 \times 2 = 10$
$1 \times 2 = 2$	$6 \times 2 = 12$
$2 \times 2 = 4$	$7 \times 2 = 14$
$3 \times 2 = 6$	$8 \times 2 = 16$
$4 \times 2 = 8$	$9 \times 2 = 18$

Operaciones de multiplicación del 5

$0 \times 5 = 0$	$5 \times 5 = 25$
$1 \times 5 = 5$	$6 \times 5 = 30$
$2 \times 5 = 10$	$7 \times 5 = 35$
$3 \times 5 = 15$	$8 \times 5 = 40$
$4 \times 5 = 20$	$9 \times 5 = 45$

Patrón de operaciones de multiplicación del 2

- Los múltiplos de 2 son los números pares. Los múltiplos de 2 terminan en 0, 2, 4, 6 u 8.

- Cada múltiplo de 2 es 2 más que el anterior.

Patrón de operaciones de multiplicación del 5

- Los múltiplos de 5 terminan en 0 o en 5.

- Cada múltiplo de 5 es 5 más que el anterior.

Explícalo

1. ¿El 83 es múltiplo de 2 o de 5? ¿Cómo lo sabes?

2. **Razonar** ¿Cómo te pueden ayudar los patrones a hallar el resultado de 10×2?

¿Cuántos dedos hay en 7 guantes?

Escoge una operación Halla 7×5.

$1 \times 5 = 5$
$2 \times 5 = 10$
$3 \times 5 = 15$
$4 \times 5 = 20$
$5 \times 5 = 25$
$6 \times 5 = 30$
$7 \times 5 = 35$

Hay 35 dedos en 7 guantes.

Práctica guiada*

¿CÓMO hacerlo?

Halla los productos.

1. 2×6 **2.** 2×3 **3.** 7×2

4. 5×3 **5.** 5×5 **6.** 6×5

7. $\begin{array}{r} 4 \\ \times\ 2 \\ \hline \end{array}$ **8.** $\begin{array}{r} 5 \\ \times\ 2 \\ \hline \end{array}$ **9.** $\begin{array}{r} 8 \\ \times\ 5 \\ \hline \end{array}$

¿Lo ENTIENDES?

10. Hacer generalizaciones ¿Cómo puedes contar salteado para hallar la cantidad de calcetines que hay en 9 pares? ¿En 10 pares?

11. Hacer generalizaciones ¿Cómo puedes contar salteado para hallar la cantidad de dedos que hay en 9 guantes? ¿En 10 guantes?

12. Usar la estructura Bert dice que 2×8 es 15. ¿Cómo usas los patrones para saber que la respuesta no es correcta?

Práctica independiente

En los Ejercicios **13** a **22**, halla los productos.

13. 2×2 **14.** 5×2 **15.** 3×5 **16.** 8×2 **17.** 9×5

18. $\begin{array}{r} 3 \\ \times\ 5 \\ \hline \end{array}$ **19.** $\begin{array}{r} 2 \\ \times\ 4 \\ \hline \end{array}$ **20.** $\begin{array}{r} 4 \\ \times\ 5 \\ \hline \end{array}$ **21.** $\begin{array}{r} 9 \\ \times\ 2 \\ \hline \end{array}$ **22.** $\begin{array}{r} 5 \\ \times\ 7 \\ \hline \end{array}$

23. Halla 5 veces 6.

24. Multiplica 2 por 5.

25. Halla el producto de 7 y 5.

26. Halla 6×2.

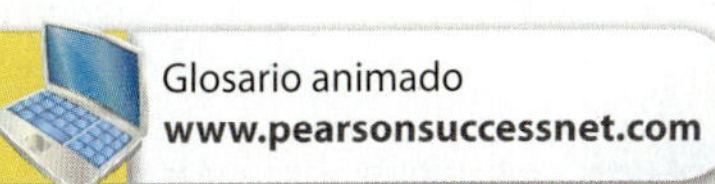

Puedes encontrar otro ejemplo en el Grupo A, página 134.

Lección 5-1

119

Compara. Usa $<$, $>$ ó $=$.

27. $2 \times 5 \bigcirc 5 \times 2$ **28.** $4 \times 5 \bigcirc 5 \times 6$ **29.** $2 \times 5 \bigcirc 2 \times 4$

30. $6 \times 5 \bigcirc 5 \times 5$ **31.** $9 \times 5 \bigcirc 5 \times 9$ **32.** $7 \times 2 \bigcirc 2 \times 9$

Resolución de problemas

PRÁCTICAS MATEMÁTICAS

En los Ejercicios **33** a **35**, usa la tabla de la derecha.

33. ¿Cuánto cuesta jugar tres partidos de bolos sin alquilar zapatos?

34. María alquiló zapatos para jugar a los bolos. También jugó dos partidos. ¿Cuánto dinero gastó?

35. Wendy pagó 2 partidos con un billete de veinte dólares. ¿Cuánto cambio recibió?

36. Escribir para explicar Eric tiene algunas monedas de 5¢. Dice que tiene exactamente 34 centavos. ¿Puedes decir si tiene razón o no? ¿Por qué o por qué no?

38. Usa el dibujo que se muestra abajo. ¿Cuántos corazones hay en 3 lombrices?

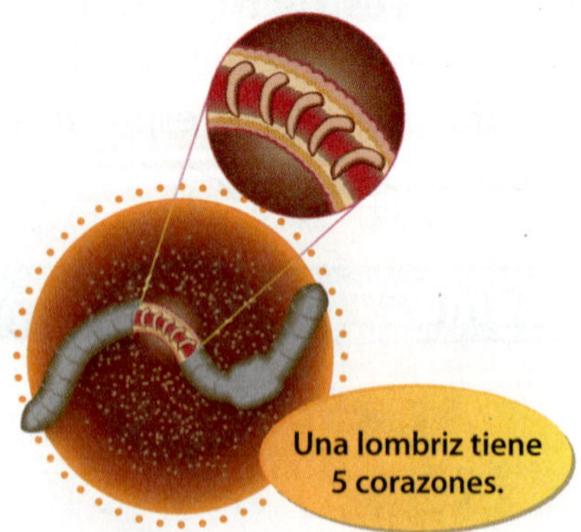

37. Ariel tiene las siguientes monedas.

Ariel contó el valor de estas monedas en centavos. ¿Qué lista muestra los números que dijo?

A 5, 10, 16, 20, 25, 26

B 5, 10, 15, 22, 25, 32

C 5, 10, 15, 20, 25, 30

D 10, 15, 22, 25, 30, 35

39. Razonar ¿Cuáles son los dos factores de 1 dígito que podrías multiplicar para obtener un producto de 30?

40. Perseverar Jaime fue a jugar a los bolos. En la primera jugada, volteó 2 bolos. En la segunda, volteó el doble. Hasta ahora, ¿cuántos bolos ha volteado en total?

Significados de la multiplicación

Usa **e tools**
Fichas

Paso 1 Ve a las Fichas de eTools. Escoge fichas que tengan la misma forma. Haz 4 grupos de fichas con 3 fichas en cada grupo. El odómetro indica cuántas fichas hay en total. Escribe una oración numérica: $4 \times 3 = 12$.

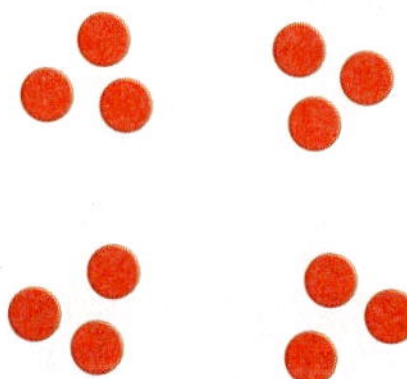

Paso 2 Usa la herramienta para limpiar para despejar el área de trabajo. Muestra 3 grupos con 8 fichas en cada uno y escribe una oración numérica: $3 \times 8 = 24$.

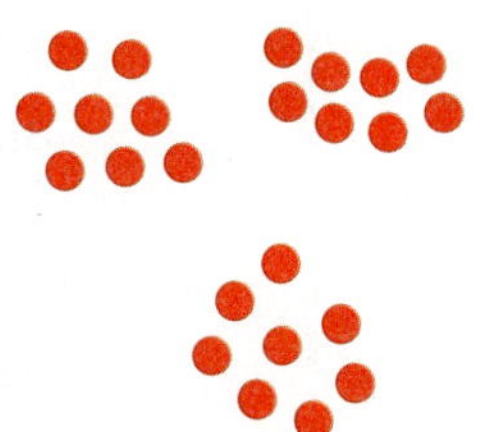

Paso 3 Selecciona el área de trabajo de matrices. Arrastra el botón para mostrar 7 filas con 6 fichas en cada fila. Escribe una oración numérica: $7 \times 6 = 42$.

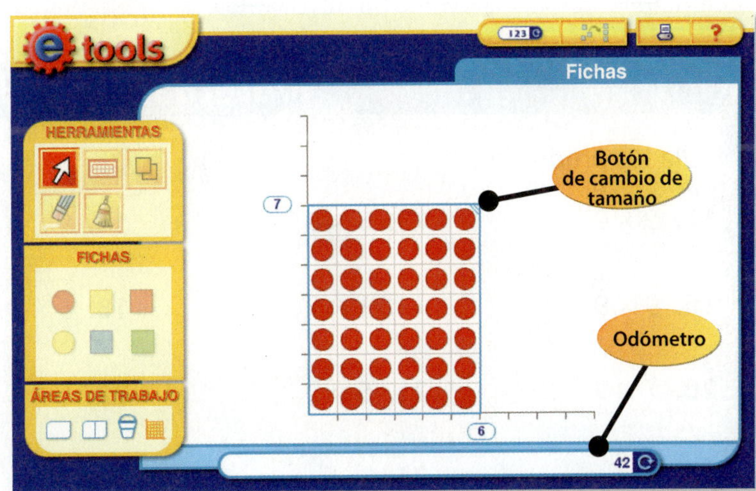

Práctica

Usa las Fichas de eTools para dibujar fichas. Escribe una oración numérica.

1. 5 grupos con 3 fichas en cada uno

2. 7 grupos con 4 fichas en cada uno

3. 8 filas con 6 fichas en cada una

4. 9 filas con 5 fichas en cada una

Estándares comunes

3.OA.9 Identificar patrones aritméticos (incluyendo las tablas de sumar y multiplicar) y explicarlos utilizando las propiedades de las operaciones... También, 3.OA.3, 3.OA.7, 3.OA.8.

El 9 como factor

¿Cómo usas los patrones para hallar las operaciones de multiplicación del 9?

El dueño de una floristería pone 9 rosas en cada paquete. ¿Cuántas rosas hay en 8 paquetes?

Usa los patrones para hallar 8×9.

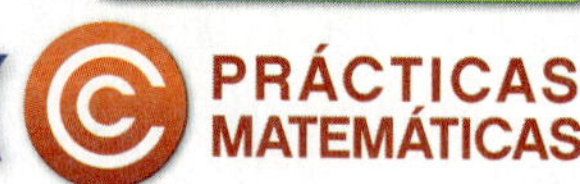

Datos

Operaciones de multiplicación del 9

$0 \times 9 =$	0
$1 \times 9 =$	9
$2 \times 9 =$	18
$3 \times 9 =$	27
$4 \times 9 =$	36
$5 \times 9 =$	45
$6 \times 9 =$	54
$7 \times 9 =$	63
$8 \times 9 =$	
$9 \times 9 =$	

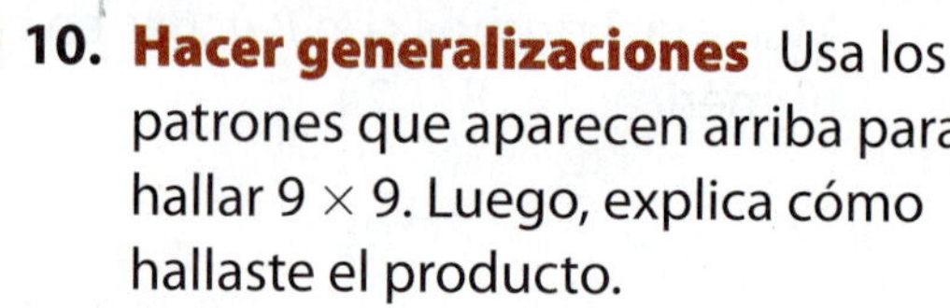

Práctica guiada*

PRÁCTICAS MATEMÁTICAS

¿CÓMO hacerlo?

Halla los productos.

1. 9×2 **2.** 5×9 **3.** 7×9

4. 4×9 **5.** 2×8 **6.** 6×9

7. $\begin{array}{r} 3 \\ \times\ 9 \\ \hline \end{array}$ **8.** $\begin{array}{r} 5 \\ \times\ 5 \\ \hline \end{array}$ **9.** $\begin{array}{r} 8 \\ \times\ 9 \\ \hline \end{array}$

¿Lo ENTIENDES?

10. Hacer generalizaciones Usa los patrones que aparecen arriba para hallar 9×9. Luego, explica cómo hallaste el producto.

11. Evaluar el razonamiento Paul cree que 3×9 es 24. Usa un patrón del 9 para demostrar que está equivocado.

Práctica independiente

Halla los productos.

12. 9×0 **13.** 5×8 **14.** 9×4 **15.** 8×9

16. 9×9 **17.** 1×9 **18.** 5×9 **19.** 2×9

20. 7×9 **21.** 5×2 **22.** 6×5 **23.** 9×1

24. $\begin{array}{r} 6 \\ \times\ 9 \\ \hline \end{array}$ **25.** $\begin{array}{r} 9 \\ \times\ 5 \\ \hline \end{array}$ **26.** $\begin{array}{r} 9 \\ \times\ 7 \\ \hline \end{array}$ **27.** $\begin{array}{r} 9 \\ \times\ 2 \\ \hline \end{array}$

28. $\begin{array}{r} 7 \\ \times\ 9 \\ \hline \end{array}$ **29.** $\begin{array}{r} 8 \\ \times\ 2 \\ \hline \end{array}$ **30.** $\begin{array}{r} 0 \\ \times\ 9 \\ \hline \end{array}$ **31.** $\begin{array}{r} 2 \\ \times\ 3 \\ \hline \end{array}$

 Puedes encontrar otro ejemplo en el Grupo A, página 134.

Usa estos patrones. Empieza con $1 \times 9 = 9$.

El dígito de las unidades disminuye en 1 cada vez; por tanto, el dígito de las unidades en el producto después de 63 es 2.

El dígito de las decenas aumenta en 1 cada vez; por tanto, el dígito de las decenas en el producto después de 63 es 7.

$8 \times 9 = 72$

Hay 72 rosas en 8 paquetes.

Usa estos patrones para hallar el producto.

El dígito de las decenas es 1 menos que el factor que se multiplica por 9.

$8 - 1 = 7$

$8 \times 9 = 72$

Los dígitos del producto suman 9.

$7 + 2 = 9$

Hay 72 rosas en 8 paquetes.

Copia y completa. Usa $+$, $-$ ó $\times$.

32. $2 \times 6 = 10 \ \square \ 2$

33. $5 \times 7 = 45 \ \square \ 10$

34. $9 \times 9 = 80 \ \square \ 1$

35. $20 - 2 = 2 \ \square \ 9$

36. $9 \ \square \ 3 = 30 - 3$

37. $9 \ \square \ 1 = 2 \ \square \ 5$

Resolución de problemas

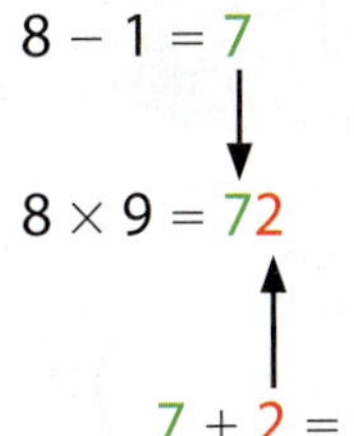

PRÁCTICAS MATEMÁTICAS

La biblioteca organizó una gran venta de libros usados. En los Ejercicios **38** a **41**, usa la tabla de la derecha.

38. ¿Cuánto cuestan 4 libros de tapa dura?

39. Razonar ¿Cuánto más gastaría Chico si comprara 3 libros en CD en lugar de 3 libros de tapa dura?

40. Hacerlo con precisión Maggie compró solamente libros de tapa blanda. El empleado le dijo que debía $15. ¿Cómo sabe Maggie que el empleado se equivocó?

41. Escribir para explicar El señor León compró 2 libros en CD y 9 libros de tapa blanda. ¿Gastó más en los CD o en los libros de tapa blanda? Explica cómo lo sabes.

Gran venta de libros de la biblioteca

Datos	
Libros de tapa blanda	$2
Libros de tapa dura	$5
Libros en CD	$9

42. Perseverar El dueño de una floristería contó las flores en grupos de 9. ¿Qué lista muestra los números que dijo?

A 9, 19, 29, 39, 49, 59

B 6, 12, 18, 24, 36, 42

C 18, 27, 36, 45, 56, 65

D 9, 18, 27, 36, 45, 54

3.OA.9 Identificar patrones aritméticos (incluyendo las tablas de sumar y multiplicar) y explicarlos utilizando las propiedades de las operaciones. . . . También, **3.OA.3, 3.OA.8.**

Multiplicar por 0 y 1

¿Cuáles son los patrones de los múltiplos de 1 y 0?

Kira tiene 8 platos con 1 naranja en cada uno.
¿Cuántas naranjas tiene Kira?

Halla 8×1.

Práctica guiada*

PRÁCTICAS MATEMÁTICAS

¿CÓMO hacerlo?

Halla los productos.

1. 1×7 **2.** 5×0 **3.** 5×1

4. 0×0 **5.** 1×1 **6.** 8×1

7. $\begin{array}{r} 7 \\ \times\ 0 \\ \hline \end{array}$ **8.** $\begin{array}{r} 1 \\ \times\ 9 \\ \hline \end{array}$ **9.** $\begin{array}{r} 0 \\ \times\ 6 \\ \hline \end{array}$

¿Lo ENTIENDES?

10. Construir argumentos ¿Cómo puedes usar las propiedades que aparecen arriba para hallar 375×1 y 0×754?

11. Representar Dibuja una matriz para mostrar que $1 \times 8 = 8$.

12. Perseverar Carlos tiene 6 platos. Hay 1 manzana y 0 uvas en cada plato. ¿Cuántas manzanas hay? ¿Cuántas uvas hay?

Práctica independiente

Halla los productos.

13. 0×4 **14.** 1×6 **15.** 1×3 **16.** 3×0 **17.** 4×1

18. 0×9 **19.** 1×3 **20.** 1×7 **21.** 0×7 **22.** 8×0

23. $\begin{array}{r} 8 \\ \times\ 1 \\ \hline \end{array}$ **24.** $\begin{array}{r} 0 \\ \times\ 2 \\ \hline \end{array}$ **25.** $\begin{array}{r} 1 \\ \times\ 2 \\ \hline \end{array}$ **26.** $\begin{array}{r} 9 \\ \times\ 0 \\ \hline \end{array}$ **27.** $\begin{array}{r} 0 \\ \times\ 1 \\ \hline \end{array}$

Glosario animado
www.pearsonsuccessnet.com

8 grupos con 1 en cada grupo es igual a 8 en total.

$$8 \times 1 = 8$$

Kira tiene 8 naranjas.

1 plato con 8 naranjas también
es igual a 8 naranjas.

$$1 \times 8 = 8$$

Propiedad de identidad (del uno) de la multiplicación: cuando multiplicas un número por 1, el producto es ese número.

Si Kira tiene 4 platos con 0 naranjas en cada plato, tiene 0 naranjas.

$$4 \times 0 = 0$$

Si $4 \times 0 = 0$ entonces $0 \times 4 = 0$.

Propiedad del cero en la multiplicación: cuando multiplicas un número por 0, el producto es cero.

Copia y completa. Escribe $<$, $>$ ó $=$ en cada ◯.

28. $1 \times 6 \bigcirc 8 \times 0$

29. $8 \times 1 \bigcirc 1 \times 9$

30. $1 \times 4 \bigcirc 4 \times 1$

31. $0 \times 654 \bigcirc 346 \times 0$

32. $2 \times 9 \bigcirc 9 \times 1$

33. $0 \times 754 \bigcirc 5 \times 1$

Copia y completa. Escribe $\times$, $+$ ó $-$ en cada ☐.

34. $4 \;\square\; 1 = 4$
$4 \;\square\; 1 = 5$
$4 \;\square\; 1 = 3$

35. $4 \;\square\; 0 = 4$
$4 \;\square\; 0 = 0$

36. $6 \;\square\; 1 = 5$
$6 \;\square\; 1 = 6$
$6 \;\square\; 1 = 7$

Resolución de problemas

PRÁCTICAS MATEMÁTICAS

37. ¿Cuál es el factor que falta?
$548 \times \;\blacksquare\; = 548$

A 0   **B** 1   **C** 2   **D** 4

38. Hacer generalizaciones El producto de dos factores es 0. Uno de los factores es 0. ¿Puedes decir cuál es el otro factor? Explica tu respuesta.

39. Un equipo de monociclos de relevos tiene 4 ciclistas. Cada ciclista tiene un monociclo. Si cada monociclo tiene 1 rueda, ¿cuántas ruedas tiene el equipo?

40. Razonar ¿Por qué crees que la propiedad de identidad de la multiplicación a veces se llama la propiedad del uno de la multiplicación?

41. Los boletos para un concierto en la escuela son gratis para los estudiantes. El precio es \$1 por adulto. ¿Cuál es el precio total de los boletos para 2 adultos y 5 estudiantes?

A \$7   **B** \$5   **C** \$2   **D** \$1

42. Los niños de la clase del tercer grado tienen un desfile de bicicletas. Hay 5 filas de bicicletas con 8 bicicletas en cada fila. ¿Cuántas bicicletas hay en total en el desfile?

Estándares comunes

3.OA.9 Identificar patrones aritméticos (incluyendo las tablas de sumar y multiplicar) y explicarlos utilizando las propiedades de las operaciones.… También, .3.OA.3, 3.OA.8.

Patrones de las operaciones

¿Cuáles son los patrones para los múltiplos de 2, 5 y 9?

Un múltiplo es el producto de dos números enteros cualesquiera.

○ múltiplos de 2

□ múltiplos de 5

△ múltiplos de 9

1	2	3	4	5	6	7	8	9	10
11	12	13	14	15	16	17	18	19	20
21	22	23	24	25	26	27	28	29	30
31	32	33	34	35	36	37	38	39	40

Práctica guiada*

PRÁCTICAS MATEMÁTICAS

¿CÓMO hacerlo?

En los Ejercicios **1** a **4**, cuenta salteado para hallar el número que sigue.

1. 2, 4, 6, 8, ▢

2. 20, 22, 24, ▢

3. 20, 25, 30, ▢

4. 36, 45, 54, ▢

En los Ejercicios **5** a **8**, halla el producto.

5. 9×1

6. 2×8

7. 5×4

8. 2×4

¿Lo ENTIENDES?

9. Hacer generalizaciones En el cuadro que está arriba, ¿qué patrones ves en los números que tienen tanto círculos rojos como cuadrados verdes?

10. Buscar patrones ¿Cómo sabes que 63 no es un múltiplo de 2? Explica usando el patrón de múltiplos de 2.

11. Leah tiene 9 pares de calcetines. ¿Cuántos calcetines tiene en total?

Práctica independiente

En los Ejercicios **12** a **15**, cuenta salteado para hallar el número que sigue.

12. 18, 27, 36, ▢

13. 12, 14, 16, ▢

14. 5, 10, 15, ▢

15. 88, 90, 92, ▢

En los Ejercicios **16** a **30**, halla el producto.

16. 2×6

17. 5×3

18. 5×2

19. 5×8

20. 9×8

21. 2×7

22. 5×7

23. 9×3

24. 9×6

25. 2×5

26. 2×3

27. 5×9

28. 5×6

29. 9×9

30. 5×5

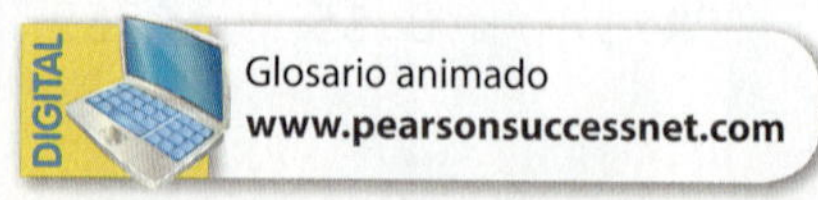

 *Puedes encontrar otro ejemplo en el Grupo C, página 134.

Para hallar los múltiplos de 2, cuenta salteado de dos en dos.

2 , 4 , 6 , 8 , 10 , 12 , 14 , 16 …

Todos los múltiplos de 2 son números pares.

Para hallar los múltiplos de 5, cuenta salteado de cinco en cinco.

5 , 10 , 15 , 20 , 25 , 30 , 35 , 40 …

Todos los múltiplos de 5 tienen un 0 ó un 5 en el lugar de las unidades.

Para hallar los múltiplos de 9, cuenta salteado de nueve en nueve.

9 , 18 , 27 , 36 , 45 , 54 , 63 , 72 …

Los dígitos de los múltiplos de 9 suman 9 o un múltiplo de 9.

En 99, por ejemplo, $9 + 9 = 18$, y 18 es un múltiplo de 9.

Resolución de problemas

31. ¿Cuántos brazos tienen en total 9 estrellas de mar

  a si cada estrella de mar tiene 6 brazos?

  b si cada estrella de mar tiene 7 brazos?

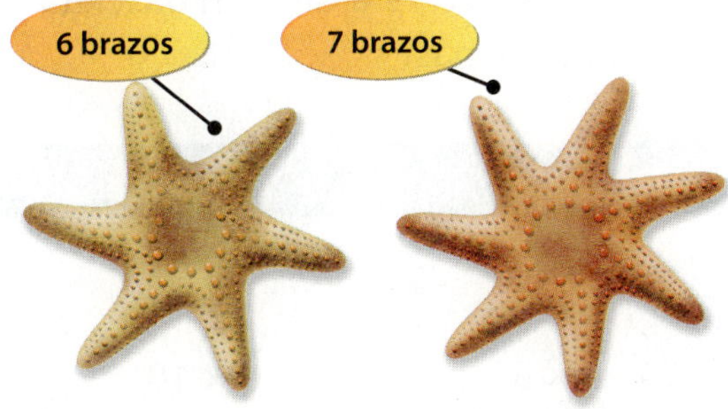

32. En el básquetbol en silla de ruedas, los jugadores usan sillas deportivas que tienen 2 ruedas grandes y 5 ruedas pequeñas. Si hay 9 jugadores, ¿cuántas

  a ruedas grandes hay?

  b ruedas pequeñas hay?

  c ruedas hay en total?

33. Julia está trabajando en su tren a escala. Le agrega 9 trozos de vía. Cada trozo de vía se ajusta con 4 tornillos. ¿Cuántos tornillos necesita en total?

  A 18 tornillos   **C** 54 tornillos

  B 36 tornillos   **D** 72 tornillos

34. Pedro está haciendo un cartel para cada uno de sus cinco amigos. Cada cartel tendrá 4 calcomanías. ¿Cuántas calcomanías necesitará Pedro? Cuenta de cinco en cinco para hallar la respuesta. Luego, escribe la multiplicación.

35. Perseverar Usa los dígitos 3, 4 y 6 para formar tantos números de tres dígitos como puedas. Pon los números en orden, de menor a mayor.

36. Usar herramientas ¿Qué números están en orden de menor a mayor?

  A 352 759 935

  B 532 543 352

  C 652 759 523

  D 732 452 935

Estándares comunes

3.OA.9 Identificar patrones aritméticos (incluyendo las tablas de sumar y multiplicar) y explicarlos utilizando las propiedades de las operaciones. . . . También, 3.OA.3, 3.NBD.3, 3.OA.8.

El 10 como factor

¿Cuáles son los patrones en los múltiplos de 10?

Greg quiere entrenarse para una carrera que tendrá lugar en 10 semanas. La tabla muestra su horario de entrenamiento. ¿Cuántas millas correrá Greg para entrenarse para la carrera?

Escoge una operación
Halla 10×10.

Horario semanal

Actividad	Millas
Nadar	4 millas
Correr	10 millas
Andar en bicicleta	9 millas

Práctica guiada*

¿CÓMO hacerlo?

Halla los productos.

1. 2×10 **2.** 6×10

3. $\begin{array}{r} 10 \\ \times\ 1 \\ \hline \end{array}$ **4.** $\begin{array}{r} 10 \\ \times\ 3 \\ \hline \end{array}$ **5.** $\begin{array}{r} 10 \\ \times\ 7 \\ \hline \end{array}$

¿Lo ENTIENDES?

6. Escribir para explicar ¿Es 91 un múltiplo de 10? Explícalo.

7. Hacer generalizaciones ¿Cuántas millas recorrerá Greg en bicicleta en 10 semanas?

Práctica independiente

Halla los productos.

8. 4×10 **9.** 9×10 **10.** 10×6 **11.** 5×5 **12.** 10×10

13. 5×10 **14.** 8×2 **15.** 7×10 **16.** 2×5 **17.** 1×10

18. 5×3 **19.** 10×2 **20.** 5×9 **21.** 3×10 **22.** 10×8

23. $\begin{array}{r} 6 \\ \times\ 5 \\ \hline \end{array}$ **24.** $\begin{array}{r} 10 \\ \times\ 1 \\ \hline \end{array}$ **25.** $\begin{array}{r} 10 \\ \times\ 9 \\ \hline \end{array}$ **26.** $\begin{array}{r} 2 \\ \times\ 9 \\ \hline \end{array}$ **27.** $\begin{array}{r} 10 \\ \times\ 5 \\ \hline \end{array}$

28. $\begin{array}{r} 10 \\ \times\ 2 \\ \hline \end{array}$ **29.** $\begin{array}{r} 7 \\ \times\ 2 \\ \hline \end{array}$ **30.** $\begin{array}{r} 10 \\ \times\ 4 \\ \hline \end{array}$ **31.** $\begin{array}{r} 10 \\ \times\ 8 \\ \hline \end{array}$ **32.** $\begin{array}{r} 0 \\ \times\ 6 \\ \hline \end{array}$

33. $\begin{array}{r} 5 \\ \times\ 8 \\ \hline \end{array}$ **34.** $\begin{array}{r} 10 \\ \times\ 0 \\ \hline \end{array}$ **35.** $\begin{array}{r} 10 \\ \times\ 3 \\ \hline \end{array}$ **36.** $\begin{array}{r} 5 \\ \times\ 7 \\ \hline \end{array}$ **37.** $\begin{array}{r} 10 \\ \times\ 7 \\ \hline \end{array}$

Datos

Operaciones de multiplicación del 10

$0 \times 10 = 0$	$5 \times 10 = 50$
$1 \times 10 = 10$	$6 \times 10 = 60$
$2 \times 10 = 20$	$7 \times 10 = 70$
$3 \times 10 = 30$	$8 \times 10 = 80$
$4 \times 10 = 40$	$9 \times 10 = 90$
	$10 \times 10 =$

Usa patrones para hallar el producto.

- Escribe el factor que estás multiplicando por 10.
- Escribe un cero a la derecha de ese factor. Un múltiplo de 10 tendrá siempre un cero en el lugar de las unidades.

$$10 \times 10 = 100$$

Greg recorrerá 100 millas.

Resolución de problemas

PRÁCTICAS MATEMÁTICAS

En los Ejercicios **38** y **39**, usa la tabla de la derecha. La tabla muestra los alimentos que se compraron para un picnic para 70 estudiantes del tercer grado.

Datos

Alimento	Cantidad de paquetes	Cantidad por paquete
Hot dogs	8	10
Panecillos	10	9
Envases de jugo	7	10

38. Halla la cantidad total de cada alimento que se compró.

   a *Hot dogs*

   b Panecillos

   c Envases de jugo

39. Perseverar ¿Cuántos envases adicionales de jugo se compraron?

40. Escribir para explicar Observa la tabla que aparece en la parte de arriba de la página 128. Greg multiplicó 5×10 para saber cuántas millas más recorrió en bicicleta que las que nadó durante las 10 semanas. ¿Tiene sentido? ¿Por qué o por qué no?

41. Representar Mai tiene 3 paquetes de bolígrafos. Hay 10 bolígrafos en cada paquete. Mai le regala 5 bolígrafos a Ervin. ¿Cuántos bolígrafos le quedan?

42. Razonar Raúl sólo tiene monedas de 10¢ en su bolsillo. ¿Puede tener exactamente 45 centavos? Explícalo.

43. Kimmy compró 7 boletos para un concierto. Cada boleto costó $10. ¿Cuál será el precio total de los boletos que Kimmy compró?

44. ¿Qué signo hace verdadera la oración numérica?

$$8 \;\square\; 5 = 40$$

   A $+$ **C** $\times$

   B $-$ **D** $\div$

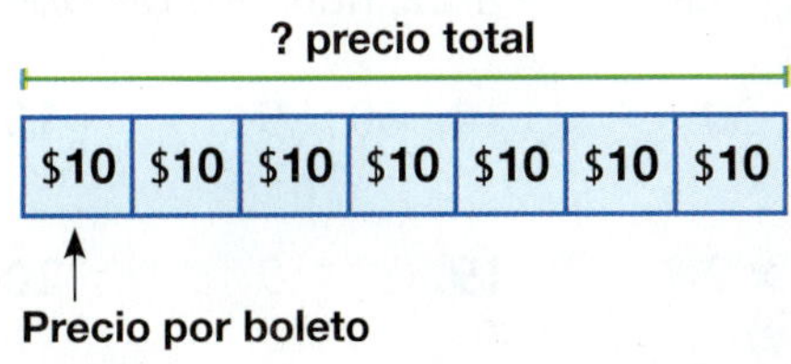

Estándares comunes

3.NBD.3 Multiplicar números enteros no negativos de un dígito por múltiplos de 10 en el rango de 10 a 90 (por ej., 9 × 80, 5 × 60) utilizando estrategias basadas en el valor de posición y en las propiedades de las operaciones.

Multiplicar por múltiplos de 10

¿Cuál es una regla para multiplicar por un múltiplo de 10?

Puedes usar operaciones básicas de multiplicación para multiplicar por múltiplos de 10.

Halla 5×30.

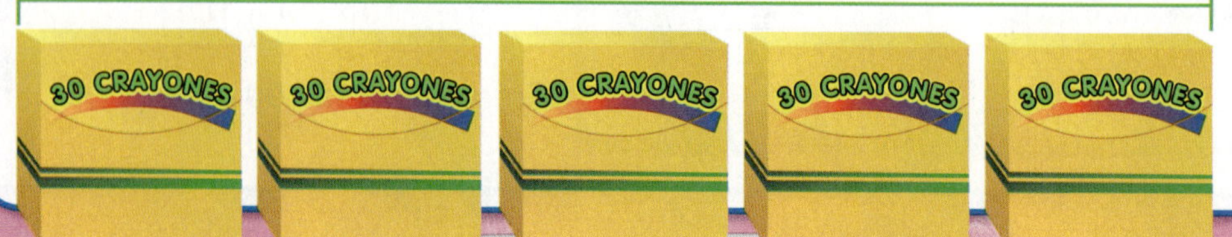

Práctica guiada*

PRÁCTICAS MATEMÁTICAS

¿CÓMO hacerlo?

En los Ejercicios **1** y **2**, copia y completa las oraciones.

1. $2 \times 7 = \square$

$2 \times 70 = \square$

2. $5 \times 4 = \square$

$5 \times 40 = \square$

En los Ejercicios **3** a **6**, usa operaciones básicas para hallar los productos.

3. 5×70

4. 2×40

5. 9×20

6. 5×50

¿Lo ENTIENDES?

7. ¿Qué operación básica puedes usar para hallar el producto de 5×90?

8. Hacer generalizaciones ¿Cómo puedes hallar el producto de 9×80? Explícalo.

9. Razonar Susana quiere hallar el producto de 30×2 pero sólo conoce el producto de 2×30. ¿Qué propiedad de la multiplicación podría usar como ayuda para resolver el problema? Explícalo.

Práctica independiente

Práctica al nivel En los Ejercicios **10** a **12**, copia y completa las oraciones.

10. $2 \times 6 = \square$

$2 \times 60 = \square$

11. $5 \times 8 = \square$

$5 \times 80 = \square$

12. $9 \times 4 = \square$

$9 \times 40 = \square$

En los Ejercicios **13** a **22**, halla los productos.

13. 2×30

14. 60×9

15. 90×7

16. 8×20

17. 80×5

18. 90×2

19. 30×9

20. 20×4

21. 50×7

22. 9×90

 Puedes encontrar otro ejemplo en el Grupo E, página 135.

Halla 5×30.

Multiplica por el dígito que está en el lugar de las decenas.

Multiplica:
$5 \times 3 = 15$

Escribe un cero después del producto.

$5 \times 3\underline{0} = 15\underline{0}$

Por tanto, $5 \times 30 = 150$.

A veces, las operaciones básicas hacen que la regla se vea diferente.

Inténtalo con 5×60.

Multiplica por el dígito que está en el lugar de las decenas.

Multiplica:
$5 \times 6 = 30$

Escribe un cero después del producto.

$5 \times 6\underline{0} = 30\underline{0}$

Por tanto, $5 \times 60 = 300$.

Cuando el producto de una operación básica termina en cero, la respuesta tendrá dos ceros.

Resolución de problemas

PRÁCTICAS MATEMÁTICAS

23. ¿Es razonable? Adam dice que el producto de 2×50 es igual a 100. Dan dice que el producto es 1,000. ¿Quién tiene razón?

24. Juanita compra 7 bloques de estampillas en la oficina de correos. Cada bloque tiene 20 estampillas. ¿Cuántas estampillas compra en total?

25. Ana tiene 9 carretes de cinta. Cada carrete tiene 60 yardas de cinta. ¿Cuántas yardas de cinta tiene en total?

? yardas

| 60 | 60 | 60 | 60 | 60 | 60 | 60 | 60 | 60 |

26. Perseverar Alicia y su familia van al parque de atracciones. El boleto de adulto cuesta \$30 y el boleto de niño cuesta \$20. Si hay 2 adultos y 5 niños, ¿cuánto costarán los boletos?

27. ¿Qué valor de n hace verdadera la siguiente ecuación?

$9 \times n = 630$

A $n = 30$ **C** $n = 80$

B $n = 70$ **D** $n = 90$

28. Alma compró 210 cuentas rojas y 137 cuentas verdes. ¿Cuántas cuentas compró en total?

A 173   **C** 347

B 247   **D** 474

29. Razonar ¿Hay alguna operación básica que te ayudaría a hallar 5×10? Explícalo.

30. Comunicarse Explica por qué hay dos ceros en el producto de 5×40.

Estándares comunes

3.OA.3 Utilizar la multiplicación y la división hasta 100 para resolver problemas verbales relacionados con grupos iguales, matrices y cantidades de medición, … También, **3.OA.8.**

Problemas de dos preguntas

Algunas veces debes usar la respuesta a un problema para resolver otro problema.

Problema 1: Cuatro niñas y cinco niños fueron al cine. ¿Cuántos fueron en total al cine?

Problema 2: Los boletos de las películas para niños cuestan $5 cada uno. ¿Cuál fue el precio total de los boletos para los niños?

Práctica guiada*

PRÁCTICAS MATEMÁTICAS

¿CÓMO hacerlo?

1a. Un boleto de cine para adulto cuesta $9. ¿Cuánto cuestan 3 boletos?

? Precio total

$9	$9	$9

b. El Sr. Jones pagó 3 boletos para adultos con $40. ¿Cuánto cambio recibió?

$40

$27	?

¿Lo ENTIENDES?

2. ¿Qué operaciones se usaron para resolver los Ejercicios 1a y 1b? ¿Por qué?

3. Razonar ¿Por qué es necesario resolver el Ejercicio 1a para resolver el Ejercicio 1b?

4. Comunicarse Escribe 2 problemas en los que debas usar la respuesta del primer problema para resolver el segundo.

Práctica independiente

5a. Jared compró una gorra de beisbol por $12 y una camiseta por $19. ¿Cuánto costaron ambas prendas?

?

$12	$19

b. Supón que Jared pagó con un billete de $50. ¿Cuánto cambio debería recibir?

$50

$31	?

Aplicar las prácticas matemáticas

- ¿Qué me piden que halle?
- ¿Qué otra cosa puedo intentar?
- ¿Cómo se relacionan las cantidades?
- ¿Cómo puedo explicar mi trabajo?
- ¿Cómo puedo usar las matemáticas para representar el problema?
- ¿Me serviría de ayuda alguna herramienta?
- ¿Hay precisión en mi trabajo?
- ¿Por qué funciona esto?
- ¿Cómo puedo hacer generalizaciones?

Problema 1

Cuatro niñas y cinco niños fueron al cine. ¿Cuántos niños y niñas fueron al cine?

? Niños y niñas en total	
4 niñas	5 niños

$4 + 5 = 9$

Nueve niños y niñas fueron al cine.

Problema 2

Los boletos de cine para niños cuestan $5 cada uno. ¿Cuál fue el precio total de los boletos para estos niños?

? Precio total								
$5	$5	$5	$5	$5	$5	$5	$5	$5

$9 \times \$5 = \$45$

El precio total de los boletos fue $45.

Práctica independiente

PRÁCTICAS MATEMÁTICAS

Razonar Carmen y algunos amigos compraron regalos en la tienda de regalos de un museo. Los regalos eran de Hawái. En los Ejercicios **6** a **8**, usa la respuesta del primer problema para resolver el segundo problema.

6a. Carmen compró un cartel y una camisa. ¿Cuánto le costaron los regalos?

b. Carmen le dio $30 al dependiente. ¿Cuánto cambio debe recibir?

7a. Daniel compró 3 tazas. ¿Cuánto gastó Daniel en las tazas?

b. Daniel también compró un CD. ¿Cuánto gastó Daniel en total?

8a. Teri compró el regalo más caro y el menos caro. ¿Cuánto gastó en total?

b. La hermana de Teri compró un CD. ¿Cuánto gastaron en total las dos niñas?

9. **Perseverar** El lunes, Roberta nadó 10 largos en la piscina. El martes, nadó el doble de la cantidad de largos del lunes. Escoge el par de oraciones numéricas que se pueden usar para calcular:

a ¿Cuántos largos nadó Roberta el martes?

b ¿Cuántos largos nadó Roberta en total?

A $2 \times 10 = 20$
$20 + 10 = 30$

B $2 \times 10 = 20$
$20 - 10 = 10$

C $10 + 2 = 12$
$12 + 10 = 22$

D $10 + 2 = 12$
$12 - 10 = 2$

Grupo A, páginas 118 a 120, 122 y 123

Halla 8×5.

Puedes usar un patrón para multiplicar por 5.

- Puedes contar salteado 5, 10, 15, 20 y así sucesivamente.
- Todo múltiplo de 5 termina con un 0 o un 5.
- Todo múltiplo de 5 es 5 más que el anterior.

$$8 \times 5 = 40$$

Recuerda que puedes hacer una tabla y usar un patrón como ayuda para multiplicar por 2, 5 ó 9.

Halla los productos.

1. 2×4 **2.** 5×4 **3.** 5×9

4. 2×3 **5.** 9×4 **6.** 3×5

Grupo B, páginas 124 y 125

Propiedad de identidad de la multiplicación: Cuando se multiplica un número por 1, el producto es ese mismo número.

$$1 \times 6 = 6 \qquad 12 \times 1 = 12$$

Propiedad del cero de la multiplicación: Cuando se multiplica un número por 0, el producto es 0.

$$0 \times 6 = 0 \qquad 12 \times 0 = 0$$

Recuerda que puedes pensar en una matriz con 1 fila cuando multiplicas por 1.

Halla los productos.

1. 7×0 **2.** 1×10 **3.** 0×9

4. 3×1 **5.** 7×0 **6.** 1×5

Grupo C, páginas 126 y 127

Halla 2×10.

Cuando se multiplica un número por 2, el producto siempre es par.

$$2 \times 6 = 12$$

$$2 \times 9 = 18$$

$$2 \times 10 = 20$$

Cuando se multiplica un número por 5, el producto siempre termina en 0 o en 5.

$$5 \times 2 = 10$$

$$5 \times 3 = 15$$

$$5 \times 4 = 20$$

Recuerda que puedes resolver algunos problemas de multiplicación usando patrones de múltiplos.

1. 6×5 **2.** 9×8

3. 9×6 **4.** 2×3

5. 2×7 **6.** 5×7

7. 9×5 **8.** 2×5

9. 5×8 **10.** 9×3

11. 9×2 **12.** 5×2

13. 9×4 **14.** 2×2

Halla 7×10.

Para hallar el producto:

- Escribe el factor que estás multiplicando por 10.

- A la derecha de ese factor, escribe un cero en el lugar de las unidades.

$$7 \times 10 = 70$$

Recuerda que un múltiplo de 10 siempre tendrá un cero en el lugar de las unidades.

Halla los productos.

1. 3×10 **2.** 5×10

3. 10×2 **4.** 10×6

Usa operaciones básicas de multiplicación para multiplicar por múltiplos de 10.

Multiplica por el dígito que está en el lugar de las decenas. Luego, escribe un cero en el producto.

Halla $4 \times 60 \rightarrow$ Multiplica $4 \times 6 = 24$.

Escribe un cero después del 24.

$$4 \times 60 = 240$$

Por tanto, $4 \times 60 = 240$.

Recuerda que cuando el producto de una operación básica tiene un cero, la respuesta tendrá un cero adicional.

Escribe la operación básica. Luego halla el producto.

1. 9×80 **2.** 2×50

3. 6×50 **4.** 2×90

5. 70×5 **6.** 50×3

7. 40×9 **8.** 20×7

En los problemas de dos preguntas, debes resolver uno de los problemas antes de resolver el otro.

Problema 1: Una familia compuesta por dos adultos y tres niños fue a un espectáculo de acrobacias aéreas. ¿Cuántos miembros de la familia fueron al espectáculo?
$2 + 3 = 5$

Problema 2: Cada boleto para el espectáculo de acrobacias aéreas costaba $10. ¿Cuánto gastó la familia en boletos para el espectáculo?
$5 \times \$10 = \$50$

La familia gastó un total de $50.

Recuerda que debes resolver el primer problema antes de tratar de resolver el segundo problema.

1. a Para el almuerzo, Julia compró un sándwich por $8 y un vaso de jugo por $3. ¿Cuánto le costó su almuerzo?

   b Julia pagó con un billete de $20. ¿Cuánto cambio recibirá?

Examen

© EVALUACIÓN

1. ¿Qué signo hace que la oración numérica sea verdadera? (5-3)

$5 \times 0 \bigcirc 2 \times 1$

A >

B <

C =

D ×

2. Los estudiantes del tercer grado de la Escuela Willow fueron separados en 9 grupos de 10. ¿Cuántos estudiantes del tercer grado había en total? (5-5)

A 19

B 90

C 99

D 900

3. La Sra. Ortiz puede hacer 40 galletas con una receta de masa. Si hace 5 recetas de masa, ¿cuántas galletas puede hacer? (5-6)

A 8

B 20

C 200

D 2,000

4. Cada flor tiene 5 pétalos.

Si Stephanie contó los pétalos en grupos de 5, ¿qué lista muestra los números que podría haber dicho? (5-4)

A 12, 15, 18, 30

B 15, 20, 34, 40

C 15, 20, 25, 30

D 10, 12, 14, 16

5. Todd tenía 7 peceras. En cada pecera había 9 peces. ¿Cuál es el número total de peces? (5-2)

A 63

B 62

C 27

D 21

6. Len tiene 3 rollos de monedas de 25¢. Ryan tiene 8 rollos. ¿Cuántos rollos más tiene Ryan que Len? Cada rollo tiene un valor de $10 en monedas de 25¢. En estos rollos de monedas de 25¢, ¿cuánto dinero más tiene Ryan que Len? (5-7)

A Ryan tiene 11 rollos más; por tanto, tiene $110 más que Len.

B Ryan tiene 5 rollos más; por tanto, tiene $55 más que Len.

C Ryan tiene 5 rollos más; por tanto, tiene $50 más que Len.

D Ryan tiene 6 rollos más; por tanto, tiene $60 más que Len.

7. ¿Cuál de las opciones describe mejor la longitud de todas las serpientes? (5-1)

Serpiente	Longitud en pies
Mamba negra	14
Cobra real	16
Taipán	10

A Todas son mayores que 12.

B Todas son menores que 15.

C Todas son múltiplos de 5.

D Todas son múltiplos de 2.

8. Emma llena tres floreros con flores. La tabla de abajo muestra el número de flores que hay en cada florero. ¿De qué número son múltiplos los números de flores? (5-2)

Florero	Flores
Azules	18
Verdes	27
Rojas	36

9. Melvin apiló cajas en 3 grupos de 10. ¿Cuántas cajas apiló Melvin? (5-5)

10. Usa >, < ó = para hacer verdadera la oración numérica. (5-3)

$9 \times 0 \bigcirc 4 \times 1$

11. Mona llevó 6 cajas de agua embotellada a la carrera. Otis llevó 8 cajas de agua embotellada. ¿Cuántas cajas más llevó Otis que Mona? Cada caja tenía 8 botellas de agua. En estas cajas, ¿cuántas botellas de agua más llevó Otis que Mona? (5-7)

12. Alberto tiene 9 bolsas. Cada bolsa tiene 9 bolas de hilo. ¿Cuántas bolas de hilo tiene Alberto? (5-2)

13. Rina dibuja estrellas en su cartel.

Cada estrella tiene 5 puntas. Rina cuenta el número de puntas en grupos de 5. Cuenta salteado para hallar el número que sigue. (5-4)

5, 10, 15, 20, 25, ?

14. Elisabeth tiene 7 canastas. Coloca 50 naranjas en cada canasta. ¿Cuántas naranjas tiene en total? (5-6)

15. Tania ayudó a su papá a terminar de doblar la ropa. Dobló 7 pares de calcetines. ¿Cuántos calcetines dobló Tania en total? (5-1)

16. Jorge quiere hacer dos dibujos de un pez dorado para cada uno de sus 9 amigos. ¿Cuántos peces dorados necesitará dibujar Jorge en total? Cuenta de dos en dos para hallar la respuesta. Luego, escribe la multiplicación. (5-4)

17. Los estudiantes del tercer grado y cuarto grado fueron juntos a un picnic. En cada mesa de picnic había espacio para un grupo de 10 estudiantes. En total había 8 grupos de estudiantes. ¿Cuántos estudiantes fueron al picnic en total? (5-5)

18. Jimmy va a ir al parque acuático con su familia. Los boletos de adulto cuestan $30 y los boletos de niño cuestan $20. Si hay 7 niños y 4 adultos, ¿cuánto costarán los boletos en total? (5-6)

19. El producto de dos números es el mismo que uno de los factores. ¿Cómo puedes usar las propiedades de la multiplicación para determinar cuáles son los factores? (5-3)

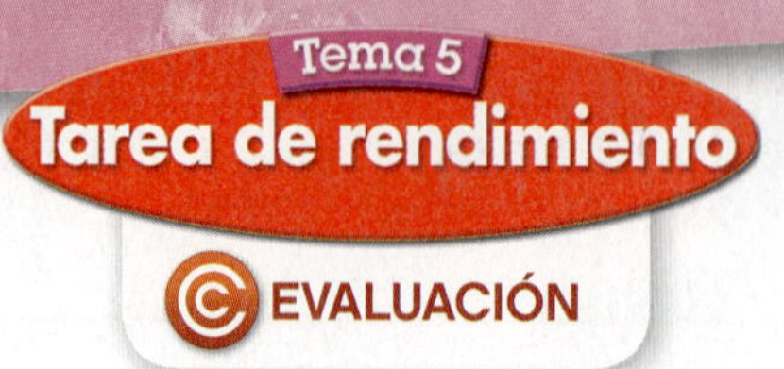

Estás vendiendo cajas de tarjetas para recaudar dinero para tu equipo de futbol. Las tarjetas de diferentes tamaños vienen en cajas de 5, 9 y 10. Cada jugador de futbol quiere vender al menos $100 en cajas.

Cajas de tarjetas	**Precio de la caja**
Juego de 5 tarjetas pequeñas	$2
Juego de 9 tarjetas medianas	$5
Juego de 10 tarjetas grandes	$6

(Datos)

1. Decide qué cantidad de cada caja de tarjetas te gustaría vender.

2. Haz una tabla para mostrar cuántas tarjetas en total de cada juego vas a vender y el costo total de cada juego de cajas.

3. Explica cómo decidiste qué cantidad de cada tipo de caja ibas a vender.

4. Supón que contaste en múltiplos el número total de tarjetas en cada juego de cajas. Escribe una lista de los números que mencionarías para cada juego de cajas.

5. Supón que el juego de 5 tarjetas pequeñas está agotado. Decide qué cantidad de cada caja de 9 tarjetas medianas y 10 tarjetas grandes te gustaría vender para ganar al menos $100.

6. Supón que el juego de 9 tarjetas medianas está agotado. Decide qué cantidad de cada caja de 5 tarjetas pequeñas y 10 tarjetas grandes te gustaría vender para ganar al menos $100.

Tema **6**

Operaciones de multiplicación: Usar operaciones conocidas

▼ ¿Cuánto tiempo se tarda el cometa Encke en orbitar alrededor del Sol? Lo averiguarás en la Lección 6-2.

Pregunta esencial
• ¿Cómo se pueden hallar las operaciones de multiplicación desconocidas usando operaciones conocidas?

Repasa lo que sabes

Vocabulario

Escoge el mejor término del recuadro.

- sumando
- factor
- matriz
- multiplicación

1. Cuando formas grupos iguales para obtener el total, haces una operación de ___?___.

2. Cuando multiplicas, cada número de la operación es un ___?___.

3. Cuando exhibes objetos en filas y columnas, preparas una ___?___.

Multiplicación

Halla los productos.

4. 3×2 **5.** 4×5 **6.** 7×2

7. 6×1 **8.** 8×0 **9.** 5×9

Matrices

Dibuja una matriz para cada multiplicación.

10. 6×2 **11.** 4×9

12. Escribe una oración numérica de multiplicación para la matriz que aparece a la derecha. Explica por qué usaste los números que escogiste.

© 13. Escribir para explicar ¿La matriz de 2×9 es igual a o es diferente de la matriz de 9×2? Haz un dibujo y explica tu respuesta.

Aprendizaje interactivo

Plantea el problema. Empieza cada lección con una actividad en conjunto para resolver problemas. Te ayudará a comprender las matemáticas.

Aplicar las prácticas matemáticas

- ¿Qué me piden que halle?
- ¿Qué otra cosa puedo intentar?
- ¿Cómo se relacionan las cantidades?
- ¿Cómo puedo explicar mi trabajo?
- ¿Cómo puedo usar las matemáticas para representar el problema?
- ¿Me serviría de ayuda alguna herramienta?
- ¿Hay precisión en mi trabajo?
- ¿Por qué funciona esto?
- ¿Cómo puedo hacer generalizaciones?

Lección 6-1

Usar herramientas Usa la matriz de la derecha para completar esta tarea.

Halla dos formas de descomponer la matriz de la derecha en dos matrices. ¿Qué multiplicación se puede escribir para cada matriz? ¿Cuál es el total? Indica cómo lo decidiste.

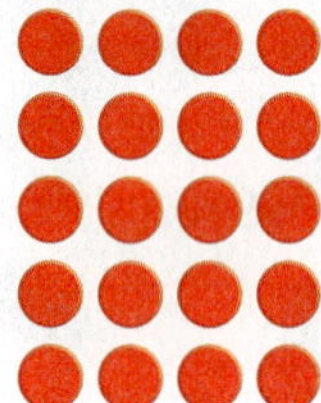

Lección 6-2

Usar herramientas Resuelve el problema de la manera que prefieras. Usa fichas para desarrollar una matriz.

Hay tres filas de fotos en una pared. Cada fila tiene 6 fotos. ¿Cuántas fotos hay en la pared?

Lección 6-3

Usar herramientas Resuelve el problema de la manera que prefieras. Usa fichas para desarrollar y descomponer una matriz.

Eduardo hizo 8 llaveros con 12 eslabones en una cadena cada semana durante 4 semanas. ¿Cuántos llaveros hizo Eduardo en total?

Lección 6-4

Usar herramientas Resuelve el problema de la manera que prefieras. Usa fichas para desarrollar y descomponer una matriz.

Los estudiantes pusieron 6 filas de sillas para un concierto. Pusieron 6 sillas en cada fila. ¿Cuál es el número total de sillas?

Lección 6-5

Usar herramientas Resuelve el problema de la manera que prefieras. Usa fichas para desarrollar y descomponer una matriz.

Hay 8 filas de premios para la rifa. Hay 6 premios en cada fila. ¿Cuántos premios hay en total?

Lección 6-6

Hacer generalizaciones Resuelve el problema. Trata de descubrir dos maneras diferentes de hallar el total.

Gina tiene dos secciones de una colcha de retazos. Cada sección tiene 5 filas con 3 cuadrados en cada fila. ¿Cuántos cuadrados hay en las dos secciones? Explica cómo hallaste la solución.

Lección 6-7

Hacerlo con precisión Resuelve el problema de la manera que prefieras. Usa fichas si es necesario.

Alfredo compra 6 bolsas de naranjas. Cada bolsa contiene 5 naranjas. ¿Cuántas naranjas compra Alfredo en total?

Lección 6-8

Perseverar Resuelve el problema de la manera que prefieras. Muestra cómo hallaste la respuesta.

Delia está atando cuerdas a los globos. Tiene globos verdes y azules, y cuerdas rojas y amarillas. ¿Cuántas combinaciones posibles de un globo y un pedazo de cuerda puede hacer Delia? Muestra cada combinación.

Lección 6-9

Representar Resuelve el problema usando las destrezas que aprendiste previamente. Muestra cómo hallaste la solución.

En la tienda de manualidades, Nancy compró tres botellas de purpurina que cuestan $5 cada una. Compró el doble de botellas de pegamento que cuestan $2 cada una. ¿Cuánto gastó Nancy en total?

Estándares comunes

3.OA.5 Aplicar las propiedades de las operaciones como estrategias para multiplicar y dividir.... También, 3.OA.3.

La propiedad distributiva

¿Cómo puedes descomponer una operación de multiplicación?

María quiere poner 7 filas de 4 sillas cada una para una reunión. Quiere saber cuántas sillas se necesitan, pero no sabe el producto de 7×4.

Manos a la obra
fichas

Práctica guiada*

PRÁCTICAS MATEMÁTICAS

¿CÓMO hacerlo?

Copia la matriz y separa las filas en dos matrices más pequeñas. Escribe las nuevas operaciones.

1.

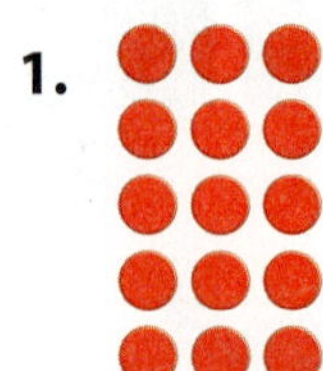

$(\ \square \ \times \ \square \ )$ y $(\ \square \ \times \ \square \ )$

Usa las matrices más pequeñas y la propiedad distributiva para hallar los factores que faltan. Puedes usar fichas como ayuda.

2.

$\square \times 4 = (\ \square \times 4) + (5 \times 4)$

¿Lo ENTIENDES?

3. ¿De qué otra manera podría María descomponer la matriz de 7×4? Haz un dibujo de las dos nuevas matrices y escribe las nuevas operaciones.

4. **Razonar** Rafael descompuso la matriz de 6×3 en dos nuevas matrices que se ven iguales. Haz un dibujo de estas dos matrices.

5. **Razonar** Ana descompuso una matriz grande en dos matrices más pequeñas. Las dos matrices más pequeñas muestran 1×8 y 4×8. ¿Cuál fue la matriz grande con la que comenzó Ana?

Práctica independiente

En los Ejercicios **6** y **7**, copia las matrices y separa las filas en dos matrices más pequeñas. Escribe las nuevas operaciones.

6. 

$(\ \square \ \times \ \square \ )$ y $(\ \square \ \times \ \square \ )$

7. 

$(\ \square \ \times \ \square \ )$ y $(\ \square \ \times \ \square \ )$

DIGITAL Glosario animado, eTools
www.pearsonsuccessnet.com

 Puedes encontrar otro ejemplo en el Grupo A, página 164.

María piensa en **7** filas de 4 sillas como

5 filas de 4 sillas y otras

2 filas de 4 sillas.

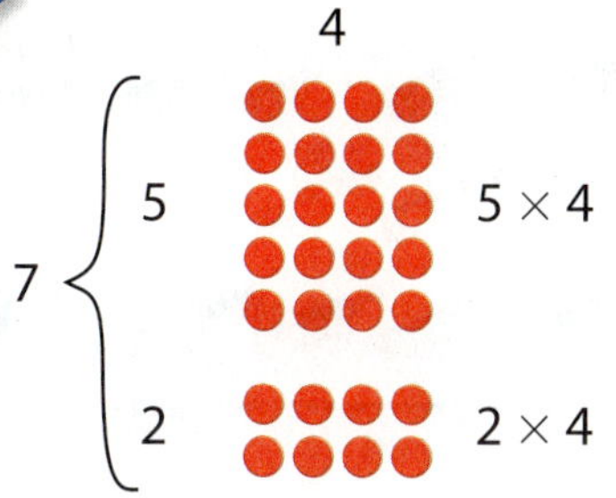

La propiedad distributiva dice que una operación de multiplicación se puede descomponer en la suma de otras dos operaciones de multiplicación. María conoce las dos nuevas operaciones.

$$7 \times 4 = (5 \times 4) + (2 \times 4)$$
$$5 \times 4 = 20 \qquad 2 \times 4 = 8$$
$$20 + 8 = 28$$

Por tanto, $7 \times 4 = 28$.

María necesita 28 sillas en total.

En los Ejercicios **8** a **11**, usa la propiedad distributiva para hallar los factores que faltan. Puedes usar fichas y matrices como ayuda.

8. $6 \times 8 = (4 \times \boxed{}) + (2 \times 8)$

9. $10 \times 3 = (\boxed{} \times 3) + (2 \times 3)$

10. $\boxed{} \times 7 = (3 \times 7) + (2 \times \boxed{})$

11. $8 \times \boxed{} = (\boxed{} \times 8) + (4 \times 8)$

Resolución de problemas

PRÁCTICAS MATEMÁTICAS

12. Usar la estructura Paige tiene 7 caballos de juguete. Lexi tiene 5 veces más caballos de juguete que Paige. ¿Cuántos caballos de juguete tiene Lexi?

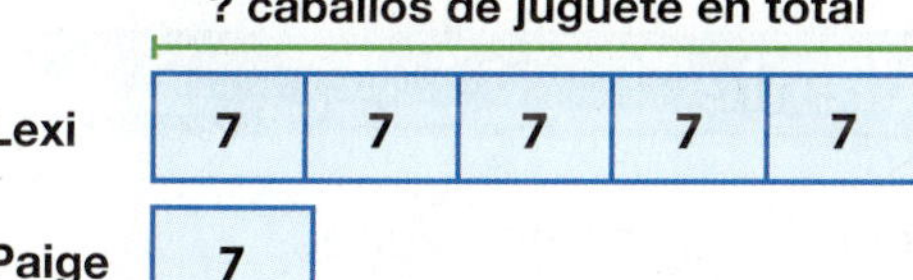

? caballos de juguete en total

Lexi	7	7	7	7	7
Paige	7				

13. Evaluar el razonamiento Fred quiere separar las filas de la matriz de abajo en una matriz de 2×4 y en una matriz de 3×4. ¿Puede hacerlo? Explícalo.

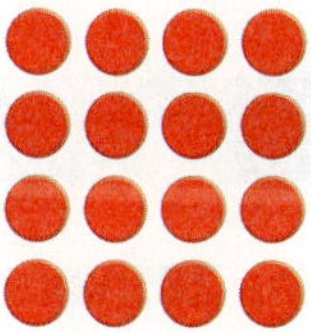

14. Comunicarse Explica cómo puedes descomponer una matriz de 9×6 en dos matrices más pequeñas. ¿Cuáles son las nuevas operaciones?

15. Razonar ¿Cómo puedes usar $3 \times 5 = 15$ para ayudarte a hallar 6×5?

16. Representar ¿Qué ecuación muestra cómo hallar 9 veces el número de canicas que se muestran abajo?

A $4 + 4 + 4 + 4 = n$ **C** $9 \times 3 = n$

B $9 \times 4 = n$ **D** $4 \times 4 = n$

17. David tiene 10 paquetes de envases de jugo. Cada paquete contiene 9 envases de jugo. Kara le da a David 2 paquetes más de 9 envases de jugo. ¿Cuántos envases de jugo tiene David ahora?

El 3 como factor

¿Cómo descompones matrices para multiplicar por 3?

Las canoas están almacenadas en 3 filas. Hay 6 canoas en cada fila. ¿Cuál es el número total de canoas?

Halla 3×6.

Escoge una operación Multiplica para hallar el total de una matriz.

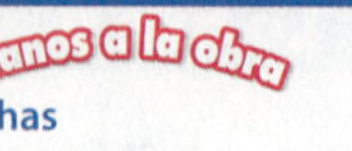

Práctica guiada*

PRÁCTICAS MATEMÁTICAS

¿CÓMO hacerlo?

En los Ejercicios **1** a **6**, multiplica. Usa fichas o haz un dibujo como ayuda.

1. 3×4

2. 3×10

3. 3×5

4. 3×9

5.
$$\begin{array}{r} 12 \\ \times\ 3 \\ \hline \end{array}$$

6.
$$\begin{array}{r} 3 \\ \times\ 6 \\ \hline \end{array}$$

¿Lo ENTIENDES?

7. Usar la estructura ¿Cómo puedes usar $2 \times 8 = 16$ para hallar 3×8?

8. En el jardín comunitario, Selena ordenó las plantas en 3 filas. Puso 6 plantas en cada fila. ¿Cuántas plantas en total ordenó Selena en las filas?

Práctica independiente

En los Ejercicios **9** a **28**, halla los productos. Puedes hacer dibujos como ayuda.

9. 3×2

10. 4×9

11. 10×3

12. 2×9

13. 1×3

14. 8×3

15. 2×7

16. 5×3

17. 0×3

18. 3×8

19.
$$\begin{array}{r} 7 \\ \times\ 3 \\ \hline \end{array}$$

20.
$$\begin{array}{r} 9 \\ \times\ 8 \\ \hline \end{array}$$

21.
$$\begin{array}{r} 3 \\ \times\ 3 \\ \hline \end{array}$$

22.
$$\begin{array}{r} 5 \\ \times\ 4 \\ \hline \end{array}$$

23.
$$\begin{array}{r} 3 \\ \times\ 9 \\ \hline \end{array}$$

24.
$$\begin{array}{r} 1 \\ \times\ 3 \\ \hline \end{array}$$

25.
$$\begin{array}{r} 6 \\ \times\ 3 \\ \hline \end{array}$$

26.
$$\begin{array}{r} 9 \\ \times\ 5 \\ \hline \end{array}$$

27.
$$\begin{array}{r} 3 \\ \times\ 4 \\ \hline \end{array}$$

28.
$$\begin{array}{r} 3 \\ \times\ 7 \\ \hline \end{array}$$

*Puedes encontrar otro ejemplo en el Grupo B, página 164.

Halla 3 × 6.

Usa las operaciones de multiplicación del 1 y del 2 como ayuda para multiplicar por 3.

Haz una matriz para cada multiplicación.

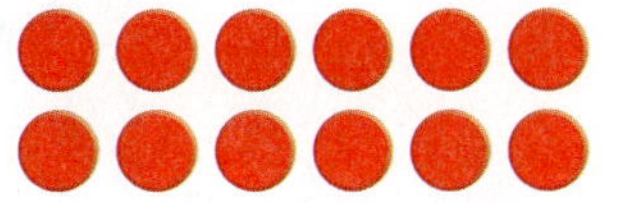

$2 \times 6 = 12$

$1 \times 6 = 6$

$12 + 6 = 18$

3×6 equivale a 3 filas de 6. Es decir, 2 veces seis, más 6.

2 veces seis es 12.
1 vez seis es 6.

$12 + 6 = 18$

$3 \times 6 = 18$

Hay 18 canoas en total.

Resolución de problemas

En los Ejercicios **29** y **30**, usa la tabla de la derecha.

29. ¿Cuál es el número total de estampillas en un paquete de estampillas de carros y en un paquete de estampillas del espacio?

30. Usar herramientas Carla compró un paquete de estampillas de reptiles. ¿Qué número total de estampillas de reptiles compró? Dibuja una matriz.

Número de estampillas en los distintos paquetes

Tipo de estampilla	Número de filas	Número en cada fila
Dinosaurios	3	7
Carros	3	9
Espacio	3	8
Reptiles	5	6

31. Hacer generalizaciones Supón que tienes que hallar 3×9.

a ¿Qué par de operaciones de multiplicación te pueden ayudar a hallar 3×9?

b ¿Cómo puedes usar 3×9 como ayuda para hallar 9×3?

32. El cometa Encke tarda aproximadamente 3 años en dar la vuelta alrededor del Sol. ¿Cuánto tardará aproximadamente el cometa Encke en dar 5 vueltas alrededor del Sol?

A Aproximadamente 5 años

B Aproximadamente 10 años

C Aproximadamente 15 años

D Aproximadamente 20 años

33. Usar la estructura El Sr. Torres tenía paquetes de tomates en el mostrador. Cada paquete tenía 3 tomates.

Si el Sr. Torres contara los tomates en grupos de 3, ¿qué lista mostraría los números que contó?

A 6, 12, 16, 19   **C** 3, 6, 10, 13

B 6, 9, 12, 15   **D** 3, 7, 11, 15

Estándares comunes

3.OA.3 Utilizar la multiplicación y la división hasta 100 para resolver problemas verbales relacionados con grupos iguales, matrices y cantidades de medición, … También, **3.OA.5, 3.OA.8, 3.MD.7.c.**

El 4 como factor

¿Cómo usas dobles para multiplicar por 4?

Ana pintó alcancías para vender en la feria escolar de arte. Pintó una alcancía por día, los siete días de la semana durante 4 semanas. ¿Cuántas alcancías pintó en total?

Halla 4×7.

Escoge una operación Multiplica para hallar el total de una matriz.

Práctica guiada*

PRÁCTICAS MATEMÁTICAS

¿CÓMO hacerlo?

En los Ejercicios **1** a **6**, multiplica. Puedes usar fichas o hacer un dibujo como ayuda.

1. 4×6 **2.** 5×4

3. 4×9 **4.** 1×4

5. $\begin{array}{r} 1 \\ \times\ 4 \\ \hline \end{array}$ **6.** $\begin{array}{r} 10 \\ \times\ 4 \\ \hline \end{array}$

¿Lo ENTIENDES?

7. Razonar Además de la manera que se muestra arriba, ¿de qué otra manera puedes descomponer 4×7 usando operaciones conocidas?

8. Usar la estructura Si sabes que $2 \times 8 = 16$, ¿cómo puedes hallar 4×8?

9. Nolan hizo lámparas para vender en la feria escolar de arte. Hizo 9 lámparas por semana durante 4 semanas. ¿Cuántas lámparas hizo Nolan en total?

Práctica independiente

En los Ejercicios **10** a **29**, halla los productos. Puedes hacer dibujos como ayuda.

10. 4×8 **11.** 3×8 **12.** 4×3 **13.** 6×4 **14.** 9×6

15. 4×4 **16.** 5×9 **17.** 1×4 **18.** 0×4 **19.** 2×10

20. 3×4 **21.** 2×8 **22.** 4×5 **23.** 7×4 **24.** 4×1

25. $\begin{array}{r} 2 \\ \times\ 4 \\ \hline \end{array}$ **26.** $\begin{array}{r} 7 \\ \times\ 4 \\ \hline \end{array}$ **27.** $\begin{array}{r} 9 \\ \times\ 4 \\ \hline \end{array}$ **28.** $\begin{array}{r} 10 \\ \times\ 7 \\ \hline \end{array}$ **29.** $\begin{array}{r} 4 \\ \times\ 8 \\ \hline \end{array}$

 Puedes encontrar otro ejemplo en el Grupo B, página 164.

Halla 4 × 7.

Para multiplicar por 4, piensa en una operación de multiplicación del 2, luego duplica el producto.

Puedes hacer matrices.

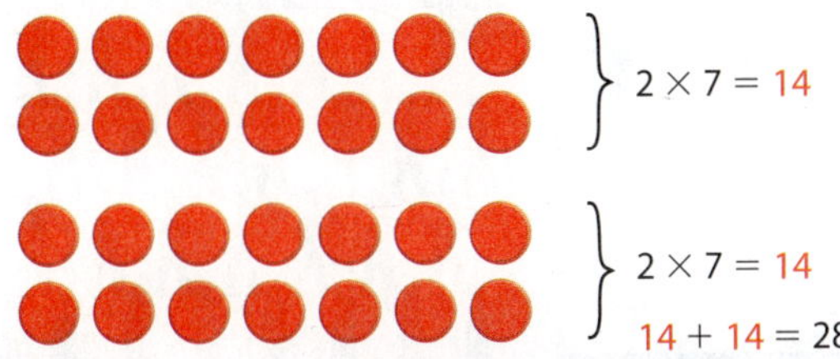

$2 \times 7 = 14$

$2 \times 7 = 14$
$14 + 14 = 28$

4 × 7 equivale a 4 filas de 7. Es decir, 2 veces siete más 2 veces siete.

2 veces siete es 14.

$14 + 14 = 28$

Por tanto, $4 \times 7 = 28$.

Ana pintó 28 alcancías en total.

Resolución de problemas

PRÁCTICAS MATEMÁTICAS

En los Ejercicios **30** y **31**, usa la tabla de la derecha para saber cuáles son los víveres que James tiene que comprar para la caminata.

30. ¿Cuál es el número total de barras de cereal que tiene que comprar?

31. Perseverar ¿Cuántas más manzanas que envases de jugo necesita James?

Datos

Víveres para la caminata

Artículo	Número de paquetes necesarios	Número de artículos en cada paquete
Manzanas	2	8
Barras de cereal	4	6
Envases de jugo	4	3

32. Hacerlo con precisión Martín estudió las babosas en la clase de ciencias. Aprendió que cada babosa tiene 4 antenas. Esa noche vio 8 babosas. ¿Cuántas antenas tenían en total las babosas?

33. Construir argumentos Lila tomó 9 semanas de clases de alpinismo. Tenía 4 clases por semana. Explica por qué Lila puede usar 4 × 9 para hallar el producto de 9 × 4.

34. Razonar ¿Cuál de estas opciones describe mejor todos los números de las camisetas?

A Todos son números pares.

B Todos son múltiplos de 3.

C Todos son mayores que 10.

D Todos son números de 2 dígitos.

35. Usar la estructura Bess tenía cajas de velas sobre la mesa. Cada caja tenía 4 velas.

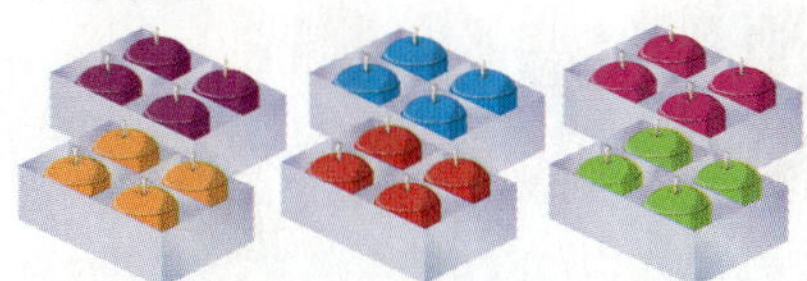

Si Bess contara las velas en grupos de 4, ¿qué lista mostraría los números que contó?

A 8, 12, 16, 20

B 8, 12, 14, 18

C 4, 6, 12, 14

D 4, 8, 10, 14

Estándares comunes

3.OA.3 Utilizar la multiplicación y la división hasta 100 para resolver problemas verbales relacionados con grupos iguales, matrices y cantidades de medición, ... También, **3.OA.8, 3.MD.7.c.**

El 6 y el 7 como factores

¿Cómo descompones matrices para multiplicar?

Los músicos de la banda marchan en 6 filas iguales. Hay 8 músicos en cada fila. ¿Cuántos músicos hay en la banda?

Halla 6×8.

Escoge una operación Multiplica para hallar el total de una matriz.

Otro ejemplo   ¿Cómo descompones matrices para multiplicar por 7?

Los cantantes del coro están parados en filas iguales.
Hay 8 cantantes en cada fila. Hay 7 filas.
¿Cuántos cantantes hay en el coro?

Lo que muestras

Halla 7×8.

Usa las operaciones de multiplicación del 5 y del 2 para multiplicar por 7. Haz una matriz para cada multiplicación.

$5 \times 8 = 40$

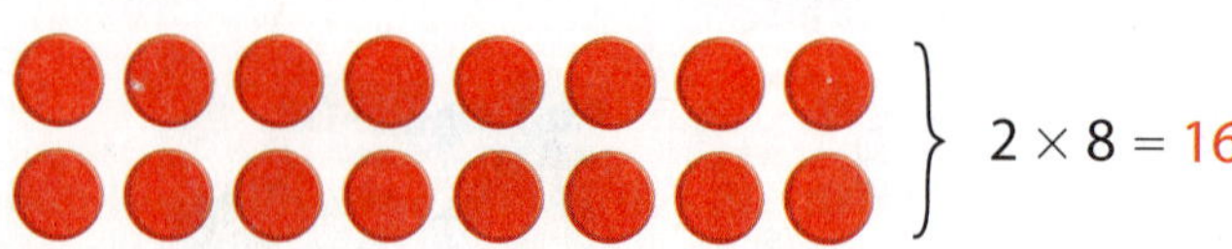

$2 \times 8 = 16$

Lo que piensas

7×8 equivale a 7 filas de 8.

Es decir, 5 veces ocho más 2 veces ocho.

5 veces ocho es 40.
2 veces ocho es 16.

$40 + 16 = 56$

Por tanto, $7 \times 8 = 56$.

En el coro hay 56 cantantes.

Explícalo

1. ¿Qué otras operaciones de multiplicación puedes usar para hallar 7×8?

2. ¿Cómo puedes usar 5×7 y 2×7 para hallar 7×7?

Halla 6 × 8.

Usa las operaciones de multiplicación del 5 y del 1.

Haz una matriz para cada multiplicación.

$5 \times 8 = 40$

$1 \times 8 = 8$

6 × 8 equivale a 6 filas de 8.
Es decir, 5 veces ocho y 1 ocho más.

5 veces ocho es 40.
8 más es 48.

$40 + 8 = 48$

Por tanto, 6 × 8 = 48.

En la banda hay 48 músicos.

Práctica guiada*

PRÁCTICAS MATEMÁTICAS

¿CÓMO hacerlo?

En los Ejercicios **1** a **6**, multiplica. Puedes hacer dibujos o usar fichas como ayuda.

1. 6×10

2. 7×6

3. $\begin{array}{r} 7 \\ \times\ 7 \\ \hline \end{array}$

4. $\begin{array}{r} 9 \\ \times\ 7 \\ \hline \end{array}$

5. Halla 4 veces 7.

6. Multiplica 6 por 5.

¿Lo ENTIENDES?

7. Representar Dibuja dos matrices que muestren que 6 × 9 es igual a 5 × 9 más 1 × 9. Explica tu dibujo.

8. Los estudiantes que se gradúan están parados en 7 filas iguales. Hay 9 estudiantes en cada fila. ¿Cuántos estudiantes se gradúan?

Práctica independiente

En los Ejercicios **9** a **23**, halla los productos. Puedes hacer dibujos como ayuda.

9. 6×7

10. 7×9

11. 9×6

12. 8×7

13. 6×4

14. 6×6

15. 10×7

16. 8×6

17. 7×7

18. 7×3

19. $\begin{array}{r} 5 \\ \times\ 7 \\ \hline \end{array}$

20. $\begin{array}{r} 3 \\ \times\ 6 \\ \hline \end{array}$

21. $\begin{array}{r} 4 \\ \times\ 7 \\ \hline \end{array}$

22. $\begin{array}{r} 7 \\ \times\ 8 \\ \hline \end{array}$

23. $\begin{array}{r} 10 \\ \times\ 6 \\ \hline \end{array}$

eTools
www.pearsonsuccessnet.com

*Puedes encontrar otro ejemplo en el Grupo C, página 164.

24. El Museo Nacional de Trenes de Juguete tiene 5 grandes circuitos de trenes. Un día cada circuito tenía el mismo número de trenes. Usa la ilustración de la derecha para hallar cuántos trenes había en el museo ese día.

25. Evaluar el razonamiento Margarita dice que 1×0 es igual a $1 + 0$. ¿Tiene razón? ¿Por qué o por qué no?

26. Miguel tenía canastas de naranjas. Cada una contenía 6 naranjas.

Si Miguel contó las naranjas en grupos de 6, ¿qué lista mostraría los números que contó?

A 6, 12, 21, 26, 32

C 12, 16, 20, 24, 28

B 6, 11, 16, 21, 26

D 6, 12, 18, 24, 30

27. Representar Nancy hizo las matrices que se muestran para hallar 6×3. Explica cómo modificar las matrices para hallar 7×3. Usa objetos y haz un dibujo.

En los Ejercicios **28** y **29**, usa los dibujos de los trenes siguientes.

28. Razonar Un grupo de turistas necesita 7 filas de asientos en el vagón 5 del tren Réseau.

  a ¿Cuántos asientos necesitará el grupo?

  b ¿Cuántos asientos quedan en este tren para los demás pasajeros?

29. Estimación Redondea a la decena más cercana para calcular aproximadamente cuántos asientos hay en total en los trenes Réseau y Sud-Est.

Réseau 377 asientos en total	Vagón 1	Vagón 2	Vagón 3	Vagón 4	Vagón 5
	3 asientos en cada fila	3 asientos en cada fila	3 asientos en cada fila	4 asientos en cada fila	4 asientos en cada fila

Sud-Est 345 asientos en total	Vagón 1	Vagón 2	Vagón 3	Vagón 4	Vagón 5
	3 asientos en cada fila	3 asientos en cada fila	3 asientos en cada fila	4 asientos en cada fila	4 asientos en cada fila

Enlaces con el Álgebra

Operaciones que faltan

En una oración numérica con el símbolo =, los dos lados de la oración numérica deben tener el mismo valor. Un signo de operación como +, − ó × te dice cómo hallar ese valor. El razonamiento te puede ayudar a decidir qué signo de operación falta.

Copia y completa. Escribe +, − ó × en el cuadrado. Comprueba tus respuestas.

Ejemplo: $72 = 8 \ \square \ 9$

Piénsalo ¿Es 72 igual a 8 (más, menos o multiplicado por) 9?

Ya que $8 \times 9 = 72$, escribe "×."

$72 = 8 \ \boxed{\times} \ 9$

1. $9 \ \square \ 36 = 45$

2. $24 \ \square \ 17 = 7$

3. $16 = 2 \ \square \ 8$

4. $8 = 32 \ \square \ 24$

5. $7 \ \square \ 5 = 35$

6. $50 = 12 \ \square \ 38$

7. $18 = 9 \ \square \ 2$

8. $64 \ \square \ 36 = 28$

9. $30 = 6 \ \square \ 5$

10. $47 \ \square \ 37 = 84$

11. $63 = 9 \ \square \ 7$

12. $12 \ \square \ 1 = 12$

- -

En los Ejercicios **13** y **14**, copia y completa la oración numérica debajo de cada problema. Úsala como ayuda para hallar tu respuesta.

13. A Lisa le quedaron algunos bolígrafos después de regalar 27 bolígrafos a sus amigas. Al principio tenía 36 bolígrafos. ¿Qué operación puedes usar para hallar el número de bolígrafos que le quedan a Lisa?

$9 = 36 \ \square \ 27$

14. La ilustración siguiente muestra cuántos botones de cada tipo hay en un paquete. ¿Qué operación puedes usar para hallar el número total de botones en un paquete?

$45 = 5 \ \square \ 9$

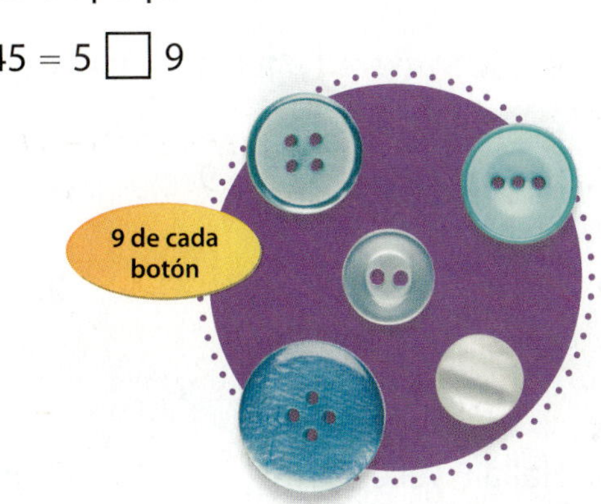

15. **Escribir un problema** Escribe un problema usando la oración numérica siguiente:

$48 = 26 + 22$

Estándares comunes

3.OA.3 Utilizar la multiplicación y la división hasta 100 para resolver problemas verbales relacionados con grupos iguales, matrices y cantidades de medición, ... También, **3.MD.7.c.**

El 8 como factor

¿Cómo usas dobles para multiplicar por 8?

En la feria escolar, los estudiantes tratan de meter una pelota de tenis en un tazón. Hay 8 filas de tazones. Hay 8 tazones en cada fila. ¿Cuántos tazones hay en total?

Escoge una operación Multiplica para hallar el total de una matriz. Halla 8×8.

Práctica guiada*

PRÁCTICAS MATEMÁTICAS

¿CÓMO hacerlo?

En los Ejercicios **1** a **6**, multiplica.

1. 8×7 **2.** 8×4

3. 6×8 **4.** 10×8

5. $\begin{array}{r} 9 \\ \times\ 8 \\ \hline \end{array}$ **6.** $\begin{array}{r} 8 \\ \times\ 3 \\ \hline \end{array}$

¿Lo ENTIENDES?

7. Usar la estructura ¿Cómo puede $5 \times 8 = 40$ ayudarte a hallar cuánto es 8×8?

8. Usar la estructura ¿Cómo puedes usar 4×7 para hallar 8×7?

9. La Sra. Reyes necesita hacer un pedido de ladrillos para el jardín. Necesita 8 filas de ladrillos. Cada fila tendrá 7 ladrillos. ¿Cuántos ladrillos en total necesita pedir la Sra. Reyes?

Práctica independiente

En los Ejercicios **10** a **27**, halla los productos.

10. 8×4 **11.** 1×8 **12.** 2×9 **13.** 5×7 **14.** 8×2

15. 8×6 **16.** 5×9 **17.** 8×5 **18.** 0×8 **19.** 4×9

20. $\begin{array}{r} 10 \\ \times\ 8 \\ \hline \end{array}$ **21.** $\begin{array}{r} 3 \\ \times\ 7 \\ \hline \end{array}$ **22.** $\begin{array}{r} 8 \\ \times\ 8 \\ \hline \end{array}$ **23.** $\begin{array}{r} 2 \\ \times\ 4 \\ \hline \end{array}$ **24.** $\begin{array}{r} 9 \\ \times\ 8 \\ \hline \end{array}$

25. Halla 6 veces 9.   **26.** Multiplica 8×1.   **27.** Halla 9 veces 8.

Puedes encontrar otro ejemplo en el Grupo C, página 164.

Usa las operaciones de multiplicación del 2 para hallar 8×8.

8×8 equivale a 4 grupos de 2 veces ocho.

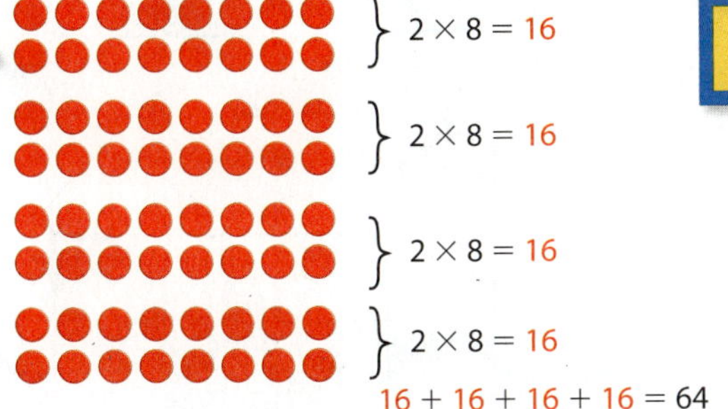

Duplica una operación de multiplicación del 4 para hallar 8×8.

8×8 es 4 veces ocho más 4 veces ocho.

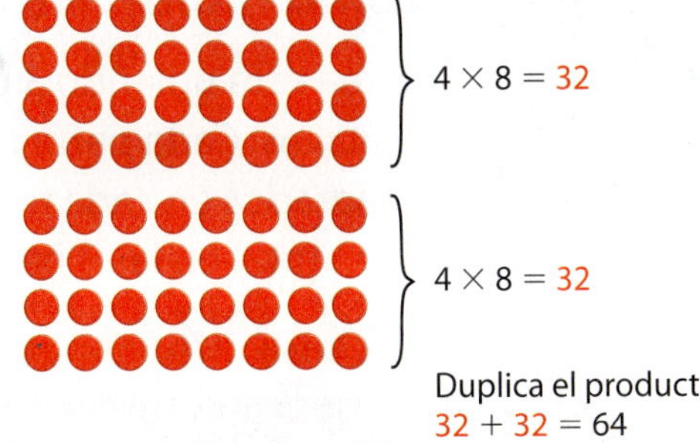

Por tanto, $8 \times 8 = 64$.
Hay 64 tazones en total.

Resolución de problemas

PRÁCTICAS MATEMÁTICAS

En los Ejercicios **28** a **30**, halla el número total de azulejos.

28. Mischa compró 8 cajas de azulejos anaranjados.

29. Aaron compró 6 cajas de azulejos amarillos.

30. Liz compró 7 cajas de azulejos verdes.

31. Evaluar el razonamiento Sophi dice: "Para hallar 8×8, puedo calcular 2×8, y duplicarlo". ¿Estás de acuerdo? Explícalo.

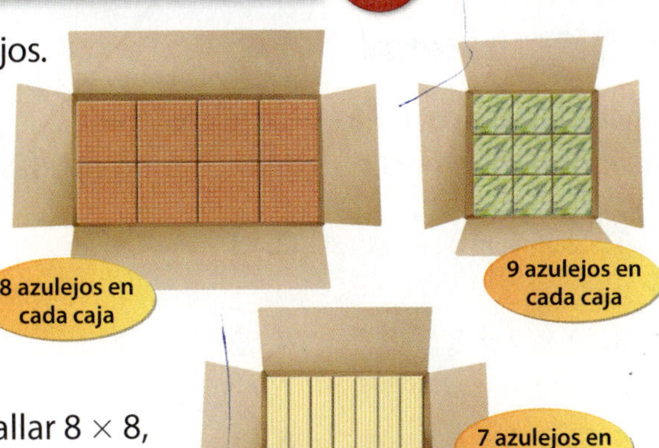

En los Ejercicios **32** y **33**, usa la tabla de la derecha.

32. Razonar La cantidad total de dinero que Nate gastó en la gran venta de ropa es $(2 \times \$9) + \$42$. ¿Qué compró?

33. Willa compró una camisa y un suéter. Le sobraron $14. ¿Cuánto dinero tenía antes de hacer la compra?

Gran venta de ropa	
Camisa	$23
Cinturón	$9
Suéter	$38
Par de *jeans*	$42

34. Usar la estructura La Srta. Vero tenía cajas de crayones en un armario. Cada caja tenía 8 crayones. Si la Srta. Vero contara los crayones en grupos de 8, ¿qué lista mostraría los números que contó?

A 8, 16, 28, 32, 40, 48

B 8, 14, 18, 24, 32, 40

C 16, 20, 24, 28, 32, 36

D 8, 16, 24, 32, 40, 48

35. Durante la Fiebre del oro de California, los mineros a veces pagaban $10 por un vaso de agua. ¿Cuál sería el costo total si 8 mineros hubieran comprado un vaso de agua cada uno?

Multiplicar con 3 factores

¿Cómo multiplicas 3 números?

Andrea está uniendo 3 partes de una colcha de retazos. Cada parte tiene 2 filas con 4 cuadrados en cada fila. ¿Cuántos cuadrados hay en total en las 3 partes?

Halla $3 \times 2 \times 4$.

Práctica guiada*

PRÁCTICAS MATEMÁTICAS

¿CÓMO hacerlo?

En los Ejercicios **1** a **6**, multiplica. Puedes usar objetos o hacer un dibujo como ayuda.

1. $2 \times 4 \times 2$

2. $3 \times 4 \times 3$

3. $2 \times 2 \times 3$

4. $2 \times 5 \times 2$

5. $3 \times 2 \times 4$

6. $2 \times 6 \times 2$

¿Lo ENTIENDES?

7. Razonar En el ejemplo de arriba, si hallas 3×4 primero, ¿obtienes el mismo producto? Explícalo.

8. Sara tiene 4 partes de una colcha de retazos. Cada parte tiene 3 filas con 3 cuadrados en cada fila. ¿Cuántos cuadrados tienen las partes de la colcha de Sara?

Práctica independiente

En los Ejercicios **9** a **16**, halla los productos. Puedes hacer un dibujo como ayuda.

9. $2 \times 3 \times 2$

10. $5 \times 2 \times 2$

11. $3 \times 6 \times 1$

12. $3 \times 3 \times 2$

13. $2 \times 2 \times 2$

14. $2 \times 3 \times 4$

15. $3 \times 3 \times 3$

16. $6 \times 2 \times 2$

En los Ejercicios **17** a **22**, escribe el número que falta.

17. $3 \times (2 \times 5) = 30$, so $(3 \times 2) \times 5 = $ ▮

18. $5 \times (7 \times 2) = (5 \times 7) \times $ ▮

19. $4 \times (2 \times 2) = 16$, so $(4 \times 2) \times 2 = $ ▮

20. $8 \times (3 \times 6) = (8 \times 3) \times $ ▮

21. $(7 \times 3) \times 4 = $ ▮ $\times (3 \times 4)$

22. $5 \times (2 \times 9) = (5 \times $ ▮ $) \times 9$

Glosario animado
www.pearsonsuccessnet.com

*Puedes encontrar otro ejemplo en el Grupo D, página 165.

<table>
<tr>
<td>

Halla primero 3 × 2.

(3 × 2) × 4

6 × 4 = 24

6 filas, 4 cuadrados en cada fila

Hay 24 cuadrados en total.

</td>
<td>

Halla primero 2 × 4.

3 × (2 × 4)

3 × 8 = 24   3 partes, 8 cuadrados en cada parte

Hay 24 cuadrados en total en la colcha de retazos de Andrea.

La **propiedad asociativa (o de agrupación) de la multiplicación** dice que puedes cambiar la forma de agrupar los factores y el producto será el mismo.

</td>
</tr>
</table>

Resolución de problemas

En los Ejercicios **23** a **25**, halla el número total de huevos.

23. Hay 8 nidos de sinsontes en el parque. En cada nido hay 5 huevos.

24. En otro parque, hay 3 nidos de sinsontes con 4 huevos cada uno y 2 nidos más con 3 huevos cada uno.

25. Estimación ¿Aproximadamente cuántos huevos encontrarías en 10 nidos?

26. Evaluar el razonamiento Anita dice que el producto de 5 × 2 × 3 es menor que 20. ¿Estás de acuerdo? Explícalo.

En los Ejercicios **27** y **28**, usa la tabla de la derecha.

27. Ellis compró 3 paquetes de tarjetas de beisbol y 2 paquetes de tarjetas de básquetbol. ¿Cuántas tarjetas compró en total?

28. Mandy compró 1 paquete de cada uno de los 4 tipos de tarjetas. ¿Qué número de tarjetas compró en total?

29. Usar la estructura ¿Qué número hace falta para que esta oración numérica sea verdadera?

4 × (3 × 2) = (4 × ▢) × 2

A 12   **B** 7   **C** 3   **D** 2

Gran venta de tarjetas deportivas	
Tipo de tarjetas	**Número de tarjetas en cada paquete**
Beisbol	8
Básquetbol	5
Futbol	7
Hockey	6

Estándares comunes

3.OA.3 Utilizar la multiplicación y la división hasta 100 para resolver problemas verbales relacionados con grupos iguales, matrices y cantidades de medición, . . . También, **3.OA.8.**

Operaciones de multiplicación

¿Cómo usas las estrategias para multiplicar?

Un científico está en un bote estudiando los tiburones martillo. La longitud del bote es igual a la longitud total de 6 tiburones como el de la imagen. ¿Cuál es la longitud del bote?

Escoge una operación Multiplica para juntar grupos iguales. Halla 6×5.

Un tiburón martillo adulto mide aproximadamente 5 yardas de longitud.

Práctica guiada*

PRÁCTICAS MATEMÁTICAS

¿CÓMO hacerlo?

En los Ejercicios **1** a **6**, multiplica.

1. 6×4

2. 9×3

3. 3×2

4. 5×8

5. $\begin{array}{r} 1 \\ \times\ 4 \\ \hline \end{array}$

6. $\begin{array}{r} 9 \\ \times\ 8 \\ \hline \end{array}$

¿Lo ENTIENDES?

7. Razonar En el ejemplo de arriba, ¿qué otras operaciones podrías usar para hallar 6×5?

8. Usar la estructura Para hallar 9×5, ¿cómo te podría ayudar saber que $7 \times 5 = 35$?

9. Los tiburones ángel tienen 7 aletas. El Sr. Park está estudiando 4 tiburones ángel. ¿Cuántas aletas tienen en total estos tiburones?

Práctica independiente

Práctica al nivel En los Ejercicios **10** y **11**, usa un patrón para hallar el producto. Escribe los números que cuentas.

10. 7×5

11. 9×2

Práctica al nivel En los Ejercicios **12** a **16**, usa operaciones conocidas para hallar el producto. Haz una lista de las operaciones que usas.

12. 5×9

13. 7×8

14. 3×6

15. 8×4

16. 9×7

En los Ejercicios **17** a **21**, halla el producto.

17. $\begin{array}{r} 3 \\ \times\ 2 \\ \hline \end{array}$

18. $\begin{array}{r} 10 \\ \times\ 4 \\ \hline \end{array}$

19. $\begin{array}{r} 7 \\ \times\ 6 \\ \hline \end{array}$

20. $\begin{array}{r} 6 \\ \times\ 5 \\ \hline \end{array}$

21. $\begin{array}{r} 2 \\ \times\ 8 \\ \hline \end{array}$

*Puedes encontrar otro ejemplo en los Grupos B y C, página 164.

Usa un patrón para hallar 6×5.

6×5 significa 6 grupos de 5. Cuenta de cinco en cinco.

?

| 5 | 5 | 5 | 5 | 5 | 5 |

5 10 15 20 25 30

Por tanto, $6 \times 5 = 30$.

El bote mide 30 yardas de longitud.

Usa operaciones conocidas para hallar 6×5.

Usa operaciones de multiplicación del 2 y del 4 como ayuda.

$2 \times 5 = 10$

$4 \times 5 = 20$

$10 + 20 = 30$

El bote mide 30 yardas de longitud.

Resolución de problemas

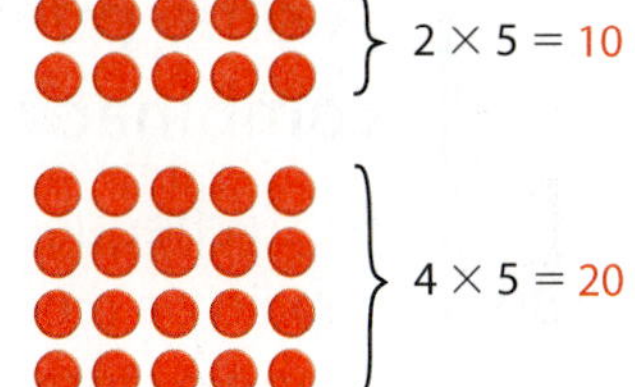

PRÁCTICAS MATEMÁTICAS

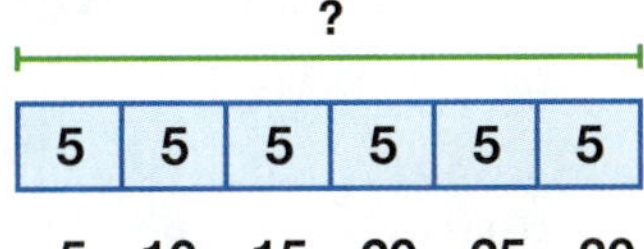

Ciencias En los Ejercicios **22** a **24**, usa las imágenes.

22. La Srta. Dell está en un bote estudiando tiburones ballena. La longitud del bote es igual a la longitud total de 2 tiburones ballena como el de la imagen de abajo. ¿Cuál es la longitud del bote?

23. El Sr. Marks está estudiando 3 tiburones Macuira y 4 tiburones tigre. ¿Cuál es la longitud total de los siete tiburones?

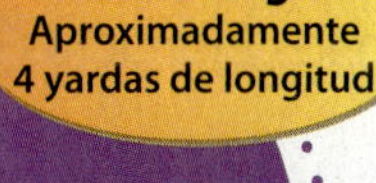

24. **Evaluar el razonamiento** La Sra. Kent dice que la longitud total de 4 tiburones ballena es mayor que la longitud total de 7 tiburones tigre. ¿Tiene razón? Explica tu razonamiento.

25. **Comunicarse** Explica cómo puedes hallar 7×3 usando un patrón de conteo.

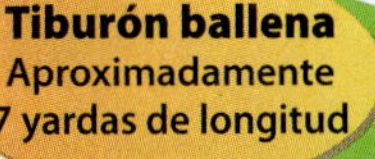

26. Edy contó el número de peces en 3 peceras. Había 7 peces en cada pecera. ¿Cuántos peces había en las 3 peceras?

A 21

B 24

C 27

D 37

3.OA.3 Utilizar la multiplicación y la división hasta 100 para resolver problemas verbales relacionados con grupos iguales, matrices y cantidades de medición, …

Multiplicar para hallar combinaciones

¿Cómo puedes hallar el número de combinaciones posibles?

En su chequeo dental Jay recibirá un cepillo de dientes y un tipo de hilo dental. ¿Entre cuántas combinaciones diferentes puede escoger?

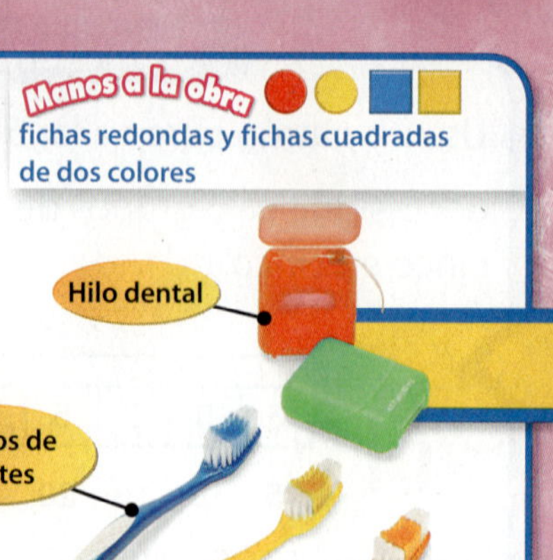

Práctica guiada*

¿CÓMO hacerlo?

En los Ejercicios **1** y **2**, halla el número de combinaciones posibles. Usa objetos, dibujos o multiplicaciones.

1. Escoge una de las letras A o B y uno de los números 1 ó 2.

2. Escoge una de las letras A o B y uno de los números 1, 2, 3 ó 4.

¿Lo ENTIENDES?

3. **Escribir para explicar** En los Ejercicios **1** y **2**, ¿importa si escoges la primera letra o el primer número? Explícalo.

4. **Razonar** En el ejemplo de arriba, si se le ofreciera un tercer tipo de hilo dental, ¿entre cuántas combinaciones podría escoger Jay?

Práctica independiente

En los Ejercicios **5** y **6**, usa la tabla para hallar el número de combinaciones posibles.

5. Escoge una ficha redonda de un color y una ficha cuadrada de un color.

6. Escoge una moneda y un billete.

	Ficha redonda roja	Ficha redonda amarilla
Ficha cuadrada azul	🔴 🟦	🟡 🟦
Ficha cuadrada verde	🔴 🟩	🟡 🟩

	Moneda de 25¢	Moneda de 10¢	Moneda de 5¢	Moneda de 1¢
Billete de 1 dólar				
Billete de 5 dólares				

Puedes encontrar otro ejemplo en el Grupo E, página 165.

Usa objetos o dibujos.

Jay puede escoger entre 6 combinaciones de un cepillo de dientes y un hilo dental.

Multiplica.

El dibujo tiene 3 filas. Cada fila tiene 2 combinaciones.

$$3 \times 2 = 6$$

Hay 6 combinaciones.

Recuerda: También puedes hacer una lista organizada para hallar todas las combinaciones posibles.

En los Ejercicios **7** y **8**, halla el número de combinaciones posibles. Usa objetos, dibujos o multiplicaciones.

7. Escoge un tipo de mascota: perro, gato o conejo; y un cuidador de mascotas: Jill, Marta o Dave.

8. Escoge uno de 3 sombreros y uno de 8 libros para llevar a un viaje de campamento.

Resolución de problemas

PRÁCTICAS MATEMÁTICAS

9. Representar Wanda está escogiendo una blusa y pantalones. Tiene 4 blusas de diferentes colores: verde, rosa, roja y amarilla. Tiene 3 pantalones de diferentes colores: azules, blancos y negros. ¿Cuántas combinaciones diferentes de blusa y pantalón puede hacer? Usa una lista organizada.

10.  **Estudios Sociales** Los tribunales estatales de la Florida tienen 983 jueces en total y 599 de esos jueces son jueces de circuito. ¿Cuántos de los jueces no son jueces de circuito? Muestra tu trabajo.

983 jueces en total	
599 jueces de circuito	?

11. Construir argumentos Nelson está comprando tenis. Puede escoger tenis rojos, negros, azules o blancos. Puede escoger franjas anaranjadas o amarillas. ¿Cuántas combinaciones diferentes de colores de tenis y franjas hay? Explica tu respuesta.

12. Theo quiere escoger un sándwich y una bebida para el almuerzo. Hay 3 tipos de sándwiches: mantequilla de maní, atún y pavo. Hay 3 tipos de bebidas: jugo de uva, leche y jugo de naranja. ¿Cuántas combinaciones diferentes de un sándwich y una bebida hay?

A 3

C 9

B 6

D 12

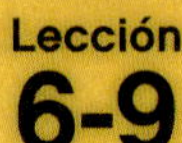

Estándares comunes

3.OA.3 Utilizar la multiplicación y la división hasta 100 para resolver problemas verbales relacionados con grupos iguales, matrices y cantidades de medición, … También, **3.MD.8.**

Resolución de problemas

Problemas de varios pasos

Algunos problemas verbales tienen preguntas escondidas que debes responder antes de resolver el problema.

Keisha compró 2 yardas de fieltro para hacer unos títeres. Tanya compró 6 yardas de fieltro. El fieltro costaba $3 la yarda. ¿Cuánto gastaron las dos niñas en el fieltro?

Otro ejemplo

Keisha quiere hacer 3 títeres. Tanya hará 3 veces la cantidad de títeres que Keisha. Se necesitan 2 botones para los ojos de cada títere. ¿Cuántos botones necesitará Tanya?

Halla y resuelve la pregunta escondida.

¿Cuántos títeres hará Tanya?

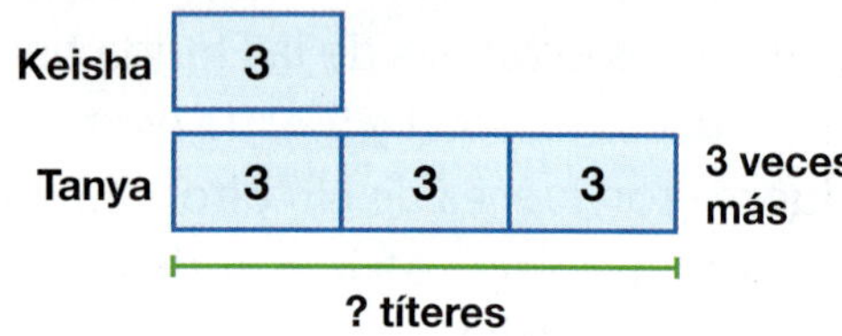

3×3 títeres = 9 títeres

Tanya hará 9 títeres.

Usa la respuesta a la pregunta escondida para resolver el problema.

¿Cuántos botones necesitará Tanya?

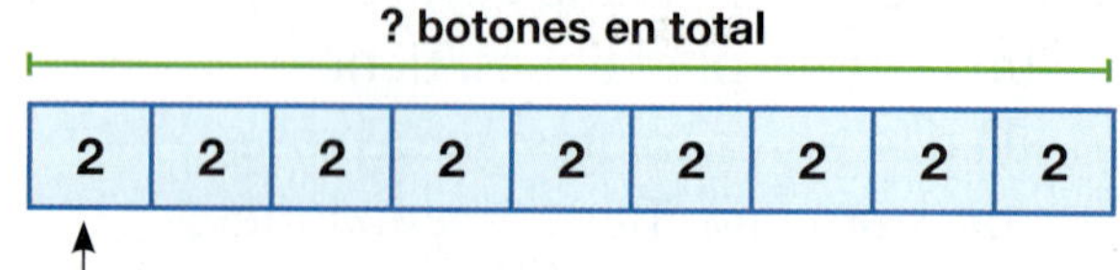

9×2 botones = 18 botones

Tanya necesitará 18 botones.

Explícalo

1. **Construir argumentos** Phillip escribió $3 + 3 + 3 = \boxed{}$ en vez de $3 \times 3 = \boxed{}$ para el diagrama de la pregunta escondida. ¿Es correcta su oración numérica? ¿Por qué o por qué no?

2. **Representar** ¿Qué oraciones numéricas escribirías para hallar cuántos botones necesitan las dos niñas? Explica tu razonamiento.

Halla y resuelve la pregunta escondida.

¿Cuánto fieltro compraron las niñas en total?

? yardas en total

| 2 yardas | 6 yardas |

2 yardas + 6 yardas = 8 yardas

Las niñas compraron 8 yardas de fieltro.

Usa la respuesta a la pregunta escondida para resolver el problema.

¿Cuánto gastaron las niñas en total?

? costo total

| $3 | $3 | $3 | $3 | $3 | $3 | $3 | $3 |

$8 \times \$3 = \$24$

Las dos niñas gastaron $24 en el fieltro.

Práctica guiada*

¿CÓMO hacerlo?

1. Keisha compró pegamento por $3, lentejuelas por $6 y encaje por $4 para decorar sus títeres. Pagó por estos artículos con un billete de $20. ¿Cuánto cambio recibió?

    *La pregunta escondida es "¿Cuál es el costo total de los tres artículos?"*

¿Lo ENTIENDES?

2. Describe otra manera de resolver el problema de arriba sobre la compra del fieltro.

3. **Escribir un problema** Escribe un problema que tenga una pregunta escondida. Luego, resuelve el problema.

Práctica independiente

4. **Representar** En la biblioteca hay 4 videos y algunos libros sobre dinosaurios. Hay 5 veces más libros que videos. Después de que se prestaron 3 libros, ¿cuántos libros quedaron? Usa el diagrama siguiente para responder a la pregunta escondida. Haz un diagrama y resuelve el problema.

| Videos | 4 |

| Libros | 4 | 4 | 4 | 4 | 4 | 5 veces más |

? Libros

Aplicar las prácticas matemáticas

- ¿Qué me piden que halle?
- ¿Qué otra cosa puedo intentar?
- ¿Cómo se relacionan las cantidades?
- ¿Cómo puedo explicar mi trabajo?
- ¿Cómo puedo usar las matemáticas para representar el problema?
- ¿Me serviría de ayuda alguna herramienta?
- ¿Hay precisión en mi trabajo?
- ¿Por qué funciona esto?
- ¿Cómo puedo hacer generalizaciones?

Puedes encontrar otro ejemplo en el Grupo F, página 165.

En los Ejercicios **5** a **8**, usa las ilustraciones.

5. Usar herramientas Craig compró 2 bolsas de naranjas. Se comió 3 naranjas, ¿cuántas le quedan?

Primero calcula cuántas naranjas compró Craig.

? naranjas en total

10	10

20

3	?

6. Delia compró 2 bolsas de limones y 3 bolsas de manzanas. ¿Cuánto gastó en las frutas?

7. La Sra. Evans compró 2 bolsas de naranjas y 2 bolsas de limones. ¿Cuántas frutas compró?

8. El Sr. Day compró una bolsa de manzanas, una de naranjas y una de limones. Pagó con un billete de $20. ¿Cuánto cambio debe recibir?

9. Escribir para explicar ¿Qué cuesta más, 30 naranjas o 30 limones? ¿Cuánto más? Explica cómo hallaste tu respuesta.

Piensa en la estructura

10. Alberto tenía $38. Gastó $4 en un muñeco de juguete y $10 en un juego de mesa. ¿Qué oración numérica muestra cuánto dinero le queda a Alberto?

A $38 + $4 + $10 = ▢

B $38 − ($4 + $10) = ▢

C $38 − $4 = ▢

D 38 + $10 = ▢

11. José tiene 4 muñecos de juguete. Su hermano tiene 3 veces más el número de muñecos de juguete. ¿Qué oración numérica muestra cuántos muñecos de juguete tienen los niños en total?

A $4 + 3 =$ ▢

B $4 \times 3 =$ ▢

C $4 - 3 =$ ▢

D $4 + (3 \times 4) =$ ▢

Usar operaciones conocidas

Usa **e tools**
Fichas

Usa operaciones conocidas para hallar 4×6 y 6×7.

Paso 1 Ve a las Fichas de eTools. Haz clic en el Área de trabajo doble. Usa 2×6 para hallar 4×6. Selecciona una ficha. A la izquierda, muestra dos filas de 6 fichas. Mira el odómetro. Puedes ver que $2 \times 6 = 12$. Muestra las mismas filas a la derecha. Hay 4 filas de 6 fichas en total. $4 \times 6 = 24$ y $12 + 12 = 24$.

Paso 2 Usa la herramienta para limpiar un lado del área de trabajo. Selecciona el otro lado y límpialo usando la herramienta para limpiar. Usa 5×7 y 1×7 para hallar 6×7. Muestra 5 filas de 7 fichas en un lado del área de trabajo. Mira el odómetro para hallar que $5 \times 7 = 35$. Muestra 1 fila de 7 fichas en el otro lado. Hay 6 filas de 7 fichas en total. $6 \times 7 = 42$ y $35 + 7 = 42$.

Práctica

Usa las Fichas de eTools y operaciones conocidas para hallar los productos. Explica cómo hallaste los productos.

1. 4×9

2. 8×8

3. 6×8

4. 7×7

Grupo A, páginas 142 y 143

Usando la propiedad distributiva, puedes descomponer la matriz de 4 × 5 en matrices más pequeñas. ¿Cuáles son las nuevas operaciones?

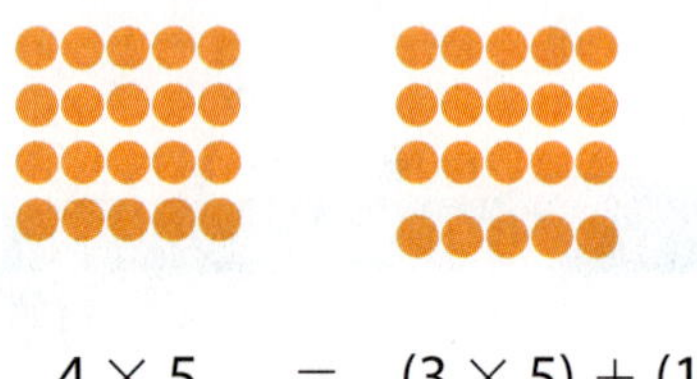

$$4 \times 5 \quad = \quad (3 \times 5) + (1 \times 5)$$

Recuerda que puedes descomponer una matriz en operaciones conocidas.

Descompón las filas de la matriz en matrices más pequeñas. Escribe las nuevas operaciones.

1. 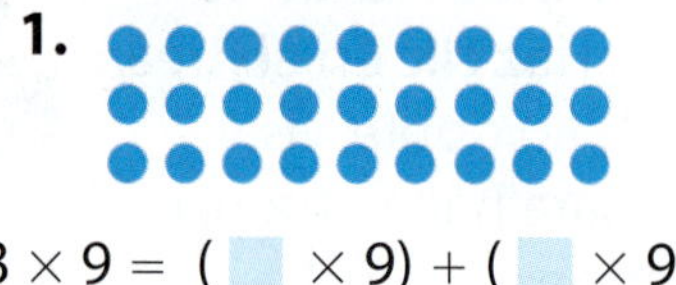

$$3 \times 9 = (\boxed{} \times 9) + (\boxed{} \times 9)$$

Grupo B, páginas 144 a 147, 156 y 157

Halla 3 × 7.

Descompón la matriz en operaciones conocidas.

3 × 7
3 grupos de 7

$2 \times 7 = 14$

$1 \times 7 = 7$

Suma los productos: $14 + 7 = 21$

Por tanto, $3 \times 7 = 21$.

Halla 4 × 6.

Piensa en una multiplicación del 2, luego duplica el producto.

4×6 $\begin{cases} 2 \times 6 = 12 \\ 2 \times 6 = 12 \end{cases}$

Suma los productos: $12 + 12 = 24$

Por tanto, $4 \times 6 = 24$.

Recuerda que puedes dibujar matrices y usar operaciones conocidas para ayudarte a multiplicar.

Halla los productos.

1. 3×8 **2.** 3×9 **3.** 6×3

4. 4×3 **5.** 4×8 **6.** 6×4

7. $\begin{array}{r} 3 \\ \times\ 3 \\ \hline \end{array}$ **8.** $\begin{array}{r} 3 \\ \times\ 5 \\ \hline \end{array}$ **9.** $\begin{array}{r} 10 \\ \times\ 3 \\ \hline \end{array}$

10. $\begin{array}{r} 2 \\ \times\ 4 \\ \hline \end{array}$ **11.** $\begin{array}{r} 4 \\ \times\ 10 \\ \hline \end{array}$ **12.** $\begin{array}{r} 9 \\ \times\ 4 \\ \hline \end{array}$

Grupo C, páginas 148 a 150, 152 y 153, 156 y 157

Halla 7 × 6. Usa multiplicaciones del 5 y del 2.

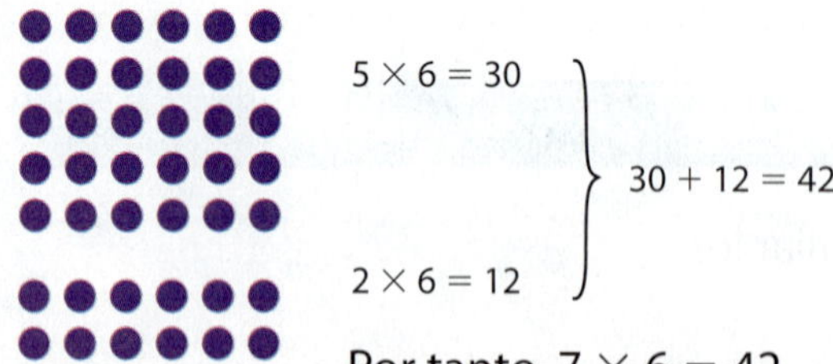

$5 \times 6 = 30$

$30 + 12 = 42$

$2 \times 6 = 12$

Por tanto, $7 \times 6 = 42$.

Halla 8 × 6. Duplica una multiplicación del 4.

8×6 $\begin{cases} 4 \times 6 = 24 \\ 4 \times 6 = 24 \end{cases}$

Suma los productos: $24 + 24 = 48$

Por tanto, $8 \times 6 = 48$.

Recuerda que puedes usar operaciones conocidas para multiplicar por 6, por 7 y por 8.

Halla el producto.

1. 7×9 **2.** 8×7 **3.** 6×9

4. 3×6 **5.** 7×4 **6.** 8×6

7. $\begin{array}{r} 8 \\ \times\ 7 \\ \hline \end{array}$ **8.** $\begin{array}{r} 6 \\ \times\ 2 \\ \hline \end{array}$ **9.** $\begin{array}{r} 3 \\ \times\ 8 \\ \hline \end{array}$

Halla $4 \times 5 \times 2$.

La propiedad asociativa de la multiplicación dice que puedes cambiar la agrupación de los factores y el producto será el mismo.

Una manera

$4 \times (5 \times 2)$

$4 \times \quad 10 = 40$

Otra manera

$(4 \times 2) \times 5$

$8 \quad \times 5 = 40$

Por tanto, $4 \times 5 \times 2 = 40$.

Recuerda que puedes hacer un dibujo como ayuda para multiplicar 3 factores.

Halla los productos.

1. $3 \times 2 \times 5$ **2.** $5 \times 2 \times 6$

3. $1 \times 9 \times 8$ **4.** $7 \times 2 \times 5$

5. $2 \times 2 \times 4$ **6.** $4 \times 3 \times 2$

Halla el número de combinaciones posibles de un color: rojo, azul o verde; y una figura: estrella o cuadrado.

Haz una matriz.

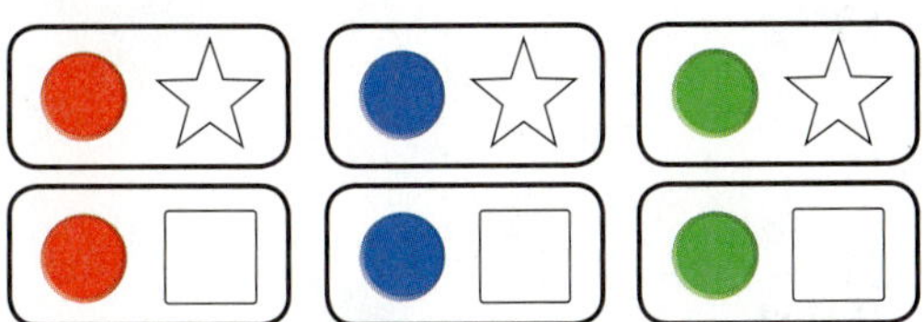

Puedes multiplicar.
2 filas con 3 combinaciones en cada fila
$2 \times 3 = 6$

En total, hay seis combinaciones.

Recuerda que el orden no importa cuando cuentas las combinaciones.

Halla el número de combinaciones posibles.

1. Escoge una bebida: leche o jugo; y un plato acompañante: papa al horno, maíz o habichuelas verdes.

2. Escoge entre una mochila, una maleta suave o una maleta dura, y luego escoge uno de cinco colores.

Algunos problemas tienen preguntas escondidas.

Jeff cobraba $10 por lavar un carro y $7 por pasear un perro. ¿Cuánto dinero ganó Jeff por lavar 6 carros y pasear 1 perro?

Halla y resuelve la pregunta escondida.
¿Cuánto dinero ganó Jeff por lavar 6 carros?
$6 \times \$10 = \$60$
Luego, resuelve el problema.
¿Cuánto dinero ganó Jeff en total?
$\$60 + \$7 = \$67$; por tanto, Jeff ganó $67.

Recuerda que debes leer atentamente en qué orden suceden las cosas.

1. En la feria, Bonnie quiere comprar 2 anillos y 1 bolígrafo. Cada anillo cuesta 8 boletos y cada bolígrafo cuesta 6 boletos. ¿Cuántos boletos necesita en total?

2. Tito compró 2 bolsas de manzanas. Cada bolsa tenía 10 manzanas. Se comió 4. ¿Cuántas manzanas le quedaron?

Examen

EVALUACIÓN

1. El verano pasado, Martín recorrió 7 veces las 8 millas del Sendero de la montaña Lobo. ¿Cuántas millas en total recorrió por el sendero? (6-4)

A 78

B 56

C 54

D 15

2. Un partido de hockey se juega en 3 tiempos. ¿Cuántos tiempos hay en 5 partidos de hockey? (6-2)

A 8

B 12

C 15

D 18

3. ¿Qué opción muestra una manera de hallar 4×6? (6-3)

A $4 + 6$

B $6 + 6 + 6$

C 2×6 más 2×6

D 2×6 más 3×6

4. Jorge compró 3 paquetes de invitaciones. En cada paquete había 8 invitaciones. Envió 20 invitaciones. ¿Qué opción muestra una manera de hallar cuántas invitaciones quedan? (6-9)

A Multiplica 3 por 8 y luego resta 20.

B Multiplica 3 por 20 y luego resta 8.

C Multiplica 5 por 8 y luego suma 20.

D Multiplica 3 por 8 y luego suma 20.

5. Si cuentas los pastelitos siguientes en grupos de 6, ¿qué lista muestra los números que nombrarías? (6-7)

A 6, 12, 16, 24, 32, 40

B 6, 12, 18, 24, 30, 36

C 12, 18, 24, 32, 38, 44

D 12, 18, 24, 30, 36, 42

6. Esteban les da a sus peces 2 porciones de alimento 3 veces al día. ¿Cuántas porciones de alimento les da a sus peces en 7 días? (6-6)

A 13

B 14

C 21

D 42

7. ¿Qué número hace que la oración numérica sea verdadera? (6-6)
$6 \times (3 \times 2) = (6 \times 3) \times \square$

A 2

B 6

C 9

D 54

8. El Sr. Hernández compró 8 bolsas de limones. En cada bolsa había 4 limones. ¿Cuántos limones compró? (6-3)

A 32

B 28

C 24

D 12

9. Tita puede comprar uno de 4 libros y uno de 4 marcapáginas. ¿Entre cuántas combinaciones diferentes de un libro y un marcapáginas puede escoger? (6-8)

10. La Sra. Chávez instaló cubiertas nuevas para los interruptores de la luz en su casa. Instaló 4 cubiertas de plástico y 2 cubiertas de madera. Cada cubierta requiere 2 tornillos. ¿Cuántos tornillos usó? (6-9)

11. En un desfile había una banda de música. Los miembros de la banda marcharon en 8 filas. En cada fila había 6 miembros de la banda. Explica cómo el hecho de que $5 \times 6 = 30$ te puede ayudar a hallar 8×6. (6-5)

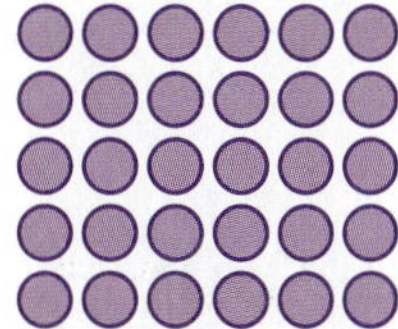

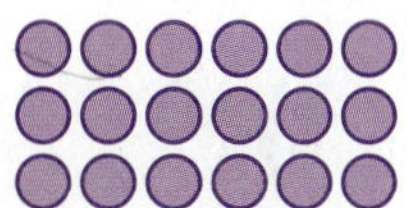

12. Tasha tiene 6 bolsas con 9 zanahorias en cada una. ¿Cuántas zanahorias tiene en total? (6-4)

13. El equipo de básquetbol Cougars tiene 8 jugadores. El entrenador encargó 3 camisetas para cada jugador. ¿Cuántas camisetas encargó? (6-5)

14. Tony puede escoger un plato principal: carne, pollo o pescado. Puede escoger un plato acompañante: arvejas, maíz, calabaza, habichuelas, papas, quingombó o espinacas. ¿Cuántas combinaciones diferentes hay de un plato principal y un plato acompañante? (6-8)

15. ¿Podrías multiplicar un número por 2 y obtener un producto de 15? Explícalo. (6-7)

16. Separa las filas de la matriz para descomponerlas en dos matrices más pequeñas. Escribe las nuevas operaciones. (6-1)

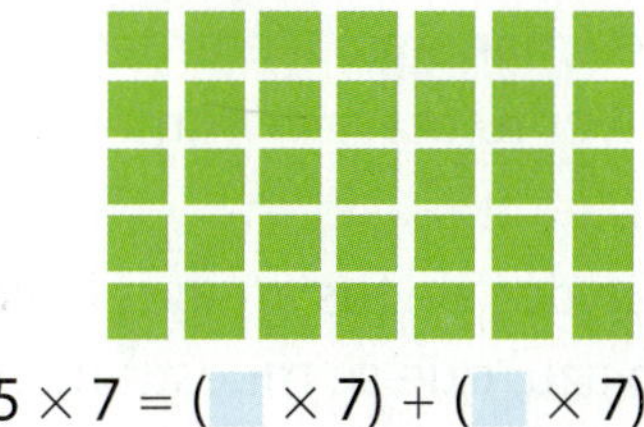

$$5 \times 7 = (\underline{} \times 7) + (\underline{} \times 7)$$

17. La señora Kent maneja 3 millas 6 veces por semana para ir a su trabajo. ¿Cuántas millas es esto en total? Explica cómo hallaste la respuesta. (6-2)

18. Explica cómo puedes descomponer una matriz de 6×7 en dos matrices más pequeñas. ¿Cuáles son las nuevas operaciones? (6-1)

Estás haciendo con tus amigos productos horneados para una venta de pasteles de la escuela. La tabla muestra el número de bandejas y el número de productos que hay en cada bandeja.

Datos	Productos horneados	Número de bandejas	Número en cada bandeja
	Pastelitos de arándano azul	4	6
	Pasteles de fresa	6	5
	Barras de granola	8	4

1. Escoge un tipo de producto horneado que llevarás a la venta. Luego, dibuja una matriz para mostrar el número de productos que hay en total.

2. Escribe una oración numérica de multiplicación para la matriz que dibujaste.

3. Explica dos maneras diferentes en que podrías descomponer las matrices para resolver tu oración numérica. Haz un dibujo de las matrices.

4. Supón que dos de tus amigos hacen las bandejas de pastelitos de arándano azul que se muestran en la tabla de arriba. Escribe una oración numérica de multiplicación para mostrar el número de pastelitos que hay en total.

5. Trina lleva algunas bandejas de pasteles de durazno a la venta. La matriz de abajo muestra el número de bandejas y el número de pasteles que hay en cada bandeja. ¿Cuántos pasteles de durazno llevó Trina?

Tema 7 — Significados de la división

▼ ¿Aproximadamente cuántas pelotas de beisbol se usan durante una entrada en un partido de beisbol de las Grandes Ligas? Lo averiguarás en la Lección 7-5.

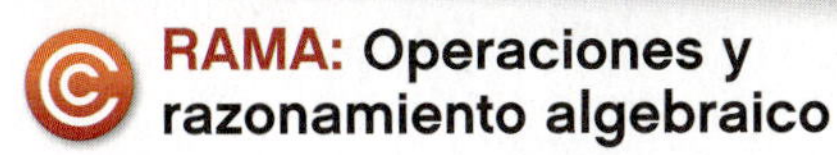

Preguntas esenciales
- ¿Cuáles son los diferentes significados de la división?
- ¿Cómo se relaciona la división con otras operaciones?

Repasa lo que sabes

Vocabulario

Escoge el mejor término del recuadro.

- matriz
- factor
- diferencia
- producto

1. El resultado de la multiplicación es el __?__.

2. En la oración numérica $3 \times 5 = 15$, el número 5 se llama __?__.

3. Cuando los objetos se colocan en filas iguales forman una __?__.

Resta

Resta.

4. $21 - 7$	**5.** $15 - 5$	**6.** $27 - 9$
$14 - 7$	$10 - 5$	$18 - 9$
$7 - 7$	$5 - 5$	$9 - 9$

Operaciones de multiplicación

7. 5×4 **8.** 7×3 **9.** 3×8

10. 9×2 **11.** 6×5 **12.** 4×7

13. 6×7 **14.** 8×4 **15.** 5×9

Grupos iguales

16. Escribir para explicar En el dibujo hay 9 fichas. Explica por qué el dibujo no muestra grupos iguales. Luego, muestra cómo se puede modificar para que muestre grupos iguales.

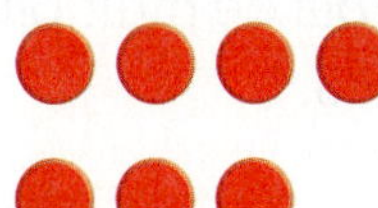

Aprendizaje interactivo 

Plantea el problema. Empieza cada lección con una actividad en conjunto para resolver problemas. Te ayudará a comprender las matemáticas.

Aplicar las prácticas matemáticas

- ¿Qué me piden que halle?
- ¿Qué otra cosa puedo intentar?
- ¿Cómo se relacionan las cantidades?
- ¿Cómo puedo explicar mi trabajo?
- ¿Cómo puedo usar las matemáticas para representar el problema?
- ¿Me serviría de ayuda alguna herramienta?
- ¿Hay precisión en mi trabajo?
- ¿Por qué funciona esto?
- ¿Cómo puedo hacer generalizaciones?

Lección 7-1

Usar herramientas Resuelve el problema. Usa fichas si lo deseas.

Cuatro amigos recogieron 20 manzanas y quieren repartirlas en partes iguales. ¿Cuántas manzanas obtendrá cada persona? Muestra cómo hallaste la respuesta.

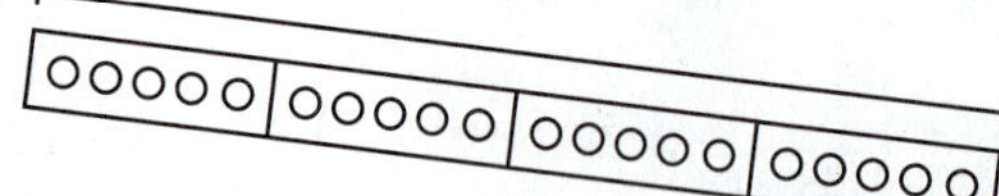

Lección 7-2

Usar herramientas Resuelve el problema. Usa fichas si lo deseas.

Luis hizo 12 tacos. Le quiere dar 2 tacos cada uno a algunos de sus amigos. ¿A cuántos amigos les dará tacos? Muestra cómo hallaste la respuesta.

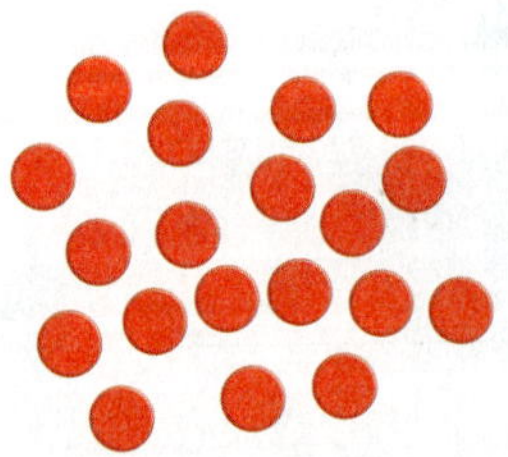

Lección 7-3

Usar la estructura Usa lo que ya sabes sobre la tabla de multiplicar para resolver el problema.

Usa una tabla de multiplicar para hallar $18 \div 3$.

x	0	1	2	3	4	5	6	7	8	9	10
0	0	0	0	0	0	0	0	0	0	0	0
1	0	1	2	3	4	5	6	7	8	9	10
2	0	2	4	6	8	10	12	14	16	18	20
3	0	3	6	9	12	15	18	21	24	27	30
4	0	4	8	12	16	20	24	28	32	36	40
5	0	5	10	15	20	25	30	35	40	45	50
6	0	6	12	18	24	30	36	42	48	54	60
7	0	7	14	21	28	35	42	49	56	63	70
8	0	8	16	24	32	40	48	56	64	72	80
9	0	9	18	27	36	45	54	63	72	81	90
10	0	10	20	30	40	50	60	70	80	90	100

Lección 7-4

Razonar Usa lo que ya sabes sobre la suma, la resta, la multiplicación y la división para escribir y resolver una ecuación que halle la respuesta a este problema. ¿Es posible escribir más de una ecuación?

Kenny tiene que repartir 24 crayones en partes iguales a los 4 estudiantes que están en su mesa. ¿Cuántos crayones debe recibir cada estudiante? Deja que *n* represente el valor desconocido.

Lección 7-5

Razonar Usa lo que has aprendido sobre la división para completar esta tarea.

Escribe un cuento sobre división de la vida diaria para la oración numérica que se muestra a la derecha. Luego, escribe otro cuento de la vida diaria que muestre una manera diferente de razonar sobre la división.

$$8 \div 2 = \underline{\quad\quad}$$

Lección 7-6

Representar Usa la hoja de anotaciones para resolver estos problemas.

Leonardo derramó tinta sobre su trabajo. La tinta cubrió una parte de su dibujo de un piso de baldosas. El piso tenía forma de rectángulo. En todo el piso había 18 baldosas. ¿Cuántas baldosas había en cada fila? ¿Cómo lo decidiste?

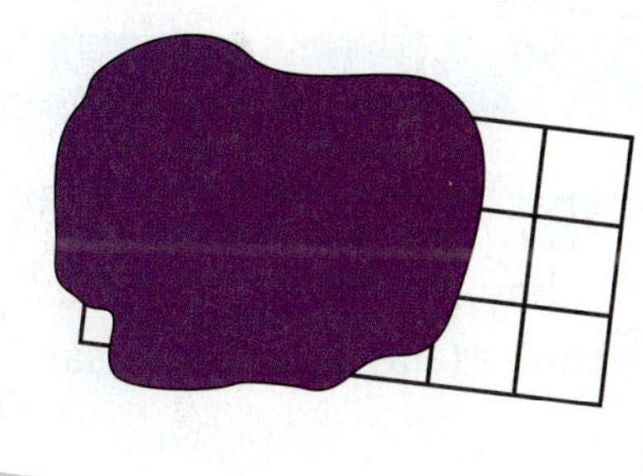

Estándares comunes

3.OA.2 Interpretar los cocientes de números enteros no negativos, por ej., interpretar $56 \div 8$ como el número de objetos en cada parte cuando 56 objetos se separan igualmente en 8 partes, o como un número de partes cuando 56 objetos se separan en partes iguales de 8 objetos cada una.... También, **3.OA.3, 3.OA.4.**

La división como repartición

¿Cuántos hay en cada grupo?

Tres amigos tienen 12 juguetes para compartir por igual. ¿Cuántos juguetes recibirá cada uno?

Piensa en colocar los 12 juguetes en 3 grupos iguales.

La **división** es una operación que se usa para averiguar cuántos grupos iguales hay o cuántos hay en cada grupo.

Práctica guiada*

¿CÓMO hacerlo?

Usa fichas o haz un dibujo para resolver los problemas.

1. Si hay 15 plátanos y 3 cajas, ¿cuántos plátanos hay en cada caja?

2. Si hay 16 plantas y 4 macetas, ¿cuántas plantas hay en cada maceta?

¿Lo ENTIENDES?

3. Representar Copia y completa la división. Usa el dibujo como ayuda.

18

| ? | ? | ? |

$18 \div 3 = $

4. Comunicarse ¿Se pueden repartir 12 uvas por igual entre 5 niños? Explícalo.

Práctica independiente

Usa fichas o haz un dibujo para resolver el problema.

5. Si hay 18 canicas y 6 bolsas, ¿cuántas canicas hay en cada bolsa?

6. Si hay 36 calcomanías y 4 personas, ¿cuántas calcomanías hay para cada persona?

7. Si hay 16 crayones y 2 personas, ¿cuántos crayones hay para cada persona?

8. Si hay 12 dibujos y 4 páginas, ¿cuántos dibujos hay en cada página?

9. Si hay 24 botellas y 4 cajas, ¿cuántas botellas hay en cada caja?

10. Si hay 27 CD y 9 paquetes, ¿cuántos CD hay en cada paquete?

Completa las divisiones.

11.

12

| ? | ? |

$12 \div 2 = $

12.

16

| ? | ? | ? | ? | ? | ? | ? | ? |

$16 \div 8 = $

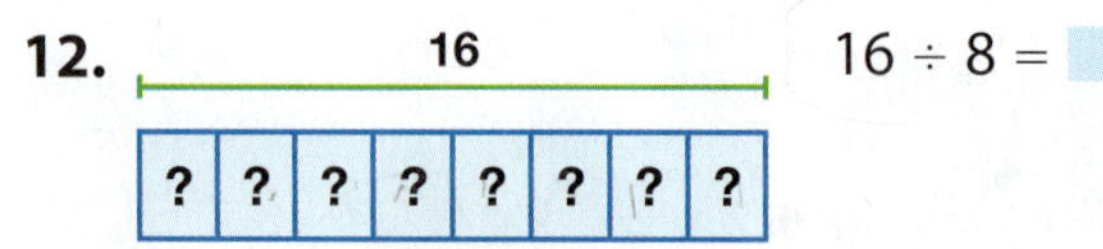

 Puedes encontrar otro ejemplo en el Grupo A, página 184.

Coloca los juguetes uno por uno en cada grupo.

12

Juguetes para
cada persona

Cuando todos los juguetes estén agrupados,
habrá 4 en cada grupo.

Puedes escribir una división para
calcular el número en cada grupo.

12 ÷ 3 = 4

Total   Número   Número
             de grupos   en cada
             iguales   grupo

Cada amigo recibirá 4 juguetes.

Resolución de problemas

PRÁCTICAS
MATEMÁTICAS

13. Escribir para explicar Jaime está separando 18 bolígrafos en
grupos iguales. Dice que habrá más bolígrafos en cada uno de 2
grupos iguales que en cada uno de 3 grupos iguales. ¿Tiene razón?
Explícalo.

14. Perseverar Josefina tiene 12 conchas de mar. Le da 2 a su
mamá. Luego, comparte las conchas que quedan por igual con
su hermana. ¿Cuántas conchas recibe Josefina? ¿Cuántas conchas
recibe su hermana?

15. Había tres astronautas en cada una de las naves *Apolo*. ¿Cuántos
astronautas había en total en las nueve naves *Apolo* que orbitaron
la Luna?

16. Representar Max tiene las calcomanías que se
muestran. Quiere colocar la misma cantidad de
calcomanías en 2 carteles. ¿Qué oración numérica
muestra cómo hallar el número de calcomanías
que tendría que colocar Max en cada cartel?

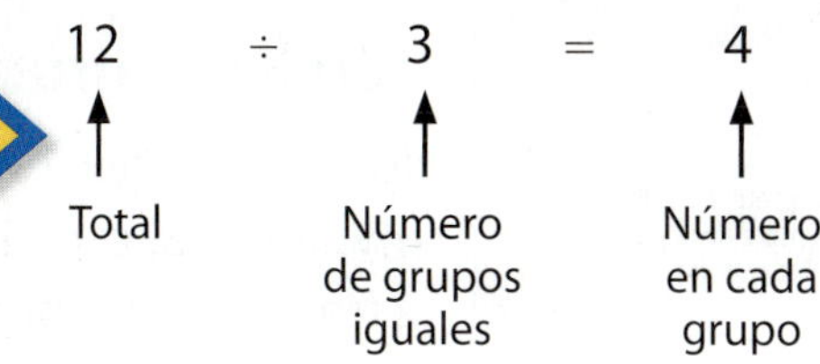

A $14 + 2 =$

B $14 \times 2 =$

C $14 - 2 =$

D $14 \div 2 =$

17. Los abanderados marchan en 9 filas con 5 personas en cada fila.
Cada persona lleva una bandera. Escribe una oración numérica
que muestre cuántas banderas hay.

Estándares comunes

3.OA.2 Interpretar los cocientes de números enteros no negativos, por ej., interpretar 56 ÷ 8 como el número de objetos en cada parte cuando 56 objetos se separan igualmente en 8 partes, o como un número de partes cuando 56 objetos se separan en partes iguales de 8 objetos cada una. . . . También, **3.OA.3, 3.OA.4.**

La división como resta repetida

Manos a la obra
fichas

¿Cuántos grupos iguales?

Julia va a servir 10 fresas a sus invitados. Si cada invitado come 2 fresas, ¿a cuántos invitados puede servir Julia?

Práctica guiada*

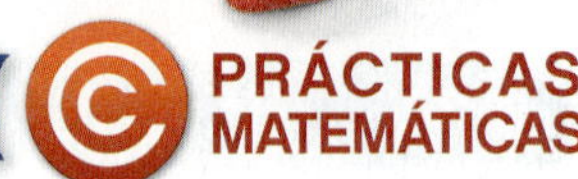
PRÁCTICAS MATEMÁTICAS

¿CÓMO hacerlo?

Usa fichas o haz un dibujo para resolver los problemas.

1. Hay 16 guantes.
   Hay 2 guantes en cada par.
   ¿Cuántos pares hay?

2. Hay 15 pelotas de tenis.
   Hay 3 pelotas en cada lata.
   ¿Cuántas latas hay?

¿Lo ENTIENDES?

3. **Usar herramientas** Supón que Julia tenía 12 fresas y que cada invitado comió 2 fresas. ¿A cuántos invitados pudo servir? Usa fichas o haz un dibujo para resolver el problema.

4. **Representar** Muestra cómo puedes usar la resta repetida para hallar cuántos grupos de 4 hay en 20. Luego, escribe la división del problema.

Práctica independiente

Usar herramientas Usa fichas o haz un dibujo para resolver los problemas.

5. Hay 12 ruedas.
   Hay 4 ruedas en cada vagón.
   ¿Cuántos vagones hay?

6. Hay 30 marcadores.
   Hay 5 marcadores en cada paquete.
   ¿Cuántos paquetes hay?

7. Hay 8 manzanas.
   Hay 4 manzanas en cada bolsa.
   ¿Cuántas bolsas hay?

8. Hay 18 lápices.
   Hay 2 lápices en cada escritorio.
   ¿Cuántos escritorios hay?

 Puedes encontrar otro ejemplo en el Grupo A, página 184.

Puedes usar la resta repetida para hallar cuántos grupos de 2 hay en 10.

$10 - 2 = 8$
$8 - 2 = 6$
$6 - 2 = 4$
$4 - 2 = 2$
$2 - 2 = 0$

Puedes restar 2, cinco veces. Hay cinco grupos de 2 en 10.

No queda ninguna fresa.

Julia puede servir a 5 Invitados.

Puedes escribir una división para hallar el número de grupos.

Escribe: $10 \div 2 = 5$

Lee: Diez dividido por 2 es igual a 5.

Julia puede servir a 5 invitados.

Resolución de problemas

PRÁCTICAS MATEMÁTICAS

9. Razonar Raymundo quiere exhibir 16 aviones a escala. ¿Necesitará más estantes si pone 8 aviones en cada estante o si pone 4 aviones en cada estante? Explícalo.

Usar herramientas En los Ejercicios **10** a **12**, empareja cada problema con un dibujo o una resta repetida. Luego, escribe la división para resolverlo.

10. Si hay 24 libros y 6 libros en cada caja, ¿cuántas cajas hay?

11. Si hay 24 libros y 3 libros en cada caja, ¿cuántas cajas hay?

12. Si hay 24 libros y 8 libros en cada caja, ¿cuántas cajas hay?

a

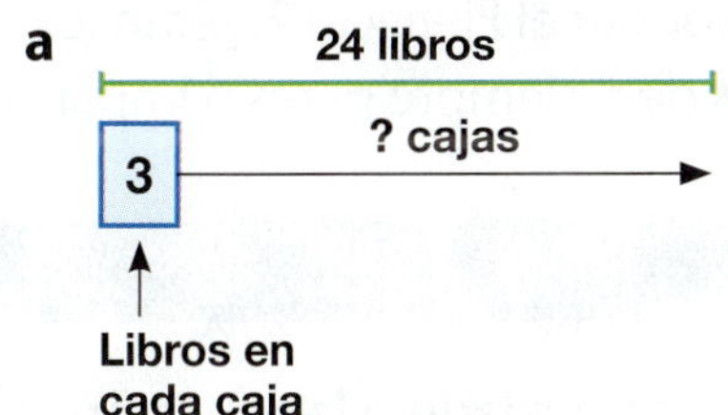

b

$24 - 8 = 16$
$16 - 8 = 8$
$8 - 8 = 0$

c

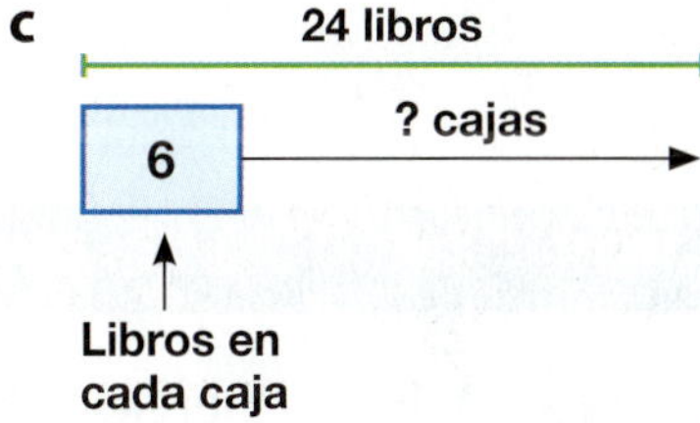

13. Hacerlo con precisión En 1999, la Casa de la Moneda de los Estados Unidos empezó a circular monedas estatales de 25¢. Cada año se emiten nuevas monedas de 25¢ para 5 estados. ¿Cuántos años tomará emitir monedas de 25¢ para los 50 estados? Escribe una oración numérica para resolverlo.

14. Representar Toni tiene 6 tulipanes y 6 margaritas. Quiere colocar 4 flores en cada florero. ¿Qué oración numérica representa los floreros que necesita?

A $12 + 4 = 16$ **B** $12 - 4 = 8$ **C** $6 \times 4 = 24$ **D** $12 \div 4 = 3$

Estándares comunes

3.OA.6 Entender la división como un problema de factor desconocido.... También, 3.OA.4, 3.OA.9.

Hallar números que faltan en una tabla de multiplicar

¿Cómo puedes usar la tabla de multiplicar para resolver problemas de división?

Escribe una ecuación del factor que falta y luego usa la tabla de multiplicar.

Halla $15 \div 3$.

Piénsalo
$15 \div 3 = n$
$3 \times n = 15$
¿Qué número multiplicado por 3 es igual a 15?

x	0	1	2	3	4	5
0	0	0	0	0	0	0
1	0	1	2	3	4	5
2	0	2	4	6	8	10
3	0	3	6	9	12	15

Práctica guiada*

PRÁCTICAS MATEMÁTICAS

¿CÓMO hacerlo?

En los Ejercicios **1** a **4**, halla el valor de n que hace verdadera la ecuación. Usa una tabla de multiplicar como ayuda.

1. $18 \div 3 = n$
$3 \times n = 18$

2. $24 \div 6 = n$
$6 \times n = 24$

3. $81 \div 9 = n$

4. $20 \div 4 = n$

¿Lo ENTIENDES?

5. Usar herramientas ¿Dónde hallas en una tabla de multiplicar los dos factores de un problema de multiplicación?

6. ¿Cómo puedes usar una tabla de multiplicar para resolver problemas de división?

7. Cuando usaste la tabla de multiplicar para responder al Ejercicio 2, ¿eran los múltiplos de 6 siempre pares o impares?

Práctica independiente

Práctica al nivel En los Ejercicios **8** a **16**, halla el valor de n que hace verdadera la ecuación. Usa una tabla de multiplicar como ayuda.

8. $45 \div 9 = n$
$9 \times n = 45$

9. $21 \div 3 = n$
$3 \times n = 21$

10. $36 \div 9 = n$
$9 \times n = 36$

11. $28 \div 4 = n$

12. $32 \div 8 = n$

13. $56 \div 7 = n$

14. $36 \div 6 = n$

15. $18 \div 9 = n$

16. $35 \div 5 = n$

Puedes encontrar otro ejemplo en el Grupo B, página 184.

Resolución de problemas

PRÁCTICAS MATEMÁTICAS

En los Ejercicios **17** a **19**, usa la tabla de multiplicar de la derecha.

17. Evaluar el razonamiento Guillermo usó una tabla de multiplicar para hallar el valor de n en $12 \div 6 = n$. Su respuesta fue 3. ¿Estás de acuerdo? ¿Por qué o por qué no?

18. La Sra. Sánchez tenía 27 lápices que quería distribuir en partes iguales a 9 niños. ¿Cuántos lápices le dio a cada niño?

x	0	1	2	3	4	5	6	7
0	0	0	0	0	0	0	0	0
1	0	1	2	3	4	5	6	7
2	0	2	4	6	8	10	12	14
3	0	3	6	9	12	15	18	21
4	0	4	8	12	16	20	24	28
5	0	5	10	15	20	25	30	35
6	0	6	12	18	24	30	36	42
7	0	7	14	21	28	35	42	49
8	0	8	16	24	32	40	48	56
9	0	9	18	27	36	45	54	63

19. Usar la estructura Escribe dos divisiones y dos multiplicaciones con los números 7, 9 y 63.

20. Razonar Ana tiene 72 frascos de pepinillos encurtidos. Puede poner 8 frascos en una caja. ¿Cuántas cajas necesita? ¿Y si pusiera 9 frascos en una caja?

21. El Sr. Baker tenía una canasta de manzanas. Hizo cinco pasteles con las manzanas. Usó 5 manzanas para hacer cada pastel. Cuando terminó, le sobraron 3 manzanas. Antes de que empezara a hornear, ¿cuántas manzanas había en la canasta?

22. Razonar Manuel tiene 64 semillas de frijol. Quiere plantar la misma cantidad en 8 macetas. ¿Cuántas semillas debe plantar en cada maceta?

A 6   **B** 8   **C** 9   **D** 12

23. Carlos le dio de comer a su cerdita, Daisy, 42 libras de comida en 6 días. Si Daisy comió la misma cantidad de comida todos los días, ¿cuántas libras de comida comió cada día?

Estándares comunes

3.OA.4 Determinar el número entero desconocido en una ecuación de multiplicación o división relacionando tres números enteros. . . . También, **3.OA.6**.

Resolución de problemas

Escoger una ecuación apropiada

Karina repartió 12 hojas de papel por igual a los 6 estudiantes que estaban en su mesa. ¿Cuántas hojas recibió cada estudiante?

Escoge la ecuación que muestra el problema.

A $6 + 12 = n$ **C** $12 \times n = 6$

B $n = 12 \div 6$ **D** $12 - 6 = n$

Práctica guiada*

PRÁCTICAS MATEMÁTICAS

¿CÓMO hacerlo?

Escoge la ecuación que muestra el problema.

1. En otra mesa, los estudiantes comparten 20 lápices de colores por igual. Cada estudiante tiene 4. ¿Cuántos estudiantes hay?

A $20 \div 2 = n$ **C** $20 = 4 + n$
B $n \times 4 = 20$ **D** $20 - n = 4$

¿Lo ENTIENDES?

2. Perseverar Escribe una ecuación diferente que se pueda usar para resolver el Ejercicio 1.

3. Razonar ¿Existe una ecuación de división y una ecuación de multiplicación que resuelva cada una el mismo problema? Explícalo.

Práctica independiente

PRÁCTICAS MATEMÁTICAS

4. Usar la estructura Kayla tiene 15 calcomanías para repartir en partes iguales a 3 amigos. ¿Cuántas calcomanías recibirá cada amigo? Escoge la ecuación que muestra el problema.

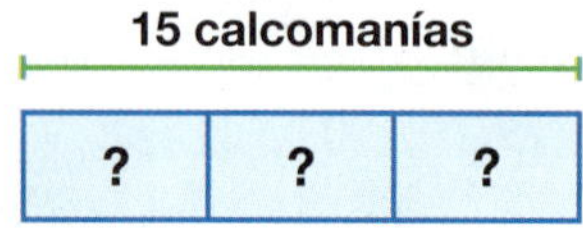

A $15 - 3 = n$ **C** $3 \times n = 15$
B $n = 3 \times 15$ **D** $3 + n = 15$

5. Seis estudiantes necesitan 3 crayones cada uno. ¿Cuántos crayones se necesitan en total?

Aplicar las prácticas matemáticas

- ¿Qué me piden que halle?
- ¿Qué otra cosa puedo intentar?
- ¿Cómo se relacionan las cantidades?
- ¿Cómo puedo explicar mi trabajo?
- ¿Cómo puedo usar las matemáticas para representar el problema?
- ¿Me serviría de ayuda alguna herramienta?
- ¿Hay precisión en mi trabajo?
- ¿Por qué funciona esto?
- ¿Cómo puedo hacer generalizaciones?

   Puedes encontrar otro ejemplo en el Grupo C, página 184.

Haz un dibujo para mostrar lo que sabes.

12 hojas en total

| ? | ? | ? | ? | ? | ? |

Sabes cuántas hojas hay en total y el número de grupos.

Necesitas hallar el tamaño de cada grupo.

Mira las cuatro ecuaciones. Escoge la que muestra la situación.

A $6 + 120 = n$ No, el 6 y el 12 no se están juntando.

B $n = 12 \div 6$ Sí, ésta funciona. 6 grupos, 12 en total

C $12 \times n = 6$ No, esto significaría 12 grupos de algo.

D $12 - 6 = n$ No, esto significaría 6 menos que 12.

Ⓒ **Usar la estructura** En los Ejercicios **6** a **11**, escoge la ecuación que muestra el problema.

6. Omar se ejercita 10 horas cada semana. Se ejercita dos horas cada día. ¿Cuántos días se ejercita Omar cada semana?

A $10 \div 2 = n$ **C** $10 - 2 = n$
B $n = 10 \times 2$ **D** $10 + 2 = n$

7. La Sra. Santos tiene un huerto. Compra 24 plantas de tomates y 18 plantas de pimentones para su jardín. ¿Cuántas plantas compra en total?

A $24 - 18 = n$ **C** $n + 18 = 24$
B $24 \div n = 18$ **D** $n = 24 + 18$

8. Juan ayuda a su abuelo a empacar los duraznos de su granja. Empaca 30 duraznos en cada caja. Cada bandeja de la caja contiene 6 duraznos. ¿Cuántas bandejas hay en la caja?

A $n = 30 \div 6$ **C** $30 - n = 6$
B $6 \times 30 = n$ **D** $30 = n + 6$

9. La tienda de productos electrónicos tiene una sección de videojuegos. Hay 6 estantes, con 9 videojuegos en cada estante. ¿Cuántos videojuegos tiene la tienda?

A $9 \div n = 6$ **C** $n = 9 + 6$
B $9 \times 6 = n$ **D** $9 - n = 6$

10. Carl entrega 56 periódicos cada mañana. Ya ha entregado 18 periódicos. ¿Cuántos periódicos le quedan por entregar?

A $56 + n = 18$ **C** $n = 56 \div 18$
B $56 - 18 = n$ **D** $18 \times n = 56$

11. Una colcha de retazos tiene 3 filas de cuadrados. Hay 5 cuadrados en cada fila. ¿Cuántos cuadrados hay en la colcha de retazos?

A $3 + 5 = n$ **C** $3 \times 5 = n$
B $3 + n = 5$ **D** $5 \div 3 = n$

Ⓒ **12. Perseverar** Marco tiene 5 cajas de avena como la que se muestra a la derecha. Linda le da a Marco 2 cajas más de avena con 8 paquetes en cada caja. ¿Cuántos paquetes de avena tiene ahora Marco?

Estándares comunes

3.OA.3 Utilizar la multiplicación y la división hasta 100 para resolver problemas verbales relacionados con grupos iguales, matrices y cantidades de medición, … También, 3.OA.4.

Escribir cuentos sobre división

¿Cuál es la idea principal de un cuento sobre división?

La Sra. White pidió a sus estudiantes que escribieran un cuento sobre división para $15 \div 3 = \square$.

Miguel y Karina decidieron escribir cuentos sobre colocar rosas en floreros.

Práctica guiada*

PRÁCTICAS MATEMÁTICAS

¿CÓMO hacerlo?

Escribe un cuento sobre división para las oraciones numéricas. Luego, usa fichas o haz un dibujo para resolverlas.

1. $8 \div 4 = \square$

2. $10 \div 2 = \square$

3. $20 \div 5 = \square$

4. $14 \div 7 = \square$

¿Lo ENTIENDES?

5. Perseverar ¿En qué se parecen los cuentos de Miguel y de Karina? ¿En qué se diferencian los dos cuentos?

6. Escribir para explicar Cuando escribes un cuento sobre división, ¿qué información necesitas incluir? ¿Qué tipo de información necesitas pedir?

Práctica independiente

Usar herramientas Escribe un cuento sobre división para las oraciones numéricas. Luego, usa fichas o haz un dibujo para resolverlas.

7. $18 \div 3 = \square$ **8.** $25 \div 5 = \square$ **9.** $16 \div 4 = \square$ **10.** $30 \div 6 = \square$

11. Razonar Escoge dos de los cuentos que escribiste para los ejercicios de arriba. En cada uno, indica si hallaste el número de objetos en cada grupo o el número de grupos iguales.

Puedes encontrar otro ejemplo en el Grupo D, página 185.

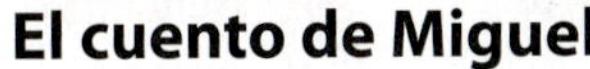

El cuento de Miguel

Tengo 15 rosas. Quiero tener el mismo número de rosas en cada uno de los 3 floreros. ¿Cuántas rosas debo poner en cada florero?

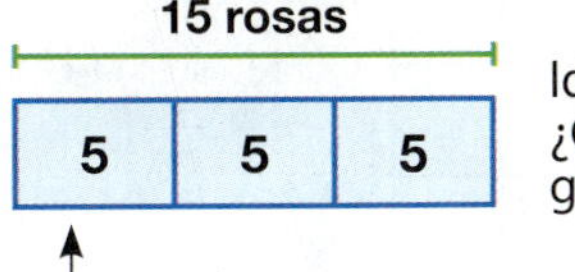

Debo poner 5 rosas en cada florero.

El cuento de Karina

Tengo que poner 15 rosas en floreros. Quiero poner 3 rosas en cada florero. ¿Cuántos floreros necesitaré?

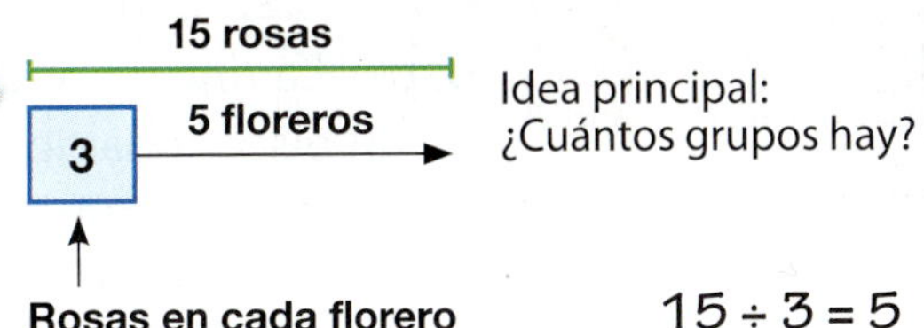

Necesitaré 5 floreros.

Resolución de problemas

PRÁCTICAS MATEMÁTICAS

La tabla muestra el número de jugadores que se necesitan para cada tipo de equipo de deportes. Usa la tabla para los Ejercicios **12** a **15**.

Hay 36 estudiantes del tercer grado en el campamento de deportes que quieren jugar en diferentes equipos.

Equipo de deportes	Número
Beisbol	9 jugadores
Básquetbol	5 jugadores
Tenis de dobles	2 jugadores

Datos

12. Si todos quieren jugar al beisbol, ¿cuántos equipos habrá?

13. Escribir para explicar ¿Podrían jugar al básquetbol todos al mismo tiempo? ¿Por qué o por qué no?

14. Perseverar Veinte estudiantes del tercer grado fueron a nadar. El resto jugó al tenis de dobles. ¿Cuántos equipos de tenis de dobles había?

15. Dos equipos de beisbol están jugando un partido. Al mismo tiempo, dos equipos de básquetbol están jugando un partido. El resto de los excursionistas está jugando al tenis. ¿Cuántos excursionistas están jugando al tenis?

16. ¿Es razonable? Carmen va en bicicleta a la escuela de 3 a 5 veces por semana. ¿Cuál sería un número razonable de las veces que Carmen irá en bicicleta a la escuela en 4 semanas?

  A Más de 28

  B De 12 a 20

  C De 14 a 28

  D Menos de 12

17. Representar En una entrada, cada pelota de beisbol fue usada para 7 lanzamientos. Escribe una oración numérica que muestre el número de lanzamientos que hubo durante esa entrada.

Estándares comunes

3.OA.3 Utilizar la multiplicación y la división hasta 100 para resolver problemas verbales relacionados con grupos iguales, matrices y cantidades de medición, … También, **3.OA.4, 3.OA.6.**

Resolución de problemas

Usar objetos y hacer un dibujo

Noemí derramó un poco de tinta sobre su papel. La tinta cubrió parte de su dibujo de un piso de baldosas. El piso tenía la forma de un rectángulo cubierto por 24 baldosas cuadradas. ¿Cuántas baldosas había en cada fila?

Práctica guiada*

PRÁCTICAS MATEMÁTICAS

¿CÓMO hacerlo?

Resuelve el problema. Usa objetos o haz un dibujo.

1. Un poco de pintura cubría parte de un piso de baldosas. El piso cuadrado tenía 16 baldosas. ¿Cuántas baldosas estaban cubiertas de pintura?

¿Lo ENTIENDES?

2. Comunicarse ¿Qué estrategia usaste en el Ejercicio 1 para hallar el número de baldosas cubiertas de pintura?

3. Escribir un problema Escribe y resuelve un problema que puedas resolver usando objetos o haciendo un dibujo.

Práctica independiente

PRÁCTICAS MATEMÁTICAS

Resuelve el problema. Usa objetos o haz un dibujo.

4. Perseverar Carla pintó parte de la sección de una pared cubierta con azulejos. La sección completa de azulejos tenía forma de rectángulo. Había 27 azulejos cuadrados. ¿Cuántos azulejos había en cada fila?

Aplicar las prácticas matemáticas

- ¿Qué me piden que halle?
- ¿Qué otra cosa puedo intentar?
- ¿Cómo se relacionan las cantidades?
- ¿Cómo puedo explicar mi trabajo?
- ¿Cómo puedo usar las matemáticas para representar el problema?
- ¿Me serviría de ayuda alguna herramienta?
- ¿Hay precisión en mi trabajo?
- ¿Por qué funciona esto?
- ¿Cómo puedo hacer generalizaciones?

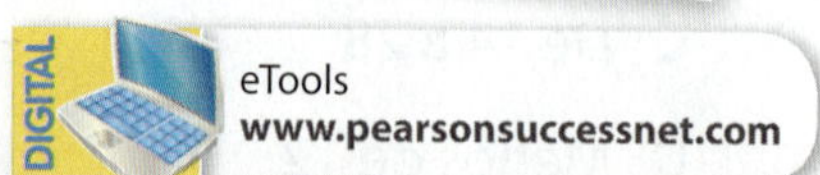

¿Qué estrategia puedo usar?

Puedo representar usando objetos para mostrar lo que sé.

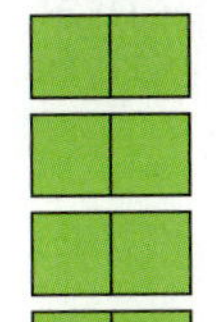

Estas baldosas no estaban cubiertas de tinta.

Ahora voy a sumar baldosas a cada fila para resolver el problema. Voy a sumar el mismo número de baldosas a cada fila hasta que haya 24 baldosas en total.

$6 + 6 + 6 + 6 = 24$

Hay 6 baldosas en cada fila.

---

5. Se derramó pegamento sobre el dibujo de un piso de baldosas que hizo Ana. El pegamento cubrió algunas baldosas. El piso de baldosas tenía forma de rectángulo. El piso tenía un total de 20 baldosas cuadradas. ¿Cuántas baldosas quedaron cubiertas con pegamento?

Ⓒ **6. Buscar patrones** Julia quiere hacer un diseño usando el patrón de azulejos cuadrados que se muestra abajo. Quiere usar el patrón cuatro veces. ¿Cuántos azulejos blancos necesita?

Ⓒ **7. Representar** En las vacaciones de verano, la familia de Julio hizo un viaje en carro. La familia viajó 362 millas hasta un parque nacional. Luego, viajó 174 millas para ir de caminata por las montañas. ¿Cuántas millas viajó la familia en total?

? millas en total

362 millas	174 millas

Ⓒ **Piensa en la estructura**

8. ¿Cuál de las siguientes opciones se puede usar para hallar cuántos días hay en 8 semanas?

A 8×7 **B** $8 \div 2$ **C** $8 + 7$ **D** $8 - 2$

9. La Sra. Clay compró 28 marcos empacados en partes iguales en 4 cajas. ¿Qué oración numérica muestra cómo hallar el número de marcos que hay en cada caja?

A $28 - 4 = \blacksquare$ **B** $28 + 4 = \blacksquare$ **C** $28 \times 4 = \blacksquare$ **D** $28 \div 4 = \blacksquare$

Grupo A, páginas 172 a 175

Hay 12 juguetes. Si se ponen 4 juguetes en cada caja, ¿cuántas cajas se necesitan?

$12 - 4 = 8$ Usa la resta repetida para hallar
$8 - 4 = 4$ cuántos grupos hay.
$4 - 4 = 0$ Puedes restar 4 tres veces.

$12 \div 4 = 3$ También puedes dividir para hallar el número de grupos.

Se necesitan tres cajas.

Recuerda que también puedes pensar en la división como una repartición por igual.

Usa fichas o haz un dibujo para resolver los problemas.

1. Hay 6 libros.
Hay 3 estantes.
¿Cuántos libros hay en cada estante?

2. Hay 18 estudiantes.
Hay 2 estudiantes en cada grupo.
¿Cuántos grupos hay?

Grupo B, páginas 176 y 177

Usa una tabla de multiplicar para hallar $10 \div 2$.
$10 \div 2 = n$ $2 \times n = 10$

×	1	2	3	4	5	6	7
1	1	2	3	4	5	6	7
2	2	4	6	8	10	12	14
3	3	6	9	12	15	18	21
4	4	8	12	16	20	24	28
5	5	10	15	20	25	30	35

Halla el 2 en la primera columna de la tabla y atraviesa la fila hasta llegar al 10. Luego, sube por la columna donde está el 10 hasta hallar el factor que falta.
$2 \times 5 = 10$ $10 \div 2 = 5$

Recuerda que puedes buscar el factor que falta en la fila superior o en la columna izquierda.

Halla el valor de n que hace verdadera la ecuación.

1. $14 \div 2 = n$ **2.** $18 \div 6 = n$
     $2 \times n = 14$ $6 \times n = 18$

3. $35 \div 7 = n$ **4.** $16 \div 4 = n$

5. $30 \div 6 = n$ **6.** $28 \div 4 = n$

Grupo C, páginas 178 y 179

Tomás tiene que poner 12 manzanas en bolsas. Cada bolsa tiene capacidad para 4 manzanas. ¿Cuántas bolsas puede llenar Tomás?

Mira las cuatro ecuaciones. Escoge la que mejor muestra la situación.

A $12 + 4 = n$ **C** $12 - 4 = n$

B $12 \div 4 = n$ **D** $12 \times n = 4$

Tomás puede dividir para hallar grupos iguales de manzanas.

Recuerda que puedes hacer un dibujo para mostrar lo que sabes.

Escoge la ecuación que muestra el problema.

1. Emilia preparó 20 pastelitos. Puso 4 pastelitos en cada caja. ¿Cuántas cajas pudo llenar Emilia?

A $20 + 4 = n$ **C** $20 \div 4 = n$

B $20 - 4 = n$ **D** $20 \times n = 4$

Escribe un cuento sobre división para $20 \div 5 = 4$.

Si 20 niños forman 5 equipos iguales, ¿cuántos niños hay en cada equipo?

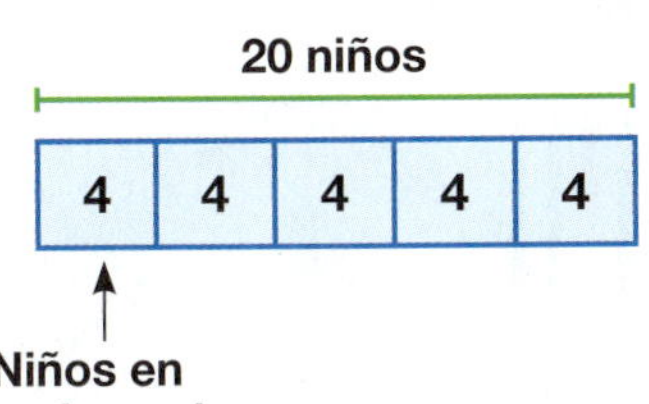

$20 \div 5 = 4$

Hay 4 niños en cada equipo.

Recuerda que los cuentos sobre división pueden preguntar acerca del número en cada grupo o el número de grupos iguales.

Escribe un cuento sobre división para cada oración numérica. Haz un dibujo como ayuda.

1. $15 \div 3 =$
2. $21 \div 7 =$
3. $24 \div 6 =$
4. $30 \div 5 =$

Se derramó un poco de pintura azul en un piso de baldosas. El piso de baldosas tenía forma de cuadrado. Había 9 baldosas en todo el piso. ¿Cuántas baldosas estaban cubiertas de pintura azul?

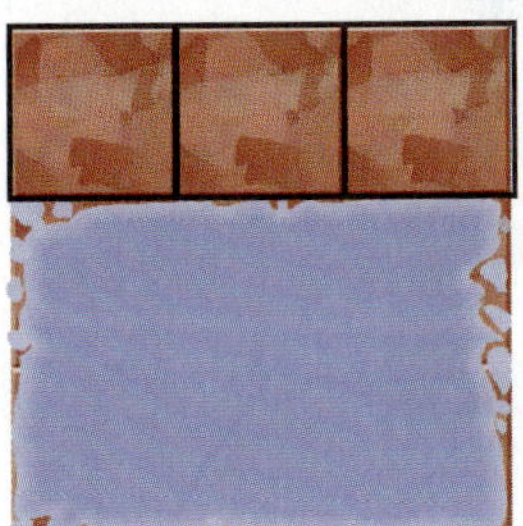

Haz un dibujo para mostrar lo que sabes.

Completa el dibujo para resolver el problema. Muestra 9 baldosas en total.

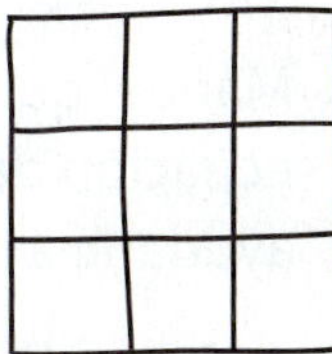

Seis baldosas estaban cubiertas de pintura azul.

Recuerda que debes comprobar que tus dibujos concuerden con la información del problema.

1. Carmela pintó una parte de un grupo de baldosas. El grupo entero de baldosas tenía forma de rectángulo. Había 28 baldosas en el grupo entero. ¿Cuántas baldosas pintó Carmela?

Examen

Opción múltiple

1. Martín tiene 12 piñas. Utiliza 3 piñas para su comedero para aves. ¿Qué oración numérica muestra cuántos comederos para aves puede hacer? (7-4)

  A $12 + 3 = n$

  B $12 \div 3 = n$

  C $12 - 3 = n$

  D $12 \times 3 = n$

2. ¿Qué cuento se puede resolver con $20 \div 4$? (7-5)

  A Harold pescó 20 peces. Todos menos 4 eran bagres. ¿Cuántos no eran bagres?

  B Becky compró 20 bolsas de cuentas de cristal. En cada bolsa había 4 cuentas. ¿Cuántas cuentas de cristal compró?

  C Betina hizo 20 vestidos para muñecas. Si hace 4 más, ¿cuántos vestidos para muñecas habrá hecho?

  D El entrenador Sid tiene 20 pelotas de beisbol. Cada grupo necesita 4 pelotas para la práctica. ¿Cuántos grupos puede formar?

3. Cinco amigos tienen 15 lápices para compartir por igual. ¿Qué oración numérica muestra cuántos lápices recibirá cada amigo? (7-1)

  A $15 \div 5 = 3$

  B $15 + 5 = 20$

  C $15 \times 5 = 75$

  D $15 - 5 = 10$

4. La Sra. Vincent compró 16 kiwis para que sus 4 niños los compartan por igual. ¿Cuántos kiwis recibirá cada niño? (7-1)

  A 3

  B 4

  C 5

  D 12

5. Manuel quiere hallar $28 \div 4$. ¿Qué ecuación del factor que falta puede ayudarle a resolver el problema? (7-3)

  A $28 + n = 4$

  B $28 - n = 4$

  C $4 \times n = 28$

  D $28 \times n = 4$

6. ¿Qué división se muestra como una resta repetida? (7-2)

$$15 - 3 = 12$$
$$12 - 3 = 9$$
$$9 - 3 = 6$$
$$6 - 3 = 3$$
$$3 - 3 = 0$$

7. La tienda de mascotas tiene 24 periquitos distribuidos en 8 jaulas. ¿Cuántas aves deben ponerse en cada jaula? (7-1)

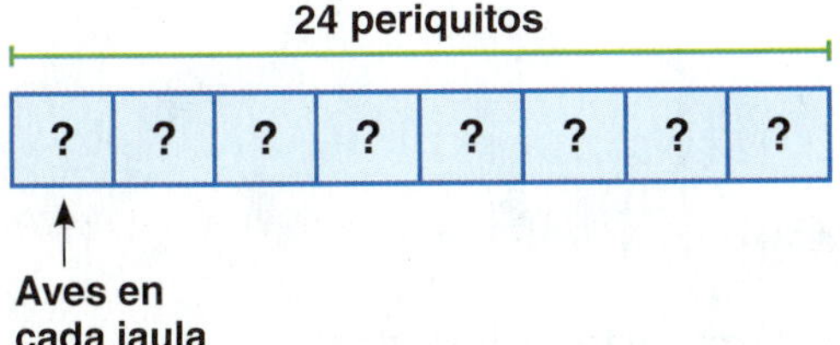

8. Durante las vacaciones, Gina compró 20 tarjetas postales. Puso 4 tarjetas postales en cada página de su álbum de recuerdos. ¿Cuántas páginas llenará Gina con sus tarjetas postales? (7-3)

9. Escribe un cuento que se pueda resolver con $36 \div 6$. (7-5)

10. Las ilustraciones siguientes son ejemplos de triángulos en varias posiciones diferentes.

¿Qué figuras se pueden formar al juntar dos de los triángulos? (7-6)

11. En 2007, la Casa de la Moneda de los Estados Unidos comenzó a circular monedas de $1 con imágenes de ex presidentes de los Estados Unidos. Cada año se emiten nuevas monedas de $1 de cuatro presidentes. ¿Cuántos años tomará emitir las monedas de $1 de los primeros 36 presidentes? Escribe una oración numérica para resolver el problema. (7-2)

12. Carla está usando una tabla de multiplicar para hallar el valor de n que hace que la ecuación $21 \div 3 = n$ sea verdadera. Su respuesta es 8. ¿Estás de acuerdo? Explícalo. (7-3)

13. Una alfombra cubre algunas de las baldosas de un piso. El piso de baldosas tiene forma de rectángulo. Hay 42 baldosas cuadradas en todo el piso. ¿Cuántas baldosas cubre la alfombra? (7-6)

14. Ken tiene 6 filas de conchas de mar con 5 conchas en cada fila. Quiere hallar el número total de conchas que tiene. Decide usar la ecuación $6 \times 5 = n$ para mostrar el problema. ¿Tiene razón? Explícalo. (7-4)

Jaime necesita ayuda para ordenar su colección de rocas. Ha recolectado 36 rocas. Puede ordenar las rocas en cajas de exhibición de diferentes tamaños. Las cajas tienen capacidad para 4, 6 ó 9 rocas cada una.

Copia la tabla de abajo en una hoja aparte. Completa la tabla siguiendo las instrucciones que están en la parte superior para dibujar matrices de 36 rocas en grupos iguales.

Cajas de exhibición		
Caja 1 **4 rocas por caja**	**Caja 2** **6 rocas por caja**	**Caja 3** **9 rocas por caja**

1. Escoge una caja. Escribe una división para mostrar cómo están divididas las rocas. Luego, escribe una resta repetida para mostrar cómo hallar el cociente.

2. ¿Qué tipo de caja requiere el mayor número de cajas para exhibir todas las rocas?

3. ¿Puede usar Jaime 2 tipos de cajas diferentes para exhibir las 36 piedras? Explícalo.

4. Supón que tienes una colección de 27 rocas. ¿Qué caja usarías para exhibir las rocas? Escribe un cuento sobre división para explicar cómo exhibirías las rocas.

5. ¿Cuántas cajas necesitaría Jaime si tuviera 54 piedras y quisiera ponerlas en cajas con capacidad para 9 rocas? ¿Y en cajas con capacidad para 6 rocas?

Tema 8 — Operaciones de división

▼ Un mosaico es un tipo de arte hecho con azulejos. ¿Cómo muestra este mosaico la multiplicación y la división? Lo averiguarás en la Lección 8-1.

Pregunta esencial

• ¿Cómo se puede hallar una operación de división desconocida al pensar en una operación de multiplicación relacionada?

Repasa lo que sabes

Vocabulario

Escoge el mejor término del recuadro.

> • sumandos • factores
> • diferencia • producto

1. Los números que multiplicas son los __?__.

2. La respuesta a un problema de resta es la __?__.

3. La respuesta a un problema de multiplicación es el __?__.

Familias de operaciones

Copia y completa las familias de operaciones.

4. $7 + 6 = \square$ $13 - 6 = \square$
   $6 + 7 = \square$ $\square - 7 = 6$

5. $8 + \square = 17$ $17 - 8 = \square$
   $9 + 8 = \square$ $\square - 9 = 8$

6. Escribe la familia de operaciones para 2, 6 y 8.

Multiplicación

Copia y completa.

7. $6 \times 8 = \square \times 6$

8. $10 \times \square = 0$

9. $\square \times 1 = 7$

10. **Escribir para explicar** Explica cómo puedes hallar cuántos objetos hay en 3 grupos si hay 4 objetos en cada grupo. Haz un dibujo como ayuda.

Aprendizaje interactivo 

Plantea el problema. Empieza cada lección con una actividad en conjunto para resolver problemas. Te ayudará a comprender las matemáticas.

Aplicar las prácticas matemáticas

- ¿Qué me piden que halle?
- ¿Qué otra cosa puedo intentar?
- ¿Cómo se relacionan las cantidades?
- ¿Cómo puedo explicar mi trabajo?
- ¿Cómo puedo usar las matemáticas para representar el problema?
- ¿Me serviría de ayuda alguna herramienta?
- ¿Hay precisión en mi trabajo?
- ¿Por qué funciona esto?
- ¿Cómo puedo hacer generalizaciones?

Lección 8-1

© **Usar la estructura** Resuelve el problema usando fichas.

Usa 24 fichas para hacer una matriz con 3 filas iguales. Escribe tantas multiplicaciones y divisiones como puedas para describir la matriz. Explica por qué crees que las hallaste todas.

Lección 8-2

© **Usar la estructura** Resuelve el problema. Piensa en la multiplicación como ayuda.

Carla va a poner 30 juguetes en cinco bolsas de fiesta. Pone el mismo número de juguetes en cada bolsa. ¿Cuántos juguetes hay en cada bolsa? Escribe y resuelve un problema de división. Muestra tu trabajo.

___ × ___ = ___   ___ ÷ ___ = ___

___ × ___ = ___   ___ ÷ ___ = ___

Lección 8-3

© **Usar la estructura** Resuelve el problema. Piensa en la multiplicación como ayuda.

Hay 18 niños en una clase de ballet. Están de pie en filas de 6 para un recital de baile. ¿Cuántas filas de niños hay? Escribe y resuelve un problema de división. Muestra tu trabajo.

Lección 8-4

Usar la estructura Resuelve el problema. Piensa en la multiplicación como ayuda.

El maestro de arte puso 72 crayones en una cubeta. Los crayones vienen en cajas con 8 crayones en cada una. ¿Cuántas cajas de crayones había? Escribe y resuelve una división para este problema. Muestra tu trabajo.

Lección 8-5

Representar Resuelve el problema de la manera que prefieras. Muestra tu trabajo.

Tres niñas y cuatro niños fueron al parque de diversiones. El precio total de sus boletos fue de $42. Pagaron la misma cantidad por cada boleto. ¿Cuál fue el precio de cada boleto?

Lección 8-6

Usar la estructura ¿Qué puedo escribir en el lado izquierdo de la balanza que tenga el mismo valor que lo que está en el lado derecho? ¡Busca 5 respuestas diferentes!

Lección 8-7

Representar Usa fichas para resolver los problemas. Haz un dibujo de tu trabajo para mostrar cómo resolviste cada problema.

$5 \div 1$

$5 \div 5$

Lección 8-8

Usar la estructura Usa operaciones básicas de multiplicación o división.

Un autobús turístico a un parque nacional lleva 56 personas. Cuando llegan al parque, habrá 7 guías para dirigir a grupos iguales de personas. ¿Cuántas personas habrá en cada grupo de turistas?

56 personas

Lección 8-9

Representar Resuelve el problema. Usa el diagrama de barras como ayuda.

32 libras

| ? | ? | ? | ? |

En el jardín de la comunidad se han recogido 32 libras de habichuelas verdes. Serán compartidas por 4 familias. Si cada familia recibe la misma cantidad, ¿cuántas libras de habichuelas verdes recibirá cada familia?

Estándares comunes

3.OA.7 Multiplicar y dividir con facilidad hasta 100, utilizando estrategias tales como la relación entre la multiplicación y la división . . . o las propiedades de las operaciones. Al final del Grado 3, saber de memoria todos los productos que resultan de multiplicar dos números de un dígito. También, **3.OA.3, 3.OA.4.**

Relacionar la multiplicación y la división

¿Cómo pueden ayudarte a dividir las operaciones de multiplicación?

Esta matriz puede mostrar la multiplicación y la división.

Multiplicación	**División**
5 filas de 6 tambores	30 tambores en 5 filas iguales
$5 \times 6 = 30$	$30 \div 5 = 6$
30 tambores	6 tambores en cada fila

Práctica guiada*

¿CÓMO hacerlo?

Copia y completa. Usa fichas o haz un dibujo como ayuda.

1. $4 \times \boxed{} = 28$
  $28 \div 4 = \boxed{}$

2. $6 \times \boxed{} = 36$
  $36 \div 6 = \boxed{}$

3. $2 \times \boxed{} = 18$
  $18 \div 2 = \boxed{}$

4. $8 \times \boxed{} = 32$
  $32 \div 8 = \boxed{}$

¿Lo ENTIENDES?

5. Razonar ¿Qué multiplicación te puede ayudar a hallar $54 \div 6$?

6. Mira la familia de operaciones para 5, 6 y 30. ¿Qué observas sobre los productos y los dividendos?

7. Escribir para explicar ¿Es $4 \times 6 = 24$ parte de la familia de operaciones para 3, 8 y 24? Explícalo.

Práctica independiente

Usar herramientas Copia y completa. Usa fichas o haz un dibujo como ayuda.

8. $8 \times \boxed{} = 16$
  $16 \div 8 = \boxed{}$

9. $5 \times \boxed{} = 35$
  $35 \div 5 = \boxed{}$

10. $6 \times \boxed{} = 48$
  $48 \div 6 = \boxed{}$

11. $9 \times \boxed{} = 36$
  $36 \div 9 = \boxed{}$

12. $3 \times \boxed{} = 27$
  $27 \div 3 = \boxed{}$

13. $8 \times \boxed{} = 56$
  $56 \div 8 = \boxed{}$

14. $\boxed{} \times 7 = 42$
  $42 \div 7 = \boxed{}$

15. $\boxed{} \times 8 = 72$
  $72 \div 8 = \boxed{}$

16. $\boxed{} \times 9 = 45$
  $45 \div 9 = \boxed{}$

17. Escribe la familia de operaciones para 5, 8 y 40.

 Puedes encontrar otro ejemplo en el Grupo A, página 214.

Una familia de operaciones muestra cómo se relacionan la multiplicación y la división.

Familia de operaciones para 5, 6 y 30:

$$5 \times 6 = 30 \qquad 30 \div 5 = 6$$
$$6 \times 5 = 30 \qquad 30 \div 6 = 5$$

dividendo   divisor   cociente

El dividendo es el número de objetos que se van a dividir.

El divisor es el número por el cual se divide otro número.

El cociente es el resultado de un problema de división.

Resolución de problemas

18. Escribir para explicar ¿Por qué la familia de operaciones para $2 \times 2 = 4$ tiene sólo dos operaciones?

Usar la estructura En los Ejercicios **19** y **20**, escribe el resto de la familia de operaciones para cada matriz.

19.

$3 \times 4 = 12 \qquad 12 \div 3 = 4$

20.
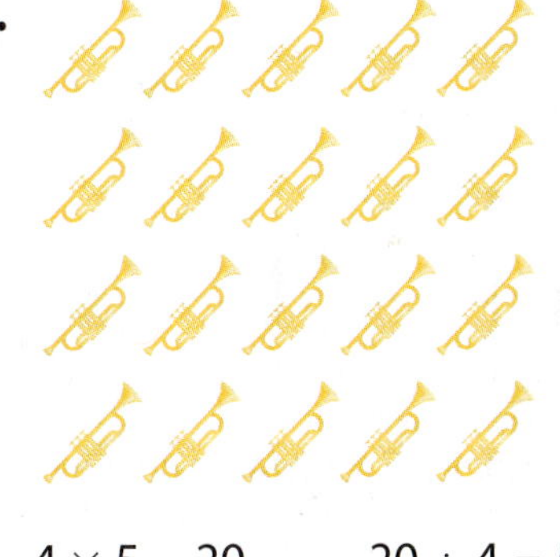

$4 \times 5 = 20 \qquad 20 \div 4 = 5$

21. Hay 3 filas de payasos en un desfile. Cada fila tiene 8 payasos. Hacia el final del desfile 3 payasos tuvieron que irse. ¿Cuántos payasos quedaron en el desfile?

22. Usar la estructura Escribe una familia de operaciones para describir la matriz de azulejos en el mosaico de la derecha.

23. Razonar ¿Qué número para n hace que esta ecuación sea verdadera?

$n \div 3 = 9$

A 3   **B** 12   **C** 18   **D** 27

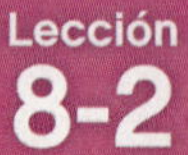

Estándares comunes

3.OA.7 Multiplicar y dividir con facilidad hasta 100, utilizando estrategias tales como la relación entre la multiplicación y la división . . . o las propiedades de las operaciones. Al final del Grado 3, saber de memoria todos los productos que resultan de multiplicar dos números de un dígito. También, **3.OA.3, 3.OA.4.**

Familias de operaciones con 2, 3, 4 y 5

¿Qué operaciones de multiplicación puedes usar?

Dora tiene 14 trompetines. Pone el mismo número de trompetines en 2 mesas. ¿Cuántos habrá en cada mesa?

Halla $14 \div 2$.

Lo que piensas	Lo que escribes
¿Qué número multiplicado por 2 es igual a 14? $2 \times 7 = 14$	$14 \div 2 = 7$ Habrá 7 trompetines en cada mesa

Otro ejemplo **¿De qué otra manera puedes escribir un problema de división?**

Dora está haciendo animales con globos para su fiesta. Tiene 24 globos. Necesita 4 globos para hacer cada animal. ¿Cuántos animales puede hacer con los globos?

¿Qué número multiplicado por 4 es igual a 24?
$4 \times 6 = 24$

Hay dos maneras de escribir un problema de división.

$$24 \div 4 = 6$$

dividendo   divisor   cociente

$$6 \leftarrow \text{cociente}$$
$$\text{divisor} \rightarrow 4\overline{)24} \leftarrow \text{dividendo}$$

Dora puede hacer 6 animales con los globos.

Explícalo

1. Copia y completa la familia de operaciones.

   $4 \times 6 = 24$
   $24 \div 4 = 6$

2. ¿Cómo sabes qué operación de multiplicación debes usar para hallar $24 \div 4$?

3. **Evaluar el razonamiento** Dora dice que podría hacer más de 10 animales con globos si pudiera hacer un animal sólo con 3 globos. ¿Estás de acuerdo? ¿Por qué o por qué no?

Dora tiene 40 calcomanías. Coloca 5 calcomanías en cada bolsa. ¿Cuántas bolsas puede decorar?

Halla $40 \div 5$.

Lo que piensas	Lo que escribes
¿Qué número multiplicado por 5 es igual a 40? $8 \times 5 = 40$	$40 \div 5 = 8$ Dora puede decorar 8 bolsas.

Dora quiere colocar 15 vasos en 3 pilas sobre la mesa. ¿Cuántos vasos colocará en cada pila?

Halla $15 \div 3$.

Lo que piensas	Lo que escribes
¿Qué número multiplicado por 3 es igual a 15? $3 \times 5 = 15$	$15 \div 3 = 5$ Dora colocará 5 vasos en cada pila.

Práctica guiada*

PRÁCTICAS MATEMÁTICAS

¿CÓMO hacerlo?

En los Ejercicios **1** a **4**, copia y completa las familias de operaciones.

1. $2 \times 7 = 14$
$14 \div 2 = 7$

2. $3 \times 2 = 6$
$6 \div 3 = 2$

3. $5 \times 8 = 40$
$40 \div 5 = 8$

4. $4 \times 1 = 4$
$4 \div 1 = 4$

En los Ejercicios **5** a **10**, halla los cocientes.

5. $27 \div 3$ **6.** $16 \div 4$ **7.** $40 \div 4$

8. $2\overline{)18}$ **9.** $4\overline{)28}$ **10.** $5\overline{)30}$

¿Lo ENTIENDES?

11. Identifica el dividendo, el divisor y el cociente en el Ejercicio 10.

12. Construir argumentos ¿Cómo puedes saber que $15 \div 3$ tiene un cociente mayor que $15 \div 5$ sin hacer la división?

13. Razonar ¿Cómo puedes usar la multiplicación para ayudarte a hallar 36 dividido por 4?

14. Dora planeó 4 juegos para su fiesta. Si tiene 12 premios, ¿cuántos premios podrá dar para cada juego?

Práctica independiente

En los Ejercicios **15** a **29**, halla los cocientes.

15. $10 \div 2$ **16.** $25 \div 5$ **17.** $21 \div 3$ **18.** $18 \div 3$

19. $2\overline{)16}$ **20.** $5\overline{)45}$ **21.** $3\overline{)24}$ **22.** $4\overline{)36}$

23. $12 \div 4$ **24.** $50 \div 5$ **25.** $4\overline{)16}$ **26.** $5\overline{)40}$

27. Halla 12 dividido por 2. **28.** Divide 20 por 5. **29.** Halla 32 dividido por 4.

En los Ejercicios **30** a **35**, halla los números que faltan.

30. $2 \times \boxed{} = 8$

31. $15 \div 3 = \boxed{}$

32. $\boxed{} \div 3 = 2$

33. $7 \times 4 = \boxed{}$

34. $\boxed{} \times 5 = 40$

35. $32 \div \boxed{} = 8$

En los Ejercicios **36** a **38**, escribe $<$ ó $>$ para comparar.

36. $4 \times 2 \bigcirc 4 \div 2$

37. $2 \times 3 \bigcirc 6 \div 2$

38. $5 + 8 \bigcirc 5 \times 8$

Resolución de problemas

39. Escribir para explicar José dice: "No puedo resolver $8 \div 2$ usando la operación $2 \times 8 = 16$". ¿Estás de acuerdo? Explícalo.

40. Perseverar Ana quiere hacer una matriz con 2 filas de 8 fichas y otra matriz con 3 filas de 5 fichas. ¿Cuántas fichas necesita en total?

41. Representar Podrías usar hasta 2 galones de agua para cepillarte los dientes. Hay 16 tazas en 1 galón. Escribe una suma para mostrar aproximadamente cuántas tazas de agua podrías usar cuando te cepillas los dientes.

42. Razonar Bob tiene 15 monedas de 1¢ y 3 monedas de 10¢. Kiko tiene la misma cantidad de dinero, pero sólo tiene monedas de 5¢. ¿Cuántas monedas de 5¢ tiene Kiko?

43. ¿Qué oración numérica está en la misma familia de operaciones que $3 \times 6 = 18$?

   A $3 \times 3 = 9$

   B $2 \times 9 = 18$

   C $6 \div 3 = 2$

   D $18 \div 6 = 3$

44. Mike compró 3 bolsas de canicas con 5 canicas en cada bolsa. Le dio 4 canicas a Marsha. ¿Cuántas canicas le quedaron a Mike?

   A 11   **C** 19

   B 15   **D** 21

45. Escribir para explicar Sammy quiere comprar un carro de control remoto por $49 y tres carros pequeños por $5 cada uno. ¿Cuál será la cantidad total que gastará? Explícalo.

46. Ana le ayudó a su amiga a colocar 40 sillas para una reunión. Colocaron las sillas en 5 filas iguales. Escribe una división para mostrar el número de sillas en cada fila. ¿Qué multiplicación podrías usar para ayudarte a dividir?

Enlaces con el Álgebra

Usar las propiedades de la multiplicación

Recuerda usar las propiedades de la multiplicación como ayuda para completar las oraciones numéricas.

Propiedad conmutativa (o de orden) Puedes multiplicar los factores en cualquier orden y el producto es el mismo. $5 \times 9 = 9 \times 5$

Propiedad de identidad (o del uno) Cuando multiplicas un número por 1, el producto es ese número. $1 \times 8 = 8$

Propiedad del cero Cuando multiplicas un número por 0, el producto es 0. $0 \times 7 = 0$

Propiedad asociativa (o de agrupación) Puedes cambiar la agrupación de los factores y el producto es el mismo. $(3 \times 2) \times 4 = 3 \times (2 \times 4)$

Ejemplo: $\blacksquare \times 8 = 0$

Piénsalo ¿Qué número multiplicado por 8 es igual a 0?

Puedes usar la propiedad del cero.
$$0 \times 8 = 0$$

Ejemplo:
$$6 \times (9 \times 7) = (6 \times \blacksquare) \times 7$$

Piénsalo ¿Qué número hace que los dos lados sean iguales?

Usa la propiedad asociativa.
$$6 \times (9 \times 7) = (6 \times 9) \times 7$$

Copia y completa con el número que hace que los dos lados sean iguales.

1. $10 \times \blacksquare = 10$

2. $6 \times 8 = 8 \times \blacksquare$

3. $6 \times (2 \times 5) = (6 \times \blacksquare) \times 5$

4. $\blacksquare \times 9 = 0$

5. $\blacksquare \times 7 = 7 \times 5$

6. $(4 \times 3) \times \blacksquare = 4 \times (3 \times 8)$

7. $6 \times \blacksquare = 9 \times 6$

8. $\blacksquare \times 9 = 9$

9. $(\blacksquare \times 7) \times 2 = 5 \times (7 \times 2)$

© **Perseverar** En los Ejercicios **10** y **11**, copia y completa la oración numérica. Resuelve el problema.

10. Carlos y Daniel tienen copias de las mismas fotos. Carlos ordena 5 fotos en cada una de las 6 páginas de 2 álbumes. Daniel necesita 5 páginas de 2 álbumes para las mismas fotos. ¿Cuántas fotos hay en cada página de los álbumes de Daniel?

$$(6 \times 5) \times 2 = (5 \times \blacksquare) \times 2$$

11. Gina llenó 3 páginas de su álbum de calcomanías. En cada página, hizo 3 filas de calcomanías con 5 calcomanías en cada fila. Completa la oración numérica. Luego, resuelve para hallar cuántas calcomanías hay en total en las 3 páginas.

$$3 \times (3 \times 5) = (3 \times \blacksquare) \times 5$$

© **12. Escribir un problema** Escribe un problema para que coincida con la siguiente oración numérica.

$$\blacksquare \times 9 = 9 \times 3$$

Lección
8-3

C

Estándares comunes

3.OA.7 Multiplicar y dividir con facilidad hasta 100, utilizando estrategias tales como la relación entre la multiplicación y la división . . . o las propiedades de las operaciones. Al final del Grado 3, saber de memoria todos los productos que resultan de multiplicar dos números de un dígito. También, **3.OA.3.**

Familias de operaciones con 6 y 7

¿Cómo divides por 6 y 7?

48 perros participan en una exhibición de perros. El juez quiere que haya 6 perros en cada grupo. ¿Cuántos grupos habrá?

Escoge una operación Divide para hallar cuántos grupos hay.

Práctica guiada*

PRÁCTICAS MATEMÁTICAS

¿CÓMO hacerlo?

1. Copia y completa la familia de operaciones.

$8 \times 6 = 48$
$48 \div 6 = 8$

En los Ejercicios **2** a **10**, halla los cocientes.

2. $12 \div 6$ **3.** $30 \div 6$ **4.** $42 \div 6$

5. $14 \div 7$ **6.** $77 \div 7$ **7.** $63 \div 7$

8. $6\overline{)24}$ **9.** $6\overline{)54}$ **10.** $7\overline{)49}$

¿Lo ENTIENDES?

11. Razonar ¿Cómo puedes saber que $42 \div 6$ será mayor que $42 \div 7$ sin hacer la división?

12. Escribe la familia de operaciones para 7, 8 y 56.

13. Hacer generalizaciones Hay 54 niños en 6 clases de ballet. Cada clase tiene el mismo número de niños. ¿Cuántos niños hay en cada clase?

Práctica independiente

Halla los cocientes.

14. $18 \div 6$ **15.** $6 \div 6$ **16.** $21 \div 7$ **17.** $36 \div 6$ **18.** $70 \div 7$

19. $6\overline{)48}$ **20.** $5\overline{)30}$ **21.** $7\overline{)56}$ **22.** $7\overline{)35}$ **23.** $6\overline{)36}$

24. $6\overline{)42}$ **25.** $7\overline{)63}$ **26.** $6\overline{)18}$ **27.** $7\overline{)42}$ **28.** $3\overline{)21}$

29. Halla 49 dividido por 7.   **30.** Divide 45 por 5.   **31.** Halla 56 dividido por 7.

32. Halla 60 dividido por 6.   **33.** Divide 28 por 7.   **34.** Halla 48 dividido por 6.

   *Puedes encontrar otro ejemplo en el Grupo B, página 214.

Halla $48 \div 6$.

Lo que piensas	Lo que escribes
¿Qué número multiplicado por 6 es igual a 48? $8 \times 6 = 48$	$48 \div 6 = 8$ Habrá 8 grupos.

Entra otro perro a participar. Ahora hay 7 perros en cada grupo. ¿Cuántos grupos habrá ahora?

Halla $49 \div 7$.

Lo que piensas	Lo que escribes
¿Qué número multiplicado por 7 es igual a 49? $7 \times 7 = 49$	$49 \div 7 = 7$ Habrá 7 grupos.

Resolución de problemas

PRÁCTICAS MATEMÁTICAS

En los Ejercicios **35** a **38**, usa los siguientes dibujos.

35. Rita necesita 15 cuentas doradas para un proyecto de arte.

  a ¿Cuántos paquetes de cuentas necesita?

  b ¿Cuánto cuestan las cuentas?

36. Eva compró 2 paquetes de cuentas rojas y 2 paquetes de cuentas azules.

  a ¿Cuántas cuentas compró?

  b ¿Cuánto gastó?

37. Escribir para explicar Guillermo compró 28 cuentas rojas y 18 cuentas azules. ¿Cuántos paquetes compró? Explica cómo resolviste el problema.

38. Hacerlo con precisión Andy compró exactamente 35 cuentas, todas del mismo color. ¿De qué color pudieron haber sido las cuentas que compró? Explica tu razonamiento.

39. Perseverar Hay 6 balsas en el río. Cada balsa lleva 8 personas. ¿Qué oración numérica está en la familia de operaciones de estos números?

  A $48 - 6 = 42$ **C** $48 + 6 = 54$

  B $48 \div 6 = 8$ **D** $48 - 8 = 40$

40. Perseverar El auditorio de la escuela tiene 182 asientos. Hay personas sentadas en 56 de esos asientos. ¿Cuál es la mejor estimación del número de asientos en los que **NO** hay personas sentadas?

  A 20   **B** 120   **C** 240   **D** 250

Estándares comunes

3.OA.7 Multiplicar y dividir con facilidad hasta 100, utilizando estrategias tales como la relación entre la multiplicación y la división . . . o las propiedades de las operaciones. Al final del Grado 3, saber de memoria todos los productos que resultan de multiplicar dos números de un dígito. También, **3.OA.3**.

Familias de operaciones con 8 y 9

¿Qué multiplicación puedes usar?

John tiene 56 pajillas.
¿Cuántas arañas puede hacer?

Halla $56 \div 8$.

¿Qué número multiplicado por 8 es igual a 56?

$7 \times 8 = 56$

John puede hacer 7 arañas.

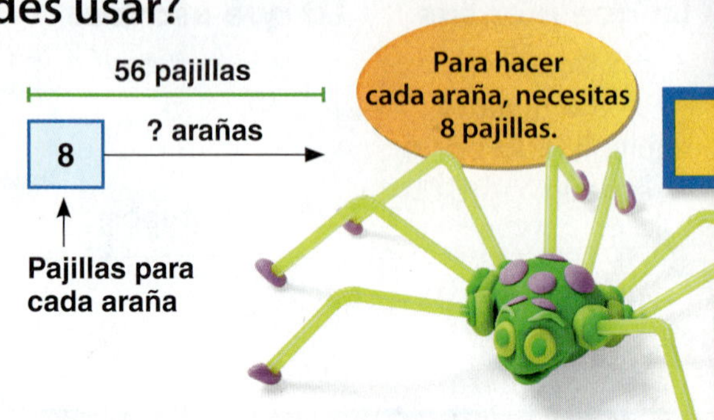

Práctica guiada*

PRÁCTICAS MATEMÁTICAS

¿CÓMO hacerlo?

Halla los cocientes.

1. $16 \div 8$ **2.** $64 \div 8$ **3.** $36 \div 9$

4. $27 \div 9$ **5.** $45 \div 9$ **6.** $63 \div 9$

7. $8\overline{)24}$ **8.** $8\overline{)72}$ **9.** $8\overline{)8}$

¿Lo ENTIENDES?

10. Razonar ¿Qué multiplicación puedes usar para hallar $18 \div 9$?

11. Razonar Carla y Jeff usaron 72 pajillas cada uno. Carla hace animales con 9 patas. Jeff hace animales con 8 patas. ¿Quién hace más animales? Explícalo.

Práctica independiente

Halla los cocientes.

12. $32 \div 8$ **13.** $28 \div 7$ **14.** $18 \div 9$ **15.** $48 \div 8$ **16.** $81 \div 9$

17. $5\overline{)45}$ **18.** $9\overline{)54}$ **19.** $7\overline{)56}$ **20.** $4\overline{)28}$ **21.** $8\overline{)56}$

22. $9\overline{)27}$ **23.** $9\overline{)72}$ **24.** $8\overline{)16}$ **25.** $8\overline{)64}$ **26.** $8\overline{)48}$

27. Halla 90 dividido por 9. **28.** Divide 40 por 8. **29.** Halla 56 dividido por 8.

30. Halla 81 dividido por 9. **31.** Divide 45 por 9. **32.** Halla 80 dividido por 8.

33. Escribe las familias de operaciones de los números en los Ejercicios **30** y **31**. ¿En qué se diferencian las familias de operaciones?

Puedes encontrar otro ejemplo en el Grupo B, página 214.

Luz hizo 9 animales. Usó 54 pajillas. Usó el mismo número de pajillas para cada animal. ¿Cuántas pajillas usó para cada animal?

Halla $54 \div 9$.

54 pajillas

?	?	?	?	?	?	?	?	?

Número de pajillas para un animal

Lo que piensas	Lo que escribes
¿Qué número multiplicado por 9 es igual a 54? $9 \times 6 = 54$	$54 \div 9 = 6$ Luz usó 6 pajillas para cada animal.

Resolución de problemas

PRÁCTICAS MATEMÁTICAS

Escribe $<$ ó $>$ para comparar.

34. $36 \div 9 \bigcirc 9$

35. $65 \bigcirc 8 \times 8$

36. $63 \div 9 \bigcirc 8$

En los Ejercicios **37** a **39**, usa los precios de los boletos de la derecha.

37. Escribir para explicar El Sr. Estrada compró 4 boletos para niños y 2 boletos para adultos. ¿Cuánto más gastó en los boletos para adultos que en los boletos para niños? Explícalo.

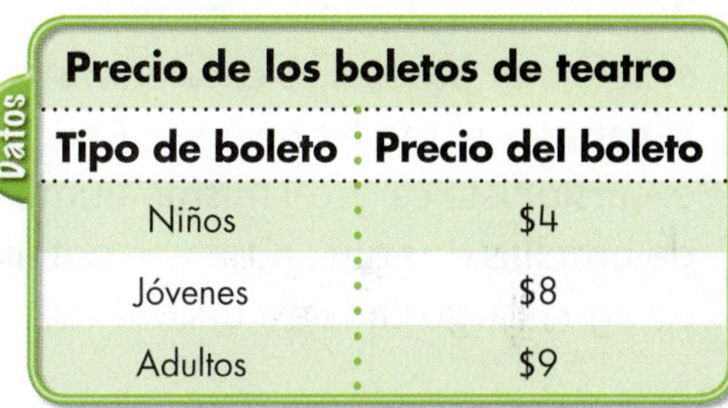

Datos

Precio de los boletos de teatro	
Tipo de boleto	**Precio del boleto**
Niños	$4
Jóvenes	$8
Adultos	$9

38. ¿Cuál es el precio total de 2 boletos para niños y 2 boletos para adultos?

39. Razonar El dependiente del teatro vendió boletos para adultos por un total de $72. Diez personas compraron boletos para adultos por la Internet. ¿Compraron más personas boletos por la Internet o en el teatro? Explica cómo lo sabes.

40. Perseverar ¿Qué oración numérica **NO** pertenece a la misma familia de operaciones que las demás?

A $8 \times 4 = 32$

B $32 \div 8 = 4$

C $2 \times 4 = 8$

D $4 \times 8 = 32$

41. Representar El tren subterráneo de Londres tiene 12 líneas. La línea del Distrito es 8 veces más larga que la línea Este de Londres. Usa el diagrama para escribir una oración numérica para hallar la longitud de la línea Este de Londres.

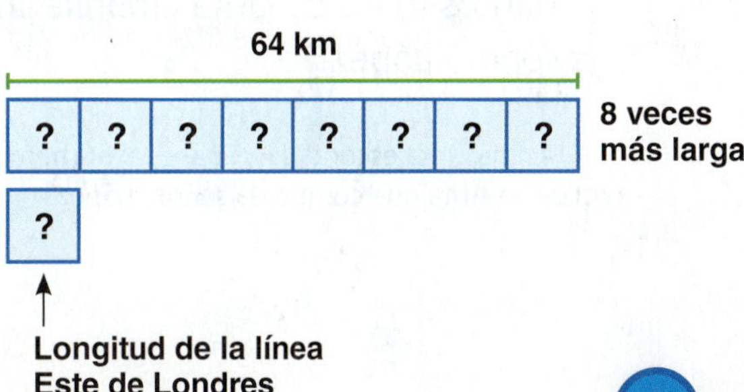

Estándares comunes

3.OA.3 Utilizar la multiplicación y la división hasta 100 para resolver problemas verbales relacionados con grupos iguales, matrices y cantidades de medición, … También, **3.OA.4, 3.OA.8**.

Resolución de problemas

Problemas de varios pasos

Has aprendido que algunos problemas tienen preguntas escondidas a las que debes responder antes de poder resolver el problema.

Una tienda vende juegos de DVD. En cada juego, los DVD están en 2 filas con 3 DVD en cada fila. El precio total de un juego de DVD es de $54. Cada DVD cuesta la misma cantidad. ¿Cuál es el precio de cada DVD?

Práctica guiada*

PRÁCTICAS MATEMÁTICAS

¿CÓMO hacerlo?

Responde a la pregunta escondida. Luego, resuelve el problema.

1. Perseverar Doce amigos fueron de campamento. Todos, excepto 4, salieron de paseo. Los excursionistas llevaban 32 botellas de agua. Cada excursionista cargó el mismo número de botellas de agua. ¿Cuántas botellas de agua cargó cada excursionista?

PISTA: Pregunta escondida: ¿Cuántos amigos salieron de paseo?

¿Lo ENTIENDES?

2. ¿Cómo sabes cuál es la pregunta escondida en el problema de arriba?

3. ¿Qué operaciones usaste para resolver el Ejercicio 1?

4. Escribir un problema Escribe un problema que se pueda resolver al hallar y responder a una pregunta escondida.

Práctica independiente

PRÁCTICAS MATEMÁTICAS

Resuelve el problema. Primero responde a la pregunta escondida.

5. Perseverar La señora López compró 6 rollos de cinta rosada y algunos rollos de cinta amarilla. El precio total de los rollos de cinta fue de $27. Cada rollo cuesta $3. ¿Cuántos rollos de cinta amarilla compró la señora López?

PISTA: Pregunta escondida: ¿Cuál es el número total de rollos de cinta que compró la señora López?

Aplicar las prácticas matemáticas

- ¿Qué me piden que halle?
- ¿Qué otra cosa puedo intentar?
- ¿Cómo se relacionan las cantidades?
- ¿Cómo puedo explicar mi trabajo?
- ¿Cómo puedo usar las matemáticas para representar el problema?
- ¿Me serviría de ayuda alguna herramienta?
- ¿Hay precisión en mi trabajo?
- ¿Por qué funciona esto?
- ¿Cómo puedo hacer generalizaciones?

Primero, necesitas hallar y responder a la pregunta escondida.

¿Cuál es el número total de DVD en cada juego?

$2 \times 3 = 6$

Hay 6 DVD en cada juego.

Usa la respuesta a la pregunta escondida para resolver el problema.

¿Cuál es el precio de cada DVD?

$54 \div 6 = 9$

Cada DVD cuesta $9.

© **6. Perseverar** El Sr. Pérez quiere comprar boletos para un espectáculo. Los boletos son para asientos en 3 filas con 3 asientos en cada fila. El precio total de los boletos es de $81. Cada boleto cuesta lo mismo. ¿Cuál es el precio de un boleto?

© **7. Razonar** Siete estudiantes fueron a jugar bolos. Cuatro de los estudiantes jugaron 1 juego cada uno y tres de los estudiantes jugaron 2 juegos cada uno. El precio fue de $5 por juego. ¿Cuánto dinero en total gastaron los estudiantes por jugar a los bolos? Explícalo.

8. Usa la tabla de la derecha. La Sra. Casey compró un boleto de adulto y un boleto de niño para entrar a la feria. Luego, compró un boleto de adulto y un boleto de niño para un paseo en bote. ¿Cuánto gastó en total la Sra. Casey? Explica cómo hallaste tu respuesta.

Feria del condado

Tipo de boleto	Adulto	Niño
Entrada	$8	$4
Paseos en bote	$2	$1

Datos

© **9. Piensa en la estructura** Esteban tenía $36 en su billetera. Usó $9 dólares para comprar un libro. ¿Qué oración numérica muestra cómo hallar la cantidad de dinero que le queda?

A $36 + 9 = $

B $36 - 9 = $

C $36 \times 9 = $

D $39 \div 9 = $

© **10. Piensa en la estructura** Ayer, Martín recogió con un rastrillo las hojas de 3 jardines y hoy las de 4 jardines. Ganó un total de $42. Ganó la misma cantidad por cada jardín. ¿Qué oración numérica muestra una manera de hallar cuánto ganó por cada jardín?

A $42 - 4 = $

B $42 + 4 = $

C $42 \times 3 = $

D $42 \div 7 = $

Estándares comunes

3.OA.3 Utilizar la multiplicación y la división hasta 100 para resolver problemas verbales relacionados con grupos iguales, matrices y cantidades de medición, . . . También, **3.OA.4**.

Ecuaciones de multiplicación y división

¿Cómo funcionan las ecuaciones de multiplicación y división?

La balanza de platillos muestra $35 \div 7 = 5$. Recuerda que en una ecuación el símbolo $=$ significa "es igual a". Te dice que el valor que está a su izquierda es el mismo que el valor que está a su derecha.

Práctica guiada*

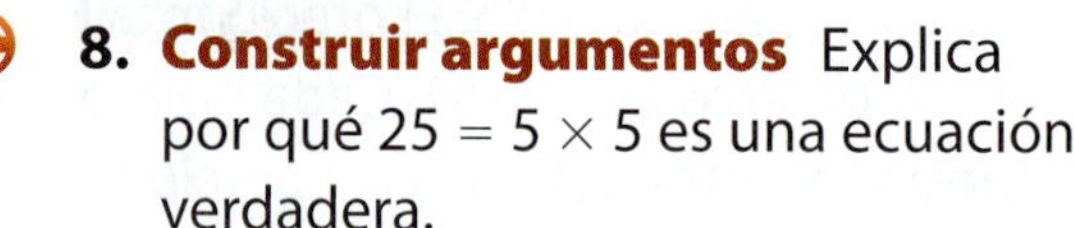

PRÁCTICAS MATEMÁTICAS

¿CÓMO hacerlo?

En los Ejercicios **1** a **3**, decide si los dos lados son iguales. Si lo son, escribe $=$. Si no lo son, escribe $\neq$ (no iguales).

1. $8 \div 2 \bigcirc 4$

2. $18 \bigcirc 9 \times 8$

3. $10 + 40 \bigcirc 7 \times 5$

En los Ejercicios **4** a **7**, halla el valor de n que hace verdadera la ecuación.

4. $9 \times n = 27$

5. $8 = 40 \div n$

6. $8 \times n = 4 \times 8$

7. $n \div 3 = 9$

¿Lo ENTIENDES?

8. Construir argumentos Explica por qué $25 = 5 \times 5$ es una ecuación verdadera.

9. ¿Cuál es el valor de n en $8 = 56 \div n$?

10. Evaluar los argumentos Sawyer dice que el valor de n en la siguiente ecuación es 24. ¿Tiene razón? ¿Por qué o por qué no?

$12 = n \times 3$

Práctica independiente

En los Ejercicios **11** a **13**, decide si los dos lados son iguales. Si lo son, escribe $=$. Si no lo son, escribe $\neq$ (no iguales).

11. $89 \bigcirc 8 \times 9$

12. $30 \div 3 \bigcirc 10$

13. $0 + 7 \bigcirc 35 \div 5$

En los Ejercicios **14** a **21**, halla el valor de n que hace verdadera la ecuación.

14. $10 \times n = 70$

15. $n = 18 \div 6$

16. $45 \div 9 = n$

17. $n \times 9 = 36$

18. $8 \times n = 64$

19. $42 \div n = 7$

20. $10 = 20 \div n$

21. $9 \times 8 = n \times 8$

Puedes encontrar otro ejemplo en el Grupo D, página 215.

Estos son otros ejemplos de ecuaciones.

$16 \div 4 = 2 \times 2$

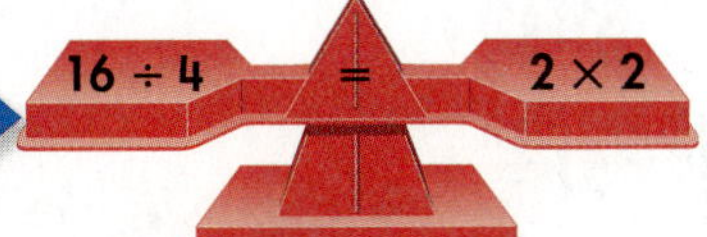

$2 + 7 = 36 \div 4$

A veces, las ecuaciones contienen símbolos o letras, o *incógnitas*. ¿Qué número representa la letra *n* en la siguiente ecuación?

$$8 = n \times 4$$

Una operación de multiplicación que corresponde a esto es 2×4 es igual a 8; *n* tiene que ser 2.

Por tanto, $n = 2$.

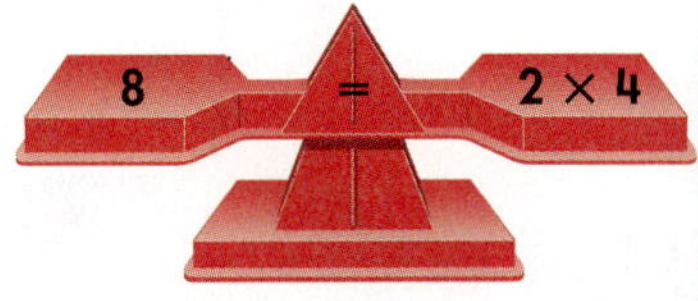

Resolución de problemas

En los Ejercicios **22** y **23**, copia y completa la ecuación que se muestra debajo de cada problema. Úsala para resolver el problema.

22. Carlos tiene un cartel que mide 24 pulgadas de longitud. Quiere cortarlo en 3 partes iguales. ¿Cuál será la longitud de cada parte?

24 pulgadas

n	*n*	*n*

$24 \div 3 = n$

23. Un panadero está decorando 5 pasteles. Está usando 9 flores de chocolate para decorar cada pastel. ¿Cuántas flores necesitará para decorar todos los pasteles?

$n = 5 \times 9$

n

9	9	9	9	9

24. Representar Noriko quiere comprar 72 estampillas. Las estampillas vienen en hojas como la que se muestra abajo. Si la letra *n* representa el número de hojas que necesita comprar, escribe una ecuación que muestra cómo hallar el número de hojas que Noriko necesita. Halla el valor de *n*.

25. Escribir un problema Escribe y resuelve un problema que corresponda a la siguiente ecuación.

$63 \div n = 7$

26. Jaime quiere darle un número igual de sus 45 calcomanías a cada uno de sus 5 amigos. ¿Qué ecuación muestra cómo hallar el número de calcomanías que cada amigo recibirá?

A $n = 45 \div 9$ **C** $n = 45 + 5$

B $n = 45 - 5$ **D** $n = 45 \div 5$

Dividir por 0 y 1

¿Cómo divides por 1 ó 0?

Dividir por 1

Halla 3 ÷ 1

¿Qué número multiplicado por 1 es igual a 3?

$3 \times 1 = 3$

Por tanto, $3 \div 1 = 3$.

Regla: Todo número dividido por 1 es ese mismo número.

Estándares comunes

3.OA.3 Utilizar la multiplicación y la división hasta 100 para resolver problemas verbales relacionados con grupos iguales, matrices y cantidades de medición, … También, **3.OA.4, 3.OA.5.**

Práctica guiada*

PRÁCTICAS MATEMÁTICAS

¿CÓMO hacerlo?

Halla los cocientes.

1. 8 ÷ 8   **2.** 2 ÷ 1   **3.** 0 ÷ 5

4. 1)8̄   **5.** 6)6̄   **6.** 10)0̄

¿Lo ENTIENDES?

7. Razonar ¿Cómo puedes saber que 375 ÷ 375 = 1 sin hacer la división?

8. Escribir para explicar Describe cómo puedes hallar 0 ÷ 267, sin hacer la división.

Práctica independiente

Halla los cocientes.

9. 7 ÷ 7   **10.** 0 ÷ 4   **11.** 10 ÷ 1   **12.** 0 ÷ 6   **13.** 10 ÷ 10

14. 4 ÷ 1   **15.** 7 ÷ 1   **16.** 0 ÷ 8   **17.** 5 ÷ 5   **18.** 5 ÷ 1

19. 14 ÷ 2   **20.** 70 ÷ 7   **21.** 56 ÷ 7   **22.** 24 ÷ 4   **23.** 90 ÷ 9

24. 6)36̄   **25.** 7)49̄   **26.** 8)64̄   **27.** 9)81̄   **28.** 5)20̄

29. 7)56̄   **30.** 8)48̄   **31.** 7)42̄   **32.** 5)25̄   **33.** 4)32̄

34. Divide 0 por 9.   **35.** Halla 9 dividido por 9.   **36.** Halla 6 dividido por 1.

37. Divide 3 por 3.   **38.** Halla 0 dividido por 8.   **39.** Halla 7 dividido por 1.

Puedes encontrar otro ejemplo en el Grupo E, página 215.

1 como cociente

Halla $3 \div 3$.

Piénsalo ¿Qué número multiplicado por 3 es igual a 3?

$$3 \times 1 = 3$$

Por tanto, $3 \div 3 = 1$.

Regla: Todo número (excepto 0) dividido por sí mismo es 1.

Dividir 0 por un número

Halla $0 \div 3$.

Piénsalo ¿Qué número multiplicado por 3 es igual a 0?

$$3 \times 0 = 0$$

Por tanto, $0 \div 3 = 0$.

Regla: 0 dividido por cualquier número (excepto 0) es 0.

Dividir por 0

Halla $3 \div 0$.

Piénsalo ¿Qué número multiplicado por 0 es igual a 3?

No existe ese número.

Por tanto, $3 \div 0$ no se puede hallar.

Regla: No se puede dividir por 0.

Resolución de problemas

PRÁCTICAS MATEMÁTICAS

En los Ejercicios **40** a **43**, copia y completa. Usa $<$, $>$ ó $=$.

40. $3 \div 3 \bigcirc 3 \times 0$

41. $17 \div 17 \bigcirc 1 \div 1$

42. $0 \div 6 \bigcirc 0 \div 1$

43. $6 \times 1 \bigcirc 6 \div 1$

Razonar En los Ejercicios **44** a **47**, usa el cartel de la derecha.

44. Pablo recorrió uno de los caminos 3 veces con una distancia total de 12 millas. ¿Qué camino recorrió?

45. Ana recorrió 3 caminos diferentes con una distancia total de 11 millas. ¿Qué caminos recorrió?

46. Yoko recorrió el camino azul una vez y el verde dos veces. ¿Cuántas millas recorrió por el camino verde?

47. Martín recorrió un camino 4 veces. Recorrió más de 10 millas pero menos de 16 millas. ¿Qué camino recorrió? Explícalo.

48. Hacerlo con precisión Los objetos de la vida real son 12 veces más grandes que el tamaño de las versiones en miniatura que hay en la casa de muñecas de la reina María. ¿Qué altura tiene un cuadro de la vida real si mide 1 pulgada de altura en la casa de muñecas?

49. Razonar ¿Qué número hace falta para que la siguiente oración numérica sea verdadera?

$$54 \div \boxed{} = 9$$

A 5   **B** 6   **C** 7   **D** 8

Estándares comunes

3.OA.7 Multiplicar y dividir con facilidad hasta 100, utilizando estrategias tales como la relación entre la multiplicación y la división . . . o las propiedades de las operaciones. Al final del Grado 3, saber de memoria todos los productos que resultan de multiplicar dos números de un dígito. También, 3.OA.3, 3.OA.4.

Operaciones de división y de multiplicación

¿Qué operación puedes usar?

Sabrina tiene 28 monedas de 25¢ en su alcancía. Quiere cambiarlas por billetes de un dólar. ¿Cuántos billetes de un dólar obtendrá?

Hay 4 monedas de 25¢ en un dólar.

Práctica guiada*

PRÁCTICAS MATEMÁTICAS

¿CÓMO hacerlo?

En los Ejercicios **1** a **6**, copia y completa.

1. $45 \div 5 = $ ▢
$5 \times $ ▢ $ = 45$

2. $3 \times $ ▢ $ = 21$
$21 \div 3 = $ ▢

3. $6 \times $ ▢ $ = 30$
$30 \div 6 = $ ▢

4. $32 \div 8 = $ ▢
$8 \times $ ▢ $ = 32$

5. $56 \div 7 = $ ▢
$7 \times $ ▢ $ = 56$

6. $27 \div $ ▢ $ = 3$
▢ $ \times 3 = 27$

¿Lo ENTIENDES?

7. Escribir para explicar ¿Por qué tanto la oración numérica $28 \div 4 = $ ▢ como la oración numérica ▢ $ \times 4 = 28$, se pueden usar para resolver el problema de arriba?

8. Razonar Sabrina halló 8 monedas de 25¢ más en su escritorio. Incluyendo las monedas de 25¢ que ya tenía en su alcancía, ¿cuántos billetes de un dólar puede cambiar ahora por sus monedas de 25¢?

Práctica independiente

En los Ejercicios **9** a **29**, halla el producto o cociente.

9. $36 \div 4$

10. 8×8

11. $15 \div 5$

12. 7×5

13. 6×4

14. $9 \div 9$

15. $24 \div 3$

16. 5×5

17. 9×2

18. $16 \div 4$

19. 3
       $\times\ 4$

20. $6\overline{)36}$

21. 9
       $\times\ 6$

22. $9\overline{)63}$

23. 7
       $\times\ 7$

24. Halla 42 dividido por 7.

25. Multiplica 6 por 3.

26. Divide 56 por 8.

27. Multiplica 8 por 5.

28. Divide 72 por 9.

29. Multiplica 4 por 5.

Puedes encontrar otro ejemplo en el Grupo F, página 215.

Una manera

¿Cuántos grupos de 4 hay en 28?

28

?

4

Número en cada grupo

$28 \div 4 = 7$

Hay 7 grupos de 4 en 28. Sabrina puede cambiar 28 monedas de 25¢ por 7 billetes de un dólar.

Otra manera

¿Qué número multiplicado por 4 es igual a 28?

$\square \times 4 = 28$

$7 \times 4 = 28$

Sabrina puede cambiar 28 monedas de 25¢ por 7 billetes de un dólar.

Resolución de problemas

PRÁCTICAS MATEMÁTICAS

En los Ejercicios **30** a **33**, usa la receta de la derecha.

30. ¿Cuántas tazas de maní necesitaría Eric para hacer 5 recetas de mezcla de nueces y frutas secas?

31. ¿Cuántas recetas de mezcla de nueces y frutas secas se pueden hacer con 16 tazas de maní, 12 tazas de pasas y 8 tazas de nueces?

32. Razonar Eric necesita 27 tazas de mezcla de nueces y frutas secas. ¿Cuántas recetas tendrá que hacer? Explícalo.

33. Eric gasta $30 en los ingredientes para 5 recetas de mezcla de nueces y frutas secas. ¿Cuánto cuestan los ingredientes que necesita para una receta?

34. El Béisbol de Pequeñas Ligas se inició en 1939 en Pennsylvania. Había 3 equipos con 10 jugadores en cada equipo. ¿Cuántos jugadores había en total? Explica tu trabajo.

35. En la actualidad, hay 9 jugadores en un equipo de beisbol. ¿Cuántos jugadores hay en 4 equipos?

36. Julia tiene 40 monedas de 5¢. Quiere cambiarlas por monedas de 25¢. Una moneda de 25¢ es equivalente a 5 monedas de 5¢. ¿Cuántas monedas de 25¢ obtendrá Julia?

  A 7   **B** 8   **C** 9   **D** 10

37. ¿Qué número falta en esta familia de operaciones?

$42 \div 6 = \square$ $6 \times \square = 42$

$42 \div \square = 6$ $\square \times 6 = 42$

  A 4   **B** 5   **C** 6   **D** 7

Estándares comunes

3.OA.3 Utilizar la multiplicación y la división hasta 100 para resolver problemas verbales relacionados con grupos iguales, matrices y cantidades de medición, …

Resolución de problemas

Hacer un dibujo y escribir una oración numérica

En el carnaval de la escuela, Jeff está preparando el puesto para pintar con arena. Coloca la arena de una bolsa en 5 cubetas. Si cada cubeta contiene la misma cantidad de arena, ¿cuánta arena hay en cada cubeta?

Otro ejemplo — ¿Hay otros tipos de situaciones de división?

Alison está preparando el puesto de los premios. Tiene 48 premios. Va a colocar 8 premios en cada fila. ¿Cuántas filas puede hacer?

Planea y resuelve

Usa un diagrama para mostrar lo que sabes.

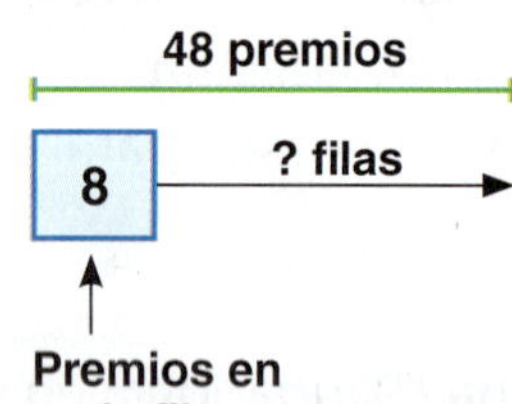

Responde

Escribe una oración numérica.

$48 \div 8 = 6$

Alison puede hacer 6 filas.

Comprueba

Asegúrate de que la respuesta sea razonable.

Usa la multiplicación o la suma repetida para comprobar.

$$6 \times 8 = 48$$
o sea,
$$8 + 8 + 8 + 8 + 8 + 8 = 48$$

Explícalo

1. Explica cómo puedes comprobar el cociente de la división usando la multiplicación o la suma.

2. **Razonar** Si Alison quiere menos de 6 filas de premios, ¿tendría que colocar más o menos premios en cada fila? Explica tu razonamiento.

Usa un diagrama para mostrar lo que sabes.

45 libras

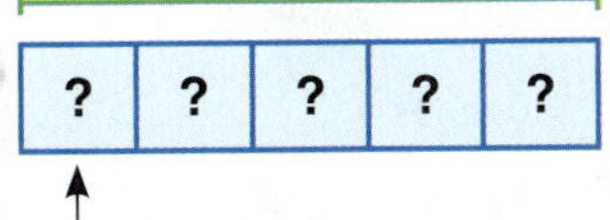

Cantidad de arena en cada cubeta

Sabes cuál es la cantidad total de arena y que hay 5 cubetas. Divide para hallar cuánta arena hay en cada cubeta.

Escribe una oración numérica.

$$45 \div 5 = 9$$

Hay 9 libras de arena en cada cubeta.

Asegúrate de que la respuesta sea razonable.

Usa la multiplicación o la suma repetida para comprobar.

$$5 \times 9 = 45$$

o sea,

$$9 + 9 + 9 + 9 + 9 = 45$$

Práctica guiada*

PRÁCTICAS MATEMÁTICAS

¿CÓMO hacerlo?

1. **Representar** Larry y Pat hicieron 18 carteles. Cada uno hizo la misma cantidad. ¿Cuántos carteles hizo cada uno? Escribe una oración numérica y resuélvela.

18 carteles

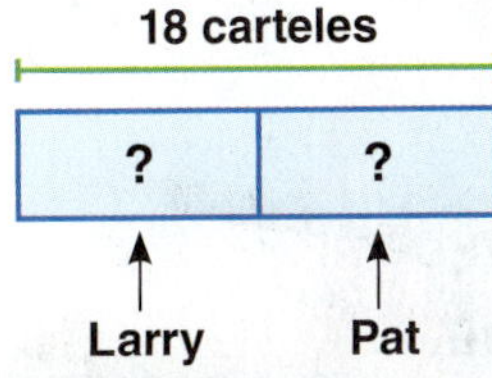

¿Lo ENTIENDES?

2. **Comunicarse** ¿Qué operación usaste para el Ejercicio 1? Explica por qué.

3. **Escribir un problema** Escribe un problema de la vida diaria que puedas resolver restando. Dibuja un diagrama. Escribe una oración numérica y resuelve el problema.

Práctica independiente

PRÁCTICAS MATEMÁTICAS

Representar En los Ejercicios **4** y **5**, dibuja un diagrama para mostrar lo que sabes. Luego, escribe una oración numérica y resuelve el problema.

4. Hay 8 cabinas en una rueda de Chicago. Cada cabina lleva 3 personas. ¿Cuántas personas pueden viajar en la rueda de Chicago al mismo tiempo?

5. Hay 24 niños en una carrera de relevo. Hay 6 equipos en total. ¿Cuántos niños hay en cada equipo?

6. Armando tiene 8 años. Graciela es dos veces mayor que Armando. ¿Cuántos años tiene Graciela?

> **Aplicar las prácticas matemáticas**
>
> - ¿Qué me piden que halle?
> - ¿Qué otra cosa puedo intentar?
> - ¿Cómo se relacionan las cantidades?
> - ¿Cómo puedo explicar mi trabajo?
> - ¿Cómo puedo usar las matemáticas para representar el problema?
> - ¿Me serviría de ayuda alguna herramienta?
> - ¿Hay precisión en mi trabajo?
> - ¿Por qué funciona esto?
> - ¿Cómo puedo hacer generalizaciones?

Puedes encontrar otro ejemplo en el Grupo G, página 215.

En los Ejercicios **7** y **8**, usa la tabla de la derecha.
Resuelve los problemas.

Precio de los boletos	
Adultos	$10
Jóvenes	$5
Niños	$3

7. Perseverar El Sr. Niglio compró 2 boletos para jóvenes y 2 boletos para adultos. Le entregó al dependiente un billete de $50. ¿Cuánto cambio recibió?

8. Razonar Daniel, Susana y José compraron un tipo de boleto diferente cada uno. Daniel fue el que menos gastó. Susana gastó el doble que José. ¿Cuánto gastó José?

Perseverar En los Ejercicios **9** y **10**, usa las fotos de animales que están a la derecha. Escribe una oración numérica y resuelve los problemas.

9. ¿Aproximadamente cuántas horas está despierto un perezoso por día?

Ojo *Hay 24 horas en un día.*

10. ¿Aproximadamente cuántas horas está despierto un koala por día?

Ojo *Hay 7 días en una semana.*

Piensa en la estructura

11. Alma compró 2 pulseras por $6 en una feria de artesanías. Cada pulsera costó la misma cantidad. ¿Qué oración numérica muestra cómo hallar el precio de cada pulsera?

A $2 \times \$6 = $ ■

B $2 + \$6 = $ ■

C $\$6 - 2 = $ ■

D $\$6 \div 2 = $ ■

12. Tomás compró 1 libro por $4, crayones por $2 y un bolígrafo por $1. Le dio al dependiente $10. ¿Qué oración numérica muestra cómo hallar el cambio que recibió?

A $\$4 + \$2 + \$1 = $ ■

B $\$4 \times \$2 \times \$1 = $ ■

C $\$10 - \$6 = $ ■

D $\$10 - (\$4 + \$2 + \$1) = $ ■

Usar el razonamiento para comparar

Recuerda que los dos lados de una oración numérica pueden ser iguales o desiguales. Los símbolos >, < ó = se usan para comparar los lados. La estimación o el razonamiento te ayudan a saber si un lado es mayor sin hacer cálculos.

Ojo > significa *es mayor que*
< significa *es menor que*
= significa *es igual a*

Ejemplo: $10 \div 2 \bigcirc 8 \div 2$

Piénsalo Cada entero se divide en dos grupos iguales. El entero mayor tendrá un número más grande de objetos en cada grupo.

Como 10 es mayor que 8, el cociente de la izquierda es mayor. Escribe el símbolo >.

$10 \div 2 \; \boxed{>} \; 8 \div 2$

En los Ejercicios **1** a **12**, copia y completa escribiendo >, < ó =.

1. $20 \div 5 \bigcirc 25 \div 5$

2. $12 \div 3 \bigcirc 12 \div 4$

3. $3 \times 18 \bigcirc 3 \times 21$

4. $0 \div 9 \bigcirc 2 \times 3 \times 2$

5. $19 + 19 \bigcirc 2 \times 19$

6. $100 \times 0 \bigcirc 473 + 106$

7. $1 \times 53 \bigcirc 1 \times 43$

8. $9 \bigcirc 36 \div 4$

9. $9 \div 3 \bigcirc 18 \div 3$

10. $16 \div 2 \bigcirc 1 + 9$

11. $35 \div 5 \bigcirc 2 + 3$

12. $24 \div 4 \bigcirc 24 \div 2$

© **Razonar** En los Ejercicios **13** y **14**, copia y completa la oración numérica debajo de cada problema. Úsala como ayuda para explicar tu respuesta.

13. Mara y Bobby tienen que leer 40 páginas cada uno. Mara leerá 4 páginas por día. Bobby leerá 5 páginas por día. ¿Quién necesita más días para leer las 40 páginas?

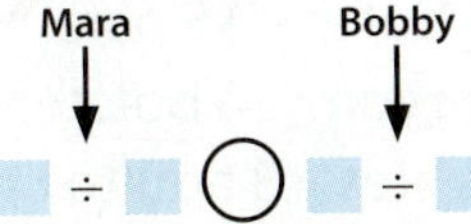

14. Tim tenía una tabla que medía 12 pies de longitud. Cortó la tabla en 3 partes iguales. Ellen tenía una tabla que medía 18 pies de longitud. Cortó la tabla en 3 partes iguales. ¿Quién tenía las partes más largas?

© **15. Escribir un problema** Escribe un problema descrito por $16 \div 2 > 14 \div 2$.

Grupo A, páginas 192 y 193

Usa la matriz como ayuda para hallar la familia de operaciones de 4, 7 y 28.

Multiplicación	División
$4 \times 7 = 28$	$28 \div 4 = 7$
$7 \times 4 = 28$	$28 \div 7 = 4$

Recuerda que una familia de operaciones muestra cómo se relacionan la multiplicación y la división.

Copia y completa.

1. $3 \times \square = 27$ **2.** $\square \times 7 = 49$
$27 \div 3 = \square$ $49 \div 7 = \square$

3. $7 \times \square = 56$ **4.** $5 \times \square = 25$
$56 \div 7 = \square$ $25 \div 5 = \square$

Grupo B, páginas 194 a 196, 198 a 201

Ana leyó 21 páginas de un libro en 3 días. Si leyó el mismo número de páginas por día, ¿cuántas páginas leyó por día?

Halla $21 \div 3$.

¿Qué número multiplicado por 3 es igual a 21?

$7 \times 3 = 21$

Escribe: $21 \div 3 = 7$

Ana leyó 7 páginas por día.

Recuerda que debes pensar en una operación de multiplicación relacionada para resolver un problema de división.

Halla los cocientes.

1. $27 \div 3$ **2.** $36 \div 6$

3. $32 \div 4$ **4.** $63 \div 7$

5. $50 \div 5$ **6.** $8 \div 2$

7. $18 \div 9$ **8.** $64 \div 8$

Grupo C, páginas 202 y 203

La Sra. Davis necesita 32 manzanas para hornear. Cada caja de manzanas tiene 2 filas. Hay 4 manzanas en cada fila. ¿Cuántas cajas de manzanas usará la Sra. Davis?

Paso 1 Halla el número de manzanas que hay en una caja.

2 filas $\times$ 4 manzanas por cada fila
$2 \times 4 = 8$

Paso 2 Divide el número total de manzanas que necesita por el número que hay en cada caja.

$32 \div 8 = 4$
Ella usará 4 cajas.

Recuerda que algunos problemas tienen preguntas escondidas a las que debes responder antes de que puedas resolver el problema.

1. Los boletos para la obra cuestan $3 para estudiantes y $5 para adultos. Mayra compró boletos para 3 estudiantes y 3 adultos. ¿Cuánto dinero gastó Mayra en los boletos?

Grupo D, páginas 204 y 205

¿Cuál es el valor de *n* que hace que la ecuación $4 \times n = 16$ sea verdadera?

Puedes pensar en una multiplicación. Como $4 \times 4 = 16$, entonces el valor de $n = 4$.

Recuerda que puedes pensar en una multiplicación o división para hallar el valor de *n*.

1. Halla el valor de *n* que hace que

$42 \div n = 7$ sea verdadera.

Grupo E, páginas 206 y 207

Halla $8 \div 1$, $8 \div 8$ y $0 \div 8$.

Cuando un número cualquiera se divide por 1, el cociente es ese mismo número. $\mathbf{8 \div 1 = 8}$

Cuando un número cualquiera (excepto 0) se divide por sí mismo, el cociente es 1. $\mathbf{8 \div 8 = 1}$

Cuando el cero se divide por un número cualquiera (excepto 0), el cociente es 0. $\mathbf{0 \div 8 = 0}$

Recuerda que no puedes dividir ningún número por 0.

Halla los cocientes.

1. $4 \div 1$	**2.** $7 \div 7$	**3.** $0 \div 5$
4. $1\overline{)5}$	**5.** $3\overline{)0}$	**6.** $9\overline{)9}$
7. $6\overline{)6}$	**8.** $1\overline{)7}$	**9.** $4\overline{)0}$

Grupo F, páginas 208 y 209

La Sra. Reed tenía 18 uvas. Le dio a cada uno de sus 3 hijos el mismo número de uvas. ¿Cuántas uvas obtuvo cada niño?

Usando operaciones de división:
$18 \div 3 = 6$ (6 grupos de 3 en 18).

Usando operaciones de multiplicación:
$3 \times 6 = 18$ (Cada niño obtuvo 6 uvas).

Recuerda que puedes usar operaciones de multiplicación y división para resolver problemas.

Halla el producto o cociente.

1. 5×3	**2.** $14 \div 7$
3. $63 \div 9$	**4.** 7×7
5. 9×5	**6.** $25 \div 5$

Grupo G, páginas 210 a 212

Carlos tiene que atar 48 globos en 6 grupos iguales. ¿Cuántos globos habrá en cada grupo?

Dibuja un diagrama para mostrar lo que sabes.

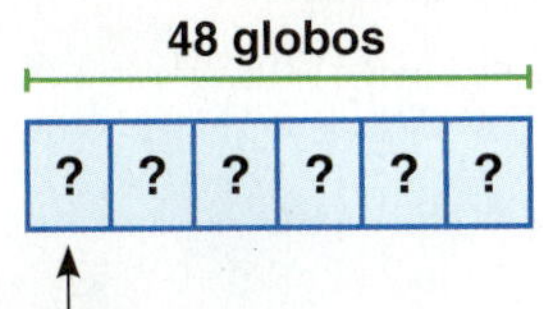

$48 \div 6 = 8$
Habrá 8 globos en cada grupo.

Recuerda que debes leer atentamente.

Dibuja un diagrama y escribe una oración numérica para resolver el problema.

1. Una montaña rusa tiene 8 carros y en cada uno caben 5 personas. ¿Cuántas personas pueden subirse al mismo tiempo?

1. ¿Qué número hace verdaderas las dos oraciones numéricas? (8-1)

$9 \times \boxed{} = 54$

$54 \div 9 = \boxed{}$

A 8

B 7

C 6

D 5

2. ¿Qué oración numérica es verdadera? (8-7)

A $6 \div 6 = 0$

B $5 \div 1 = 1$

C $0 \div 4 = 4$

D $7 \div 1 = 7$

3. Nancy tiene 4 CD. Cada CD tiene 8 canciones. ¿Qué oración numérica está en la misma familia de operaciones que $4 \times 8 = 32$? (8-2)

A $32 \div 4 = 8$

B $32 - 8 = 24$

C $8 - 4 = 4$

D $2 \times 4 = 8$

4. El álbum de fotos de Gavin tiene 7 páginas llenas. Cada página tiene 6 fotos, con un total de 42 fotos. ¿Qué oración numérica **NO** está en la misma familia de operaciones que las demás? (8-3)

A $7 \times 6 = 42$

B $6 \times 7 = 42$

C $42 \div 7 = 6$

D $5 \times 7 = 35$

5. La Sra. Hendrix compró 45 libras de arcilla. Quiere dividirla en partes iguales entre sus 5 clases de arte. ¿Cuántas libras de arcilla recibirá cada clase? (8-2)

A 40

B 9

C 8

D 7

6. Beth compró una caja de galletas para perros. La caja tiene 48 galletas. Si Beth le da a su perro 6 galletas al día, ¿cuántos días le durará la caja de galletas? (8-3)

A 6

B 7

C 8

D 9

7. ¿Qué número hace verdadera esta ecuación? (8-6)

$n \div 9 = 8$

A $n = 81$

B $n = 72$

C $n = 17$

D $n = 8$

8. ¿Qué oración numérica está en la misma familia de operaciones que $16 \div 8 = 2$? (8-4)

A $16 \div 4 = 4$

B $16 - 8 = 8$

C $2 \times 8 = 16$

D $8 \times 8 = 64$

9. Juan tiene 30 clavos y 6 tablas. Escribe una oración numérica que muestre cuántos clavos puede poner en cada tabla si pone el mismo número en cada una. (8-9)

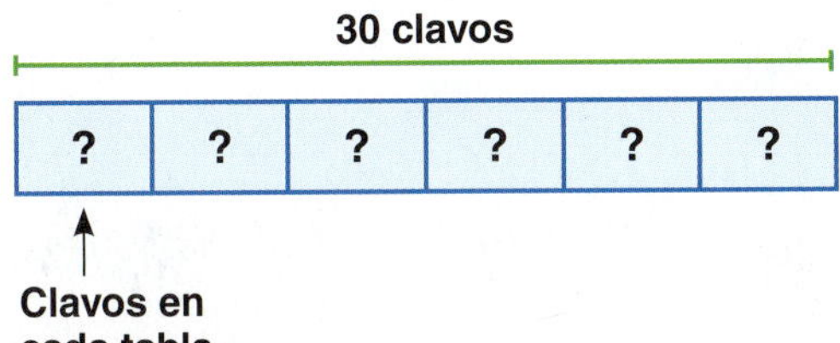

10. El dibujo siguiente muestra la forma en que Janet plantó 18 margaritas en su jardín.

$6 \times 3 = 18$

Elabora una oración numérica que se pueda escribir usando el dibujo de las margaritas de Janet. (8-1)

11. Martín tiene 20 monedas de 25¢ en su alcancía. Quiere cambiarlas por dólares. Hay 4 monedas de 25¢ en un dólar. ¿Cuántos dólares puede obtener Martín? (8-8)

12. ¿Cuál es el cociente de $24 \div 8$? (8-4)

13. La Sra. Sánchez compró 3 cajas de pañuelos de papel. ¿En cuántos cuartos habrá una caja de pañuelos si pone 1 caja en cada cuarto? (8-7)

14. Una liga tiene 7 equipos de básquetbol. Cada equipo tiene 8 jugadores, con un total de 56 jugadores. Escribe una multiplicación que use estos tres números. (8-4)

15. Las cajas de pastelitos tienen 3 filas con 3 pastelitos en cada fila. La Sra. Garza necesita 45 pastelitos para una recepción. ¿Cuántas cajas de pastelitos debe comprar? (8-5)

16. Shawna compra los boletos de una película para un grupo. En el grupo hay 4 adultos y 4 niños. Los boletos de adulto cuestan $9 cada uno. Los boletos de niño cuestan $7 cada uno. ¿Cuánto paga por todos los boletos? (8-5)

17. Ben hizo 8 panqueques para sus amigos. Si le da un panqueque a cada amigo, ¿cuántos amigos recibirán un panqueque? (8-7)

18. Raquel tiene una cinta que mide 36 pulgadas de longitud. Quiere cortarla en 4 partes iguales. ¿Cuál será la longitud de cada parte? (8-6)

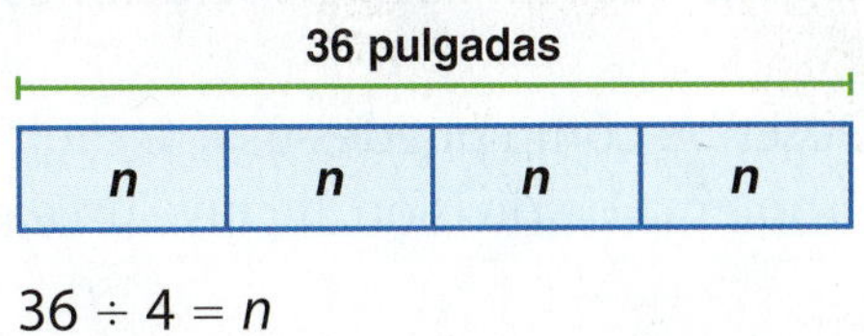

$36 \div 4 = n$

Tienes 36 estampillas que quieres poner en un álbum de estampillas.
Los álbumes de estampillas tienen 4 ó 6 páginas. Debes decidir
qué álbum vas a usar para que tengas un número igual de
estampillas en cada página.

1. ¿Cómo puedes ordenar las estampillas en grupos iguales? Haz un
   dibujo de las diferentes ordenaciones que puedes hacer para cada
   álbum.

2. Escoge el álbum que vas a usar para tu colección. Escribe una
   división y una multiplicación para describir la ordenación de tus
   estampillas.

3. Tu amigo halló un álbum de 9 páginas para las 36 estampillas, pero
   cada página sigue necesitando un número igual de estampillas. En
   una ecuación, n puede representar el número de estampillas que hay
   en cada página. Halla el valor de n en la ecuación $36 \div n = 9$.
   ¿Cuántas estampillas habrá en cada página del álbum de 9 páginas?

4. Escribe dos familias de operaciones para 36.

5. Describe cómo puedes usar la multiplicación para resolver un
   problema de división. Incluye un ejemplo.

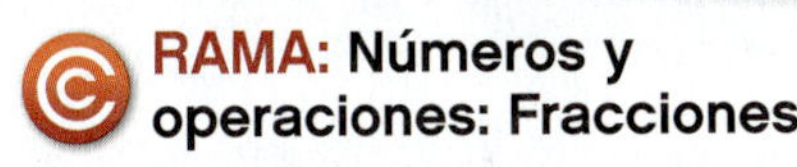

Tema 9 — Fracciones

▼ ¿Está la bandera de Nigeria compuesta por partes iguales? Lo averiguarás en la Lección 9-1.

Repasa lo que sabes

Vocabulario

Escoge el mejor término del recuadro.

- comparar
- mayor
- menor
- multiplicar

1. El número 219 es __?__ que el número 392.

2. El número 38 es __?__ que el número 19.

3. Para determinar si 15 tiene más o menos decenas que 24, tienes que __?__ los dos números.

Matrices

Halla el producto de cada matriz.

4.

5.

Comparar números

Compara. Escribe $>$, $<$ ó $=$.

6. 427 ◯ 583

7. 910 ◯ 906

8. 139 ◯ 136

9. 4,500 ◯ 4,500

10. 693 ◯ 734

11. 1,050 ◯ 1,005

12. Escribir para explicar ¿Qué número es mayor, 595 ó 565? Explica qué dígitos usaste para decidirlo.

Pregunta esencial
- ¿Cuáles son las diferentes interpretaciones de una fracción?

Aprendizaje interactivo 

Plantea el problema. Empieza cada lección con una actividad en conjunto para resolver problemas. Te ayudará a comprender las matemáticas.

Aplicar las prácticas matemáticas

- ¿Qué me piden que halle?
- ¿Qué otra cosa puedo intentar?
- ¿Cómo se relacionan las cantidades?
- ¿Cómo puedo explicar mi trabajo?
- ¿Cómo puedo usar las matemáticas para representar el problema?
- ¿Me serviría de ayuda alguna herramienta?
- ¿Hay precisión en mi trabajo?
- ¿Por qué funciona esto?
- ¿Cómo puedo hacer generalizaciones?

Lección 9-1

© **Usar herramientas** Usa papel cuadriculado para resolver este problema.

¿Cuántas maneras puedes hallar para separar una región de 4 × 4 en dos partes iguales? Muestra cada manera en papel cuadriculado. Explica cómo sabes que las partes son iguales.

Lección 9-2

© **Representar** Resuelve el problema. Busca más de una manera de resolverlo.

Paty hizo un jardín en forma de un rectángulo y lo dividió en 6 partes del mismo tamaño. Plantó flores en 4 de las partes. ¿Cómo se podría haber visto el jardín de Paty?

Lección 9-3

© **Usar herramientas** Resuelve el problema. Dobla el papel para hacer 4 recuadros en los que anotarás tu trabajo.

¿Cómo puedes mostrar la fracción $\frac{5}{8}$ usando fichas? ¿Puedes hallar más de una manera de hacerlo? Explícalo.

Lección 9-4

Usar herramientas Resuelve el problema. Usa fichas como ayuda.

Darren usó $\frac{1}{4}$ de un cartón de huevos para preparar el desayuno. Un cartón tiene 12 huevos. ¿Cuántos huevos usó? Indica cómo lo decidiste.

Lección 9-5

Hacerlo con precisión Resuelve el problema. Usa tiras de papel para ayudarte a decidir.

Cada una de tus tiras de papel es una unidad entera. Dobla una de las tiras por la mitad una vez. Dobla la otra tira por la mitad dos veces. Abre las tiras. ¿Qué fracciones se pueden usar para nombrar las líneas de doblez? Indica cómo lo decidiste.

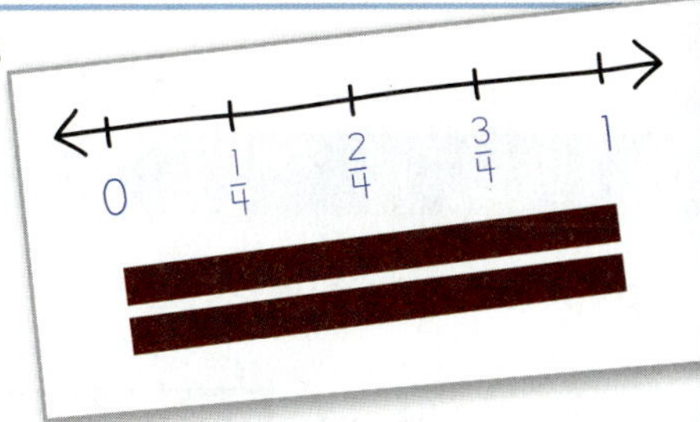

Lección 9-6

Representar Para hacer estimaciones, usa las tiras de fracciones de 1 entero, 1 mitad, 1 tercio y 1 cuarto.

Trabaja con un compañero y túrnense para colorear algunas cantidades fraccionarias en una tira de papel. Intercambia tu trabajo con tu compañero y estima si la cantidad coloreada de cada tira es de aproximadamente 1 entero, $\frac{1}{2}$, $\frac{1}{3}$ ó $\frac{1}{4}$. Usa las tiras de fracciones conocidas para comprobar.

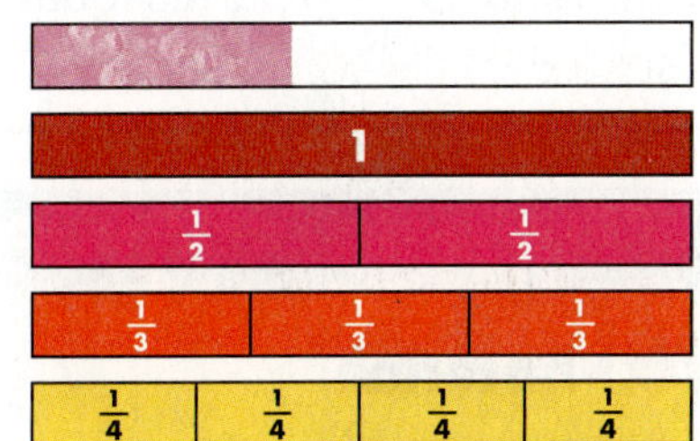

Lección 9-7

Usar herramientas Usa tiras de fracciones para resolver este problema.

¿Cómo puedes usar tiras de fracciones para mostrar $\frac{3}{4}$? Indica cómo lo decidiste.

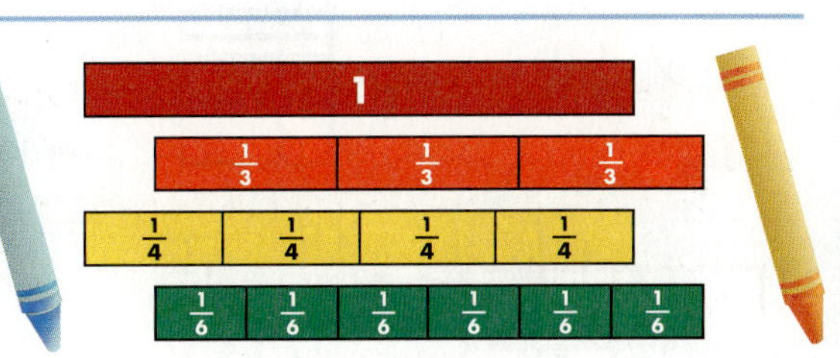

Lección 9-8

Buscar patrones Resuelve el problema de la manera que prefieras.

En la floristería, 5 de cada 7 rosas que se venden son rojas. Si el florista vendió 28 rosas, ¿cuántas eran rojas?

Estándares comunes

3.NOF.1 Entender una fracción 1/b como la cantidad que está formada por 1 parte cuando un entero se separa en b partes iguales; entender una fracción a/b como la cantidad formada por a partes de tamaño 1/b.

Dividir regiones en partes iguales

¿Cómo divides un entero en partes iguales?

Muestra dos maneras de dividir el papel cuadriculado en partes iguales.

Cuando una región se divide en dos partes iguales, las partes se llaman mitades.

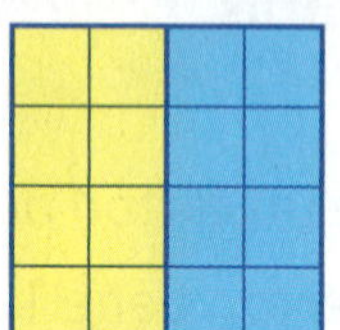

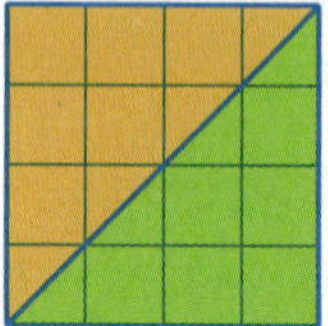

Otros ejemplos

No es necesario que las partes tengan la misma forma, pero deben tener la misma área.

6 partes iguales
sextos

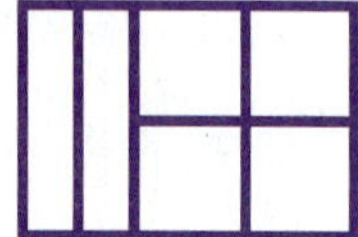

6 partes iguales
sextos

10 partes iguales
décimos

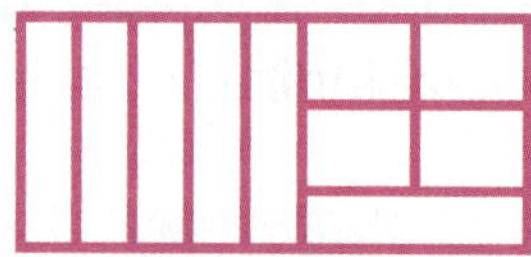

10 partes iguales
décimos

Práctica guiada*

PRÁCTICAS MATEMÁTICAS

¿CÓMO hacerlo?

En los Ejercicios **1** a **4**, di si las figuras muestran partes iguales o desiguales. Si las partes son iguales, escribe su nombre.

1. 

2. 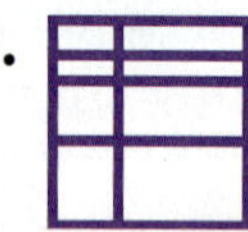

3. 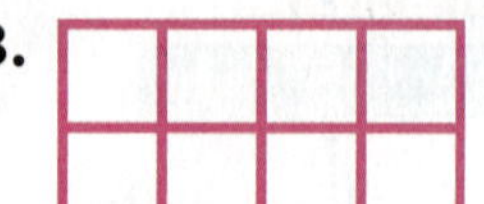

4. 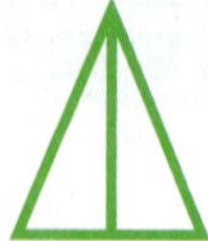

¿Lo ENTIENDES?

5. **Comunicarse** En los ejemplos de papel cuadriculado que aparecen arriba, explica cómo sabes que las dos partes son iguales.

6. **Usar herramientas** Usa papel cuadriculado. Haz un dibujo para mostrar sextos.

7. Agustín dividió su jardín en áreas iguales, como se muestra abajo. ¿Cómo se llaman esas partes iguales del entero?

*Puedes encontrar otro ejemplo en el Grupo A, página 238.

Éstos son algunos nombres de las partes iguales de un entero.

 2 partes iguales
mitades

 3 partes iguales
tercios

 4 partes iguales
cuartos

 5 partes iguales
quintos

6 partes iguales
sextos

8 partes iguales
octavos

10 partes iguales
décimos

12 partes iguales
doceavos

Práctica independiente

En los Ejercicios **8** a **11**, indica si las figuras muestran partes iguales o desiguales. Si las partes son iguales, escribe su nombre.

8.   **9.**   **10.**   **11.**

En los Ejercicios **12** a **15**, usa papel cuadriculado. Dibuja una región que muestre las partes iguales que se indican.

12. cuartos   **13.** mitades   **14.** décimos   **15.** octavos

Resolución de problemas

PRÁCTICAS MATEMÁTICAS

En los Ejercicios **16** a **18**, usa la tabla de las banderas.

16. Razonar La bandera de este país tiene más de tres partes. Las partes son iguales. ¿Qué país es?

17. La bandera de Nigeria está compuesta por partes iguales. ¿Cuál es el nombre de las partes de esta bandera?

18. ¿Qué bandera **NO** está dividida en partes iguales?

19. ¿Qué figura **NO** muestra partes iguales?

Banderas de distintos países	
País	**Bandera**
Mauricio	
Nigeria	
Polonia	
Seychelles	

A    **B** 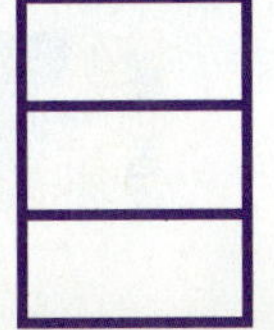   **C** 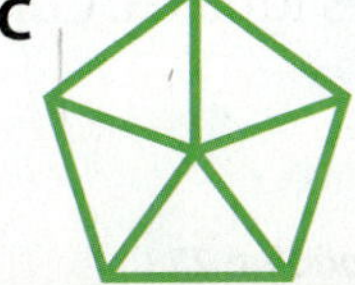   **D**

Fracciones y regiones

¿Cómo muestras y nombras las partes de una región?

El Sr. Kim sirvió parte de una bandeja de barras de fruta a sus amigos. ¿Qué representa cada parte de la bandeja entera? ¿Qué parte sirvió? ¿Qué parte sobró?

Una fracción es un símbolo, que nombra partes iguales de un entero. Una fracción con un numerador de 1 es una fracción unitaria.

Práctica guiada*

¿CÓMO hacerlo?

En los Ejercicios **1** a **3**, usa la figura de abajo.

1. Escribe la fracción unitaria que representa cada parte del entero.

2. ¿Cuántas partes son anaranjadas?

3. ¿Qué fracción del entero es anaranjada?

¿Lo ENTIENDES?

4. En el ejemplo de arriba, ¿qué fracción nombra *todas* las partes de la bandeja de barras?

5. Razonar La Sra. Gupta compró una pizza. El dibujo muestra la parte que se comió. ¿Qué fracción de la pizza entera representa cada porción? ¿Cuántas porciones se comió? ¿Qué fracción de la pizza entera se comió?

Práctica independiente

En los Ejercicios **6** a **9**, escribe la fracción unitaria que representa cada parte del entero. Escribe el número de partes verdes y la fracción del entero que es verde.

6. 

7. 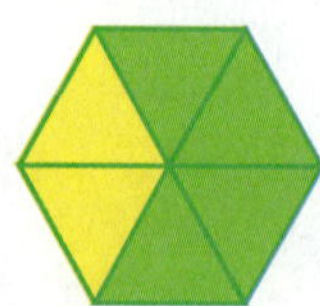

8. 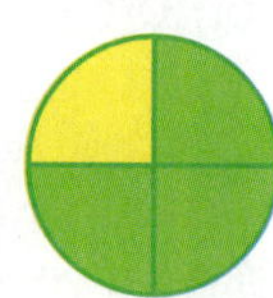

9. 

10. Dibuja un rectángulo que muestre 4 partes iguales. Colorea $\frac{2}{4}$ del rectángulo.

11. Dibuja un círculo que muestre 6 partes iguales. Colorea $\frac{1}{6}$ del círculo.

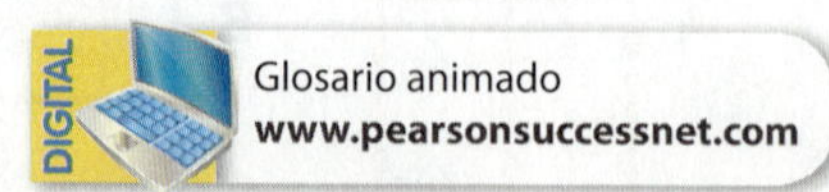

 *Puedes encontrar otro ejemplo en el Grupo A, página 238.

Hay 6 pedazos iguales en el entero, así que cada pedazo es $\frac{1}{6}$.

Hay 2 pedazos que faltan, así que se sirvieron dos pedazos de $\frac{1}{6}$.

Sobran 4 pedazos, así que sobran cuatro pedazos de $\frac{1}{6}$.

El numerador muestra cuántas partes iguales se describen.

El denominador muestra el número total de partes iguales que hay en un entero.

$\frac{1}{6}$ ← Numerador
← Denominador

Se sirvieron $\frac{2}{6}$ de la bandeja de barras de fruta.

Sobraron $\frac{4}{6}$ de la bandeja de barras de fruta.

Resolución de problemas

PRÁCTICAS MATEMÁTICAS

En los Ejercicios **12** a **15**, usa el cartel de la derecha.

12. Bernardo y sus amigos pidieron una pizza mediana. ¿Qué fracción unitaria representa cada porción?

13. La familia de Aída compró una pizza grande. La familia comió 4 porciones de pizza. ¿Qué fracción de la pizza les sobró?

14. La familia de Tami compró 3 pizzas pequeñas. La familia de Leonardo compró 2 pizzas medianas. ¿Cuánto más gastó la familia de Tami que la de Leonardo?

15. Representar ¿Qué cuesta más: 6 pizzas pequeñas o 4 pizzas grandes? Muestra tu comparación usando dólares y el símbolo $>$.

16. Construir argumentos Un pan de maíz se divide en 6 partes desiguales. Alana sirve 2 de las partes. ¿Es razonable decir que Alana ha servido $\frac{2}{6}$ del pan de maíz? Explícalo.

17. Mira la cuadrícula de la derecha. ¿Qué fracción de la cuadrícula es blanca?

A $\frac{3}{8}$ **C** $\frac{5}{8}$

B $\frac{8}{8}$ **D** $\frac{5}{6}$

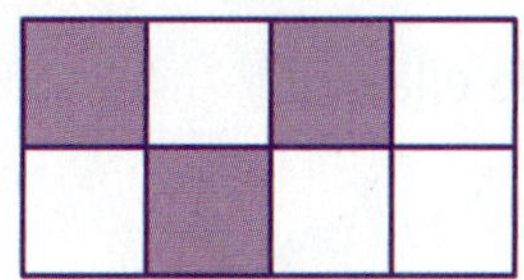

Estándares comunes

3.NOF.1 Entender una fracción 1/b como la cantidad que está formada por 1 parte cuando un entero se separa en b partes iguales; entender una fracción a/b como la cantidad formada por a partes de tamaño 1/b.

Fracciones y conjuntos

¿Cómo representa una fracción una parte de un grupo?

Un grupo de 8 personas está en la fila para comprar boletos para el cine. ¿Qué fracción del grupo de personas llevan puesto algo rojo? ¿Qué fracción de las personas no llevan puesto algo rojo?

Una fracción puede nombrar partes de un conjunto, o de un grupo, de objetos o personas.

Práctica guiada*

PRÁCTICAS MATEMÁTICAS

¿CÓMO hacerlo?

En los Ejercicios **1** y **2**, escribe qué fracción de las fichas son rojas.

1.

2.

En los Ejercicios **3** y **4**, dibuja fichas para mostrar la fracción dada.

3. $\frac{1}{3}$

4. $\frac{3}{8}$

¿Lo ENTIENDES?

5. Comunicarse En el ejemplo de arriba, ¿por qué el denominador es igual tanto para la parte del grupo que lleva puesto algo rojo como para la parte del grupo que no lleva puesto algo rojo?

6. Un grupo de 6 estudiantes está esperando el autobús. Cinco de ellos llevan chaqueta. ¿Qué fracción unitaria representa a 1 estudiante del grupo? ¿Qué fracción de los estudiantes del grupo llevan chaqueta?

Práctica independiente

En los Ejercicios **7** a **9**, escribe qué fracción de las fichas son amarillas.

7. 

8. 

9. 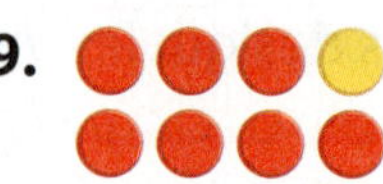

En los Ejercicios **10** a **12**, haz un dibujo del conjunto que se describe.

10. 4 figuras, $\frac{3}{4}$ de ellas son círculos

11. 8 figuras, $\frac{5}{8}$ de ellas son triángulos

12. 2 figuras, $\frac{1}{2}$ de ellas son cuadrados

 Puedes encontrar otro ejemplo en el Grupo A, página 238.

Una persona del conjunto es $\frac{1}{8}$ del total

$\frac{7}{8}$ ← Número de personas que llevan puesto algo rojo
← Número total de personas

$\frac{1}{8}$ ← Número de personas que **no** llevan puesto algo rojo
← Número total de personas

Siete octavos de las personas llevan puesto algo rojo.

Un octavo de las personas no llevan puesto algo rojo.

Resolución de problemas

PRÁCTICAS MATEMÁTICAS

En los Ejercicios **13** a **15**, escribe la fracción del grupo de botones que se describe.

13. Botones rosados

14. Botones azules

15. Botones con sólo dos agujeros

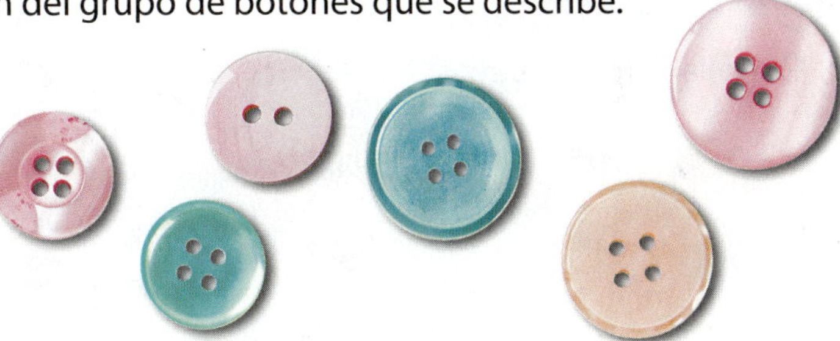

En los Ejercicios **16** y **17**, haz un dibujo para mostrar cada fracción de un conjunto.

16. Flores: $\frac{3}{4}$ son amarillas

17. Manzanas: $\frac{1}{2}$ son verdes

18. La siguiente foto muestra seis estatuas de niños y niñas. ¿Cuántas estatuas son de niñas?

19. Representar Pablo tiene 4 veces más bolígrafos que Tito. Si Pablo tiene 24 bolígrafos, ¿cuántos tiene Tito? Resuelve $4 \times n = 24$.

20. ¿Qué fracción de los pétalos se han caído de la flor?

A $\frac{3}{5}$

B $\frac{2}{8}$

C $\frac{8}{10}$

D $\frac{2}{10}$

Estándares comunes

3.NOF.1 Entender una fracción 1/b como la cantidad que está formada por 1 parte cuando un entero se separa en *b* partes iguales; entender una fracción *a/b* como la cantidad formada por *a* partes de tamaño 1/b.

Partes fraccionarias de un conjunto

¿Cómo hallas una parte fraccionaria de un conjunto?

Sam usó $\frac{1}{4}$ de paquete de pilas para su cámara. ¿Cuántas pilas usó?

Una fracción con un numerador de 1 se llama fracción unitaria.

Práctica guiada*

PRÁCTICAS MATEMÁTICAS

¿CÓMO hacerlo?

1. Halla $\frac{1}{2}$ de 12 huevos.

$\frac{1}{2}$ de 12 = ☐

2. Halla $\frac{1}{4}$ de 8 manzanas. Puedes hacer un dibujo como ayuda.

$\frac{1}{4}$ de 8 = ☐

¿Lo ENTIENDES?

3. Razonar En el ejemplo de arriba, ¿por qué pones las pilas en 4 grupos iguales?

4. Hacer generalizaciones Supón que hay 12 pilas en un paquete. ¿Cuántas pilas hay en $\frac{1}{4}$ de paquete?

5. Thelma usó $\frac{1}{3}$ de una bolsa de moños para envolver regalos. Había 9 moños en la bolsa. ¿Cuántos moños usó?

Práctica independiente

Práctica al nivel En los Ejercicios **6** a **8**, usa las imágenes para ayudarte a hallar la parte del conjunto.

6. Halla $\frac{1}{3}$ de 15 uvas.

$\frac{1}{3}$ de 15 = ☐

7. Halla $\frac{1}{2}$ de 14 maníes.

$\frac{1}{2}$ de 14 = ☐

8. Halla $\frac{1}{4}$ de 16 cerezas.

$\frac{1}{4}$ de 16 = ☐

9. Halla $\frac{1}{6}$ de 18.

10. Halla $\frac{1}{3}$ de 21.

11. Halla $\frac{1}{2}$ de 20.

 Puedes encontrar otro ejemplo en el Grupo B, página 238.

<table>
<tr><th>Lo que piensas</th><th>Lo que muestras</th><th>Lo que escribes</th></tr>
<tr><td>

El denominador indica cuántas partes iguales se deben hacer.

$\frac{1}{4}$ ← 4 partes iguales en total

Piensa en poner 8 elementos en 4 grupos iguales. Cada grupo es una parte del entero.

$\frac{1}{4}$ ← 1 parte igual usada

Halla cuántas pilas hay en 1 de los grupos iguales.

</td><td>

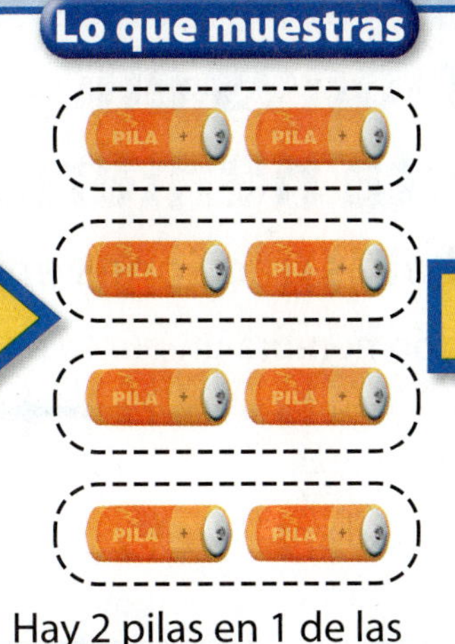

Hay 2 pilas en 1 de las partes iguales.

</td><td>

$\frac{1}{4}$ de $8 = 2$

Sam usó 2 pilas para su cámara.

</td></tr>
</table>

Resolución de problemas

PRÁCTICAS MATEMÁTICAS

12. 🎵 **Música** El salón de la banda tiene 18 instrumentos. Un tercio de ellos son instrumentos de viento-metal. ¿Cuántos instrumentos de viento-metal hay allí?

13. David compra dos cajas de envases de jugo. Cada caja tiene 4 paquetes. Cada paquete tiene dos envases de jugo. ¿Cuántos envases de jugo compró Dave?

14. El verano dura $\frac{1}{4}$ de año. ¿Cuántos meses dura el verano? (Pista: Un año tiene 12 meses).

15. Escribe un número que cuando se redondea a la decena más cercana es 850.

🔍 **Ciencias** Algunas orquídeas crecen en forma silvestre en la naturaleza. La tabla de la derecha muestra el número total de pétalos que tienen diferentes números de estas orquídeas. En los Ejercicios **16** y **17**, usa la tabla.

Número de orquídeas	Número total de pétalos
1	6
3	18
6	36
9	

16. ¿Cuántos pétalos tienen 9 orquídeas?

© **17. Representar** Digamos que n representa el número de pétalos de 9 flores. Escribe una ecuación que represente cómo hallar el número total de pétalos.

18. Si divides 36 por 6, ¿qué fracción de 36 estás hallando? Calcula la respuesta.

19. ¿Qué opción muestra $\frac{1}{8}$ de 24 naranjas?

A 

B 

C 

D 

Estándares comunes

3.NOF.2.a Representar una fracción 1/b en una recta numérica definiendo el intervalo de 0 a 1 como el entero y separándolo en b partes iguales. Reconocer que cada parte tiene el tamaño de 1/b y que el extremo 0 es el que sirve para ubicar el número 1/b en la recta numérica. También, 3.NOF.2, 3.NOF.2.b.

Fracciones en la recta numérica

¿Cómo hallas fracciones en la recta numérica?

Cada fracción nombra un punto en una recta numérica.

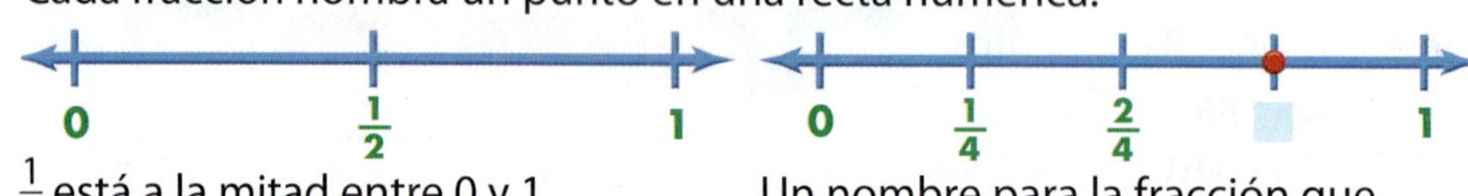

$\frac{1}{2}$ está a la mitad entre 0 y 1.

Un nombre para la fracción que falta es $\frac{3}{4}$.

Práctica guiada*

¿CÓMO hacerlo?

Escribe las fracciones o los números mixtos que faltan en las rectas numéricas.

1.

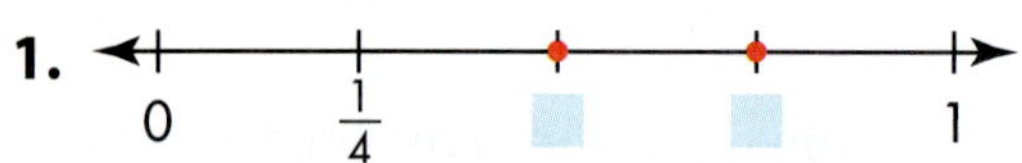

2.

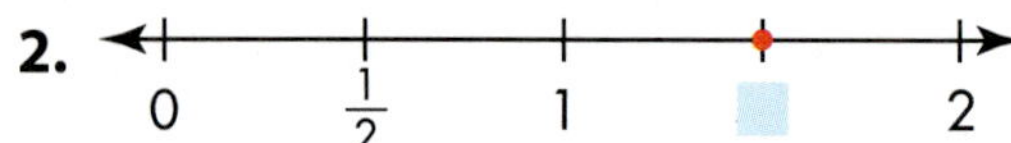

¿Lo ENTIENDES?

3. Nombra una fracción que esté entre 0 y 1.

4. ¿Qué número mixto podría ser el que sigue de $2\frac{1}{4}$ en una recta numérica que está separada en cuartos?

5. Construir argumentos Cristina dice que $1\frac{1}{4}$ es el número que sigue después de $1\frac{1}{2}$ en una recta numérica. ¿Estás de acuerdo? ¿Por qué o por qué no?

Práctica independiente

En los Ejercicios **6** a **8**, escribe las fracciones o los números mixtos que faltan en las rectas numéricas.

6.

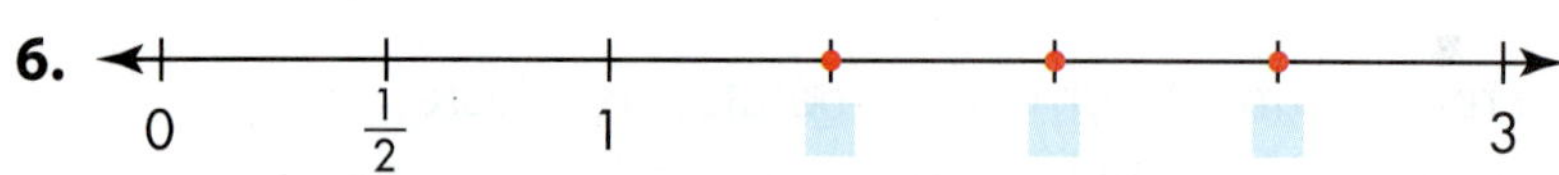

7.

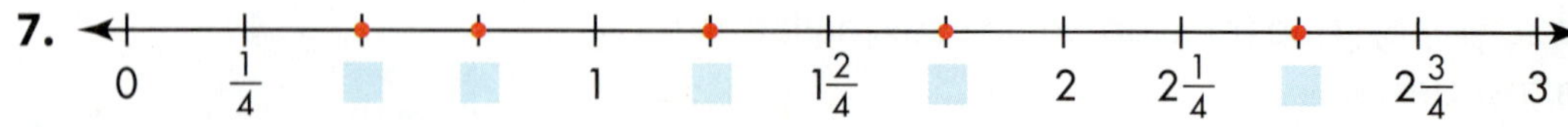

8.

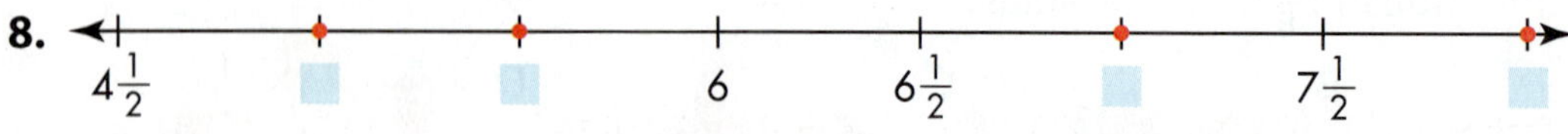

 *Puedes encontrar otro ejemplo en el Grupo C, página 238.

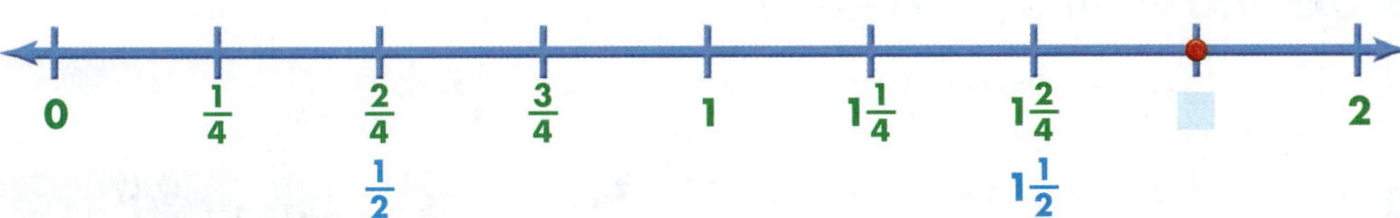

Los números mixtos son números que tienen una parte entera y una parte fraccionaria. Puedes usar los números mixtos para nombrar puntos en una recta numérica.

$$0 \quad \frac{1}{4} \quad \frac{2}{4} \quad \frac{3}{4} \quad 1 \quad 1\frac{1}{4} \quad 1\frac{2}{4} \quad \quad 2$$
$$\frac{1}{2} \qquad\qquad 1\frac{1}{2}$$

Cada número mixto nombra un punto en la recta numérica.

Un nombre para el número mixto que falta en la recta numérica es $1\frac{3}{4}$.

Resolución de problemas

La recta numérica de abajo muestra a cuántas millas están diferentes lugares del campamento. En los Ejercicios **9** y **10**, usa la recta numérica.

9. ¿A cuántas millas del campamento está la estación de guardabosques?

10. ¿Qué está a $3\frac{3}{4}$ millas del campamento?

11. **Usar herramientas** ¿Qué letra de la regla de abajo podría representar el número de centímetros que la costa de Islandia aumenta cada año?

12. ¿Qué número hace que esta oración numérica sea verdadera?

$$\square \times 8 = 56$$

A 8 **B** 7 **C** 6 **D** 5

Estándares comunes

3.NOF.2.a Representar una fracción 1/*b* en una recta numérica definiendo el intervalo de 0 a 1 como el entero y separándolo en *b* partes iguales. Reconocer que cada parte tiene el tamaño de 1/*b* y que el extremo 0 es el que sirve para ubicar el número 1/*b* en la recta numérica.

Fracciones de referencia

¿Cómo estimas partes?

El Sr. Anderson cosecha trigo en su granja. ¿Aproximadamente qué parte del campo de trigo tiene aún que cosechar?

Práctica guiada*

PRÁCTICAS MATEMÁTICAS

¿CÓMO hacerlo?

1. Haz una estimación de la parte fraccionaria que es amarilla. Usa una fracción de referencia.

2. ¿Qué fracción de referencia se debe escribir en el punto *P*?

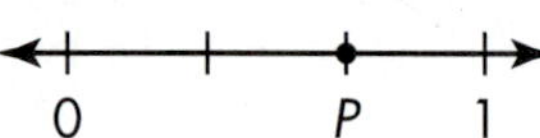

¿Lo ENTIENDES?

3. **Razonar** En el ejemplo de arriba, ¿qué fracción de referencia puedes usar para la parte del campo de trigo que el Sr. Anderson ha cosechado?

4. Gina está rastrillando hojas en el jardín. ¿Aproximadamente qué parte del jardín aún necesita rastrillar?

Práctica independiente

En los Ejercicios **5** a **7**, estima la parte fraccionaria que es verde. Usa una fracción de referencia.

5. 

6. 

7. 

En los Ejercicios **8** a **11**, ¿qué fracción de referencia está más cerca de cada punto? Escoge entre las fracciones de referencia $\frac{1}{2}$, $\frac{1}{3}$, $\frac{2}{3}$, $\frac{1}{4}$ y $\frac{3}{4}$.

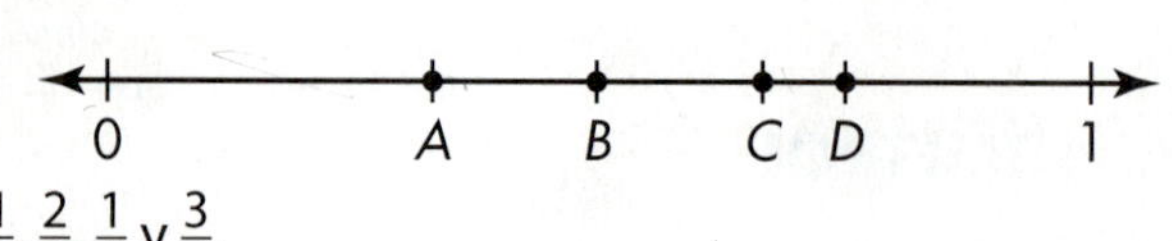

8. *A*

9. *B*

10. *C*

11. *D*

Glosario animado
www.pearsonsuccessnet.com

Puedes encontrar otro ejemplo en el Grupo D, página 239.

Puedes usar fracciones de referencia para estimar partes fraccionarias.

Las fracciones de referencia son las fracciones que se usan comúnmente. Algunas fracciones de referencia son $\frac{1}{4}, \frac{1}{3}, \frac{1}{2}, \frac{2}{3}$ y $\frac{3}{4}$.

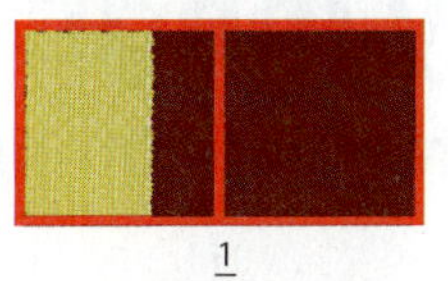

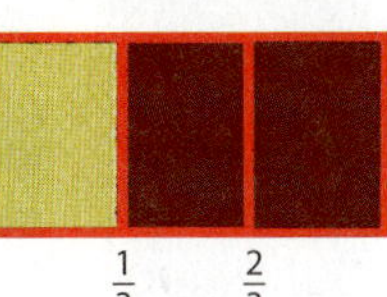

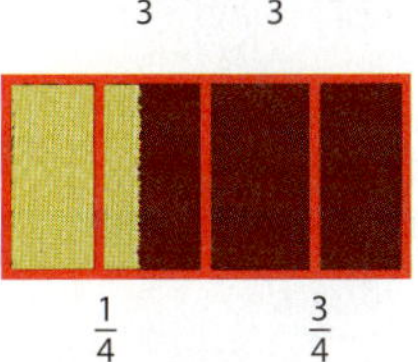

Halla la fracción de referencia que está más cerca de la fracción del problema.

La parte del campo que todavía tiene trigo está más cercana a $\frac{1}{3}$.

El Sr. Anderson todavía tiene que cosechar aproximadamente $\frac{1}{3}$ del campo de trigo.

Resolución de problemas

PRÁCTICAS MATEMÁTICAS

En los Ejercicios **12** a **14**, estima la parte de cada jardín que tiene flores.

12. Jardín A

13. Jardín B

14. Jardín C

En los Ejercicios **15** a **17**, usa la tabla de la derecha.

15. ¿En qué meses vendió el jardín más boletos, mayo y junio juntos o julio y agosto juntos?

16. Estimación ¿Aproximadamente cuántos boletos en total se vendieron en los cuatro meses? Explica cómo lo estimaste.

17. ¿Qué opción muestra los números de la tabla de menor a mayor?

  A 583, 947, 815, 726

  B 947, 815, 726, 583

  C 947, 726, 815, 583

  D 583, 726, 815, 947

18. Razonar ¿Qué fracción de los huesos del cuerpo **NO** está en los pies? Usa la ilustración de la derecha.

Datos

Boletos vendidos para el jardín de niños	
Mayo	583
Junio	947
Julio	815
Agosto	726

Estándares comunes

3.NOF.2.b Representar una fracción *a/b* en una recta numérica marcando la longitud a en el espacio 1/b a partir de 0. Reconocer que el intervalo que resulta tiene un tamaño *a/b* y que el extremo 0 es el que sirve para ubicar el número *a/b* en la recta numérica.

Fracciones y longitud

Manos a la obra
tiras de fracciones $\frac{1}{8}$

¿Cómo puede una fracción nombrar parte de una longitud?

¿Qué fracción de la longitud de este collar es azul? ¿Qué fracción no es azul?

Una fracción puede nombrar parte de una longitud.

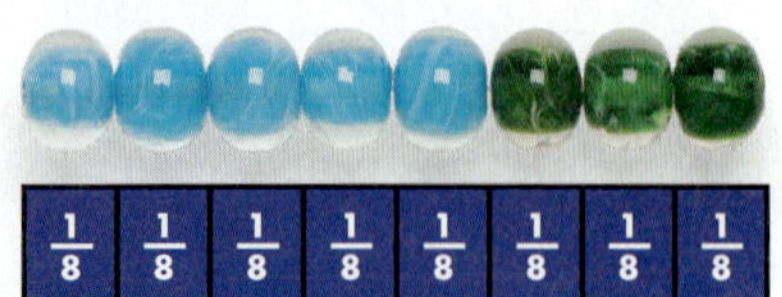

Práctica guiada*

PRÁCTICAS MATEMÁTICAS

¿CÓMO hacerlo?

En los Ejercicios **1** y **2**, escribe la fracción unitaria que representa cada parte de la longitud. ¿Qué fracción de la longitud se muestra?

1.

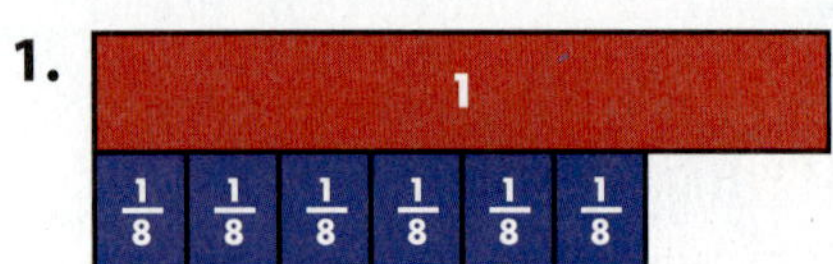

2.

¿Lo ENTIENDES?

3. Comunicarse En el ejemplo anterior, ¿cómo te ayudan las tiras de fracciones a resolver el problema?

4. ¿Qué fracción de la longitud de la cinta de abajo es verde? ¿Qué fracción de la longitud de la cinta no es verde?

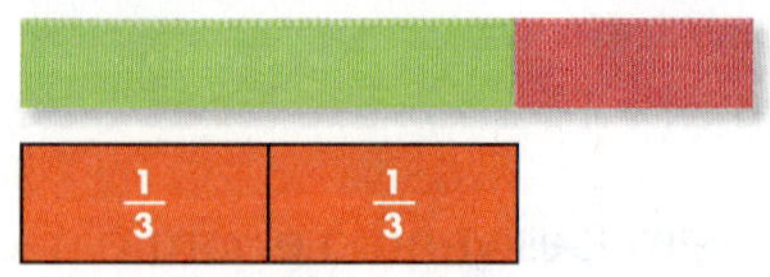

Práctica independiente

En los Ejercicios **5** a **8**, escribe la fracción unitaria que representa cada parte de la longitud. ¿Qué fracción de la longitud se muestra?

5.

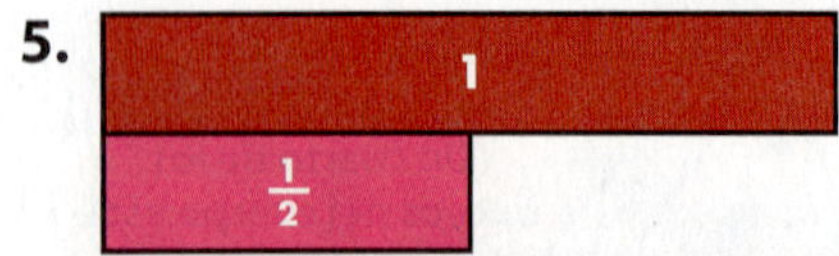

6.

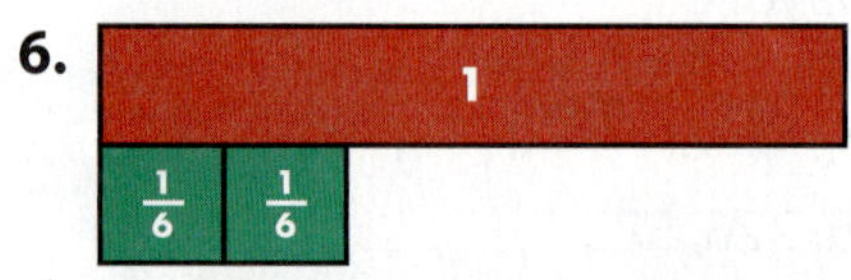

7.

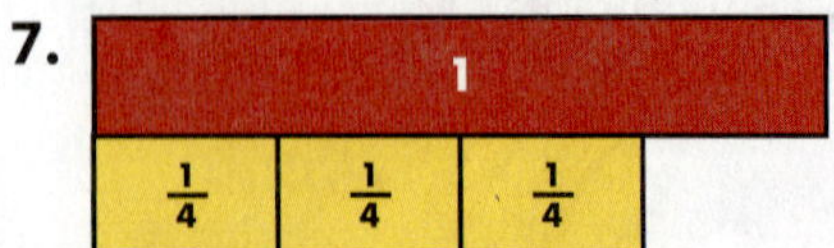

8.

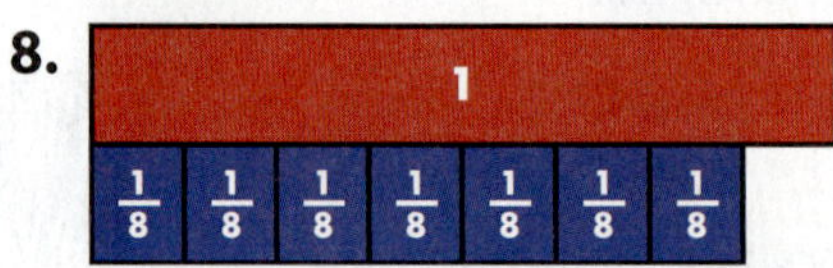

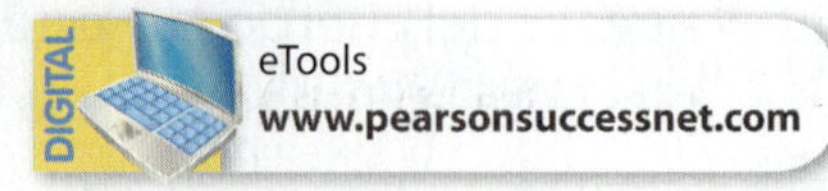
eTools
www.pearsonsuccessnet.com

 Puedes encontrar otro ejemplo en el Grupo E, página 239.

Resolución de problemas

PRÁCTICAS MATEMÁTICAS

En los Ejercicios **9** y **10**, ¿qué fracción de cada longitud de hilo es verde?

9.

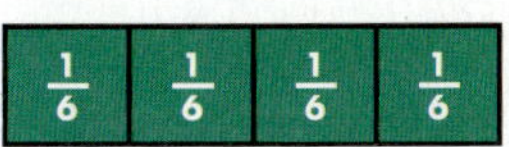

10.

11. Estimación Nick quiere comprar dos artículos. Estimó que el costo total de los artículos es $100. Un artículo cuesta $58. ¿Cuál sería un precio razonable para el otro artículo?

12. Para su papel en la obra de la escuela, Carmen debe memorizar 10 líneas. Cada línea tiene aproximadamente 10 palabras. ¿Aproximadamente cuántas palabras tiene que memorizar Carmen?

13. Nina pintó $\frac{6}{8}$ de la barandilla de una valla. El resto de la barandilla la pintó su hermano. ¿Qué fracción de la barandilla pintó el hermano de Nina?

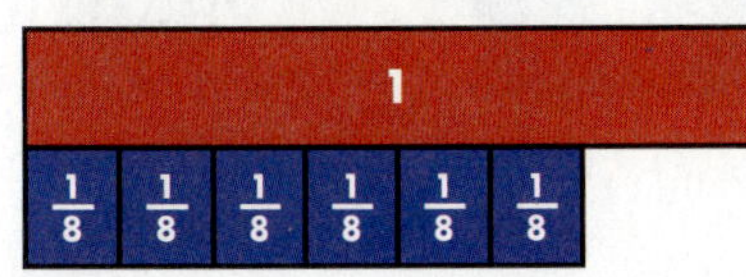

14. Razonar Rashad coloreó $\frac{3}{6}$ de una bandera de rojo y $\frac{1}{6}$ de la misma bandera de verde. ¿Qué fracción de la bandera **NO** se coloreó?

15. ¿Qué grupo muestra menos de $\frac{2}{4}$ de las figuras que están coloreadas?

A

C

B

D

Estándares comunes

3.OA.3 Utilizar la multiplicación y la división hasta 100 para resolver problemas verbales relacionados con grupos iguales, matrices y cantidades de medición, por ej., representar el problema utilizando dibujos y ecuaciones con un símbolo para el número desconocido.

Resolución de problemas

Hacer una tabla y buscar un patrón

Una compañía de videojuegos probó 20 juegos. Tres de los juegos no funcionaron. Si se probaran 120 juegos, ¿cuántos podrían no funcionar?

Práctica guiada*

¿CÓMO hacerlo?

Copia y completa la tabla para resolver el problema.

1. La Sra. Simms compra bolsas de bloques. De los 10 bloques en cada bolsa, 3 son cubos. Si compra 50 bloques, ¿cuántos cubos obtendrá?

Cubos	3				
Total de bloques	10				

¿Lo ENTIENDES?

2. Mira el ejemplo de arriba. Si la tienda de videojuegos comprara 50 juegos, ¿aproximadamente cuántos juegos podrían no funcionar? Explícalo.

3. Escribir un problema Escribe un problema que se pueda resolver haciendo una tabla y usando un patrón. Luego resuelve el problema.

Práctica independiente

Perseverar Copia y completa la tabla para resolver el problema.

4. Los borradores se venden en paquetes de 6. En cada paquete, 2 de los borradores son rosados. ¿Cuántos borradores rosados obtendrá Andrea si compra 30 borradores?

Borradores rosados	2				
Total de borradores	6				

Aplicar las prácticas matemáticas

- ¿Qué me piden que halle?
- ¿Qué otra cosa puedo intentar?
- ¿Cómo se relacionan las cantidades?
- ¿Cómo puedo explicar mi trabajo?
- ¿Cómo puedo usar las matemáticas para representar el problema?
- ¿Me serviría de ayuda alguna herramienta?
- ¿Hay precisión en mi trabajo?
- ¿Por qué funciona esto?
- ¿Cómo puedo hacer generalizaciones?

 Puedes encontrar otro ejemplo en el Grupo F, página 239.

Haz una tabla.

Luego, complétala con la información que tienes.

Quizás no funcionen	3					
Total de juegos	20					

Amplía la tabla. Busca un patrón que te ayude. Luego, halla la respuesta en la tabla.

Quizás no funcionen	3	6	9	12	15	18
Total de juegos	20	40	60	80	100	120

Si se prueban 120 juegos, quizás 18 no funcionen.

En los Ejercicios **5** y **7**, copia y completa las tablas. Úsalas como ayuda para resolver el problema.

5. Susana plantó 8 bulbos de narcisos. Dos de los bulbos no crecieron. Supón que continúa el mismo patrón y Susana planta 32 bulbos. ¿Qué número de bulbos probablemente no crecerá?

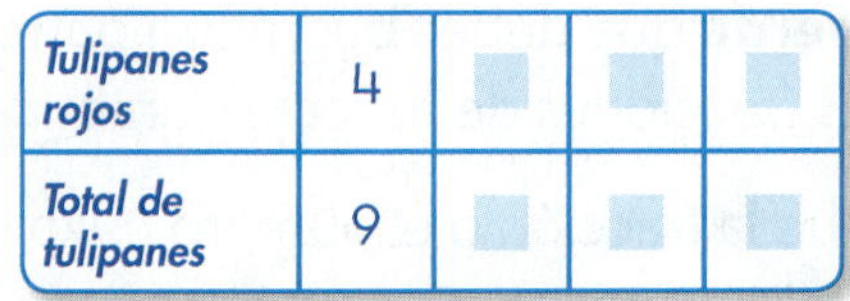

No crecieron	2			
Total de bulbos	8			

6. Razonar Vuelve a leer el Ejercicio 5. Supón que Susana decidió plantar 20 bulbos de narcisos.

a ¿Cuántos bulbos probablemente no crecerán?

b ¿Cuántos bulbos probablemente crecerán?

7. Susana plantó 9 bulbos de tulipán de distintos colores. Cuando los bulbos crecieron, salieron 4 tulipanes rojos. Supón que continúa el mismo patrón y Susana planta 36 bulbos. ¿Cuántos de los tulipanes probablemente serán rojos? ¿Cuántos **NO** serán rojos?

Tulipanes rojos	4			
Total de tulipanes	9			

8. Razonar Tomás plantó 15 tulipanes en una fila usando el siguiente patrón. ¿De qué color es el último tulipán de la fila?

9. Razonar Mira el Ejercicio 8. Supón que Tomás plantó 30 tulipanes usando este patrón. ¿Cuántos serían rojos?

10. Turismo Mundial lleva 5 microbuses de turistas a Nueva York. Cada microbús lleva a 7 turistas. Hay 16 turistas más de Turismo Mundial que volarán a Nueva York. ¿Qué ecuación representa el número total de turistas de Turismo Mundial que llegarán a Nueva York?

A $5 + 7 + 16 = n$ **B** $7 - 5 + 16 = n$ **C** $5 \times 7 - 16 = n$ **D** $5 \times 7 + 16 = n$

Grupo A, páginas 222 a 227

¿Qué fracción de los triángulos es rosada?

$$\frac{\text{numerador}}{\text{denominador}} = \frac{}{\text{número total de triángulos}} = \frac{3}{4}$$

$\frac{3}{4}$ de los triángulos son rosados.

Recuerda que las fracciones pueden nombrar partes de un entero o de un conjunto.

Escribe la fracción que es roja.

1.  **2.** 

3. 

Grupo B, páginas 228 y 229

Susana usó $\frac{1}{4}$ de una caja de crayones. ¿Cuántos crayones usó?

$\frac{1}{4}$ ← denominador = cuántas partes iguales se deben hacer

$\frac{1}{4}$ ← numerador = se usó 1 parte igual

4 partes iguales 

1 parte tiene 2 crayones

Susana usó 2 crayones.

Recuerda hallar el número de partes iguales que debes hacer.

1. Halla $\frac{1}{2}$ de 4 lápices.

2. Halla $\frac{1}{3}$ de 6 canicas.

3. Halla $\frac{1}{4}$ de 20 botones.

4. Halla $\frac{1}{4}$ de 28 monedas de 1¢.

5. Halla $\frac{1}{2}$ de 30.

6. Halla $\frac{1}{6}$ de 24.

7. Halla $\frac{1}{8}$ de 40.

Grupo C, páginas 230 y 231

¿Qué fracción y qué número mixto faltan en la recta numérica?

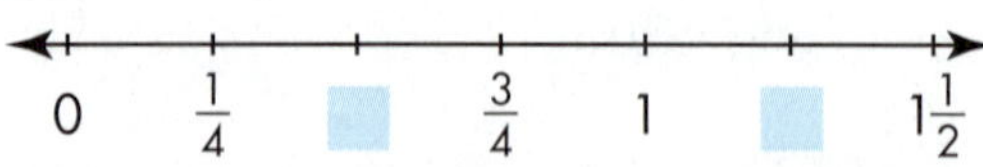

Cada sección de la recta numérica es $\frac{1}{4}$.

Por tanto, faltan $\frac{2}{4}$ ó $\frac{1}{2}$ y $1\frac{1}{4}$.

Recuerda que debes buscar un patrón en las fracciones de tu recta numérica.

Escribe la fracción o el número mixto que faltan en la recta numérica.

1.

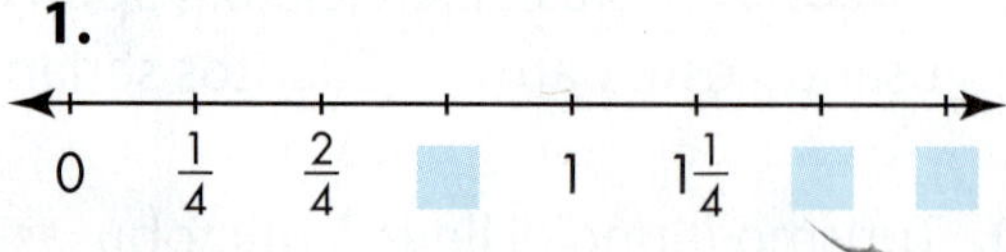

Lisa está rastrillando hojas en su jardín.
¿Aproximadamente qué parte de su jardín ha rastrillado?

Halla la fracción de referencia que se acerca más a la fracción del problema.

Intenta con $\frac{1}{2}$, $\frac{1}{3}$, $\frac{2}{3}$, $\frac{1}{4}$ ó $\frac{3}{4}$.

Lisa ha rastrillado aproximadamente $\frac{1}{4}$ de su jardín.

Recuerda que las fracciones de referencia son fracciones que se usan a menudo, como $\frac{1}{4}$, $\frac{1}{3}$, $\frac{1}{2}$, $\frac{2}{3}$ y $\frac{3}{4}$.

Estima la parte fraccionaria que es amarilla. Usa una fracción de referencia.

1. 

2. 

¿Qué fracción de la longitud de la tira 1 muestran las otras tiras?

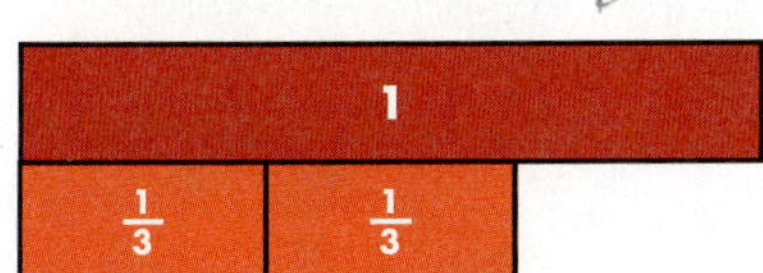

Dos tiras de $\frac{1}{3}$ muestran $\frac{2}{3}$ de la tira 1.

Recuerda que las tiras de fracciones dividen toda la tira en partes iguales.

¿Qué fracción de la longitud de la tira 1 muestran las otras tiras?

1. 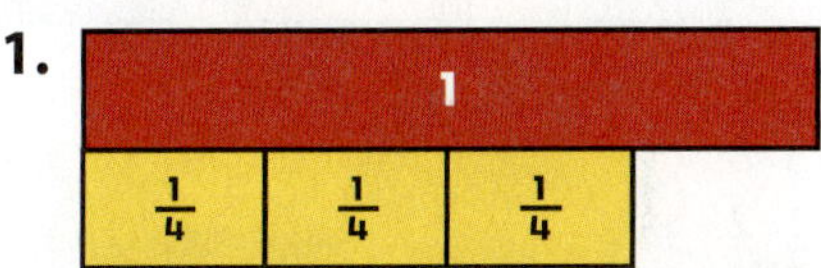

2. 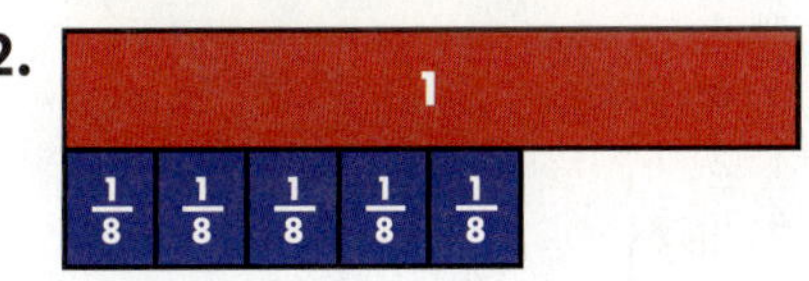

Haz una tabla y halla un patrón para resolver el problema.

En cada bolsa de 20 canicas hay 4 canicas verdes. Si Eduardo compra 80 canicas, ¿cuántas serán verdes?

Haz una tabla. Busca un patrón.

Verdes	4	8	12	16
Total	20	40	60	80

16 canicas son verdes.

Recuerda que hacer una tabla puede ayudarte a hallar un patrón.

1. En cada caja de bolígrafos hay 2 bolígrafos rojos. ¿Cuántos bolígrafos rojos tendrás si compras 40 bolígrafos?

Rojos	2				
Total	8				

Opción múltiple

1. ¿Cuál es el nombre de las partes iguales de la pizza entera? (9-1)

A Tercios

B Cuartos

C Sextos

D Octavos

2. El escenario se dividió en partes iguales. ¿Qué fracción unitaria representa cada parte del entero? ¿Qué fracción nombra la parte del escenario que se usó para los flautistas? (9-2)

Clarinetes	Trombones	Clarinetes
Flautas	Triángulos	Flautas

A $\frac{1}{8}, \frac{2}{8}$

B $\frac{1}{6}, \frac{2}{6}$

C $\frac{1}{6}, \frac{4}{6}$

D $\frac{1}{4}, \frac{2}{4}$

3. Blanca compró las frutas que se muestran abajo. ¿Qué fracción de las frutas son naranjas? (9-3)

A $\frac{3}{8}$

B $\frac{3}{6}$

C $\frac{5}{8}$

D $\frac{4}{6}$

4. James compró una bolsa de 12 panecillos. Usó $\frac{1}{6}$ de la bolsa. ¿Cuántos panecillos usó James? (9-4)

A 2

B 4

C 6

D 8

5. Miguel pegó un alambre en el centro de una tabla. ¿Qué fracción de la longitud de la tabla tiene alambre pegado a ella? (9-7)

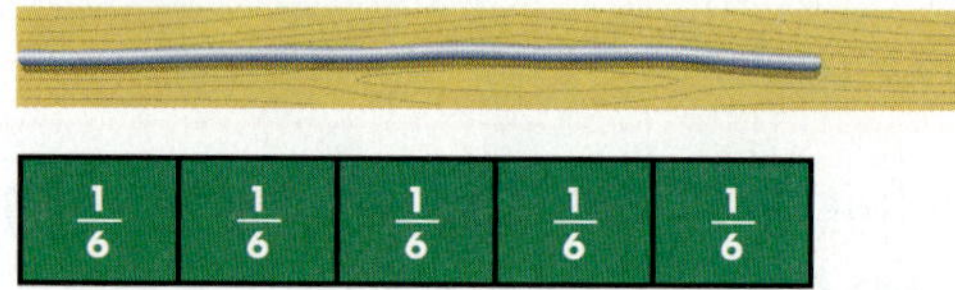

$\frac{1}{6}$	$\frac{1}{6}$	$\frac{1}{6}$	$\frac{1}{6}$	$\frac{1}{6}$

A $\frac{1}{6}$

B $\frac{4}{5}$

C $\frac{5}{6}$

D $\frac{6}{6}$

6. A Juanita le gusta montar en bicicleta a la escuela. Monta aproximadamente $1\frac{1}{4}$ millas en cada dirección. ¿Qué punto representa $1\frac{1}{4}$ en la siguiente recta numérica? (9-5)

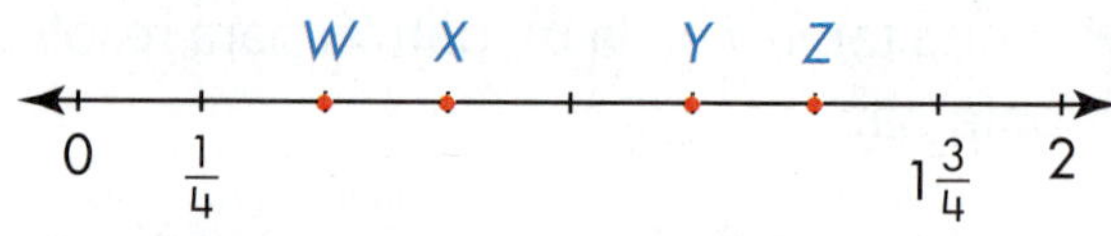

A Punto W

B Punto X

C Punto Y

D Punto Z

7. La Sra. Rodríguez plantó 24 tulipanes en su arriate. De los tulipanes, $\frac{1}{3}$ son rojos. ¿Cuántos tulipanes son rojos? (9-4)

8. Alicia está comprando paquetes de tajadas de carnes frías para el picnic. Cada paquete tiene 20 tajadas de carne. De las 20 tajadas, 5 son de pavo. Si Alicia compra 80 tajadas, ¿cuántas serán de pavo? (9-8)

Tajadas de pavo	5	10		
Total de tajadas	20	40	60	80

9. Explica qué es una fracción unitaria. Da un ejemplo de una fracción unitaria en tu explicación. (9-2)

10. ¿Aproximadamente qué parte del jardín de Trenton tiene maíz? (9-6)

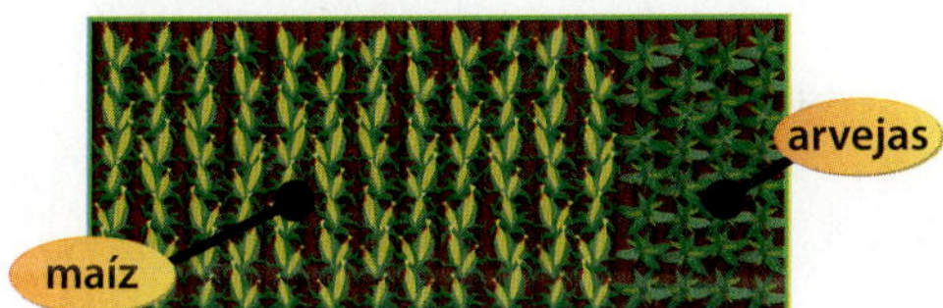

11. Danny y Latisha corrieron en una carrera larga. Danny no llegó hasta la mitad. Latisha casi llegó a la meta. ¿Cuáles son dos posibles fracciones de referencia que se pueden usar para describir qué tan lejos corrió cada persona? (9-6)

12. Cuatro amigos están adivinando la longitud en pulgadas de un alacrán rayado de Guayana. La recta numérica muestra sus conjeturas. La conjetura de Tito fue la correcta. ¿Qué número adivinó Tito? (9-5)

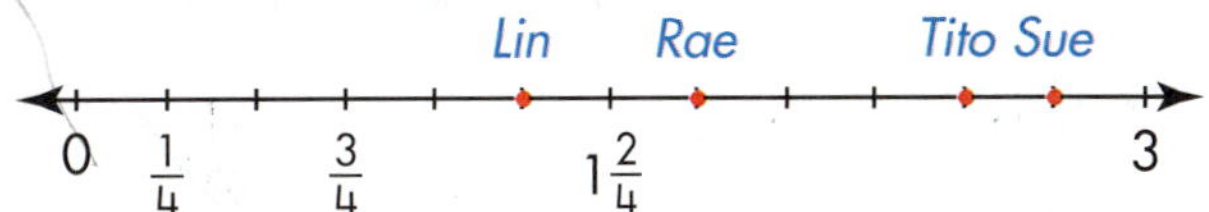

13. ¿Qué fracción de las fichas de abajo son rojas? (9-3)

14. Haz un dibujo de un rectángulo que esté dividido en 4 partes iguales. (9-1)

15. Emily pintó un diseño para su amiga. Dibujó un rectángulo y luego pintó $\frac{2}{6}$ de su longitud de color rojo y $\frac{2}{6}$ de color amarillo. ¿Qué fracción del rectángulo no pintó Emily? (9-7)

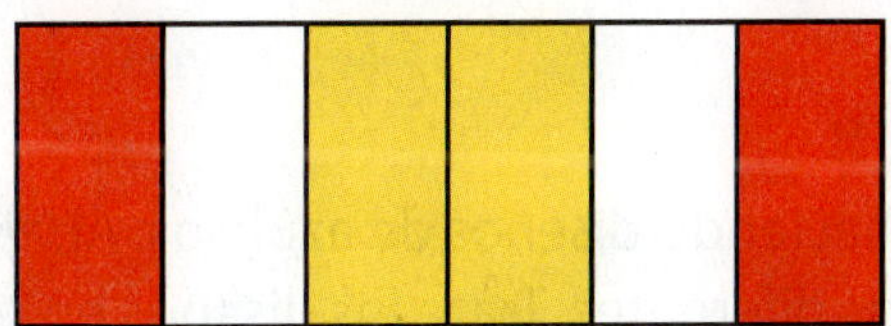

16. John quiere comprar un poco de cartulina. Cada paquete tiene 50 piezas de papel, de las cuales 12 piezas son de color azul. ¿Cuántas piezas de papel azul habrá en 250 piezas de cartulina? (9-8)

Piezas de papel de color azul	12				
Total de piezas de papel	50				

Parte A

Éste es un mapa de diferentes lugares cercanos a la casa de Jeff.

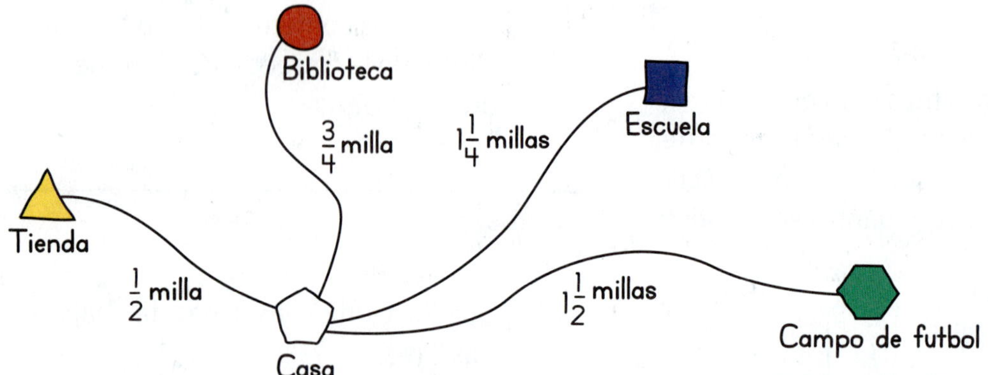

1. Copia y completa la siguiente recta numérica. Escribe las fracciones, los números enteros y los números mixtos del mapa en la recta numérica.

2. Coloca un punto para cada distancia del mapa en la recta numérica. Rotula cada punto con el nombre de su ubicación en el mapa.

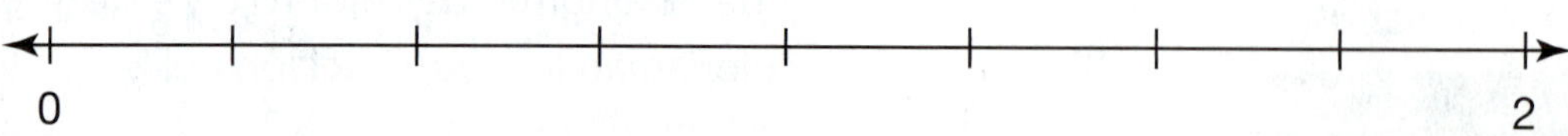

Parte B

Estás haciendo diseños de azulejos. Abajo hay dos diseños diferentes. Traza los diseños en una hoja y sigue las instrucciones.

Diseño A: Colorea de azul una fracción de los azulejos.

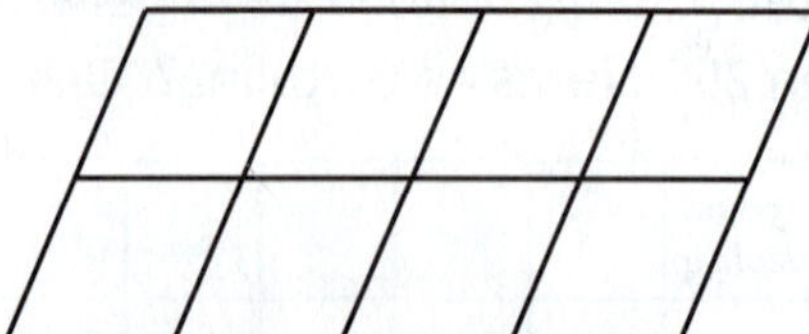

Diseño B: Colorea de amarillo una fracción del diseño.

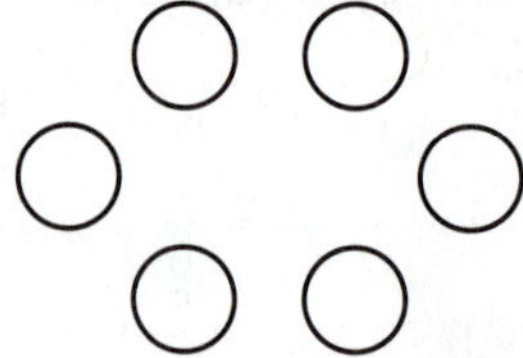

1. Debajo de cada diseño, escribe la fracción que coloreaste.

2. ¿Qué fracción unitaria representa cada parte igual del Diseño A?

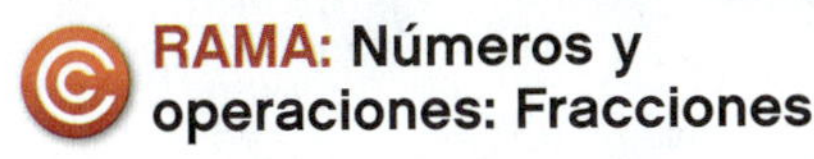

Tema 10

Comparación y equivalencia de fracciones

▼ ¿Qué fracción de la superficie de la Tierra es desierto? Lo averiguarás en la Lección 10-5.

Pregunta esencial
• ¿Cuáles son diferentes maneras de comparar fracciones?

Repasa lo que sabes

Vocabulario

Escoge el mejor término del recuadro.

- factor
- orden
- grupo
- separar

1. Cuando restas, lo que haces es __?__ a un grupo del todo.

2. Una recta numérica te ayuda a mostrar los números en __?__.

3. Cuando divides, hallas cuántos hay en cada __?__ igual.

Identificar fracciones

Escribe la fracción de las fichas que son amarillas.

4.   **5.**

División

Divide.

6. $14 \div 2$　　**7.** $4 \div 4$

8. $9 \div 3$　　**9.** $10 \div 5$

10. $12 \div 6$　　**11.** $24 \div 8$

12. Escribir para explicar Benjamín coloca 6 huevos en 2 grupos iguales. Explica cómo hallar el número de huevos que hay en cada grupo.

Aprendizaje interactivo 

Plantea el problema. Empieza cada lección con una actividad en conjunto para resolver problemas. Te ayudará a comprender las matemáticas.

Lección 10-1

Usar herramientas Resuelve el problema. Usa tiras de fracciones como ayuda.

Julia y Daniel caminan a la escuela. Julia vive a $\frac{5}{8}$ de milla de la escuela. Daniel vive a $\frac{2}{8}$ de milla de la escuela. ¿Quién camina la distancia más corta a la escuela? Indica cómo lo decidiste. Escribe una oración numérica que compare las distancias.

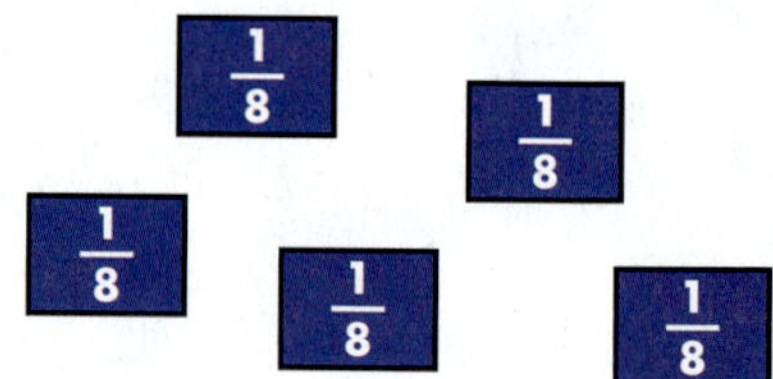

Lección 10-2

Razonar Resuelve el problema usando tiras de fracciones.

Carrie y Alan tienen la misma cantidad de vegetales para comer. Carrie ha comido $\frac{1}{4}$ de su porción de vegetales. Alan ha comido $\frac{1}{3}$ de su porción. ¿Quién ha comido más vegetales? Indica cómo lo decidiste.

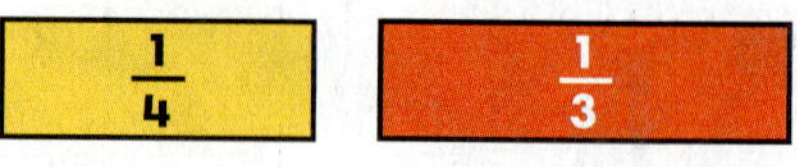

Lección 10-3

Razonar Resuelve el problema de la manera que prefieras.

Indica si cada una de estas fracciones está más cerca de 0 o más cerca de 1. Indica cómo lo decidiste.

$$\frac{1}{3}, \ \frac{1}{4}, \ \frac{3}{8}, \ \frac{5}{6}, \ \frac{3}{4}, \ \frac{1}{6}$$

Lección 10-4

Razonar Resuelve el problema usando una recta numérica como ayuda.

Cada persona de la clase de arte de Rosa recibió bolsas de harina para hacer plastilina. Las bolsas estaban rotuladas con $\frac{1}{4}$ de libra, $\frac{2}{4}$ de libra y $\frac{3}{4}$ de libra. La maestra quería organizar las bolsas según su peso y alinearlas. Comenzó con la bolsa de $\frac{1}{4}$ de libra y les dijo a los estudiantes que alinearan sus bolsas con la suya como si estuvieran en una recta numérica. ¿Dónde debe ir cada una de las bolsas?

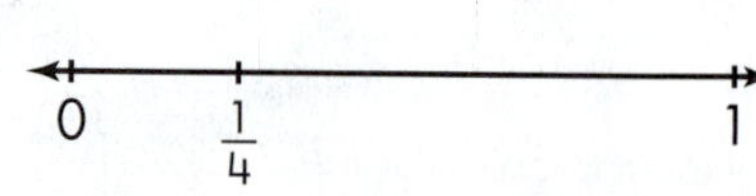

Lección 10-5

Usar herramientas Usa tiras de fracciones para completar esta tarea.

Érica saltó $\frac{3}{4}$ de la longitud de la acera de enfrente de su edificio de apartamentos. ¿Cuántas fracciones puedes hallar que representen esta misma cantidad? Indica cómo lo decidiste.

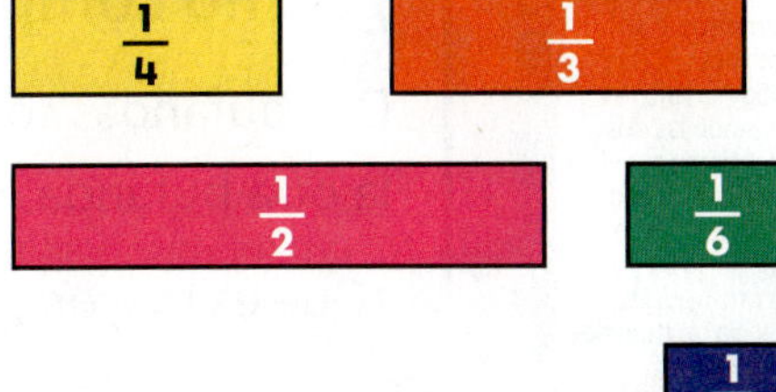

Lección 10-6

Razonar Resuelve el problema de la manera que prefieras.

Una tira de papel se ha doblado en cuatro partes iguales y $\frac{1}{4}$ está coloreado de azul. Otra tira de papel del mismo tamaño y forma se ha doblado en ocho partes iguales y $\frac{2}{8}$ están coloreados de anaranjado. ¿Qué puedes concluir sobre $\frac{1}{4}$ y $\frac{2}{8}$? Explícalo.

Lección 10-7

Razonar Resuelve el problema de la manera que prefieras.

Juanita comió 6 pedazos de pastel durante la semana. Cada pedazo era $\frac{1}{6}$ del pastel. ¿Cuánto pastel queda?

Lección 10-8

Razonar Resuelve el problema de la manera que prefieras. Explica cómo lo decidiste.

María, Liz y Tyler están colocando azulejos en una pared. Cada pared es del mismo tamaño. María ha colocado azulejos en $\frac{2}{6}$ de su pared. Liz ha colocado azulejos en $\frac{5}{8}$ de su pared. Tyler ha colocado azulejos en $\frac{1}{4}$ de su pared. ¿Quién ha colocado la mayor cantidad de azulejos en la pared? ¿Quién ha colocado la menor cantidad de azulejos en la pared?

Lección 10-9

Representar Resuelve el problema. Haz un dibujo como ayuda.

Eres responsable de colocar marcadores a la misma distancia a lo largo de una pista de carreras de 2 millas. También tienes que colocar un marcador en la línea de salida y uno en la meta. ¿Cuál es una manera de colocar los marcadores? ¿Cuántos marcadores necesitarás?

Estándares comunes

3.NOF.3.d Comparar dos fracciones con el mismo numerador o el mismo denominador mediante el razonamiento sobre su tamaño. Reconocer que las comparaciones sólo son válidas cuando las dos fracciones se refieren al mismo entero. Anotar los resultados de las comparaciones con los símbolos >, = ó <, y justificar las conclusiones, por ej., utilizando un modelo visual de fracciones. También, **3.NOF.3.a.**

Usar modelos para comparar fracciones con el mismo denominador

¿Cómo comparas fracciones con el mismo denominador?

Dos bufandas son del mismo tamaño. Una bufanda es $\frac{4}{6}$ verde y la otra bufanda es $\frac{2}{6}$ verde.

¿Qué es mayor, $\frac{4}{6}$ ó $\frac{2}{6}$?

Práctica guiada*

PRÁCTICAS MATEMÁTICAS

¿CÓMO hacerlo?

En los Ejercicios **1** y **2**, compara. Escribe >, < ó =. Usa tiras de fracciones como ayuda.

1.

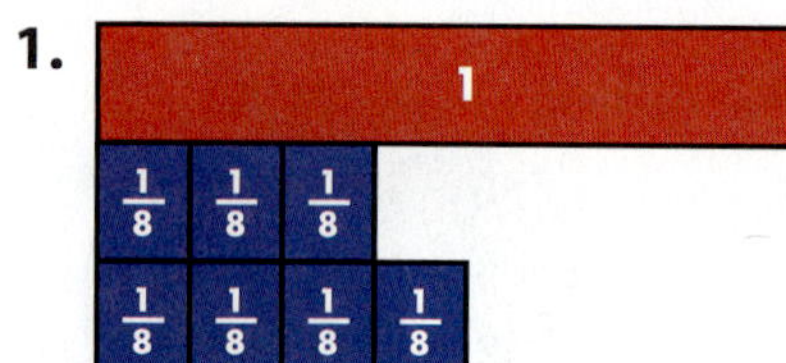

$\frac{3}{8}$ ◯ $\frac{4}{8}$

2. $\frac{3}{6}$ ◯ $\frac{2}{6}$

¿Lo ENTIENDES?

3. Razonar Usa el ejemplo de arriba. ¿Cómo pueden los modelos mostrar que si dos fracciones tienen el mismo denominador, la fracción con el numerador más grande es mayor?

4. Dos cintas tienen la misma longitud. Cada una tiene una parte rosada y una parte amarilla. Una cinta es $\frac{2}{4}$ rosada y la otra es $\frac{3}{4}$ rosada. ¿Qué fracción es mayor, $\frac{2}{4}$ ó $\frac{3}{4}$?

Práctica independiente

En los Ejercicios **5** y **6**, compara. Escribe >, < ó =. Usa tiras de fracciones como ayuda.

5.

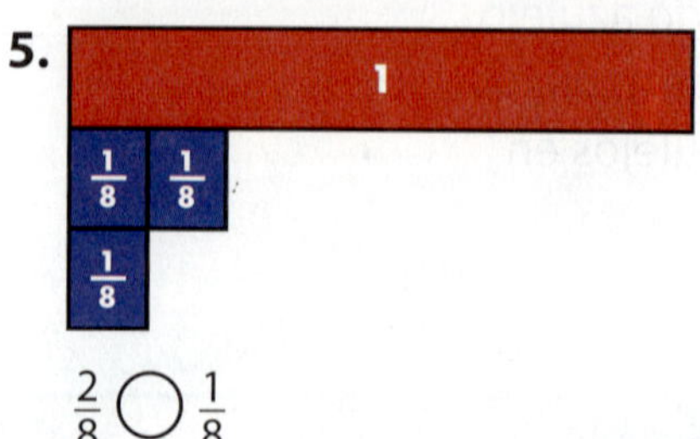

$\frac{2}{8}$ ◯ $\frac{1}{8}$

6.

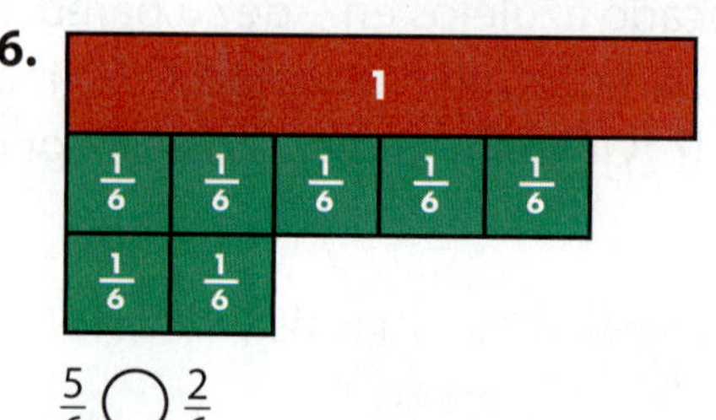

$\frac{5}{6}$ ◯ $\frac{2}{6}$

En los Ejercicios **7** a **10**, copia y completa. Usa <, > ó = para comparar.

7. $\frac{6}{8}$ ◯ $\frac{3}{8}$ **8.** $\frac{5}{8}$ ◯ $\frac{7}{8}$ **9.** $\frac{1}{2}$ ◯ $\frac{1}{2}$ **10.** $\frac{1}{3}$ ◯ $\frac{2}{3}$

 Puedes encontrar otro ejemplo en el Grupo A, página 266.

Puedes usar tiras de fracciones.

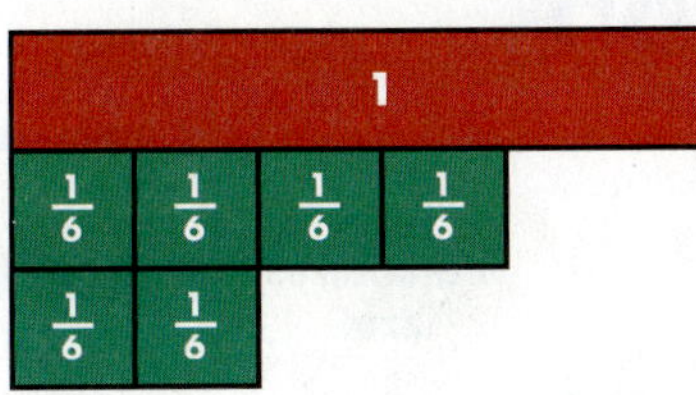

Compara las tiras de fracciones.

$\frac{4}{6} > \frac{2}{6}$

Cuatro sextos es mayor que *dos sextos*.

Si dos fracciones tienen el mismo denominador, la fracción con el mayor numerador es la fracción mayor.

Resolución de problemas

En los Ejercicios **11** a **12**, el dibujo muestra cuatro postes de valla que están parcialmente pintados. Copia y completa cada oración numérica para comparar las partes pintadas de los postes de valla.

11. Postes de valla pintados de verde:

$$\frac{2}{6} \bigcirc \frac{1}{6}$$

12. Postes de valla pintados de amarillo:

$$\frac{3}{4} \bigcirc \frac{2}{4}$$

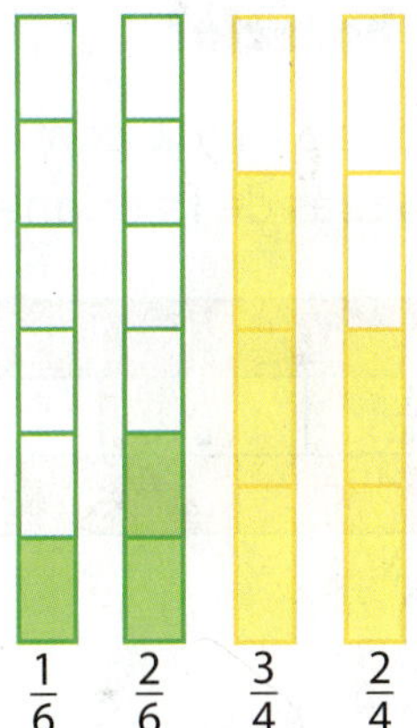

13. Razonar La tabla de la derecha muestra el dinero que Roy ha ahorrado. Él quiere comprar un estuche que cuesta $54.

a Usa una estimación para decidir si ha ahorrado lo suficiente para comprar el estuche. Explícalo.

b ¿Cuánto dinero ha ahorrado Roy hasta ahora?

c ¿Cuánto dinero necesita para comprar el estuche?

Dinero ahorrado	
Mes	**Cantidad**
Junio	$12
Julio	$13
Agosto	$21

14. ¿Qué imagen muestra más de $\frac{5}{8}$ de la región coloreada?

A 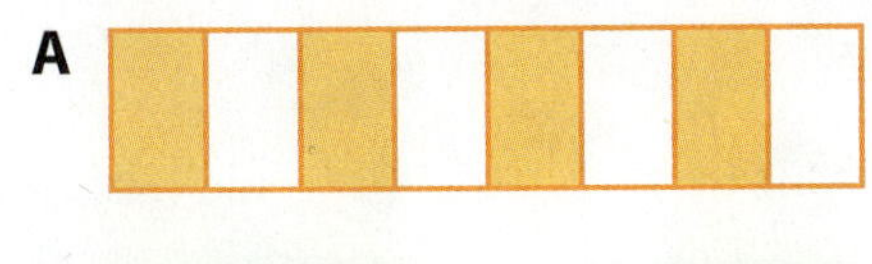

B 

C

D 

Estándares comunes

3.NOF.3.d Comparar dos fracciones con el mismo numerador ... mediante el razonamiento sobre su tamaño. Reconocer que las comparaciones sólo son válidas cuando las dos fracciones se refieren al mismo entero. Anotar los resultados de las comparaciones con los símbolos >, = ó <, y justificar las conclusiones, por ej., utilizando un modelo visual de fracciones. También, **3.NOF.3.a.**

Usar modelos para comparar fracciones con el mismo numerador

¿Cómo comparas fracciones con el mismo numerador?

Dos bufandas son del mismo tamaño. Una bufanda es $\frac{1}{6}$ azul y la otra bufanda es $\frac{1}{4}$ azul. ¿Qué fracción es menor, $\frac{1}{6}$ ó $\frac{1}{4}$?

Práctica guiada*

PRÁCTICAS MATEMÁTICAS

¿CÓMO hacerlo?

En los Ejercicios **1** y **2**, compara. Escribe >, < ó =. Usa tiras de fracciones como ayuda.

1.

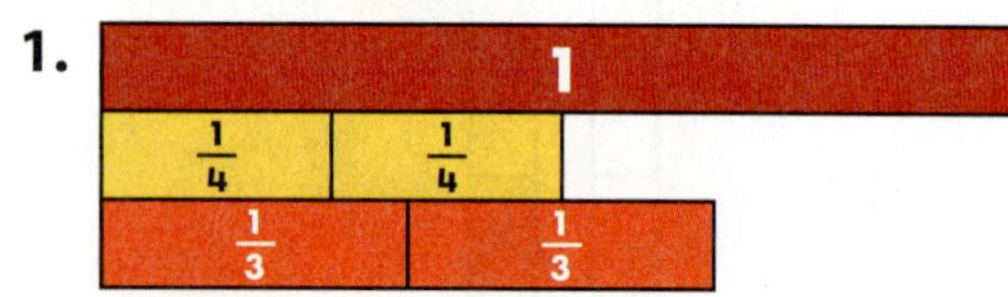

$\frac{2}{4} \bigcirc \frac{2}{3}$

2. $\frac{3}{6} \bigcirc \frac{3}{8}$

¿Lo ENTIENDES?

3. Evaluar el razonamiento Julia dice que $\frac{1}{8}$ es mayor que $\frac{1}{4}$ porque 8 es mayor que 4. ¿Tiene razón? Explícalo.

4. Razonar Nicolás tiene tres vasos de jugo. Todos los vasos son del mismo tamaño. El primer vaso tiene $\frac{3}{8}$ de jugo, el segundo vaso tiene $\frac{3}{4}$ de jugo y el tercer vaso tiene $\frac{3}{6}$ de jugo. ¿Qué vaso contiene más jugo? Explícalo.

Práctica independiente

En los Ejercicios **5** y **6**, compara. Escribe >, < ó =. Usa tiras de fracciones como ayuda.

5.

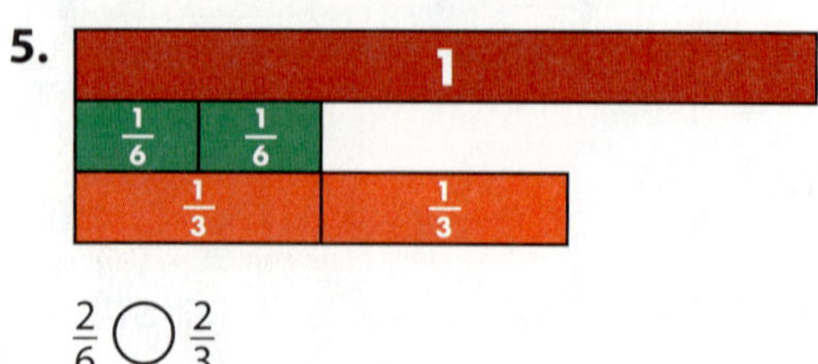

$\frac{2}{6} \bigcirc \frac{2}{3}$

6.

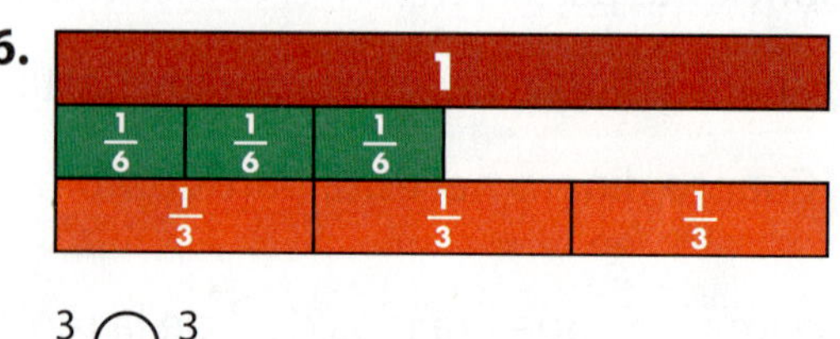

$\frac{3}{3} \bigcirc \frac{3}{6}$

En los Ejercicios **7** a **10**, compara. Escribe >, < ó =.

7. $\frac{2}{3} \bigcirc \frac{2}{2}$

8. $\frac{4}{8} \bigcirc \frac{4}{8}$

9. $\frac{5}{8} \bigcirc \frac{5}{6}$

eTools
www.pearsonsuccessnet.com
DIGITAL

Puedes encontrar otro ejemplo en el Grupo B, página 266.

Puedes usar tiras de fracciones.

Compara las tiras de fracciones.

$\frac{1}{6} < \frac{1}{4}$

Un sexto es menor que *un cuarto*.

Si dos fracciones tienen el mismo numerador, la fracción con el mayor denominador es menor que la otra fracción.

Resolución de problemas

PRÁCTICAS MATEMÁTICAS

10. Hay 4 personas en la familia de Sara y 6 personas en la familia de Mike. Las dos familias compran el mismo tamaño de envase de leche para compartirlo por igual. ¿Cuánta leche reciben Sara y Mike? ¿Quién recibe más leche? Explica tu respuesta.

11. Escribir para explicar Lilia corrió $\frac{1}{2}$ de hora el lunes, $\frac{1}{3}$ de hora el martes y $\frac{1}{4}$ de hora el miércoles. ¿Qué día corrió Lilia durante más tiempo? Explícalo.

12. Razonar Un pastel de manzana y un pastel de arándano azul son del mismo tamaño. El pastel de manzana se corta en 3 pedazos iguales. El pastel de arándano azul se corta en 4 pedazos iguales. María tiene un pedazo de pastel de manzana. Hilda tiene un pedazo de pastel de arándano azul. ¿Quién tiene el pedazo más pequeño de pastel?

13. Representar Hay 3 niñas y 5 niños en el equipo de Max. Hay 3 niñas y 3 niños en el equipo de Marco. ¿Qué oración numérica compara la fracción de niñas que hay en el equipo de Max con la fracción de niñas que hay en el equipo de Marco?

A $\frac{3}{3} > \frac{3}{5}$　　　C $\frac{3}{6} > \frac{3}{8}$

B $\frac{3}{3} < \frac{3}{5}$　　　D $\frac{3}{8} < \frac{3}{6}$

14. Evaluar el razonamiento Mario tiene dos pedazos de papel que son del mismo tamaño. Colorea 4 partes de cada papel de azul, como se muestra a la derecha. Mario dice que el área azul del primer papel es la misma que el área azul del segundo papel. ¿Tiene razón? Explícalo.

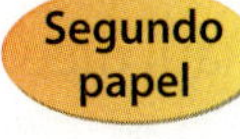

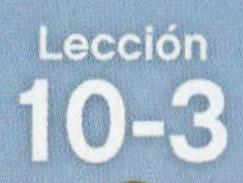

Estándares comunes

3.NOF.3.d Comparar dos fracciones con el mismo numerador o el mismo denominador mediante el razonamiento sobre su tamaño.... Anotar los resultados de las comparaciones con los símbolos >, = ó <, y justificar las conclusiones, por ej., utilizando un modelo visual de fracciones.

Comparar fracciones usando fracciones de referencia

¿Cómo usas números de referencia para comparar fracciones?

Keri quiere comprar $\frac{2}{6}$ de un recipiente de maní a granel.

Alan quiere comprar $\frac{2}{3}$ del recipiente del mismo tamaño de la misma clase de maní. ¿Quién comprará más maní?

Lleno

Práctica guiada*

PRÁCTICAS MATEMÁTICAS

¿CÓMO hacerlo?

En los Ejercicios **1** a **3**, escoge entre las fracciones $\frac{1}{8}$, $\frac{1}{4}$, $\frac{6}{8}$ y $\frac{3}{4}$. Usa tiras de fracciones como ayuda.

1. ¿Qué fracciones están más cerca de 0 que de 1?

2. ¿Qué fracciones están más cerca de 1 que de 0?

3. Usa dos de las fracciones para escribir un enunciado verdadero: ▨ < ▨.

¿Lo ENTIENDES?

4. Tina usó números de referencia para decidir que $\frac{3}{8}$ es menor que $\frac{7}{8}$. ¿Estás de acuerdo? Explícalo.

5. Razonar Escribe dos fracciones con un denominador de 6 que estén más cerca de 0 que de 1.

6. Razonar Escribe dos fracciones con un denominador de 8 que estén más cerca de 1 que de 0.

Práctica independiente

En los Ejercicios **7** a **9**, escoge entre las fracciones $\frac{2}{3}$, $\frac{7}{8}$, $\frac{1}{4}$, $\frac{2}{6}$.

7. ¿Qué fracciones están más cerca de 0 que de 1?

8. ¿Qué fracciones están más cerca de 1 que de 0?

9. Evaluar el razonamiento Raúl dice que $\frac{2}{6} < \frac{2}{3}$ porque $\frac{2}{6}$ es menor que $\frac{1}{2}$ y $\frac{2}{3}$ es mayor que $\frac{1}{2}$. ¿Tiene razón? Explícalo.

En los Ejercicios **10** a **12**, usa números de referencia para comparar. Escribe <, > ó =.

10. $\frac{5}{8}$ ◯ $\frac{7}{8}$

11. $\frac{5}{8}$ ◯ $\frac{2}{8}$

12. $\frac{3}{4}$ ◯ $\frac{3}{6}$

Puedes encontrar otro ejemplo en el Grupo C, página 267.

Algunos números de referencia importantes son 0, $\frac{1}{2}$ y 1. Compara cada fracción con un número de referencia y luego observa cómo se relacionan entre sí.

$\frac{2}{6}$ está entre 0 y $\frac{1}{2}$.

$\frac{2}{3}$ está entre $\frac{1}{2}$ y 1.

$\frac{2}{6}$ es menor que $\frac{1}{2}$.

$\frac{2}{3}$ es mayor que $\frac{1}{2}$.

Por tanto, $\frac{2}{6} < \frac{2}{3}$.

Alan comprará más maní que Keri.

Resolución de problemas

PRÁCTICAS MATEMÁTICAS

En los Ejercicios **13** a **16**, usa la tabla de la derecha.

13. ¿Qué clase tiene la mayor fracción de estudiantes que visten de verde?

14. **Escribir para explicar** ¿En qué clase no se acerca la fracción de estudiantes que visten de verde ni a 0 ni a 1? Explícalo.

Clase	Fracción de estudiantes que visten de verde
Sra. Avery	$\frac{1}{6}$
Sr. Núñez	$\frac{5}{6}$
Srta. Chang	$\frac{1}{3}$
Sr. O'Leary	$\frac{4}{8}$
Srta. Lee	$\frac{4}{6}$

Datos

15. ¿En qué clases se acercan más las fracciones de estudiantes que visten de verde a 1 que a 0?

16. **Perseverar** ¿Qué clase tiene la menor fracción de estudiantes que visten de verde? Explícalo.

17. Escribe dos fracciones usando los números de las tarjetas de la derecha. Luego, indica qué fracción está más cerca de 1 que de 0.

18. **Razonar** Nina tiene 40 borradores. 10 son amarillos, 3 son verdes, 8 son rojos y el resto son azules. ¿Cuántos borradores azules tiene Nina?

19. El Sr. Popov tiene 24 lápices que le dará a 8 estudiantes. Cada estudiante recibirá la misma cantidad de lápices. ¿Cuántos lápices recibirá cada estudiante?

A 2   **B** 3   **C** 16   **D** 32

Comparar fracciones en la recta numérica

¿Cómo comparas fracciones en la recta numérica?

Talía tiene dos longitudes diferentes de cinta roja y azul. ¿Tiene Talía más cinta roja o más cinta azul?

Otro ejemplo

Benjamín tiene $\frac{1}{2}$ de yarda de cuerda y John tiene $\frac{1}{3}$ de yarda de cuerda. ¿Quién tiene más cuerda?

Puedes dibujar dos rectas numéricas de igual longitud para comparar. Marca 0 y 1.

Divide la primera en 2 partes iguales. Marca $\frac{1}{2}$.

Divide la segunda en 3 partes iguales y marca $\frac{1}{3}$.

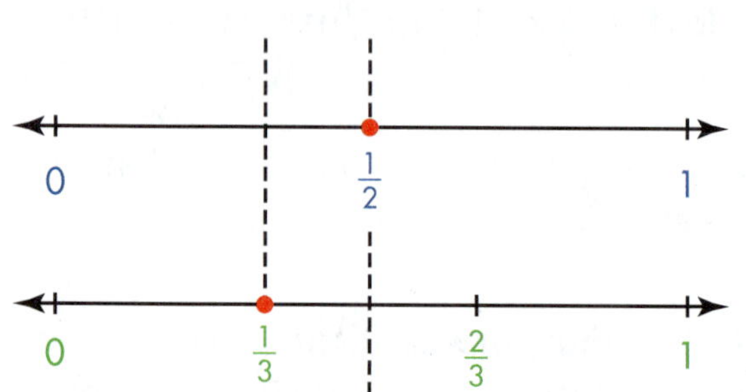

$\frac{1}{2}$ está más a la derecha que $\frac{1}{3}$.

$\frac{1}{2} > \frac{1}{3}$ Benjamín tiene más cuerda que John.

Práctica guiada*

PRÁCTICAS MATEMÁTICAS

¿CÓMO hacerlo?

Compara. Escribe <, > ó =. Usa rectas numéricas como ayuda.

1.

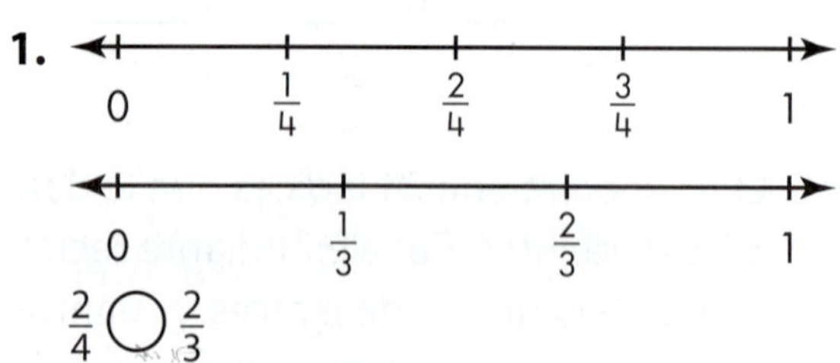

$\frac{2}{4} \bigcirc \frac{2}{3}$

2. $\frac{1}{6} \bigcirc \frac{1}{8}$

3. $\frac{5}{8} \bigcirc \frac{3}{8}$

¿Lo ENTIENDES?

4. Usar la estructura ¿Qué observas cuando los denominadores de las dos fracciones que estás comparando son los mismos?

5. Escribir un problema Escribe un problema que compare dos fracciones con diferentes numeradores.

Puedes encontrar otro ejemplo en el Grupo D, página 267.

Puedes usar una recta numérica para comparar $\frac{1}{3}$ y $\frac{2}{3}$.

Cuanto más a la derecha esté una fracción en la recta numérica, mayor es la fracción.

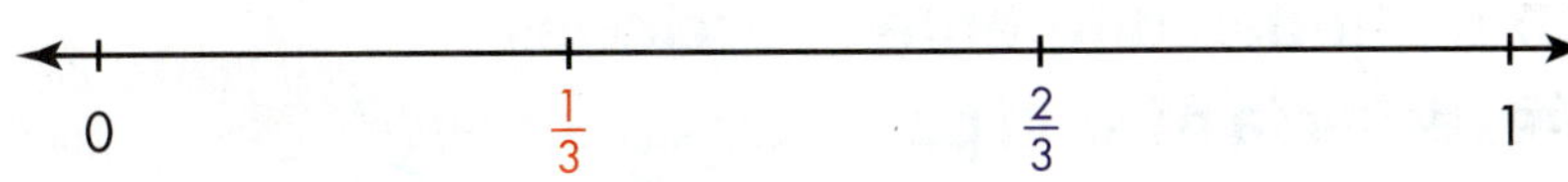

En la recta numérica, $\frac{2}{3}$ está más a la derecha que $\frac{1}{3}$.

$$\frac{2}{3} > \frac{1}{3}$$

Talía tiene más cinta azul que cinta roja.

Práctica independiente

Compara. Usa rectas numéricas.

6.

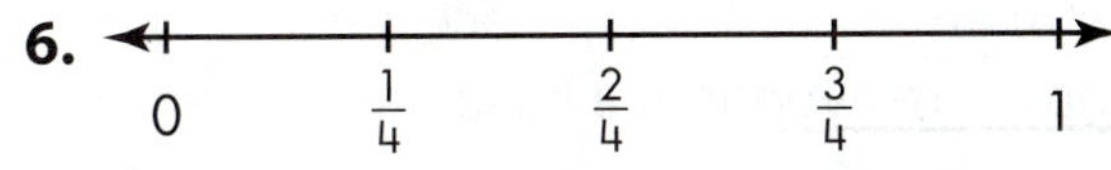

$\frac{1}{4}$ ◯ $\frac{3}{4}$

7.

$\frac{4}{6}$ ◯ $\frac{3}{6}$

8.

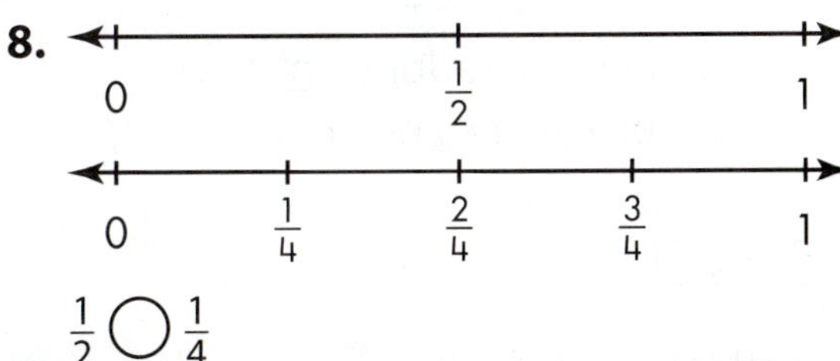

$\frac{1}{2}$ ◯ $\frac{1}{4}$

9.

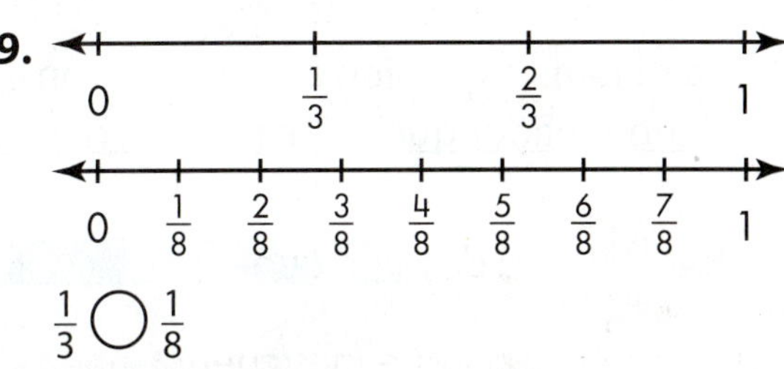

$\frac{1}{3}$ ◯ $\frac{1}{8}$

Resolución de problemas

PRÁCTICAS MATEMÁTICAS

10. Razonar Scott comió $\frac{2}{8}$ de una barra de frutas. Ana comió $\frac{4}{8}$ de una barra de frutas. ¿Quién comió más de la barra de frutas, Scott o Ana? Dibuja una recta numérica como ayuda para explicar tu respuesta.

11. Hacerlo con precisión Matías y Andrea tienen piezas idénticas de cartón para un proyecto de arte. Matías usa $\frac{2}{3}$ de su pieza. Andrea usa $\frac{2}{6}$ de su pieza. ¿Quién usa más, Matías o Andrea? Dibuja dos rectas numéricas como ayuda para explicar tu respuesta.

12. Algunos amigos comparten una pizza. Nicole comió $\frac{2}{8}$ de la pizza. Chris comió $\frac{3}{8}$ de la pizza. Mike comió $\frac{1}{8}$ de la pizza. Johan comió $\frac{2}{8}$ de la pizza. ¿Quién comió más pizza?

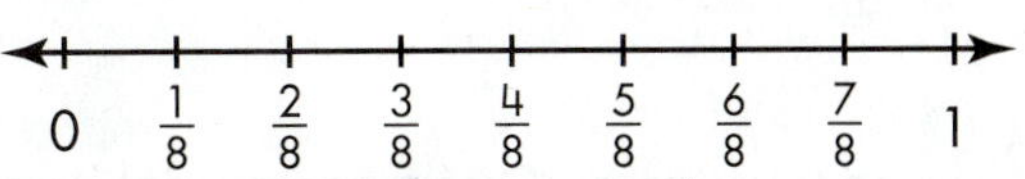

A Nicole   **B** Chris   **C** Mike   **D** Johan

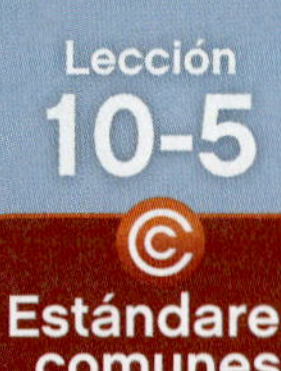

Estándares comunes

3.NOF.3.a Entender dos fracciones como equivalentes (iguales) si son del mismo tamaño o están en el mismo punto en una recta numérica. También, 3.NOF.3.b.

Hallar fracciones equivalentes

Manos a la obra
tiras de fracciones $\frac{1}{8}$

¿Cómo pueden diferentes fracciones representar la misma parte de un entero?

Sonia ha decorado $\frac{1}{2}$ del borde.

¿Cuáles son otras dos maneras de representar $\frac{1}{2}$?

$\frac{1}{2}$ del borde

Diferentes fracciones pueden representar la misma parte de un entero.

Otro ejemplo ¿Cómo escribes una fracción en su mínima expresión?

Las fracciones que representan la misma parte de un entero se llaman **fracciones equivalentes**. Las operaciones de división que conoces te ayudarán a hallar las fracciones equivalentes.

Mario ha coloreado $\frac{4}{6}$ de un borde. ¿Cuál es la mínima expresión de $\frac{4}{6}$?

La **mínima expresión** de una fracción es una fracción con un numerador y un denominador que no se pueden dividir por el mismo divisor, excepto por 1.

$\frac{4}{6}$ de la longitud del borde

Una manera

Usa modelos.

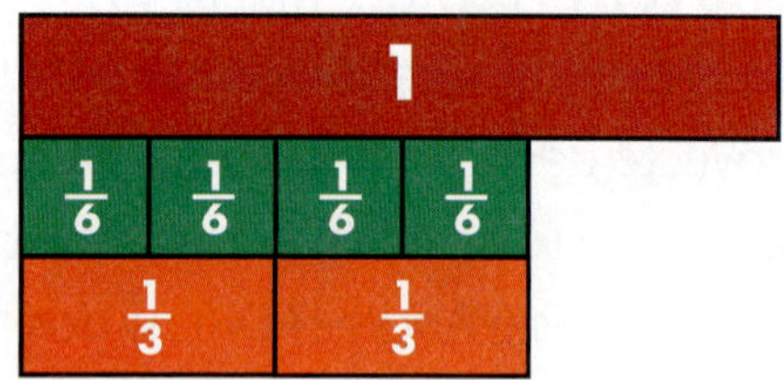

$\frac{4}{6} = \frac{2}{3}$

La mínima expresión de $\frac{4}{6}$ es $\frac{2}{3}$.

Otra manera

Divide el numerador y el denominador por el mismo número.

Halla un divisor por el cual se puedan dividir tanto el numerador como el denominador.

Tanto el 4 como el 6 se pueden dividir por 2.

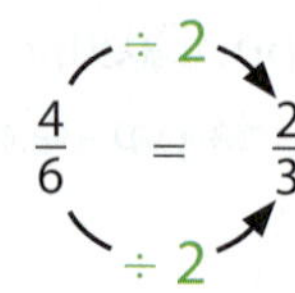

$$\frac{4}{6} = \frac{2}{3}$$

El numerador y el denominador de $\frac{2}{3}$ no se pueden dividir exactamente por el mismo divisor, excepto por 1. La mínima expresión de $\frac{4}{6}$ es $\frac{2}{3}$.

Explícalo

1. Wendy ha coloreado $\frac{2}{4}$ de un banderín. ¿Qué fracción del banderín, en su mínima expresión, coloreó Wendy?

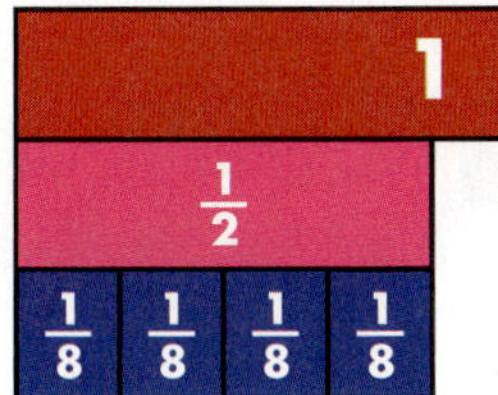

$\frac{1}{2} = \frac{\square}{8}$

Puedes usar tiras de fracciones. Los denominadores de las fracciones indican qué tiras de fracciones se deben usar.

Halla cuántos $\frac{1}{8}$ son iguales a $\frac{1}{2}$.

Cuatro tiras de $\frac{1}{8}$ son iguales a $\frac{1}{2}$; por tanto, $\frac{1}{2} = \frac{4}{8}$.

Otra manera de representar $\frac{1}{2}$ es $\frac{4}{8}$.

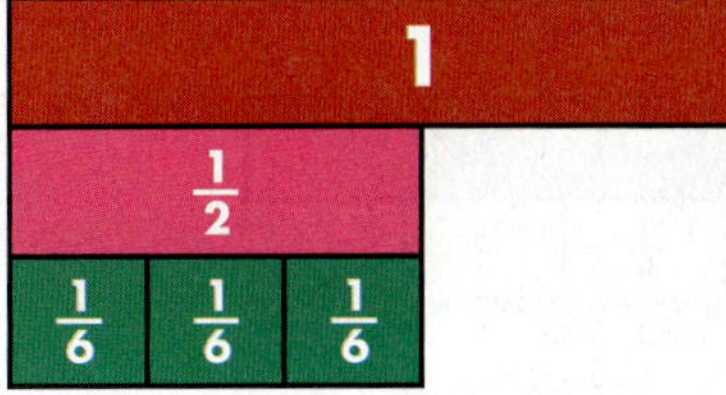

$\frac{1}{2} = \frac{\square}{6}$

Puedes usar tiras de fracciones. El denominador es 6; por tanto, usa tiras de $\frac{1}{6}$.

Halla cuántos $\frac{1}{6}$ son iguales a $\frac{1}{2}$.

Tres tiras de $\frac{1}{6}$ son iguales a $\frac{1}{2}$; por tanto, $\frac{1}{2} = \frac{3}{6}$.

Otra manera de representar $\frac{1}{2}$ es $\frac{3}{6}$.

Práctica guiada*

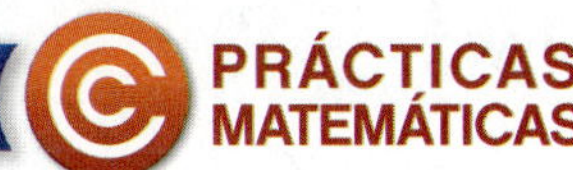

¿CÓMO hacerlo?

1. Copia y completa la oración numérica. Usa tiras de fracciones o haz dibujos en papel cuadriculado.

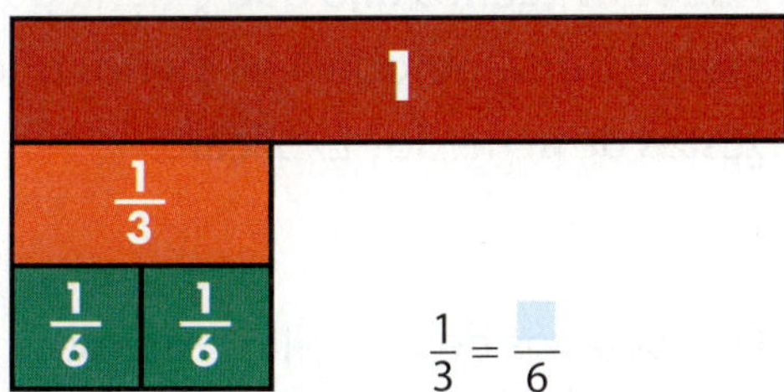

$\frac{1}{3} = \frac{\square}{6}$

Halla las fracciones en su mínima expresión.

2. $\frac{4}{8}$ **3.** $\frac{5}{8}$ **4.** $\frac{2}{4}$

¿Lo ENTIENDES?

5. Buscar patrones En los ejemplos de arriba, ¿qué patrón ves en el numerador y el denominador de fracciones que representen $\frac{1}{2}$?

6. Vijay dobló una cuerda en cuartos. Luego, mostró $\frac{1}{4}$ de la longitud. Escribe $\frac{1}{4}$ de otra manera.

Práctica independiente

En los Ejercicios **7** a **9**, copia y completa cada oración numérica. Usa tiras de fracciones o haz dibujos en papel cuadriculado como ayuda.

7. 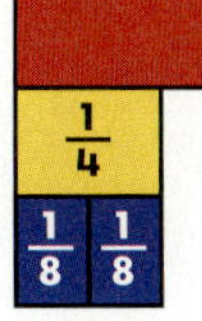

$\frac{1}{4} = \frac{\square}{8}$

8. 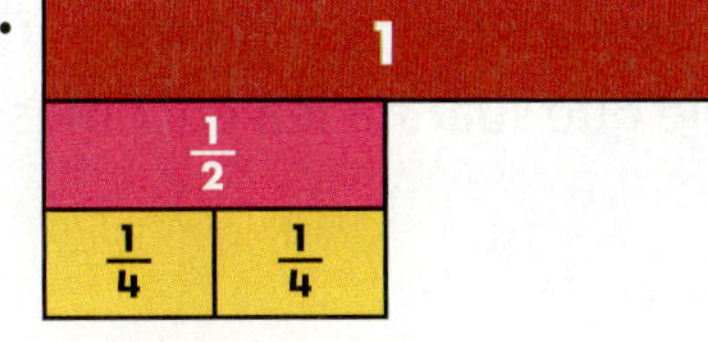

$\frac{1}{2} = \frac{\square}{4}$

9. 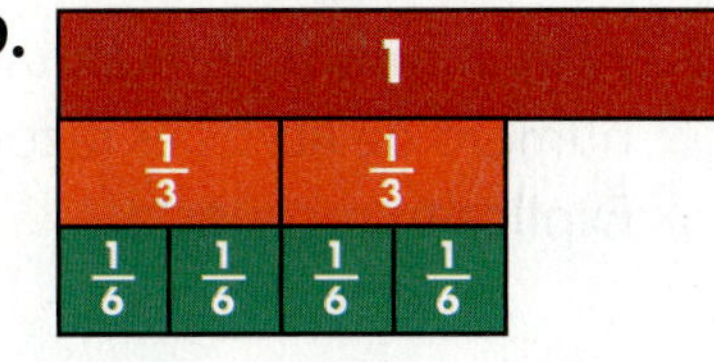

$\frac{2}{3} = \frac{\square}{6}$

Glosario animado, eTools
www.pearsonsuccessnet.com

En los Ejercicios **10** y **11**, copia y completa las oraciones numéricas. Usa tiras de fracciones o haz dibujos en papel cuadriculado como ayuda.

10. 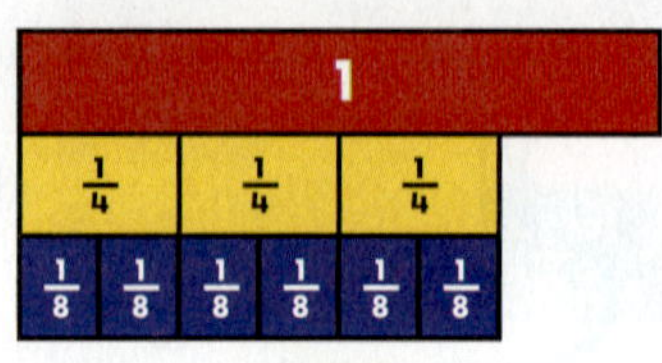

$$\frac{6}{8} = \frac{\square}{4}$$

11. 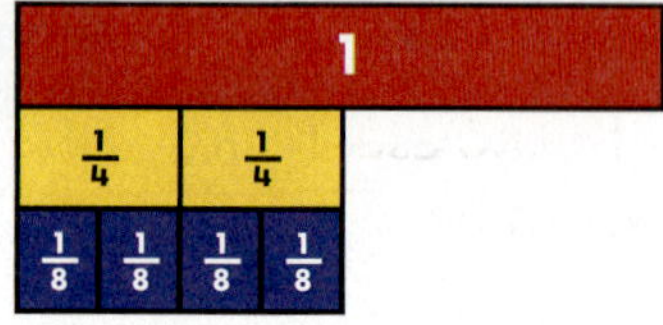

$$\frac{2}{4} = \frac{\square}{8}$$

En los Ejercicios **12** a **19**, escribe las fracciones en su mínima expresión.

12. $\frac{3}{6}$ **13.** $\frac{2}{8}$ **14.** $\frac{2}{6}$ **15.** $\frac{5}{6}$

16. $\frac{2}{4}$ **17.** $\frac{7}{8}$ **18.** $\frac{4}{6}$ **19.** $\frac{3}{8}$

20. Eva pintó $\frac{1}{3}$ de una tabla. ¿Cuál es otra manera de representar $\frac{1}{3}$?

21. Razonar Carlos dijo que $\frac{3}{4}$ tiene que ser menor que $\frac{3}{8}$ porque 4 es menor que 8. ¿Estás de acuerdo? Explícalo.

22. Escribir para explicar ¿Cómo sabes que $\frac{2}{3}$ está en su mínima expresión?

23. Dos octavos de un collar son rojos. ¿Qué parte del collar no es rojo?

24. ¿Cuál de los rectángulos tiene una parte coloreada que representa $\frac{1}{4}$?

A 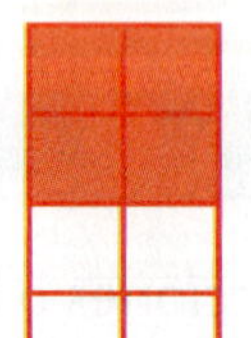 **B** 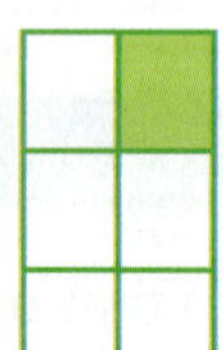 **C**  **D** 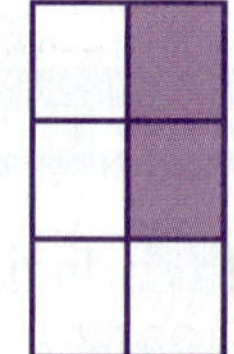

25. ¿Es razonable? Juanita lee de 4 a 6 libros cada mes. ¿Qué número de libros es razonable que Juanita lea en 7 meses? Explica tu respuesta.

26. En su mínima expresión, ¿qué fracción de la Tierra es desierto? Usa el dibujo.

A $\frac{1}{2}$ **B** $\frac{1}{3}$ **C** $\frac{1}{8}$ **D** $\frac{4}{6}$

Gráficas circulares

Karina ganó $20 la semana pasada. La gráfica circular muestra cómo ganó ese dinero y qué parte del total ganó con cada trabajo.

La parte del cuidado de niños es la mitad del círculo. Karina ganó más cuidando niños que haciendo tareas domésticas o cortando césped.

La mitad de los $20 que Karina ganó fue cuidando niños.

$\frac{1}{2} = \frac{10}{20}$ Por tanto, Karina ganó $10 cuidando niños.

Un cuarto de la cantidad que Karina ganó fue haciendo tareas domésticas y un cuarto cortando césped.

$\frac{1}{4} = \frac{5}{20}$ Karina ganó $5 haciendo tareas domésticas y $5 cortando césped.

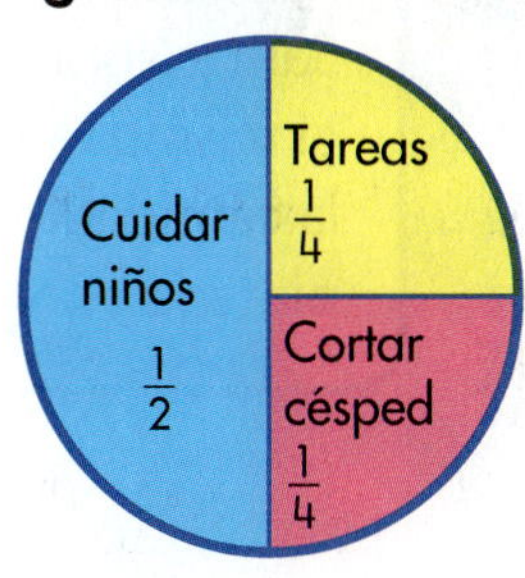

Práctica

Tom gastó un total de $12 en artículos para Hammy, su hámster. En los Ejercicios **1** a **5**, usa la gráfica circular que hizo Tom.

1. ¿Qué artículo costó un cuarto del total? ¿Cuánto dinero es eso?

2. ¿Cuánto gastó Tom en materiales para dormir?

3. ¿Qué artículo costó un sexto del total? ¿Cuánto dinero es eso?

4. Haz una lista de los artículos que Tom compró del más barato al más caro.

5. ¿Cómo el pensar en un reloj puede ayudar a Tom a hacer una gráfica circular para los artículos de Hammy?

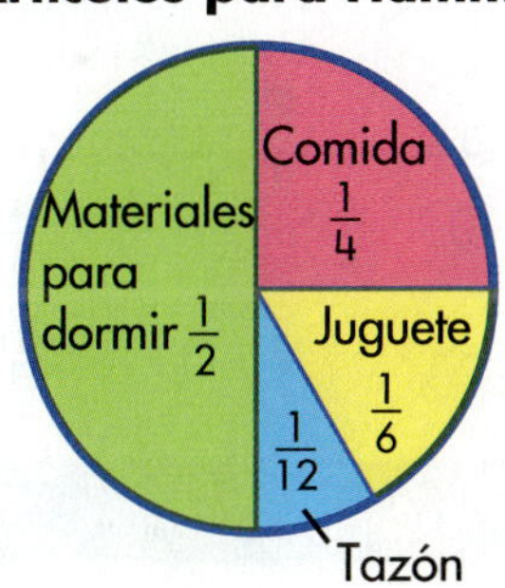

En los Ejercicios **6** y **7**, usa la tabla de la derecha que muestra los resultados de los votos para el color de la clase.

6. a ¿Cuál es el número total de votos?

   b Escribe una fracción que describa los votos para cada color.

7. Haz una gráfica circular que muestre los votos.

Color de la clase	
Color	**Votos**
Azul	9
Verde	3
Plateado	6

Estándares comunes

3.NOF.3.a Entender dos fracciones como equivalentes (iguales) si son del mismo tamaño o están en el mismo punto en una recta numérica. También, **3.NOF.3.b, 3.NOF.3.c.**

Fracciones equivalentes y la recta numérica

¿Cómo se ven las fracciones equivalentes en una recta numérica?

Sam y Nora están pintando dos tablas que tienen el mismo tamaño y la misma forma. ¿Es igual la cantidad pintada por Sam que la cantidad pintada por Nora?

Práctica guiada*

PRÁCTICAS MATEMÁTICAS

¿CÓMO hacerlo?

En los Ejercicios **1** y **2**, escribe dos fracciones que representen su ubicación en la recta numérica. Puedes usar tiras de fracciones como ayuda.

1.
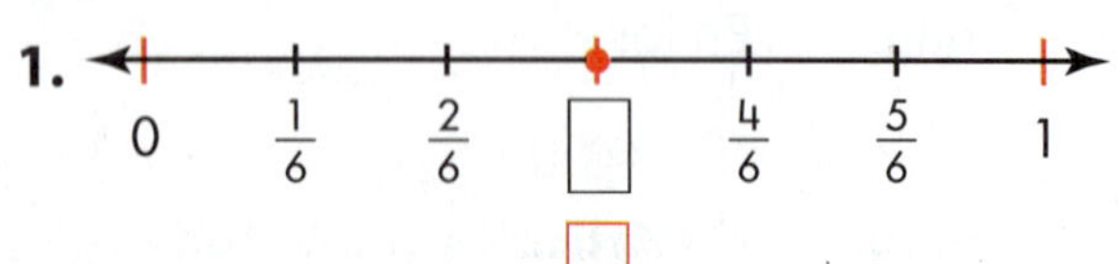

2.
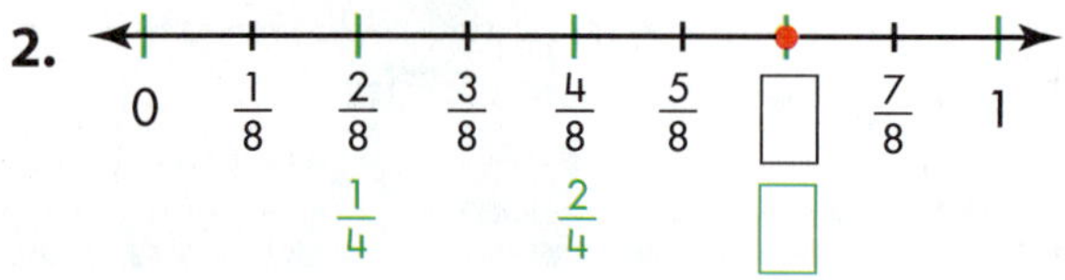

¿Lo ENTIENDES?

3. Representar Dibuja una recta numérica que muestre que $\frac{2}{8}$ y $\frac{1}{4}$ son fracciones equivalentes.

4. Ana pintó $\frac{3}{6}$ de la misma tabla que pintaron Sam y Nora. ¿Pintó la misma cantidad que Sam y Nora? Explícalo.

Práctica independiente

En los Ejercicios **5** a **8**, escribe dos fracciones que representen su ubicación en la recta numérica. Puedes usar tiras de fracciones como ayuda.

5.
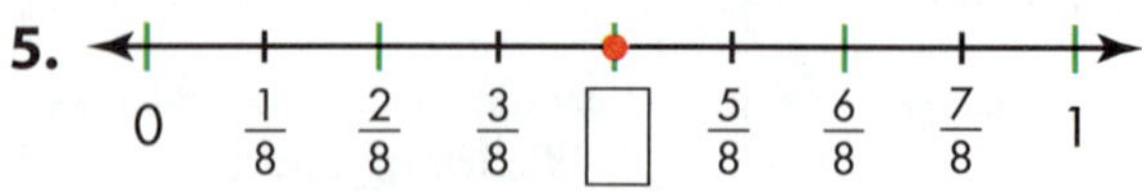

6.
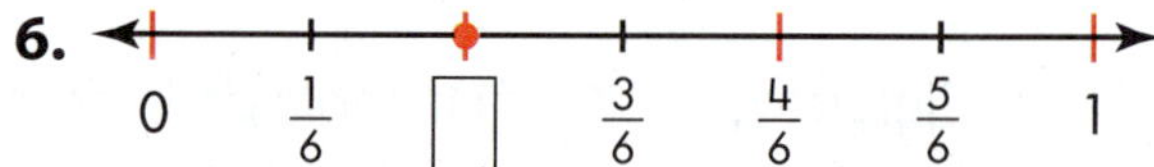

7.
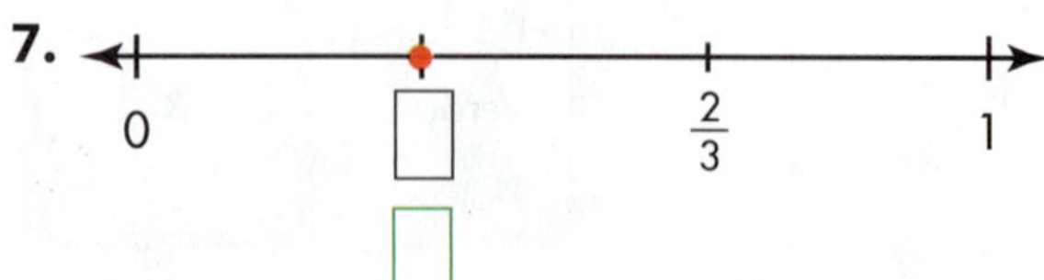

8.
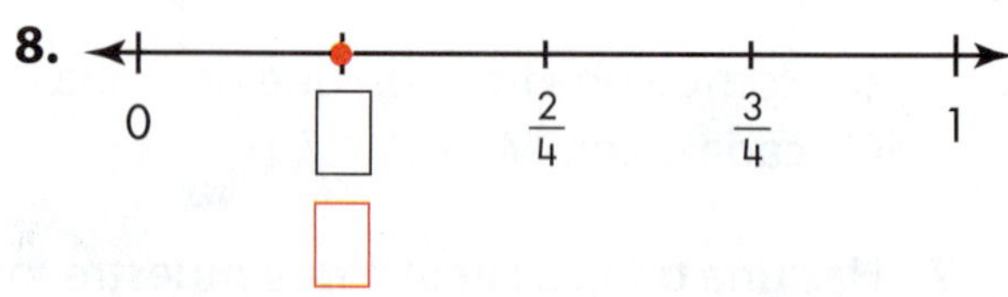

 Puedes encontrar otro ejemplo en el Grupo E, página 268.

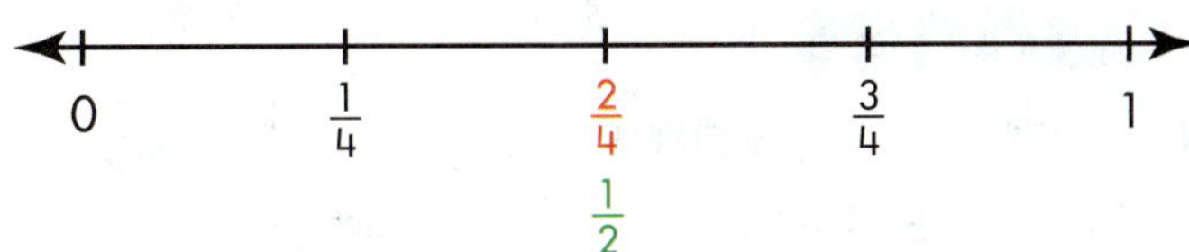

Puedes usar una recta numérica para mostrar $\frac{1}{2}$ y $\frac{2}{4}$.

$$\frac{1}{2} = \frac{2}{4}$$

Sam y Nora pintaron la misma cantidad.

Las fracciones equivalentes son representaciones diferentes del mismo punto en una recta numérica.

Resolución de problemas

9. Representar Mónica y Andrés tenían cada uno la misma longitud de cinta. Mónica dobló su pedazo de cinta en cuartos. Usó $\frac{3}{4}$ de la cinta para envolver un paquete. Andrés dobló su cinta en octavos. Usó $\frac{6}{8}$ de la cinta para envolver su paquete. ¿Quién usó más cinta? Dibuja una recta numérica como ayuda para explicar tu respuesta. Escribe una oración numérica que describa lo que hallaste.

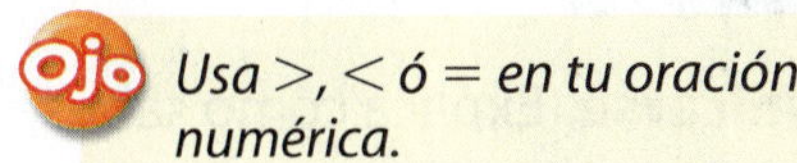

Usa >, < ó = en tu oración numérica.

10. Usar herramientas Sofía y Samuel tenían cada uno un tubo del mismo tamaño para un proyecto. Sofía cortó su tubo en tercios. Usó $\frac{2}{3}$ para construir una torre. Samuel cortó su tubo en sextos. Usó $\frac{5}{6}$ de su tubo para construir una torre. Sofía dijo que ella y Samuel usaron cada uno la misma cantidad de sus tubos. ¿Estás de acuerdo? Dibuja una recta numérica y escribe una oración numérica para mostrar tu respuesta.

11. Raquel cortó 3 pasteles diferentes en 6 pedazos iguales. ¿Cuántos pedazos de pastel tenía en total?

12. Rory tenía 40 porciones de pizza para compartir. Cada pizza estaba cortada en 8 porciones. ¿Cuántas pizzas tenía Rory?

En los Ejercicios **13** y **14**, escoge la fracción que **NO** es equivalente a la fracción dada.

13. $\frac{2}{4}$

   A $\frac{4}{8}$ C $\frac{1}{2}$

   B $\frac{2}{8}$ D $\frac{3}{6}$

14. $\frac{5}{5}$

   A $\frac{4}{4}$ C $\frac{5}{1}$

   B $\frac{3}{3}$ D $\frac{2}{2}$

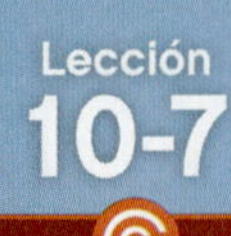

Estándares comunes

3.NOF.3.c Expresar números enteros no negativos como fracciones y reconocer fracciones que son equivalentes a números enteros. . . .

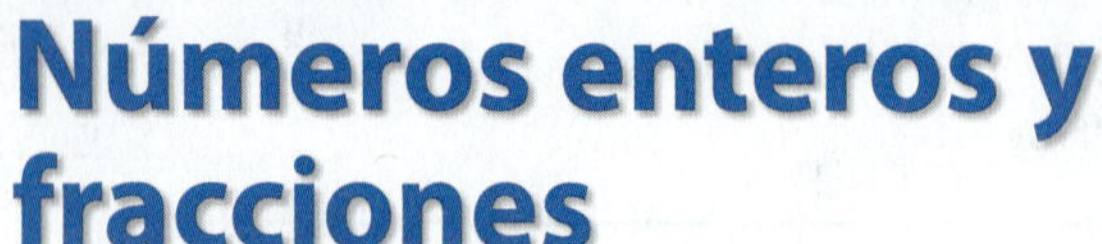

Números enteros y fracciones

¿Hay maneras de representar en fracciones los números enteros?

Lucy tenía una caja pequeña de galletas saladas. Comió $\frac{1}{4}$ de la caja por la mañana y $\frac{1}{4}$ de la caja después del almuerzo. Luego, comió $\frac{1}{4}$ de la caja antes de la cena y $\frac{1}{4}$ de la caja antes de acostarse. ¿Cuánto de la caja de galletas saladas comió en total?

Otro ejemplo

¿Cuántos cuartos hay en 2 enteros? Usa una recta numérica para hallar una manera de representar el 2 en fracciones usando cuartos.

Por tanto, una manera de representar el 2 en fracciones es $\frac{8}{4}$.

Todos los números enteros pueden ser representados en fracciones.

Práctica guiada*

¿CÓMO hacerlo?

En los Ejercicios **1** a **3**, copia y completa las rectas numéricas.

1. 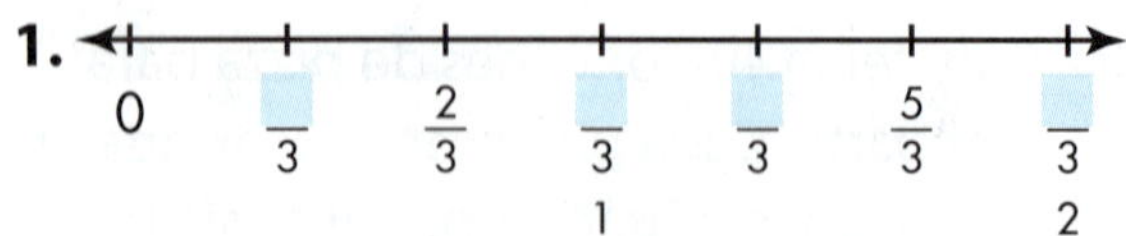

2. 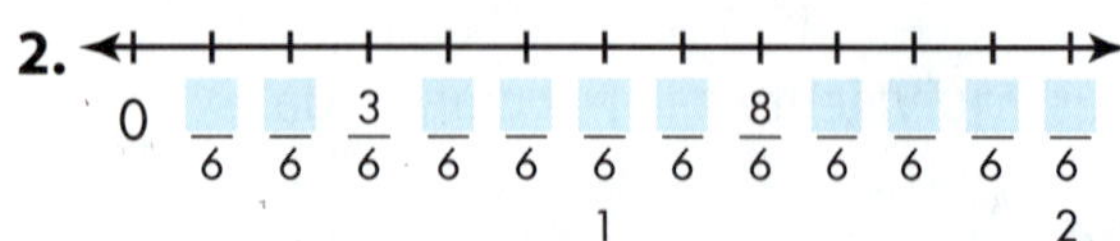

3. 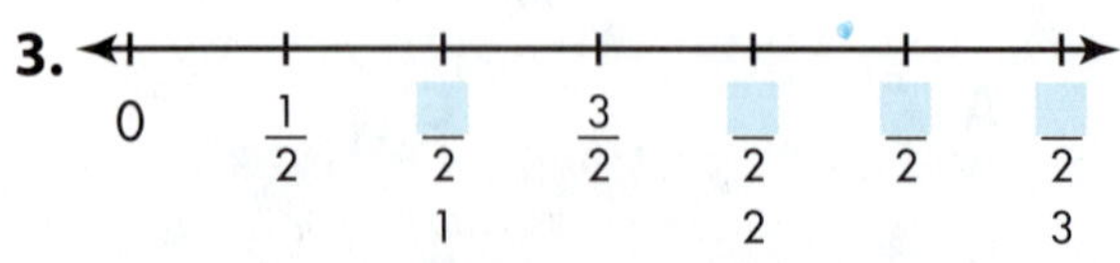

¿Lo ENTIENDES?

4. Comunicarse Explica cómo sabes que $\frac{8}{8} = 1$.

5. Usar la estructura Escribe dos maneras de representar el 3 en fracciones.

6. Usar herramientas Dibuja una recta numérica para mostrar que $\frac{4}{2} = 2$.

Puedes encontrar otro ejemplo en el Grupo F, página 268.

Puedes usar tiras de fracciones para representar cuánto comió Lucy de la caja de galletas saladas.

1			
$\frac{1}{4}$	$\frac{1}{4}$	$\frac{1}{4}$	$\frac{1}{4}$

Cuatro tiras de fracciones de $\frac{1}{4}$ son iguales a una tira de fracciones de un entero.

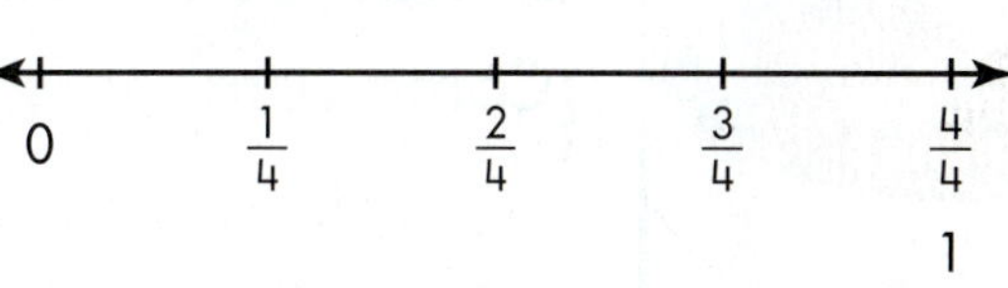

Puedes usar una recta numérica.

$$0 \quad \frac{1}{4} \quad \frac{2}{4} \quad \frac{3}{4} \quad \frac{4}{4}$$
$$1$$

Los números enteros pueden representarse en fracciones equivalentes. $\frac{4}{4} = 1$

Por tanto, Lucy comió $\frac{4}{4}$ o la caja entera de galletas saladas en total.

Práctica independiente

En los Ejercicios **7** a **12**, escribe una fracción equivalente para cada número entero.

7. 4　　　**8.** 1　　　**9.** 2　　　**10.** 5　　　**11.** 3　　　**12.** 6

En los Ejercicios **13** a **17**, copia y completa cada recta numérica.

13. cuartos

$$0 \qquad \frac{3}{4} \quad 1 \qquad \frac{6}{4} \qquad 2 \quad \frac{9}{4} \qquad 3$$

14. sextos

$$0 \qquad \frac{2}{6} \qquad \frac{5}{6} \quad 1 \qquad \frac{9}{6} \qquad 2$$

15. mitades

$$0 \qquad 1 \qquad 2 \qquad 3 \qquad 4$$

16. octavos

$$0 \qquad\qquad 1 \qquad\qquad 2$$

17. tercios

$$0 \qquad\qquad 1 \qquad\qquad 2 \qquad\qquad 3$$

Resolución de problemas

18. Hay $\frac{1}{2}$ pollo en cada cena de pollo en el restaurante Alas y Cosas. ¿Cuántos pollos enteros hay en 6 cenas de pollo?

19. Escribir para explicar ¿Qué patrón observas en una fracción que es equivalente a 1 entero?

20. Javier terminó $\frac{5}{8}$ de su proyecto de ciencias el sábado. El domingo terminó $\frac{3}{8}$. ¿Qué parte del proyecto terminó Javier durante el fin de semana?

A $\frac{4}{14}$　　**B** $\frac{6}{8}$　　**C** $\frac{8}{8}$　　**D** $\frac{8}{4}$

21. Perseverar El menú para niños del restaurante La Hora Feliz, viene con una tajada de manzana que es $\frac{1}{4}$ de una manzana entera. ¿Cuántos menús para niños tendrían que pedirse para usar 3 manzanas enteras?

Estándares comunes

3.NOF.3 Explicar la equivalencia de fracciones en casos especiales y comparar fracciones mediante el razonamiento sobre su tamaño.

Usar fracciones

¿Cómo comparas y ordenas las fracciones?

José, Daniel y Pablo pidieron cada uno una pizza del mismo tamaño. Después del almuerzo, a José le quedaban $\frac{3}{4}$ de la pizza. A Daniel le quedaban $\frac{4}{6}$ y a Pablo $\frac{4}{8}$. ¿A quién le quedó más pizza? ¿A quién le quedó menos pizza?

Compara las fracciones.

$$\frac{3}{4} \qquad \frac{4}{6} \qquad \frac{4}{8}$$

La pizza se puede cortar en 4, 6 u 8 porciones.

Práctica guiada*

PRÁCTICAS MATEMÁTICAS

¿CÓMO hacerlo?

En los Ejercicios **1** y **2**, escribe las fracciones en orden de menor a mayor.

1. $\frac{5}{6}$ $\quad$ $\frac{2}{3}$ $\quad$ $\frac{2}{4}$

2. $\frac{1}{3}$ $\quad$ $\frac{3}{4}$ $\quad$ $\frac{3}{6}$

En los Ejercicios **3** a **6**, copia y completa. Usa $<$, $>$ ó $=$ para comparar.

3. $\frac{4}{8} \bigcirc \frac{4}{6}$ $\qquad$ **4.** $\frac{4}{4} \bigcirc \frac{2}{4}$

5. $\frac{3}{4} \bigcirc \frac{3}{6}$ $\qquad$ **6.** $\frac{5}{8} \bigcirc \frac{5}{6}$

¿Lo ENTIENDES?

7. Comunicarse Marco llega a almorzar con sus amigos y pide una pizza del mismo tamaño. Después del almuerzo, le quedan $\frac{2}{4}$ de su pizza. ¿Es esta la misma cantidad que la que tiene cualquiera de sus demás amigos? Explícalo.

8. Razonar Susana, Linda y Julia están comiendo naranjas. Susana come $\frac{2}{6}$ de naranja, Julia come $\frac{2}{4}$ de naranja y Linda come $\frac{2}{8}$ de naranja. ¿Quién come la mayor parte de su naranja? ¿Quién come menos?

Práctica independiente

9. Copia y completa la recta numérica y escribe la fracción que falta.

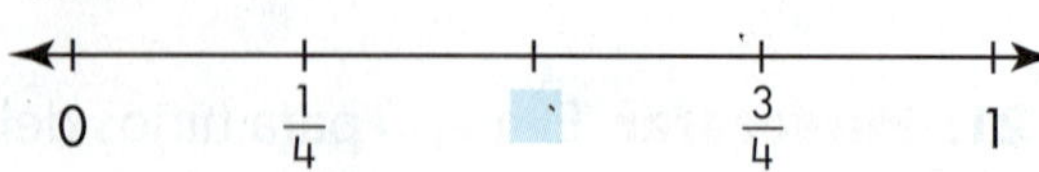

En los Ejercicios **10** a **13**, copia y completa. Usa $<$, $>$ ó $=$ para comparar. Usa la recta numérica como ayuda.

10. $\frac{3}{4} \bigcirc \frac{1}{2}$ $\qquad$ **11.** $\frac{1}{4} \bigcirc \frac{2}{4}$ $\qquad$ **12.** $\frac{2}{4} \bigcirc \frac{4}{8}$ $\qquad$ **13.** $\frac{3}{6} \bigcirc \frac{4}{4}$

Puedes encontrar otro ejemplo en el Grupo G, página 269.

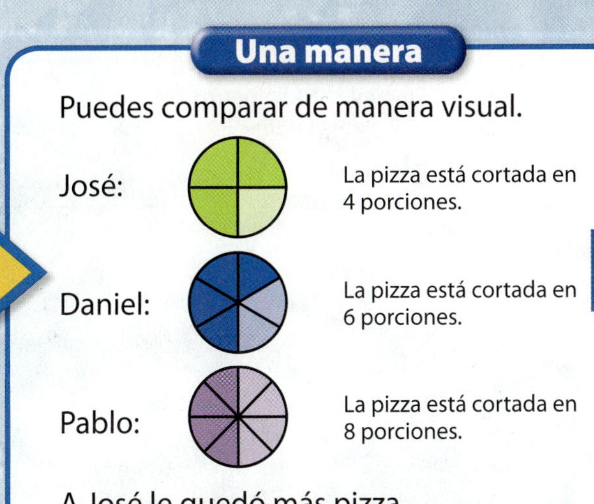

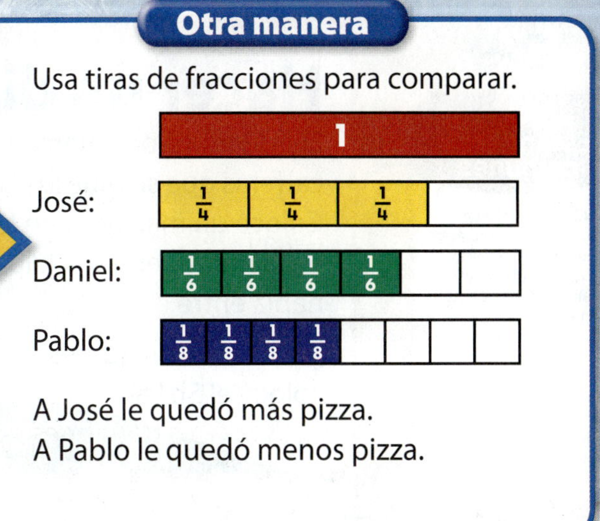

Resolución de problemas

PRÁCTICAS MATEMÁTICAS

En los Ejercicios **14** y **15**, escribe quién corrió la mayor distancia. Usa una recta numérica como ayuda.

14. Hilda corrió $\frac{1}{2}$ de milla. Peter corrió $\frac{2}{3}$ de milla.

15. Kim corrió $\frac{1}{3}$ de milla. José corrió $\frac{5}{6}$ de milla.

16. Razonar Greg corrió $\frac{5}{6}$ de milla, Latisha corrió $\frac{1}{2}$ de milla y Ruth corrió $\frac{1}{6}$ de milla. Haz una lista de los corredores en orden de la menor a la mayor distancia que corrieron.

17. Usar la estructura Larry corrió $\frac{6}{8}$ de milla y Ana corrió $\frac{1}{2}$ de milla. ¿Quién corrió la mayor distancia? Usa una recta numérica para explicarlo.

18. Colin tiene 234 conchas de mar en su colección. Tina tiene 156 más conchas de mar que las que tiene Colin. ¿Cuántas conchas de mar tienen Colin y Tina en total?

19. Usa las imágenes de abajo. ¿Se acercaba más la longitud de un *T. rex* a $\frac{1}{4}$, $\frac{1}{2}$ ó $\frac{3}{4}$ de la longitud de un *Brachiosaurus*? Explícalo.

20. Razonar Cody corrió $\frac{1}{2}$ de milla durante la clase de educación física. ¿Qué fracción NO es equivalente a $\frac{1}{2}$?

A $\frac{2}{4}$ **C** $\frac{3}{6}$

B $\frac{2}{8}$ **D** $\frac{4}{8}$

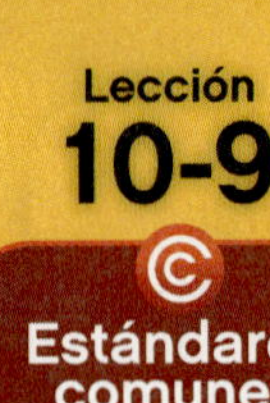

Estándares comunes

3.NOF.2 Entender una fracción como un número en una recta numérica; representar fracciones en un diagrama de recta numérica.

Hacer un dibujo

El Sr. Park colocó marcadores en la pista de carreras que se muestra a la derecha. Colocó un marcador en la línea de salida, en la meta y en cada kilómetro que había entre ellas.

¿Cuántos marcadores colocó el Sr. Park?

Práctica guiada*

PRÁCTICAS MATEMÁTICAS

¿CÓMO hacerlo?

Haz un dibujo para resolver el problema.

1. Un equipo de carrera de relevos tiene 4 miembros. La carrera es de 2 millas. Cada miembro corre una parte igual de la carrera. ¿Cuánto corre cada miembro del equipo?

¿Lo ENTIENDES?

2. Razonar En el ejemplo de arriba, ¿qué muestra la recta numérica?

3. Escribir un problema Escribe y resuelve un problema que puedas solucionar haciendo un dibujo.

Práctica independiente

PRÁCTICAS MATEMÁTICAS

En los Ejercicios **4** a **6**, haz un dibujo para resolver los problemas.

4. Usar herramientas Roy hizo un perchero con una tabla que medía 7 pies de longitud. Puso un gancho en cada extremo de la tabla. También puso un gancho en cada pie entre los dos extremos. ¿Cuántos ganchos usó en total?

5. Nina juntó seis cuadrados para formar un rectángulo. Hay 3 filas de cuadrados. Cada fila tiene 2 cuadrados. ¿Cuántos cuadrados pequeños y grandes en total hay en el rectángulo?

6. Perseverar Usa la información del Ejercicio 5. Si Nina añadiera otro cuadrado a cada fila, ¿cuántos cuadrados diferentes de cualquier tamaño habría?

Aplicar las prácticas matemáticas

- ¿Qué me piden que halle?
- ¿Qué otra cosa puedo intentar?
- ¿Cómo se relacionan las cantidades?
- ¿Cómo puedo explicar mi trabajo?
- ¿Cómo puedo usar las matemáticas para representar el problema?
- ¿Me serviría de ayuda alguna herramienta?
- ¿Hay precisión en mi trabajo?
- ¿Por qué funciona esto?
- ¿Cómo puedo hacer generalizaciones?

 Puedes encontrar otro ejemplo en el Grupo H, página 269.

Haz un dibujo para mostrar lo que sabes.

Sabes que la carrera era de 5 kilómetros de largo. El Sr. Park colocó marcadores en la línea de salida, en la meta y en cada kilómetro que había entre ellas.

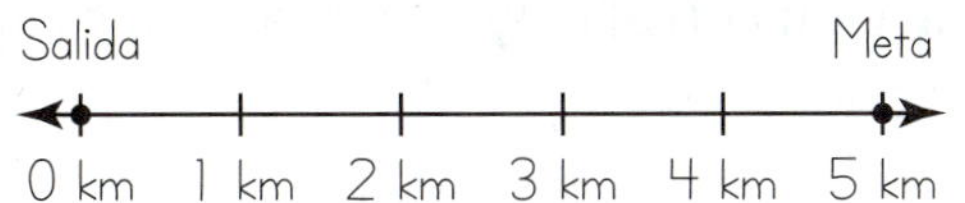

Necesitas hallar el número de marcadores que se colocaron.

Usa la imagen para responder a la pregunta.

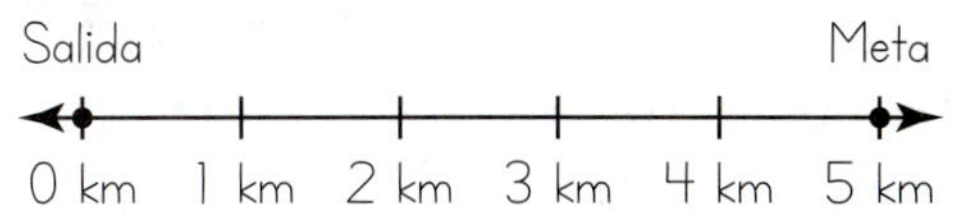

Cuenta los marcadores.

El Sr. Park colocó 6 marcadores.

---

7. **Representar** Heidi y Susana quieren compartir por igual $\frac{4}{8}$ de pie de cinta. ¿Qué cantidad de cinta debe recibir cada niña? Dibuja una recta numérica como ayuda para resolver el problema.

8. El papá de María prometió aportar dinero a la cantidad que María ahorra cada semana. ¿Cuánto va a aportar?

Ahorrado por María	$3	$5	$8	$9
Cantidad total	$7	$9	$12	$13

En los Ejercicios **9** y **10**, usa el menú de la derecha.

9. **Escribir para explicar** ¿Cuántas opciones diferentes de un tipo de sándwich y un agregado puedes tener? Explica cómo hallaste la respuesta.

10. **Perseverar** Supón que puedes escoger entre pan blanco, pan integral o pan de centeno. ¿Cuántas opciones diferentes de 1 tipo de sándwich, 1 tipo de pan y 1 tipo de agregado hay?

11. Los miembros del club de propietarios de perros están construyendo una valla alrededor de un corral cuadrado. El corral mide 36 pies de longitud de cada lado. Necesitan poner un poste en cada esquina y cada 6 pies a cada lado. ¿Cuántos postes se necesitan?

A 16   C 24

B 20   D 28

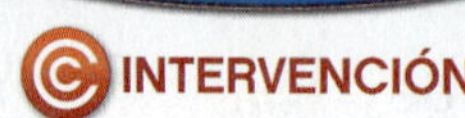

Grupo A, páginas 246 y 247

INTERVENCIÓN

Alicia tiene $\frac{5}{6}$ de yarda de hilo y Emma tiene $\frac{4}{6}$ de yarda de hilo.

¿Quién tiene más hilo, Alicia o Emma?

Puedes usar tiras de fracciones para comparar.

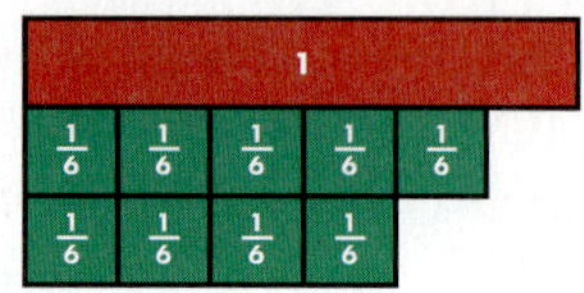

$\frac{5}{6} > \frac{4}{6}$

Cinco sextos es mayor que *cuatro sextos.*

Alicia tiene más hilo.

Recuerda que cuando dos fracciones tienen el mismo denominador, la fracción con el mayor numerador es la fracción mayor.

Compara. Escribe $>$, $<$ ó $=$.

1. $\frac{6}{8} \bigcirc \frac{5}{8}$

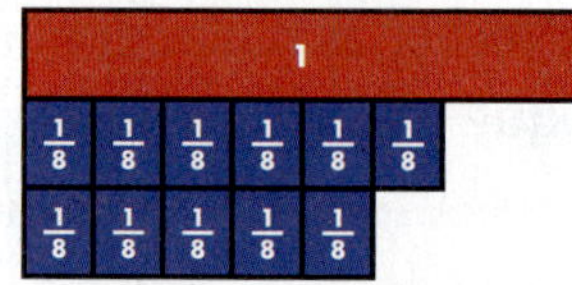

2. $\frac{2}{6} \bigcirc \frac{1}{6}$

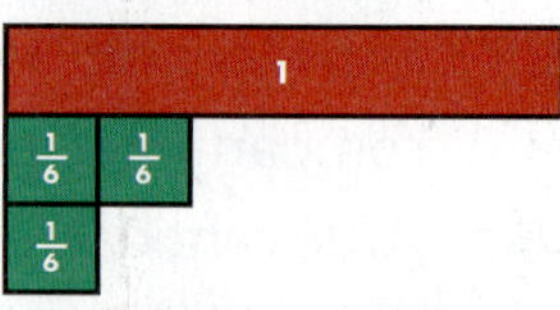

3. $\frac{5}{8} \bigcirc \frac{3}{8}$

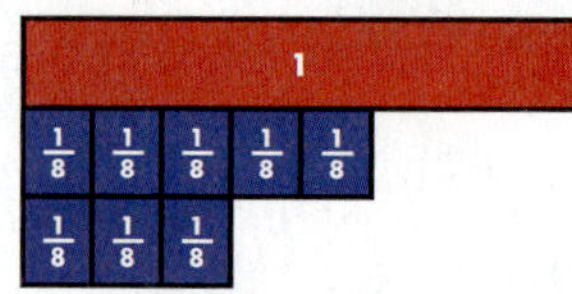

Grupo B, páginas 248 y 249

Dos cintas son del mismo tamaño. Una cinta es $\frac{2}{4}$ rosada y la otra es $\frac{2}{3}$ rosada. ¿Qué fracción es menor, $\frac{2}{4}$ ó $\frac{2}{3}$?

Puedes usar tiras de fracciones para comparar.

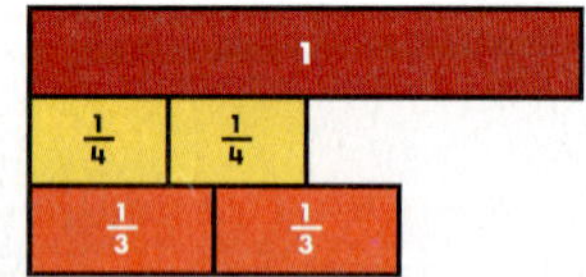

$\frac{2}{4} < \frac{2}{3}$

Dos cuartos es menor que *dos tercios.*

Recuerda que cuando dos fracciones tienen el mismo numerador, la fracción con el mayor denominador es menor que la otra fracción.

Compara. Escribe $<$, $>$ ó $=$.

1. $\frac{1}{4} \bigcirc \frac{1}{6}$

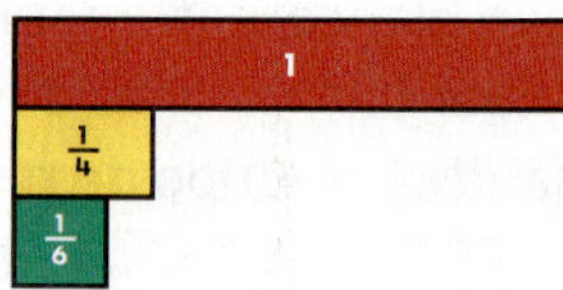

2. $\frac{3}{8} \bigcirc \frac{3}{4}$

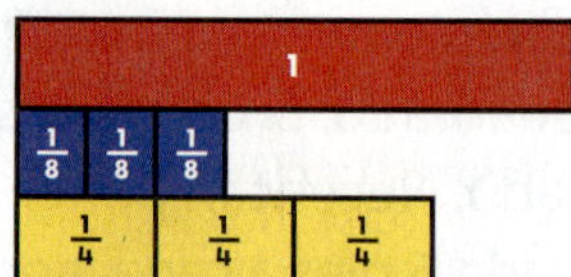

3. $\frac{2}{6} \bigcirc \frac{2}{3}$

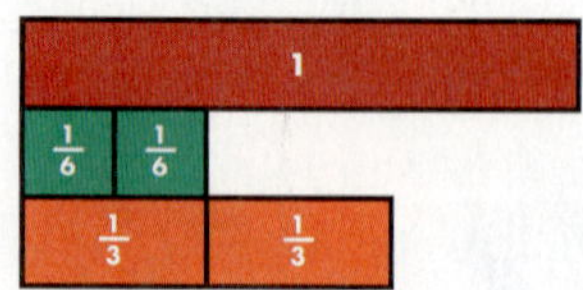

Puedes comparar fracciones usando números de referencia como 0, $\frac{1}{2}$ y 1.

En el cajón de calcetines de Chris, $\frac{2}{3}$ de los calcetines son blancos. En el cajón de calcetines de su hermana, $\frac{2}{8}$ de los calcetines son blancos. Tienen el mismo número de calcetines. ¿Quién tiene más calcetines blancos?

$\frac{2}{3}$ es mayor que $\frac{1}{2}$.

$\frac{2}{8}$ es menor que $\frac{1}{2}$.

Chris tiene más calcetines blancos que su hermana.

Recuerda que puedes comparar cada fracción con una fracción de referencia para ver cómo se relacionan entre sí.

1. Mike tenía $\frac{1}{8}$ de una golosina en barra. Sally tenía $\frac{4}{6}$ de una golosina en barra. ¿La fracción de la golosina en barra de quién se acercaba más a 1? ¿Más a 0?

2. Pablo comparó dos bolsas de arroz. Una pesaba $\frac{5}{8}$ de libra y la otra pesaba $\frac{1}{2}$ de libra. ¿Qué bolsa es más pesada?

Puedes usar una recta numérica para comparar fracciones.

¿Qué es mayor, $\frac{3}{6}$ ó $\frac{4}{6}$?

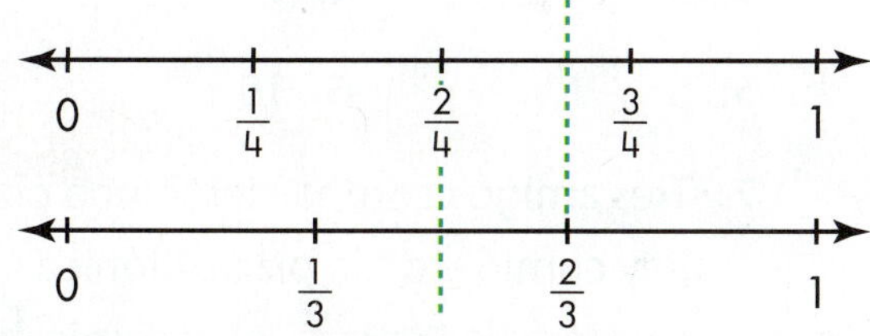

$\frac{4}{6}$ está más a la derecha que $\frac{3}{6}$; por tanto, $\frac{4}{6}$ es mayor.

También puedes comparar dos fracciones con el mismo numerador dibujando dos rectas numéricas.

¿Qué es mayor, $\frac{2}{3}$ ó $\frac{2}{4}$?

$\frac{2}{3}$ está más a la derecha que $\frac{2}{4}$; por tanto, $\frac{2}{3}$ es mayor.

Recuerda dibujar dos rectas numéricas con la misma longitud cuando compares fracciones con diferentes denominadores.

Usa rectas numéricas para comparar.

1. $\frac{2}{6}$ ◯ $\frac{3}{6}$

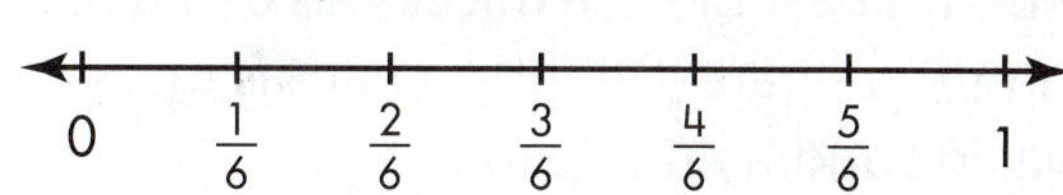

2. $\frac{3}{6}$ ◯ $\frac{3}{4}$

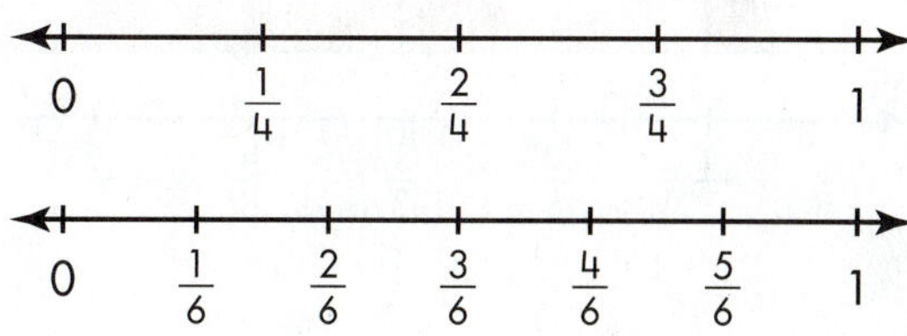

3. $\frac{2}{3}$ ◯ $\frac{2}{8}$

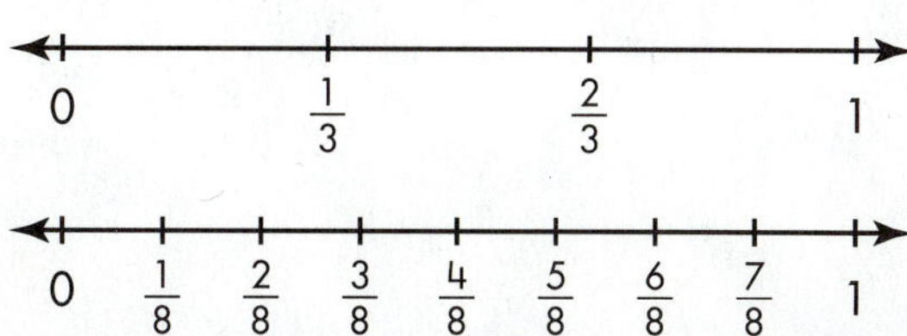

Grupo E, páginas 254 a 256, 258 y 259

INTERVENCIÓN

Puedes usar tiras de fracciones o una recta numérica para hallar fracciones equivalentes.

¿Cuál es otra manera de representar $\frac{3}{4}$?

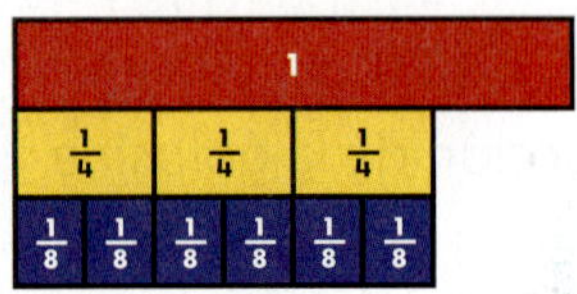

$$\frac{3}{4} = \frac{\square}{8}$$

$$\frac{3}{4} = \frac{6}{8}$$

Seis tiras de $\frac{1}{8}$ es igual a tres tiras de $\frac{1}{4}$.

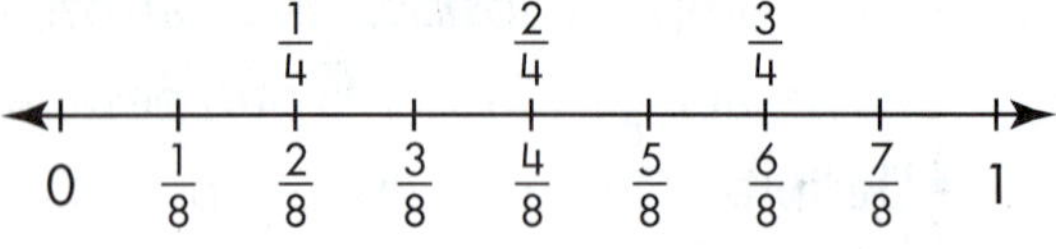

$$\frac{3}{4} = \frac{\square}{8} \qquad \frac{3}{4} = \frac{6}{8}$$

Recuerda que diferentes fracciones pueden representar la misma parte de un entero.

Copia y completa las rectas numéricas. Usa tiras de fracciones o una recta numérica como ayuda.

1. $\frac{1}{4} = \frac{\square}{8}$ **2.** $\frac{3}{4} = \frac{\square}{8}$

3. $\frac{4}{6} = \frac{\square}{3}$ **4.** $\frac{1}{2} = \frac{\square}{4}$

Usa tiras de fracciones o una recta numérica para hallar una fracción equivalente para cada una de las siguientes fracciones.

5. $\frac{4}{8}$ **6.** $\frac{2}{6}$ **7.** $\frac{2}{8}$

Grupo F, páginas 260 y 261

Sandra hornea un pastel. Vació harina 6 veces en un tazón usando un recipiente de $\frac{1}{3}$ de taza. ¿Cuántas tazas de harina en total vació Sandra en el tazón?

Puedes usar tiras de fracciones o una recta numérica para averiguar cuántas tazas de harina vació Sandra en el tazón.

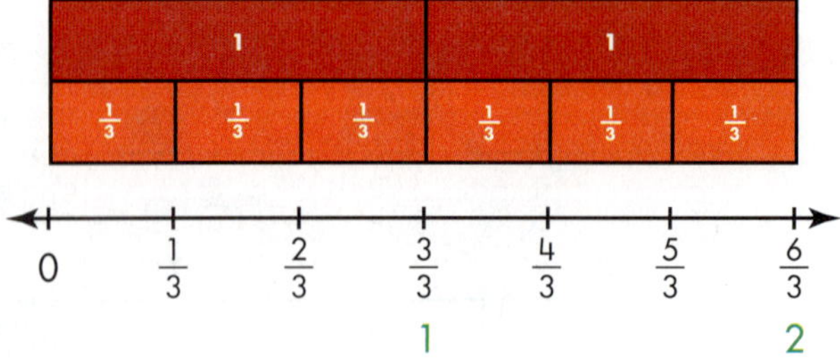

$$\frac{6}{3} = 2$$

Sandra vació $\frac{6}{3}$ ó 2 tazas de harina en el tazón.

Recuerda que cuando escribes los números enteros como fracciones, el numerador puede ser mayor que el denominador.

Escribe una fracción equivalente para cada número entero. Usa tiras de fracciones o una recta numérica como ayuda.

1. 3   **2.** 2

3. 5   **4.** 1

5. 6   **6.** 10

7. Tres amigos compartieron una pizza. Ray comió $\frac{3}{6}$ de la pizza. Mónica comió $\frac{2}{6}$ de la pizza. Alex comió $\frac{1}{6}$ de la pizza. ¿Cuánta pizza comieron en total?

Una receta de aderezo para ensalada requiere $\frac{3}{8}$ de taza de vinagre, $\frac{3}{4}$ de taza de aceite y $\frac{1}{2}$ taza de agua. ¿Qué ingrediente representa la menor cantidad?

Usa tiras de fracciones para comparar.

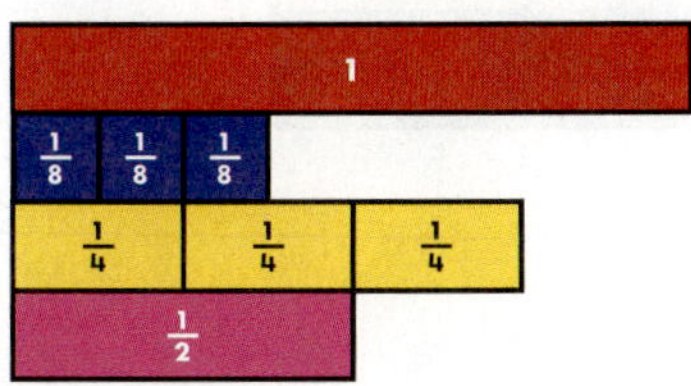

$$\frac{3}{8} < \frac{1}{2} < \frac{3}{4}$$

Por tanto, el vinagre representa la menor cantidad.

Recuerda usar modelos y el razonamiento como ayuda para comparar y ordenar fracciones.

Compara. Escribe $<$, $>$ ó $=$.

1. $\frac{1}{4} \bigcirc \frac{1}{3}$ **2.** $\frac{1}{2} \bigcirc \frac{2}{6}$

3. $\frac{1}{2} \bigcirc \frac{2}{4}$ **4.** $\frac{3}{4} \bigcirc \frac{5}{8}$

Resuelve el problema.

5. Mike, Beverly y Rhoda montan su bicicleta desde sus casas directamente a la escuela todas las mañanas. Mike recorre $\frac{7}{8}$ de milla, Rhoda recorre $\frac{4}{6}$ de milla y Beverly recorre $\frac{1}{2}$ de milla. ¿Quién vive más cerca de la escuela?

Haz un dibujo para resolver el problema.

Tres amigos comparten una cuerda que mide 2 yardas de longitud. ¿Cuánta cuerda obtiene cada amigo?

Haz un dibujo para mostrar lo que sabes. La cuerda mide 2 yardas de longitud. Los tres amigos quieren compartir la cuerda al dividirla en 3 partes iguales.

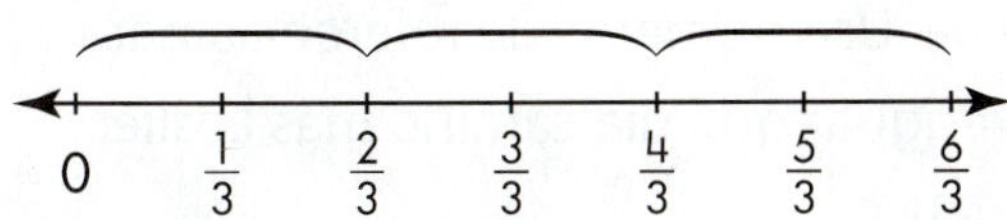

Usa el dibujo para responder a la pregunta.

Cada amigo obtiene $\frac{2}{3}$ de yarda de cuerda.

Recuerda que el dibujo que hagas debe coincidir con la historia.

Haz un dibujo para resolver los problemas.

1. Seis amigos quieren compartir por igual 3 yardas de hilo. ¿Qué cantidad de hilo debe obtener cada amigo?

2. María quiere espaciar los marcadores de manera uniforme a lo largo de una pista de carreras de 5 millas. Pone un marcador en la línea de salida. ¿A qué distancia deben estar los 21 marcadores?

3. Ocho estudiantes están pintando 2 tablas para un proyecto. Los estudiantes quieren dividir el trabajo por igual. ¿Qué parte de la tabla debe pintar cada estudiante?

Opción múltiple

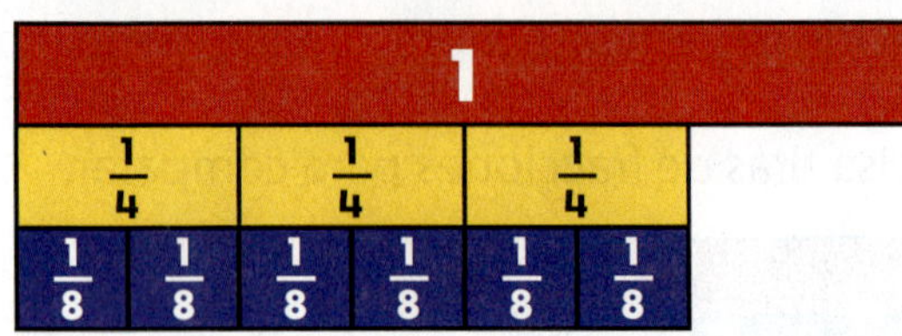

EVALUACIÓN

1. Elena usó tiras de fracciones para comparar fracciones. ¿Qué comparación es verdadera? (10-2)

A $\frac{3}{6} < \frac{3}{8}$

B $\frac{3}{8} > \frac{3}{4}$

C $\frac{3}{4} < \frac{3}{6}$

D $\frac{3}{6} > \frac{3}{8}$

2. Miguel midió las longitudes de dos peces pequeños. Los peces medían $\frac{3}{4}$ de pulgada y $\frac{1}{4}$ de pulgada de longitud. Usa la recta numérica para hallar cuál es el símbolo correcto para comparar las fracciones. (10-4)

$\frac{3}{4} \bigcirc \frac{1}{4}$

0    $\frac{1}{4}$ $\frac{2}{4}$ $\frac{3}{4}$ 1

A $=$ C $>$

B $\div$ D $<$

3. Durante el tiempo permitido, Delia nadó $\frac{3}{6}$ de la longitud de la piscina. Lorenzo nadó $\frac{4}{6}$ de la longitud. Usa tiras de fracciones para hallar cuál es el símbolo correcto para comparar las fracciones. (10-1)

$\frac{3}{6} \bigcirc \frac{4}{6}$

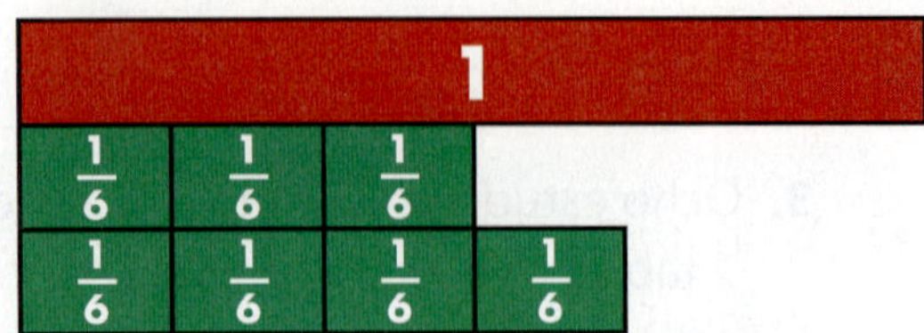

A $=$ C $>$

B $\times$ D $<$

4. ¿Qué opción muestra las fracciones en orden de menor a mayor? (10-8)

A $\frac{3}{4}, \frac{3}{8}, \frac{5}{8}$

B $\frac{3}{8}, \frac{5}{8}, \frac{3}{4}$

C $\frac{5}{8}, \frac{3}{4}, \frac{3}{8}$

D $\frac{3}{8}, \frac{3}{4}, \frac{5}{8}$

5. ¿Qué número hace que la oración numérica sea verdadera? (10-5)

$\frac{4}{6} = \frac{\blacksquare}{3}$

A 1

B 2

C 3

D 4

6. Leslie fue de caminata $\frac{3}{8}$ de milla el lunes. El miércoles, fue de caminata $\frac{3}{6}$ de milla. El viernes, fue de caminata $\frac{3}{4}$ de milla. Usa números de referencia para averiguar qué día caminó más Leslie. (10-3)

A Lunes

B Miércoles

C Viernes

D Las 3 distancias son iguales

7. Jorge quiere saber si dos pedazos de alambre tienen la misma longitud. Un alambre mide $\frac{6}{8}$ de yarda. El otro mide $\frac{3}{4}$ de yarda. Dibuja una recta numérica que muestre que tienen la misma longitud. (10-6)

8. Tres amigos trabajaban en un proyecto. Cindy terminó $\frac{4}{8}$ del proyecto. Kim terminó $\frac{3}{8}$ del proyecto. Sandy terminó $\frac{1}{8}$ del proyecto. ¿Qué parte del proyecto terminaron en total? (10-7)

9. Sally, Rafael y Jerry compartieron algunos sándwiches grandes que eran del mismo tamaño y estaban cortados en octavos. Sally comió $\frac{5}{8}$ de los sándwiches, Rafael comió $\frac{7}{8}$ de los sándwiches y Jerry comió $\frac{3}{4}$ de los sándwiches. ¿Quién comió más? Explícalo. (10-8)

10. Ocho miembros de un club de origami harán una cadena de papel juntos. La cadena mide 4 pies de longitud. Cada miembro hará una parte igual de la cadena. ¿Qué parte de la cadena, en pies, hará cada miembro? Haz un dibujo para resolver el problema. (10-9)

11. Fran pintó $\frac{1}{2}$ de la valla que rodea su casa. ¿Cuáles son otras dos maneras de representar $\frac{1}{2}$? (10-5)

12. Hay $\frac{1}{4}$ de una pera en cada recipiente de ensalada de frutas. ¿Cuántas peras enteras hay en 8 recipientes de ensalada de frutas? (10-7)

13. Dos pueblos vecinos construyeron un nuevo camino para bicicletas. El camino mide 8 millas de longitud. Colocaron marcadores de milla en el inicio y el final del camino, y en cada milla que está entre ellos. ¿Cuántos marcadores de milla colocaron en el camino para bicicletas? Haz un dibujo para resolver el problema. (10-9)

14. Mark y Sidney tenían pedazos de madera idénticos. Mark usó $\frac{1}{3}$ de su pedazo de madera. Sidney usó $\frac{5}{8}$ de su pedazo de madera. ¿Quién usó más, Mark o Sidney? Explica cómo lo puedes saber usando números de referencia. (10-3)

15. Jamal pasó el día haciendo una pintura para su amigo. Al final del día, Jamal terminó $\frac{1}{2}$ de la pintura. Si él es capaz de pintar la misma cantidad todos los días, ¿en cuánto tiempo hará Jamal 2 pinturas enteras? (10-7)

16. Julia terminó de leer $\frac{2}{3}$ de un libro para un proyecto de lectura de verano. Ken leyó $\frac{2}{8}$ de un libro para el mismo proyecto. ¿Quién leyó más de su libro? (10-4)

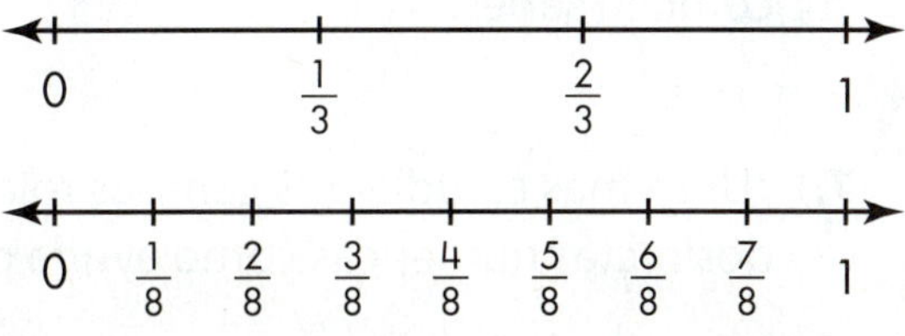

17. Megan comió $\frac{3}{4}$ de una galleta. Escribe una fracción equivalente para la cantidad de la galleta que Megan no comió. (10-6)

La siguiente tabla muestra los colores de camisa que usan todos los estudiantes de dos clases diferentes.

Color de la camisa	Clase A	Clase B
Roja	$\frac{1}{3}$	$\frac{3}{8}$
Azul	$\frac{2}{4}$	$\frac{4}{8}$
Amarilla	$\frac{1}{6}$	$\frac{1}{8}$

1. Escribe las fracciones que muestran los colores de camisa que usa la Clase A de menor a mayor.

2. Escribe las fracciones que muestran los colores de camisa que usa la Clase B de mayor a menor.

3. ¿Qué fracción de los colores de camisa que usa la Clase A se acerca más a 0? ¿Qué fracción de los colores de camisa que usa la Clase B se acerca más a 1?

4. ¿Qué color de camisa usa la misma fracción de estudiantes en cada clase? Usa fracciones equivalentes para mostrar tu respuesta.

5. Escribe la fracción de estudiantes que usan camisa azul en la Clase A y en la Clase B en su mínima expresión.

6. ¿Usan más estudiantes camisas amarillas en la Clase A o en la Clase B? Explica cómo lo sabes.

7. ¿Usan más estudiantes camisas rojas o camisas amarillas en la Clase A? Dibuja dos rectas numéricas como ayuda para comparar las fracciones.

8. Dibuja y rotula una recta numérica que muestre la fracción de estudiantes que usan los diferentes colores de camisa en la Clase B. ¿Qué color de camisa se usa más en la Clase B? Explica cómo lo sabes.

Tema 11

Figuras bidimensionales y sus atributos

▼ ¿Qué figuras forman la parte frontal de este edificio? Lo averiguarás en la Lección 11-6.

Repasa lo que sabes

Vocabulario

Escoge el mejor término del recuadro.

- círculo
- cuadrado
- hexágono
- triángulo

1. Una figura que tiene 4 lados de la misma longitud se llama __?__.

2. Una figura que tiene 6 lados se llama __?__.

3. Una figura que tiene 3 lados se llama __?__.

Nombrar figuras

Escribe el nombre de cada figura.

4.

5.

6.

7.

Figuras

Escribe el número de lados que tiene cada figura.

8. 

9. 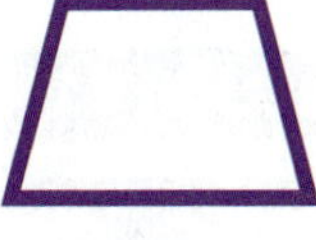

10. 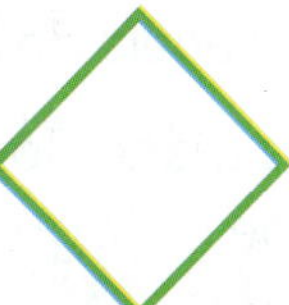

11. 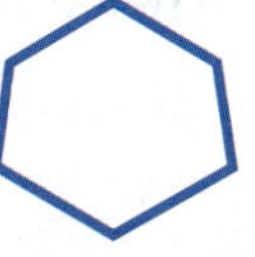

© 12. **Escribir para explicar** ¿En qué se parecen los cuadrados y los triángulos? ¿En qué se diferencian?

Pregunta esencial
- ¿Cómo se pueden describir, analizar y clasificar las figuras bidimensionales?

Aprendizaje interactivo 

Plantea el problema. Empieza cada lección con una actividad en conjunto para resolver problemas. Te ayudará a comprender las matemáticas.

Lección 11-1

Usar herramientas Usa tu regla para trazar rectas y responder a las preguntas.

Traza una recta numérica desde el 10 hasta el 12. ¿Puedes trazar una recta que cruce la recta numérica en 1 punto? ¿En 2 puntos? ¿Puedes trazar una recta que no cruce la recta numérica? Explícalo.

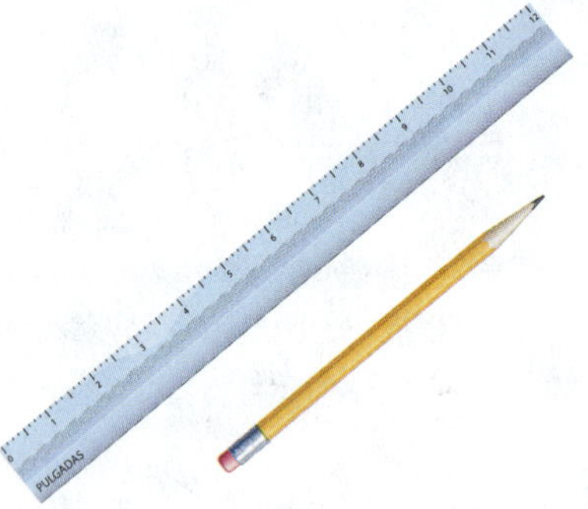

Lección 11-2

Usar herramientas Resuelve el problema usando objetos que representen segmentos de recta.

¿Cuáles son algunas maneras diferentes de hacer que dos segmentos de recta se encuentren en sus extremos? Indica en qué se parecen y en qué se diferencian.

Lección 11-3

Usar herramientas Dibuja una figura en tu papel punteado para resolver los acertijos.

Primer acertijo: Tengo 3 lados y 3 vértices. Dos de mis lados tienen la misma longitud. Segundo acertijo: Tengo 4 lados. Ninguno de mis lados es de la misma longitud que otro.

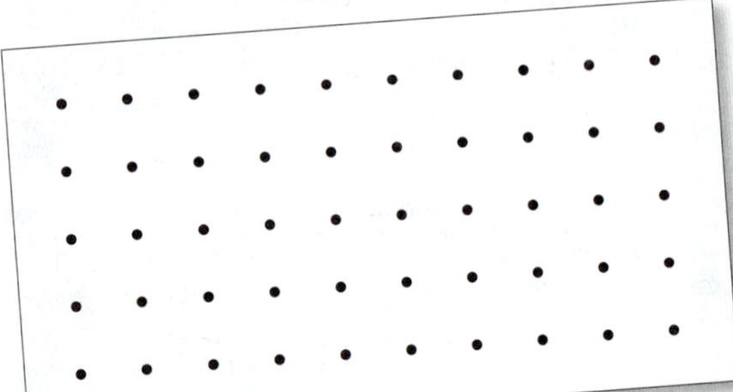

Lección 11-4

Hacer generalizaciones Resuelve el problema. Trata de hallar más de una manera de resolverlo.

¿Cómo puedes agrupar los triángulos en diferentes grupos? Describe cada grupo.

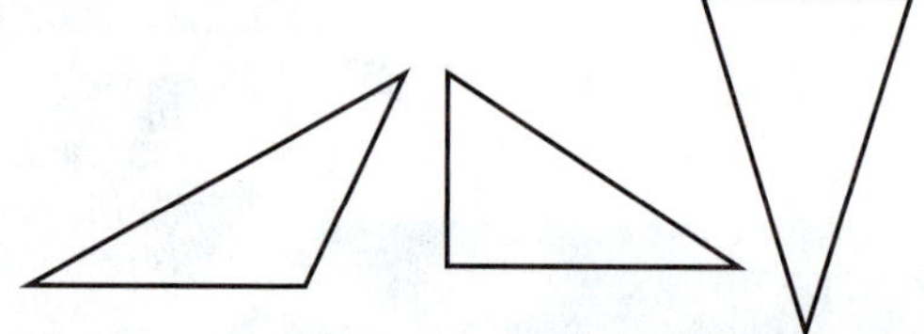

Lección 11-5

Usar la estructura Resuelve el problema. Trata de hallar más de una manera de resolverlo.

¿Cómo puedes agrupar los cuadriláteros en diferentes grupos? Describe cada grupo.

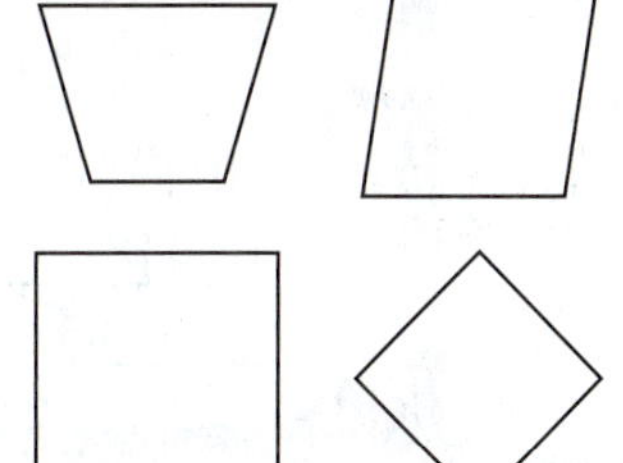

Lección 11-6

Perseverar Halla tantas maneras como puedas de resolver el problema.

¿Qué figuras de la hoja de anotaciones se pueden combinar para formar el hexágono H?

Lección 11-7

Perseverar Resuelve el problema. Intenta cortar el cuadrado y volver a ordenar las piezas. ¡Sigue intentándolo!

¿Puedes formar un pentágono de un cuadrado?

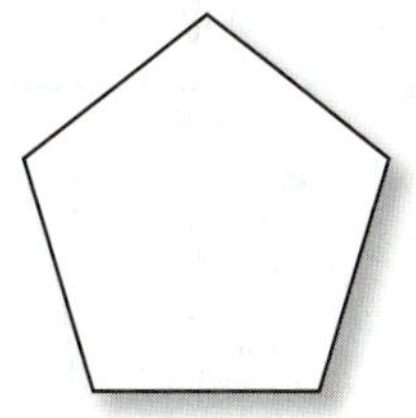

Lección 11-8

Perseverar Resuelve el problema. No te detengas hasta que halles todas las respuestas.

La alfombra del cuarto de Luis es un rectángulo formado por cuadrados. ¿Cuántos cuadrados hay en la alfombra?

Lección 11-9

Hacer generalizaciones Busca lo que es igual y lo que es diferente. Justifica tu respuesta.

¿Qué es igual en todos estos polígonos?
¿Qué es diferente?

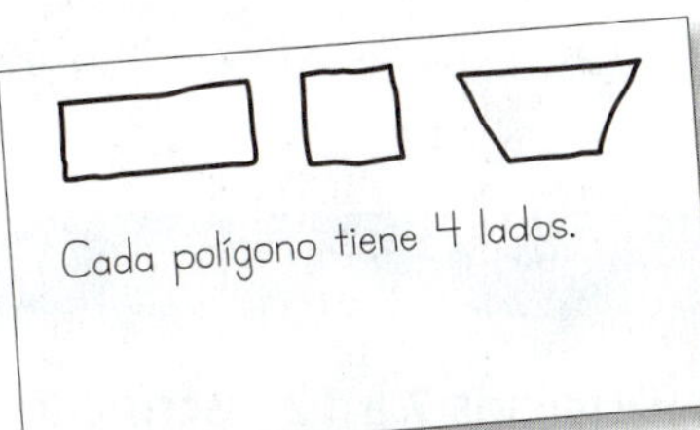

Estándares comunes

3.G.1 Entender que las figuras de diferentes categorías . . . pueden compartir atributos, . . . y que los atributos compartidos pueden definir una categoría más amplia. . . . Reconocer los rombos, rectángulos y cuadrados como ejemplos de cuadriláteros y dibujar ejemplos de cuadriláteros que no pertenecen a ninguna de estas subcategorías.

Rectas y segmentos de recta

¿Qué es importante saber sobre las rectas?

Las rectas y partes de rectas se usan para describir figuras y cuerpos geométricos.

Un **punto** es una posición exacta.

Una **recta** es un conjunto infinito de puntos en ambas direcciones.

Un **segmento de recta** es una parte de una recta con dos extremos.

Práctica guiada*

PRÁCTICAS MATEMÁTICAS

¿CÓMO hacerlo?

En los Ejercicios **1** a **4**, escribe los nombres.

1.

2.

3.

4.

¿Lo ENTIENDES?

5. ¿Qué te indican las flechas en el dibujo de una recta?

6. Hacer generalizaciones ¿A qué tipo de rectas se parecen las vías del ferrocarril?

Práctica independiente

En los Ejercicios **7** a **12**, escribe los nombres.

7.

8.

9.

10.

11.

12.

Glosario animado
www.pearsonsuccessnet.com

*Puedes encontrar otro ejemplo en el Grupo A, página 296.

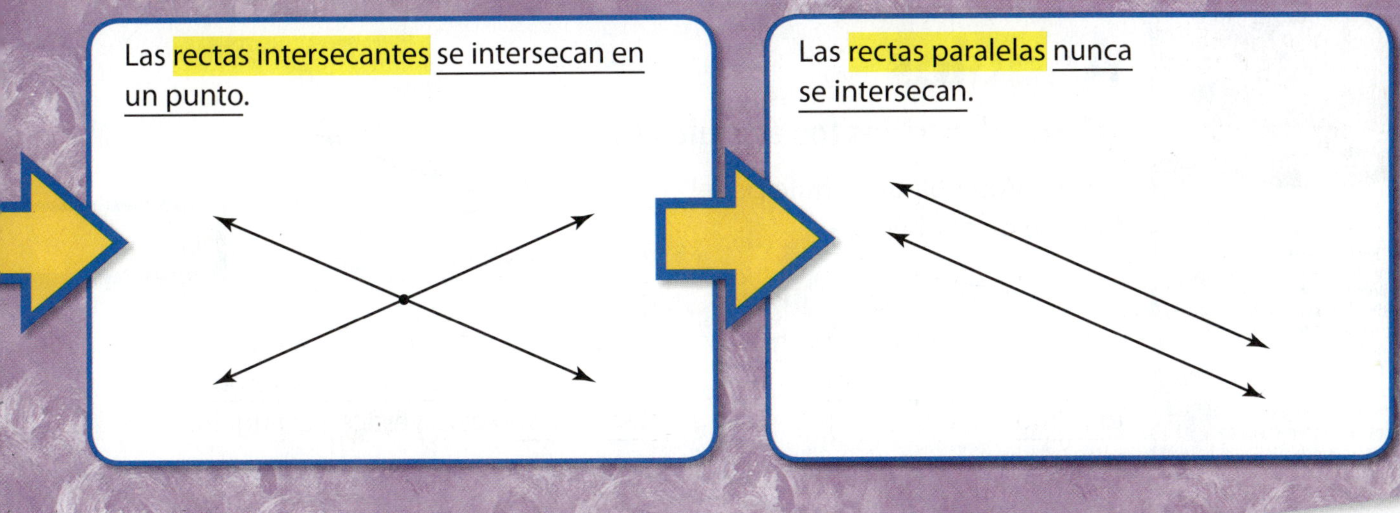

En los Ejercicios **13** a **16**, haz un dibujo de lo que se nombra.

13. Segmento de recta   **14.** Recta   **15.** Rectas paralelas   **16.** Rectas intersecantes

Resolución de problemas

PRÁCTICAS MATEMÁTICAS

Usar herramientas En los Ejercicios **17** y **18**, usa el mapa de la derecha. Indica si las dos calles que se mencionan en cada caso parecen rectas intersecantes o rectas paralelas.

17. Calle del Roble y Calle del Abedul

18. Calle del Abedul y Calle del Olmo

19. Escribir para explicar Rosa compró 3 paquetes con 6 tarjetas de beisbol en cada uno. Luis compró 4 paquetes con 3 tarjetas de beisbol en cada uno. ¿Quién compró más tarjetas de beisbol? Explícalo.

20. Observa las alas del avión. ¿Qué término geométrico puedes usar para describirlas? Explícalo.

21. ¿Qué opción describe mejor el lugar donde estas dos rectas se intersecan?

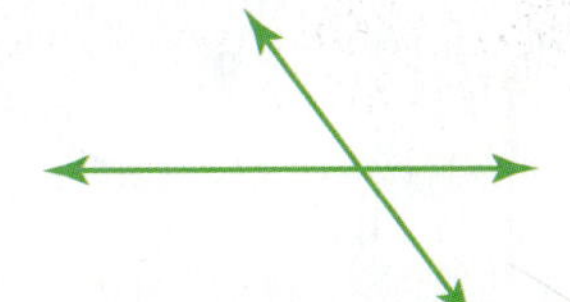

A Recta   **C** Segmento de recta

B Punto   **D** Recta paralela

Estándares comunes

3.G.1 Entender que las figuras de diferentes categorías … pueden compartir atributos, … y que los atributos compartidos pueden definir una categoría más amplia.… Reconocer los rombos, rectángulos y cuadrados como ejemplos de cuadriláteros y dibujar ejemplos de cuadriláteros que no pertenecen a ninguna de estas subcategorías.

Ángulos

¿Cómo describes los ángulos?

Puedes describir un ángulo por el tamaño de su abertura.

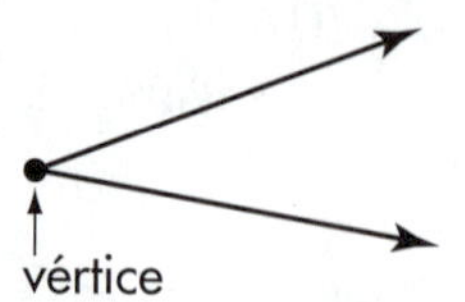

Una **semirrecta** es una parte de una recta con un solo extremo.

Un **ángulo** está formado por dos semirrectas con el mismo extremo. Ese extremo es el **vértice** del ángulo.

Práctica guiada*

¿CÓMO hacerlo?

En los Ejercicios **1** y **2**, escribe los nombres.

1.    **2.** 

En los Ejercicios **3** y **4**, indica si el ángulo es recto, agudo u obtuso.

3.    **4.** 

¿Lo ENTIENDES?

5. ¿Cómo puedes usar la esquina de una tarjeta para decidir si un ángulo es agudo, recto u obtuso?

6. **Comunicarse** Explica por qué estas dos semirrectas no forman un ángulo.

7. Describe algo de la clase que te recuerde los segmentos de recta perpendiculares.

Práctica independiente

En los Ejercicios **8** a **11**, indica si el ángulo es recto, agudo u obtuso.

8.    **9.**    **10.**    **11.** 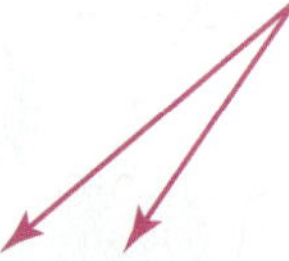

En los Ejercicios **12** a **15**, traza un dibujo para cada uno.

12. Ángulo obtuso   **13.** Ángulo recto   **14.** Semirrecta   **15.** Ángulo agudo

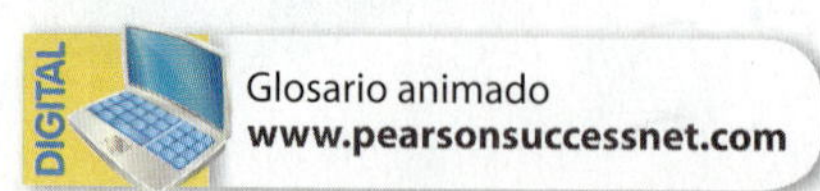

 Puedes encontrar otro ejemplo en el Grupo B, página 296.

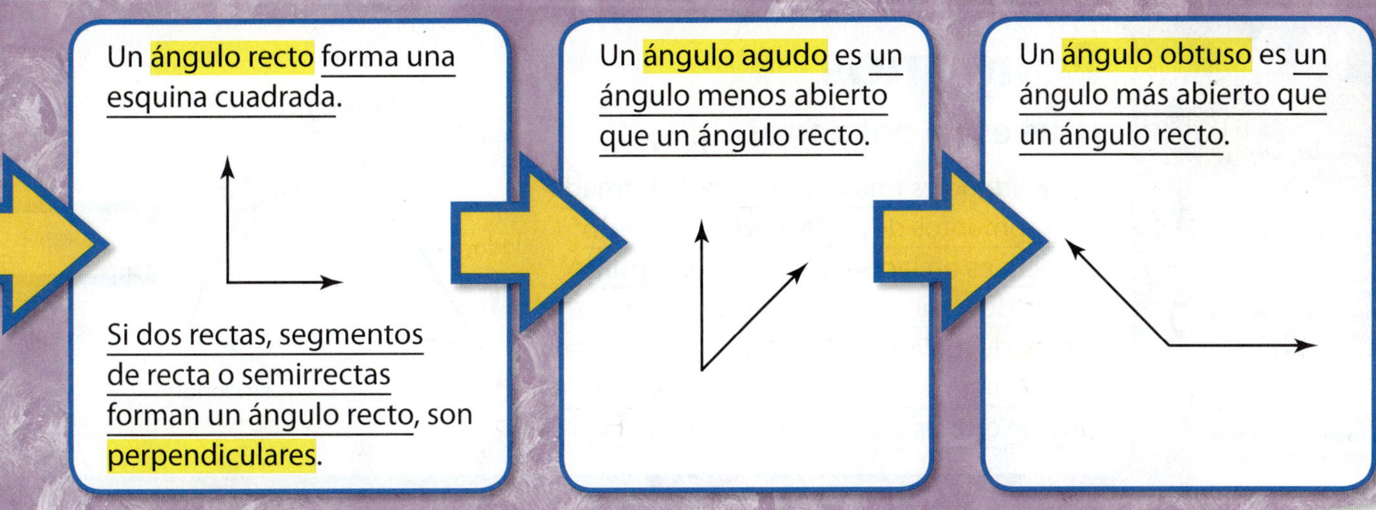

Resolución de problemas

En los Ejercicios **16** a **18**, indica qué tipo de ángulo forman las manecillas. Luego, indica la hora que muestra cada reloj.

16. 

17. 

18. 

19. **Escribir para explicar** ¿Son todos los ángulos obtusos del mismo tamaño? Haz un dibujo para explicar tu respuesta.

20. ¿Qué dibujo muestra un par de segmentos de recta perpendiculares?

A      B    C    D 

21. **Razonar** ¿Son estas rectas paralelas o intersecantes? Explícalo.

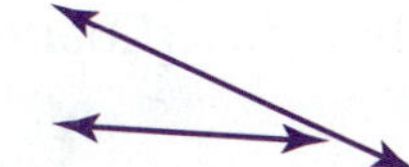

Ojo *Recuerda que las rectas son infinitas.*

22. ¿Qué número es mayor que 1,051?

A   1,005   C   947

B   1,073   D   1,021

23. Dora guarda su colección de rocas en cajas. Pone 8 rocas en cada caja. Tiene 5 cajas de rocas. ¿Cuántas rocas tiene en su colección?

Estándares comunes

3.G.1 Entender que las figuras de diferentes categorías . . . pueden compartir atributos, . . . y que los atributos compartidos pueden definir una categoría más amplia. . . . Reconocer los rombos, rectángulos y cuadrados como ejemplos de cuadriláteros y dibujar ejemplos de cuadriláteros que no pertenecen a ninguna de estas subcategorías.

Polígonos

¿Qué es un polígono?

Un polígono es una figura cerrada formada por segmentos de recta. Cada segmento de recta es un lado del polígono. El punto donde dos lados se encuentran es un vértice del polígono. Un segmento de recta que conecta dos vértices que no están uno junto al otro es una diagonal.

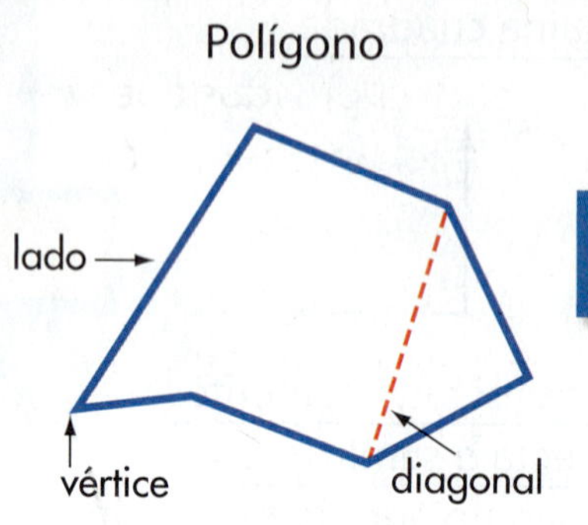

Otros ejemplos ¿Cómo describes la figura de un polígono?

Éstos son polígonos convexos.　　Éstos son polígonos cóncavos.　　Éstos NO son polígonos.

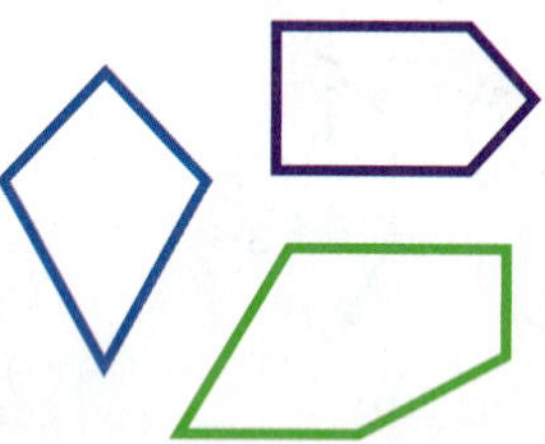

Práctica guiada*

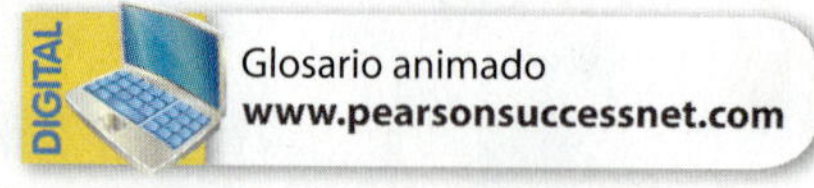

¿CÓMO hacerlo?

Nombra el polígono. ¿Es cóncavo o convexo?

1.　　**2.**

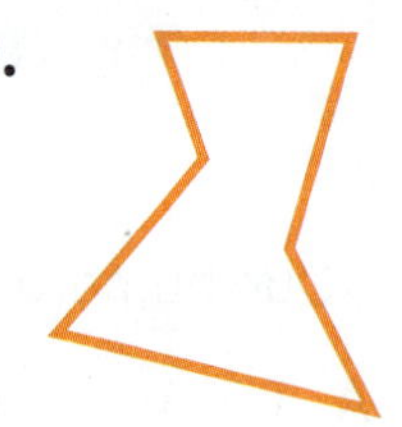

¿Son estas figuras polígonos? Si alguna lo es, traza y dibuja sus diagonales. Si no lo es, explica por qué.

3.　　**4.**

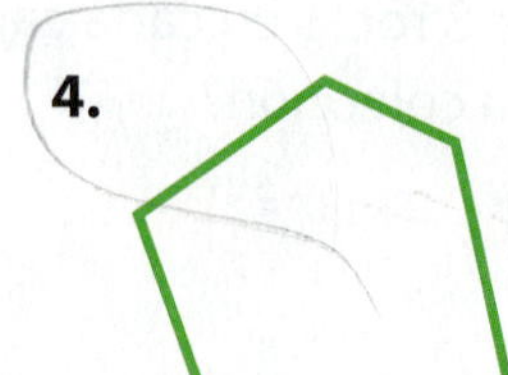

¿Lo ENTIENDES?

5. Razonar Dibuja un polígono de 3 lados.

  a ¿Cuántos vértices tiene?

  b ¿Cuántos ángulos tiene?

  c ¿Cómo se llama el polígono?

6. Un decágono tiene 10 lados. ¿Cuántos ángulos tiene?

7. Describe un objeto de la vida diaria que sea un modelo de polígono. ¿Cómo se llama el polígono?

DIGITAL　Glosario animado
www.pearsonsuccessnet.com

 Puedes encontrar otro ejemplo en el Grupo C, página 296.

Los polígonos se nombran por el número de lados que tienen. Los dos lados que se juntan forman un ángulo en cada vértice.

En la tabla se nombran y describen algunos polígonos comunes.

Datos	Polígono	Número de lados	Número de vértices
	Triángulo	3	3
	Cuadrilátero	4	4
	Pentágono	5	5
	Hexágono	6	6
	Octágono	8	8
	Decágono	10	10

Práctica independiente

En los Ejercicios **8** a **11**, nombra el polígono.

8. 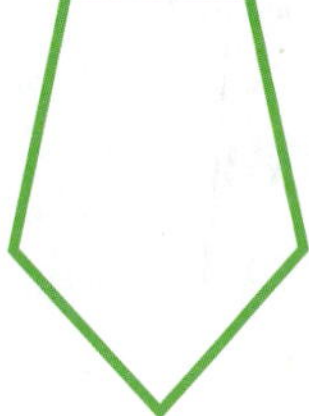

9. 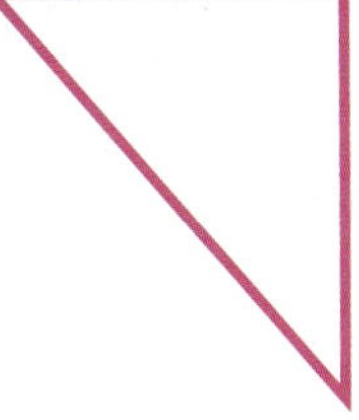

10. 

11. 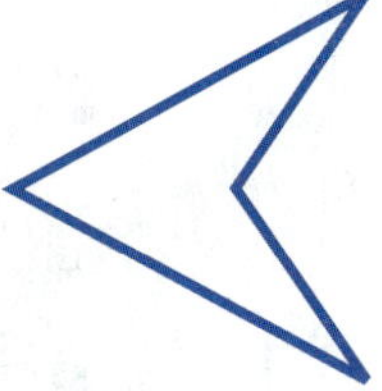

¿Son polígonos las figuras de los Ejercicios **12** a **15**? Si alguna lo es, escribe su nombre. Si no lo es, explica por qué.

12. 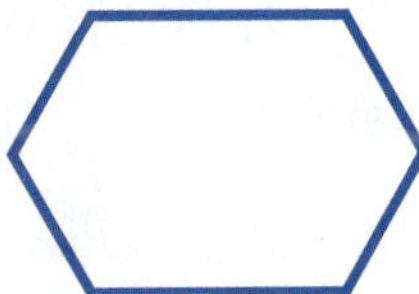

13. 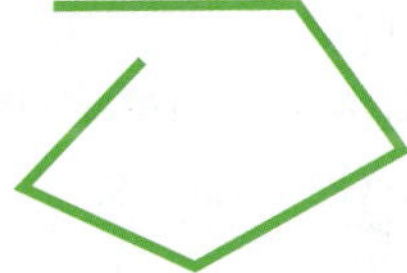

14. 

15. 

En los Ejercicios **16** a **19**, traza los polígonos. Luego, dibuja sus diagonales.

16. 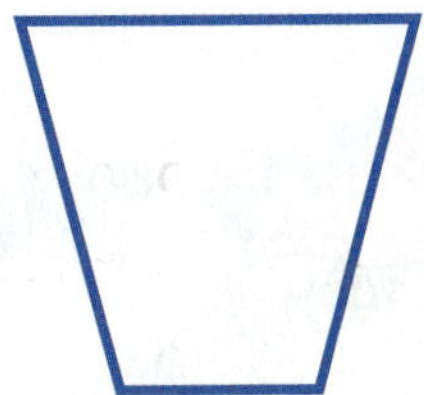

17. 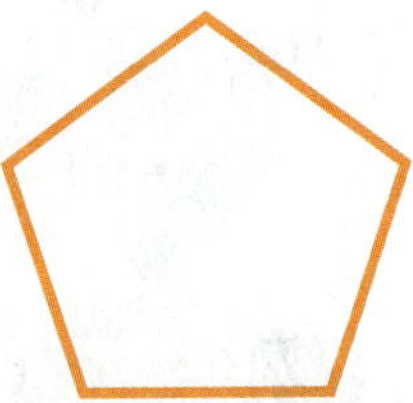

18. 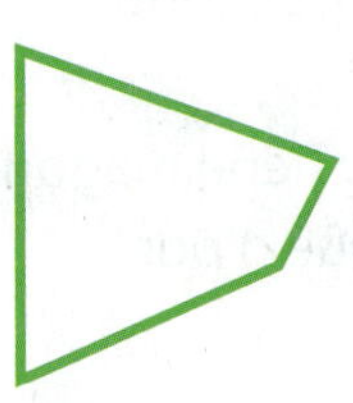

19. 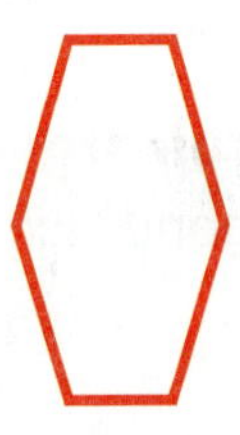

En los Ejercicios **20** a **23**, describe las figuras como cóncavas o convexas.

20. 

21. 

22. 

23. 

En los Ejercicios **24** a **27**, nombra el polígono al que más se parece cada señal de tránsito.

24. 

25. 

26. 

27. 

28. Buscar patrones ¿Qué polígono sigue en el patrón? Explica tu respuesta.

29. ¿Qué polígono describe mejor la tapa de la caja?

A Cuadrilátero   **C** Pentágono

B Octágono   **D** Hexágono

30. ¿Qué figura describe mejor este polígono?

A Octágono   **C** Hexágono

B Pentágono   **D** Cuadrilátero

En los Ejercicios **31** a **33**, usa la ilustración de la escultura de plátanos. Los plátanos de la parte frontal de la escultura forman un polígono de 3 lados.

31. ¿Qué polígono describe mejor el frente de esta escultura?

32. ¿Cuántos vértices tiene el polígono?

33. Construir argumentos ¿Tiene diagonales el polígono? Explica por qué o por qué no.

34. Buscar patrones Copia y completa escribiendo el número que falta en cada patrón.

a 25, 50, 75, 100, ____, 150

b 75, 70, 65, 60, ____, 50

Resolución de problemas variados

Lee el siguiente artículo. Luego, responde a las preguntas.

No sólo un bonito diseño

La araña de jardín por fin está quieta después de una hora de trabajo. Está sentada cerca del centro de la telaraña que ha hecho. Está esperando que algún insecto quede atrapado en ella. El insecto será su comida.

La telaraña se parece a una rueda de bicicleta con rayos. Los hilos de seda que salen desde el centro se llaman hilos radiales. Otros hilos de seda atraviesan los rayos para formar figuras de círculos, o espirales. Estos hilos en espiral son pegajosos.

La telaraña de una araña de jardín puede medir hasta 16 pulgadas de ancho. Los hilos radiales de la telaraña miden entre 5 y 10 pulgadas de longitud. Hay cientos de hilos en espiral. Algunos de los hilos en espiral miden menos de 1 pulgada de longitud. Otros pueden medir hasta 2 pulgadas de longitud.

Puedes ver que la telaraña de la araña de jardín es algo más que un bonito diseño. Es una trampa compleja con muchas partes.

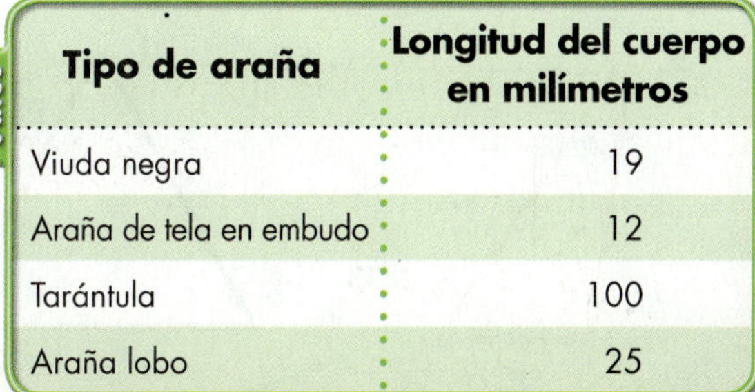

1. En la última oración del artículo, ¿qué significa la palabra *compleja*?

2. ¿Qué crees que pasará después?

3. Supón que la telaraña de una araña de jardín mide 16 pulgadas de ancho. ¿Aproximadamente cuántas pulgadas mide desde el centro hasta el borde exterior?

En los Ejercicios **4** y **5**, usa la tabla.

4. **Usar herramientas** ¿Cuánto más larga es la tarántula que la araña de tela en embudo?

5. **Representar** Haz un dibujo y escribe una oración numérica para resolver este problema.

   ¿Qué tipo de araña mide aproximadamente 80 milímetros más de longitud que la viuda negra?

Datos — Tipo de araña	Longitud del cuerpo en milímetros
Viuda negra	19
Araña de tela en embudo	12
Tarántula	100
Araña lobo	25

Estándares comunes

3.G.1 Entender que las figuras de diferentes categorías … pueden compartir atributos, … y que los atributos compartidos pueden definir una categoría más amplia. … Reconocer los rombos, rectángulos y cuadrados como ejemplos de cuadriláteros y dibujar ejemplos de cuadriláteros que no pertenecen a ninguna de estas subcategorías.

Triángulos

¿Cómo describes los triángulos?

Los triángulos pueden describirse según sus lados.

Triángulo equilátero

Los tres lados tienen la misma longitud.

Triángulo isósceles

Al menos dos lados tienen la misma longitud.

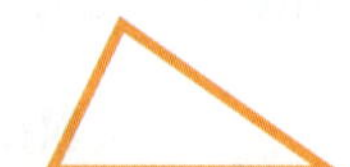

Triángulo escaleno

Ningún lado tiene la misma longitud.

Práctica guiada*

PRÁCTICAS MATEMÁTICAS

¿CÓMO hacerlo?

En los Ejercicios **1** y **2**, indica si cada triángulo es equilátero, isósceles o escaleno.

1. 

2. 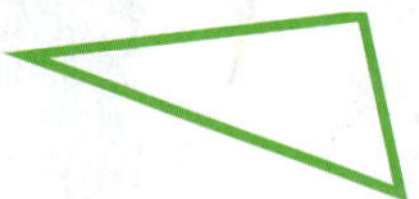

En los Ejercicios **3** y **4**, indica si cada triángulo es rectángulo, acutángulo u obtusángulo.

3. 

4. 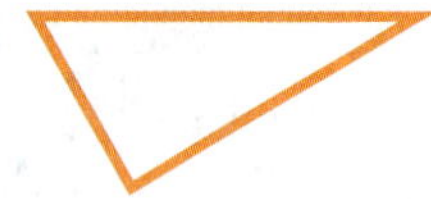

¿Lo ENTIENDES?

5. ¿Cuántos ángulos agudos hay en un triángulo acutángulo?

6. ¿Cuántos ángulos obtusos hay en un triángulo obtusángulo?

7. Razonar ¿Puede un triángulo rectángulo ser también

   a un triángulo isósceles? Explícalo.

   b un triángulo equilátero? Explícalo.

8. Razonar ¿Puede un triángulo isósceles ser también un triángulo equilátero? Explícalo.

Práctica independiente

En los Ejercicios **9** a **12**, indica si el triángulo es equilátero, isósceles o escaleno. Si algún triángulo tiene dos nombres posibles, da el nombre que mejor lo describa.

9. 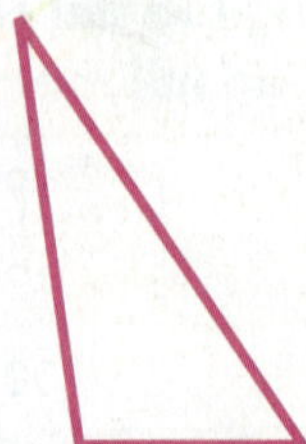

10. 

11. 

12. 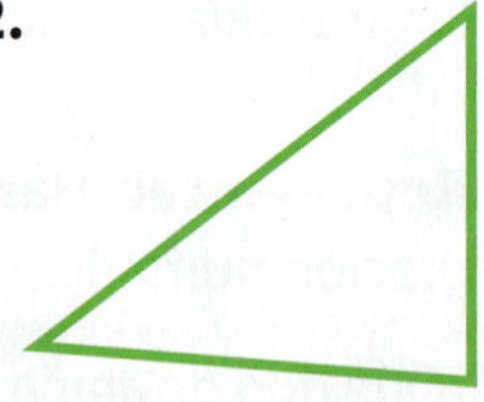

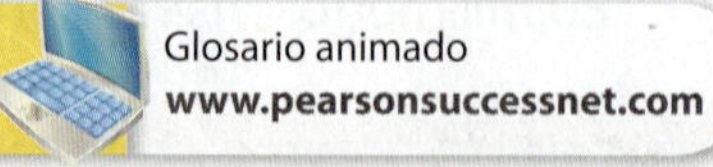
Glosario animado
www.pearsonsuccessnet.com

 Puedes encontrar otro ejemplo en el Grupo D, página 296.

Los triángulos pueden describirse según sus ángulos.

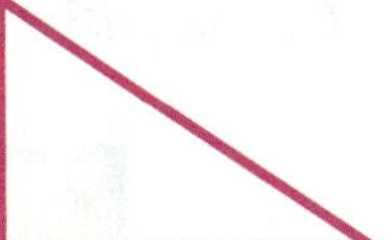

Triángulo rectángulo

Uno de los ángulos
es un ángulo recto.

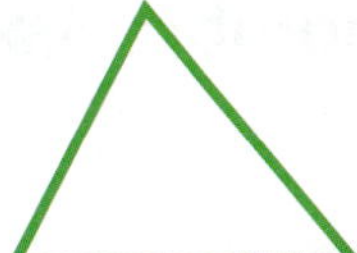

Triángulo acutángulo

Los tres ángulos son
ángulos agudos.

Triángulo obtusángulo

Uno de los ángulos es
un ángulo obtuso.

En los Ejercicios **13** a **16**, indica si el triángulo es rectángulo, acutángulo u obtusángulo.

13. 

14. 

15. 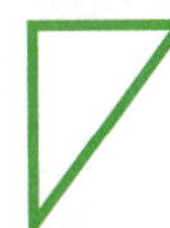

16. 

Resolución de problemas

En los Ejercicios **17** y **18**, usa el dibujo del triángulo musical.

17. ♪ **Música** ¿A qué se parece más el triángulo
musical: a un triángulo equilátero, a un triángulo isósceles
o a un triángulo escaleno?

18. Razonar La forma del triángulo musical no es un triángulo
geométrico. Explica por qué no.

19. Lee la oración de abajo. Escribe la
palabra que la haría verdadera.

Un triángulo obtusángulo tiene un
ángulo obtuso y dos ángulos __?__.

20. Usar la estructura Haz un dibujo de un
rectángulo. Muestra cómo dividirías el
rectángulo en dos triángulos rectángulos
haciendo un corte en forma recta.

21. ¿Qué par de triángulos describe mejor el banderín?

    A Triángulo equilátero, triángulo acutángulo

    B Triángulo equilátero, triángulo rectángulo

    C Triángulo isósceles, triángulo acutángulo

    D Triángulo isósceles, triángulo obtusángulo

22. Comunicarse ¿Por qué es imposible que un triángulo
tenga dos ángulos rectos?

Estándares comunes

3.G.1 Entender que las figuras de diferentes categorías... pueden compartir atributos,... y que los atributos compartidos pueden definir una categoría más amplia.... Reconocer los rombos, rectángulos y cuadrados como ejemplos de cuadriláteros y dibujar ejemplos de cuadriláteros que no pertenecen a ninguna de estas subcategorías.

Cuadriláteros

¿Cuáles son algunos nombres especiales para los cuadriláteros?

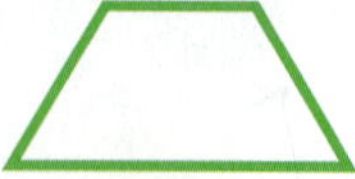

Trapecio

Sólo un par de lados paralelos

Paralelogramo

Dos pares de lados paralelos

Los lados opuestos tienen la misma longitud.
Los ángulos opuestos son del mismo tamaño.

Práctica guiada*

PRÁCTICAS MATEMÁTICAS

¿CÓMO hacerlo?

En los Ejercicios **1** a **4**, escribe tantos nombres especiales como sea posible para cada cuadrilátero.

1. 

2. 

3. 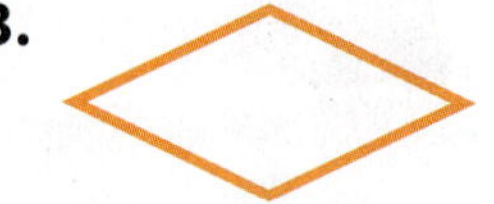

4. 

¿Lo ENTIENDES?

5. Esta figura es un rectángulo, pero NO es un cuadrado. ¿Por qué?

6. Razonar Dibuja dos cuadriláteros diferentes que no sean un rectángulo, un cuadrado o un rombo.

7. ¿Por qué un cuadrado es un paralelogramo?

Práctica independiente

En los Ejercicios **8** a **13**, escribe tantos nombres especiales como sea posible para cada cuadrilátero.

8. 

9. 

10. 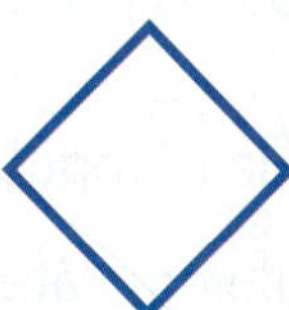

11. 

12. 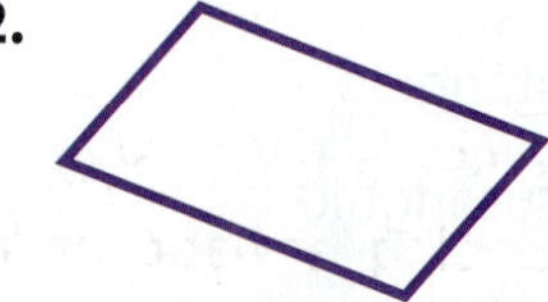

13. 

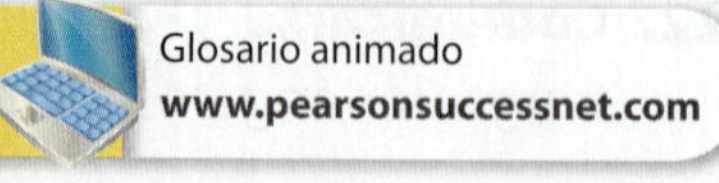

Glosario animado
www.pearsonsuccessnet.com

Puedes encontrar otro ejemplo en el Grupo C, página 296.

Algunos cuadriláteros tienen más de un nombre especial.

Rectángulo

Cuatro ángulos rectos

Un *rectángulo* es un tipo especial de *paralelogramo*.

Rombo

Todos los lados tienen la misma longitud

Un *rombo* es un tipo especial de *paralelogramo*.

Cuadrado

Cuatro ángulos rectos y todos los lados de la misma longitud

Un *cuadrado* es un tipo especial de *paralelogramo*. Es una combinación de *rectángulo* y *rombo*.

En los Ejercicios **14** a **17**, escribe el nombre que mejor describa el cuadrilátero. Haz un dibujo como ayuda.

14. Un rectángulo con todos los lados de la misma longitud

15. Un cuadrilátero con un solo par de lados paralelos

16. Un paralelogramo con cuatro ángulos rectos

17. Un rombo con cuatro ángulos rectos

Resolución de problemas

PRÁCTICAS MATEMÁTICAS

18. ¿Qué figura tienen las ruedas de esta bicicleta? ¿En qué se diferencian estas figuras de las ruedas de la mayoría de las bicicletas?

19. Razonar Soy un tipo especial de cuadrilátero con los lados opuestos de la misma longitud. ¿Qué tipo de cuadrilátero podría ser? (*Pista:* Hay más de una respuesta correcta).

20. Construir argumentos ¿En qué se parecen un rectángulo y un rombo? ¿En qué se diferencian?

21. Susana compró un libro por $12, dos mapas por $7 cada uno y tarjetas postales por $4. ¿Cuál fue su costo total antes de impuestos?

22. Leonardo hizo esta torre de bloques. Si añade dos pisos más como los de la imagen, ¿cuántos bloques habrá en la torre entera?

A 22   **B** 20   **C** 16   **D** 12

Estándares comunes

3.G.1 Entender que las figuras de diferentes categorías... pueden compartir atributos,... y que los atributos compartidos pueden definir una categoría más amplia.... Reconocer los rombos, rectángulos y cuadrados como ejemplos de cuadriláteros y dibujar ejemplos de cuadriláteros que no pertenecen a ninguna de estas subcategorías. También, **3.G.2**.

Combinar y separar figuras

¿Cómo combinas o separas las figuras para hacer otras figuras?

Julia tiene estos dos triángulos rectángulos que son exactamente iguales. Quiere juntarlos para formar una nueva figura. Julia los junta de manera que ambos lados coinciden exactamente. ¿Qué figuras puede formar?

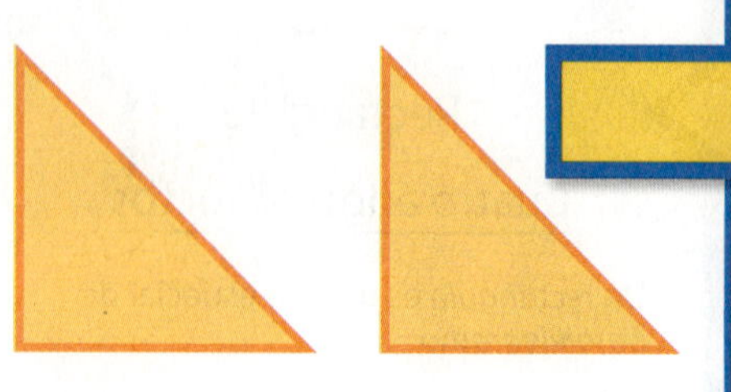

Otros ejemplos

Puedes usar diagonales para separar una figura en otras figuras.

Puedes separar un hexágono en diferentes tipos de triángulos.

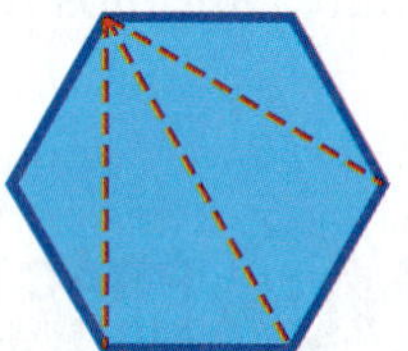 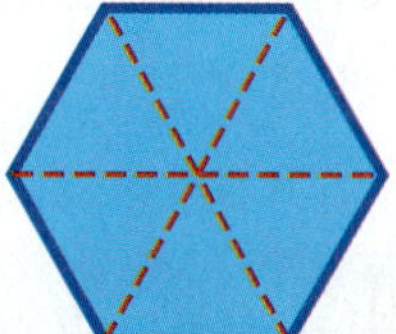

Puedes separar un pentágono en un triángulo y un cuadrilátero.

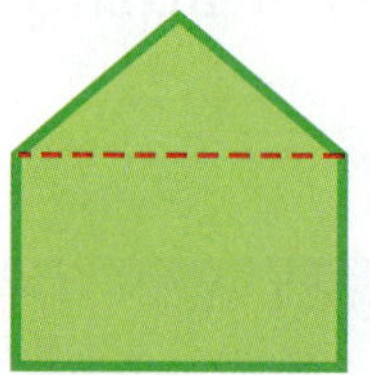 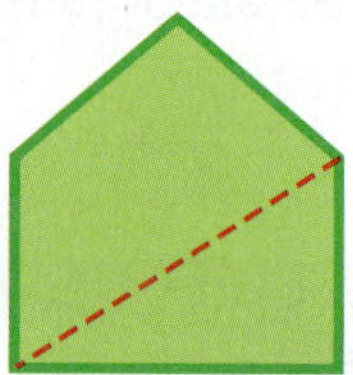

Práctica guiada*

¿CÓMO hacerlo?

1. ¿Qué figura puedes formar al juntar dos cuadrados que son exactamente iguales? ¿Dos pentágonos? ¿Dos hexágonos? Recuerda que los lados deben coincidir.

En los Ejercicios **2** y **3**, traza los polígonos. Dibuja una diagonal para formar nuevas figuras. Nombra las nuevas figuras que hagas.

2.  **3.** 

¿Lo ENTIENDES?

4. ¿Qué otra figura puedes formar con los dos triángulos rectángulos de Julia que se muestran arriba?

5. **Usar la estructura** Dibuja un hexágono. Sepáralo con una diagonal. ¿Qué figuras formaste? Halla otra manera de formar diferentes figuras usando una diagonal diferente.

6. Kelly tiene un sándwich cuadrado. Quiere cortarlo en figuras usando diagonales. ¿Qué figuras podría formar?

Puedes encontrar otro ejemplo en el Grupo E, página 297.

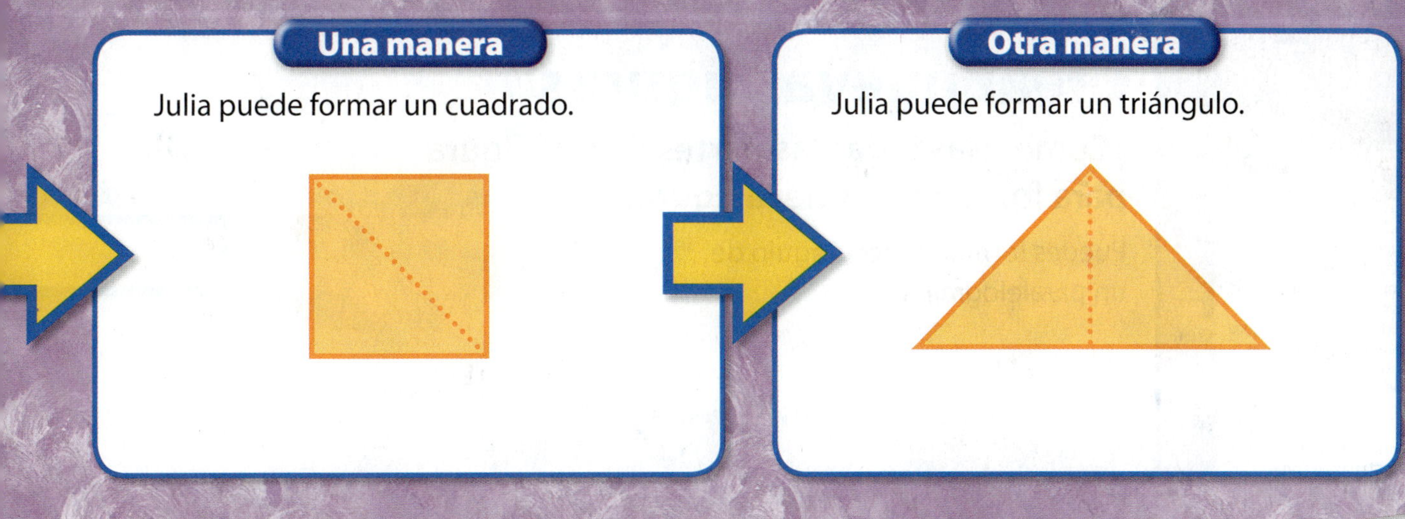

Práctica independiente

En los Ejercicios **7** a **9**, escribe el nombre de un polígono que se pueda formar haciendo coincidir dos lados de las figuras.

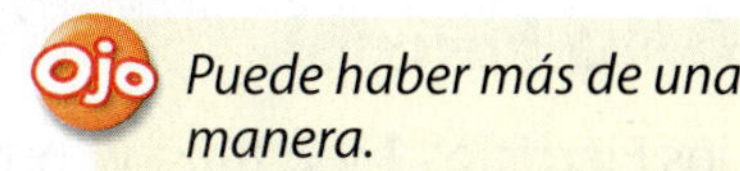

7.    **8.**    **9.** 

En los Ejercicios **10** a **12**, traza los polígonos. Dibuja dos o más diagonales para formar las nuevas figuras que se nombran.

10. 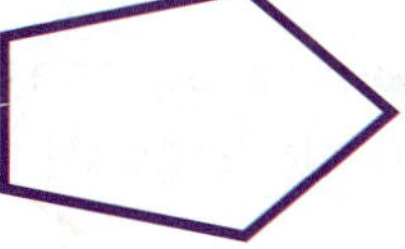   **11.** 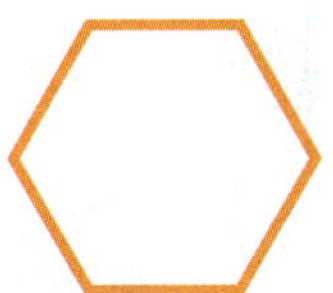   **12.** 

3 triángulos   2 triángulos y 1 rectángulo   4 triángulos y 1 cuadrado

Resolución de problemas

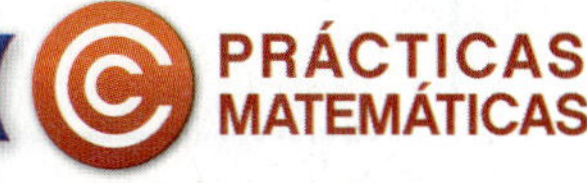

PRÁCTICAS MATEMÁTICAS

13. Mark tiene un rombo, un rectángulo, un triángulo, un cuadrado y un trapecio.

a ¿Qué par de figuras puede juntar para formar un pentágono?

b ¿Qué tres figuras puede juntar para formar un hexágono?

14. Usa la imagen de la derecha. ¿Qué par de figuras conforman la parte frontal de la torre Modis?

15. Razonar Alberto dibujó todas las diagonales de una figura. Hizo cuatro triángulos pequeños. ¿Con qué figura empezó?

A Triángulo   **B** Pentágono   **C** Rectángulo   **D** Hexágono

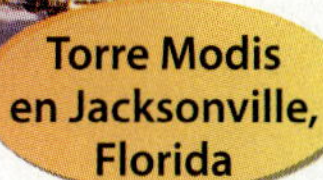

Estándares comunes

3.G.1 Entender que las figuras de diferentes categorías … pueden compartir atributos, … y que los atributos compartidos pueden definir una categoría más amplia. … Reconocer los rombos, rectángulos y cuadrados como ejemplos de cuadriláteros y dibujar ejemplos de cuadriláteros que no pertenecen a ninguna de estas subcategorías. También, **3.G.2**.

Crear nuevas figuras

¿Cómo usas todas las partes de una figura para formar una nueva figura?

Puedes formar un rectángulo de un paralelogramo.

Práctica guiada*

¿CÓMO hacerlo?

En los Ejercicios **1** y **2**, traza y corta con mucho cuidado cada figura. Luego, corta a lo largo de las rectas discontinuas. Vuelve a ordenar las piezas para formar la nueva figura.

1. Empieza con un cuadrado. Haz un tipo diferente de rectángulo.

2. Empieza con un rectángulo. Forma un triángulo.

¿Lo ENTIENDES?

3. Supón que cortas el paralelogramo de arriba a lo largo de una diagonal. Vuelve a ordenar las partes. ¿Qué figura formaste?

4. ¿Qué otras figuras podrías formar con los cuatro triángulos del Ejercicio 1?

5. Construir argumentos Susana corta este paralelogramo a lo largo de las rectas discontinuas.

¿Puede volver a ordenar las partes para formar un triángulo grande? Explícalo o haz un dibujo.

Práctica independiente

En los Ejercicios **6** a **8**, supón que cortas cada polígono a lo largo de las rectas discontinuas. ¿Podrías ordenar las partes para formar una nueva figura? Si es así, dibuja la nueva figura.

6. ¿Un pentágono?

7. ¿Un paralelogramo?

8. ¿Un cuadrado?

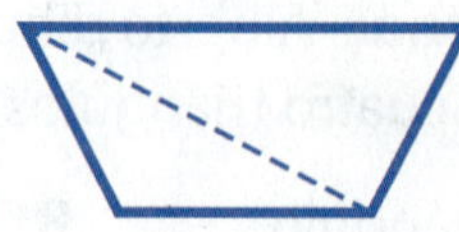

Puedes encontrar otro ejemplo en el Grupo F, página 297.

Resolución de problemas

En los Ejercicios **9** y **10**, traza y corta con mucho cuidado las figuras. Luego, corta a lo largo de las rectas discontinuas. Vuelve a ordenar las partes para formar la nueva figura.

9. Empieza con este octágono. Forma un triángulo.

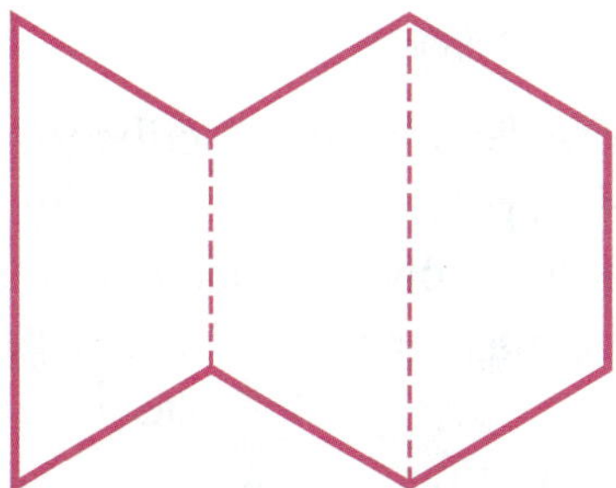

10. Empieza con este hexágono. Forma un pentágono.

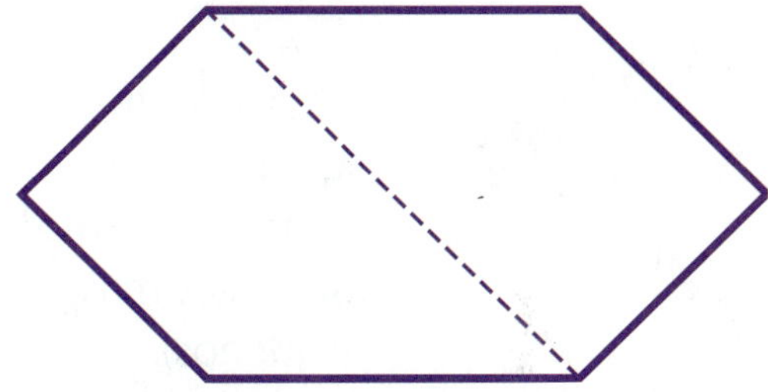

11. Representar La Escuela Gifford tiene 542 estudiantes. La Escuela Larson tiene n estudiantes. Hay 928 estudiantes en las escuelas Larson y Gifford. Escribe una ecuación y resuelve n para hallar el número de estudiantes que tiene Larson.

12. Hacerlo con precisión El Aeropuerto Internacional de Orlando tiene 4 pistas de aterrizaje paralelas. Haz un dibujo que muestre cómo se podrían ver las pistas de aterrizaje en un mapa. Explica tu razonamiento.

13. Pedro corta una figura en dos partes. Las ordena para formar la figura de la derecha. ¿Con qué figura empezó?

A    B    C 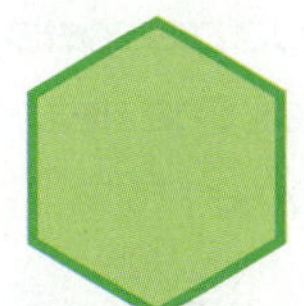   D 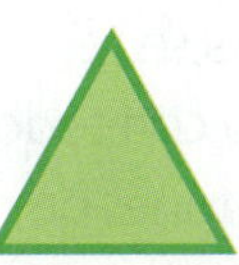

Estándares comunes

3.G.2 Dividir figuras en partes con áreas iguales. Expresar el área de cada parte como una fracción unitaria del entero. Por ejemplo, dividir una figura en 4 partes con áreas iguales y describir el área de cada parte como 1/4 del área de la figura.

Resolución de problemas

Resolver un problema más sencillo

Tania hizo el diseño de azulejos de la derecha. Puedes hallar cuadrados grandes formados por cuadrados pequeños en su diseño. ¿Cuántos cuadrados hay en total?

Práctica guiada*

PRÁCTICAS MATEMÁTICAS

¿CÓMO hacerlo?

1. Luisa ve que este diseño de azulejos tiene triángulos compuestos por triángulos más pequeños. ¿Cuántos triángulos hay en total?

(Pista: Haz una lista. Busca un triángulo grande, así como triángulos más pequeños).

¿Lo ENTIENDES?

2. En el ejemplo de arriba, ¿qué problemas más sencillos se usaron? Indica por qué se usaron estos problemas.

3. **Escribir un problema** Escribe y resuelve un problema sobre figuras que puedas resolver solucionando un problema más sencillo.

Práctica independiente

PRÁCTICAS MATEMÁTICAS

4. **Perseverar** Este diseño tiene rectángulos que son de diferentes tamaños. ¿Cuántos rectángulos hay en total?

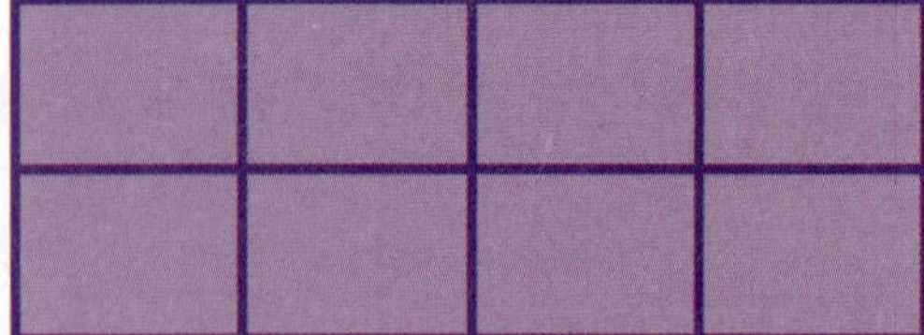

Aplicar las prácticas matemáticas

- ¿Qué me piden que halle?
- ¿Qué otra cosa puedo intentar?
- ¿Cómo se relacionan las cantidades?
- ¿Cómo puedo explicar mi trabajo?
- ¿Cómo puedo usar las matemáticas para representar el problema?
- ¿Me serviría de ayuda alguna herramienta?
- ¿Hay precisión en mi trabajo?
- ¿Por qué funciona esto?
- ¿Cómo puedo hacer generalizaciones?

5. Cuatro amigos se reunieron y cada persona se dio la mano con todos los demás una vez. ¿Cuántos apretones de manos hubo en total?

(Pista: Primero resuelve para 2 ó 3 amigos. Haz un dibujo y una tabla como ayuda).

 Puedes encontrar otro ejemplo en el Grupo G, página 297.

Puedo resolver un problema más sencillo.

Paso 1: Puedo buscar cuadrados dentro de cuadrados y contar el número de cuadrados de cada tamaño.

Paso 2: Luego, puedo sumar para hallar el número total de cuadrados.

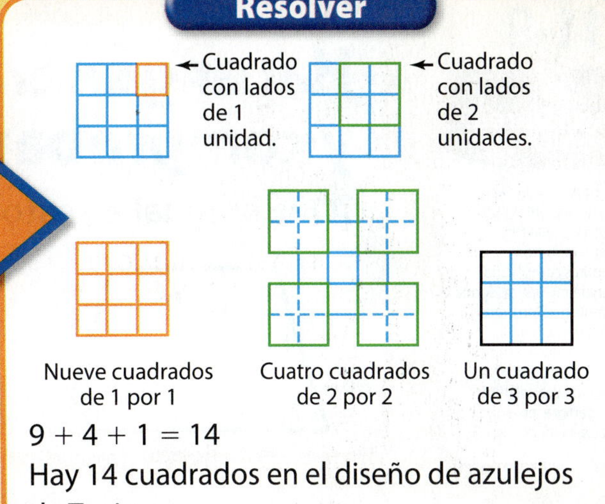

$9 + 4 + 1 = 14$

Hay 14 cuadrados en el diseño de azulejos de Tania.

Puedes usar un dibujo, una tabla o una lista como ayuda para resolver los Ejercicios **6** a **12**.

6. **Arte** Elisa hizo una cadena de papel. Usó el patrón de abajo.

Elisa terminó con un eslabón amarillo. Si usó 10 eslabones azules, ¿cuántos eslabones amarillos usó?

7. La familia Núñez visita el acuario del estado. Hay 2 adultos y 3 niños en la familia. Los boletos de adulto cuestan $10 cada uno y los boletos de niño cuestan $6 cada uno. Un boleto familiar cuesta $35 y es para 5 personas. ¿Cuánto dinero ahorrará la familia Núñez si compra un boleto familiar?

8. Raquel tenía una manzana. La cortó en dos trozos iguales. Luego, cortó cada trozo en dos partes iguales. Comió un trozo de manzana. ¿Cuántos trozos le quedaron a Raquel? Haz un dibujo para explicarlo.

9. **Razonar** Chris hizo 9 panqueques. Se quedó con 3 panqueques y luego le dio un número igual a cada una de sus dos hermanas. No quedó ningún panqueque. ¿Cuántos panqueques recibió cada hermana?

10. **Buscar patrones** En la gran apertura de una tienda, el primer cliente recibe una taza gratis, el segundo un cartel, el tercero un bolígrafo y el cuarto un llavero. Luego, el patrón comienza de nuevo. Si el patrón continúa, ¿qué artículo recibirá el 18.° cliente?

11. Se cortaron tres pizzas en 8 porciones cada una. Seis amigos se comieron toda la pizza y cada persona comió la misma cantidad de porciones. ¿Cuántas porciones comió cada persona?

12. **Perseverar** ¿Cuántos triángulos pequeños y grandes hay en el diseño que se muestra a la derecha?

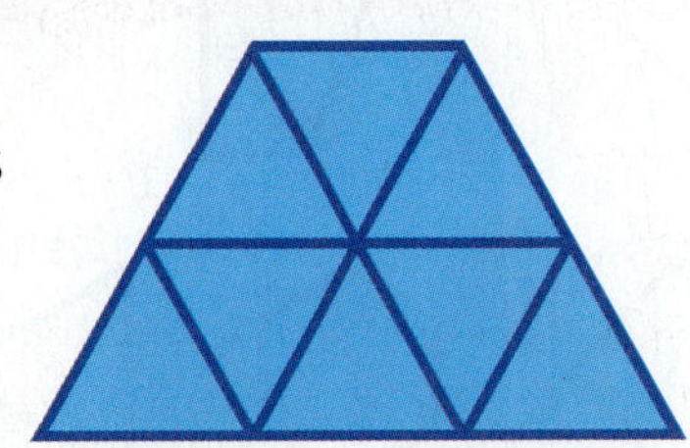

A 8 **B** 10 **C** 12 **D** 14

Estándares comunes

3.G.1 Entender que las figuras de diferentes categorías … pueden compartir atributos, … y que los atributos compartidos pueden definir una categoría más amplia. … Reconocer los rombos, rectángulos y cuadrados como ejemplos de cuadriláteros y dibujar ejemplos de cuadriláteros que no pertenecen a ninguna de estas subcategorías.

Resolución de problemas

Hacer generalizaciones y comprobarlas

¿Qué es igual en estos tres polígonos?

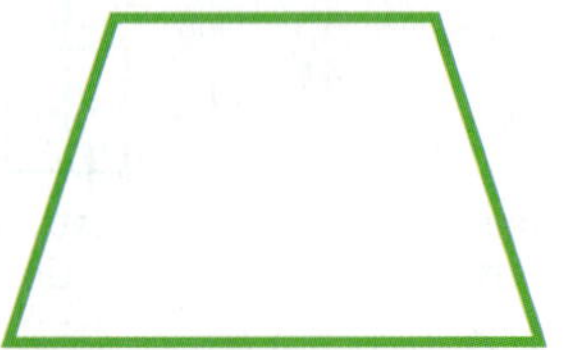  

Práctica guiada*

PRÁCTICAS MATEMÁTICAS

¿CÓMO hacerlo?

En los Ejercicios **1** y **2**, haz una generalización para cada conjunto de polígonos y compruébala.

1. 

2.  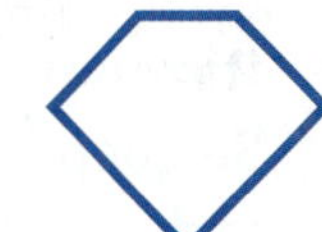

¿Lo ENTIENDES?

3. Observa los polígonos de arriba. Todos los lados del segundo y del tercer polígono tienen la misma longitud. Por tanto, ¿por qué es incorrecta la generalización del amigo?

4. Escribir un problema Dibuja un conjunto de polígonos que sean iguales de alguna manera. Pide a un(a) compañero(a) que haga una generalización.

Práctica independiente

PRÁCTICAS MATEMÁTICAS

En los Ejercicios **5** a **7**, haz una generalización para cada conjunto de polígonos.

5. 

6. 

7. 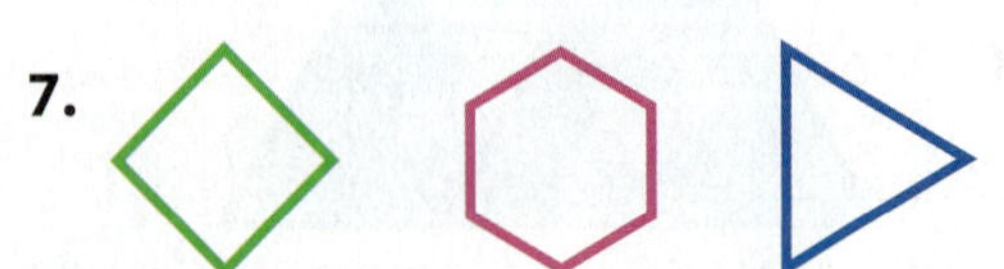

Aplicar las prácticas matemáticas

- ¿Qué me piden que halle?
- ¿Qué otra cosa puedo intentar?
- ¿Cómo se relacionan las cantidades?
- ¿Cómo puedo explicar mi trabajo?
- ¿Cómo puedo usar las matemáticas para representar el problema?
- ¿Me serviría de ayuda alguna herramienta?
- ¿Hay precisión en mi trabajo?
- ¿Por qué funciona esto?
- ¿Cómo puedo hacer generalizaciones?

 Puedes encontrar otro ejemplo en el Grupo H, página 297.

8. El Sr. Redbird hace mesas de 3 patas y mesas de 4 patas. Las mesas que hizo este mes tienen 18 patas en total. ¿Cuántas mesas de cada tipo hizo?

9. Ana gana $4 por cada hora que cuida niños. La semana pasada cuidó niños por 2 horas y esta semana por 5 horas. ¿Cuánto ganó en total?

10. ¿En qué se parecen estos cuatro números: 18, 24, 16 y 40?

11. Compara cada suma con sus sumandos en estas oraciones numéricas:

$34 + 65 = 99$ $8 + 87 = 95$ $435 + 0 = 435$

Haz una generalización sobre los sumandos y las sumas de números enteros.

12. Evaluar el razonamiento ¿Es verdadera la generalización de abajo? Si no lo es, explícalo o haz un dibujo para demostrar por qué no lo es.

Si una figura está formada por segmentos de recta, entonces es un polígono.

13. Perseverar Ariel les dio a sus amigos estas pistas sobre un número secreto.

- El número tiene tres dígitos.
- El dígito de las centenas es menor que 3.
- El dígito de las decenas es el doble que el dígito de las unidades.
- El número es impar.

¿Cuáles son todos los números secretos posibles?

14. ¿Qué es igual en todos estos polígonos?

  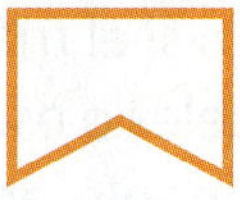

A Todos son convexos.

B Todos tienen dos ángulos rectos.

C Todos tienen sólo un ángulo agudo.

D Todos tienen cuatro lados.

Grupo A, páginas 276 y 277

Escribe el nombre de las siguientes rectas.

Las rectas se intersecan en un punto.
Son rectas intersecantes.

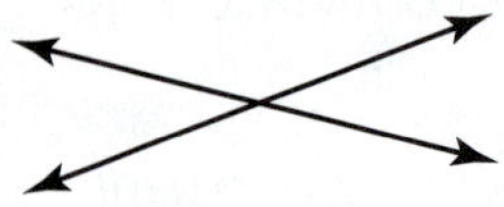

Recuerda que las rectas no tienen fin.

Escribe el nombre de cada recta.

1. 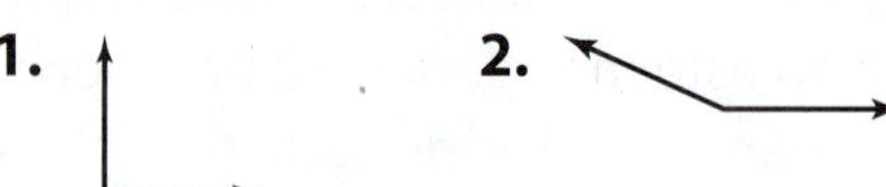   **2.**

Grupo B, páginas 278 y 279

Describe los ángulos como recto, agudo u obtuso.

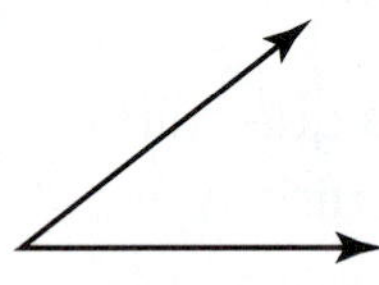

El ángulo se abre menos que un ángulo recto. Es un ángulo agudo.

Recuerda que la abertura del ángulo recto forma una esquina recta.

Describe cada ángulo.

1.   **2.** 

Grupo C, páginas 280 a 282, 286 y 287

¿Es la figura un polígono? Si es un polígono, escribe su nombre. Si no lo es, explica por qué.

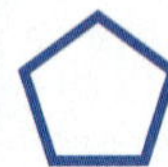

La figura está cerrada y está formada por segmentos de recta. Es un polígono.

La figura tiene 5 lados. Es un pentágono.

Recuerda que todos los cuadriláteros tienen cuatro lados.

¿Es la figura un polígono? Si lo es, escribe su nombre. Si no lo es, explica por qué.

1.   **2.** 

Escribe todos los nombres posibles.

3.   **4.**

Grupo D, páginas 284 y 285

Indica si el triángulo de abajo es equilátero, isósceles o escaleno. Luego, indica si el triángulo es rectángulo, acutángulo u obtusángulo.

Ninguno de los lados tiene la misma longitud. Uno de los ángulos es un ángulo obtuso.

El triángulo es un triángulo escaleno.
El triángulo es un triángulo obtusángulo.

Recuerda que ninguno de los lados de un triángulo escaleno tienen la misma longitud.

Describe cada triángulo según sus lados y sus ángulos.

1. 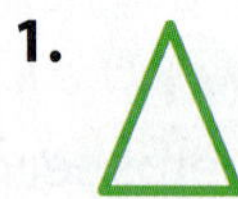   **2.** 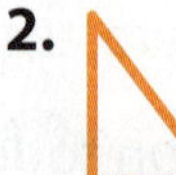

Dos trapecios pueden formar un hexágono.

Dibuja una diagonal para separar un hexágono en un triángulo y un pentágono.

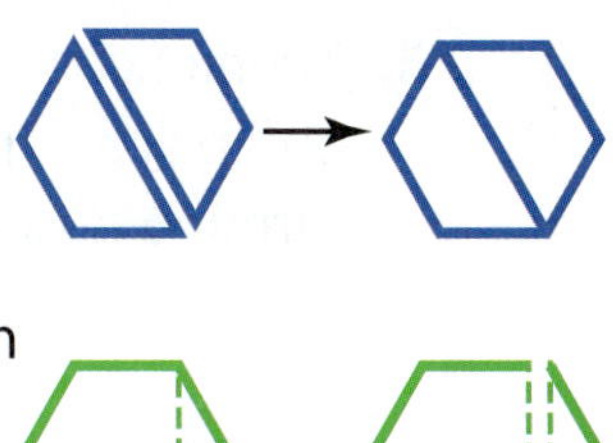

Recuerda que una diagonal junta dos vértices que no están uno junto al otro.

Traza los polígonos. Dibuja diagonales para formar las nuevas figuras.

1. 

2 rombos

2. 

4 triángulos

Tim corta un cuadrado a lo largo de una diagonal. Luego, vuelve a ordenar las partes para formar una nueva figura. ¿Qué nueva figura puede formar?

Tim puede formar un paralelogramo o un triángulo.

Recuerda hacer coincidir los lados.

¿Puedes formar cada figura nombrada al cortar a lo largo de las rectas discontinuas? Si es así, muestra cómo hacerlo.

1. un triángulo

2. un cuadrado

¿Cuántos rectángulos hay en el diseño?

Cuenta cada tipo de rectángulo.

4 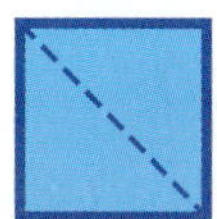   2 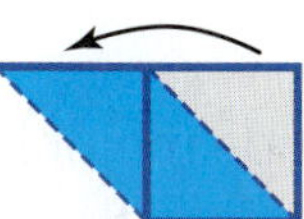

2 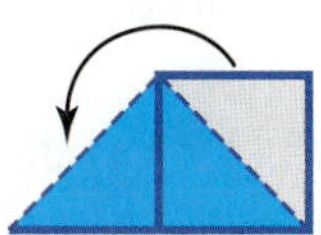   1

$4 + 2 + 2 + 1 = 9$ Hay 9 rectángulos.

Recuerda usar las respuestas a los problemas más sencillos.

1. ¿Cuántos triángulos hay en el diseño de abajo?

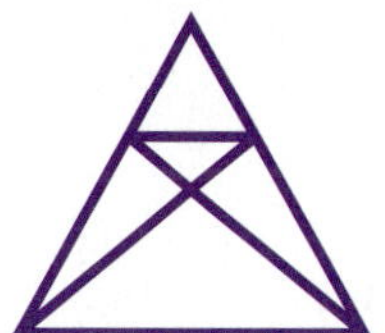

Haz una generalización sobre las figuras y compruébala.

Haz una generalización: *Cada polígono tiene lados que son de la misma longitud.*

Comprueba la generalización: *Todos los polígonos tienen lados que son de la misma longitud.*

Recuerda que una generalización debe poder aplicarse a todo el conjunto.

Haz una generalización y compruébala.

1. 

1. Latisha cortó este trapecio por la recta discontinua. Volvió a ordenar las partes para formar una nueva figura. ¿Qué nueva figura pudo haber hecho? (11-7)

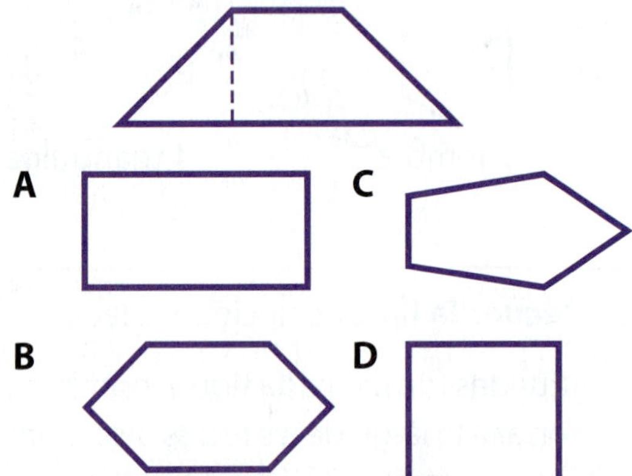

A

C

B

D

2. ¿En qué reloj las manecillas forman un ángulo agudo? (11-2)

A

B

C

D

3. Keenan compró un yoyó que venía en una caja de forma inusual. ¿Qué término describe mejor la forma de la parte de arriba de la caja? (11-3)

A Hexágono

B Pentágono

C Octágono

D Cuadrilátero

4. ¿Qué opción describe mejor los triángulos? (11-9)

A Todos son acutángulos.

B Todos son isósceles.

C Todos son obtusángulos.

D Todos son escalenos.

5. ¿Qué figura es un polígono? (11-3)

A

C

B

D

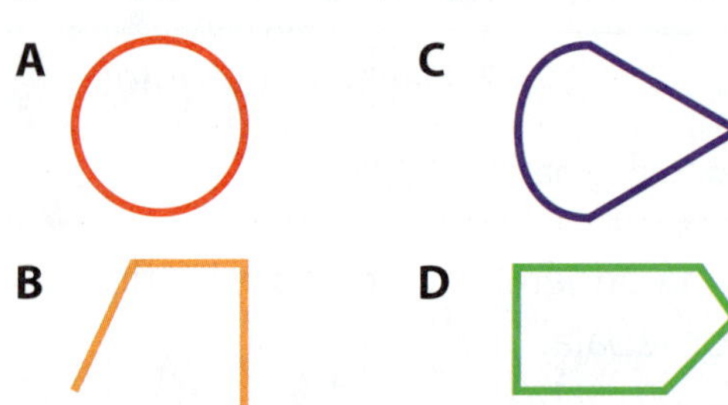

6. Cuatro amigos hicieron figuras con papel de colores. ¿La figura de quién tiene un solo par de lados paralelos? (11-5)

7. Abajo aparece parte de un mapa de caminos para excursiones. ¿Qué par de caminos representan rectas paralelas? (11-1)

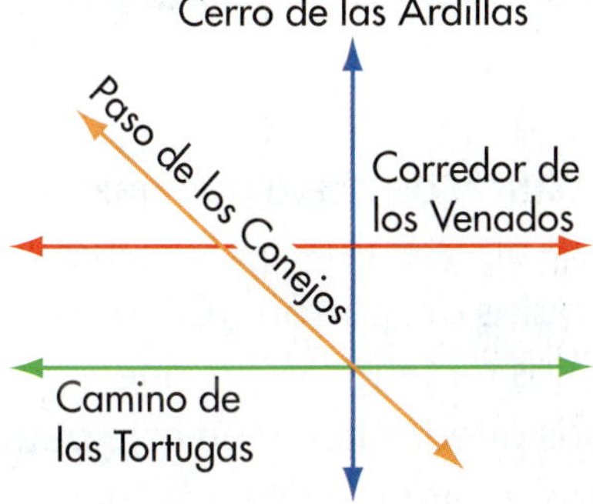

8. ¿Cuántos triángulos en total hay en este diseño? (11-8)

9. Los estudiantes corrieron desde la bandera hasta el árbol, luego hasta el cubo de la basura y por último de vuelta hasta la bandera. ¿Qué tipo de triángulo formaron al correr? (11-4)

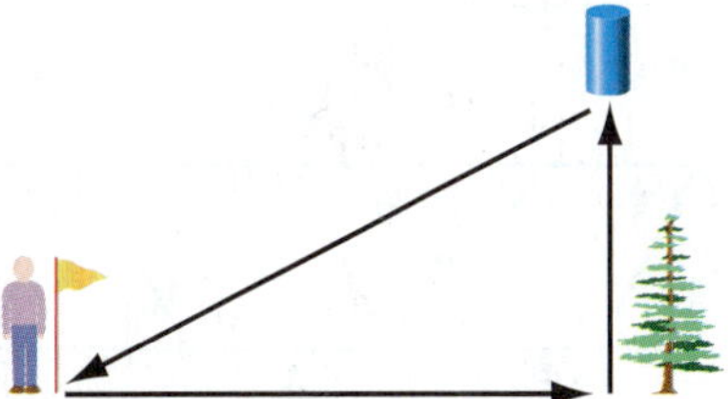

10. ¿Qué par de cuadriláteros usó Kim para hacer el diseño del tapete? (11-5)

11. Rosa formó una nueva figura al hacer coincidir los lados de estos dos triángulos.

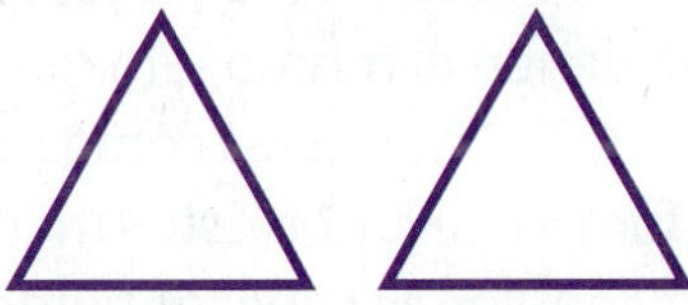

Describe una figura que Rosa podría haber formado. Haz un dibujo como ayuda. (11-6)

12. ¿Cuántas diagonales tiene un pentágono? Haz un dibujo como ayuda. (11-3)

13. Nombra y haz un dibujo de un cuadrilátero que NO sea un cuadrado, un rectángulo o un rombo. (11-5)

Tarea de rendimiento

Ⓒ EVALUACIÓN

Traza los patrones de abajo en una hoja aparte. Luego, traza a lo largo de las rectas del patrón para dibujar las figuras.

1. Dibuja un hexágono rojo. Luego, dibuja un rombo azul dentro del hexágono.

2. Dibuja un trapecio verde. ¿Cuántos triángulos forman tu trapecio?

3. Dibuja un paralelogramo morado. ¿Cuántos triángulos forman tu paralelogramo?

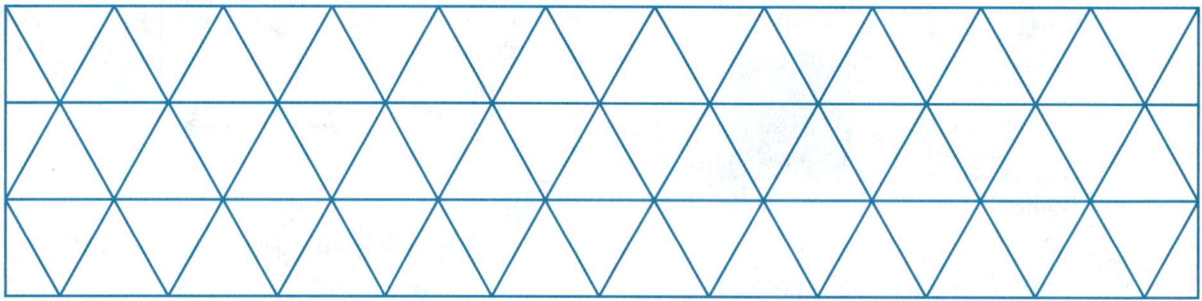

4. Dibuja un rectángulo y luego dibuja todas sus diagonales. ¿Qué nuevas figuras formaste?

5. ¿Puede un triángulo rectángulo ser también un triángulo isósceles? Haz un dibujo para apoyar tu respuesta.

6. Traza el patrón de abajo en una hoja aparte. Busca los triángulos rectángulos que tienen el mismo tamaño y forma. Dibuja tantas figuras como puedas que se formen al juntar estos triángulos rectángulos. Escribe los nombres de las figuras que formaste.

7. Usa el patrón de abajo que trazaste en una hoja aparte. Busca los triángulos rectángulos del patrón. ¿Cuántos triángulos rectángulos de diferentes tamaños puedes hallar en este patrón? Describe el tamaño de cada triángulo diferente al contar cuántos de los triángulos más pequeños contiene.

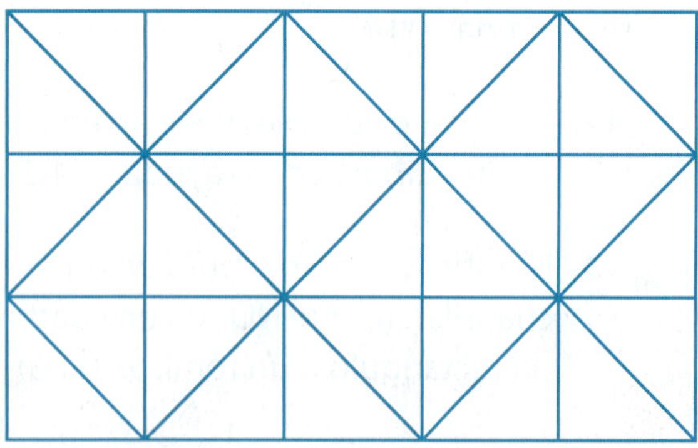

Tema 12 — La hora

▼ ¿Cuánto tiempo tarda el telescopio espacial Hubble en orbitar la Tierra? Lo averiguarás en la Lección 12-2.

Repasa lo que sabes

Vocabulario

Escoge el mejor término del recuadro.

- hora
- minuto
- en punto
- día

1. Luz miró la hora y vio que eran las nueve __?__.

2. A Anita le lleva aproximadamente un __?__ atarse los zapatos.

3. A Tom le lleva aproximadamente una __?__ recorrer 50 millas en un tren.

La hora

Escribe la hora.

4. 

5. 

Contar salteado

Cuenta salteado para hallar los números que faltan.

6. 9, 18, 27, ▢, ▢, 54

7. 5, 10, ▢, ▢, 25, 30

8. 10, ▢, 30, 40, ▢

9. 30, 60, ▢, 120, ▢

10. **Escribir para explicar** Dibuja la esfera de un reloj con la manecilla de la hora en el 8 y el minutero en el 12. Escribe qué hora es. Explica cómo se lee la hora en un reloj.

Aprendizaje interactivo

Plantea el problema. Empieza cada lección con una actividad en conjunto para resolver problemas. Te ayudará a comprender las matemáticas.

Aplicar las prácticas matemáticas

- ¿Qué me piden que halle?
- ¿Qué otra cosa puedo intentar?
- ¿Cómo se relacionan las cantidades?
- ¿Cómo puedo explicar mi trabajo?
- ¿Cómo puedo usar las matemáticas para representar el problema?
- ¿Me serviría de ayuda alguna herramienta?
- ¿Hay precisión en mi trabajo?
- ¿Por qué funciona esto?
- ¿Cómo puedo hacer generalizaciones?

Lección 12-1

Usar herramientas Usa la esfera del reloj para mostrar las horas dadas y resolver el problema.

Alana tiene que llamar a su amiga a las 7:15. Luego, tiene que ir a la escuela a las 7:30. ¿Cómo puedes usar la esfera del reloj para mostrar estas horas? Si se fue a la escuela a las "siete y media", ¿cambiaría la esfera del reloj? Explícalo.

Lección 12-2

Hacerlo con precisión Resuelve el problema. Indica cómo decidiste que tu respuesta a este problema muestra la hora exacta.

Está previsto que un avión llegue a las 8:47. ¿Cómo puedes usar un reloj para mostrar esta hora?

Lección 12-3

Hacer generalizaciones Resuelve el problema. Indica cómo lo decidiste.

Una clase va a recoger periódicos como parte de un proyecto de reciclaje. Recogerán periódicos durante 3 semanas. ¿Cuántos días hay en 3 semanas?

Lección 12-4

Usar herramientas Resuelve el problema de la manera que prefieras. Usa la esfera del reloj como ayuda.

Denise fue a ver una película. La película empezó a la 1:00 P.M. Terminó a las 2:35 P.M. ¿Cuánto duró la película?

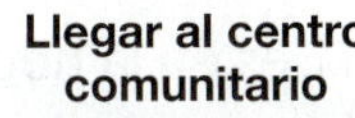

Lección 12-5

Representar Resuelve el problema de la manera que prefieras. Usa la esfera del reloj como ayuda.

Nina quiere llegar al centro comunitario a las 9:30 A.M. para una clase de arte. Se tarda 15 minutos en caminar al centro, 15 minutos en prepararse y 30 minutos en hacer y comer el desayuno. ¿A qué hora debe de empezar a hacer el desayuno?

Llegar al centro comunitario

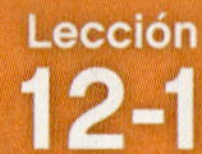

La hora y media y el cuarto de hora

¿Cómo dices la hora a la hora y media o al cuarto de hora más cercanos?

Los relojes marcan la hora de llegada y de salida del autobús de la escuela todos los días.

Unidades de tiempo

1 día	= 24 horas
1 hora	= 60 minutos
1 media hora	= 30 minutos
1 cuarto de hora	= 15 minutos
1 minuto	= 60 segundos

Llegada del autobús

Salida del autobús

Otro ejemplo ¿Cómo sabes si la hora es A.M. o P.M.?

Las horas del día entre la medianoche y el mediodía son A.M.
Las horas entre el mediodía y la medianoche son P.M.

¿Qué será más probable: que el autobús llegue a la escuela a las 8:30 A.M. o a las 8:30 P.M.?

8:30 P.M. es en la noche. Probablemente el autobús no llegue a la escuela de noche. 8:30 A.M. es en la mañana.

Es más probable que el autobús llegue a la escuela a las 8:30 A.M.

¿Qué será más probable: que el autobús salga de la escuela a las 2:45 A.M. o a las 2:45 P.M.?

2:45 A.M. es en el medio de la noche. No es probable que el autobús salga de la escuela a esa hora. 2:45 P.M. es en la tarde.

Es más probable que el autobús salga de la escuela a las 2:45 P.M.

Explícalo

1. ¿Por qué es importante decir A.M. o P.M. cuando dices la hora?

2. ¿Qué será más probable: que salgas para la escuela a las 8:15 A.M. o a las 8:15 P.M.?

3. ¿Qué será más probable: que almuerces a las 12:30 A.M. o a las 12:30 P.M.?

Indica la hora a la que el autobús **llega a la escuela**.

Escribe 8:30 de otras tres maneras.

Cuando el minutero señala el 6, puedes decir que es "media hora" después de la hora en punto.

El autobús llega a la escuela a las *ocho y media* o a las *ocho y 30 minutos*.

Indica la hora a la que el autobús **sale de la escuela**.

Escribe 2:45 de otras tres maneras.

Cuando el minutero señala el 9, puedes decir que es "un cuarto" o "15 minutos" para la hora.

El autobús sale de la escuela a las *dos cuarenta y cinco* o a los *15 minutos para las tres* o al *cuarto para las tres*.

Práctica guiada*

PRÁCTICAS MATEMÁTICAS

¿CÓMO hacerlo?

En los Ejercicios **1** y **2**, escribe de dos maneras distintas la hora que marca cada reloj.

1.

2.

¿Lo ENTIENDES?

3. Razonar En el ejemplo de arriba, ¿por qué crees que se usa la palabra "cuarto" cuando el minutero señala el 9?

4. El reloj marca la hora a la que empieza la clase de patinaje de Elisa. ¿A qué hora empieza la clase? Di la hora de tres maneras distintas.

Práctica independiente

En los Ejercicios **5** a **7**, escribe de dos maneras la hora que marca cada reloj.

5.

6.

7.

Glosario animado
www.pearsonsuccessnet.com

Puedes encontrar otro ejemplo en el Grupo A, página 316.

En los Ejercicios **8** a **10**, escribe de dos maneras la hora que marca cada reloj.

8.

9.

10.

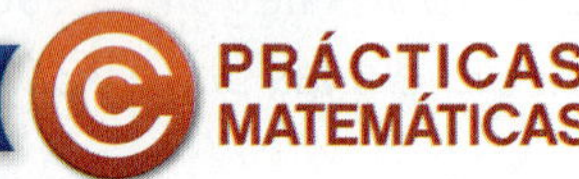
PRÁCTICAS MATEMÁTICAS

11. Los siguientes relojes marcan las horas en que el Carrusel del caballo volador de Rhode Island abre y cierra todos los días. ¿A qué horas abre y cierra el carrusel?

Abre

Cierra

12. Construir argumentos El Sr. Boyd les dio a sus estudiantes una prueba de matemáticas a las 10:45. Explica por qué es más probable que esa hora sea A.M.

En los Ejercicios **13** a **16**, usa la tabla de la derecha.

13. Estimación ¿Quién obtuvo un puntaje en los bolos de aproximadamente 20 puntos menos que Betina?

14. ¿Quién obtuvo un puntaje de 15 puntos más que Carlos?

15. Escribe los nombres de los amigos, empezando por el que obtuvo el mayor puntaje y terminando por el que obtuvo el menor.

Datos

Puntajes en los bolos	
Nombre	**Puntaje**
Carlos	63
Betina	78
Rusty	59
Pang	82

16. Representar Escribe una oración numérica que compare el total de los puntajes de Carlos y Betina con el total de los puntajes de Rusty y Pang.

17. Ronaldo entrega el periódico en la casa de la familia Hong todos los días entre las 7:00 A.M. y las 8:00 A.M. ¿Qué reloj muestra la hora entre las 7:00 A.M. y las 8:00 A.M.?

A

B

C

D

Los números romanos

Los símbolos para números, o numerales, usados por los antiguos romanos todavía se ven en relojes y edificios. Se usan para numerar páginas al comienzo de muchos libros, incluso en éste.

Datos	Número romano	I	V	X	L	C	D	M
	Valor decimal	1	5	10	50	100	500	1,000

Nuestro sistema de numeración se llama sistema decimal. Se basa en el valor de posición. Los números romanos se basan en la suma y la resta.

Cómo leer los números romanos:

$VI = 5 + 1 = 6$ Cuando el símbolo para un número menor se escribe a la derecha del número mayor, se suma. No más de tres símbolos para números menores se usan así.

$IV = 5 - 1 = 4$ Cuando el símbolo para un número menor está a la izquierda del número mayor, se resta. No más de un símbolo para un número menor se usa así.

Práctica

Escribe cada ejemplo como número decimal.

1. VII   **2.** XX   **3.** CV   **4.** XIV   **5.** LI

6. XXI   **7.** XIX   **8.** DC   **9.** CM   **10.** MC

Escribe cada ejemplo como número romano.

11. 15   **12.** 30   **13.** 9   **14.** 52   **15.** 60

16. 6   **17.** 110   **18.** 400   **19.** 550   **20.** 40

21. Usar la estructura En números romanos, el año 1990 se escribe MCMXC y 2007 se escribe MMVII. Escribe el año presente usando números romanos.

22. Una película se hizo en el año MMIV. Otra película se hizo en el año MCML. ¿Cuántos años pasaron entre un año y otro?

Estándares comunes

3.MD.1 Decir y escribir qué hora es al minuto más cercano y medir intervalos de tiempo en minutos. Resolver problemas verbales relacionados con la suma y la resta de intervalos de tiempo en minutos, por ej., representando el problema en una recta numérica.

La hora al minuto más cercano

¿Cómo dices la hora al minuto más cercano?

El reloj muestra la hora de llegada de un tren a la estación de Pinewood. ¿A qué hora debe llegar el tren? Da la hora en forma digital y de otras dos maneras.

Práctica guiada*

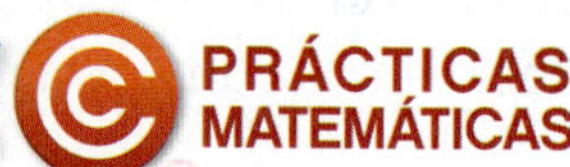
PRÁCTICAS MATEMÁTICAS

¿**CÓMO** hacerlo?

En los Ejercicios **1** y **2**, escribe de dos maneras la hora que marca cada reloj.

1.

2.

¿Lo **ENTIENDES**?

3. Razonar En el ejemplo de arriba, ¿por qué las 12 y 42 minutos es lo mismo que 18 minutos para la 1? Explícalo.

4. El reloj de abajo muestra la hora a la que aterrizó un avión. Escribe la hora de dos maneras.

Práctica independiente

En los Ejercicios **5** a **7**, escribe de dos maneras la hora que marca cada reloj.

5.

6.

7.

 Puedes encontrar otro ejemplo en el Grupo B, página 316.

La **manecilla de la hora** está entre el 12 y el 1. La hora es después de las 12:00 y antes de la 1:00.

En 5 minutos, el **minutero pasa** de un número al siguiente.

Cuenta de 5 en 5 desde el 12 hasta el 8: hay 40 minutos.

En 1 minuto, el minutero pasa de una marca a otra. Después de contar de 5 en 5, cuenta dos minutos más.

La hora digital es 12:42. Son las 12 y 42 minutos ó 18 minutos para la 1.

Resolución de problemas

PRÁCTICAS MATEMÁTICAS

8. La familia de Toya fue a ver una película. El reloj muestra la hora a la que terminó la película. Escribe la hora digital.

9. Hacerlo con precisión El telescopio espacial Hubble ha estado en su órbita durante 1 hora. En 37 minutos más completará una órbita alrededor de la Tierra. ¿Cuántos minutos tarda el telescopio espacial Hubble en completar 1 órbita?

En los Ejercicios **10** y **11**, usa la señal de la derecha.

10. Razonar Roy dice que una bufanda y un gorro cuestan en conjunto aproximadamente lo mismo que una frazada y un gorro. ¿Es su estimación razonable? Explícalo.

11. ¿Qué compró Jorge en la venta si $19 + $19 + $19 + $23 representa el costo total?

12. Ross pasea a su perro entre las 3:15 P.M. y las 4:00 P.M. ¿Qué reloj muestra la hora entre las 3:15 P.M. y las 4:00 P.M.?

A

B

C
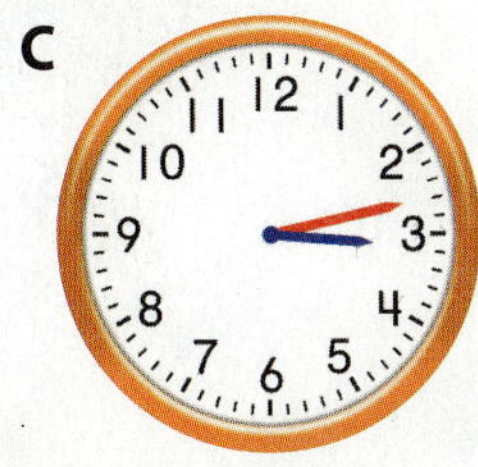

D
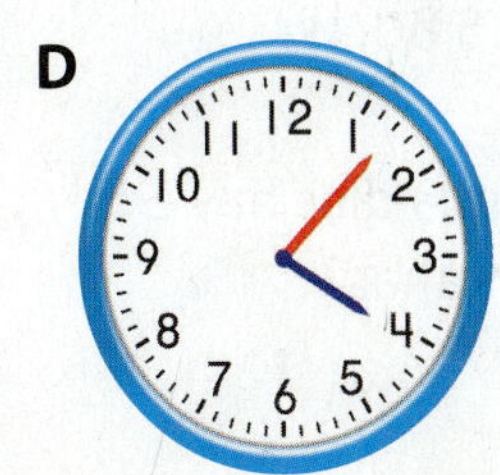

Estándares comunes

3.MD.1 Decir y escribir qué hora es al minuto más cercano y medir intervalos de tiempo en minutos. Resolver problemas verbales relacionados con la suma y la resta de intervalos de tiempo en minutos, por ej., representando el problema en una recta numérica.

Unidades de tiempo

¿Cómo conviertes las unidades de tiempo?

La clase está cultivando una planta a partir de una semilla. El proyecto durará 5 semanas. ¿Cuántos días hay en 5 semanas? La ilustración muestra cuánto tiempo ha tardado la semilla en germinar. ¿Cuántas horas es esto?

Datos

Relación entre unidades de tiempo

1 semana (sem)	= 7 días
1 día (d)	= 24 horas
1 hora (h)	= 60 minutos

Práctica guiada*

PRÁCTICAS MATEMÁTICAS

¿CÓMO hacerlo?

En los Ejercicios **1** a **3**, copia y completa para convertir las unidades.

1. 8 semanas = ☐ días

2. 2 días = ☐ horas

3. ¿Cuántos días hay en 2 semanas y 4 días?

¿Lo ENTIENDES?

4. En el ejemplo de arriba, ¿por qué multiplicas la cantidad de semanas por 7?

5. Razonar Al final de la primera semana, la clase había trabajado 6 horas en el experimento de ciencias. ¿Cuántos minutos trabajó la clase en el experimento?

Práctica independiente

En los Ejercicios **6** a **15**, copia y completa para convertir las unidades.

6. 3 horas = ☐ minutos

7. 5 días = ☐ horas

8. 4 horas = ☐ minutos

9. 7 semanas = ☐ días

10. 3 semanas = ☐ días

11. 7 días = ☐ horas

12. ¿Cuántas horas hay en 3 días 5 horas?

13. ¿Cuántos minutos hay en 5 horas 10 minutos?

14. ¿Cuántos días hay en 10 semanas?

15. ¿Cuántas horas hay en 9 días?

 Puedes encontrar otro ejemplo en el Grupo C, página 317.

Como hay 7 días en 1 semana, el número de días en 5 semanas es 5 × 7.

5 × 7 días = ▢ días

$$\begin{array}{r} 7 \\ \times\ 5 \\ \hline 35 \end{array}$$

5 semanas = 35 días

Haz una tabla para hallar la cantidad de horas en 8 días.

Número de días	1	2	3	4	5	6	7	8
Número de horas	24	48	72	96	120	144	168	192

Hay 192 horas en 8 días.

Resolución de problemas

PRÁCTICAS MATEMÁTICAS

16. En 30 minutos más la Estación Espacial Internacional completará una órbita. Ha estado 1 hora en esta órbita. ¿En cuántos minutos completa la Estación Espacial Internacional 1 órbita?

17. Un grupo de estudiantes de la escuela secundaria ayudó a preparar muestras de materiales para enviar a la Estación Espacial Internacional en el año 2001. Las muestras se enviaron de regreso a la Tierra desde el espacio después de 4 años. ¿En qué año regresaron las muestras?

En los Ejercicios **18** y **19**, usa la tabla de la derecha.

18. Hacerlo con precisión Los astronautas en la Estación Espacial Internacional hicieron una caminata espacial para realizar ciertas tareas fuera de la estación. Completaron sus tareas en menos tiempo del previsto. ¿Cuántos minutos de tiempo real necesitaron los astronautas?

Caminata espacial	
Tiempo previsto	6 horas, 20 minutos
Tiempo real	5 horas, 54 minutos

Datos

19. Escribir para explicar ¿Cuántos minutos menos del tiempo previsto necesitaron los astronautas? Explica cómo hallaste tu respuesta.

20. Comunicarse Un pez vela puede nadar a una velocidad de 68 millas por hora. En 1 minuto, ¿puede un pez vela nadar una distancia de 1 milla? Explica tu respuesta.

21. ¿Qué fracción de una hora es 20 minutos? Escribe tu respuesta en su mínima expresión.

22. ¿Cuántos días hay en 6 semanas?

  A 42   **B** 36   **C** 13   **D** 7

Estándares comunes

3.MD.1 Decir y escribir qué hora es al minuto más cercano y medir intervalos de tiempo en minutos. Resolver problemas verbales relacionados con la suma y la resta de intervalos de tiempo en minutos, por ej., representando el problema en una recta numérica.

Tiempo transcurrido

¿Cómo hallas el tiempo transcurrido?

Janey participó en una caminata de beneficio. La caminata empezó a las 7:00 A.M. y terminó a las 11:20 A.M. ¿Cuánto tiempo duró la caminata?

El tiempo transcurrido es la cantidad total de tiempo que pasa desde la hora inicial hasta la hora final.

Práctica guiada*

¿CÓMO hacerlo?

En los Ejercicios **1** a **3**, halla el tiempo transcurrido.

1. Hora inicial: 11:00 A.M.
   Hora final: 5:00 P.M.

2. Hora inicial: 1:00 P.M.
   Hora final: 4:45 P.M.

3. Hora inicial: 7:10 A.M.
   Hora final: 8:00 A.M.

¿Lo ENTIENDES?

4. **Razonar** En el ejemplo de arriba, ¿por qué cuentas los minutos de 5 en 5 a medida que el minutero se mueve de un número al siguiente en el reloj?

5. Durante la caminata de beneficencia, el almuerzo se sirvió desde las 12 P.M. hasta las 2:10 P.M. ¿Durante cuánto tiempo se sirvió el almuerzo?

6. Una película empezó a las 2:30 P.M. y duró 1 hora 45 minutos. ¿A qué hora terminó la película?

Práctica independiente

En los Ejercicios **7** a **15**, halla el tiempo transcurrido.

7. Hora inicial: 6:30 P.M.
   Hora final: 9:50 P.M.

8. Hora inicial: 11:00 A.M.
   Hora final: 3:55 P.M.

9. Hora inicial: 5:40 P.M.
   Hora final: 6:00 P.M.

10. Hora inicial: 8:10 A.M.
    Hora final: 10:45 A.M.

11. Hora inicial: 9:15 A.M.
    Hora final: 10:45 A.M.

12. Hora inicial: 10:00 A.M.
    Hora final: 3:00 P.M.

13. Hora inicial: 3:20 P.M.
    Hora final: 6:00 P.M.

14. Hora inicial: 7:30 A.M.
    Hora final: 9:45 A.M.

15. Hora inicial: 12:45 P.M.
    Hora final: 2:20 P.M.

Puedes encontrar otro ejemplo en el Grupo D, página 317.

Resolución de problemas

16. El picnic comenzó a las 12:10 P.M. y terminó a las 5:00 P.M. ¿Cuánto tiempo duró el picnic?

17. El partido de beisbol comenzó a la 1:15 P.M. Duró 2 horas 45 minutos. ¿A qué hora terminó el partido?

En el Ejercicio **18**, usa la recta numérica de la derecha.

18. Representar El picnic comenzó a las 12:10 P.M. Kevin llegó 30 minutos más tarde. ¿A qué hora llegó Kevin?

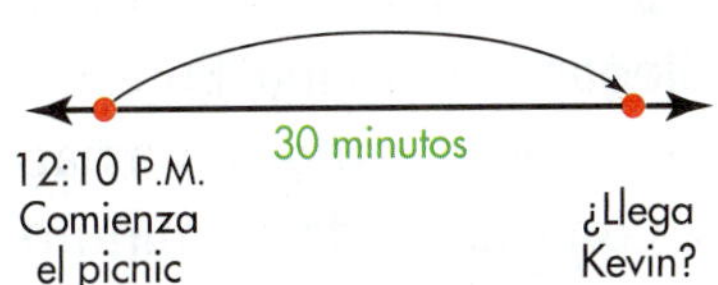

La Sra. Flores lleva una lista del tiempo que tardan los diferentes alimentos para hornearse. En los Ejercicios **19** y **20**, usa la tabla de la derecha.

19. ¿Qué alimentos tardan menos de $\frac{1}{2}$ hora para hornearse?

20. Estimación ¿Aproximadamente cuántos minutos más se tarda en hornear la pasta que las barras de granola?

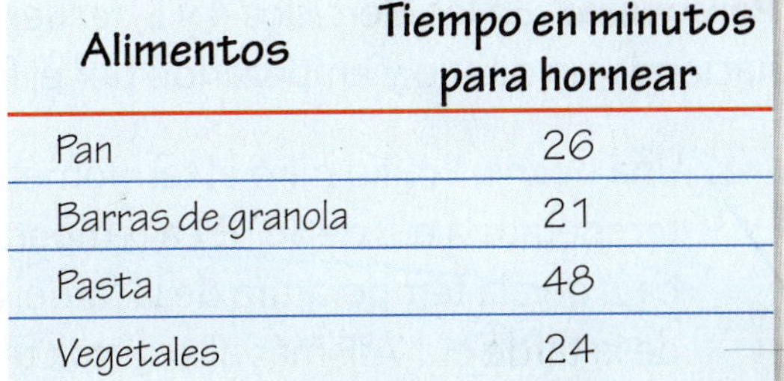

Alimentos	Tiempo en minutos para hornear
Pan	26
Barras de granola	21
Pasta	48
Vegetales	24

21. Representar El tren sale de Carlton a las 9:25 A.M. y llega a Elgin a las 10:55 A.M. ¿Cuánto tiempo dura el viaje en tren?

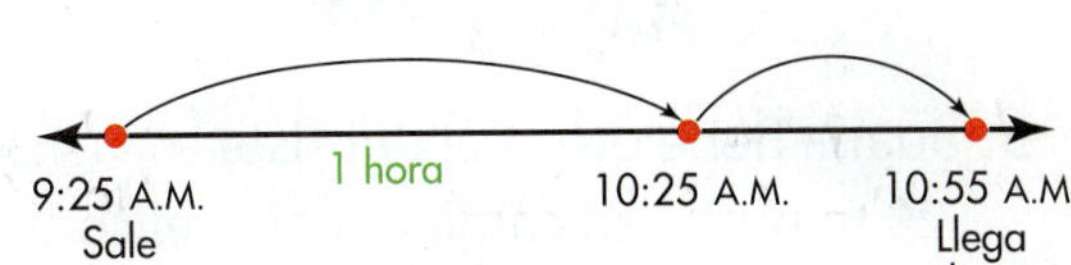

A 1 hora 20 minutos **C** 1 hora 30 minutos

B 1 hora 25 minutos **D** 1 hora 35 minutos

Estándares comunes

3.MD.1 Decir y escribir qué hora es al minuto más cercano y medir intervalos de tiempo en minutos. Resolver problemas verbales relacionados con la suma y la resta de intervalos de tiempo en minutos, por ej., representando el problema en una recta numérica.

Resolución de problemas

Empezar por el final

La familia de Eric quiere llegar al cine a las 2:30 P.M. Tardan 30 minutos en llegar al cine, 15 minutos en prepararse y 30 minutos en almorzar. ¿A qué hora debe la familia empezar a almorzar?

Hora de llegada al cine

Práctica guiada*

¿CÓMO hacerlo?

Resuelve el problema haciendo un dibujo y empezando por el final.

1. La clase de natación empieza a las 10:15 A.M. Abby tarda 15 minutos en llegar a la piscina. En el camino, necesita 15 minutos para hacer una compra. Tarda 30 minutos en prepararse para salir. ¿A qué hora debe Abby empezar a prepararse?

¿Lo ENTIENDES?

2. En el ejemplo de arriba, ¿por qué las flechas se mueven hacia la izquierda en el segundo diagrama de "Planea y resuelve"?

3. **Escribir un problema** Escribe un problema que puedas resolver empezando por el final.

Práctica independiente

Perseverar En los Ejercicios **4** y **5**, resuelve el problema haciendo un dibujo y empezando por el final.

4. Una noche, Emilio miró el termómetro y vio que la temperatura era de 56 °F. La temperatura era 9 °F más baja que la temperatura de la tarde. La temperatura de la tarde era 7 °F más alta que la temperatura de la mañana. ¿Cuál era la temperatura en la mañana?

5. Juana tiene que ir al dentista a las 4:30 P.M. Tarda 20 minutos en caminar hasta el consultorio, 20 minutos en prepararse y 30 minutos en limpiar su cuarto. ¿A qué hora debe empezar a limpiar su cuarto?

Aplicar las prácticas matemáticas

- ¿Qué me piden que halle?
- ¿Qué otra cosa puedo intentar?
- ¿Cómo se relacionan las cantidades?
- ¿Cómo puedo explicar mi trabajo?
- ¿Cómo puedo usar las matemáticas para representar el problema?
- ¿Me serviría de ayuda alguna herramienta?
- ¿Hay precisión en mi trabajo?
- ¿Por qué funciona esto?
- ¿Cómo puedo hacer generalizaciones?

 Puedes encontrar otro ejemplo en el Grupo E, página 317.

¿Qué sé? Llegada a las 2:30 P.M., 30 minutos de trayecto, 15 minutos para prepararse, 30 minutos para almorzar.

¿Qué me piden que halle? La hora a la que la familia debe empezar a almorzar.

Haz un dibujo para mostrar cada cambio.

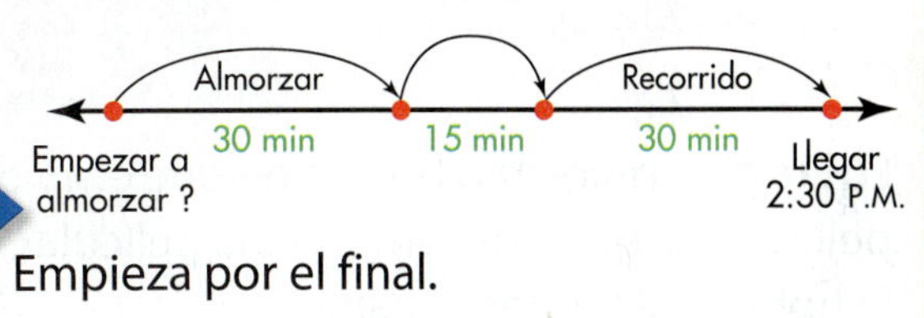

Empieza por el final.

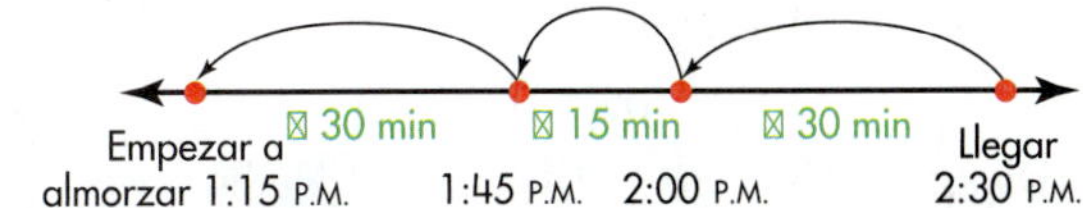

La familia de Eric debe empezar a almorzar a la 1:15 P.M.

---

6. Representar Usa la recta numérica de arriba. La familia de Eric decide limpiar su patio antes de almorzar. Se tardarán 45 minutos en limpiarlo. Siguen planeando llegar al cine a las 2:30 P.M. ¿A qué hora deben empezar a limpiar el patio?

7. Representar Lisa tiene práctica de futbol a las 3:45 P.M. Necesita 10 minutos para calentar y 15 minutos para llegar de su casa a la práctica. ¿A qué hora debe Lisa salir de su casa para llegar a la práctica a tiempo? Dibuja una recta numérica para representar el problema.

8. Hacer generalizaciones Wan-li dibujó estos polígonos. ¿En qué se parecen los tres polígonos?

9. Las clases empiezan a las 8:15 A.M. Samuel tarda 15 minutos en llegar a la escuela, 20 minutos en comer, 15 minutos en pasear el perro y 15 minutos en prepararse para salir. ¿A qué hora debe levantarse?

10. Un científico anotó en la tabla los datos que se muestran. ¿Aproximadamente cuánto tarda una venus atrapamoscas en cerrarse después de que un insecto o araña se posa en ella?

  A Menos de 1 segundo

  B Más de 1 segundo

  C Más de 1 minuto

  D Más de 2 minutos

Datos	Hora a la que una presa se posa en la hoja	Hora a la que se cierra la venus atrapamoscas
	2:07	$\frac{1}{2}$ de segundo después de las 2:07
	2:49	$\frac{3}{4}$ de segundo después de las 2:49
	2:53	$\frac{1}{2}$ de segundo después de las 2:53

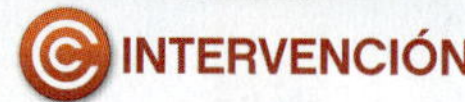

Grupo A, páginas 304 a 306

INTERVENCIÓN

Los relojes muestran la hora en que empieza una película. ¿A qué hora empieza la película? Escribe la hora en al menos 3 maneras.

Cuando el minutero está en el 9, puedes decir "15 minutos para" la hora. También puedes decir "un cuarto para" la hora.

La película empieza a las <u>cuatro cuarenta y cinco</u>, o a los <u>15 minutos para las cinco</u>, o al <u>cuarto para las cinco</u>.

Recuerda que para decir la hora, debes buscar dónde señala la manecilla de la hora y dónde señala el minutero.

Escribe la hora que se muestra en cada reloj de dos maneras.

1.

2.

Grupo B, páginas 308 y 309

¿Qué hora es al minuto más cercano?

La manecilla de la hora está entre el 10 y el 11. La hora es después de las 10:00.

Cuenta de 5 en 5 del 12 al 5.
5, 10, 15, 20, 25 minutos.

Después de contar de 5 en 5, cuenta las marcas de 1 en 1.
5, 10, 15, 20, 25, 26, 27 minutos.

La hora digital es 10:27.
Son las 10 y 27 minutos ó 33 minutos para las 11.

Recuerda que para los minutos, debes contar los números en el reloj de 5 en 5 y luego contar las marcas de 1 en 1.

Escribe de dos maneras la hora que marca cada reloj.

1.

2.

Convierte 9 semanas a días.

9 semanas = ▢ días

Convierte a días.

Sabes que 1 semana equivale a 7 días.

Multiplica: 9×7 días = 63 días

9 semanas = 63 días

Recuerda que debes usar los factores correctos para las unidades que vas a convertir.

1. 6 horas = ▢ minutos

2. 2 semanas = ▢ días

3. 3 días = ▢ horas

4. 1 hora 41 minutos = ▢ minutos

5. 2 días 3 horas = ▢ horas

6. 3 horas 15 minutos = ▢ minutos

¿Cuánto duró el partido de hockey?
Hora inicial: 11:00 A.M.
Hora final: 2:35 P.M.

- Halla la hora en que comienza: **11:00 A.M.**
- Cuenta las horas: **12, 1, 2.**
- Cuenta los minutos: **5, 10, 15, 20, 25, 30, 35.**

El partido duró 3 horas 35 minutos.

Recuerda que debes contar las horas y luego los minutos.

Halla el tiempo transcurrido.

1. Hora inicial: 9:00 A.M.
Hora final: 12:15 P.M.

2. Hora inicial: 5:00 P.M.
Hora final: 9:50 P.M.

La práctica de futbol de Javier empieza a las 10:00 A.M. Tarda 30 minutos en caminar hasta la cancha. Tarda 10 minutos en pasear a su perro y 10 minutos en prepararse. ¿A qué hora debe empezar a prepararse Javier?

Empieza por el final usando lo opuesto de cada cambio.

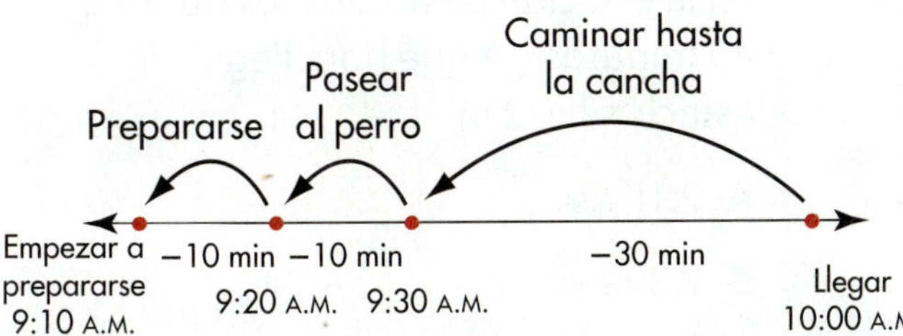

Javier debe empezar a prepararse a las 9:10 A.M.

Recuerda que debes comprobar tu solución, trabajando hacia adelante.

Resuelve cada problema haciendo un dibujo y empezando por el final.

1. Aldo tiene que encontrarse con Luis a la 1:00 P.M. Tarda 10 minutos en caminar hasta la casa de Luis, 10 minutos en prepararse y 20 minutos en almorzar. ¿A qué hora debe Aldo empezar a almorzar?

Opción múltiple

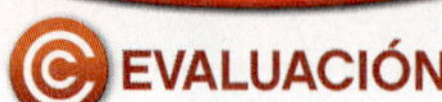

EVALUACIÓN

1. El siguiente reloj muestra la hora a la que Levi llegó al consultorio del médico. ¿A qué hora llegó? (12-2)

A 3:42

B 3:37

C 3:35

D 2:37

2. ¿Cuál es una manera de escribir la hora que muestra el reloj? (12-1)

A Un cuarto para la 1

B La 1 y 15

C 2 y cuarto

D Un cuarto para las 2

3. Anita llegó a la escuela a las 8:05 A.M. Estuvo 15 minutos en el autobús, esperó 10 minutos en la parada y tardó 40 minutos en arreglarse después de levantarse. ¿A qué hora se levantó Anita? (12-5)

A 9:10 A.M.

B 7:05 A.M.

C 7:00 A.M.

D 6:55 A.M.

4. Brad se va a ir de vacaciones durante 2 semanas. ¿Qué cantidad de tiempo es mayor que 2 semanas? (12-3)

A 5 días

B 7 días

C 14 días

D 18 días

5. Linda salió de su casa a las 12:40 P.M. Pasó 15 minutos manejando a la salchichonería, 5 minutos esperando en la fila y luego 20 minutos comiendo su almuerzo. ¿A qué hora terminó su almuerzo? (12-4)

A 12:55 P.M.

B 1:15 P.M.

C 1:20 P.M.

D 1:40 P.M.

6. ¿Cuál de las siguientes opciones representa una hora en que José está durmiendo por la noche? (12-1)

A 3:15 P.M.

B 11:45 P.M.

C 10:45 A.M.

D 12:30 P.M.

7. Eran las 3:00 P.M. Sandra había estado en la estación de autobuses durante 45 minutos. ¿A qué hora llegó a la estación? (12-4)

A 2:15 P.M.

B 2:30 P.M.

C 3:15 P.M.

D 3:45 P.M.

8. Judy dice que plantó una semilla de manzana hace 3 días. Su hermano piensa que plantó la semilla hace menos de 40 horas. ¿Tiene razón el hermano de Judy? Explica tu respuesta. (12-3)

9. Jon llegó a su casa de la escuela a la hora que se muestra en el reloj.

¿A qué hora llegó Jon? (12-2)

10. Olivia salió de su casa a las 6:30 para ir al cine. ¿De qué otra manera se puede escribir 6:30? (12-1)

11. La familia Brown se subió a un tren a las 3:55 P.M. para ir a su casa desde la feria del condado. Les tomó 25 minutos llegar a la estación del tren desde la feria. Pasaron 1 hora 15 minutos en la feria. ¿A qué hora llegaron a la feria? Dibuja una recta numérica para representar el problema. (12-5)

12. El concierto en el parque empezó a las 11:15 A.M. y terminó a la 1:50 P.M. ¿Cuánto tiempo duró el concierto? (12-4)

13. ¿Cuántas horas hay en 4 días? (12-3)

14. La temperatura a las 3:00 P.M. era de 93 °F. Era 8 ° más alta que la temperatura al mediodía. La temperatura al mediodía era 13 ° más alta que la temperatura a las 9:00 A.M. ¿Cuál era la temperatura en °F a las 9:00 A.M.? (12-5)

15. Juanita estaba jugando futbol. El partido comenzó a las 11:10 A.M. y terminó a las 12:40 P.M. ¿Cuánto duró el partido? (12-4)

16. La hora de lectura en la biblioteca comienza a la hora que se muestra en el reloj. ¿A qué hora comienza la hora de lectura? (12-1)

17. El partido terminó a las 5:15 P.M. Duró 2 horas 10 minutos. ¿A qué hora comenzó el partido? (12-4)

18. Daniel y su mamá van a ir a un partido de beisbol que comienza a las 7:05 P.M. La práctica de bateo comienza 90 minutos antes del partido. Se tardan 45 minutos en llegar al estadio. ¿A qué hora deben salir Daniel y su mamá para ver el inicio de la práctica de bateo? (12-5)

Tienes que llegar al cine exactamente a las 12:15 P.M. para ver una película. Te tardas 30 minutos en caminar al cine, 40 minutos en prepararte y 30 minutos en pasear a tu perro.

1. Escribe de dos maneras la hora en la que debes empezar cada actividad.

Llegar al cine  12:15 P.M.
o doce y cuarto

Empezar a caminar al cine 

Empezar a prepararme 

Empezar a pasear a mi perro 

2. La campana suena en el gimnasio Addison cada media hora. La última vez que sonó fue a las 7:12 A.M. ¿A qué hora va a sonar de nuevo?

3. Un avión salió de Chicago a las 6:45 P.M. y llegó a Kansas City a las 8:10 P.M. ¿Cuánto tiempo duró el vuelo?

Tema 13 — Perímetro

▼ ¿Cuál es el perímetro de la base de esta casa de vidrio? Lo averiguarás en la Lección 13-3.

Pregunta esencial
• ¿Cómo se puede medir y hallar el perímetro?

Repasa lo que sabes

Vocabulario

Escoge el mejor término del recuadro.

- equilátero
- cuadrilátero
- pentágono
- trapecio

1. Un __?__ tiene 5 lados.

2. Un triángulo con los tres lados de la misma longitud se llama triángulo __?__.

3. Un rectángulo es un __?__ especial con 4 ángulos rectos.

Operaciones de multiplicación

Halla los productos.

4. 3×8 **5.** 6×4 **6.** 5×7

7. 2×9 **8.** 7×3 **9.** 4×8

10. 7×5 **11.** 4×4 **12.** 9×8

Geometría

Escribe el nombre que mejor describe cada figura.

13. Un cuadrilátero con un solo par de lados paralelos

14. Un cuadrilátero con cuatro ángulos rectos y todos los lados de la misma longitud

15. Un triángulo sin lados de la misma longitud

Matrices

© **16. Escribir para explicar** Explica cómo dibujar una matriz para mostrar 3×6. Dibuja la matriz.

Aprendizaje interactivo 

Plantea el problema. Empieza cada lección con una actividad en conjunto para resolver problemas. Te ayudará a comprender las matemáticas.

Aplicar las prácticas matemáticas

- ¿Qué me piden que halle?
- ¿Qué otra cosa puedo intentar?
- ¿Cómo se relacionan las cantidades?
- ¿Cómo puedo explicar mi trabajo?
- ¿Cómo puedo usar las matemáticas para representar el problema?
- ¿Me serviría de ayuda alguna herramienta?
- ¿Hay precisión en mi trabajo?
- ¿Por qué funciona esto?
- ¿Cómo puedo hacer generalizaciones?

Lección 13-1

© **Usar herramientas** Resuelve el problema usando el diagrama de la derecha.

Troy hizo este dibujo de su jardín. La longitud del lado de cada cuadrado de la cuadrícula es 1 pie. ¿Qué distancia hay alrededor del jardín de Troy?

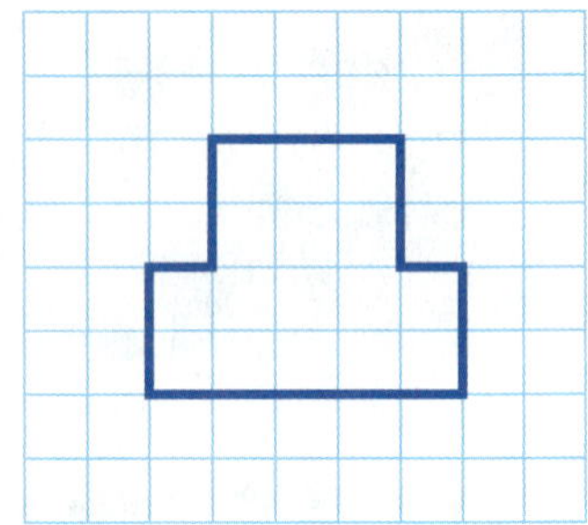

Lección 13-2

© **Usar herramientas** Resuelve el problema. Escoge el instrumento y la unidad que usarás para hallar el perímetro.

Estás diseñando un jardín. Dibuja una forma cerrada para el diseño de tu jardín. Incluye una parte curva en tu diseño. Luego, halla el perímetro de tu dibujo e indica cómo lo hallaste.

Lección 13-3

Hacer generalizaciones Resuelve el problema usando el método que prefieras. ¿Cuál es el perímetro de cada figura? Explica cómo hallaste el perímetro de cada una.

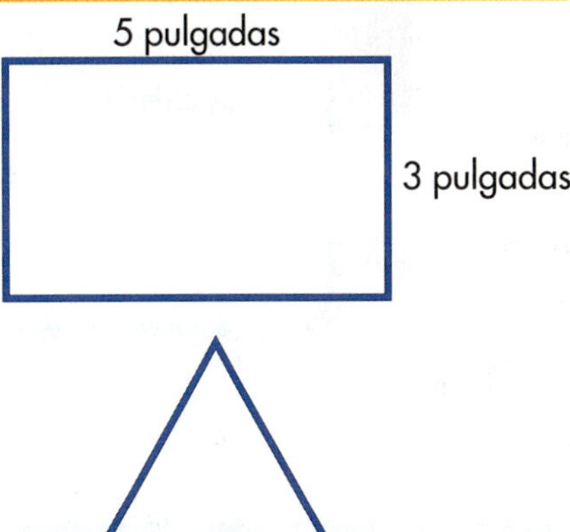

Lección 13-4

Construir argumentos Resuelve el problema. Busca más de una respuesta.

La longitud de cada pajilla es de 1 unidad. ¿Cómo puedes usar pajillas para formar una figura que tenga un perímetro de 12 unidades? Dibuja la figura que formaste y anota su perímetro en papel cuadriculado. Luego, halla una figura diferente con un perímetro de 12 unidades.

Lección 13-5

Perseverar Resuelve el problema. Usa objetos como ayuda.

Érica tiene 25 marcadores. Hay marcadores rojos, amarillos y azules. Érica tiene 4 marcadores rojos más que marcadores azules. Tiene el mismo número de marcadores azules que de marcadores amarillos. ¿Cuántos marcadores rojos tiene Érica?

Perímetro

¿Cómo hallas el perímetro?

Gustavo quiere hacer un corral para su perro y rodearlo con una valla. Dibujó dos corrales distintos. ¿Cuál es el perímetro del corral en cada dibujo?

<u>La distancia alrededor de una figura</u> es su perímetro.

Manos a la obra
papel cuadriculado

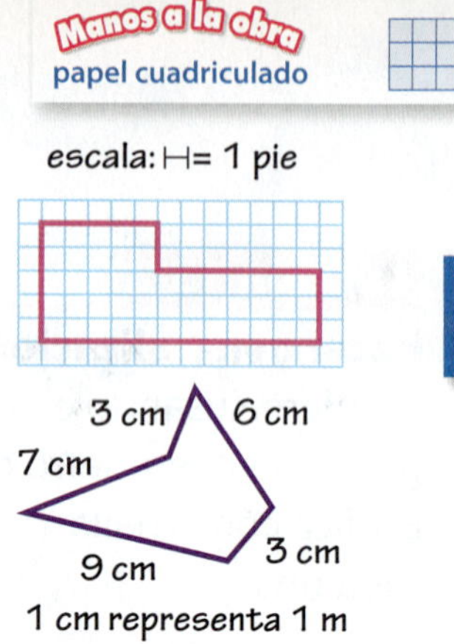

Práctica guiada*

© **PRÁCTICAS MATEMÁTICAS**

¿CÓMO hacerlo?

En los Ejercicios **1** y **2**, halla el perímetro.

1.

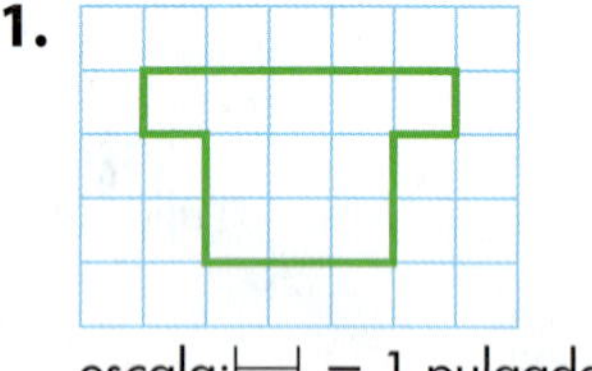

escala: ⊢ = 1 pulgada

2.

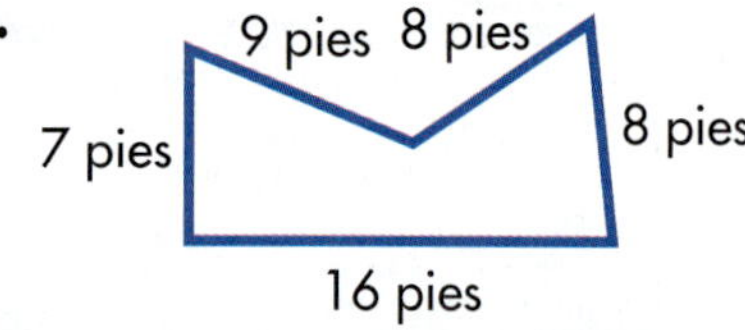

¿Lo ENTIENDES?

© **3. Razonar** En el ejemplo de arriba, ¿cómo sabes qué unidad usó Gustavo para el primer corral?

© **4. Hacerlo con precisión** ¿Cuál es el perímetro del jardín que aparece en el siguiente diagrama?

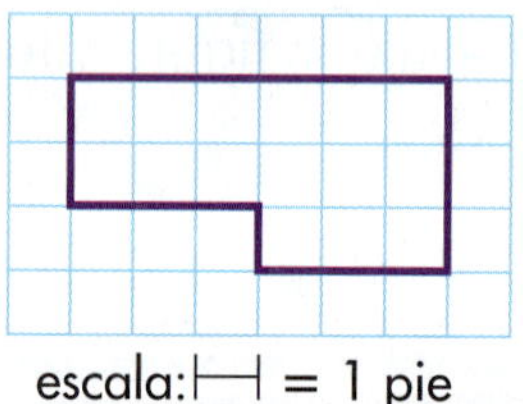

escala: ⊢ = 1 pie

Práctica independiente

En los Ejercicios **5** a **7**, halla el perímetro de cada polígono.

5.

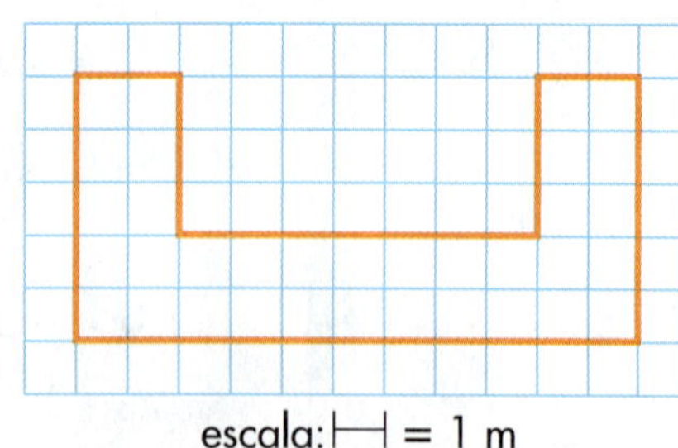

escala: ⊢ = 1 m

6.

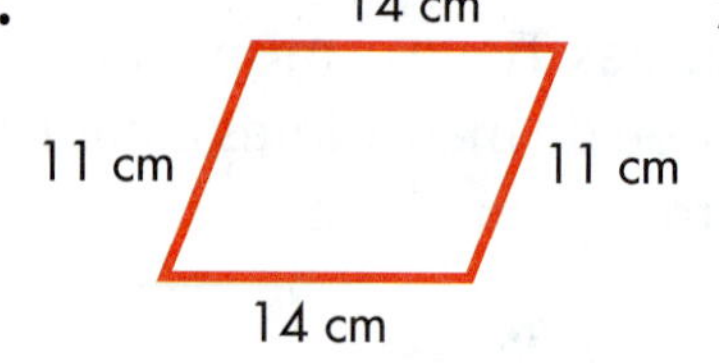

7.

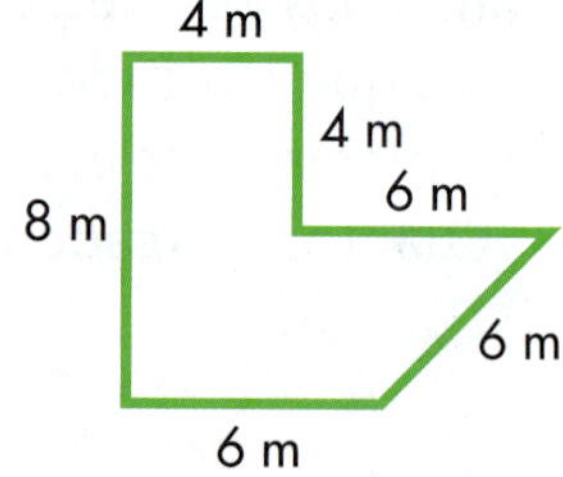

En los Ejercicios **8** a **10**, dibuja una figura con el perímetro dado. Usa papel cuadriculado.

8. 14 unidades   **9.** 8 unidades   **10.** 20 unidades

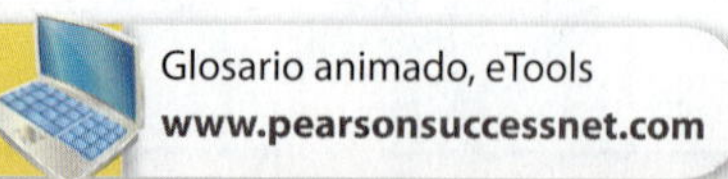

Puedes hallar el perímetro contando los segmentos de unidades.

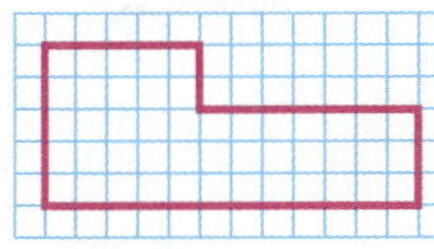

escala: ⊢ = 1 pie

El perímetro de este corral es de 34 pies.

Suma las longitudes de los lados para hallar el perímetro.

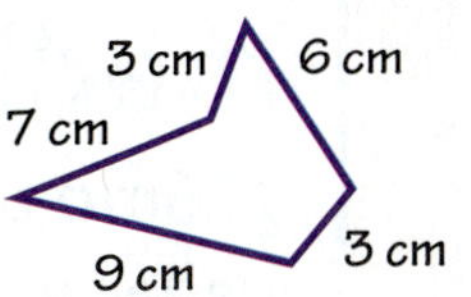

$$3 + 9 + 7 + 3 + 6 = 28$$

El perímetro del dibujo es de 28 cm.
El perímetro de este corral es de 28 metros.

Resolución de problemas

PRÁCTICAS MATEMÁTICAS

11. El Sr. Karis necesita hallar el perímetro del área de juego para construir una valla. ¿Cuál es el perímetro del área de juego?

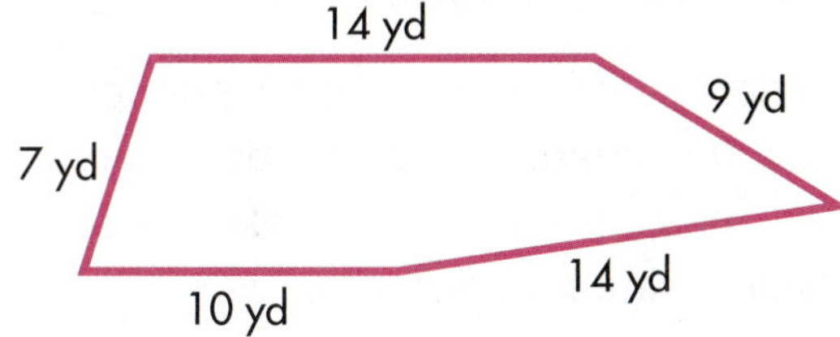

12. Mike necesita hallar el perímetro de la piscina para saber cuántos azulejos colocar alrededor del borde. ¿Cuál es el perímetro de la piscina?

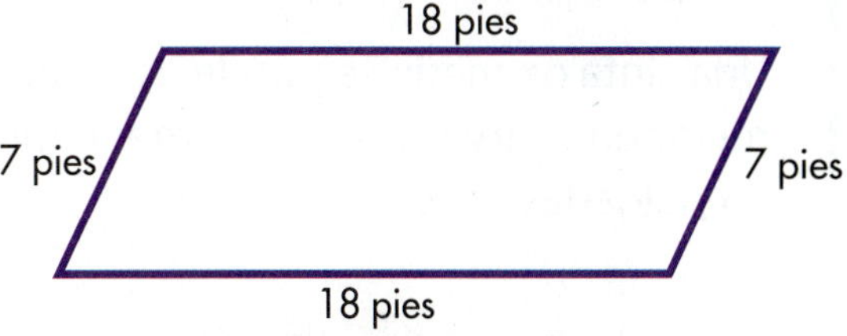

13. Perseverar La distancia alrededor de este laberinto es la misma que el perímetro de un rectángulo. El dibujo muestra las longitudes de los lados del rectángulo. ¿Cuál es el perímetro del laberinto?

14. Julia tiene el siguiente imán.

¿Cuál es el perímetro del imán de Julia a la pulgada más cercana? Usa una regla para medir.

A 2 pulgs. **C** 5 pulgs.

B 4 pulgs. **D** 6 pulgs.

15. Comunicarse Roberto tiene un imán que mide el doble del largo y el doble del ancho que el imán de Julia en el Ejercicio 14. Halla el perímetro del imán de Roberto. Explica tu trabajo.

Estándares comunes

3.MD.8 Resolver problemas matemáticos y de la vida diaria relacionados con los perímetros de polígonos, incluyendo: hallar el perímetro dadas las longitudes de los lados, hallar una longitud de lado desconocida, y mostrar rectángulos que tienen el mismo perímetro con distintas áreas, o con la misma área y distintos perímetros.

Instrumentos y unidades para medir el perímetro

¿Cómo usas instrumentos para hallar el perímetro?

María quiere poner cinta alrededor de un cartel. Quiere averiguar cuánta cinta va a necesitar. ¿Qué unidad podría usar María? ¿Qué instrumento podría usar?

Otros ejemplos

Una cinta de medir se puede usar para medir una curva. La cinta de medir mide en pulgadas o pies.

Si no tienes una cinta de medir, puedes colocar una cuerda alrededor de la curva. Luego, marca la cuerda y mídela con una regla de 1 yarda o una regla.

Práctica guiada*

PRÁCTICAS MATEMÁTICAS

¿CÓMO hacerlo?

En los Ejercicios **1** y **2**, escoge un instrumento y una unidad.

Instrumentos: regla, regla de 1 yarda, cinta de medir

Unidades: pies, pulgadas, yardas, millas

1. ¿Qué instrumento y unidad se deben usar para hallar el perímetro de una piscina cuadrada?

2. ¿Qué instrumento y unidad se deben usar para hallar el perímetro de un arenero con un lado curvo?

¿Lo ENTIENDES?

3. En el ejemplo de arriba, ¿qué unidad debería usar María si estuviera haciendo un banderín largo en vez de un cartel?

4. **Construir argumentos** ¿Por qué no usarías una regla o una regla de 1 yarda para medir una milla?

5. María también quiere poner cinta alrededor de un espejo pequeño y redondo. No tiene una cinta de medir. ¿Cómo podría hallar la distancia que hay alrededor del espejo?

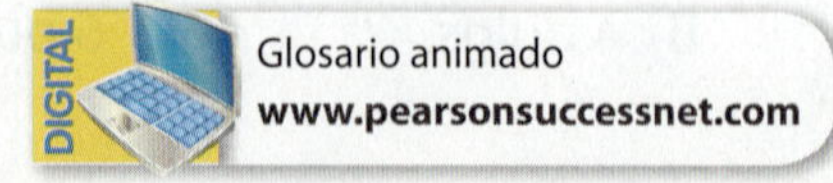

Glosario animado
www.pearsonsuccessnet.com

Puedes encontrar otro ejemplo en el Grupo B, página 334.

Una regla se usa para medir distancias cortas, como la longitud de un escritorio. La regla mide en pulgadas o pies.

Una regla de 1 yarda se usa para medir distancias medianas, como la longitud de un campo de futbol americano. La regla de 1 yarda mide en pulgadas, pies o yardas.

Una milla es una medida de distancias más largas. Es demasiado larga para usar una regla o una regla de 1 yarda. La mayoría de las personas pueden caminar una milla en aproximadamente 15 minutos.

María mide una distancia corta. Podría usar una regla y medir en pulgadas.

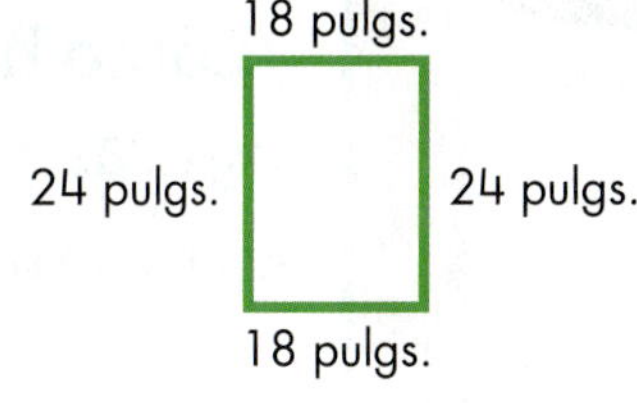

$24 + 18 + 24 + 18 = 84$

María necesita 84 pulgadas de cinta.

Práctica independiente

En los Ejercicios **6** a **8**, escoge la mejor unidad e instrumento para medir el perímetro de cada cosa.

6. una ventana cuadrada   **7.** una alfombra redonda   **8.** un patio en forma de rectángulo

Resolución de problemas

PRÁCTICAS MATEMÁTICAS

En los Ejercicios **9** y **10**, escoge el mejor instrumento de medición y unidad de las listas de la derecha.

9. El Sr. Paz quiere poner una barandilla alrededor de una terraza que tiene forma de hexágono. ¿Qué herramienta y unidad debe usar para medir el perímetro de la terraza?

10. Kelly quiere poner cinta alrededor del borde de un mantel redondo. ¿Qué instrumento y unidad debe usar para medir el mantel?

Instrumentos	Unidades
Regla	Pulgadas
Regla de 1 yarda	Pies
Cinta de medir	Yardas
	Millas

11. Razonar Si solamente tuvieras una regla de 12 pulgadas, ¿podrías medir el perímetro de un gimnasio? Explícalo.

12. Usar herramientas Max quiere medir el perímetro de su zapato. ¿Qué diferentes instrumentos y unidades podría usar?

13. ¿Qué unidad se debe usar para hallar el perímetro de una ciudad?

A pulgadas   **B** pies   **C** yardas   **D** millas

Estándares comunes

3.MD.8 Resolver problemas matemáticos y de la vida diaria relacionados con los perímetros de polígonos, incluyendo: hallar el perímetro dadas las longitudes de los lados, hallar una longitud de lado desconocida, y mostrar rectángulos que tienen el mismo perímetro con distintas áreas, o con la misma área y distintos perímetros.

Perímetros de figuras comunes

¿Cómo hallas el perímetro de figuras comunes?

El Sr. Coe necesita hallar el perímetro de dos diseños de piscinas. Una piscina tiene forma de rectángulo. La otra piscina tiene forma de cuadrado. ¿Cuál es el perímetro de cada piscina?

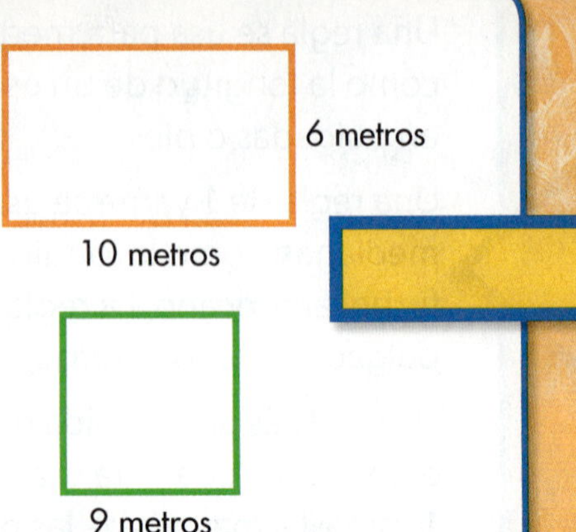

Práctica guiada*

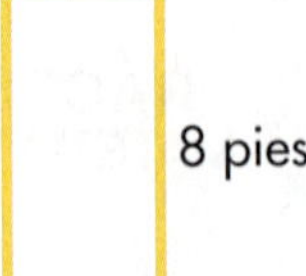

PRÁCTICAS MATEMÁTICAS

¿CÓMO hacerlo?

En los Ejercicios **1** y **2**, halla el perímetro.

1. Rectángulo

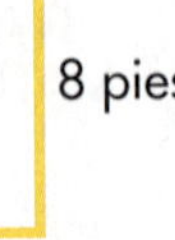

2. Cuadrado

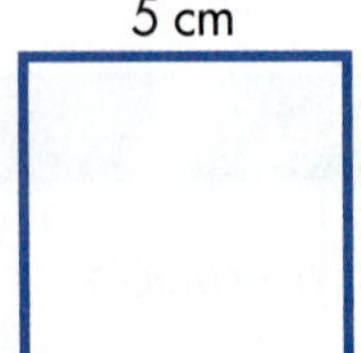

¿Lo ENTIENDES?

3. Hacer generalizaciones ¿Cómo puedes usar la multiplicación y la suma para hallar el perímetro del rectángulo de arriba?

4. En los Ejercicios **1** y **2**, explica cómo hallar las longitudes que faltan.

5. Darla dibujó un triángulo equilátero. Cada lado medía 9 pulgadas de longitud. ¿Cuál era el perímetro del triángulo?

Práctica independiente

En los Ejercicios **6** y **7**, usa una regla de pulgadas para medir la longitud de los lados del polígono. Halla el perímetro.

6. Cuadrado

7. Rectángulo

En los Ejercicios **8** y **9**, halla el perímetro de cada polígono.

8. Rectángulo

9. Triángulo equilátero

Puedes encontrar otro ejemplo en el Grupo C, página 335.

Halla el perímetro de la piscina que tiene forma de rectángulo.

Recuerda: Los lados opuestos de un rectángulo tienen la misma longitud.

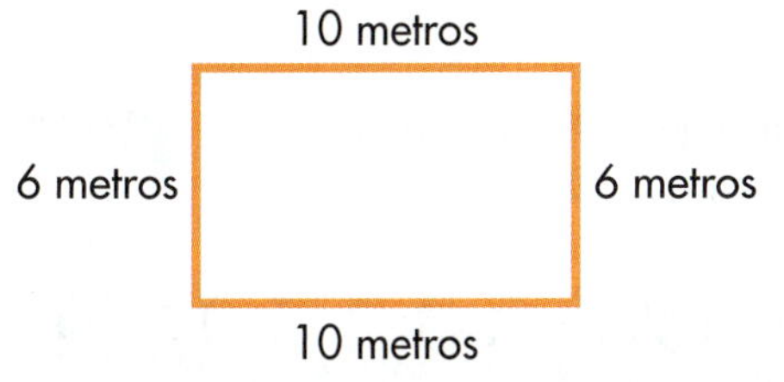

$10 + 6 + 10 + 6 = 32$

El perímetro de esta piscina es de 32 metros.

Halla el perímetro de la piscina que tiene forma de cuadrado.

Recuerda: Los cuatro lados de un cuadrado tienen la misma longitud.

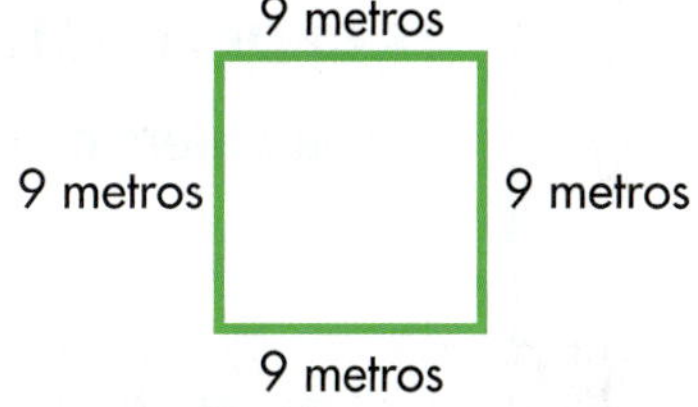

$9 + 9 + 9 + 9 = 36$ ó $4 \times 9 = 36$

El perímetro de esta piscina es de 36 metros.

Resolución de problemas

PRÁCTICAS MATEMÁTICAS

10. Perseverar Cora usa cinta para hacer moños de tres tamaños distintos. ¿Cuánta cinta más necesita para hacer 2 moños grandes que para hacer 2 moños pequeños? Explica cómo hallaste tu respuesta.

Tamaño del moño	Longitud de la cinta
Pequeño	27 pulgs.
Mediano	36 pulgs.
Grande	49 pulgs.

Datos

11. La base de la casa de vidrio de la derecha es un rectángulo. ¿Cuál es el perímetro de la base de la casa de vidrio?

12. La base de un patio mide 20 pies de longitud y 15 pies de ancho. ¿Cuál es el perímetro de la base del patio?

13. ¿Cuál es el perímetro del retazo de tela que aparece abajo?

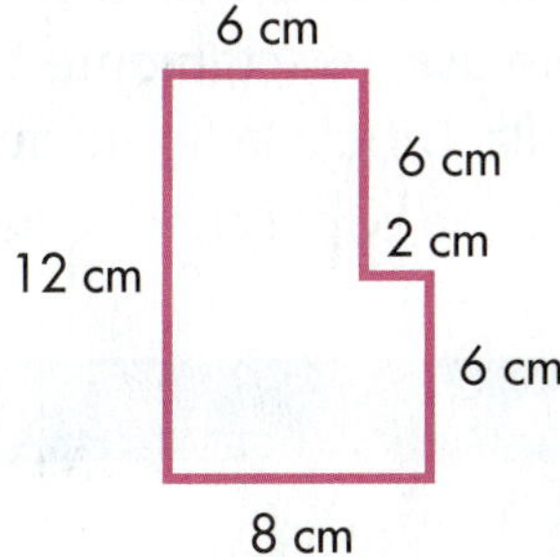

A 96 cm

B 40 cm

C 38 cm

D 32 cm

14. Representar El perímetro de la figura de abajo es de 24 metros. ¿Cuál es la longitud del lado n? Escribe una suma como ayuda.

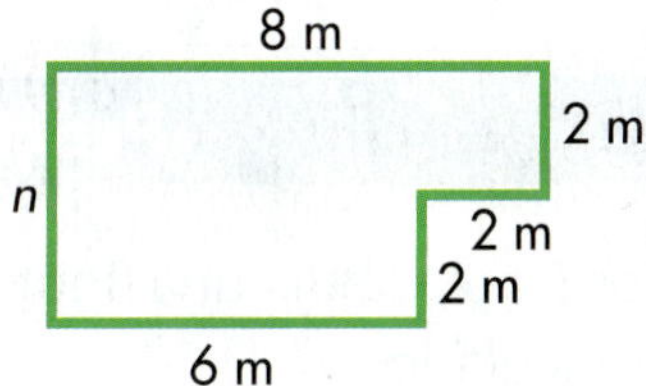

Estándares comunes

3.MD.8 Resolver problemas matemáticos y de la vida diaria relacionados con los perímetros de polígonos, incluyendo: hallar el perímetro dadas las longitudes de los lados, hallar una longitud de lado desconocida, y mostrar rectángulos que tienen el mismo perímetro con distintas áreas, o con la misma área y distintos perímetros.

Diferentes figuras con el mismo perímetro

Manos a la obra
papel cuadriculado

¿Qué figuras puedes formar cuando sabes cuál es el perímetro?

Karina quiere diseñar una figura para su jardín. Usará toda la valla que se muestra. ¿Qué figura puede formar?

Otros ejemplos

Cada una de estas figuras también tiene un perímetro de 14 yardas.

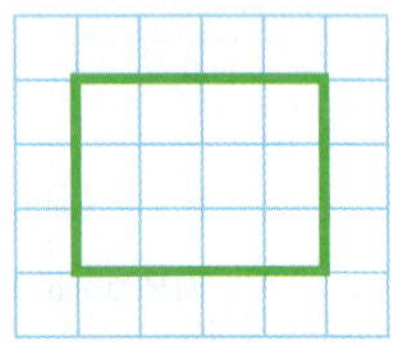
escala: ⊢⊣ = 1 yarda

escala: ⊢⊣ = 1 yarda

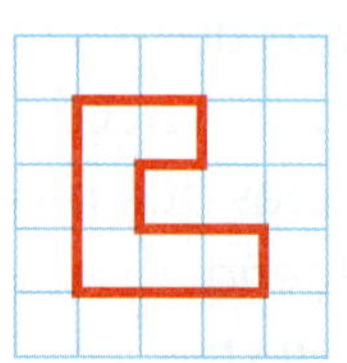
escala: ⊢⊣ = 1 yarda

Práctica guiada*

PRÁCTICAS MATEMÁTICAS

¿CÓMO hacerlo?

Copia y completa cada figura para mostrar el perímetro dado. Usa papel cuadriculado.

1. Un cuadrado
Perímetro = 16 pies

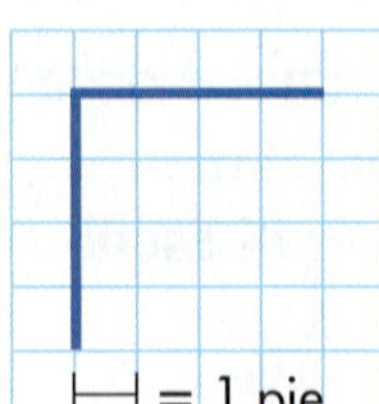
⊢⊣ = 1 pie

2. Una figura de 6 lados
Perímetro = 10 m

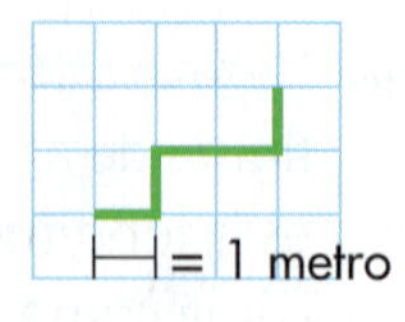

⊢⊣ = 1 metro

¿Lo ENTIENDES?

3. Mira los ejemplos de arriba. Describe las longitudes de los lados de un tercer rectángulo que tiene un perímetro de 14 yardas.

4. Usar herramientas Mike quiere diseñar una figura para su jardín. Quiere usar exactamente 18 metros de valla. Dibuja la figura que él podría hacer. Usa papel cuadriculado.

Práctica independiente

En los Ejercicios **5** a **7**, dibuja una figura con cada perímetro. Usa papel cuadriculado.

5. 12 unidades   **6.** 4 unidades   **7.** 22 unidades

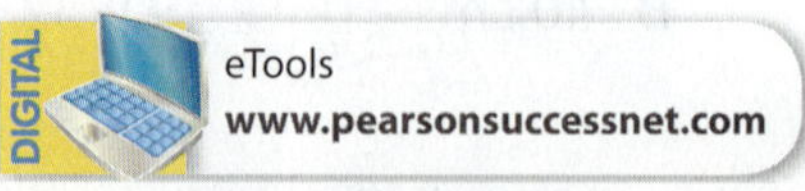
eTools
www.pearsonsuccessnet.com

 Puedes encontrar otro ejemplo en el Grupo D, página 335.

Haz un dibujo o usa pajillas para representar el problema.

Cada pajilla es 1 unidad. Usa 14 pajillas para formar una figura. El perímetro de la figura es de 14 unidades.

Luego, describe la figura y la longitud de cada lado.

La figura es un rectángulo. Dos de los lados miden 6 unidades de longitud cada uno y los otros dos lados miden 1 unidad de longitud cada uno.

Comprueba si la figura tiene el perímetro correcto.

Suma la longitud de los lados.

$6 + 1 + 6 + 1 = 14$ unidades

Karina necesita exactamente 14 yardas de valla para formar un rectángulo con lados de 6 yardas y 1 yarda.

Resolución de problemas

PRÁCTICAS MATEMÁTICAS

8. Darío quiere diseñar una tarjeta de cumpleaños. Tiene exactamente 18 pulgadas de lana que quiere pegar alrededor del borde de la tarjeta. Dibuja el diseño de una tarjeta que él podría hacer. Usa papel cuadriculado.

9. Dibuja 2 figuras diferentes que tengan un perímetro de 24 unidades. Usa papel cuadriculado como ayuda.

En los Ejercicios **10** y **11**, usa las ilustraciones de la derecha.

10. Alicia compró una bufanda y tres gorros. ¿Cuál fue el precio total de esos artículos?

11. ¿Cuánto más cuesta el suéter que los mitones?

12. Buscar patrones Busca un patrón en la tabla. Copia y completa.

Número de mesas	1	2	3	4	5	6
Número de sillas	8	16		32		48

13. ¿Qué par de figuras tienen el mismo perímetro?

A

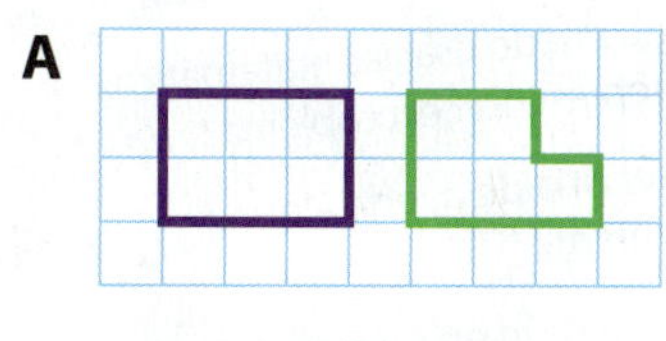

C

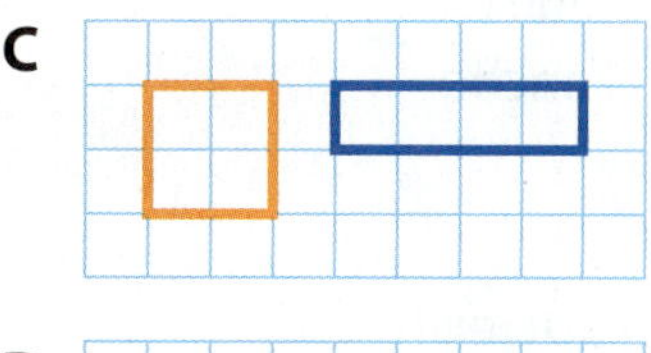

B

D

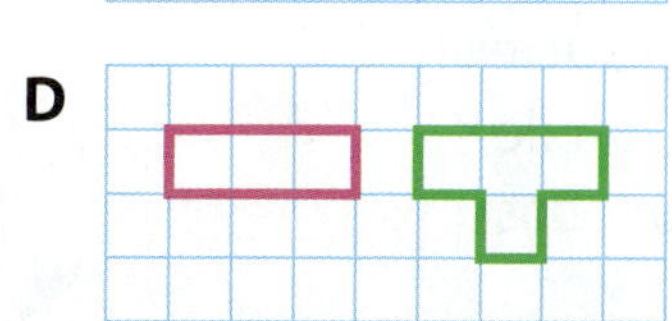

Resolución de problemas

Intentar, revisar y corregir

Tad, Holly y Shana hicieron 36 carteles en total. Shana hizo 3 carteles más que Holly.

Tad y Holly hicieron el mismo número de carteles. ¿Cuántos carteles hizo Shana?

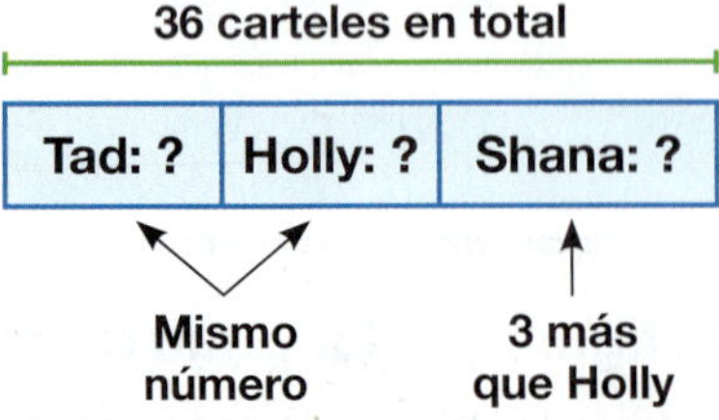

Práctica guiada*

PRÁCTICAS MATEMÁTICAS

¿CÓMO hacerlo?

1. Peggy y Patricia comparten 64 crayones. Patricia tiene 10 crayones más que Peggy. ¿Cuántos crayones tiene cada una?

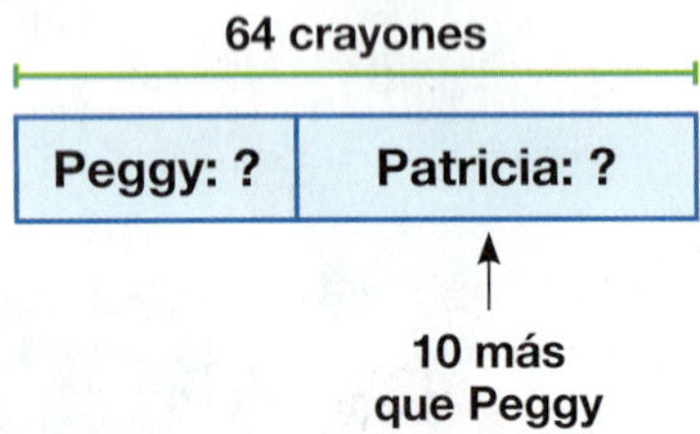

¿Lo ENTIENDES?

2. Construir argumentos Mira el diagrama del Ejercicio 1. ¿Por qué las dos partes del rectángulo no son del mismo tamaño?

3. Escribir un problema Escribe un problema que se pueda resolver usando el razonamiento para hacer intentos razonables.

Práctica independiente

PRÁCTICAS MATEMÁTICAS

En los Ejercicios **4** y **5**, usa la estrategia de Intentar, revisar y corregir.

4. Los rectángulos A y B tienen el mismo perímetro pero distintas figuras. El rectángulo A mide 5 pulgadas de longitud y 3 pulgadas de ancho. El rectángulo B mide 6 pulgadas más de longitud que de ancho. ¿Cuáles son la longitud y el ancho del rectángulo B?

5. Ana tiene 6 monedas que valen 50¢ en total. Algunas de las monedas son de 5¢ y otras son de 10¢. ¿Qué monedas tiene Ana?

Aplicar las prácticas matemáticas

- ¿Qué me piden que halle?
- ¿Qué otra cosa puedo intentar?
- ¿Cómo se relacionan las cantidades?
- ¿Cómo puedo explicar mi trabajo?
- ¿Cómo puedo usar las matemáticas para representar el problema?
- ¿Me serviría de ayuda alguna herramienta?
- ¿Hay precisión en mi trabajo?
- ¿Por qué funciona esto?
- ¿Cómo puedo hacer generalizaciones?

 Puedes encontrar otro ejemplo en el Grupo E, página 335.

Usa el razonamiento para hacer intentos razonables. Luego, comprueba.

Intenta: $10 + 10 + 13 = 33$

Comprueba: $33 < 36$

Muy bajo; necesito 3 más.

Intenta: $12 + 12 + 15 = 39$

Comprueba: $39 > 36$

Muy alto; necesito 3 menos.

Corrige usando lo que sabes.

Intenta: $11 + 11 + 14 = 36$

Comprueba: $36 = 36$

Éste es correcto.

Shana hizo 14 carteles.

En los Ejercicios **6** a **8**, usa las fotos de la derecha.

6. El dependiente de la floristería coloca todas las rosas en dos floreros. Un florero tiene 2 rosas más que el otro. ¿Cuántas rosas hay en cada florero?

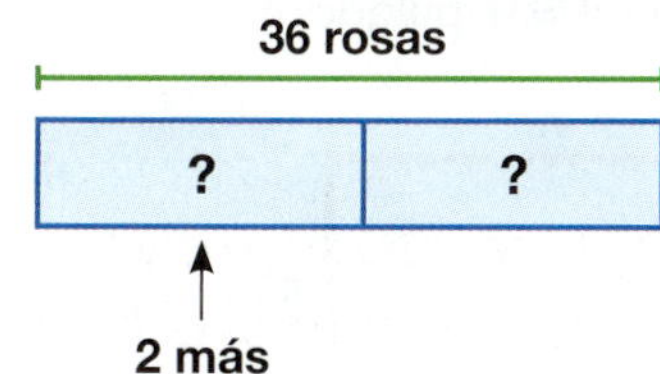

7. ¿Cuántos lirios se podrían poner en cada uno de 6 ramos iguales?

8. Perseverar Edna, Javier y Bob compraron todos los claveles de la floristería. Edna compró 2 más que Javier. Bob y Javier compraron el mismo número. ¿Cuántos claveles compró Edna?

9. Escribir para explicar Tamiya cortó un pedazo de cuerda de 12 pulgadas en 3 partes iguales. También cortó un pedazo de cinta de 24 pulgadas en 8 partes iguales. ¿Qué era más largo, el pedazo de cuerda o el pedazo de cinta? Explica cómo lo decidiste.

10. Un rectángulo tiene un perímetro de 48 pulgadas. ¿Cuál de los siguientes pares de números podrían ser la longitud y el ancho del rectángulo?

A 12 pulgadas y 10 pulgadas

B 8 pulgadas y 6 pulgadas

C 20 pulgadas y 4 pulgadas

D 15 pulgadas y 5 pulgadas

11. Kevin leyó que hay 22 tipos de cocodrilos y de caimanes en el mundo. Hay 6 tipos más de cocodrilos que de caimanes. ¿Cuántos tipos de cocodrilos hay? ¿Cuántos tipos de caimanes hay?

Grupo A, páginas 324 y 325

¿Cuál es el perímetro de la siguiente figura?

Suma las longitudes de los lados para hallar el perímetro.

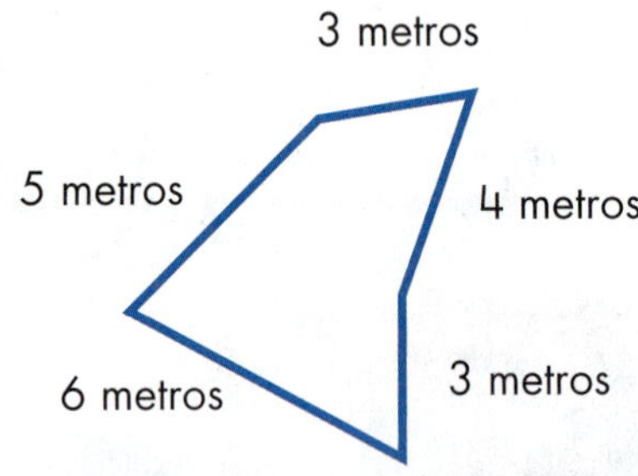

$3 + 4 + 3 + 6 + 5 = 21$ metros

El perímetro de la figura es de 21 metros.

Recuerda en qué lado empezaste a sumar para que sepas dónde parar.

Halla el perímetro.

1.

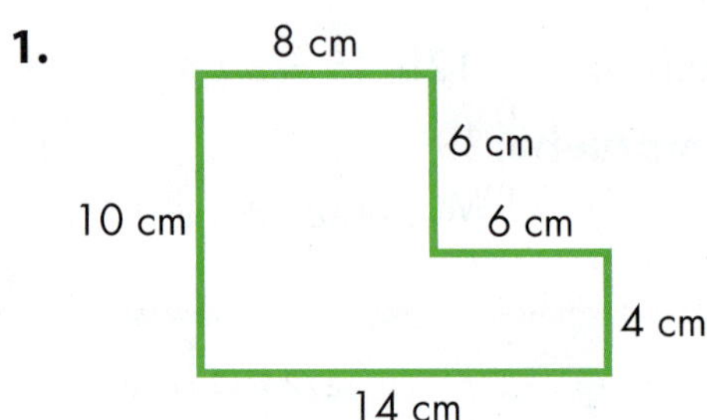

2.

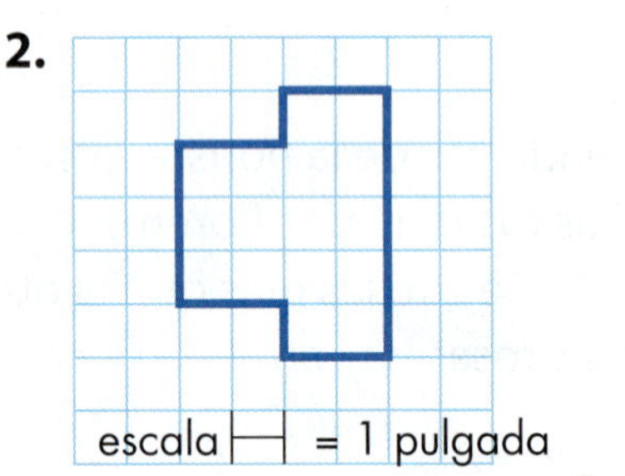

3.

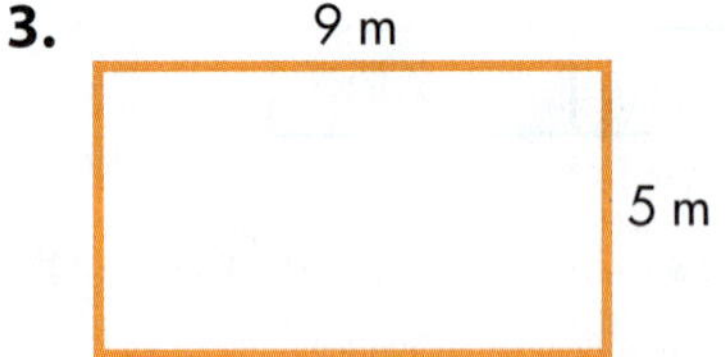

Grupo B, páginas 326 y 327

Eduardo quiere poner una cinta alrededor de un dibujo cuadrado. ¿Qué instrumento y unidad debe usar para medir el perímetro del dibujo?

Eduardo está midiendo la longitud, así que podría escoger una regla, una regla de 1 yarda o una cinta de medir. Podría medir en pulgadas, pies, yardas o millas.

El dibujo cuadrado es pequeño, así que Eduardo debe usar una regla y medir en pulgadas.

Recuerda escoger el instrumento de medición y la unidad que sean apropiados para lo que estás midiendo.

Escoge el mejor instrumento para medir el perímetro de cada objeto.

1. un área de juego   **2.** un cuaderno

Escoge la mejor unidad para medir el perímetro de cada objeto.

3. una maceta   **4.** una casa

¿Cuál es el perímetro del rectángulo?

Los lados opuestos de un rectángulo tienen la misma longitud.

$6 + 3 + 6 + 3 = 18$

El perímetro es de 18 centímetros.

Recuerda que para hallar el perímetro, debes sumar las longitudes de los lados.

Halla el perímetro.

1. 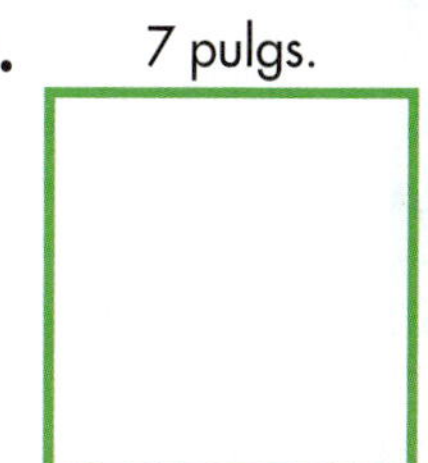

2. Un rectángulo que mide 5 metros de longitud y 9 metros de ancho.

Esta figura tiene un perímetro de 10 yardas.

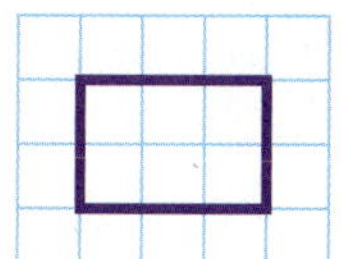

escala:⊢─⊣= 1 yarda

Dibuja otra figura con un perímetro de 10 yardas.

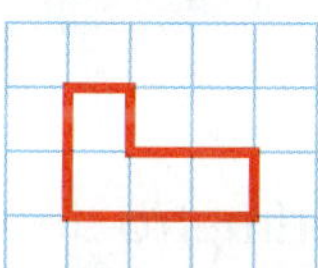

El perímetro de esta figura también es de 10 yardas.

Recuerda que diferentes figuras pueden tener el mismo perímetro.

1. Dibuja una figura que tenga un perímetro de 8 unidades. Usa papel cuadriculado.

2. Dibuja 2 figuras diferentes que tengan cada una un perímetro de 16 unidades. Usa papel cuadriculado.

Sigue estos pasos para usar la estrategia de Intentar, revisar y corregir para resolver problemas.

Paso 1 Usa el razonamiento para hacer un primer intento razonable.

Paso 2 Revisa, usando la información del problema.

Paso 3 Corrige. Usa tu primer intento para hacer un segundo intento razonable. Revisa.

Paso 4 Continúa intentando y revisando hasta que halles la respuesta correcta.

Recuerda que debes revisar cada intento.

Usa la estrategia de Intentar, revisar y corregir para resolver los problemas.

1. Ray y Tony tienen 32 marcadores. Ray tiene 2 marcadores más que Tony. ¿Cuántos marcadores tiene cada niño?

2. El club de futbol tiene 28 miembros. Hay 4 niñas más que niños. ¿Cuántos niños hay en el club de futbol?

Opción múltiple

1. ¿Cuál es el perímetro del jardín de rosas en el dibujo de abajo? (13-1)

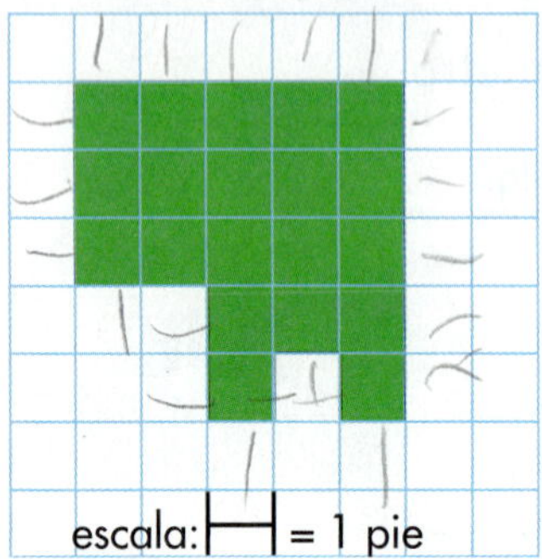

escala: ⊢⊣ = 1 pie

A 26 pies **C** 22 pies

B 24 pies **D** 20 pies

2. ¿Cuál es el perímetro de este patio cuadrado? (13-3)

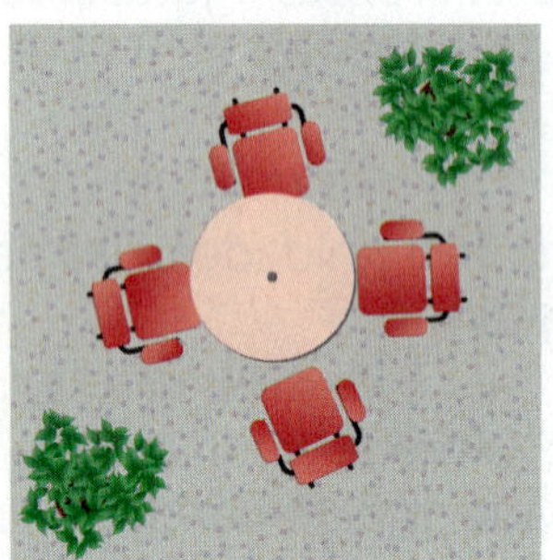

A 81 pies **C** 27 pies

B 36 pies **D** 18 pies

3. Cada uno de 26 estudiantes escogió tambores o trompetas para tocar. Si 4 más escogieron tambores que trompetas, ¿cuántos escogieron cada instrumento? (13-5)

A 16 escogieron tambores
10 escogieron trompetas

B 15 escogieron tambores
11 escogieron trompetas

C 14 escogieron tambores
12 escogieron trompetas

D 14 escogieron tambores
10 escogieron trompetas

4. El jardín de Eugenio tiene el siguiente diseño.

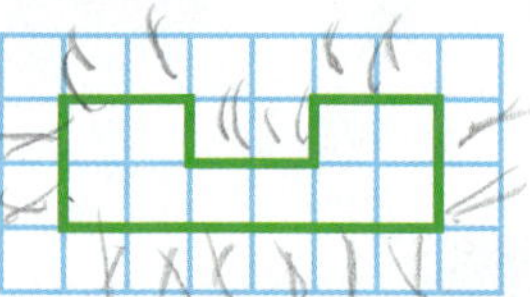

¿Qué otro diseño tiene el mismo perímetro que el diseño del jardín de Eugenio? (13-4)

A
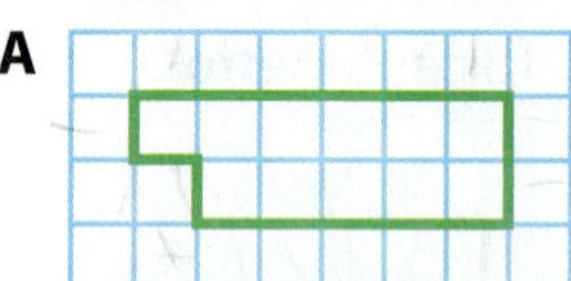

B

C
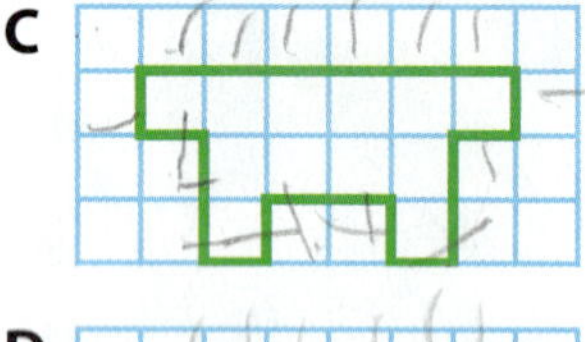

D
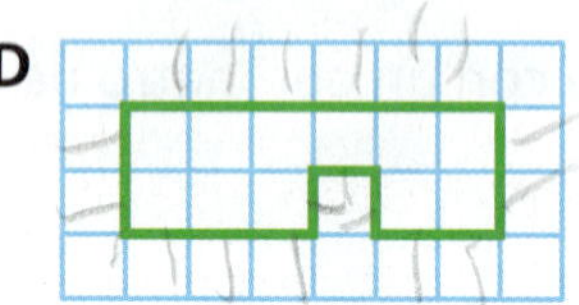

5. Fernanda quiere hallar el perímetro de la puerta que se muestra abajo. ¿Qué instrumento y unidad serían su mejor opción? (13-2)

A Cinta de medir y pulgadas

B Regla de 1 yarda y yardas

C Regla y yardas

D Regla y pulgadas

6. Abajo se muestra un dibujo del huerto de Kimmy. ¿Cuál es el perímetro del huerto? (13-1)

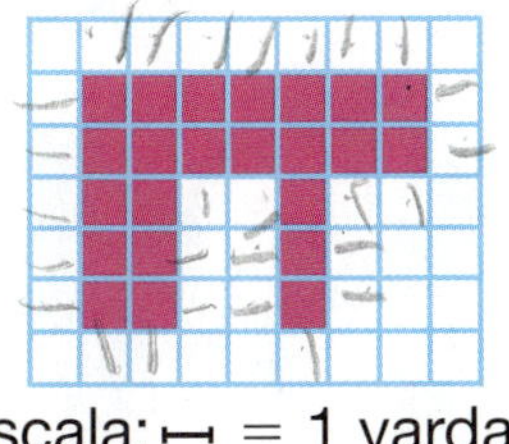

escala: ⊢⊣ = 1 yarda

7. El cobertizo para herramientas de Benita tiene la forma de un rectángulo. ¿Cuál es el perímetro del cobertizo para herramientas? (13-3)

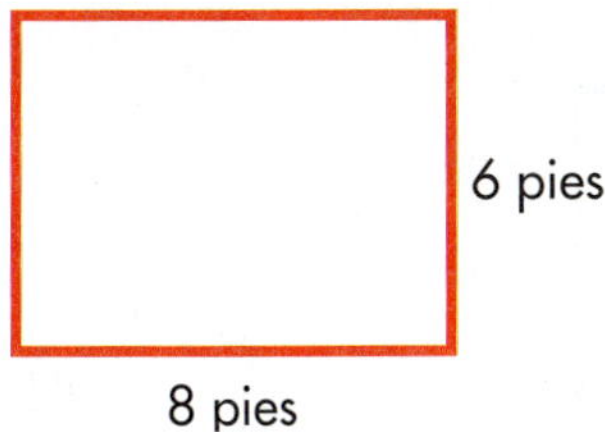

8. Los estudiantes del tercer grado van a ir de excursión. De los 321 estudiantes, hay 5 niñas más que niños. ¿Cuántas niñas hay? ¿Cuántos niños hay? (13-5)

9. Tina quiere poner una cinta alrededor del espejo que se muestra abajo. Necesita hallar cuánta cinta debe comprar.

¿Qué instrumento de medición y unidad serían una buena opción? (13-2)

10. El diseño de azulejos de Roberto se muestra a continuación.

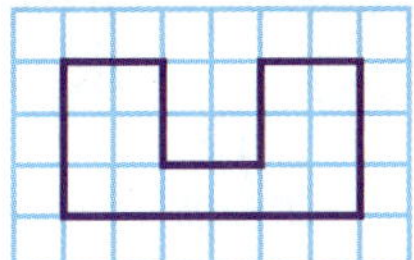

Dibuja otro diseño de azulejos que tenga el mismo perímetro que el diseño que se muestra. (13-4)

11. La Sra. Kent quiere poner bordes alrededor de su patio, que tiene forma de rectángulo. Tiene que medir el perímetro para asegurarse de comprar suficientes bordes. ¿Qué instrumento debe usar? ¿Qué unidad sería la mejor? Explícalo. (13-2)

12. Usa papel cuadriculado para dibujar un cuadrado con un perímetro de 24 unidades. Luego, dibuja un rectángulo con un perímetro de 24 unidades. (13-4)

13. Abajo se muestra un dibujo del nuevo parque de la ciudad. La ciudad va a poner una valla alrededor del perímetro del parque. ¿Cuál es el perímetro del parque? (13-1)

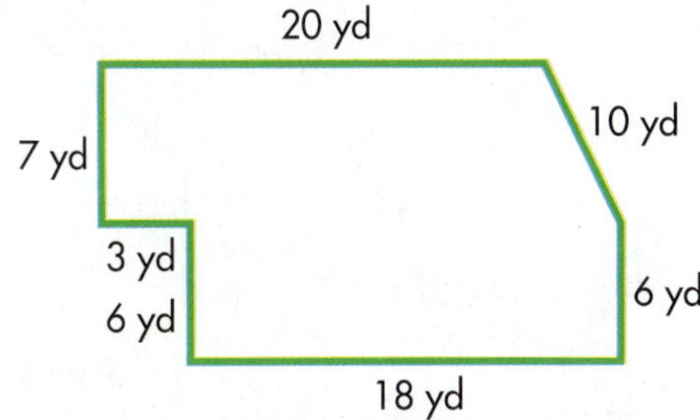

1. La alfombra de Ana tiene la forma de un rectángulo. Usa una regla de pulgadas para medir las longitudes de los lados del diseño de la alfombra de Ana que se muestra abajo. ¿Cuál es el perímetro del diseño?

2. Usa papel cuadriculado para dibujar un diseño de alfombra rectangular diferente que tenga el mismo perímetro que el diseño de la alfombra de Ana.

3. Abajo se muestra el diseño de una alfombra con un perímetro de 28 pies. Usa papel cuadriculado para dibujar otro diseño de alfombra que tenga un perímetro de 28 pies.

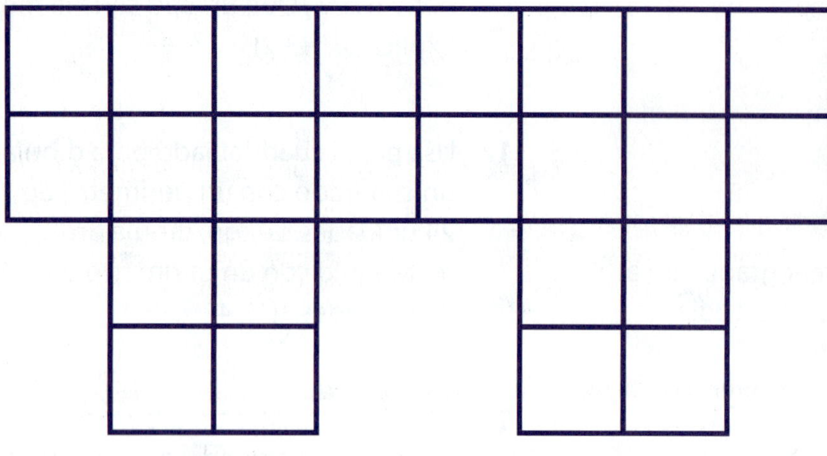

escala: ├——————┤ = 1 pie

4. El perímetro del diseño de alfombra que se muestra abajo es de 27 pies. ¿Cuál es la longitud del lado *n*?

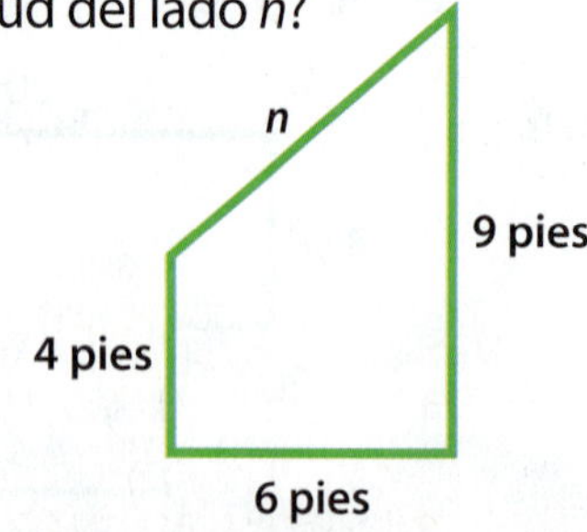

5. ¿Qué instrumento de medición y unidad serían una buena opción para medir el perímetro de una alfombra real? Explica tu elección.

Tema 14 — Área

▼ El Parque Al López es uno de los parques más visitados en Tampa, Florida. ¿A qué polígono se parece el parque? Lo averiguarás en la Lección 14-1.

Preguntas esenciales
- ¿Qué significa área?
- ¿Cuáles son algunas diferentes maneras de hallar el área de una figura?

Repasa lo que sabes

Vocabulario

Escoge el mejor término del recuadro.

- rectángulo
- cuadrado
- altura
- perímetro

1. El __?__ es la distancia que hay alrededor de una figura.

2. Una figura que tiene 4 ángulos rectos y 4 lados iguales se llama __?__.

3. Una figura que tiene 4 ángulos rectos y 2 pares de lados paralelos se llama __?__.

Operaciones de multiplicación

Halla los productos.

4. 6×5 **5.** 7×9 **6.** 8×8

7. 7×4 **8.** 3×6 **9.** 5×4

10. 4×9 **11.** 8×5 **12.** 9×6

13. 8×4 **14.** 3×9 **15.** 8×7

Figuras

Identifica las figuras.

16.   **17.**   **18.**

19.   **20.**   **21.**

22.   **23.**   **24.**

25. Escribir para explicar Explica en qué se parecen y en qué se diferencian las figuras de los Ejercicios 16 a 18.

Aprendizaje interactivo 

Plantea el problema. Empieza cada lección con una actividad en conjunto para resolver problemas. Te ayudará a comprender las matemáticas.

Lección 14-1

Razonar Resuelve el problema usando papel cuadriculado de 1 centímetro.

En el papel cuadriculado, dibuja un rectángulo usando las líneas de la cuadrícula como los lados del rectángulo. Luego, dibuja o traza un círculo en el papel cuadriculado. ¿Cuántas unidades cuadradas hay dentro de cada figura? Explica cómo lo decidiste.

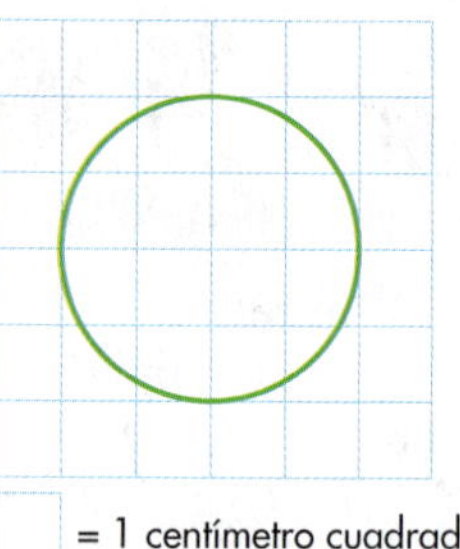

Lección 14-2

Usar herramientas Resuelve el problema usando papel cuadriculado de 1 pulgada.

En el papel cuadriculado, crea una región que tenga un área de 18 pulgadas cuadradas. ¿Por qué crees que usamos cuadrados en lugar de otra figura para medir el área?

Lección 14-3

Razonar Resuelve el problema usando papel cuadriculado.

Traza la tarjeta de fichero en la cuadrícula con cuadrados pequeños. ¿Cuál es el área? Luego, traza la misma tarjeta de fichero en la cuadrícula con los cuadrados grandes. ¿Cuál es el área? ¿Son las áreas diferentes? Explícalo.

Lección 14-4

Hacer generalizaciones Resuelve el problema de la manera que prefieras.

Jorge va a alfombrar un cuarto que tiene la forma de un cuadrado con las dimensiones que se muestran a la derecha. ¿Cuántas yardas cuadradas de alfombra necesitará Jorge? Muestra cómo hallaste la respuesta.

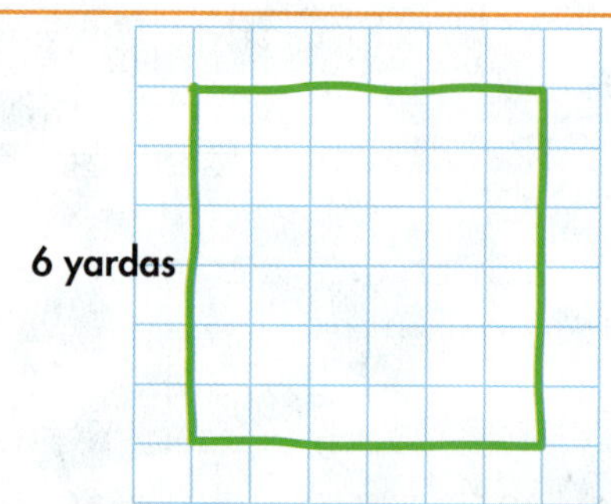

Lección 14-5

Representar Resuelve el problema usando papel cuadriculado.

La nueva área de lectura de la biblioteca es un rectángulo que mide 8 pies por 9 pies. La Sra. Wallace tiene un pedazo rectangular de alfombra que mide 8 pies por 5 pies. ¿Qué parte del área de lectura se quedará sin alfombra?

Lección 14-6

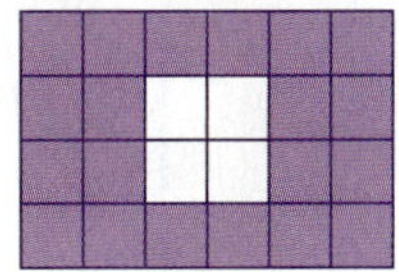

Representar Resuelve el problema de la manera que prefieras.

Los padres de Alex planean poner baldosas en el piso de su cocina con copias idénticas del patrón rectangular que se muestra a la derecha. Cada cuadrado de este rectángulo mide 1 pie cuadrado. ¿Cuál es el área total de las regiones coloreadas de los 4 patrones rectangulares?

Lección 14-7

Usar herramientas Resuelve el problema usando papel cuadriculado y el dibujo de la derecha.

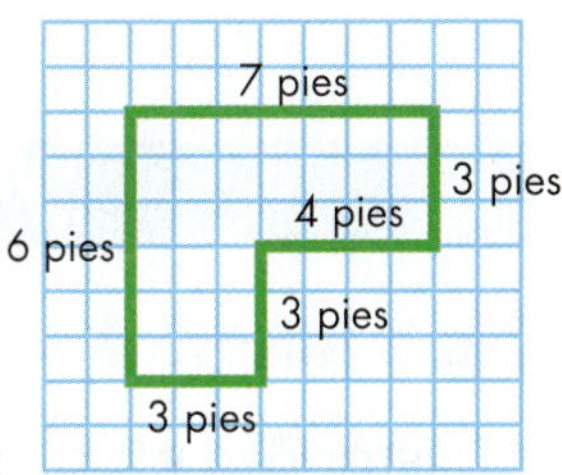

El escritorio de Alicia tiene la forma del dibujo de la derecha. La longitud de cada lado se muestra en pies. Halla el área del escritorio de Alicia sin contar cada cuadrado. Indica cómo hallaste la respuesta.

Lección 14-8

Usar herramientas Usa papel cuadriculado como ayuda para resolver este problema.

¿Cuántos rectángulos diferentes puedes dibujar con un área de 12 unidades cuadradas? ¿Tiene cada uno el mismo perímetro? Explícalo.

Lección 14-9

Representar Usa crayones de color de cuatro colores diferentes y papel cuadriculado para resolver este problema.

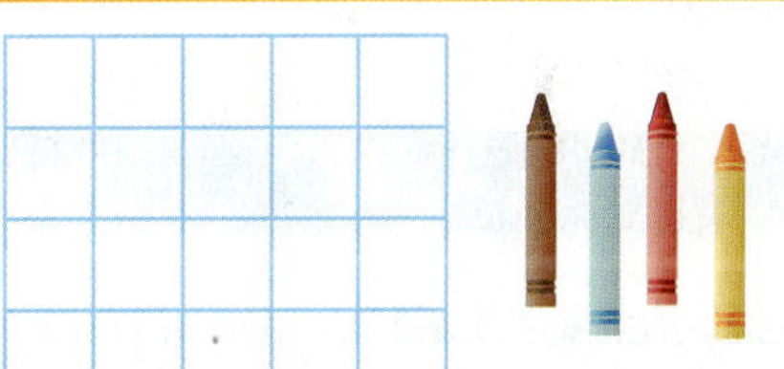

Celinda quiere decorar una pared rectangular de su cuarto con 4 colores diferentes. Quiere que cada color cubra la misma cantidad de área. Haz un dibujo de esta pared rectangular y usa cuatro colores para mostrar cómo podría pintar esta pared. ¿Cómo se podría rotular cada parte de la pared usando una fracción unitaria?

Lección 14-10

Usar herramientas Resuelve el problema. Busca objetos en tu clase.

¿Cuáles son tres objetos que medirías usando pulgadas cuadradas o centímetros cuadrados? ¿Cuáles son tres objetos que medirías usando pies cuadrados o metros cuadrados? ¿Cuáles son tres objetos que medirías usando millas cuadradas o kilómetros cuadrados? Explica tus elecciones.

Cubrir regiones

¿Cómo mides el área?

Emily hizo un *collage* en la clase de arte. Recortó figuras para hacer su diseño.

¿Cuál es el área de una de las figuras?

El área es el número de unidades cuadradas que se necesitan para cubrir una región.

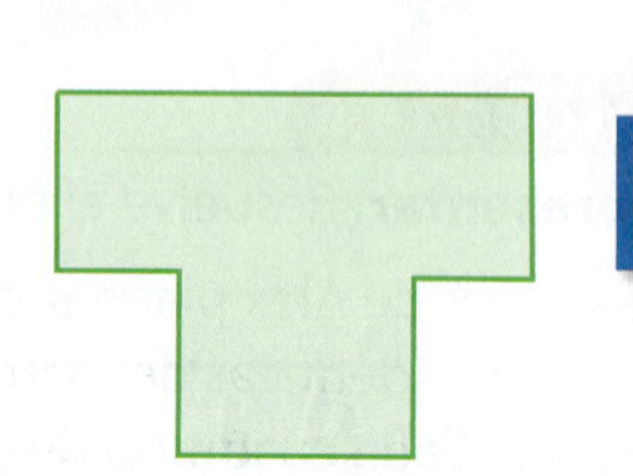

Práctica guiada*

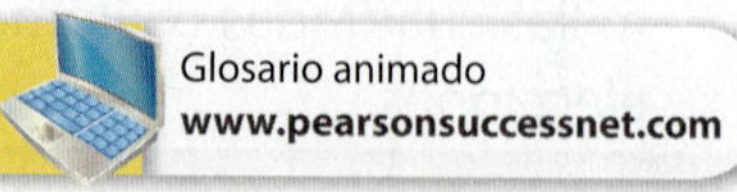
PRÁCTICAS MATEMÁTICAS

¿CÓMO hacerlo?

En los Ejercicios **1** y **2**, cuenta para hallar el área. Indica si el área es exacta o una estimación.

1. 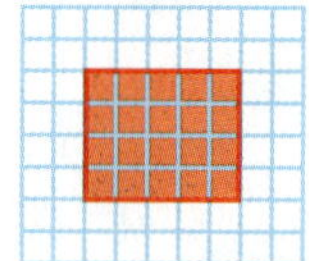

2. 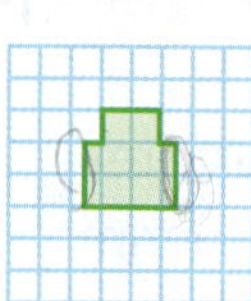

¿Lo ENTIENDES?

3. Si la primera figura de arriba tuviera dos filas más de 4 cuadrados, ¿cuál sería la nueva área?

4. **Representar** Haz dos figuras diferentes, cada una con un área de 16 unidades cuadradas.

Práctica independiente

En los Ejercicios **5** a **12**, cuenta para hallar el área. Indica si el área es exacta o una estimación.

5. 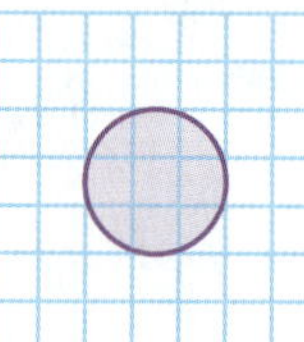

6. 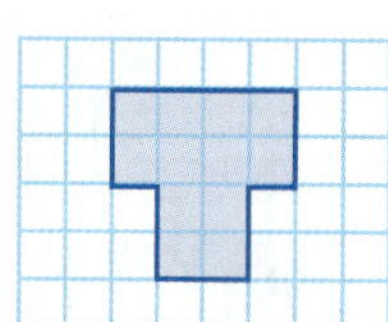

7. 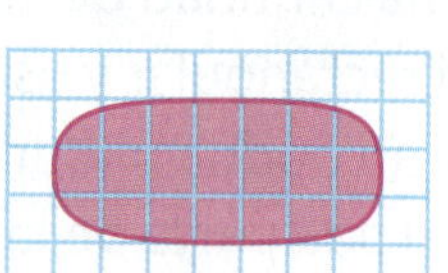

8. 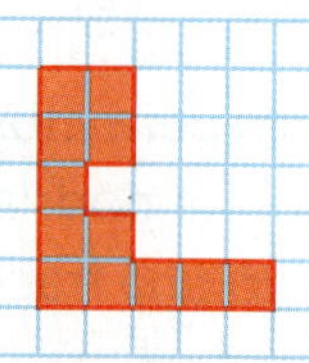

9. 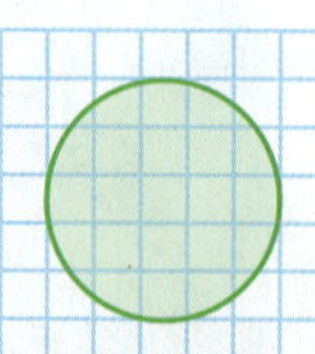

10. 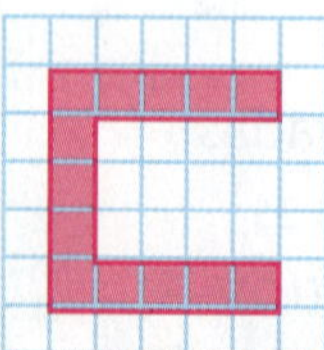

11. 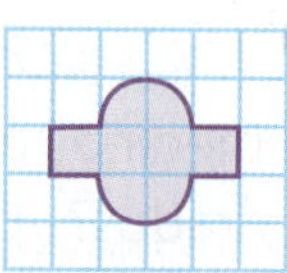

12. 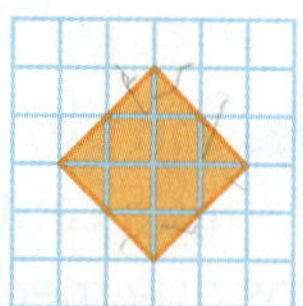

Glosario animado
www.pearsonsuccessnet.com

Puedes encontrar otro ejemplo en el Grupo A, página 364.

Cuenta las unidades cuadradas que hay dentro de la figura.
El conteo exacto es el área de la figura.

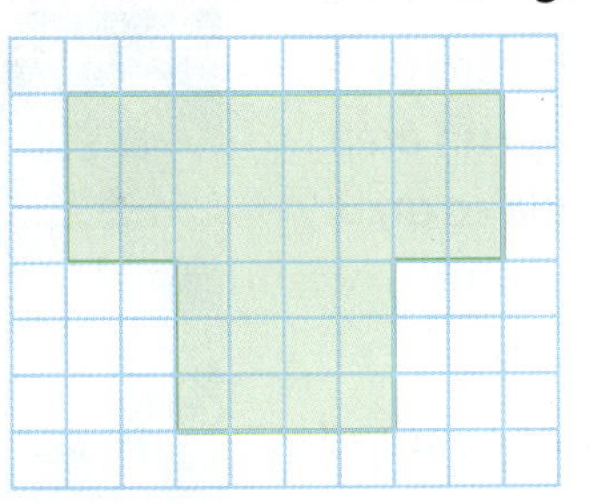

Hay 36 cuadrados dentro de la figura.
El área de la figura es de 36 unidades cuadradas.

A veces puedes estimar el área.

Cuenta los cuadrados que hay dentro de la figura.

Hay aproximadamente 27 cuadrados dentro de la figura.

El área de la figura es de aproximadamente 27 unidades cuadradas.

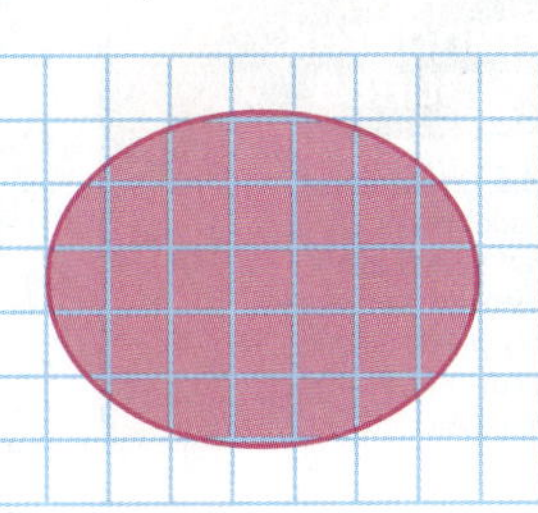

Resolución de problemas

13. Perseverar Maggie compró 4 cuadernos de dibujo y 2 cajas de lápices de arte. ¿Cuánto dinero gastó Maggie en sus útiles?

14. ¿Cuál sería una buena estimación (en unidades cuadradas) del área coloreada en verde que se muestra abajo?

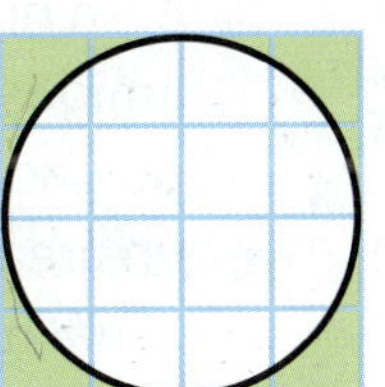

A   Aproximadamente 13

B   Aproximadamente 10

C   Aproximadamente 4

D   Aproximadamente 2

15. Una librería tiene una gran venta. Cuando los clientes compran 2 libros, reciben otro libro gratis. Si Patricio compra 8 libros, ¿cuántos libros recibirá gratis?

En los Ejercicios **16** y **17**, usa el mapa de la derecha.

16. ¿Cuál es la mejor estimación del área del Parque Al López?

A   Aproximadamente 160 unidades cuadradas

B   Aproximadamente 125 unidades cuadradas

C   Aproximadamente 2 unidades cuadradas

D   Aproximadamente 6 unidades cuadradas

17. Construir argumentos ¿Qué polígono describe mejor la forma del Parque Al López?

Área y unidades

¿Qué tipos de unidades describen el área?

Antonio quiere hacer un marcapáginas para un libro de pasta blanda. Quiere que su marcapáginas tenga un área de 20 unidades cuadradas. Una unidad cuadrada es un cuadrado con lados que miden 1 unidad de longitud cada uno.

¿Debe usar centímetros cuadrados o pulgadas cuadradas como una unidad?

□ = 1 unidad cuadrada

Práctica guiada*

PRÁCTICAS MATEMÁTICAS

¿CÓMO hacerlo?

Usar herramientas En los Ejercicios **1** a **3**, usa una regla para dibujar.

1. Dibuja 1 centímetro cuadrado.

2. Dibuja 1 pulgada cuadrada.

3. Dibuja un cuadrado con lados que midan 2 centímetros de longitud. ¿Cuál es el área de la figura?

¿Lo ENTIENDES?

4. ¿Cuál de estas figuras tiene un área de 5 centímetros cuadrados? ¿Cómo lo sabes?

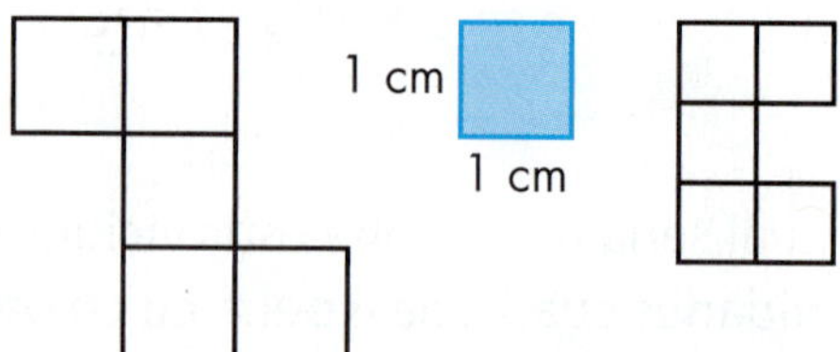

5. Beth hizo varios marcapáginas para sus amigos. El de Alma tiene un área de 8 pulgadas cuadradas. El de Tevan tiene un área de 8 centímetros cuadrados. ¿Cuál marcapáginas tiene un área más grande? Explica cómo lo decidiste.

Práctica independiente

En los Ejercicios **6** y **7**, usa una regla para hacer los dibujos.

6. Una figura con un área de 6 centímetros cuadrados.

7. Una figura con un área de 6 pulgadas cuadradas.

8. Mitch dibujó un patrón en la hoja de papel que se muestra abajo. ¿Cuál es el área de su dibujo en unidades cuadradas?

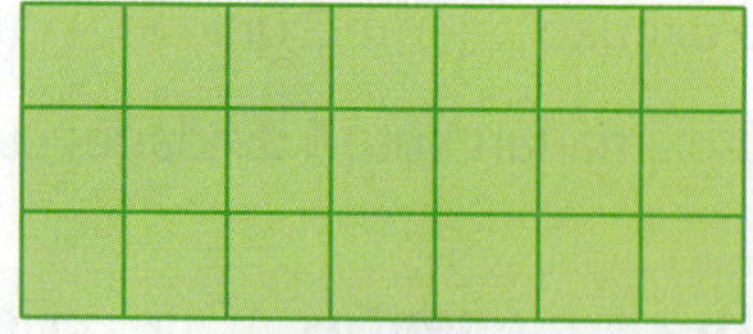

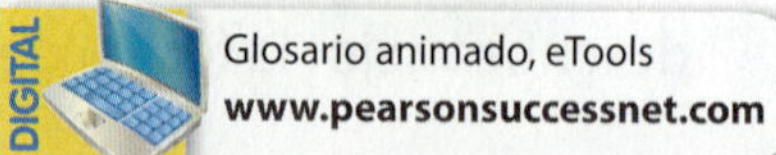

 Puedes encontrar otro ejemplo en el Grupo B, página 364.

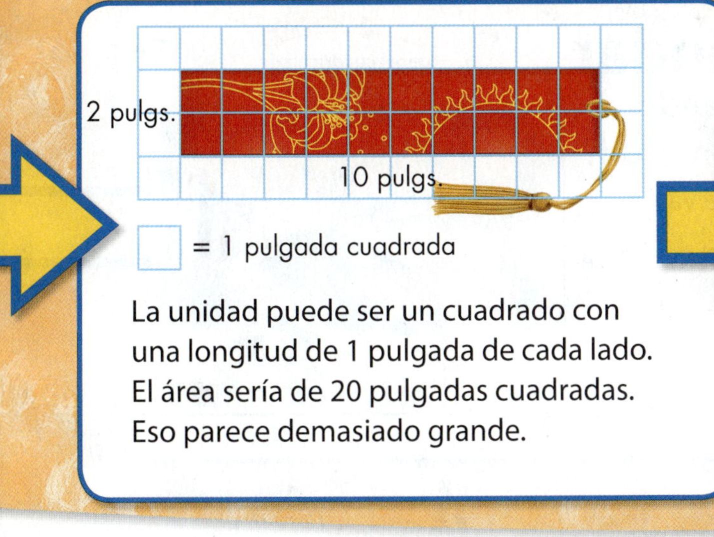

☐ = 1 pulgada cuadrada

La unidad puede ser un cuadrado con una longitud de 1 pulgada de cada lado. El área sería de 20 pulgadas cuadradas. Eso parece demasiado grande.

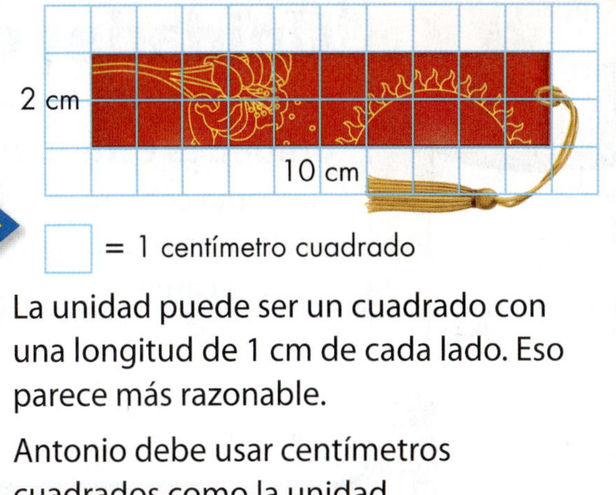

☐ = 1 centímetro cuadrado

La unidad puede ser un cuadrado con una longitud de 1 cm de cada lado. Eso parece más razonable.

Antonio debe usar centímetros cuadrados como la unidad.

Resolución de problemas

PRÁCTICAS MATEMÁTICAS

En los Ejercicios **9** y **10**, usa el dibujo de la derecha.

9. Supón que cada cuadrado del dibujo representa un centímetro cuadrado. ¿Cuál es el área de la figura azul?

10. Evaluar el razonamiento Maggie cree que el área de dos de las figuras anaranjadas es igual al área de una de las figuras verdes. ¿Estás de acuerdo? Explícalo.

11. Jazmín compra cuentas de letras para hacer una pulsera que deletrea su nombre. Las cuentas cuestan 8¢ cada una. ¿Cuánto dinero necesita Jazmín para comprar las cuentas?

12. Perseverar Había 24 uvas en un plato. Lucas comió seis uvas. Juan comió la mitad de las uvas que quedaban. Luego, Lucas comió todas excepto dos de las uvas que quedaban. ¿Quién comió más uvas?

13. Usar herramientas En papel cuadriculado, haz una figura con un área de 18 centímetros cuadrados.

14. ¿Cuál es el área de la figura que hizo Benjamín con azulejos cuadrados? Usa la figura de la derecha.

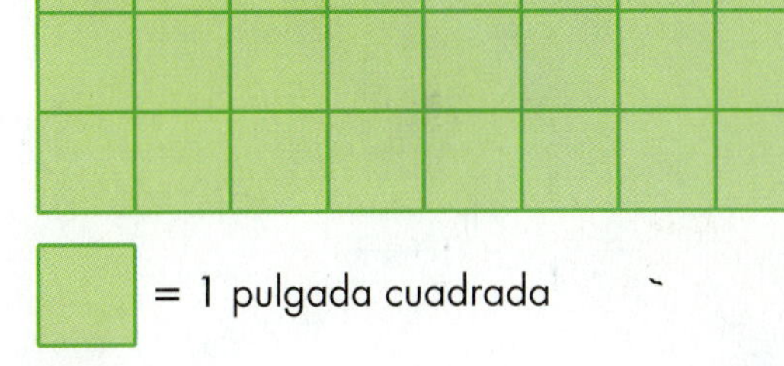

  A 30 pulgadas cuadradas

  B 32 pulgadas cuadradas

  C 36 pulgadas cuadradas

  D 40 pulgadas cuadradas

Unidades estándar

¿Cómo mides el área usando unidades estándar de longitud?

Margarita compró un cartel que va a colgar en su cuarto. ¿Cuál es el área del cartel?

Manos a la obra
papel cuadriculado

2 pies

3 pies

Práctica guiada*

PRÁCTICAS MATEMÁTICAS

¿CÓMO hacerlo?

En los Ejercicios **1** y **2**, cuenta las unidades cuadradas. Luego, escribe el área.

1.
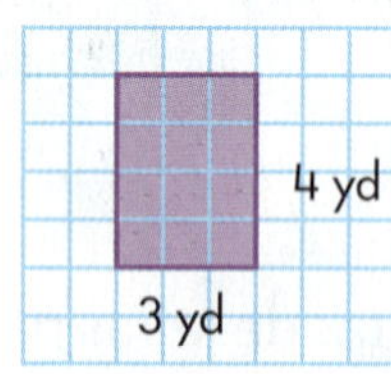
4 yd
3 yd

2.
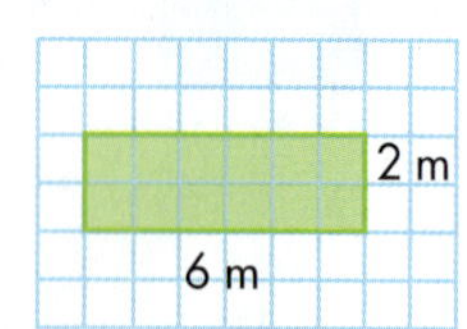
2 m
6 m

¿Lo ENTIENDES?

3. Razonar Si el cartel de arriba midiera 2 yardas por 3 yardas, ¿cuál sería su área?

4. Usar herramientas Sara tiene una foto en la pared que mide 8 pulgadas por 10 pulgadas. Usa papel cuadriculado para hallar el área de la foto.

Práctica independiente

Hacerlo con precisión En los Ejercicios **5** a **10**, cuenta las unidades cuadradas. Luego, escribe el área.

5.
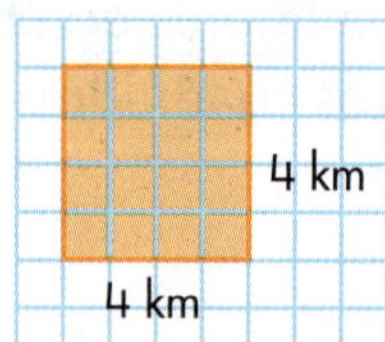
4 km
4 km

6.
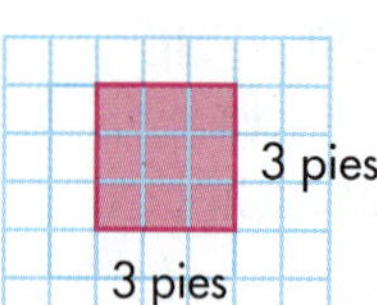
3 pies
3 pies

7.
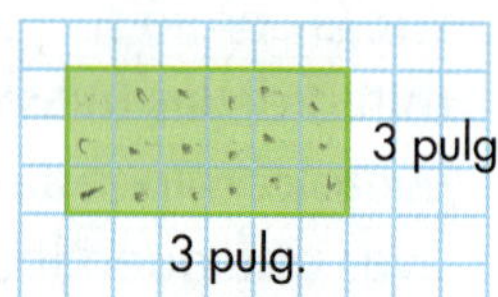
3 pulg.
3 pulg.

8.
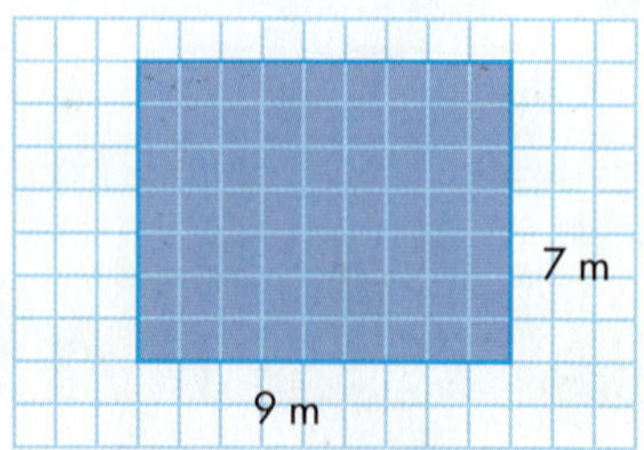
7 m
9 m

9.
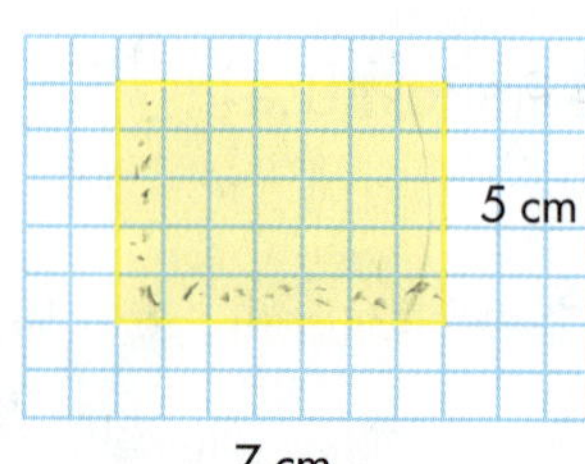
5 cm
7 cm

10.
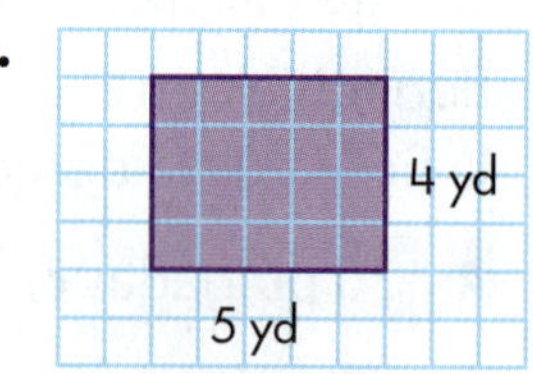
4 yd
5 yd

eTools
www.pearsonsuccessnet.com
DIGITAL

Puedes encontrar otro ejemplo en el Grupo A, página 364.

Cuenta las unidades cuadradas.

2 pies

3 pies

1 unidad cuadrada = 1 pie cuadrado

El cartel cubre 6 de las unidades cuadradas.
El cartel está medido en pies.

Por tanto, el área del cartel es de 6 pies cuadrados.

Unidades estándar de longitud y área

Unidad	Unidad cuadrada
pulgada (pulg.)	pulgada cuadrada
pie	pie cuadrado
yarda (yd)	yarda cuadrada
milla (mi)	milla cuadrada
centímetro (cm)	centímetro cuadrado
metro (m)	metro cuadrado
kilómetro (km)	kilómetro cuadrado

Datos

Resolución de problemas

PRÁCTICAS MATEMÁTICAS

Usar herramientas En los Ejercicios **11** a **13**, usa el dibujo de la derecha.

11. El Sr. Sánchez cultiva tres tipos de vegetales en su huerto. ¿Cuál es el área de la sección que usa para cultivar pepinos?

12. El Sr. Sánchez deja una sección sin usar durante cada época de cultivo. ¿Cuál es el área del huerto que dejó sin usar durante esta época?

13. ¿Cuál es el área del huerto, en pies cuadrados, que se usa para cultivar?

Huerto del Sr. Sánchez

14. **Evaluar el razonamiento** Brad dice que un cuadrado que tiene una longitud de 9 pies tendrá un área de 18 pies cuadrados. ¿Por qué no tiene razón?

15. Alicia compró $\frac{6}{8}$ de libra de uvas verdes y $\frac{4}{8}$ de libra de uvas rojas. ¿Compró más uvas verdes o uvas rojas? Explícalo.

16. ¿Cuál es el área del rectángulo de la derecha?

   A   12 pies

   B   32 pies

   C   12 pies cuadrados

   D   32 pies cuadrados

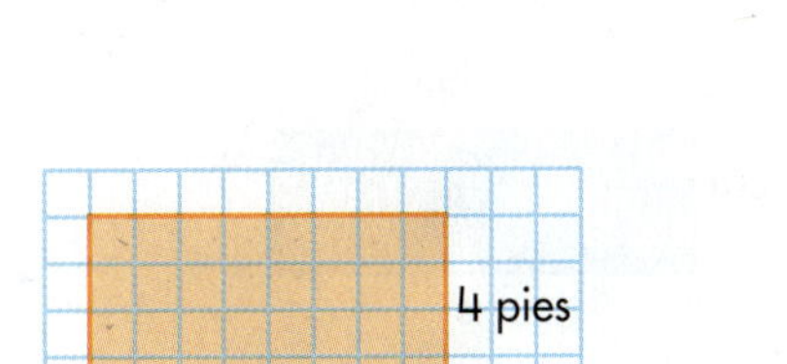

17. Érica dibujó la figura que se muestra a la derecha. ¿Cuál es el área de la figura?

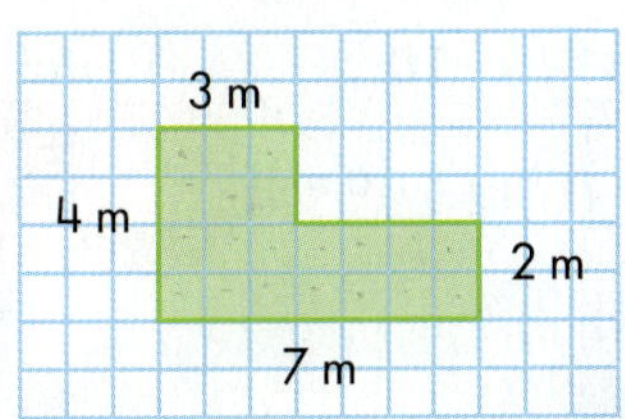

Estándares comunes

3.MD.7.a Hallar el área de un rectángulo cuyas longitudes son números enteros no negativos, cubriéndolo con unidades cuadradas, y mostrar que el área que resulta es igual a la que se hallaría multiplicando las longitudes de los lados del rectángulo. También, **3.MD.7.b.**

Área de cuadrados y rectángulos

¿Cómo hallas el área de una figura?

Una lata pequeña de pintura para pizarrones cubre 40 pies cuadrados. ¿Necesita Mike más de una lata pequeña para pintar una pared de su cuarto?

Práctica guiada*

PRÁCTICAS MATEMÁTICAS

¿CÓMO hacerlo?

En los Ejercicios **1** a **4**, halla el área de las figuras.

1.
7 pulgs.
3 pulgs.

2.
5 m
4 m

3.
9 pies
6 pies

4.
9 cm

¿Lo ENTIENDES?

5. Comunicarse ¿Cuál es la fórmula para el área de un cuadrado? Explica cómo lo sabes.

6. Mike planea pintar de azul otra pared de su cuarto. La pared mide 10 pies por 8 pies. ¿Qué área tiene que pintar Mike?

Práctica independiente

Práctica al nivel En los Ejercicios **7** y **8**, mide los lados y halla el área de las figuras.

7.
3 cm
1 cm

8.
4 cm
2 cm

En los Ejercicios **9** a **12**, halla el área de las figuras.

9.
4 pies
9 pies

10.
10 mm
6 mm

11.
5 pulgs.
7 pulgs.

12.
4 yd

Puedes encontrar otro ejemplo en el Grupo C, página 365.

Puedes contar las unidades cuadradas para hallar el área.

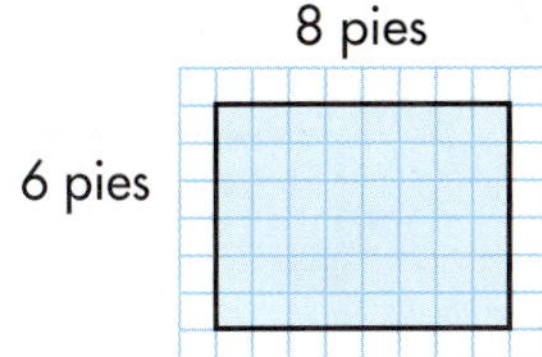

Hay 48 unidades cuadradas.

El área de la pared de Mike es de 48 pies cuadrados.

Para hallar el área, puedes medir para hallar la longitud de cada lado y usar una fórmula.

Área = longitud × ancho

$A = \ell \times a$
$A = 8 \times 6$
$A = 48$

El área de la pared de Mike es de 48 pies cuadrados. Necesitará más de una lata pequeña de pintura.

Resolución de problemas

PRÁCTICAS MATEMÁTICAS

13. Razonar El jardín de Julia tiene 4 pies de ancho y un área de 28 pies cuadrados. ¿Cuál es la longitud del jardín?

14. Diana dibujó un polígono con 4 lados y 1 par de lados paralelos. ¿Qué tipo de polígono dibujó Diana?

15. El Sr. Andre está colocando baldosas en su baño. El baño mide 10 pies de longitud y 5 pies de ancho. Las baldosas cuestan $8 por pie cuadrado. ¿Cuánto le costará al Sr. Andre poner baldosas en su baño?

Usar herramientas En los Ejercicios **16** y **17**, usa el mapa de la derecha.

16. ¿Cuál es el área de los Jardines Lower Falls?

    A 11 kilómetros cuadrados

    B 18 kilómetros cuadrados

    C 20 kilómetros cuadrados

    D 22 kilómetros cuadrados

17. ¿Qué polígono describe mejor la forma de los Jardines Lower Falls?

    A Triángulo   **C** Cuadrilátero

    B Pentágono   **D** Hexágono

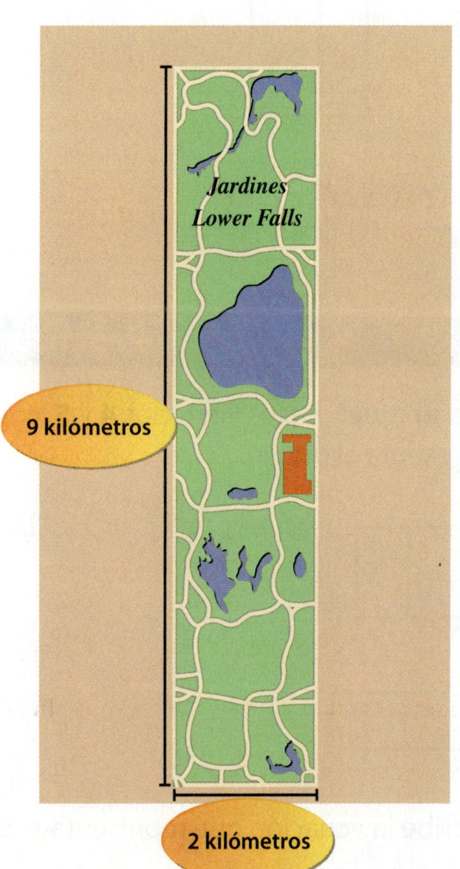

DIGITAL
eTools
www.pearsonsuccessnet.com

Estándares comunes

3.MD.7.c . . . Utilizar modelos de área para representar la propiedad distributiva de las matemáticas.

El área y la propiedad distributiva

¿Cómo puede el área de los rectángulos representar la propiedad distributiva?

Gina quiere separar este rectángulo en dos rectángulos más pequeños. ¿Será el área del rectángulo grande igual a la suma de las áreas de los dos rectángulos más pequeños? Usa la propiedad distributiva para descomponer operaciones para hallar el producto.

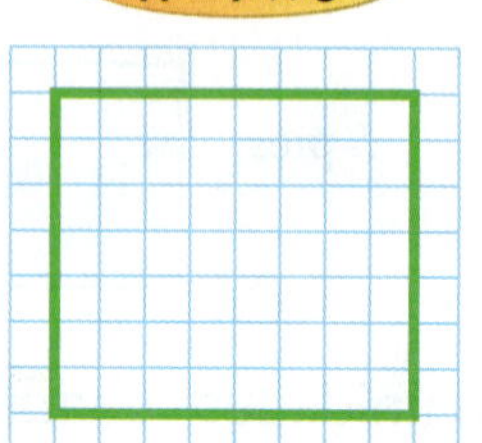

Práctica guiada*

PRÁCTICAS MATEMÁTICAS

¿CÓMO hacerlo?

1. Copia y completa la ecuación que representa el dibujo.

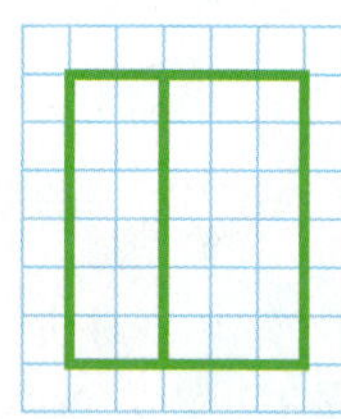

$6 \times \boxed{} = 6 \times (2 + \boxed{})$

$= (\boxed{} \times 2) + (6 \times \boxed{})$

¿Lo ENTIENDES?

2. Usar herramientas Haz un dibujo en papel cuadriculado para mostrar que $7 \times 6 = 7 \times (3 + 3) = (7 \times 3) + (7 \times 3)$.

3. Describe una manera de separar un rectángulo de 5×6 en dos rectángulos más pequeños.

Práctica independiente

Práctica al nivel En los Ejercicios **4** y **5**, copia y completa la ecuación que representa el dibujo.

4. 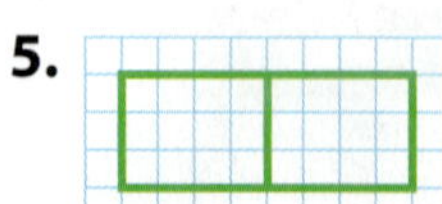 $5 \times 7 = 5 \times (4 + 3) = (5 \times 4) + (5 \times 3)$

5. $3 \times 8 = 3 \times (4 + 4) = (3 \times 4) + (3 \times 4)$

6. Escribe la ecuación que representa el dibujo.

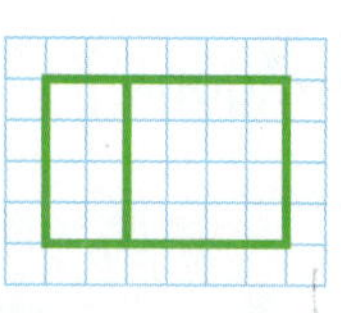

 Puedes encontrar otro ejemplo en el Grupo D, página 365.

Separa el lado de 8 unidades en dos partes.

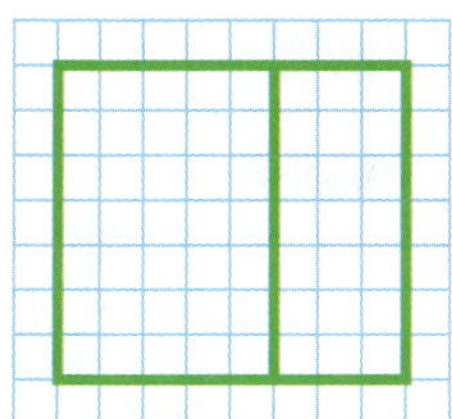

$7 \times 8 = 7 \times (5 + 3)$

$7 \times 8 = 7 \times (5 + 3) = (7 \times 5) + (7 \times 3)$

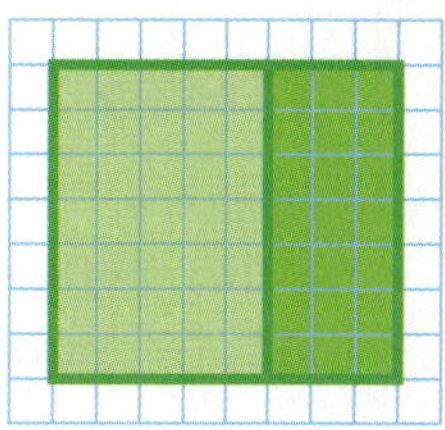

Por tanto, el área del rectángulo grande es igual a la suma de las áreas de los dos rectángulos pequeños.

Resolución de problemas

7. Hacer generalizaciones La semana pasada, Claudia vendió 3 conchas de mar por $5 cada una y esta semana 2 conchas de mar más por $5 cada una. Muestra dos maneras de determinar cuánto dinero ganó en las dos semanas.

8. Amit escribió un informe sobre los picos de montaña más altos en los Estados Unidos. Se enteró de que el monte McKinley, en Alaska, es la montaña más alta con veinte mil trescientos veinte pies. Escribe este número en forma estándar.

9. Kelly tiene 6 hojas de calcomanías, con 9 calcomanías en cada hoja. Su tía le da 5 hojas más, con 10 calcomanías en cada hoja. ¿Cuántas calcomanías tiene Kelly en total?

10. Representar Daniel tiene un pedazo de tela que mide 7 pies por 9 pies. Explica cómo podría separar este rectángulo grande en dos rectángulos más pequeños.

11. ¿Es razonable? Carla tiene una hoja de azulejos de 6×8. ¿Puede separar la hoja en dos hojas más pequeñas que sean de 6×5 y 6×3? ¿Tendrán la misma área total?

12. El restaurante del Sr. Sánchez compra huevos en cajones. Cada cajón contiene 6 filas de 8 huevos en cada fila. ¿Qué ecuación muestra cómo hallar el número de huevos que hay en un cajón?

A $6 + 6 + 6 + 6 = n$

B $8 \times 6 = n$

C $8 \times 8 = n$

D $8 \times 4 = n$

Estándares comunes

3.MD.6 Medir áreas contando unidades cuadradas (centímetros cuadrados, metros cuadrados, pulgadas cuadradas, pies cuadrados y unidades improvisadas). También, **3.MD.7, 3.MD.5.a.**

Resolución de problemas

Resolver un problema más sencillo

Janet quiere pintar la puerta de su cuarto. La parte coloreada del dibujo muestra la parte de la puerta que necesita pintura.

¿Cuál es el área de la parte de la puerta que necesita pintura?

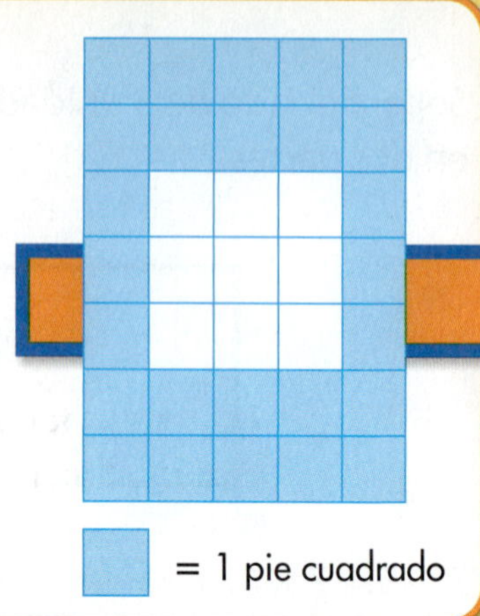

= 1 pie cuadrado

Práctica guiada*

PRÁCTICAS MATEMÁTICAS

¿CÓMO hacerlo?

Resuelve los problemas. Usa problemas más sencillos.

1. Lila pegó cuentas cuadradas en la parte coloreada del marco. ¿Cuál es el área de la parte que decoró?

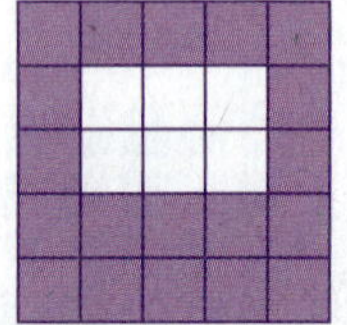
= 1 pulgada cuadrada

¿Lo ENTIENDES?

2. Razonar ¿Qué problemas más sencillos usaste para resolver el Ejercicio 1?

3. Escribir un problema Escribe un problema que puedas solucionar al resolver problemas más sencillos. Puedes hacer un dibujo como ayuda.

Práctica independiente

PRÁCTICAS MATEMÁTICAS

Resuelve los Ejercicios **4** a **8**. Usa problemas más sencillos.

4. Rafael desea colocar azulejos en una pared. La parte coloreada de la figura representa la parte que necesita azulejos. ¿Cuál es el área de la parte coloreada?

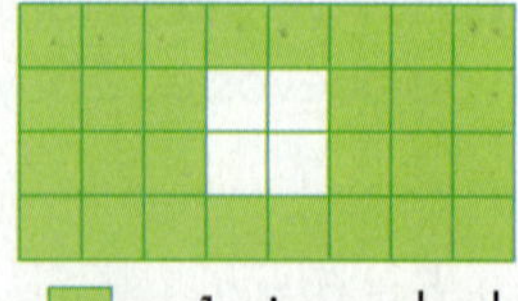
= 1 pie cuadrado

  A 24 pies cuadrados

  B 28 pies cuadrados

  C 32 pies cuadrados

  D 36 pies cuadrados

Aplicar las prácticas matemáticas

- ¿Qué me piden que halle?
- ¿Qué otra cosa puedo intentar?
- ¿Cómo se relacionan las cantidades?
- ¿Cómo puedo explicar mi trabajo?
- ¿Cómo puedo usar las matemáticas para representar el problema?
- ¿Me serviría de ayuda alguna herramienta?
- ¿Hay precisión en mi trabajo?
- ¿Por qué funciona esto?
- ¿Cómo puedo hacer generalizaciones?

 Puedes encontrar otro ejemplo en el Grupo E, página 365.

Puedo resolver problemas más sencillos.

Puedo hallar el área de un rectángulo entero y luego el área de un cuadrado.

Luego, puedo restar para hallar el área de la parte coloreada.

Área del rectángulo entero
7 filas con 5 cuadrados en cada fila
$7 \times 5 = 35$

Área del cuadrado
3 filas con 3 cuadrados en cada fila
$3 \times 3 = 9$

Resta
$35 - 9 = 26$

El área de la parte de la puerta que necesita pintura es de 26 pies cuadrados.

---

5. Perseverar Jim quiere poner baldosas en el piso. La parte coloreada de la figura representa la parte del piso que necesita baldosas. ¿Cuál es el área de la parte coloreada?

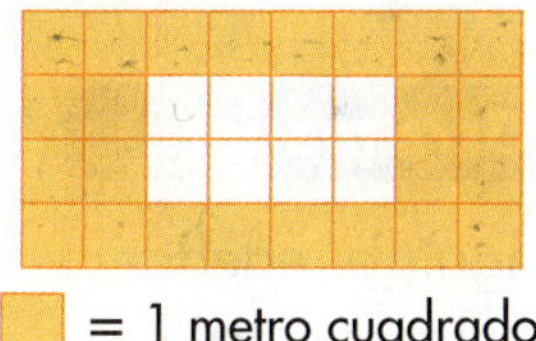

= 1 metro cuadrado

6. Daniel quiere pintar el fondo de una piscina. La parte coloreada de la figura representa la parte que necesita pintura. ¿Cuál es el área de la parte coloreada?

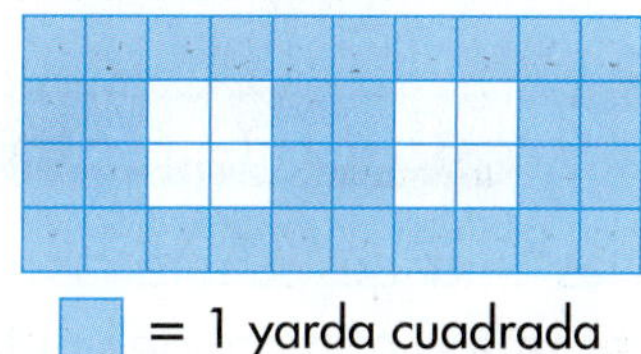

= 1 yarda cuadrada

7. Macy dibujó dos diseños. ¿Cuánto más grande es el área de la figura amarilla que el área de la figura verde?

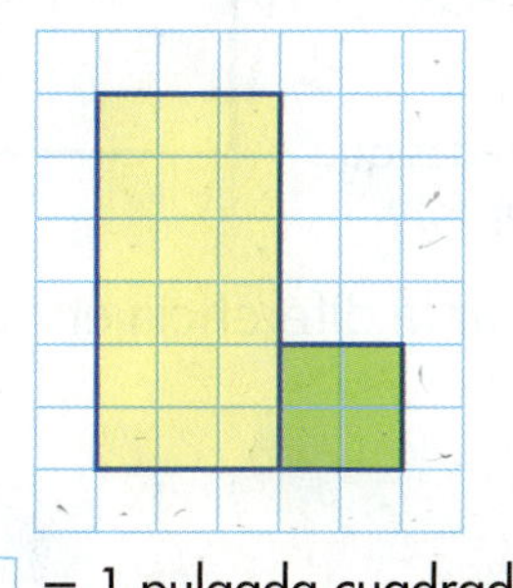

= 1 pulgada cuadrada

8. Perseverar El Sr. Eli cultiva vegetales en diferentes campos de su granja. ¿Cuál es el área total de sus campos de maíz y frijoles?

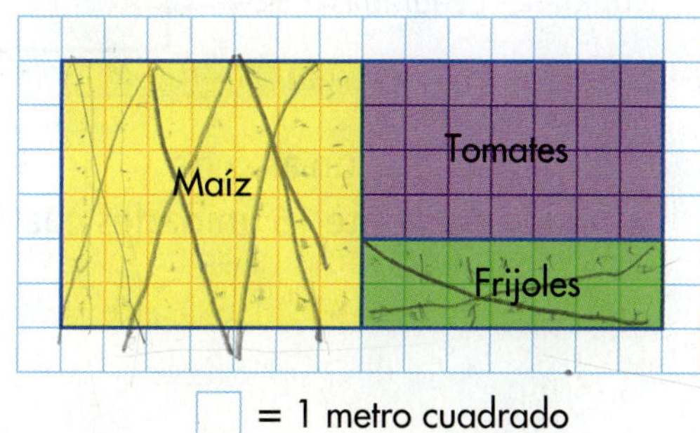

= 1 metro cuadrado

9. Buscar patrones Eva hizo estas figuras con palillos de dientes. Si continúa el patrón, ¿cuántos palillos usará en total para la 4.ª figura? ¿Para la 5.ª figura?

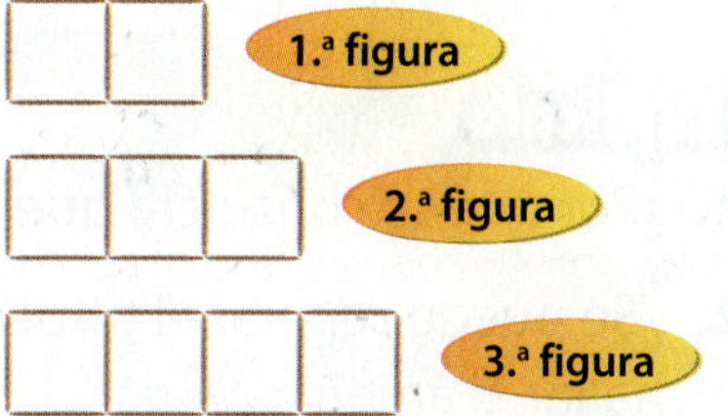

Estándares comunes

3.MD.7.d Reconocer que las áreas se pueden sumar. Hallar áreas de figuras rectilíneas al descomponerlas en rectángulos que no se superponen y sumar las áreas de las partes que no se superponen, aplicando esta técnica para resolver problemas de la vida diaria.

El área de figuras irregulares

¿Cómo hallas el área de una figura irregular?

El Sr. Fox está cubriendo el hoyo de un campo de minigolf con pasto artificial. ¿Cuántos cuadrados de 1 pie de alfombra necesitará el Sr. Fox para cubrir el campo de minigolf?

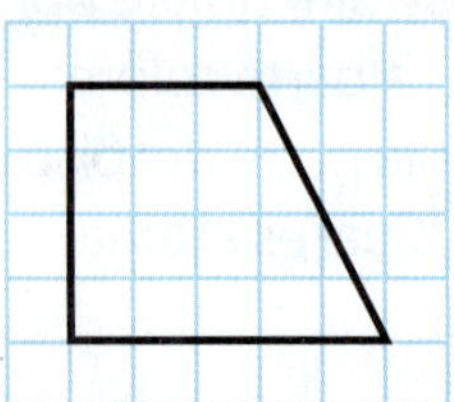

Otro ejemplo ¿Cómo estimas el área?

Algunas figuras contienen unidades cuadradas parciales.

Estima el área del trapecio de la derecha.

Una manera

Cuenta las unidades cuadradas enteras. Luego, estima el número de unidades que se forman al combinar los cuadrados parciales.

Hay 14 unidades cuadradas enteras. Las unidades cuadradas parciales forman aproximadamente 2 unidades cuadradas más.

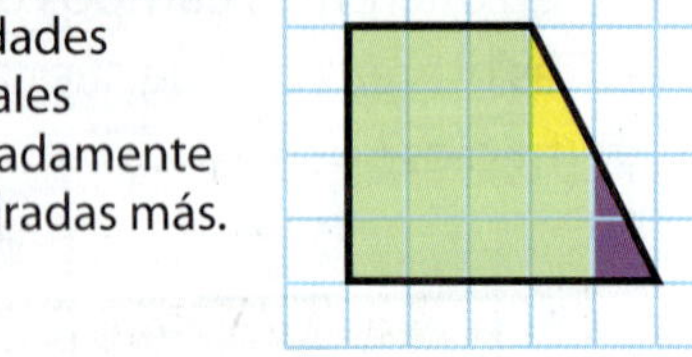

$14 + 2 = 16$

El trapecio tiene un área de aproximadamente 16 unidades cuadradas.

Otra manera

Traza un rectángulo alrededor del trapecio y halla el área del rectángulo.
$A = 4 \times 5 = 20$

Halla el área que está fuera del trapecio pero dentro del rectángulo.

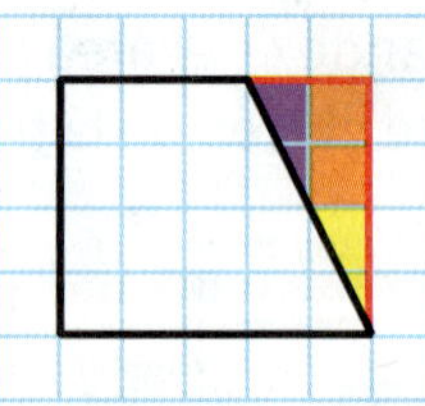

Hay aproximadamente 4 unidades cuadradas que no están en el trapecio.

Resta para hallar la diferencia entre las dos áreas.

$20 - 4 = 16$

El trapecio tiene un área de aproximadamente 16 unidades cuadradas.

Explícalo

1. ¿Por qué se considera que la respuesta de 16 unidades cuadradas es una estimación?

2. ¿Se puede separar el trapecio en rectángulos para hallar el área?

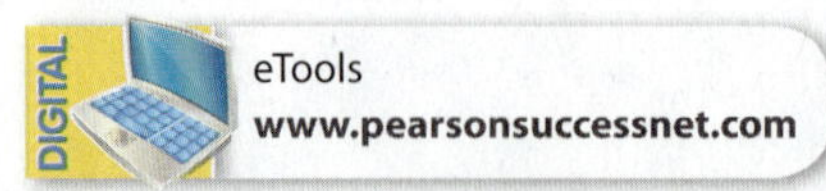

Cuenta las unidades cuadradas para hallar el área.

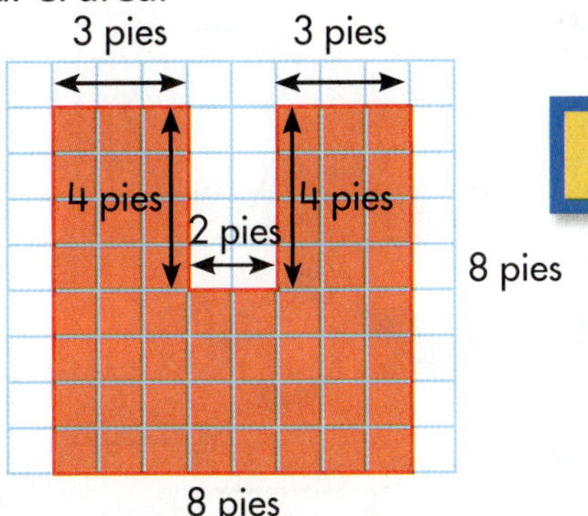

El área del hoyo del campo de golf es de 56 pies cuadrados.

Divide el hoyo en rectángulos. Halla el área de cada rectángulo y suma.

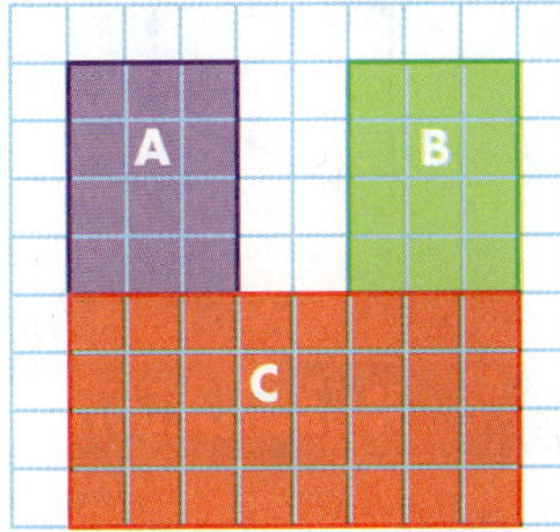

Rectángulo A
$A = 4 \times 3 = 12$

Rectángulo B
$A = 4 \times 3 = 12$

Rectángulo C
$A = 4 \times 8 = 32$

Suma las áreas: $12 + 12 + 32 = 56$
El área del hoyo del campo de golf es de 56 pies cuadrados.

Práctica guiada*

PRÁCTICAS MATEMÁTICAS

¿CÓMO hacerlo?

En los Ejercicios **1** y **2**, halla el área de las figuras.

1.

2.

En los Ejercicios **3** y **4**, estima el área de las figuras.

3.

4.

¿Lo ENTIENDES?

5. Escribir para explicar ¿Se podría dividir el área del hoyo del campo de golf en cualquier otro conjunto de rectángulos?

6. Supón que el Sr. Fox compró 75 pies cuadrados de pasto artificial. ¿Cuánto pasto artificial le sobrará?

7. Perseverar El Sr. Fox decidió que el área del hoyo era demasiado grande. ¿Cuál sería la nueva área del hoyo si solamente usara los rectángulos A y C del ejemplo de arriba?

Práctica independiente

En los Ejercicios **8** y **9**, mide y halla el área de las figuras.

8.
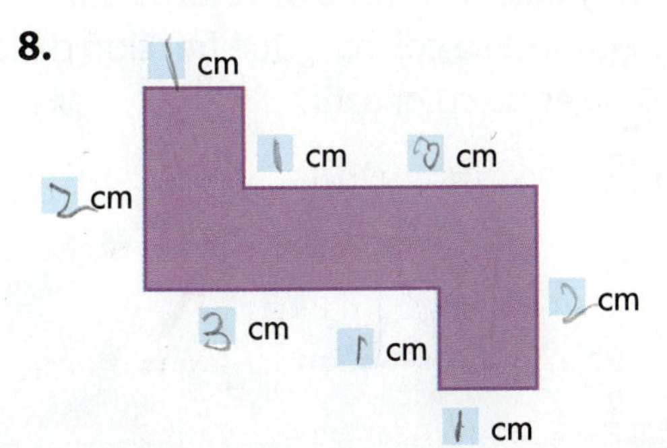

9.
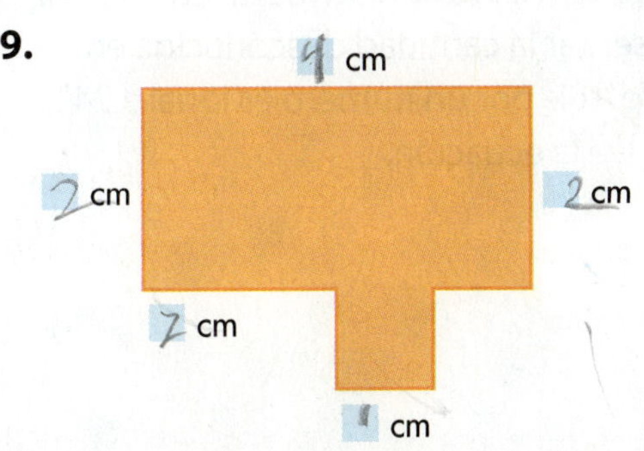

*Puedes encontrar otro ejemplo en el Grupo F, página 366.

En los Ejercicios **10** a **13**, estima el área de las figuras.

10. 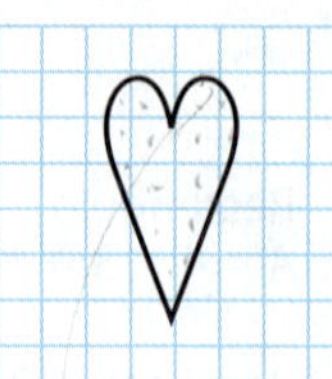 **11.** 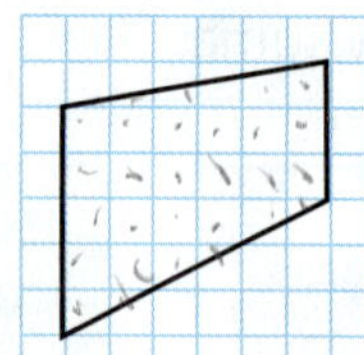 **12.** 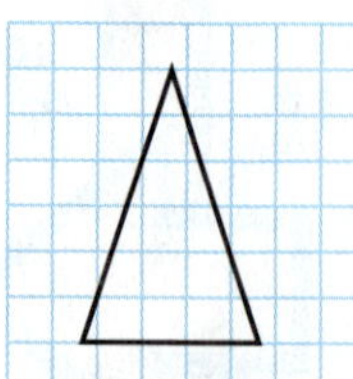 **13.** 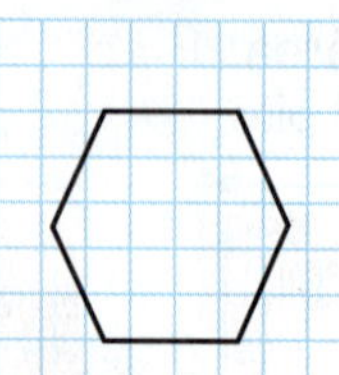

14. Piensa en la estructura Jared trazó la figura de la derecha en papel cuadriculado. ¿Cuál es una manera en que la figura se podría dividir para hallar el área total?

A $(6 \times 4) + (3 \times 3)$

B $(6 \times 4) + (6 \times 3)$

C $(6 \times 3) + (4 \times 3)$

D $(6 \times 7) - (4 \times 3)$

15. Perseverar La familia de Laura está construyendo una casa nueva. El diseño de la casa aparece a la derecha. Separa el diseño en dos rectángulos. ¿Cuál es la longitud y el ancho del rectángulo grande? ¿Cuál es la longitud y el ancho del rectángulo pequeño?

 *90′ significa 90 pies.*

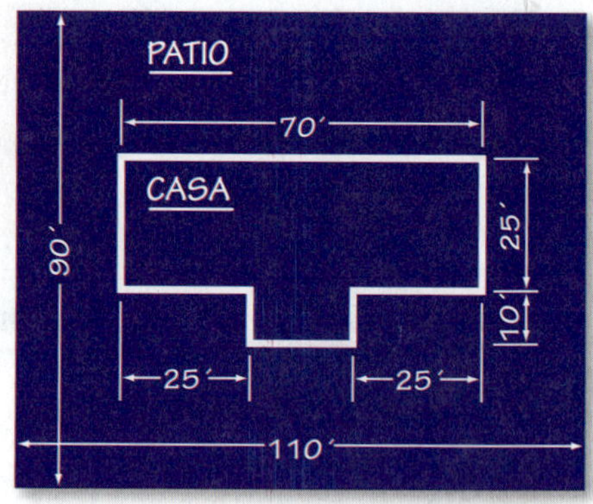

16. Usar herramientas La Sra. Washington dibujó un triángulo en papel cuadriculado. La base del triángulo es de 6 unidades de largo. El triángulo es de 8 unidades de altura. Haz un dibujo del triángulo de la Sra. Washington en papel cuadriculado. Estima el área.

17. Escribir para explicar En una excursión, cada estudiante recibió un sándwich, una ensalada y un jugo. Si sabes que había 10 estudiantes en la excursión, ¿puedes decir cuánto pagaron en total por el almuerzo? ¿Por qué o por qué no?

18. Usar la estructura Escribe la letra *n* para representar la cantidad desconocida en la frase "seis por un número es igual a 24". Resuelve la ecuación.

19. Mandy hizo un diseño de retazos para agregarlo a su colcha. ¿Qué fracción de la colcha es de color azul?

A $\dfrac{2}{8}$

B $\dfrac{4}{8}$

C $\dfrac{8}{8}$

D $\dfrac{8}{4}$

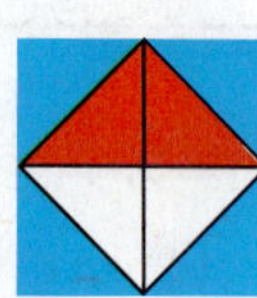

Escribe los números en palabras.

1. 3,914

2. 260,782

Ordena los números de mayor a menor.

3. 608   643   640   **4.** 8,137   7,985   8,132

Redondea al millar más cercano.

5. 298   **6.** 517   **7.** 136   **8.** 874   **9.** 625

Estima y luego halla las sumas o diferencias.
Comprueba que tu respuesta sea razonable.

10.
$$96 + 48$$

11.
$$521 - 73$$

12.
$$357 + 496$$

13.
$$834 + 159$$

14.
$$903 - 624$$

Identifica los errores Halla las sumas o diferencias que no sean correctas.
Escríbelas correctamente y explica el error.

15.
$$69 + 35 = 94$$

16.
$$338 + 576 = 814$$

17.
$$502 - 142 = 360$$

18.
$$149 + 705 = 854$$

19.
$$473 - 298 = 275$$

Sentido numérico

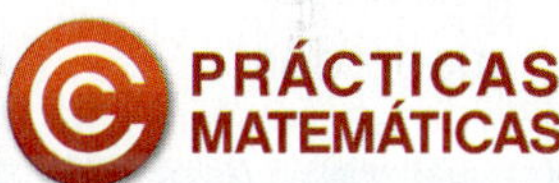

Razonar Escribe verdadero o falso junto a cada enunciado.
Si es falso, explica por qué.

20. La suma de 68 y 35 es menor que 100.

21. La diferencia de 225 − 157 es mayor que 100.

22. La suma de 347 y 412 es mayor que 700.

23. La diferencia de 906 − 417 es menor que 500.

24. La suma de 258 y 409 es menor que 700.

25. La diferencia de 519 − 398 es menor que 100.

La misma área, perímetro diferente

¿Pueden los rectángulos tener la misma área pero perímetros diferentes?

En un videojuego de rompecabezas, tienes 16 fichas cuadradas de castillo para hacer un castillo rectangular y 16 fichas de agua para hacer un foso. ¿Cómo puedes rodear totalmente el castillo con agua?

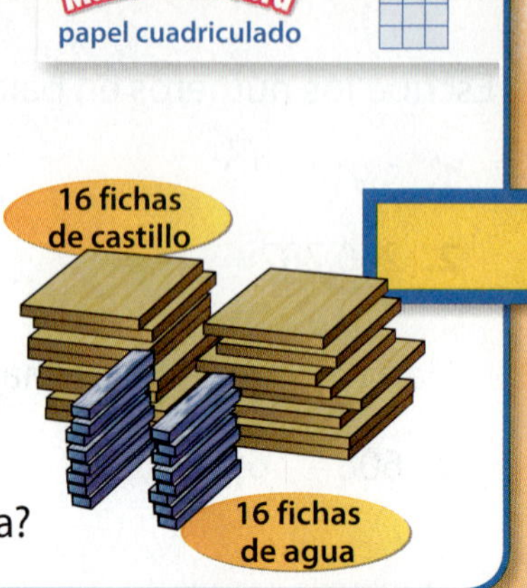

Práctica guiada*

¿CÓMO hacerlo?

En los Ejercicios **1** a **4**, usa papel cuadriculado para dibujar dos rectángulos diferentes que tengan el área dada. Indica las dimensiones y el perímetro de cada rectángulo e indica cuál tiene el menor perímetro.

1. 6 pies cuadrados

2. 36 yardas cuadradas

3. 64 metros cuadrados

4. 80 pulgadas cuadradas

¿Lo ENTIENDES?

5. Razonar En el ejemplo de arriba, ¿qué observas sobre el perímetro de los rectángulos a medida que la figura se parece más a un cuadrado?

6. Usar la estructura En la ronda 2 del videojuego de rompecabezas, tienes 24 fichas de castillo. ¿Cuál es el menor número de fichas de agua que necesitarás para rodear tu castillo?

Práctica independiente

En los Ejercicios **7** a **10**, usa papel cuadriculado para dibujar dos rectángulos diferentes con el área dada. Indica las dimensiones y el perímetro de cada rectángulo. Encierra en un círculo el que tenga el menor perímetro.

7. 9 pulgadas cuadradas

8. 18 pies cuadrados

9. 30 metros cuadrados

10. 32 centímetros cuadrados

En los Ejercicios **11** a **14**, describe un rectángulo diferente que tenga la misma área que el que se muestra. Luego, indica qué rectángulo tiene el perímetro más pequeño.

11. 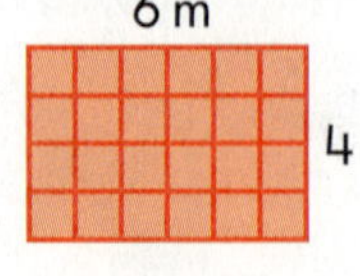

12. 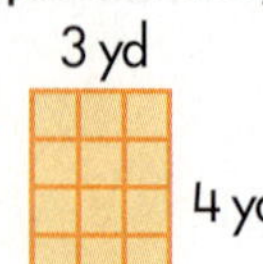

13. 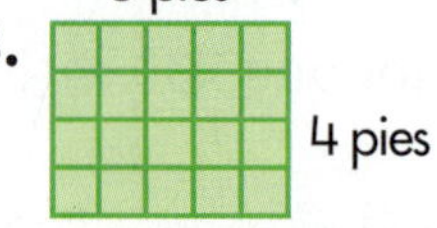

14. 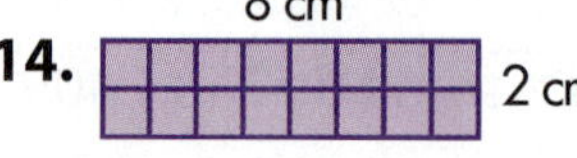

*Puedes encontrar otro ejemplo en el Grupo G, página 366.

Haz rectángulos que tengan un área de 16 unidades cuadradas. Halla el perímetro de cada rectángulo.

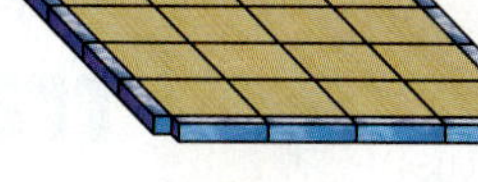

$A = \ell \times a$
$= 16 \times 1$
$= 16$ unidades cuadradas

$P = (2 \times \ell) + (2 \times a)$
$= (2 \times 16) + (2 \times 1)$
$= 32 + 2$
$= 34$ unidades

$A = \ell \times a$
$= 8 \times 2$
$= 16$ unidades cuadradas

$P = (2 \times \ell) + (2 \times a)$
$= (2 \times 8) + (2 \times 2)$
$= 16 + 4$
$= 20$ unidades

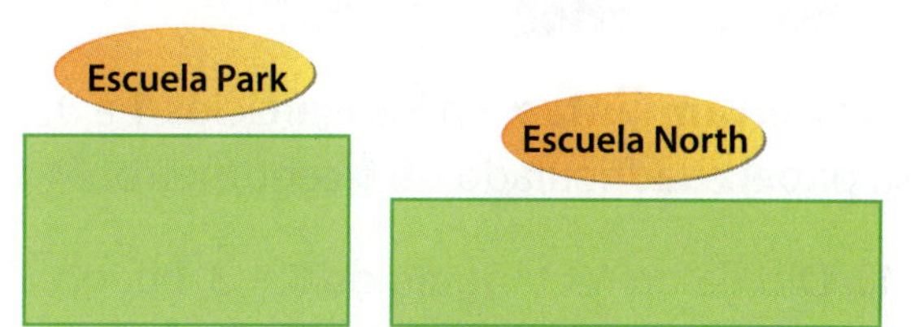

$A = \ell \times a$
$= 4 \times 4$
$= 16$ unidades cuadradas

$P = (2 \times \ell) + (2 \times a)$
$= 8 + 8$
$= 16$ unidades

Solamente el castillo de 4×4 se puede rodear con 16 fichas de agua.

Resolución de problemas

15. Escribir para explicar La Escuela Park y la Escuela North cubren la misma área. En las clases de educación física, cada estudiante corre una vuelta alrededor de la escuela. ¿En qué escuela tienen que correr más distancia los estudiantes?

16. Estimación Susana compró 2 suéteres por $18 cada uno y mitones por $11. ¿Aproximadamente cuánto dinero recibirá de cambio si paga con 3 billetes de veinte dólares?

17. El perímetro del rectángulo P es de 12 pies. El perímetro del rectángulo Q es de 18 pies. Los dos rectángulos tienen la misma área. Halla el área y las dimensiones de cada rectángulo.

18. La Srta. Fisher está usando 64 baldosas de alfombra para hacer un área de lectura en su clase. Cada baldosa es un cuadrado que mide 1 pie por 1 pie. ¿Cuáles son la longitud y el ancho del área rectangular que puede hacer con el menor perímetro posible?

19. Delia está colocando parches de tierra para hacer un nuevo césped. Tiene 20 yardas cuadradas de tierra. Da las dimensiones de dos regiones rectangulares diferentes que se puedan cubrir con la tierra. ¿Cuál es el perímetro de cada región?

20. Razonar ¿Cuál de los siguientes enunciados sobre los rectángulos de la derecha es verdadero?

  A Los dos tienen el mismo ancho.

  B Los dos tienen la misma longitud.

  C Los dos tienen el mismo perímetro.

  D Los dos tienen la misma área.

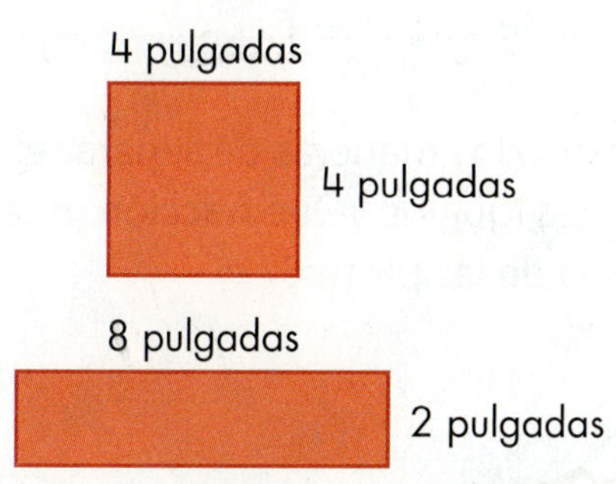

Estándares comunes

3.G.2 Dividir figuras en partes con áreas iguales. Expresar el área de cada parte como una fracción unitaria del entero. . . . También, 3.MD.5.

Áreas iguales y fracciones

¿Cómo usas áreas iguales para representar fracciones unitarias?

Benjamín dobla una hoja de papel cuadrada en cuatro partes. Las cuatro partes tienen la misma área. ¿Cómo puede rotular cada parte?

Práctica guiada*

¿CÓMO hacerlo?

Usar herramientas En los Ejercicios **1** a **3**, usa papel cuadriculado de 1 centímetro.

1. Dibuja un rectángulo de 6 × 3. Luego, traza rectas para separar el rectángulo en 3 partes iguales.

2. Dibuja otro rectángulo de 6 × 3. Traza rectas para separarlo en 3 partes iguales de otra manera.

3. En cada rectángulo, ¿qué fracción muestra el área de una de las partes?

¿Lo ENTIENDES?

4. Dibuja una tercera manera en que Benjamín podría doblar la hoja del ejemplo anterior en 4 partes iguales.

5. Mira el rectángulo que dibujaste para el Ejercicio 1. ¿Cuál es su área? ¿Cuál es el área de cada parte?

Práctica independiente

En los Ejercicios **6** y **7**, copia los dibujos en papel cuadriculado de 1 centímetro.

6. Muestra dos maneras de separar el rectángulo en 2 partes iguales. ¿Qué fracción muestra el área de una de las partes?

7. Muestra dos maneras de separar el rectángulo en 6 partes iguales. ¿Qué fracción muestra el área de una de las partes?

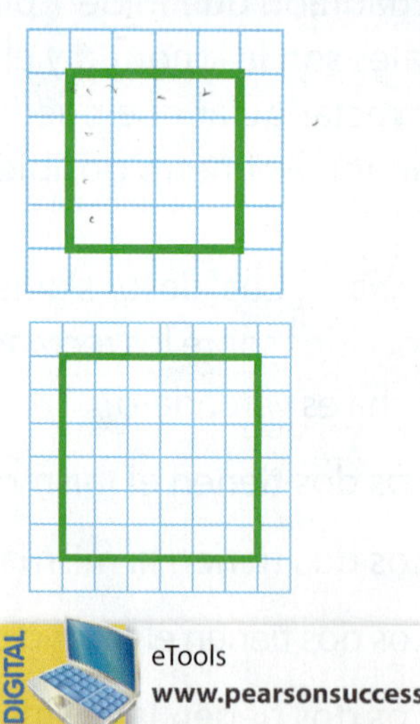

Puedes encontrar otro ejemplo en el Grupo H, página 367.

Benjamín podría doblar la hoja de esta manera en cuatro partes iguales.

Como cada parte tiene la misma área, es $\frac{1}{4}$ del entero.

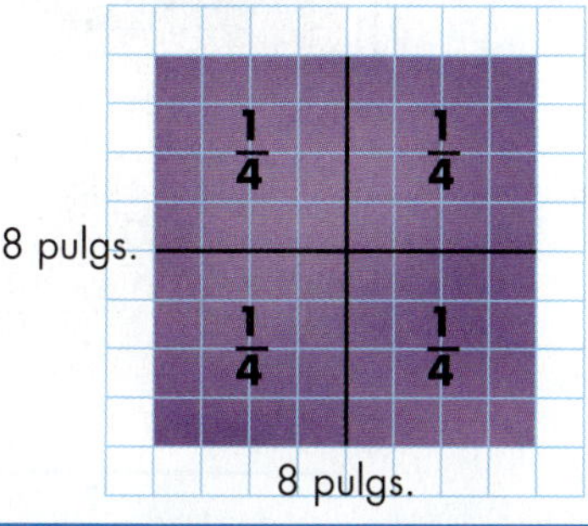

Benjamín también podría doblar la hoja de esta manera en cuatro partes iguales.

Como cada parte tiene la misma área, es $\frac{1}{4}$ del entero.

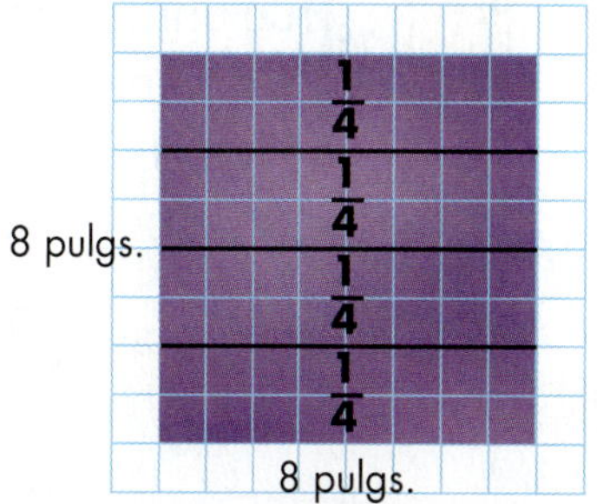

Resolución de problemas

PRÁCTICAS MATEMÁTICAS

8. Representar María hizo un pastel para compartir en partes iguales entre 8 personas. Copia el dibujo de abajo. Muestra cómo dividir el pastel en 8 pedazos iguales. Rotula cada pedazo usando una fracción unitaria.

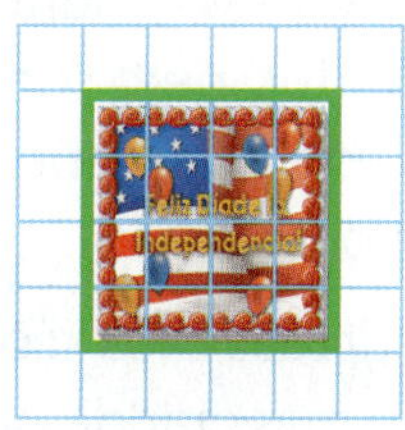

9. Razonar Usa la tabla de abajo. ¿Qué animal puede correr dos veces más rápido que el venado bura?

Velocidad de los animales

Animal	Velocidad (millas por hora)
Guepardo	70
León	50
Zorro gris	42
Venado bura	35

10. La abuela de Noé hizo una colcha de retazos para su cama. La colcha de retazos está hecha con 8 cuadrados iguales. ¿Qué fracción de la colcha es un cuadrado?

A $\frac{1}{3}$ **B** $\frac{1}{4}$ **C** $\frac{1}{6}$ **D** $\frac{1}{8}$

11. Perseverar La maestra de Angélica compró una caja de 48 manzanas en el mercado. Usó 12 manzanas para hacer puré de manzana. Luego, le dio 25 manzanas a los estudiantes de su clase. ¿Cuántas manzanas le quedan?

12. Kwan quiere plantar en la mitad de su jardín flores y en la otra mitad vegetales. Copia el dibujo en papel cuadriculado para mostrar dos formas en que podría hacer esto.

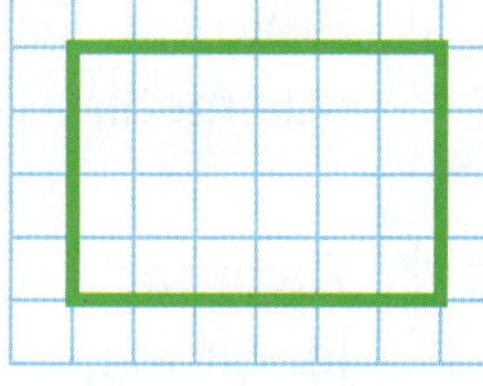

13. Escribir para explicar Mira cómo Casey y Pilar separaron sus pizzas. ¿Quién separó la pizza en partes iguales? Explícalo.

Estándares comunes

3.MD.5 Reconocer el área como un atributo de las figuras planas y entender los conceptos de la medición del área.

Resolución de problemas

Escoger instrumentos y unidades de medición apropiadas

¿Qué unidad de medición y qué instrumento son la mejor opción para medir los lados de una cancha de básquetbol y hallar su área?

Otros ejemplos

¿Qué unidades de medición escogerías para medir el área de las siguientes cosas?

- Los pies cuadrados o los metros cuadrados son mucho más grandes que el cuaderno.

- Las pulgadas cuadradas o los centímetros cuadrados son más pequeños que el cuaderno y serían mejores para medir el área de algo pequeño.

- Se podrían usar pies cuadrados o metros cuadrados, pero son pequeños comparados con el tamaño de todo el estado de Wyoming.

- Las millas cuadradas o los kilómetros cuadrados son más grandes y serían mejores para medir el área de algo grande.

Práctica guiada*

PRÁCTICAS MATEMÁTICAS

¿CÓMO hacerlo?

En los Ejercicios **1** y **2**, nombra la unidad de medición que usarías para medir el área de cada cosa.

1. el estado de la Florida

2. un sobre

En los Ejercicios **3** y **4**, nombra el instrumento de medición que usarías para medir el área de cada cosa.

3. el piso de la clase

4. la tapa de un libro de texto

¿Lo ENTIENDES?

5. Razonar Da un ejemplo de un área que medirías en pies cuadrados.

6. Razonar Da un ejemplo de un área que medirías en metros cuadrados.

7. Razonar Da un ejemplo de una longitud que medirías en pulgadas o pies.

Puedes encontrar otro ejemplo en el Grupo I, página 367.

Una buena unidad de medición por lo general es:

- más pequeña que la cantidad a medir

- lo suficientemente grande como para que sea fácil medir.

Piensa en estos instrumentos de medición:

regla de pulgadas	regla de centímetros
regla de 1 yarda	regla de 1 metro

- Las pulgadas cuadradas o los centímetros cuadrados se podrían usar para medir la cancha de básquetbol, pero son pequeños comparados con el tamaño de la cancha.

- Los pies cuadrados o los metros cuadrados son más grandes y sería mejor usarlos para medir la cancha de básquetbol.

Por tanto, el instrumento de medición apropiado sería una regla de 1 yarda o una regla de 1 metro.

Práctica independiente

PRÁCTICAS MATEMÁTICAS

En los Ejercicios **8** a **11**, nombra la unidad de medición que usarías para medir el área de cada cosa.

8. un campo de futbol   **9.** un lago grande   **10.** un teléfono celular   **11.** la pared de un dormitorio

En los Ejercicios **12** a **15**, nombra el instrumento de medición que usarías para medir el área de cada cosa.

12. la puerta del garaje   **13.** la calculadora   **14.** una pizarra   **15.** una estampilla

16. ¿Qué unidad de medición usarías para medir el área de un parque nacional?

17. Usar herramientas ¿Qué instrumento de medición usarías para medir la longitud de un bote de remos? Explica tu razonamiento.

18. Alejandro está pensando en dos números enteros. El producto de los dos números es 28. Su diferencia es 3. ¿Cuáles son los números?

19. Razonar María tiene 3 gorros, 4 bufandas y 2 pares de guantes. ¿Cuántas opciones diferentes de 1 gorro, 1 bufanda y 1 par de guantes tiene?

20. Ana exhibió 8 pinturas en cada una de 4 filas. ¿Qué ecuación NO podría ser usada para hallar cuántas pinturas exhibió en total?

A $4 \times 8 = n$ **C** $8 \div n = 4$

B $n \div 4 = 8$ **D** $8 + 8 + 8 + 8 = n$

21. Usar la estructura Hay 250 caballos inscritos en un espectáculo. Todos son caballos de salto excepto 95. ¿Cuántos caballos de salto hay en el espectáculo?

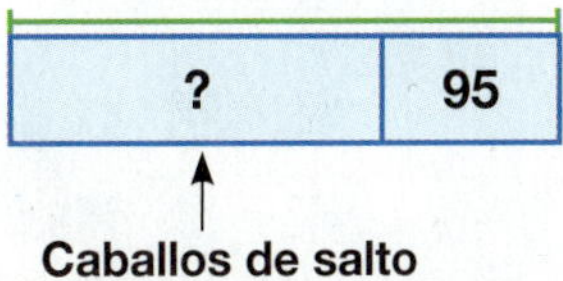

Grupo A, páginas 342 y 343, 346 y 347

Cuenta para hallar el área.

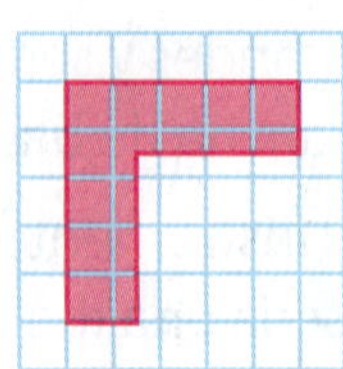

La figura cubre totalmente 9 cuadrados y cubre parcialmente 7 cuadrados. Cada cobertura parcial es de aproximadamente la mitad de un cuadrado.

Por tanto, la figura tiene un área de aproximadamente 13 unidades cuadradas.

Puedes usar las unidades estándar de longitud para medir el área.

Si cada unidad de la cuadrícula de arriba es igual a 1 pulgada cuadrada, entonces la figura tiene un área de aproximadamente 13 pulgadas cuadradas.

Recuerda que puedes contar cuadrados parciales para estimar un área.

Cuenta para hallar el área. Indica si el área es exacta o una estimación.

1. 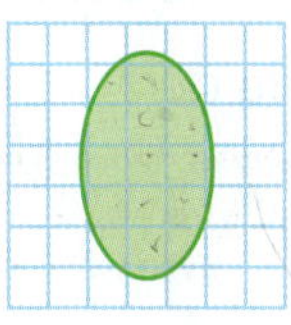 **2.** 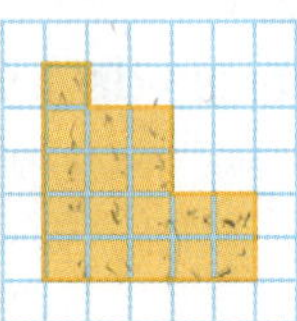

Cuenta las unidades cuadradas. Luego, escribe el área.

3. 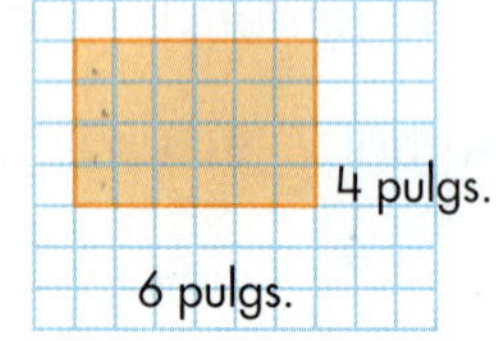

4. 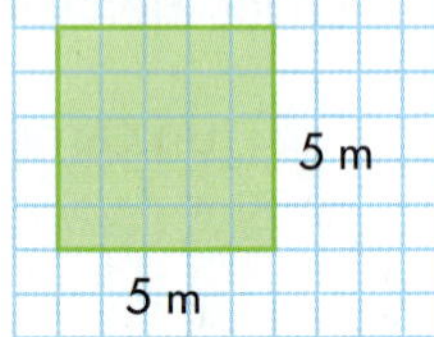

Grupo B, páginas 344 y 345

El número de unidades cuadradas necesarias para cubrir la región dentro de una figura es su área.

Érica quiere hacer un cartel que tenga un área de 30 unidades cuadradas. ¿Debe usar pulgadas cuadradas o centímetros cuadrados como unidad?

Un centímetro cuadrado es un cuadrado que tiene una longitud de 1 cm de cada lado.

1 cm

Un área de 30 centímetros cuadrados parece demasiado pequeña para un cartel.

Una pulgada cuadrada es un cuadrado con lados de 1 pulgada.

1 pulgada

Un área de 30 pulgadas cuadradas parece más razonable.

Por tanto, pulgadas cuadradas es la mejor unidad para usar.

Recuerda que puedes hallar el área de una figura al contar el número de unidades cuadradas que tiene.

1. Keisha pintó un cuadro con un área de 16 pulgadas cuadradas. El cuadro de Ana tiene un área de 16 centímetros cuadrados. ¿Qué cuadro tiene un área más grande?

2. Hasan quiere hacer un diseño de arte con un área de 50 centímetros cuadrados. Si hace su diseño en papel cuadriculado de 1 centímetro, ¿cuántos cuadrados cubrirá el diseño? Indica cómo lo sabes.

Usa una fórmula para hallar el área del rectángulo.

Área = longitud × ancho

$A = \ell \times a$

$A = 5 \times 4$

$A = 20$ pies cuadrados

4 pies

5 pies

El área del rectángulo es de 20 pies cuadrados.

Recuerda que los términos *base* y *altura* se pueden usar para *longitud* y *ancho*.

Halla el área de las figuras.

1. 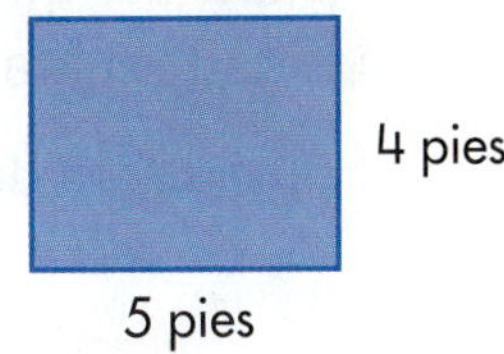

6 cm

2. 

4 km

7 km

Un rectángulo grande se separa en dos rectángulos. Compara el área del rectángulo grande con las áreas combinadas de los rectángulos pequeños.

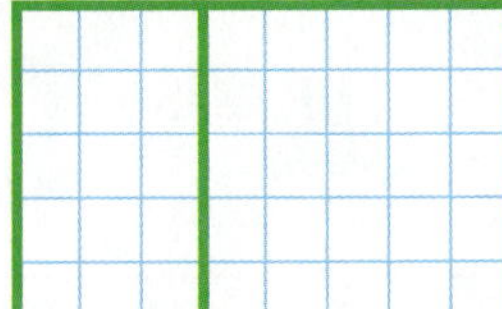

$5 \times 8 = 40$
El área del rectángulo grande es de 40 unidades cuadradas.

Usa la propiedad distributiva para descomponer las operaciones.

$5 \times 8 = 5 \times (5 + 3) = (5 \times 5) + (5 \times 3)$

El área del rectángulo grande es igual al área de los dos rectángulos pequeños.

Recuerda descomponer las operaciones para hallar el producto.

Escribe una ecuación para cada modelo.

1. 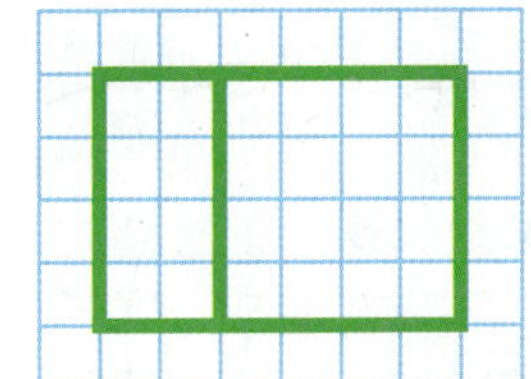

2. 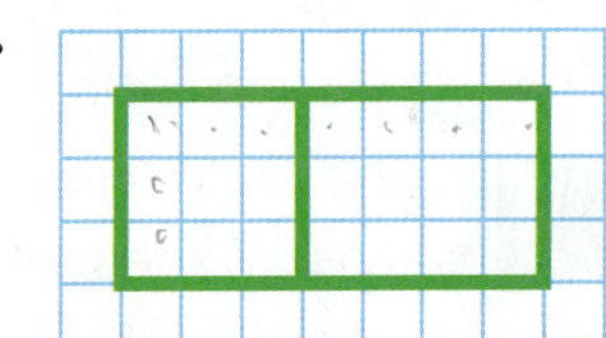

Usa problemas más sencillos para hallar el área de la parte coloreada del rectángulo.

Halla el área del rectángulo entero.

$5 \times 7 = 35$

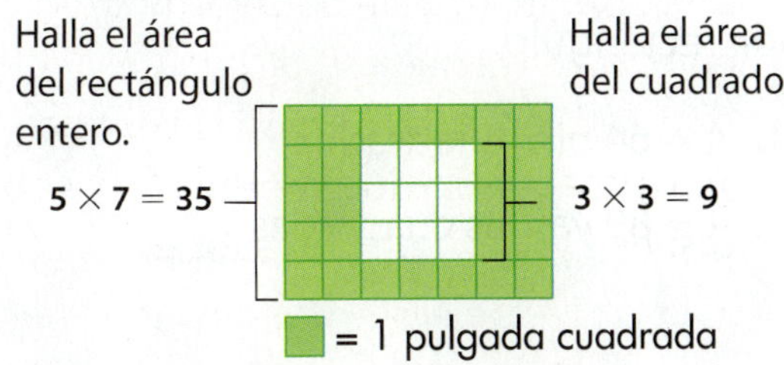

Halla el área del cuadrado.

$3 \times 3 = 9$

■ = 1 pulgada cuadrada

Resta: $35 - 9 = 26$
El área de la parte coloreada del rectángulo es de 26 pulgadas cuadradas.

Recuerda usar las respuestas a los problemas más sencillos.

Resuelve los problemas. Usa problemas más sencillos.

1. Walt quiere pintar la parte coloreada de una pared. ¿Cuál es el área de la parte coloreada?

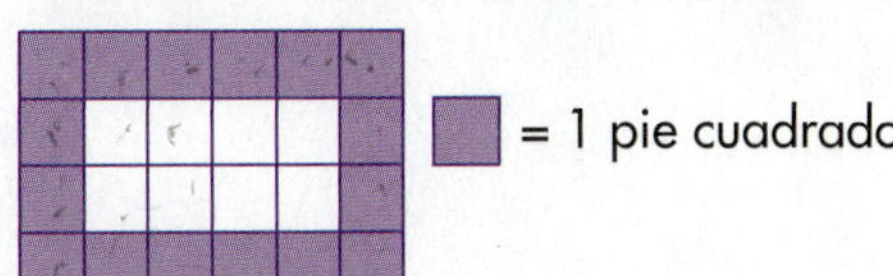

■ = 1 pie cuadrado

Grupo F, páginas 354 a 356

Ⓒ INTERVENCIÓN

Puedes dividir una figura en rectángulos para hallar el área.

Halla el área de cada rectángulo.

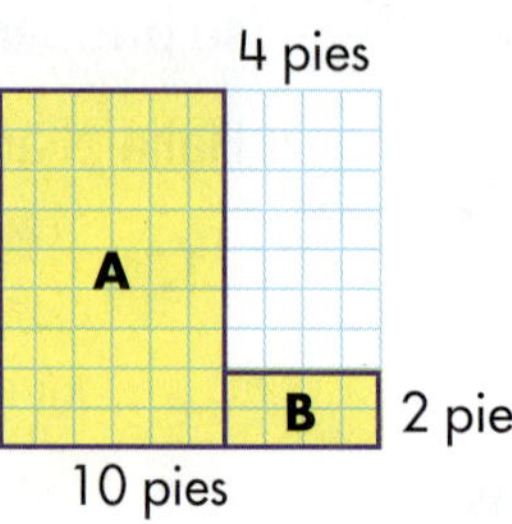

Rectángulo A   Rectángulo B

$A = 9 \times 6$ $A = 2 \times 4$

   $= 54$ $= 8$

Suma las áreas parciales:

$54 + 8 = 62$ pies cuadrados

Recuerda que puedes contar las unidades para hallar el área.

Halla el área de las figuras.

1.
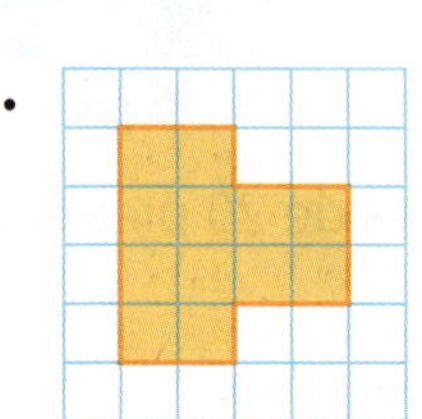

2.
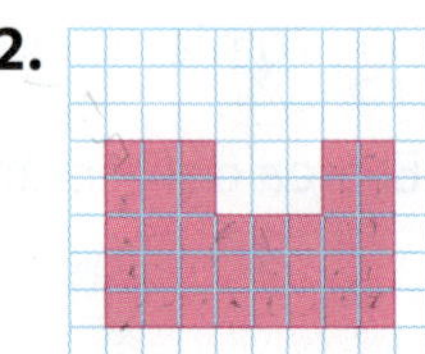

3.
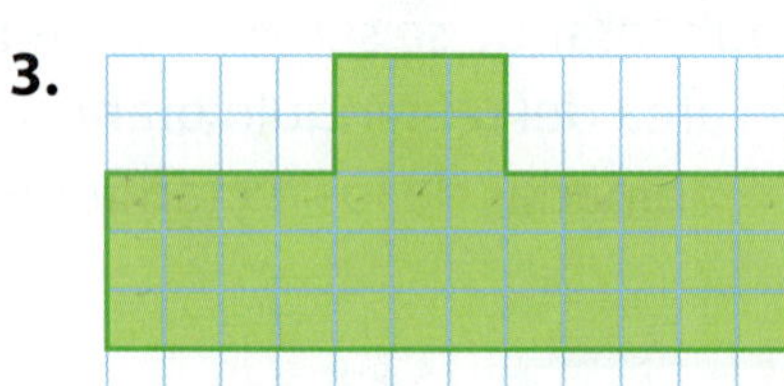

Grupo G, páginas 358 y 359

Dibuja un rectángulo diferente con el mismo perímetro que el que se muestra abajo y halla su área.

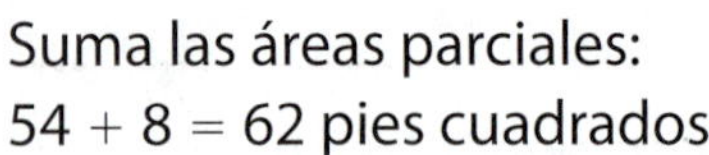

$P = (2 \times \ell) + (2 \times a)$ $A = \ell \times a$

   $= (2 \times 8) + (2 \times 3)$ $= 8 \times 3$

   $= 16 + 6$ $= 24$ pies cuadrados

   $= 22$ pies

Un rectángulo de 4 pies por 7 pies tiene el mismo perímetro.

$P = (2 \times 7) + (2 \times 4) = 22$ pies

$A = 7 \times 4$

$A = 28$ pies cuadrados

Recuerda que dos rectángulos pueden tener la misma área pero diferentes perímetros.

Dibuja dos rectángulos diferentes con el perímetro que se indica. Halla el área de cada rectángulo.

1. $P = 24$ pies

2. $P = 40$ centímetros

Dibuja dos rectángulos diferentes con el área que se indica. Halla el perímetro de cada rectángulo.

3. $A = 64$ pies cuadrados

4. $A = 89$ yardas cuadradas

Puedes usar áreas iguales para representar fracciones unitarias.

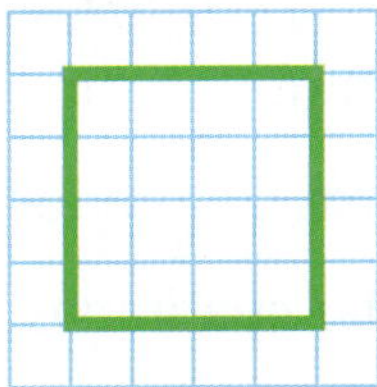

Puedes separar el cuadrado en 2 partes iguales de esta manera.

También puedes separar el cuadrado en 2 partes iguales de esta manera.

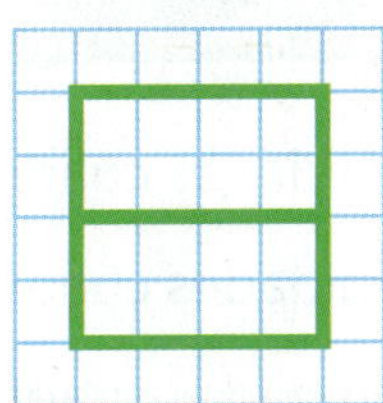

Como cada parte tiene la misma área, es $\frac{1}{2}$ del entero.

Recuerda que las partes iguales tienen la misma área.

Copia las figuras en papel cuadriculado de 1 centímetro. Muestra dos maneras de separar la figura en partes iguales. ¿Qué fracción muestra una de las partes?

1. 4 partes iguales

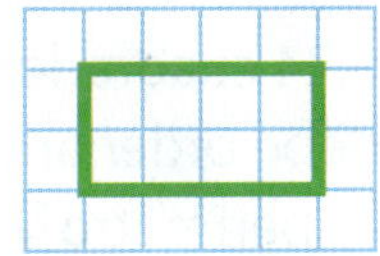

2. 3 partes iguales

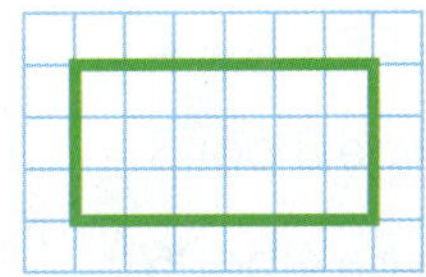

3. 6 partes iguales

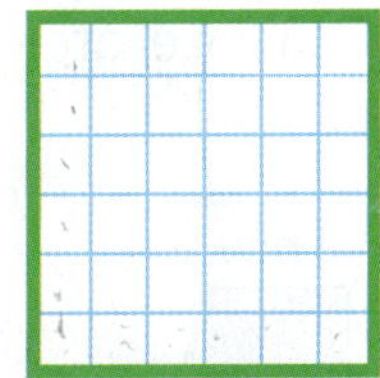

Escoge una unidad de medición apropiada y un instrumento para medir el área de una servilleta.

- Los pies cuadrados o los metros cuadrados son demasiado grandes comparados con el tamaño de una servilleta.

- Las pulgadas cuadradas o los centímetros cuadrados son más pequeños y más fáciles de usar.

El mejor instrumento sería una regla de pulgadas o una regla de centímetros.

Recuerda que una buena unidad de medición es más pequeña que la cantidad a medir, pero lo suficientemente grande como para que sea fácil de medir.

Nombra la unidad de medición y el instrumento que usarías para medir el área de cada cosa.

1. una puerta   **2.** una tarjeta de fichero

Opción múltiple

1. ¿Qué instrumento de medición es la mejor opción para medir el área de un campo de futbol americano? (14-10)

   A   Regla de pulgadas

   B   Balanza de platillos

   C   Regla de 1 yarda

   D   Regla de centímetros

2. La Sra. García tiene 24 cuadrados de alfombra. ¿Cómo debe ordenarlos para que tenga el menor perímetro? (14-8)

   A   Rectángulo de 12 por 2

   B   Rectángulo de 1 por 24

   C   Rectángulo de 8 por 3

   D   Rectángulo de 4 por 6

3. Abajo se muestra el diagrama del cuarto de Isabel. ¿Cuál es el área de su cuarto? (14-7)

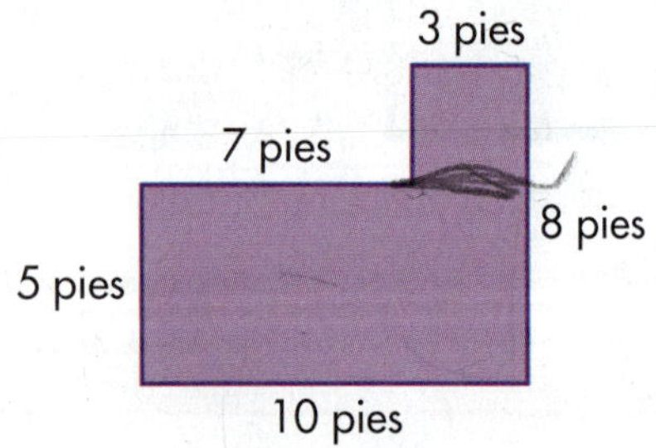

   A   44 pies cuadrados

   B   59 pies cuadrados

   C   74 pies cuadrados

   D   80 pies cuadrados

4. ¿Qué unidad de medición es mejor usar para medir el área de una gran ciudad? (14-10)

   A   Centímetros cuadrados

   B   Metros cuadrados

   C   Yardas cuadradas

   D   Millas cuadradas

5. ¿Cuál es el área de la figura de abajo? (14-1)

   A   25 unidades cuadradas

   B   30 unidades cuadradas

   C   35 unidades cuadradas

   D   40 unidades cuadradas

6. Una mesa de picnic mide 9 pies de longitud y 3 pies de ancho. ¿Cuál es el área de la superficie rectangular de la mesa? (14-4)

   A   12 pies cuadrados

   B   18 pies cuadrados

   C   27 pies cuadrados

   D   39 pies cuadrados

7. Abajo se muestra un dibujo del piso del fuerte de Curt. ¿Cuál es el área del piso del fuerte? (14-1)

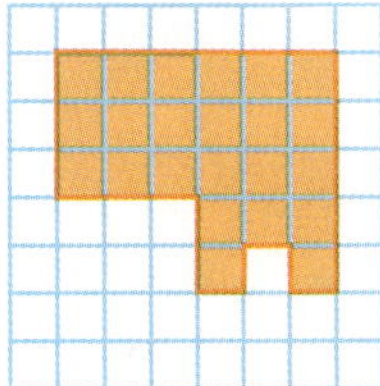

8. Copia la figura de abajo en papel cuadriculado. Muestra dos maneras de separar la figura en 8 partes iguales. ¿Qué fracción muestra el área de una de las partes? (14-9)

9. Bill hace un cartel con un área de 30 pulgadas cuadradas. Jeff hace un cartel con un área de 30 centímetros cuadrados. Phil cree que los dos carteles serán del mismo tamaño. ¿Tiene razón? Explícalo. (14-2)

10. El rectángulo grande que se muestra abajo se ha separado en dos rectángulos pequeños. ¿Es el área del rectángulo grande igual a la suma del área de los dos rectángulos pequeños? Escribe una ecuación para mostrar cómo lo sabes. (14-5)

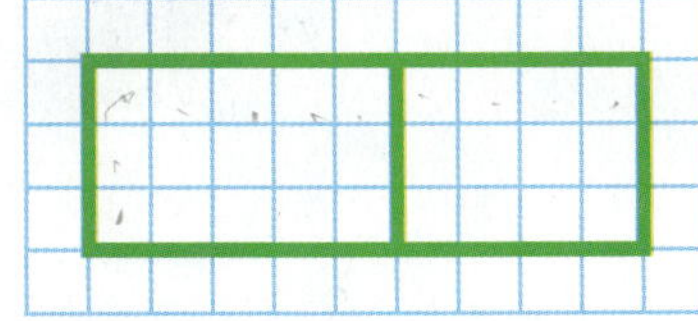

11. El corral de Pimienta, el perro, se muestra abajo. ¿Cuál es el área del corral del perro? (14-3)

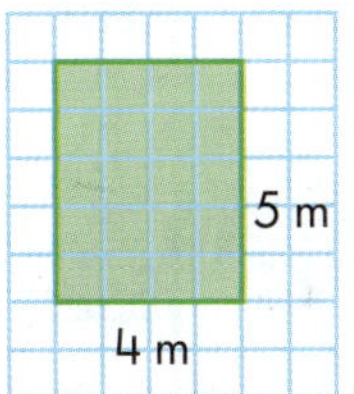

12. Abajo se muestra una piscina. ¿Cuántos pies cuadrados de baldosas verdes hay alrededor de la piscina? (14-6)

13. Abajo se muestra un diagrama del jardín de Marco. ¿Cuál es el área del jardín? (14-7)

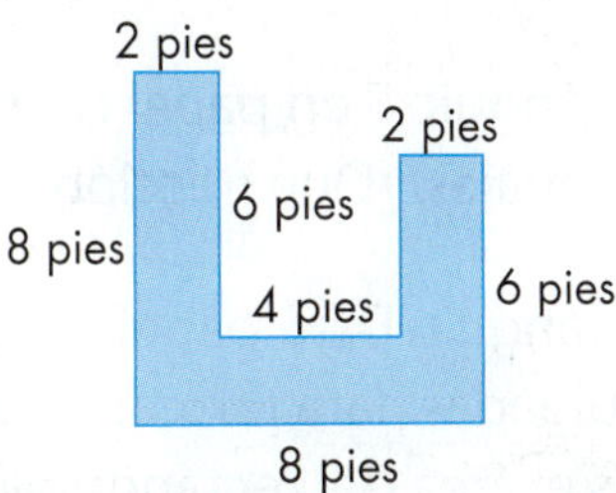

14. El cuarto de juego de Megan mide 6 pies por 9 pies. ¿Cuál es el área del cuarto de juego? (14-3)

En los Ejercicios **1** a **3**, usa el banderín de abajo.

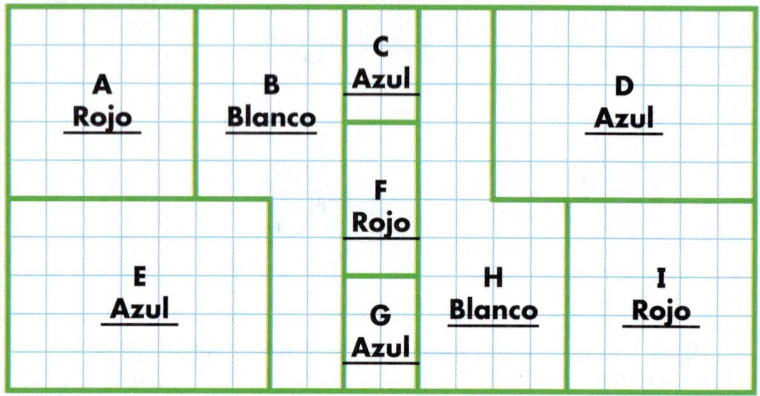

☐ = 1 pulgada cuadrada

1. Haz una tabla como la que se muestra abajo. Completa la información de cada sección. La primera parte de la tabla se ha hecho como ejemplo.

Sección	Color	Figura	Describe cómo hallar el área	Área
A	Rojo	Cuadrado		

2. ¿Cuál es el área total que cubre cada color?

3. ¿Cuál es el área total del banderín? ¿Cuál es su perímetro total?

4. Copia el rectángulo F en papel cuadriculado de 1 pulgada y sepáralo en 4 partes iguales. ¿Qué fracción muestra el área de una de las partes?

5. Copia el rectángulo D en papel cuadriculado de 1 pulgada. Separa el lado de 7 pulgadas para formar un rectángulo de 5 × 4 y un rectángulo de 5 × 3. ¿Es el área del rectángulo D igual a la suma de las áreas de los dos rectángulos pequeños? Escribe una ecuación para mostrar cómo lo sabes.

Tema 15

Volumen líquido y masa

▼ ¿Sabes cuántos granos de arena hay en 1 gramo? Lo averiguarás en la Lección 15-3.

Preguntas esenciales
- ¿Cuáles son las unidades usuales para medir la capacidad y el peso?
- ¿Cuáles son las unidades métricas para medir la capacidad y la masa?

Repasa lo que sabes

Vocabulario

Escoge el mejor término del recuadro.

- estimar
- factor
- fracción
- multiplicar

1. Cuando hallas 3×4, lo que haces es ___?___.

2. Cuando hallas un número que es aproximadamente una cantidad, lo que haces es ___?___.

3. Si un entero se separa en partes iguales, cada parte es una ___?___ del entero.

Comparar medidas

Escoge la cantidad mayor.

4. 3 pulgadas ó 3 pies

5. 5 centímetros ó 5 metros

Sumar

Halla las sumas.

6. $400 + 57$

7. $100 + 100 + 36$

8. $10 + 10 + 5$

9. $1,000 + 1,000 + 1,000$

Matrices

©**Escribir para explicar** En los Ejercicios **10** y **11**, usa la matriz. Escribe una respuesta para cada pregunta.

10. ¿Cómo puedes hallar el número de puntos que hay en la matriz?

11. Supón que en cada fila hay 6 puntos. ¿Cómo podrías hallar el número de puntos que hay en la matriz?

Aprendizaje interactivo

Plantea el problema. Empieza cada lección con una actividad en conjunto para resolver problemas. Te ayudará a comprender las matemáticas.

Aplicar las prácticas matemáticas

- ¿Qué me piden que halle?
- ¿Qué otra cosa puedo intentar?
- ¿Cómo se relacionan las cantidades?
- ¿Cómo puedo explicar mi trabajo?
- ¿Cómo puedo usar las matemáticas para representar el problema?
- ¿Me serviría de ayuda alguna herramienta?
- ¿Hay precisión en mi trabajo?
- ¿Por qué funciona esto?
- ¿Cómo puedo hacer generalizaciones?

Lección 15-1

¿Es razonable? Usa recipientes de medición para realizar esta tarea.

Los recipientes que se muestran a la derecha son un recipiente de 1 taza y un recipiente de 1 cuarto de galón. ¿Cuánto crees que contengan los recipientes que te mostró tu maestro? ¿Cómo puedes comprobar tu estimación?

Lección 15-2

¿Es razonable? Usa recipientes de medición para realizar esta tarea.

Los recipientes que se muestran a la derecha son un recipiente de 1 litro y un recipiente de 1 mililitro. ¿Cuánto crees que contengan los recipientes que te mostró tu maestro? ¿Cómo puedes comprobar tus estimaciones?

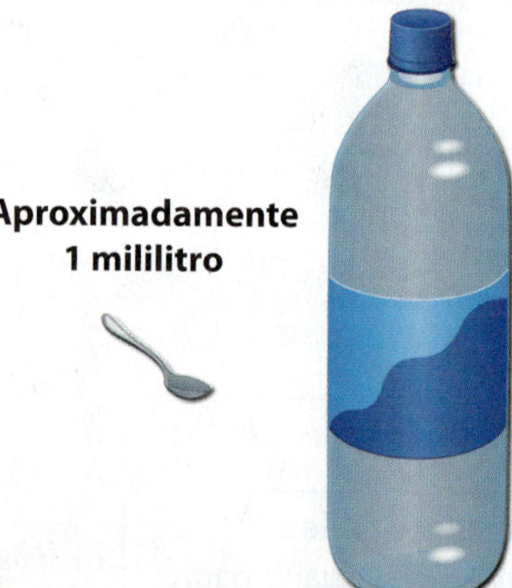

Lección 15-3

¿Es razonable? Usa los objetos que se muestran para realizar esta tarea.

Los objetos que se muestran a la derecha tienen una masa de aproximadamente 1 gramo y 1 kilogramo. Usando esta información, ¿cuál es la masa de los objetos que te muestra tu maestro? Indica cómo hiciste tus estimaciones. ¿Cómo puedes comprobarlas?

Lección 15-4

¿Es razonable? Usa los objetos que se muestran para realizar esta tarea.

Usando la información de la derecha, ¿qué unidad de peso es más apropiada para averiguar el peso de los objetos que se muestran? Indica cómo lo decidiste. ¿Cómo lo puedes comprobar?

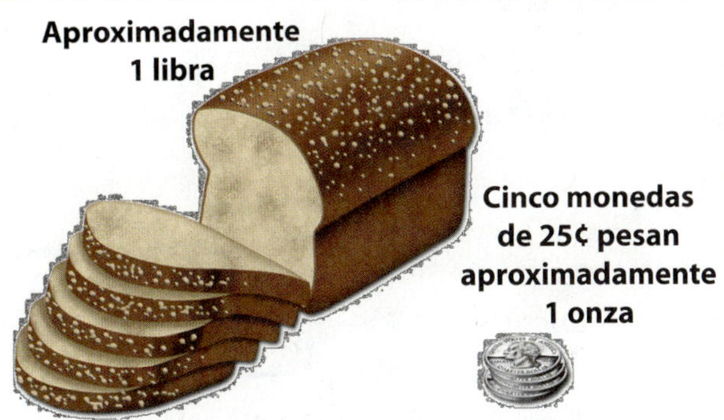

Lección 15-5

Usar herramientas Haz un dibujo como ayuda para realizar esta tarea.

Los animales de la tienda de mascotas comen 80 kilogramos de vegetales al día. ¿Cuántos kilogramos de vegetales comen en una semana?

Unidades usuales de capacidad

¿Qué unidades usuales describen cuánto puede contener un recipiente?

La ==capacidad== de un recipiente es el volumen de un recipiente medido en unidades de medida para líquidos. ¿Cuál es la capacidad de este balde?

Práctica guiada*

PRÁCTICAS MATEMÁTICAS

¿CÓMO hacerlo?

En los Ejercicios **1** y **2**, escoge la mejor estimación de cada objeto.

1.

1 t ó 1 cto.

2.

3 pt ó 3 gal.

¿Lo ENTIENDES?

3. Razonar ¿Por qué tiene sentido medir el balde de arriba en galones en lugar de en tazas?

4. Busca un recipiente que, en tu opinión, contenga aproximadamente 1 galón y otro que contenga aproximadamente 1 taza. Luego, usa recipientes de medición para ver qué tan bien estimaste cada capacidad.

Práctica independiente

En los Ejercicios **5** a **12**, escoge la mejor estimación de cada objeto.

5.

1 pt ó 1 gal.

6.

1 t ó 1 pt

7.

1 t ó 1 pt

8.

1 t ó 1 cto.

9. un fregadero

22 t ó 22 ctos.

10. un vaso de agua

1 t ó 1 cto.

11. un biberón

1 cto. ó 1 t

12. una tetera

3 ctos. ó 3 t

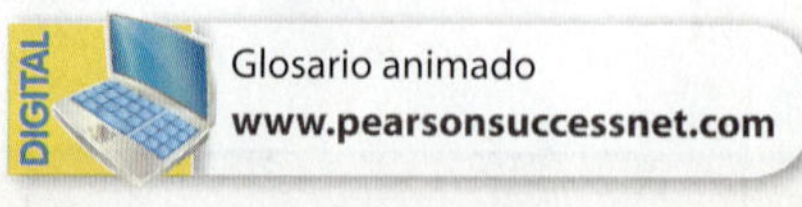

Puedes encontrar otro ejemplo en el Grupo A, página 384.

Las **tazas**, las **pintas**, los **cuartos** y los **galones** son unidades usuales de capacidad.

Escoge una unidad apropiada y haz una estimación.

La taza, la pinta y el cuarto son demasiado pequeños. Usa galones.

Parece que el balde puede contener más de 1 galón.

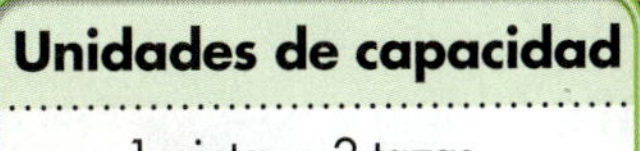
Unidades de capacidad

Datos

1 pinta = 2 tazas

1 cuarto = 2 pintas

1 galón = 4 cuartos

Mide la capacidad del balde.

Cuenta las veces que puedes llenar un recipiente de un galón y vacíalo en el balde.

El balde puede contener aproximadamente 2 galones.

En los Ejercicios **13** a **16**, escoge la mejor unidad para medir la capacidad de los objetos.

13. una taza de té

pt o t

14. una piscina

pt o gal.

15. una botella de agua

pt o gal.

16. una jarra de jugo

t o cto.

Resolución de problemas

PRÁCTICAS MATEMÁTICAS

17. Escribir para explicar ¿Pueden los recipientes con diferentes figuras tener la misma capacidad? ¿Por qué o por qué no?

18. Razonar Mira el sombrero de la derecha. A veces es llamado ¡sombrero "diez galones"!

a ¿Podría este sombrero realmente contener 10 galones? ¿Cómo lo sabes?

b ¿Podría este sombrero contener 1 galón? ¿Cómo lo sabes?

19. ¿Qué medida describe mejor la capacidad de una bañera?

A 50 tazas

B 50 cuartos

C 50 galones

D 50 pintas

20. ¿Cuál de los objetos de abajo podría contener aproximadamente 1 pinta?

A Un tazón de sopa

B Una cacerola de papas

C Un tanque de gasolina

D Una piscina

21. Perseverar Jeanne hizo 5 jarras de limonada. Cada jarra alcanzaba para 9 clientes en su puesto de limonada. Si a Jeanne le quedara una jarra de limonada, ¿para cuántos clientes le alcanzaría?

Estándares comunes

3.MD.2 Medir y estimar volúmenes de líquidos . . . utilizando las unidades estándar de . . . litros (l). Sumar, restar, multiplicar o dividir para resolver problemas verbales de un paso, relacionados con . . . volúmenes, dados en las mismas unidades, . . .

Unidades métricas de capacidad

¿Qué unidades métricas describen lo que puede contener un recipiente?

El millitro y el litro son dos unidades métricas de capacidad. ¿Cuál es la capacidad de este balde?

Un mililitro equivale aproximadamente a 20 gotas de este gotero.

Mililitro (mL)

Esta botella de agua contiene aproximadamente 1 litro.

Litro (L)

Práctica guiada*

PRÁCTICAS MATEMÁTICAS

¿CÓMO hacerlo?

Escoge la mejor estimación de cada objeto.

1.

250 mL ó 2 L

2.

5 mL ó 1 L

¿Lo ENTIENDES?

3. Escribir para explicar Supón que la capacidad del balde de arriba se da en mililitros. ¿Será este número mayor o menor que el número de litros? Explícalo.

4. Halla un recipiente que, en tu opinión, podría contener más de un litro y otro que podría contener menos de un litro. Luego, usa un recipiente de un litro para comprobar tus predicciones.

Práctica independiente

En los Ejercicios **5** a **12**, escoge la mejor estimación de los objetos.

5.

40 mL ó 40 L

6.

15 mL ó 1 L

7.

14 mL ó 14 L

8.

250 mL ó 250 L

9. una taza de té
15 L ó 150 mL

10. una bañera
115 mL ó 115 L

11. una tapa de botella
3 mL ó 3 L

12. una tetera
1 L ó 10 L

Puedes encontrar otro ejemplo en el Grupo B, página 384.

En los Ejercicios **13** a **16**, escoge la unidad que usarías para medir la capacidad de los objetos.

13. una lata de sopa

mL o L

14. una jarra de agua

mL o L

15. una piscina

mL o L

16. un biberón

mL o L

Resolución de problemas

PRÁCTICAS MATEMÁTICAS

¿Es razonable? En los Ejercicios **17** a **20**, ¿es la capacidad de los recipientes mayor que un litro o menor que un litro?

17. una olla grande

18. un vaso de jugo

19. una lavadora

20. una taza

21. Razonar ¿Qué hielera tiene mayor capacidad? Explica tu razonamiento.

22. ¿Qué medida describe mejor la capacidad de una lata de pintura?

A 4 mL

C 40 L

B 4 L

D 40 mL

23. Razonar Las gangas pueden almacenar agua en sus esponjosas plumas y transportarla muchos kilómetros hasta sus polluelos. ¿Transportan las gangas 20 mililitros de agua ó 2 litros de agua?

Unidades de masa

¿Qué unidades métricas describen la masa?

La masa es una medida de la cantidad de materia que tiene un objeto. Los gramos y los kilogramos son dos unidades métricas de masa. ¿Cuál es la masa de esta manzana?

Práctica guiada*

PRÁCTICAS MATEMÁTICAS

¿CÓMO hacerlo?

© **¿Es razonable?** Escoge la mejor estimación de los objetos.

1. 

5 g ó 5 kg

2. 

40 g ó 4 kg

¿Lo ENTIENDES?

© **3. Escribir para explicar** En la balanza de platillos de arriba hay 10 pesas. ¿Por qué la masa de la manzana no es de 10 gramos?

4. Halla un objeto que, en tu opinión, tenga una masa de más de un kilogramo y otro que tenga una masa de menos de un kilogramo. Luego, usa una balanza de platillos para ver si has acertado.

Práctica independiente

En los Ejercicios **5** a **12**, escoge la mejor estimación de los objetos.

5. 

100 g ó 10 kg

6. 

15 g ó 15 kg

7. 

4 g ó 400 g

8. 

200 g ó 2 kg

9. una bicicleta

2 kg ó 12 kg

10. una pluma

1 g ó 1 kg

11. un caballo

5 kg ó 550 kg

12. una moneda de 1¢

3 g ó 300 g

 Puedes encontrar otro ejemplo en el Grupo C, página 385.

Escoge una unidad y haz una estimación.

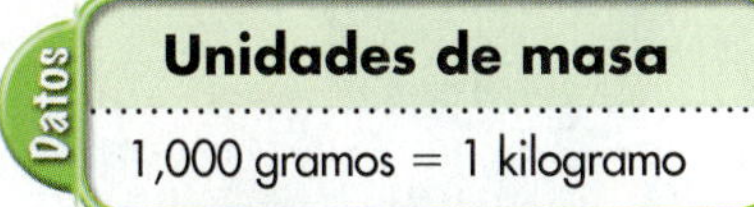

La unidad de kilogramo es demasiado grande. Usa gramos.

La masa de la manzana es menor que 1 kilogramo, pero mayor que 1 gramo.

Mide la masa de la manzana.

Dos pesas de 100 gramos, seis pesas de 10 gramos y dos pesas de 1 gramo hacen equilibrio con la manzana.

La manzana tiene una masa de 262 gramos.

Resolución de problemas

PRÁCTICAS MATEMÁTICAS

Usar herramientas En los Ejercicios **13** a **17**, escoge el mejor instrumento para medir los objetos.

13. la capacidad de un vaso

14. la temperatura del agua

15. la longitud de una caja

16. el peso de una pera

17. el tiempo que duermes

18. ¿Cuál es la masa de la naranja?

19. **Razonar** Corrige los errores de la siguiente lista de compras.

20. **Usar la estructura** En una bolsa hay 500 gramos de arena. ¿Aproximadamente cuántos granos de arena hay en la bolsa?

21. ¿Qué medida describe mejor la masa de un conejo?

A 2 gramos

B 2 kilogramos

C 2 litros

D 2 metros

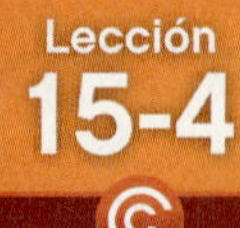

Estándares comunes

3.MD.2 Medir y estimar . . . masas de objetos utilizando las unidades estándar de gramos (g), kilogramos (kg) . . . . Sumar, restar, multiplicar o dividir para resolver problemas verbales de un paso, relacionados con masas . . . dados en las mismas unidades, . . .

Unidades de peso

¿Qué unidades usuales describen cuánto pesa algo?

El **peso** de un objeto es la medida de cuánto pesa un objeto. ¿Cuál es el peso de esta manzana?

1 onza (oz)

1 libra (lb)

aproximadamente 1 tonelada (T)

Práctica guiada*

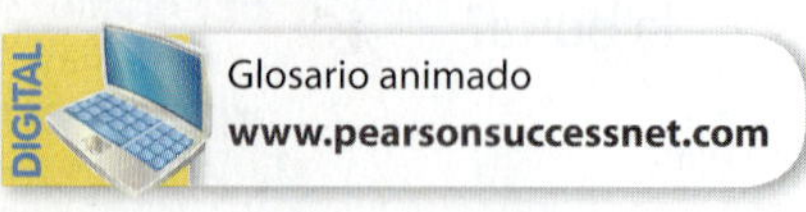

PRÁCTICAS MATEMÁTICAS

¿CÓMO hacerlo?

¿Es razonable? En los Ejercicios **1** y **2**, escoge la mejor estimación de los objetos.

1.

1 oz ó 1 lb

2.

6 oz ó 6 lb

¿Lo ENTIENDES?

3. Razonar Si compras una bolsa de 6 manzanas, ¿qué unidad usarás para saber cuánto pesa? Explícalo.

4. Halla un objeto que, en tu opinión, pese aproximadamente 1 libra y otro que pese aproximadamente 1 onza. Luego, pesa los objetos para saber si hiciste buenas estimaciones.

Práctica independiente

En los Ejercicios **5** a **12**, escoge la mejor estimación de los objetos.

5.

10 oz ó 10 lb

6.

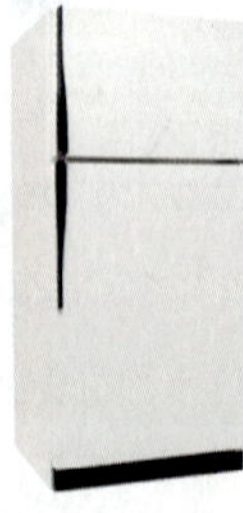

300 lb ó 300 T

7.

200 lb ó 2 T

8.

2 oz ó 2 lb

9. una galleta

1 oz ó 1 lb

10. un televisor

30 oz ó 30 lb

11. una gorra de beisbol

5 oz ó 5 lb

12. un elefante

30 lb ó 3 T

Glosario animado
www.pearsonsuccessnet.com

Puedes encontrar otro ejemplo en el Grupo D, página 385.

Las 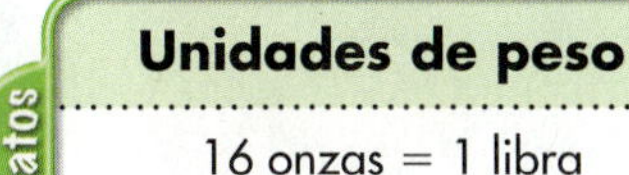 **onzas**, las **libras** y las **toneladas** son unidades de peso.

Escoge una unidad y haz una estimación.

Las unidades de libra y tonelada son demasiado grandes. Usa onzas.

La manzana pesa menos de 1 libra pero más de 1 onza.

Datos

Unidades de peso

16 onzas = 1 libra

2,000 libras = 1 tonelada

Pesa la manzana.

Tres pilas de pesas de 1 onza hacen equilibrio con la manzana.

La manzana pesa aproximadamente 9 onzas.

En los Ejercicios **13** a **16**, escoge la mejor unidad para medir el peso de los objetos.

13. un escritorio de estudiante

lb o T

14. un limón

oz o lb

15. una bicicleta

oz o lb

16. un camión

oz o T

Resolución de problemas

PRÁCTICAS MATEMÁTICAS

17. ¿Cuánto pesa la naranja?

18. Usar herramientas ¿Cuándo usarías este tipo de balanza en vez de una balanza de platillos?

19. Razonar ¿Qué pesa más, una libra de piedras o una libra de plumas? Explica tu razonamiento.

20. Escribir para explicar ¿Pesan los objetos pequeños siempre menos que los objetos grandes? Usa ejemplos para explicar tu razonamiento.

21. Razonar Un zoológico local recibió dos nuevos hipopótamos bebés. El primer hipopótamo pesa 600 libras y el segundo hipopótamo pesa 661 libras. ¿Cuánto más pesa el segundo hipopótamo bebé que el primer hipopótamo bebé?

22. ¿Qué animal pesa aproximadamente 1 tonelada?

A Una ardilla

B Una jirafa

C Un lobo

D Un mono

Estándares comunes

3.MD.2 . . . Sumar, restar, multiplicar o dividir para resolver problemas verbales de un paso, relacionados con masas o volúmenes, dados en las mismas unidades, por ej., utilizando dibujos . . . para representar el problema.

Resolución de problemas

Hacer un dibujo

En una fábrica de jugos, un recipiente de 50 litros contenía 28 litros de jugo. Una hora más tarde, contenía 45 litros de jugo. ¿Cuántos litros de jugo se agregaron?

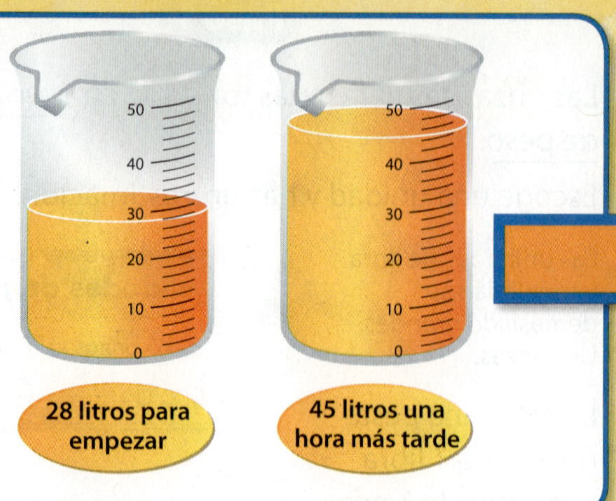

Práctica guiada*

PRÁCTICAS MATEMÁTICAS

¿CÓMO hacerlo?

1. Alex compra una caja de mezcla para pudín y una caja de cacao. La masa de la caja de mezcla para pudín es de 100 gramos. La masa total de las dos cajas es de 550 gramos. ¿Cuál es la masa de la caja de cacao?

550 gramos en total

100 g	?

↑ Masa de la caja de mezcla para pudín

↑ Masa de la caja de cacao

¿Lo ENTIENDES?

2. **Representar** Supón que los 45 litros de jugo del ejemplo de arriba se dividieran exactamente en 9 porciones. Haz un dibujo para mostrar cuántos litros de jugo hay en cada porción.

3. **Escribir un problema** Escribe y resuelve un problema que use unidades métricas de capacidad y se pueda resolver haciendo un dibujo.

Práctica independiente

PRÁCTICAS MATEMÁTICAS

4. **Hacerlo con precisión** Pedro ha repartido 120 litros de agua exactamente en tres recipientes. ¿Cuántos litros ha vertido en cada recipiente?

120 litros en total

?	?	?

↑ Capacidad de agua en cada recipiente

5. Adela vierte 235 mililitros de leche en un vaso y 497 mililitros de leche en una botella. ¿Cuántos mililitros de leche vertió en total?

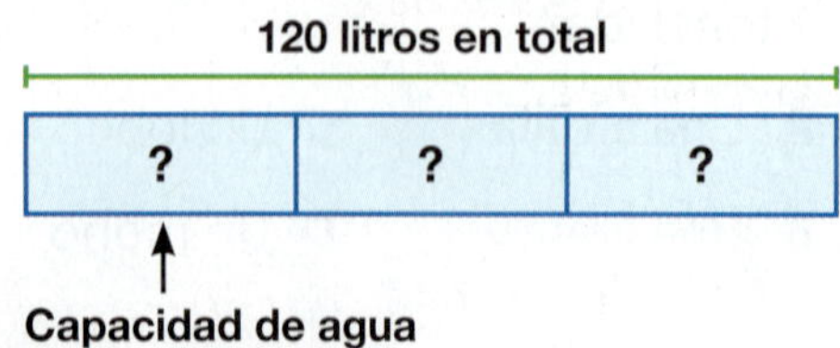

Aplicar las prácticas matemáticas

- ¿Qué me piden que halle?
- ¿Qué otra cosa puedo intentar?
- ¿Cómo se relacionan las cantidades?
- ¿Cómo puedo explicar mi trabajo?
- ¿Cómo puedo usar las matemáticas para representar el problema?
- ¿Me serviría de ayuda alguna herramienta?
- ¿Hay precisión en mi trabajo?
- ¿Por qué funciona esto?
- ¿Cómo puedo hacer generalizaciones?

Haz un dibujo para mostrar lo que sabes.

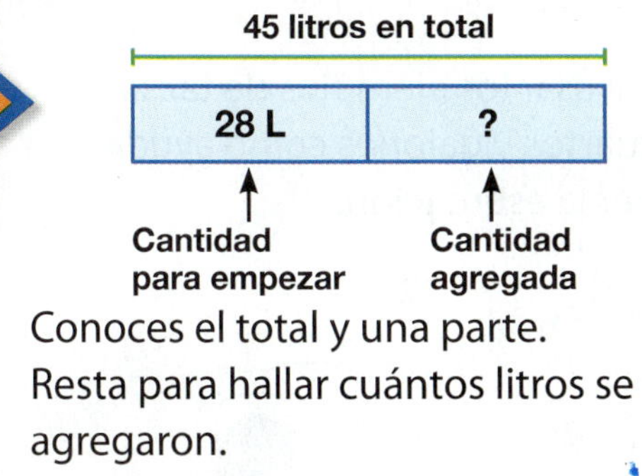

Conoces el total y una parte. Resta para hallar cuántos litros se agregaron.

Resta para resolver el problema.

$45 - 28 = \blacksquare$

$$\begin{array}{r} 45 \\ -\,28 \\ \hline 17 \end{array}$$

Se agregaron 17 litros de jugo al recipiente.

Ⓒ **Representar** En los Ejercicios **6** y **7**, haz un dibujo como ayuda para resolver el problema.

6. El Sr. Patel quiere empacar 28 kilogramos de tierra de jardinería en 4 cajas. Quiere que cada caja tenga la misma masa. ¿Cuántos kilogramos de tierra de jardinería puso en cada caja?

7. Laura compró un envase de crema de 500 mililitros. Después de usar parte de la crema, le quedaron 245 mililitros. ¿Cuántos mililitros de crema usó?

En los Ejercicios **8** y **9**, usa la tabla. En el Ejercicio **9**, copia y completa el dibujo. Responde a la pregunta.

8. Héctor ha vertido la harina y la sal necesarias para hacer una receta de arcilla en un recipiente. ¿Cuál es el peso total de los dos ingredientes?

Datos

Arcilla (una receta)	
Ingredientes	**Cantidad**
Harina	11 oz
Sal	9 oz
Agua	1 taza

Ⓒ **9. Perseverar** Beth tiene 63 onzas de sal en su tazón. ¿Cuántas recetas de arcilla está haciendo?

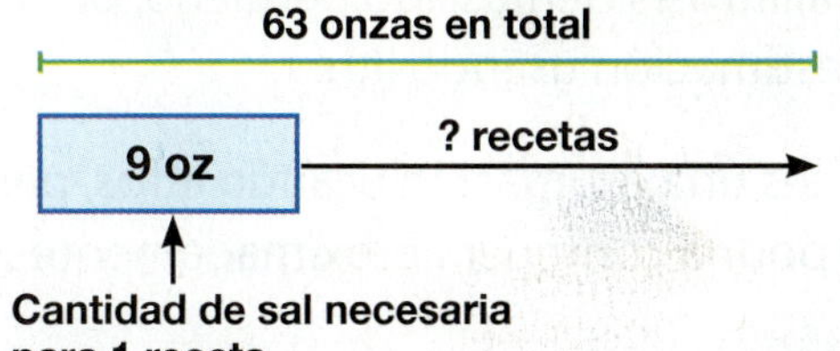

10. Daniela tiene 6 botiquines de primeros auxilios. Cada botiquín pesa 8 libras. ¿Cuál de las siguientes opciones es el peso total de todos los botiquines de primeros auxilios de Daniela?

A 14 lb   **B** 24 lb   **C** 48 lb   **D** 64 lb

Ⓒ **11. Escribir para explicar** Hace una hora, Eric llenó un recipiente con jugo hasta la marca de 20 L. El jugo está ahora en la marca de 15 L. ¿Cuántos litros de jugo se han servido? Explica cómo lo sabes.

Grupo A, páginas 374 y 375

¿Cuál es la capacidad de esta tetera?

Escoge una unidad apropiada y haz una estimación.

El galón y el cuarto son demasiado grandes. La tetera puede contener más de 1 pinta pero menos de 2 pintas.

Si utilizas las tazas para hacer la estimación, la tetera podría contener aproximadamente 3 tazas.

Recuerda usar los ejemplos de tazas, pintas, cuartos y galones como ayuda para hacer la estimación.

1.

1 c ó 1 cto.

2.

30 pt ó 30 gal.

Grupo B, páginas 376 y 377

¿Cuál es la capacidad de esta jarra?

Escoge una unidad apropiada y haz una estimación.

Un mililitro es demasiado pequeño; por tanto, haz una estimación usando litros.

Si haces una estimación usando litros, parece que la jarra podría contener aproximadamente 2 litros.

Puedes comprobar tu trabajo al pensar en lo que ya sabes.

Un litro es aproximadamente del mismo tamaño que una botella de agua grande. Una jarra por lo general contiene más líquido que una botella de agua. Por tanto, parece que 2 litros es una buena estimación.

Recuerda que se puede usar más de una unidad para medir la capacidad de un recipiente.

Escoge la mejor estimación.

1.

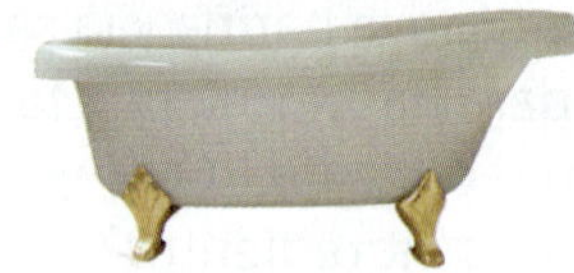

150 mL ó 150 L

2.

5 mL ó 5 L

3.

1 mL ó 1 L

¿Cuál es la masa de esta barra de jabón?

Escoge una unidad y haz una estimación.

Un kilogramo es demasiado; por tanto, haz una estimación usando gramos.

La barra de jabón tiene aproximadamente la misma masa que 100 uvas o aproximadamente 100 gramos.

Recuerda usar los ejemplos de gramos y kilogramos como ayuda para hacer la estimación.

Escoge la mejor estimación.

1. 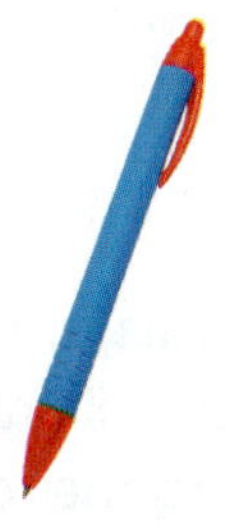   **2.** 

15 g ó 15 kg   2 g ó 2 kg

Grupo D, páginas 380 y 381

¿Cuánto pesa una pelota de tenis?

Escoge una unidad y haz una estimación.

Una pelota de tenis no pesa tanto como una tonelada o ni siquiera una libra; por tanto, haz una estimación usando onzas.

La pelota de tenis pesa casi tanto como 4 cubitos de queso o aproximadamente 4 onzas.

Recuerda usar los ejemplos de onzas, libras y toneladas como ayuda para hacer la estimación.

Escoge la mejor estimación.

1.    8 oz u 8 lb

2. 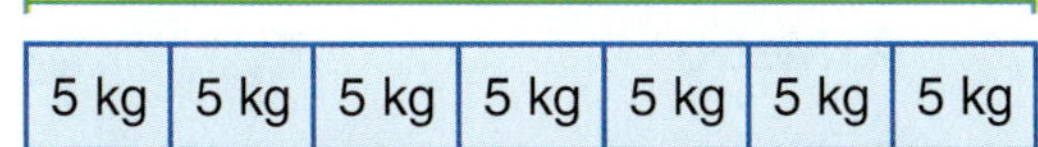   20 lb ó 2 T

Grupo E, páginas 382 y 383

Hay 7 personas en el equipo de bolos de Eduardo. Cada uno tiene su propia bola de bolos. La masa de una bola de bolos es de 5 kilogramos. ¿Cuál es la masa total de las bolas de bolos del equipo?

? kg en total

5 kg	5 kg	5 kg	5 kg	5 kg	5 kg	5 kg

$7 \times 5 = \blacksquare$ **La masa total de las**
$7 \times 5 = 35$ **bolas de bolos del**
  equipo es de 35 kg.

Recuerda hacer dibujos para mostrar la información que conoces.

Haz un dibujo y resuelve el problema.

1. Al tanque de agua que está en el patio de María le caben 60 litros de agua. Usó 13 litros de agua para regar sus plantas. ¿Cuántos litros de agua quedan en el tanque de agua?

Opción múltiple

1. ¿Qué unidad sería la mejor para medir la masa de un ratón? (15-3)

A Gramo

B Kilogramo

C Litro

D Mililitro

2. Una porción de mantequilla contiene 90 mg de sodio. ¿Cuántos miligramos de sodio contienen 5 porciones de mantequilla? (15-5)

? miligramos				
90 mg	90 mg	90 mg	90 mg	90 mg

A 540

B 450

C 360

D 45

3. ¿Cuál es la mejor unidad para medir la capacidad de una piscina? (15-1)

A Tazas

B Galones

C Pintas

D Cuartos

4. ¿Cuál de las siguientes opciones describe mejor la masa de una naranja? (15-3)

A 20 kilogramos

B 200 kilogramos

C 20 gramos

D 200 gramos

5. ¿Cuál de las siguientes cosas medirías en mililitros? (15-2)

A La capacidad de una pecera

B La capacidad de un gotero

C La capacidad de una cafetera

D La capacidad de una bañera

6. ¿Cuál de las siguientes opciones describe mejor la capacidad de un globo de agua? (15-1)

A 2 tazas

B 2 cuartos

C 20 tazas

D 20 pintas

7. ¿Cuál es la mejor estimación del peso de un mapache común adulto? (15-4)

A 30 toneladas

B 300 libras

C 30 libras

D 30 onzas

8. ¿Qué unidad métrica sería mejor para medir la capacidad de una regadera? (15-2)

A Metro

B Litro

C Kilogramo

D Cuarto

9. Nombra una unidad usual que sería mejor para medir la capacidad de un fregadero. (15-1)

Nombra la unidad usual correcta que completa cada oración.

10. La mejor estimación del peso de un bisonte americano adulto es 1 _______________. (15-4)

11. Una pelota de básquetbol pesa aproximadamente 20 _______________. (15-4)

Nombra la unidad métrica correcta que completa cada oración.

12. La masa de una bicicleta es de aproximadamente 10 _______________. (15-3)

13. La capacidad de un fregadero es de aproximadamente 10 _______________. (15-2)

14. Rory tiene 1 litro de agua y quiere llenar un recipiente con ella. Nombra un recipiente que Rory podría llenar. (15-2)

15. Una botella de ketchup contiene 24 onzas líquidas de ketchup. Marsha quiere llenar 6 recipientes con la misma cantidad de ketchup en cada uno. ¿Cuántas onzas líquidas de ketchup habrá en cada recipiente? Haz un dibujo para resolver el problema. (15-5)

16. Explica por qué es mejor usar onzas que libras para medir el peso de un abejorro. (15-4)

17. Las líneas del recipiente de abajo muestran su capacidad en mililitros. Joanna llenó el recipiente con leche hasta la marca de 750 mL. Luego, tomó un poco de leche. ¿Cuántos mililitros de leche usó? (15-5)

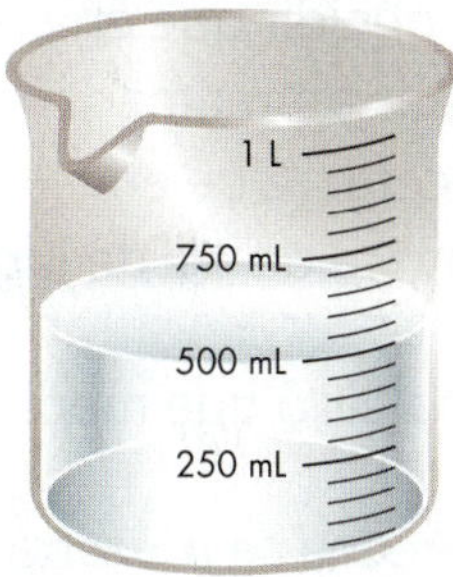

18. ¿Qué recipiente contiene más, un envase de medio galón o una botella de 2 cuartos? Explica tu respuesta. (15-1)

19. ¿Cuál es el mejor instrumento para medir la masa de una toronja? (15-3)

20. ¿Es la capacidad de un recipiente de reciclaje mayor que un litro o menor que un litro? (15-2)

1. Abajo se muestran los ganadores de una cinta azul. Escribe una masa posible para cada uno. Usa gramos o kilogramos.

calabaza

pimentón rojo

2. Debes decidir qué envase de jugo de manzana vas a comprar. Necesitas aproximadamente 2 vasos de jugo de manzana para una receta. ¿Qué envase debes comprar: el envase de 250 mL o el envase de 1 L de jugo de manzana? Explica tu respuesta.

3. Nombra algo que medirías en galones.

4. A la derecha se muestra una receta de ensalada de pasta. ¿Qué pesa más, los cubos de queso suizo o la pasta?

5. ¿Qué medida describiría mejor la masa de las hojas de espinaca?

6. A la derecha se muestra una receta de refresco de frutas. ¿Qué recipiente sería mejor usar para el refresco de frutas: 1 taza, 1 pinta, 1 cuarto, 3 cuartos ó 5 cuartos? ¿Por qué?

7. ¿Cabrá una receta de refresco de frutas en un recipiente de 1 galón? Explícalo.

8. Tomás quiere hacer 5 recetas de refresco de frutas. Haz un dibujo para mostrar cuánto *ginger ale* va a usar.

9. Holly quiere hacer 3 recetas de ensalada de pasta. Haz un dibujo para mostrar cuántas onzas de cubos de queso cheddar va a usar.

> ## Ensalada de pasta
> 1 libra de macarrón
> 4 onzas de cubos de queso cheddar
> 6 onzas de cubos de queso suizo
> 2 tazas de hojas de espinaca
> 1 taza de tomates picados
> $\frac{1}{3}$ de taza de aderezo tipo italiano

> ## Refresco de frutas
> 1 cuarto de galón de jugo de naranja
> 1 cuarto de galón de té caliente
> 1 cuarto de galón de ginger ale
> 1 pinta de jugo de manzana
> 1 taza de jugo de limón
> $\frac{1}{2}$ taza de miel

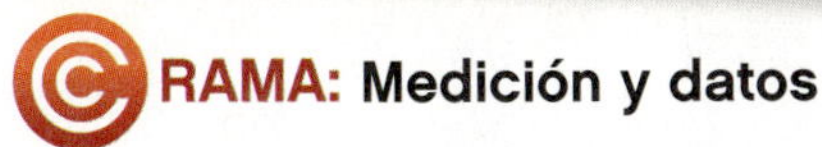

Tema 16 — Datos

▼ ¿Qué tan rápido puede volar un halcón peregrino? Lo averiguarás en la Lección 16-5.

Repasa lo que sabes

Vocabulario

Escoge el mejor término del recuadro.

- comparar
- datos
- símbolo
- conteo

1. Una gráfica se puede usar para __?__ información.

2. Los __?__ de una encuesta se pueden usar para hacer una gráfica.

3. Un __?__ es una marca que se usa para anotar los datos en una tabla.

Ordenar números

Ordena de menor a mayor.

4. 56, 47, 93, 39, 10

5. 20, 43, 23, 19, 22

6. 24, 14, 54, 34, 4

7. 65, 33, 56, 87, 34

Contar salteado

Halla los dos números que siguen en cada patrón. Escribe la regla del patrón.

8. 5, 10, 15, 20, ▮, ▮

9. 2, 4, 6, 8, ▮, ▮

10. 10, 20, 30, 40, ▮, ▮

11. 4, 8, 12, 16, ▮, ▮

Comparar

12. Escribir para explicar Explica cómo se usa el valor de posición para comparar 326 y 345.

Pregunta esencial

- ¿Cómo se pueden representar, interpretar y analizar los datos?

Aprendizaje interactivo 

Plantea el problema. Empieza cada lección con una actividad en conjunto para resolver problemas. Te ayudará a comprender las matemáticas.

Aplicar las prácticas matemáticas

- ¿Qué me piden que halle?
- ¿Qué otra cosa puedo intentar?
- ¿Cómo se relacionan las cantidades?
- ¿Cómo puedo explicar mi trabajo?
- ¿Cómo puedo usar las matemáticas para representar el problema?
- ¿Me serviría de ayuda alguna herramienta?
- ¿Hay precisión en mi trabajo?
- ¿Por qué funciona esto?
- ¿Cómo puedo hacer generalizaciones?

Lección 16-1

ⓒ **Usar herramientas** Usa los datos recopilados para responder a la pregunta.

Hay 10 pedazos de papel en una bolsa, cada uno con un número del 1 al 4. A medida que sacas cada pedazo de papel, usa la recta numérica de la hoja de anotaciones para llevar la cuenta de cada número al colocar una marca encima del número. El pedazo de papel se vuelve a poner en la bolsa y se repite 20 veces. ¿Qué número sacas de la bolsa con mayor frecuencia?

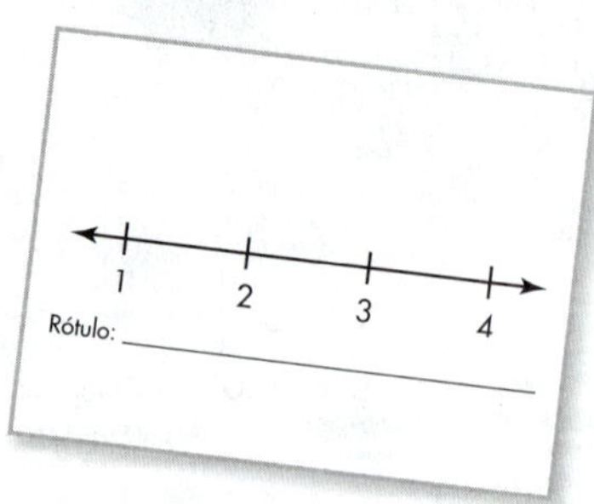

Lección 16-2

ⓒ **Razonar** Usa los datos proporcionados por tu clase para responder a las preguntas.

Un fabricante de calzado quiere saber las longitudes de los pies de los estudiantes del tercer grado a la media pulgada más cercana. Indica qué información tu clase podría enviarle y cómo podrías organizarla para responder a sus preguntas como: "¿Están las longitudes distribuidas de manera uniforme o agrupadas en torno a ciertos números?". ¿Qué valor aparece con mayor frecuencia en los datos?

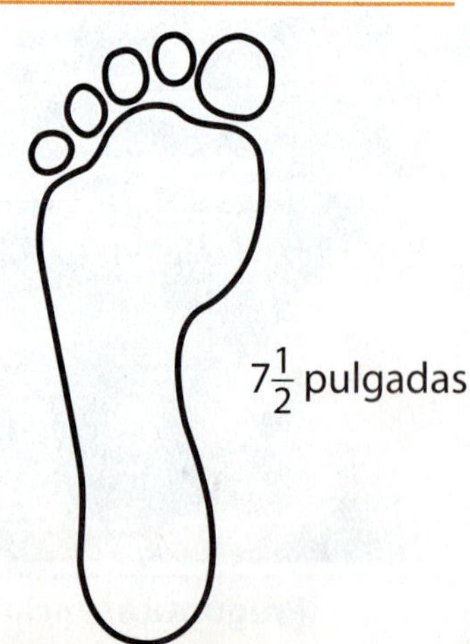

Lección 16-3

Usar herramientas Usa la gráfica dada en la hoja de anotaciones para responder a la pregunta.

Los estudiantes de la clase de Jorge realizaron una encuesta de sus cereales preferidos. Luego, hicieron una gráfica para mostrar los datos. Jorge faltó a la escuela el día que la clase hizo este trabajo. ¿Qué puede averiguar al mirar la gráfica? Indica cómo lo decidiste.

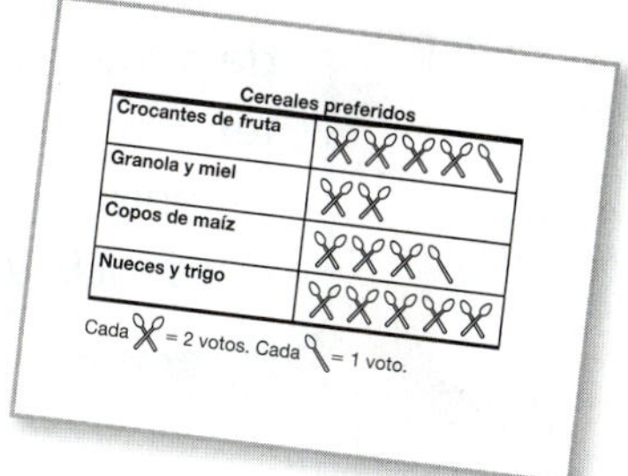

Lección 16-4

Usar herramientas Resuelve el problema usando los datos de la hoja de anotaciones.

María ayuda a su maestro a contar los nuevos juguetes que hay en el área de juego de la escuela. ¿Cómo puede poner los datos en una pictografía? ¿Qué puedes concluir al mirar la gráfica?

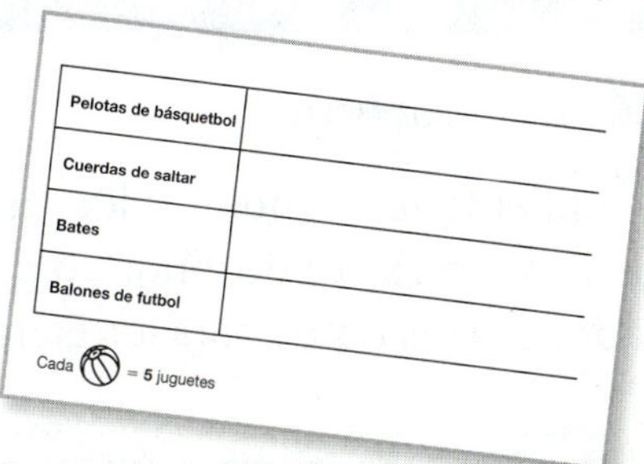

Lección 16-5

Usar herramientas Resuelve el problema usando los datos que se muestran a la derecha.

Usa los datos sobre el número de páginas leídas para hacer una gráfica de barras. ¿Qué conclusiones puedes sacar al mirar la gráfica de barras? ¿Cómo lo decidiste?

Datos	Nombre del estudiante	Número de páginas leídas
	Yoma	25
	Don	20
	Bonita	20
	Adam	15

Lección 16-6

Representar Resuelve el problema de la manera que prefieras.

Compara los datos que se muestran en las gráficas de barras de la hoja de anotaciones. ¿Cuáles son tres conclusiones que puedes sacar de los datos? Indica cómo lo decidiste.

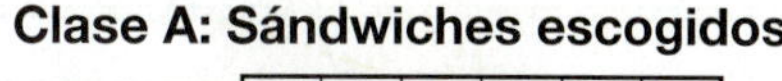
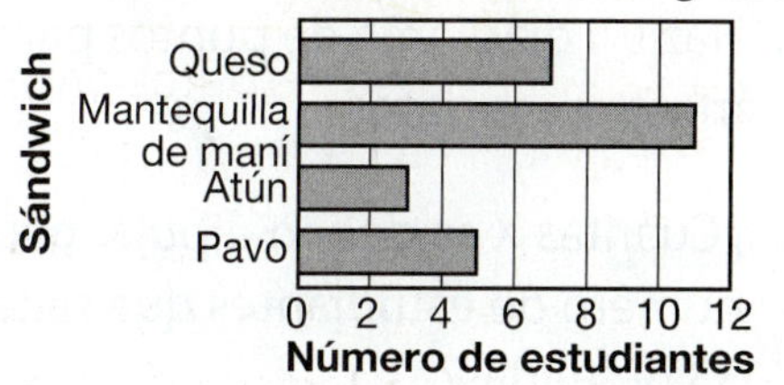

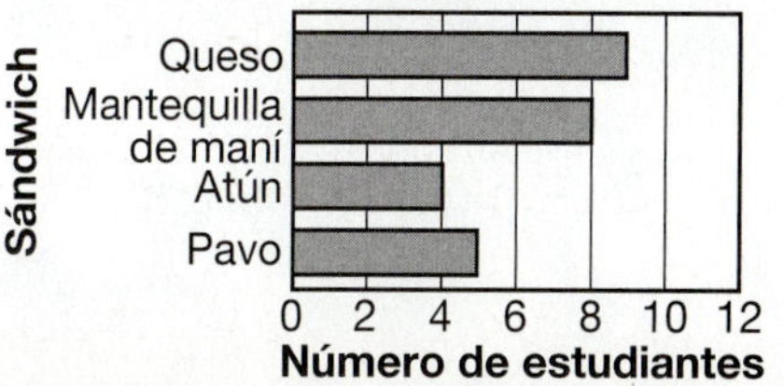

Estándares comunes

3.MD.4 Generar datos de medición al medir la longitud con una regla que tenga marcas de media pulgada y cuarto de pulgada. Presentar los datos en un diagrama de puntos en el que la escala horizontal esté marcada en las unidades apropiadas: números enteros, mitades o cuartos.

Diagramas de puntos

¿Cómo usas un diagrama de puntos?

Cada día de abril, Diana anotó la temperatura máxima en un diagrama de puntos. ¿Cuál fue la temperatura máxima que se registró con más frecuencia en abril?

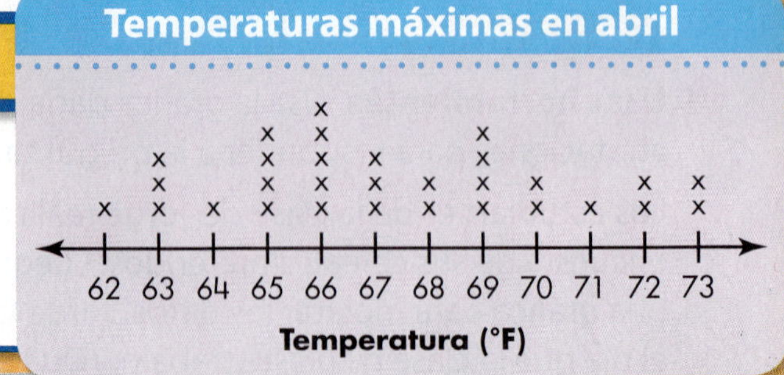

Práctica guiada*

PRÁCTICAS MATEMÁTICAS

¿CÓMO hacerlo?

La siguiente tabla muestra los resultados de un evento de salto de longitud del tercer grado. Usa los datos para los Ejercicios **1** y **2**.

Saltos de longitud del tercer grado			
Estudiante	Distancia (pulgadas)	Estudiante	Distancia (pulgadas)
1	27	9	30
2	31	10	26
3	28	11	28
4	26	12	30
5	30	13	31
6	33	14	26
7	29	15	33
8	31	16	30

1. Haz un diagrama de puntos para mostrar los datos.

2. ¿Cuántas X se deben dibujar para el número de estudiantes que saltaron 33 pulgadas?

¿Lo ENTIENDES?

3. En el ejemplo de arriba, ¿cuál fue la temperatura máxima que se registró en abril?

4. Usar la estructura Usa el diagrama de puntos de abajo. ¿Cuál fue la temperatura máxima que se registró con más frecuencia en agosto?

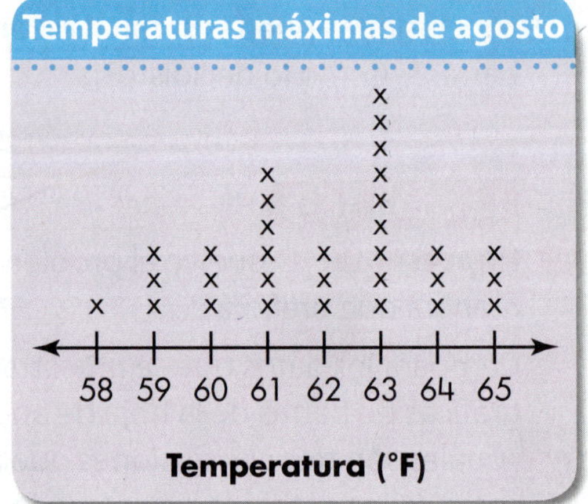

5. Usando el diagrama de puntos del Ejercicio 4, ¿cuál fue la temperatura máxima que se registró con menor frecuencia?

 Puedes encontrar otro ejemplo en el Grupo A, página 406.

Un **diagrama de puntos** es una manera de organizar los datos en una recta numérica.

Para leer un diagrama de puntos, mira los números que están debajo de la recta. Luego, cuenta las X que están encima de los números.

En el diagrama de puntos de Diana, cada temperatura está rotulada debajo de la recta. Cada X representa un día.

Como hay 2 X encima del 68, la temperatura máxima de dos días fue de 68°.

¿Cuál de las temperaturas tiene la mayor cantidad de X?

Hay 5 X encima del 66; por tanto, la temperatura máxima que se registró en cinco días fue de 66°.

La temperatura máxima que se registró con más frecuencia en abril fue de 66°.

Práctica independiente

Amelia anotó el número de personas que viajaban en cada uno de los 18 carros que pasaron. Usa los datos de la derecha en los Ejercicios **6** a **8**.

6. Haz un diagrama de puntos para mostrar los datos.

7. ¿Cuántas X se deben dibujar para 3 personas en un carro?

8. ¿Qué número de personas en cada carro había con mayor frecuencia?

Datos

Número de personas en cada carro

Carro	Número de personas	Carro	Número de personas	Carro	Número de personas
1	2	7	3	13	1
2	3	8	1	14	2
3	2	9	2	15	2
4	1	10	4	16	4
5	4	11	1	17	1
6	1	12	3	18	3

Resolución de problemas

PRÁCTICAS MATEMÁTICAS

Ⓒ **Hacerlo con precisión** En los Ejercicios **9** a **11**, usa el diagrama de puntos de la derecha que muestra el tiempo que cada una de 28 personas tardó en correr una milla.

9. ¿Cuánto tiempo tardó el mayor número de personas?

10. ¿Cuántas personas más tardaron 10 minutos que 5 minutos?

11. ¿Cuál fue el mayor tiempo que alguien tardó en correr una milla?

   A 13 minutos   **C** 10 minutos

   B 12 minutos   **D** 5 minutos

Estándares comunes

3.MD.4 Generar datos de medición al medir la longitud con una regla que tenga marcas de media pulgada y cuarto de pulgada. Presentar los datos en un diagrama de puntos en el que la escala horizontal esté marcada en las unidades apropiadas: números enteros, mitades o cuartos.

Longitud y diagramas de puntos

¿Cómo puede un diagrama de puntos mostrar los datos que has recopilado?

Serena midió las longitudes de los lápices que tiene en su estuche para lápices. ¿Cómo puede hacer un diagrama de puntos para mostrar estas longitudes?

Datos

Longitudes de los lápices de Serena

Color	Longitud
Rojo	6 pulgs.
Azul	$4\frac{3}{4}$ pulgs.
Verde	$4\frac{3}{4}$ pulgs.
Morado	$5\frac{1}{2}$ pulgs.
Anaranjado	$4\frac{3}{4}$ pulgs.
Amarillo	$4\frac{3}{4}$ pulgs.

Práctica guiada*

PRÁCTICAS MATEMÁTICAS

¿CÓMO hacerlo?

1. Dibuja un diagrama de puntos para mostrar los datos.

Datos

Longitudes de los lápices de Sandy

Color	Longitud
Rojo	$6\frac{1}{4}$ pulgs.
Azul	$3\frac{1}{4}$ pulgs.
Verde	$6\frac{3}{4}$ pulgs.
Morado	$3\frac{3}{4}$ pulgs.
Anaranjado	$6\frac{3}{4}$ pulgs.
Amarillo	$6\frac{1}{2}$ pulgs.

¿Lo ENTIENDES?

2. ¿Qué te dice el diagrama de puntos sobre los lápices de Sandy?

3. Razonar Mira la tabla de los lápices de Sandy y el diagrama de puntos en el que trazaste sus tamaños. Compáralos con la tabla y el diagrama de puntos de las longitudes de los lápices de Serena.

a ¿Quién tiene más lápices que son de la misma longitud, Serena o Sandy?

b ¿Cómo puedes saber si Serena o Sandy tiene más lápices de la misma longitud?

Práctica independiente

4. Ricardo quiere organizar su colección de cadenas de papel. Midió las longitudes de sus cadenas de papel e hizo una tabla.

a Usa los datos de la tabla de Ricardo para hacer un diagrama de puntos.

b ¿Cuál es la longitud de la cadena de papel más larga? ¿De la más corta?

Datos

Cadenas de papel de Ricardo

Número de cadenas de papel	Longitud
3	$6\frac{1}{2}$ pulgs.
2	$7\frac{1}{2}$ pulgs.
4	8 pulgs.
1	$8\frac{1}{2}$ pulgs.

Puedes encontrar otro ejemplo en el Grupo B, página 406.

Pasos para hacer un diagrama de puntos:

Dibuja una recta numérica y escoge una escala basada en las longitudes de la tabla. Marca las mitades y los cuartos.

La escala debe mostrar los valores de datos de menor a mayor.

Escribe un título para el diagrama de puntos.

Marca con una X cada longitud.

Serena puede seguir estos pasos para hacer un diagrama de puntos. El diagrama de puntos muestra las longitudes de sus lápices.

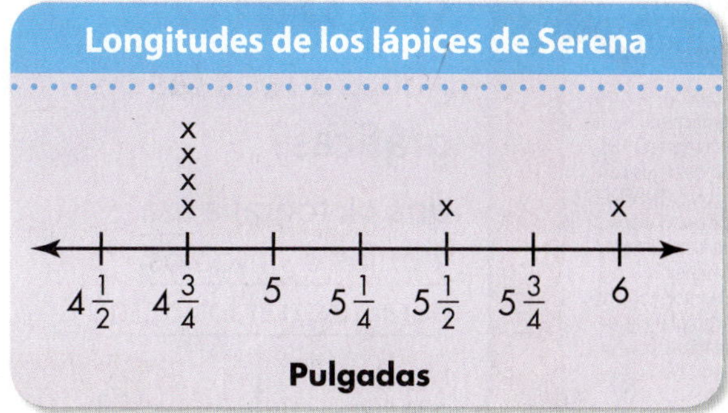

Resolución de problemas

PRÁCTICAS MATEMÁTICAS

El diagrama de puntos de la derecha muestra las longitudes en pulgadas de los hámsteres que la clase de la Sra. Bell tiene como mascotas. Usa el diagrama de puntos para responder a los Ejercicios **5** a **8**.

5. Usar herramientas ¿Cuántos hámsteres tiene la clase en total?

6. ¿Cuánto mide el hámster más corto?

7. ¿Cuánto mide el hámster más largo?

8. Escribir para explicar ¿Cómo sabes cuál de las longitudes de los hámsteres es la más común?

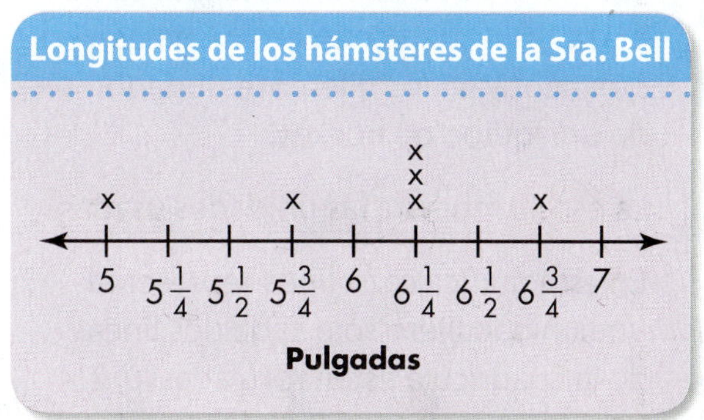

Usar herramientas En los Ejercicios **9** a **11**, mide las longitudes, al cuarto de pulgada más cercano, de 10 objetos de la clase que midan entre 1 y 6 pulgadas de longitud. Anota tus mediciones.

9. Dibuja un diagrama de puntos para mostrar los datos.

10. Basándote en el diagrama de puntos, organiza tus datos en una tabla.

11. ¿Cuál fue la mayor longitud? ¿La menor longitud? ¿Qué longitud se presentó con mayor frecuencia?

12. Si un diagrama de puntos tiene 3 X en 4 pulgs., 1 X en 5 pulgs. y 2 X en $3\frac{1}{2}$ pulgs., ¿qué longitud es la más común?

   A 3 pulgs.   **C** 4 pulgs.

   B $3\frac{1}{2}$ pulgs.   **D** 5 pulgs.

Estándares comunes

3.MD.3 Dibujar pictografías a escala y gráficas de barras a escala para representar un conjunto de datos con varias categorías. Resolver problemas de uno y dos pasos sobre "cuántos más" y "cuántos menos" utilizando la información presentada en gráficas de barras a escala . . . .

Leer pictografías y gráficas de barras

¿Cómo lees las gráficas?

Una **pictografía** usa dibujos o símbolos para mostrar los datos.

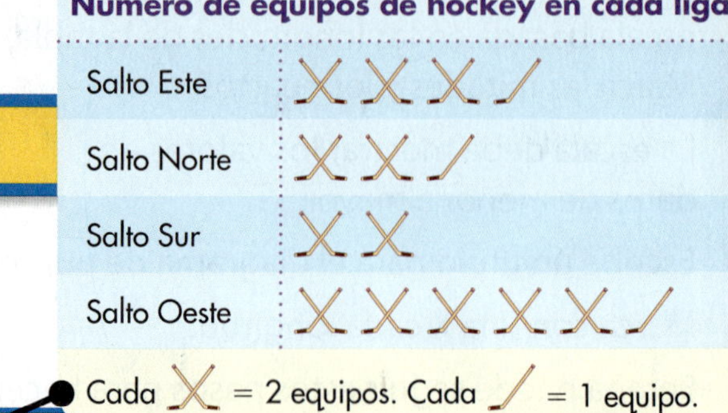

La **clave** explica lo que representa cada dibujo.

Otro ejemplo   ¿Cómo lees una gráfica de barras?

Una **gráfica de barras** usa barras para comparar información. Esta gráfica de barras muestra el número de goles que anotaron los diferentes jugadores de un equipo de hockey.

La **escala** muestra las unidades usadas.

En esta gráfica cada línea representa una unidad. Pero sólo cada dos líneas de la cuadrícula están rotuladas: 0, 2, 4 y así sucesivamente. Por ejemplo, la línea que se encuentra entre 4 y 6 representa 5 goles.

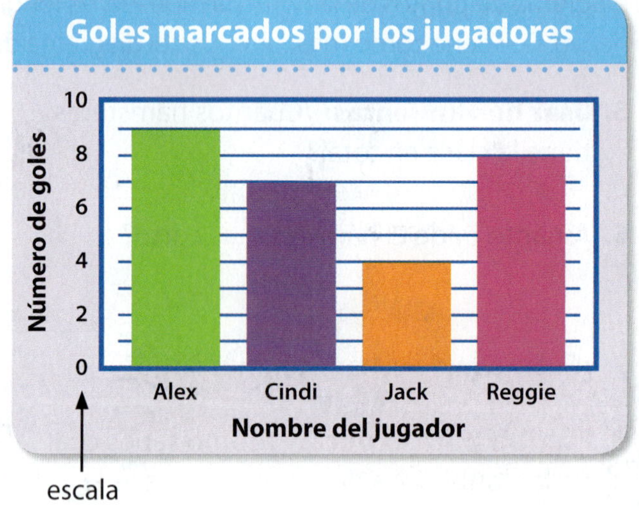

¿Cuántos goles marcó Cindi?

Halla el nombre de Cindi. Usa la escala para hallar qué altura alcanza la barra. Cindi marcó 7 goles.

¿Quién marcó el menor número de goles?

Halla la barra más corta. La barra de Jack es la más corta. Él marcó el menor número de goles.

Explícalo

1. Explica cómo hallar cuántos goles más marcó Alex que Cindi.

2. ¿Quién marcó 8 goles?

3. ¿Cuántos goles marcaron Alex y Reggie en total?

¿Cuántos equipos hay en la liga de Salto Este?

Usa la clave.

Cada ✕ representa 2 equipos.

Cada ╱ representa 1 equipo.

Hay 3 ✕ y 1 ╱ .

$2 + 2 + 2 + 1 = 7$

Hay 7 equipos en la liga de Salto Este.

¿Cuántos equipos más tiene la liga de Salto Este que la liga de Salto Sur?

Compara las dos filas.

Liga de Salto Este

Liga de Salto Sur

La liga de Salto Este tiene 3 equipos más que la liga de Salto Sur.

Práctica guiada*

PRÁCTICAS MATEMÁTICAS

¿CÓMO hacerlo?

1. ¿Qué liga de hockey de la pictografía de arriba tiene 5 equipos?

2. ¿Qué liga tiene más equipos? ¿Cuántos equipos hay en esa liga?

¿Lo ENTIENDES?

En los Ejercicios **3** y **4**, usa la pictografía de arriba.

3. **Comunicarse** Explica cómo hallar la liga que tiene menos equipos.

4. ¿Cuántos equipos hay en total en las ligas de Salto Norte y Salto Oeste?

Práctica independiente

En los Ejercicios **5** a **7**, usa la pictografía de la derecha.

5. ¿En qué área están las luces prendidas más horas durante la semana?

6. ¿En qué área del Centro deportivo Tri-Town están las luces prendidas 50 horas a la semana?

7. En una semana, ¿cuántas horas más están prendidas las luces en la sala de ejercicios que en la piscina?

Centro deportivo Tri-Town
Número de horas en que las luces están prendidas por semana

Sala de ejercicios	
Casillero	
Piscina	
Cancha de tenis	

Cada 💡 = 10 horas. Cada ◗ = 5 horas.

DIGITAL
Glosario animado
www.pearsonsuccessnet.com

Resolución de problemas

En los Ejercicios **8** a **12**, usa la gráfica de barras de la derecha.

8. ¿A qué velocidad puede correr una liebre?

9. ¿Qué animal corre a mayor velocidad?

10. ¿Qué animal corre a una velocidad máxima de 50 millas por hora?

11. ¿Por cuánto supera la velocidad máxima del coyote a la del oso pardo?

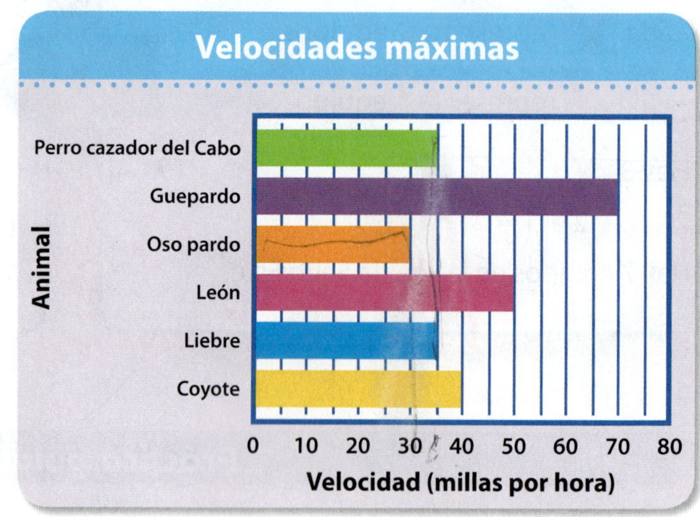

12. Usar herramientas ¿Qué animales tienen la misma velocidad máxima?

En los Ejercicios **13** a **15**, usa la pictografía.

13. Al 10,000 más cercano, ¿cuántos asientos hay en el Rose Bowl?

14. Estimación ¿Cuáles son los dos estadios que tienen aproximadamente el mismo número de asientos?

15. Escribir para explicar María dice que el estadio Soldier Field tiene aproximadamente 6,000 asientos. ¿Tiene razón? Explícalo.

Asientos redondeados a 10,000 en los estadios famosos de futbol americano

Orange Bowl Miami, FL	🏈🏈🏈🏈🏈🏈🏈
Rose Bowl Pasadena, CA	🏈🏈🏈🏈🏈🏈🏈🏈🏈🏈
Soldier Field Chicago, IL	🏈🏈🏈🏈🏈🏈🏈
Superdome New Orleans, LA	🏈🏈🏈🏈🏈🏈🏈

Cada 🏈 = 10,000 asientos.

En los Ejercicios **16** y **17**, usa la gráfica de barras.

16. ¿Cuántas pelotas de futbol más que de básquetbol hay en el armario del gimnasio?

  A 8   **C** 4

  B 5   **D** 3

17. Perseverar ¿Cuántas pelotas hay en total en el armario del gimnasio?

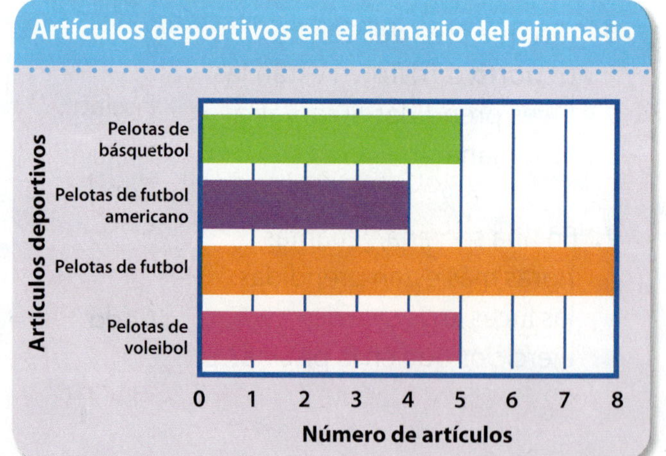

Resolución de problemas variados

El gobierno del lugar donde vives brinda diferentes servicios con el dinero de los impuestos que paga la gente. La gráfica de barras de la derecha muestra cuánto dinero reciben los distintos departamentos de Park Town. Usa la gráfica para responder a las preguntas.

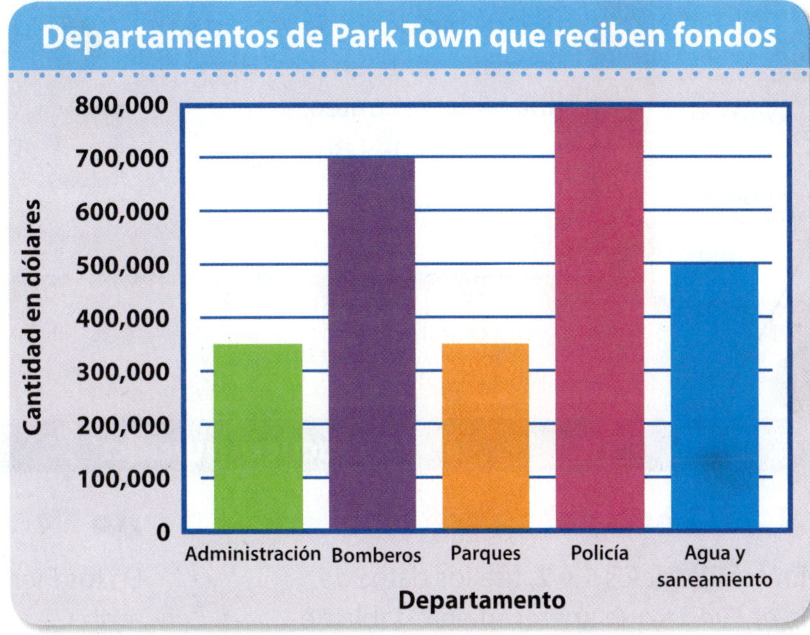

1. ¿Qué servicio de Park Town recibe la mayor cantidad de fondos?

2. ¿Cuáles son los dos departamentos que reciben la misma cantidad?

3. Hacerlo con precisión
¿Aproximadamente cuánto dinero recibirán en total los departamentos de Parques y de Agua y saneamiento?

4. ¿Qué servicios recibirán $500,000 o más en fondos?

5. Usa la siguiente tabla que muestra cómo se usa el dinero del Departamento de Policía.

Departamento de Policía	
Gastos	**Cantidad**
Carros	$42,000
Computadoras	$14,000
Equipos para la policía	$88,000
Salarios	$643,000
Gastos de la estación	$13,000

¿Qué gastos son menores que $50,000?

6. Representar Los representantes del estado votaron sobre el presupuesto del estado. Cada representante tiene 1 voto. Hubo 86 votos para aprobar el presupuesto y 34 votos en contra. Escribe una oración numérica para mostrar cuántos representantes votaron en total.

Hacer pictografías

¿Cómo haces una pictografía?

Sam anotó el número de cada tipo de bicicleta que vendió su tienda durante un mes. Hizo una tabla de conteo.

Usa la tabla de conteo para hacer una pictografía.

Datos

Tipo de bicicleta	Conteo	Número
De niño	卌 卌	10
De niña	卌 卌 卌 卌	20
De entrenamiento	卌 卌 卌	15
Triciclo	卌 卌	10

Práctica guiada*

PRÁCTICAS MATEMÁTICAS

¿CÓMO hacerlo?

En los Ejercicios **1** y **2**, usa los datos de la encuesta que aparecen en la tabla de conteo para hacer una pictografía.

Datos

¿Cuál es tu almuerzo escolar preferido?		
Almuerzo	**Conteo**	**Número**
Taco	‖	2
Pizza	卌 ‖‖	8
Ensalada	‖‖	3
Sándwich	卌 ‖	6

1. ¿Cuál es el título? ¿Cuál es el símbolo de la clave? ¿Cuántos votos representa cada símbolo?

2. Haz una lista con las opciones de almuerzo. Dibuja los símbolos para completar la gráfica.

¿Lo ENTIENDES?

En los Ejercicios **3** a **5**, usa la pictografía de arriba.

3. Comunicarse Explica los símbolos usados para el número de bicicletas de entrenamiento que se vendieron.

4. Perseverar Supón que se vendieron 25 bicicletas de montaña. Dibuja símbolos para mostrar en la gráfica una fila para las bicicletas de montaña.

5. Si la clave fuera ▲ = 2 bicicletas, ¿cuántos símbolos se usarían para representar las bicicletas de niño vendidas? ¿Cuántos símbolos se usarían para representar las bicicletas de niña vendidas?

Práctica independiente

Datos

Goles por equipo de goleadores		
Nombre del equipo	**Conteo**	**Cantidad**
Cachorros	卌 卌	10
Halcones	卌 卌 卌 卌	20
Leones	卌 卌 卌 卌 卌 卌	30
Correcaminos	卌 卌 卌	15

En los Ejercicios **6** y **7**, usa la tabla.

6. Haz una pictografía para mostrar los datos.

7. Explica cómo decidiste el número de símbolos que hay que dibujar para mostrar los goles de los Correcaminos.

    Puedes encontrar otro ejemplo en el Grupo C, página 407.

Escribe un título para la pictografía.

El título es "Tipos de bicicletas vendidas".

Escoge un símbolo para la clave. Decide lo que representa el símbolo y el medio símbolo.

Cada △ significa 10 bicicletas.

Cada ◹ significa 5 bicicletas.

Prepara la gráfica y la lista de los tipos de bicicletas. Decide cuántos símbolos necesitas para cada número vendido. Dibuja los símbolos.

Resolución de problemas

Eduardo hizo una tabla de conteo de los vegetales que recogió en su huerto.

8. Representar Haz una pictografía para mostrar los datos de la tabla de Eduardo. Incluye un título y la clave.

9. ¿Cuántos pimentones verdes y pimentones rojos recogió Eduardo en total?

Datos

Vegetales del huerto		
Tipo	**Conteo**	**Número de vegetales**
Pimentón verde	IIII	4
Pimentón rojo	II	2
Tomate	IIIII	5

10. Representar El huerto de Eduardo es de forma cuadrada. Cada lado mide 9 pies de longitud. ¿Cuál es el área del huerto de Eduardo?

En los Ejercicios **11** y **12**, supón que vas a hacer una pictografía para mostrar los datos de la librería de Simón.

11. Escoge un símbolo que represente 5 libros vendidos. Dibuja la fila de los libros de ficción vendidos.

12. Razonar ¿Por qué el 5 es un buen número para usar en la clave?

Datos

Librería de Simón	
Tipo de libro	**Número vendido**
Ficción	25
No ficción	40
Poesía	20
Diccionario	15

13. Marisol está haciendo una pictografía para mostrar la venta de plantas. Se vendieron 35 plantas en junio. ¿Cuántos símbolos debe dibujar Marisol para junio?

A 5 **B** 7 **C** 11 **D** 35

Hacer gráficas de barras

¿Cómo haces una gráfica de barras?

Greg hizo una tabla para mostrar la cantidad de dinero que ahorró cada mes.

Usa los datos de la tabla para hacer una gráfica de barras en papel cuadriculado. Una gráfica de barras facilita la comparación de los datos.

Datos

Mes	Cantidad ahorrada
Enero	$25
Febrero	$50
Marzo	$65
Abril	$40

Estándares comunes

3.MD.3 Dibujar pictografías a escala y gráficas de barras a escala para representar un conjunto de datos con varias categorías. Resolver problemas de uno y dos pasos sobre "cuántos más" y "cuántos menos" utilizando la información presentada en gráficas de barras a escala . . . .

Práctica guiada*

¿CÓMO hacerlo?

Usa la tabla para hacer una gráfica de barras.

Datos

Clase	Conteo	Número de personas que se inscribieron
Ajedrez	卌 I	6
Guitarra	卌 卌	10
Pintura	卌 II	7
Redacción	卌 IIII	9

1. Escribe un título. Escoge la escala. ¿Qué representa cada línea de la cuadrícula?

2. Haz la gráfica con la escala, cada clase y los rótulos. Dibuja cada barra.

¿Lo ENTIENDES?

En los Ejercicios **3** a **5**, usa la gráfica de barras de arriba.

3. Comunicarse En la gráfica de barras de arriba, explica por qué la barra de enero termina entre 20 y 30.

4. ¿En qué mes ahorró Greg más dinero?

5. Usar la estructura Supón que Greg ahorró $35 en mayo. ¿Entre qué líneas de la cuadrícula terminaría la barra de mayo?

Práctica independiente

En los Ejercicios **6** y **7**, usa la tabla de conteo.

Datos

Tienda de ropa favorita		
Tienda	Conteo	Número de votos
El Mercado	卌 卌 卌	15
Caliropa	卌 卌 卌 卌 卌 卌	30
Super Moda	卌 卌 卌 卌	20
Lo último	卌	5

6. Haz una gráfica de barras para mostrar los datos.

7. Hacer generalizaciones Explica cómo usar la gráfica de barras para hallar qué tienda recibió más votos.

Puedes encontrar otro ejemplo en el Grupo D, página 407.

Escribe un título.

El título de esta gráfica de barras es "Cantidad que Greg ahorró por mes".

Escoge la escala. Decide cuántas unidades representa cada línea de la cuadrícula.

Cada línea de la cuadrícula representa $10.

Haz la gráfica con la escala, los meses indicados en la tabla y los rótulos. Dibuja una barra para cada mes.

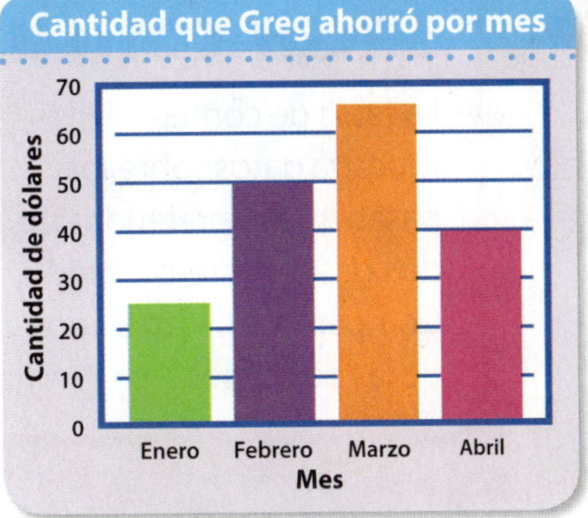

Resolución de problemas

PRÁCTICAS MATEMÁTICAS

En los Ejercicios **8** y **9**, usa la tabla de la derecha.

8. Representar Haz una gráfica de barras. Escribe un título. Escoge una escala. Dibuja barras horizontales.

Tipo de película	Aventuras	Dibujos animados	Comedia	Ciencia ficción
Número de votos	16	8	10	7

9. Razonar ¿Cuáles son los dos tipos de películas que tuvieron la menor cantidad de votos?

10. Usar herramientas Cada boleto cuesta $8. ¿Cuál es el costo total de los boletos para una familia de 6 personas? Haz un dibujo como ayuda para resolver el problema.

En los Ejercicios **11** y **12**, supón que haces una gráfica de barras para mostrar los datos de la tabla.

11. Escribir para explicar ¿Qué escala escogerías? Explícalo.

12. ¿Cuál sería la barra más larga?

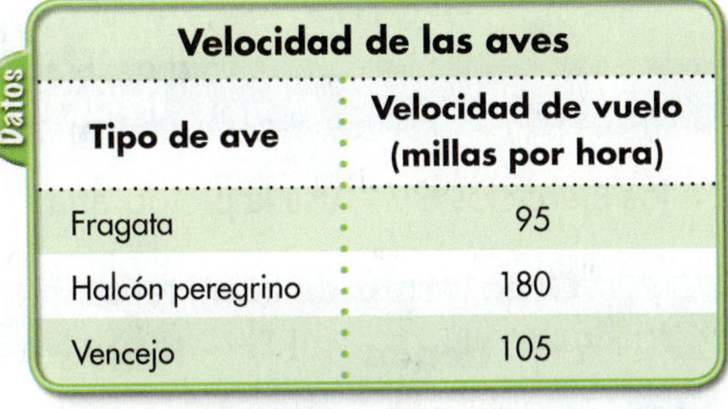

Velocidad de las aves	
Tipo de ave	Velocidad de vuelo (millas por hora)
Fragata	95
Halcón peregrino	180
Vencejo	105

13. Usar la estructura Luz hizo esta gráfica para mostrar cuántos amigos usaron cada uno de los colores de zapatos. ¿Qué información necesita Luz para completar la gráfica?

  A Cuántos amigos usaron zapatos negros

  B El color de los zapatos de la barra más larga

  C El color de los zapatos de exactamente 8 amigos

  D El color de los zapatos de exactamente 7 amigos

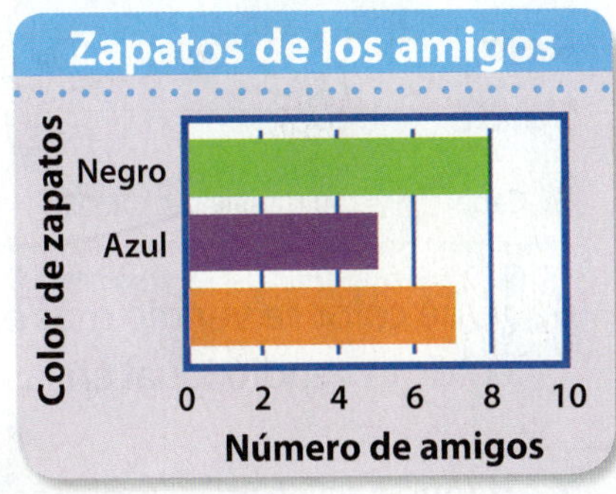

Estándares comunes

3.MD.3 Dibujar pictografías a escala y gráficas de barras a escala para representar un conjunto de datos con varias categorías. Resolver problemas de uno y dos pasos sobre "cuántos más" y "cuántos menos" utilizando la información presentada en gráficas de barras a escala . . . .

Resolución de problemas

Usar tablas y gráficas para sacar conclusiones

La tabla de conteo muestra datos sobre los pasatiempos preferidos de dos clases del tercer grado. Compara los pasatiempos de las dos clases.

Datos

Pasatiempos preferidos

	Clase A		Clase B	
Pasatiempo	**Conteo**	**Número**	**Conteo**	**Número**
Construir modelos	III	3	HHI	5
Dibujar	HHI HHI II	12	HHI II	7
Coleccionar piedras	IIII	4	IIII	4
Leer	HHI I	6	HHI IIII	9

Práctica guiada*

PRÁCTICAS MATEMÁTICAS

¿CÓMO hacerlo?

Datos

Millas del club de ciclistas

Miembro	Víctor	Rosita	Gary	Héctor
Número de millas	20	35	30	20

1. ¿Qué miembro del club recorrió exactamente 10 millas más que Héctor?

2. ¿Quién recorrió exactamente la misma distancia que Héctor?

¿Lo ENTIENDES?

3. Comunicarse ¿Cómo te pueden ayudar las barras de una gráfica a comparar datos?

4. ¿Cuál es el pasatiempo favorito de la Clase A de arriba? ¿De la Clase B?

5. Escribir un problema Usa la tabla de conteo o la gráfica de arriba o la tabla de la izquierda para escribir un problema de comparación. Luego, resuelve el problema.

Práctica independiente

PRÁCTICAS MATEMÁTICAS

En los Ejercicios **6** y **7**, usa la pictografía.

Gran venta de camisetas

	Tienda A	**Tienda B**
Azul	👕 👕 ▮	👕
Roja	👕 👕	👕 👕 ▮
Verde	▮	▮

Cada 👕 = 10 Camisetas. Cada ▮ = 5 Camisetas.

Aplicar las prácticas matemáticas

- ¿Qué me piden que halle?
- ¿Qué otra cosa puedo intentar?
- ¿Cómo se relacionan las cantidades?
- ¿Cómo puedo explicar mi trabajo?
- ¿Cómo puedo usar las matemáticas para representar el problema?
- ¿Me serviría de ayuda alguna herramienta?
- ¿Hay precisión en mi trabajo?
- ¿Por qué funciona esto?
- ¿Cómo puedo hacer generalizaciones?

6. ¿Qué color se vendió más en cada tienda? ¿Qué color se vendió igual en las dos tiendas?

7. ¿Dónde se vendió con más frecuencia el azul?

Puedes encontrar otro ejemplo en el Grupo D, página 407.

Haz una gráfica de barras para cada clase.

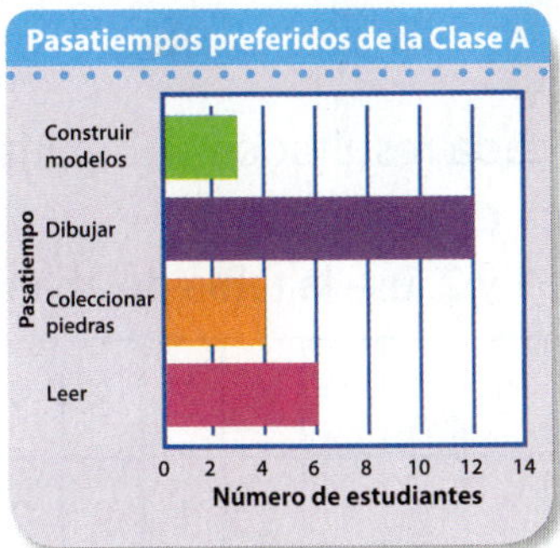

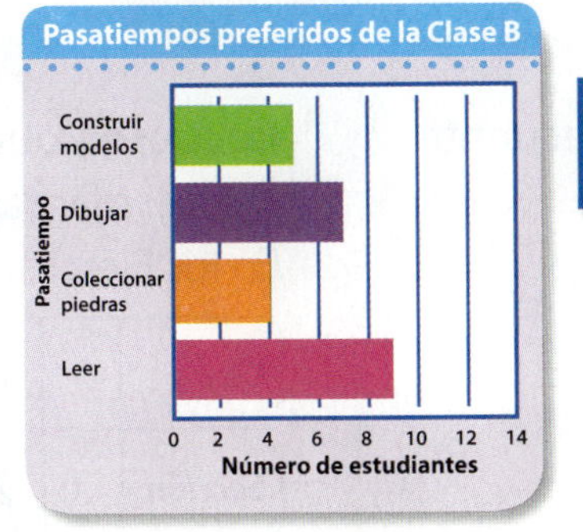

Ahora lee las gráficas y haz las comparaciones.

- En la Clase B hay más estudiantes que prefieren construir modelos que en la Clase A.
- En las dos clases el mismo número de estudiantes prefieren coleccionar piedras.

En los Ejercicios **8** a **10**, usa la gráfica de barras de la derecha.

8. ¿Cuántas personas en total votaron por su tipo preferido de ejercicio?

9. ¿Cuántas personas más votaron por la gimnasia que por el atletismo?

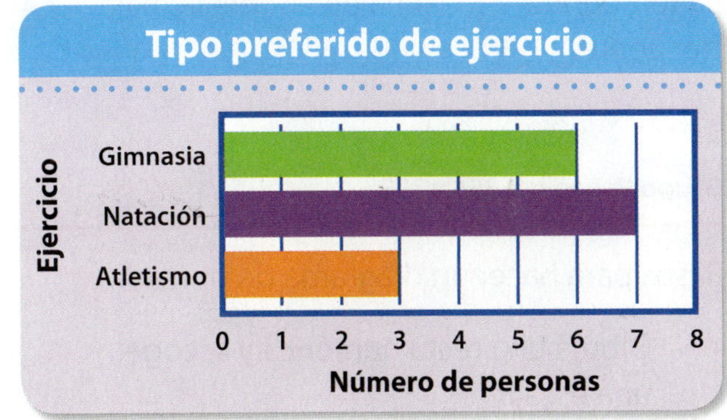

10. Escribir un problema Escribe y resuelve un problema verbal diferente de los Ejercicios 8 y 9.

En los Ejercicios **11** a **13**, usa la tabla de conteo.

11. Representar Haz una gráfica para mostrar los datos. Escoge una pictografía o una gráfica de barras.

12. ¿Quién leyó exactamente 10 libros más que Sandra?

13. Escribe los nombres de los miembros, ordenados del que leyó más libros al que leyó menos libros.

Datos

Libros leídos por los miembros del Club de Lectura	
Miembro	**Número de libros leídos**
Daryl	ЖЖ ЖЖ ЖЖ III 18
Alice	ЖЖ ЖЖ ЖЖ I 6
Sandra	ЖЖ III 8
Helmer	ЖЖ ЖЖ IIII 14

14. Razonar En el mercado de frutas y verduras, Matías regala a los clientes 2 manzanas por cada 6 manzanas que compran. Si Lucinda compra 24 manzanas, ¿cuántas manzanas gratis recibirá?

A 2 manzanas **C** 6 manzanas

B 4 manzanas **D** 8 manzanas

15. Escribir para explicar ¿Qué tipos de comparaciones puedes hacer cuando miras una gráfica de barras o una pictografía?

Grupo A, páginas 392 y 393

¿Cuál fue la temperatura máxima más frecuente en junio?

Temperaturas máximas en junio

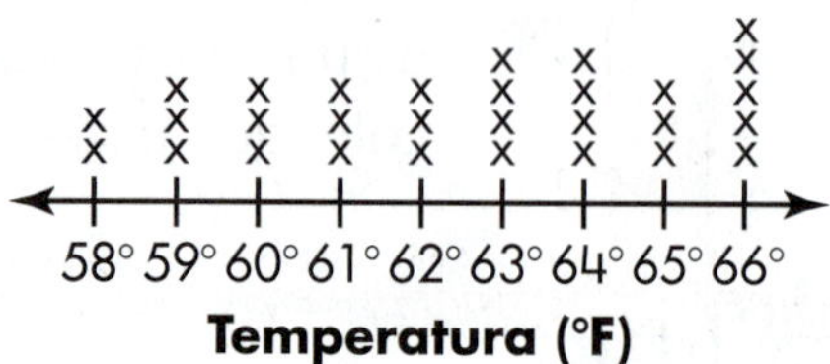

La temperatura máxima de 66° fue la más frecuente.

Recuerda que cada resultado recibe una X en el diagrama de puntos.
En los Ejercicios **1** y **2**, usa la tabla de abajo.

Giro	1	2	3	4	5	6	7	8	9
Sección	3	2	2	2	1	2	1	2	2

1. Haz un diagrama de puntos de los datos.

2. ¿Cuántos giros más cayeron en la Sección 2 que en la Sección 1?

Grupo B, páginas 394 y 395

Pasos para hacer un diagrama de puntos:

- Dibuja una recta numérica y escoge una escala.

- La escala debe mostrar los valores de datos del menor al mayor.

- Escribe un título para el diagrama de puntos.

- Marca con una X cada longitud.

Datos

Longitudes de las cintas de Lila

Colores de cinta	Longitud
Rojo	$5\frac{1}{2}$ pulgs.
Azul	4 pulgs.
Blanco	$5\frac{1}{2}$ pulgs.
Amarillo	$4\frac{1}{4}$ pulgs.
Rosado	$4\frac{3}{4}$ pulgs.

Longitudes de las cintas de Lila

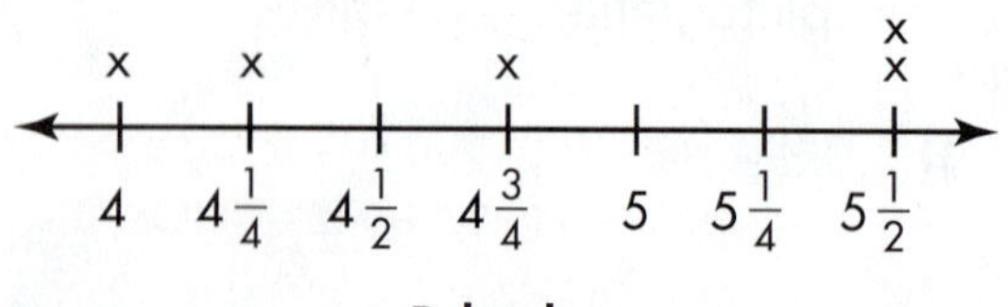

Recuerda que debes marcar con una X cada resultado. Comprueba tu diagrama de puntos terminado con los datos de la tabla.

Datos

Longitudes de los cordeles de Carly

Colores de cordel	Longitud
Anaranjado	6 pulgs.
Azul	$7\frac{3}{4}$ pulgs.
Verde	$7\frac{1}{2}$ pulgs.
Amarillo	$7\frac{1}{2}$ pulgs.
Morado	5 pulgs.

1. Dibuja un diagrama de puntos para mostrar los datos.

2. ¿Cuántos cordeles tiene Carly en total?

3. ¿Cuál es la longitud del cordel más largo?

4. ¿Cuál es la longitud del cordel más corto?

5. ¿Qué longitud de cordel es la más común?

Grupo C, páginas 369 a 398, 400 y 401

¿Cuál es la estación favorita de estos estudiantes?

Estación favorita

| Verano | Primavera | Otoño | Verano | Verano |
| Primavera | Verano | Invierno | Otoño | Verano |

Haz una tabla de conteo y una pictografía.

Escoge un título y rotula las columnas. Haz una marca de conteo por cada respuesta. Cuenta las marcas de conteo. Anota el número.

Datos

Estación favorita		
Estación	**Conteo**	**Número**
Otoño	II	2
Primavera	II	2
Verano	IIIII	5
Invierno	I	1

Escoge una clave para la pictografía. Cada ⬤ representa 2 votos; cada ◖ representa 1 voto.

Estación	Votos
Otoño	◖
Primavera	⬤
Verano	⬤ ⬤ ◖
Invierno	◖

Recuerda que debes asegurarte de que tus marcas de conteo y los símbolos de la pictografía concuerden con los datos.

En los Ejercicios **1** a **3**, usa los datos del nombre del equipo.

Votos por el nombre del equipo

Ases	Fuego	Ases	Fuego	Ases
Ases	Fuego	Fuego	Ases	Estrellas
Fuego	Estrellas	Fuego	Fuego	Fuego
Ases	Ases	Ases	Fuego	Estrellas
Fuego	Fuego	Fuego	Ases	Fuego
Estrellas	Fuego	Estrellas	Fuego	Ases

1. Haz una tabla de conteo para los datos.

2. ¿Cuántos más jugadores votaron por Fuego que por Estrellas como nombre de su equipo?

3. Escoge una clave y haz una pictografía para mostrar los datos.

Grupo D, páginas 402 a 405

¿Cómo puedes hacer una gráfica de barras para sacar conclusiones sobre cuánto ahorró Daniel?

Datos

Mes	Cantidad	Mes	Cantidad
Enero	$20	Marzo	$30
Febrero	$35	Abril	$15

Escoge 10 para la escala. Las cantidades con un 5 en el lugar de las unidades estarán a la mitad entre 2 líneas de la cuadrícula.

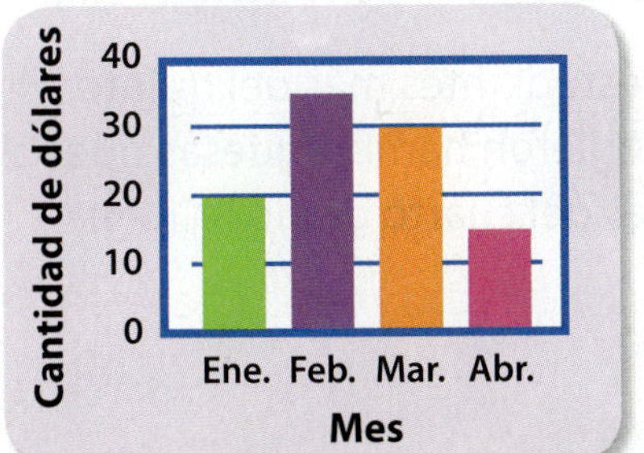

La barra más larga en febrero muestra la mayor cantidad.

La barra más corta en abril muestra la menor cantidad.

Recuerda que puedes comparar las barras para sacar conclusiones.

1. Haz una gráfica de barras con los siguientes datos.

Datos

Monedas de 1¢ ahorradas			
Día	**Cantidad**	**Día**	**Cantidad**
Lunes	25	Miércoles	15
Martes	20	Jueves	10

2. Supón que la barra del viernes tiene la misma longitud que la barra del martes. ¿Qué conclusión puedes sacar?

3. ¿Cuántas monedas de 1¢ se ahorraron en los 4 días combinados?

Opción múltiple

En los Ejercicios **1** a **3**, usa la pictografía.

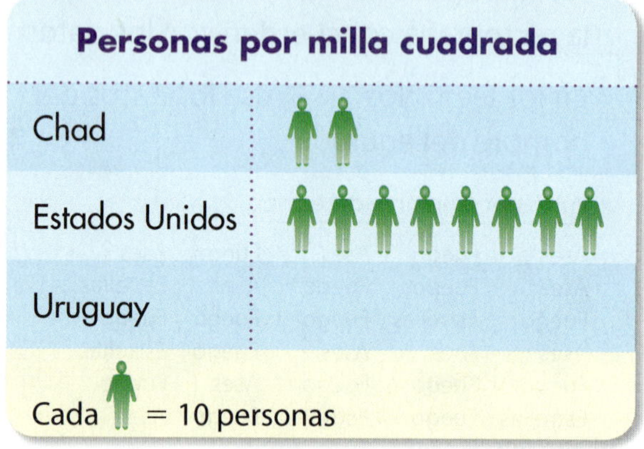

En los Ejercicios **4** a **5**, usa las gráficas.

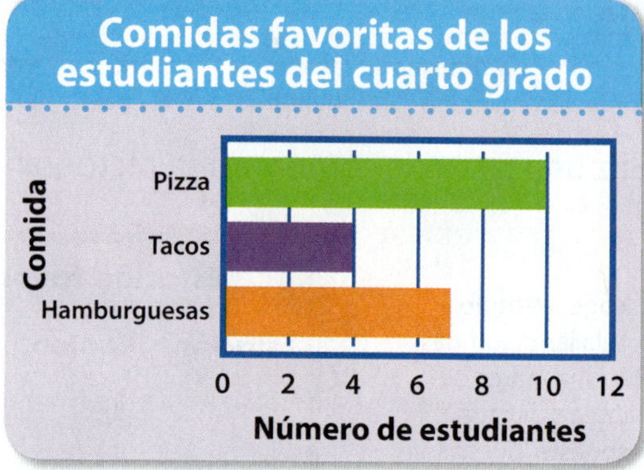

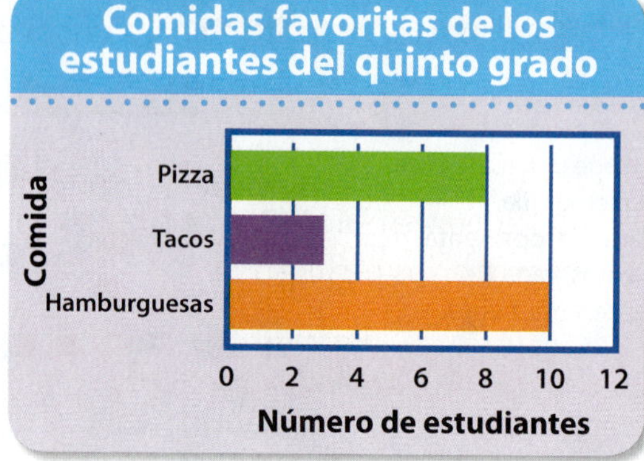

1. ¿Cuántas personas por milla cuadrada tiene Chad? (16-3)

   A 80

   B 20

   C 10

   D 2

2. ¿Cuántas personas más por milla cuadrada tienen los Estados Unidos que Chad? (16-3)

   A 6

   B 20

   C 60

   D 100

3. Si Pedro sabe que Uruguay tiene 50 personas por cada milla cuadrada, ¿cuántos símbolos debe dibujar para Uruguay? (16-4)

   A 5

   B 10

   C 25

   D 50

4. ¿Qué enunciado sobre los datos en las gráficas es verdadero? (16-6)

   A La pizza es la comida favorita de ambos grados.

   B Al mismo número de estudiantes en ambos grados les gustan los tacos.

   C A más estudiantes del cuarto grado que del quinto grado les gustan las hamburguesas.

   D A más estudiantes del cuarto grado que del quinto grado les gusta la pizza.

5. ¿Cuántos estudiantes más del quinto grado escogieron hamburguesas que estudiantes del cuarto grado? (16-6)

   A 2

   B 3

   C 5

   D 6

Trudy realizó una encuesta e hizo la tabla de conteo de abajo. Usa la tabla de conteo para el Ejercicio **6**.

Primera inicial	
Inicial	**Conteo**
J	II
S	III
T	IIII

6. ¿Qué inicial tendrá la barra más alta de la gráfica de barras de los datos de Trudy? (16-5)

7. José giró una flecha giratoria 12 veces. El siguiente diagrama de puntos muestra los resultados.

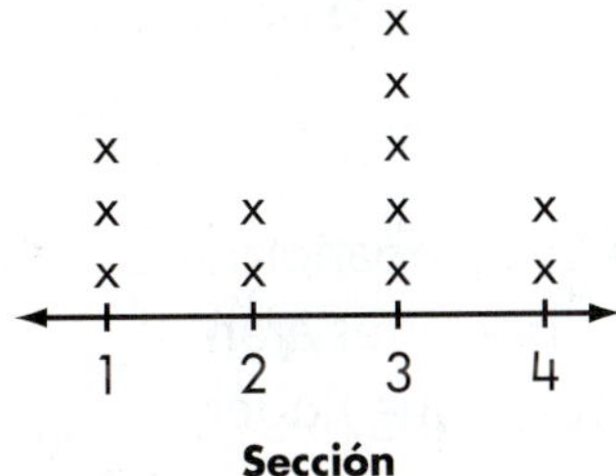

Resultados de la flecha giratoria

¿En qué sección cayó José con mayor frecuencia? (16-1)

8. Haz una gráfica de barras para mostrar los datos de la tabla. (16-5)

Tipo de música favorita	
Tipo	**Número de votos**
Hip-Hop	45
Rock	35
Pop	50
Country	30

En los Ejercicios **9** y **10**, usa la tabla.

Longitudes de los cordeles de Tony	
Colores de cordel	**Longitud**
Cordel negro	$3\frac{1}{2}$ pulgs.
Cordel azul	4 pulgs.
Cordel blanco	$3\frac{1}{2}$ pulgs.
Cordel café	$3\frac{1}{4}$ pulgs.
Cordel verde	$4\frac{3}{4}$ pulgs.

9. A Tony le gusta coleccionar cordeles de colores. Dibuja un diagrama de puntos para mostrar las longitudes de sus cordeles. (16-1)

10. ¿Cuál es la longitud de cordel más común que Tony ha coleccionado? (16-2)

Rick realizó una encuesta a los estudiantes de su grado. Les pidió votar por el número de días que pensaban que llovería la siguiente semana. La tabla muestra los resultados de su encuesta. Usa la tabla en los Ejercicios **11** y **12**.

Número de días que lloverá	**Número de votos de los estudiantes**
0	15
1	30
2	25
3 ó mas	10

11. Rick quiere hacer una pictografía para mostrar los datos. ¿Cuántos votos debe representar cada símbolo de su pictografía? (16-4)

12. ¿Cuántos estudiantes en total respondieron a la encuesta de Rick? (16-6)

Haz a tus compañeros de la clase una pregunta como las que se muestran abajo. Luego, usa tus datos para realizar las actividades siguientes en una hoja aparte. Esto te ayudará a organizar tus datos y crear gráficas. Después, puedes comparar los datos de las gráficas.

| ¿Cuál de estas frutas te gusta más: manzana, plátano, naranja o durazno? | ¿Cuál de estos deportes es tu favorito: futbol americano, golf, natación o básquetbol? | ¿Cuál de estas materias te gusta más en la escuela: Lectura, Matemáticas, Ciencias o Estudios Sociales? |

1. Piensa en una pregunta que les puedas hacer a tus compañeros de la clase. Escribe la pregunta y 4 opciones de respuesta.

2. Haz la pregunta a 20 compañeros de la clase. Haz una tabla de conteo para anotar las respuestas de tus compañeros. Haz columnas en tu tabla de conteo para Opción de respuesta, Conteo y Número.

3. Haz una gráfica de barras para mostrar los resultados de tu encuesta.

4. Haz un diagrama de puntos para mostrar los resultados de tu encuesta.

5. Escribe dos enunciados que comparen los datos de tus gráficas.

6. Roger hizo la pictografía de abajo después de pedirle a 25 compañeros de la clase que escogieran su tipo favorito de sándwich. Las opciones eran mantequilla de maní, pavo, queso o jamón. Explica 3 errores que Roger cometió a la hora de elaborar su pictografía.

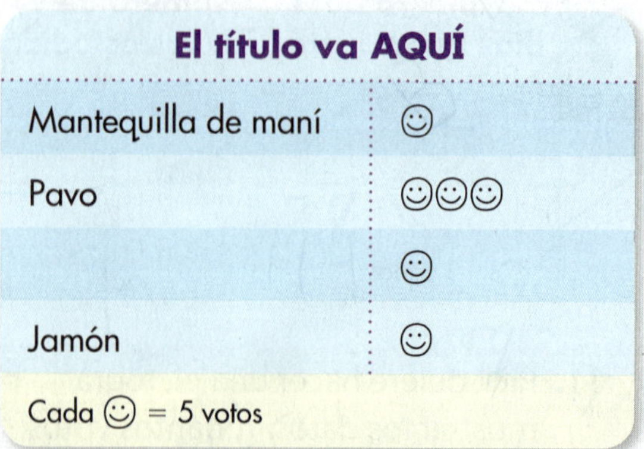

Scott Foresman · Addison Wesley
enVisionMATH
Common Core en español

Un paso adelante

1

Estándares comunes

4.NBD.5 Multiplicar un número entero no negativo de hasta cuatro dígitos por un número entero no negativo de un dígito … utilizando ecuaciones, matrices rectangulares y/o modelos de área.

Matrices y multiplicación por 10 y por 100

¿Cómo multiplicas por 10 y por 100?

4×5 se puede escribir como $5 + 5 + 5 + 5$.

Usa esta idea para multiplicar por 10 y por 100.

¿Cuántos botones con foto puede hacer Diana si compra 4 paquetes de 10 botones?

Práctica guiada

PRÁCTICAS MATEMÁTICAS

¿CÓMO hacerlo?

En los Ejercicios **1** y **2**, halla los productos.

1. 5×10

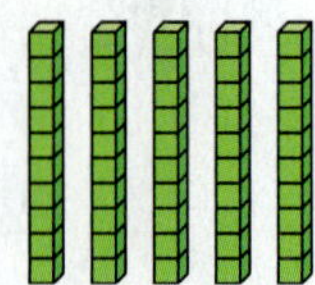

2. 1×100

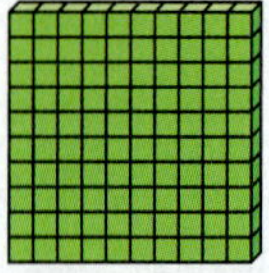

¿Lo ENTIENDES?

3. Representar ¿Qué producto es mayor: 4×10 ó 4×100? Haz un dibujo para mostrar cómo lo sabes.

4. ¿Cuántos botones con foto podría hacer Diana si comprara 7 paquetes de 100 botones?

Práctica independiente

Práctica al nivel En los Ejercicios **5** a **8**, halla los productos.

5. 6×10

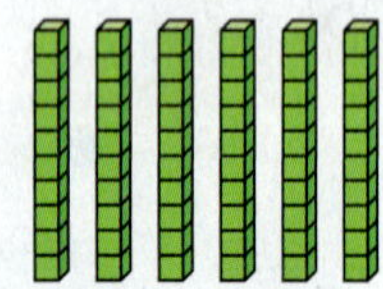

6. 3×100

7. 2×10

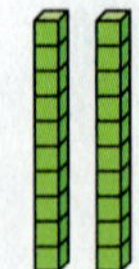

8. 4×100

Halla 4×10.

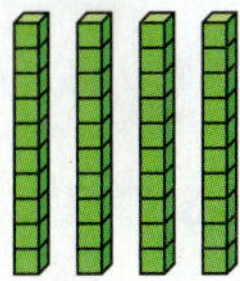

$4 \times 10 = 10 + 10 + 10 + 10$

$\qquad = 40$

$4 \times 10 = 40$

Diana puede hacer 40 botones con foto.

Diana encontró un sitio Web que vende paquetes de 100 botones. ¿Cuántos botones tendrá si compra dos paquetes de 100 botones?

Halla 2×100.

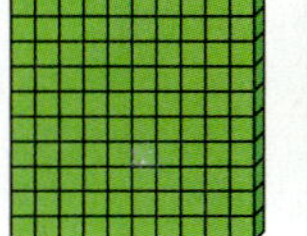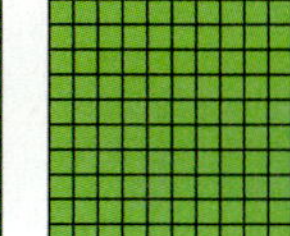

$2 \times 100 = 100 + 100$

$\qquad = 200$

$2 \times 100 = 200$

Diana tendrá 200 botones.

En los Ejercicios **9** a **12**, dibuja una matriz y halla los productos.

9. 8×10 **10.** 9×100 **11.** 8×100 **12.** 6×10

Resolución de problemas

PRÁCTICAS MATEMÁTICAS

13. Razonar Da tres valores de números enteros de ▭ para resolver la siguiente ecuación.

$$\square \times 10 = \square 0$$

14. Kendra ha ganado $37 por cuidar niños. Ella necesita $75 para comprar una patineta. ¿Cuánto dinero más necesita ganar Kendra?

15. Construir argumentos Marni tiene 7 bolsas de globos con 9 globos en cada bolsa. Kathleen tiene 6 bolsas de globos con 10 globos en cada bolsa. ¿Quién tiene más globos? Explica cómo lo sabes.

16. Luis tiene 6 rollos de monedas de 1¢. Hay 50 monedas de 1¢ en cada rollo. ¿Cuántas monedas de 1¢ tiene Luis?

  A 30   **C** 65

  B 56   **D** 300

17. Razonar La palma sabal es el árbol del estado de la Florida. Una hoja de la palma sabal puede medir hasta 12 pies de longitud y hasta 6 pies de ancho. ¿Cuántas veces más larga puede ser la hoja de lo que es ancha?

18. Iván está contando el número de palmas sabal que hay en su vecindario. Hay 7 vecinos que tienen 10 palmas cada uno y uno que tiene 6 palmas. ¿Cuántas palmas en total hay en el vecindario de Iván?

Estándares comunes

4.NBD.5 Multiplicar un número entero no negativo de hasta cuatro dígitos por un número entero no negativo de un dígito … utilizando ecuaciones, matrices rectangulares y/o modelos de área.

Descomponer matrices

¿Cómo usas las matrices para hallar los productos?

Un estante tiene 4 filas. Cada fila puede contener 23 botellas de champú. Cada botella se vende a $6. ¿Cuántas botellas de champú puede contener el estante?

Escoge una operación Multiplica para hallar el total de una matriz.

Práctica guiada

¿CÓMO hacerlo?

En los Ejercicios **1** a **6**, usa bloques de valor de posición para construir una matriz. Halla los productos parciales y el producto.

1. $3 \times 21 =$ ☐   **2.** $2 \times 13 =$ ☐

3. $6 \times 25 =$ ☐   **4.** $4 \times 22 =$ ☐

5. $2 \times 29 =$ ☐   **6.** $3 \times 17 =$ ☐

¿Lo ENTIENDES?

7. En el ejemplo de arriba, ¿cuáles son las dos oraciones numéricas que dan los productos parciales?

8. En el ejemplo de arriba, ¿cuánto pagarías si compraras una fila de estas botellas de champú?

Práctica independiente

PRÁCTICAS MATEMÁTICAS

Representar En los Ejercicios **9** a **21**, usa bloques de valor de posición para hacer un dibujo que muestre cada matriz. Halla los productos parciales y el producto.

Ojo *Puedes dibujar líneas para mostrar decenas y X para mostrar unidades. Esta imagen muestra 2×28.*

_________ _________ x x x x x x x x
_________ _________ x x x x x x x x

9. $2 \times 24 =$ ☐   Halla los productos parciales: $2 \times 20 =$ ☐ $2 \times 4 =$ ☐
Suma los productos parciales para hallar el producto: $2 \times 24 =$ ☐

10. $2 \times 33 =$ ☐   **11.** $4 \times 27 =$ ☐   **12.** $5 \times 23 =$ ☐   **13.** $5 \times 19 =$ ☐

14. $7 \times 17 =$ ☐   **15.** $3 \times 26 =$ ☐   **16.** $5 \times 25 =$ ☐   **17.** $3 \times 22 =$ ☐

18. $3 \times 14 =$ ☐   **19.** $2 \times 28 =$ ☐   **20.** $4 \times 23 =$ ☐   **21.** $6 \times 19 =$ ☐

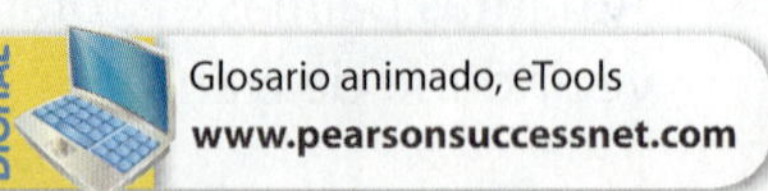

Construye una matriz para 4×23.

Descomponla en decenas y unidades. Halla cuántos hay en cada parte.

$$4 \times 20 = 80 \qquad 4 \times 3 = 12$$

Suma cada parte para obtener el producto.

$$4 \times 20 = 80 \qquad 4 \times 3 = 12$$
$$80 + 12 = 92$$

El **80** y el **12** se llaman productos parciales porque son partes del producto.

El estante puede contener 92 botellas.

Resolución de problemas

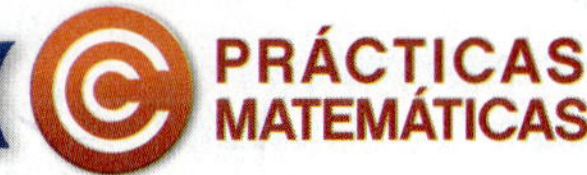

22. Usar la estructura Busca los patrones de la tabla. Copia y completa.

x	■	2	3	4	■	6
y	20	40	?	80	100	■

23. Representar ¿Cuántas baldosas de 1 pie por 1 pie se necesitan para cubrir un piso rectangular que mide 7 baldosas de un lado y 25 baldosas del otro lado?

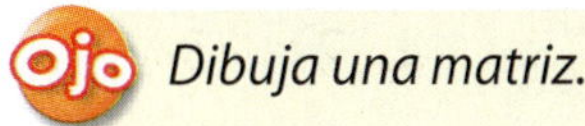

24. Los puntajes de Pablo en la gimnasia por sus primeras tres pruebas se muestran en la tabla de abajo. Necesita un total de 32 puntos para calificar para el encuentro estatal.

a Si su puntaje total fue de 33 puntos, ¿cuál fue su puntaje en la rutina de caballo con arcos?

b El tiempo total (en segundos) de su rutina en las barras paralelas fue de 13 veces la cantidad de puntos que ganó en esa rutina. ¿Cuál fue el tiempo total de su rutina en las barras paralelas?

Puntaje de Pablo en la gimnasia	
Potro	8
Barras paralelas	8
Piso	7
Caballo con arcos	
Total	

25. Cada cabina de la rueda *London Eye* tiene capacidad para 25 pasajeros. ¿Cuántos pasajeros pueden ir en 6 cabinas?

A 150 pasajeros

B 175 pasajeros

C 200 pasajeros

D 225 pasajeros

Usar un algoritmo desarrollado

¿Cómo anotas la multiplicación?

Una tienda pidió 2 cajas de videojuegos.
¿Cuántos videojuegos pidió la tienda?

Escoge una operación Multiplica para unir los grupos iguales.

Otro ejemplo ¿Cómo anotas la multiplicación cuando el producto tiene tres dígitos?

Gerardo jugó su nuevo videojuego 23 veces al día durante 5 días.
¿Cuántas veces jugó su videojuego en 5 días?

A 18

B 28

C 115

D 145

Escoge una operación Como se están uniendo 5 grupos iguales de 23, debes multiplicar. Halla 5×23.

Lo que muestras

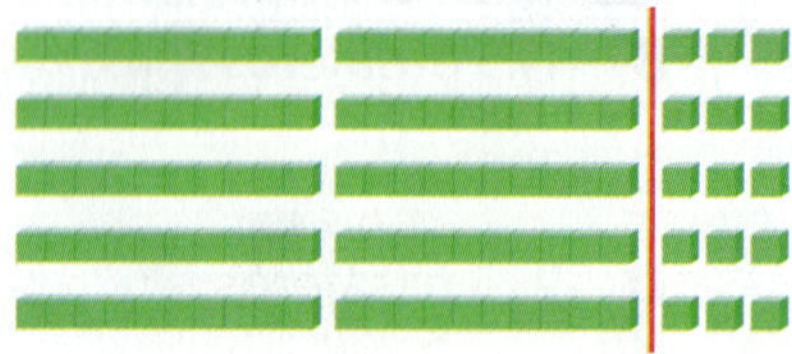

Lo que escribes

$$
\begin{array}{r}
23 \\
\times\ \ \ 5 \\
\hline
15 \\
+\ 100 \\
\hline
115
\end{array}
$$

Gerardo jugó su videojuego 115 veces en 5 días.
La opción correcta es **C**.

Explícalo

1. Explica cómo hallaste los productos parciales 15 y 100 en el trabajo anterior.

2. **¿Es razonable?** ¿Cómo te puede ayudar una estimación a eliminar las opciones de arriba?

Construye una matriz para mostrar 2 × 16.

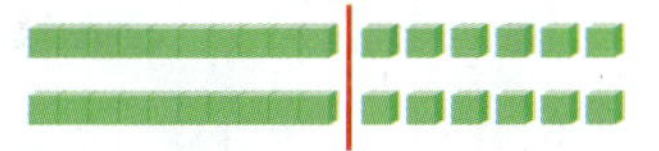

$2 \times 10 = 20$ $2 \times 6 = 12$

$20 + 12 = 32$

Ésta es una manera de anotar la multiplicación.

$$\begin{array}{r} 16 \\ \times 2 \\ \hline 12 \\ + 20 \\ \hline 32 \end{array}$$

← Productos parciales

La tienda pidió 32 juegos.

Práctica guiada

PRÁCTICAS MATEMÁTICAS

¿CÓMO hacerlo?

Representar En los Ejercicios **1** y **2**, usa bloques de valor de posición o haz dibujos para construir una matriz. Copia y completa los cálculos.

1. $2 \times 32 = $ ▢

$$\begin{array}{r} 32 \\ \times 2 \\ \hline \\ + \\ \hline \end{array}$$

2. $3 \times 16 = $ ▢

$$\begin{array}{r} 16 \\ \times 3 \\ \hline \\ + \\ \hline \end{array}$$

¿Lo ENTIENDES?

Usa la matriz y el cálculo que se muestran para el Problema 3.

$$\begin{array}{r} 14 \\ \times 3 \\ \hline 12 \\ + 30 \\ \hline 42 \end{array}$$

3. Razonar ¿Qué cálculo se usó para dar el producto parcial 12? ¿El 30? ¿Cuál es el producto de 3×14?

Práctica independiente

PRÁCTICAS MATEMÁTICAS

Práctica al nivel En los Ejercicios **4** a **8**, copia y completa los cálculos. Haz un dibujo como ayuda.

4.
$$\begin{array}{r} 24 \\ \times 5 \\ \hline \\ + \\ \hline \end{array}$$

5.
$$\begin{array}{r} 18 \\ \times 4 \\ \hline \\ + \\ \hline \end{array}$$

6.
$$\begin{array}{r} 17 \\ \times 2 \\ \hline \\ + \\ \hline \end{array}$$

7.
$$\begin{array}{r} 21 \\ \times 6 \\ \hline \\ + \\ \hline \end{array}$$

8.
$$\begin{array}{r} 28 \\ \times 3 \\ \hline \\ + \\ \hline \end{array}$$

9. Las mesas grandes tienen 8 sillas y las mesas pequeñas tienen 4 sillas. ¿Cuántos estudiantes se pueden sentar en 4 mesas grandes y 6 mesas pequeñas si todos los asientos están ocupados?

10. Usar la estructura La longitud de un lado de un cuadrado es de 12 pulgadas. ¿Cuál es el perímetro del cuadrado?

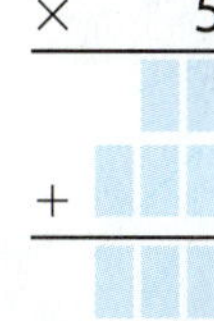

eTools
www.pearsonsuccessnet.com

4.NBD.5 Multiplicar un número entero no negativo de hasta cuatro dígitos por un número entero no negativo de un dígito … utilizando ecuaciones, matrices rectangulares y/o modelos de área.

Multiplicar números de 2 dígitos por números de 1 dígito

¿Cuál es una manera común de anotar la multiplicación?

¿Cuántas camisetas con la leyenda *y el punto es…* hay en 3 cajas?

Escoge una operación Multiplica para juntar los grupos iguales.

Leyenda en la camiseta	Número de camisetas por caja
Confía en mí	30 camisetas
y el punto es…	26 camisetas
Yo soy la princesa, por eso	24 camisetas
Porque yo lo digo	12 camisetas

Otro ejemplo   ¿Funciona la manera común de anotar la multiplicación para productos más grandes?

La Sra. Stockton pidió 8 cajas de camisetas con la leyenda *Yo soy la princesa, por eso.* ¿Cuántas de estas camisetas pidió?

Escoge una operación Como estás juntando 8 grupos de 24, debes multiplicar. Halla 8×24.

Paso 1

Multiplica las unidades.
Reagrupa si es necesario.

$$\begin{array}{r} 3 \\ 2\,4 \\ \times\quad 8 \\ \hline 2 \end{array}$$

$8 \times 4 = 32$ *unidades*
Reagrupa 32 unidades
como 3 decenas 2 unidades

Paso 2

Multiplica las decenas.
Suma las decenas adicionales.

$$\begin{array}{r} 3 \\ 2\,4 \\ \times\quad 8 \\ \hline 192 \end{array}$$

8×2 *decenas* $= 16$ *decenas*
16 decenas + 3 decenas = 19 decenas
ó 1 centena 9 decenas

La Sra. Stockton pidió 192 camisetas.

Explícalo

1. **¿Es razonable?** ¿Cómo puedes usar la estimación para decidir si 192 es una respuesta razonable?

2. En el ejemplo de arriba, ¿estás multiplicando 8×2 u 8×20? Explícalo.

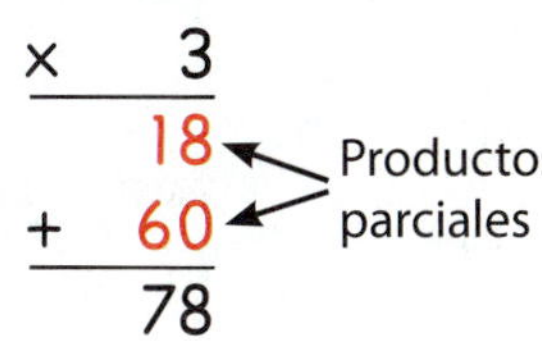

Recuerda que una manera de multiplicar es hallando los productos parciales.

$$\begin{array}{r} 26 \\ \times \quad 3 \\ \hline 18 \\ + \quad 60 \\ \hline 78 \end{array}$$

← Productos parciales

Un método abreviado para los productos parciales se muestra a la derecha.

Paso 1

Multiplica las unidades. Reagrupa si es necesario.

$$\begin{array}{r} \overset{1}{2}6 \\ \times \quad 3 \\ \hline 8 \end{array}$$

Paso 2

Multiplica las decenas. Suma las decenas adicionales.

$$\begin{array}{r} \overset{1}{2}6 \\ \times \quad 3 \\ \hline 78 \end{array}$$

Hay 78 camisetas en 3 cajas.

Práctica guiada

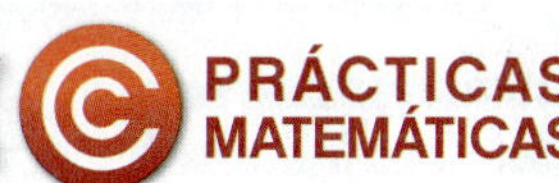
PRÁCTICAS MATEMÁTICAS

¿CÓMO hacerlo?

¿Es razonable? Halla los productos. Haz una estimación para comprobar que son razonables.

1. $\begin{array}{r} 17 \\ \times \ 5 \\ \hline \end{array}$

2. $\begin{array}{r} 24 \\ \times \ 3 \\ \hline \end{array}$

3. 7×34

4. 4×45

¿Lo ENTIENDES?

5. **Comunicarse** Explica cómo estimarías la respuesta del Ejercicio 3.

6. Carrie compró 8 cajas de camisetas con la leyenda *Porque yo lo digo*. ¿Cuántas camisetas compró Carrie?

Práctica independiente

PRÁCTICAS MATEMÁTICAS

¿Es razonable? Halla los productos. Haz una estimación para comprobar que son razonables.

7. $\begin{array}{r} 13 \\ \times \ 6 \\ \hline \end{array}$

8. $\begin{array}{r} 16 \\ \times \ 7 \\ \hline \end{array}$

9. $\begin{array}{r} 74 \\ \times \ 5 \\ \hline \end{array}$

10. $\begin{array}{r} 39 \\ \times \ 8 \\ \hline \end{array}$

11. 4×21

12. 3×52

13. 2×69

14. 9×42

En los Ejercicios **15** y **16**, usa la tabla de la derecha.

15. ¿Cuál es la longitud promedio que las uñas crecerán en un año?

16. ¿Cuánto más largo crecerá el pelo que las uñas en un mes? ¿En 6 meses?

Tasa de crecimiento promedio por mes	
Uñas	5 mm
Pelo	12 mm

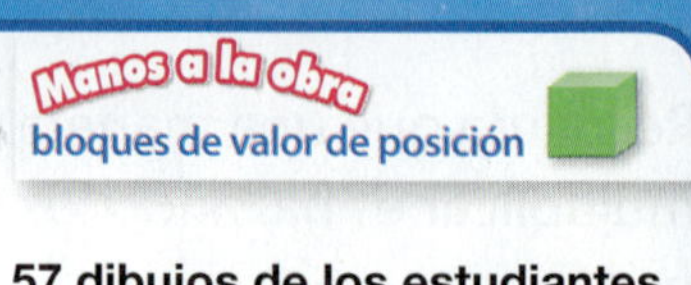

Usar modelos para dividir

¿Cómo te ayuda a dividir el valor de posición?

La Sra. Lynch exhibió 57 dibujos de los estudiantes en 3 paredes de su clase de arte. Si separó los dibujos por igual, ¿cuántos dibujos hay en cada pared?

Estima: $60 \div 3 = 20$

Otro ejemplo ¿Cómo representas los residuos?

Cuatro estudiantes comparten por igual 55 platos de papel para un proyecto de arte. ¿Cuántos platos recibe cada estudiante? ¿Cuántos platos sobran?

Paso 1 Divide las decenas

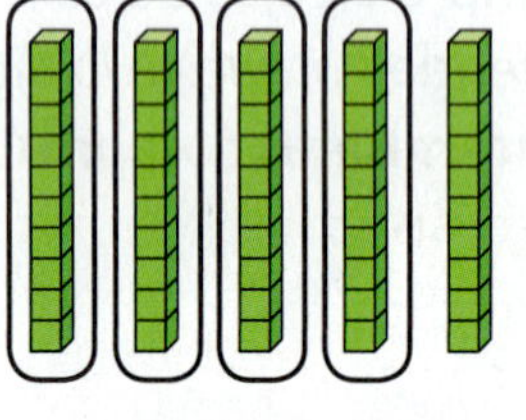

La división se usa para hallar el número en los grupos iguales.

$$\begin{array}{r} 1 \\ 4\overline{)55} \\ -4 \\ \hline 1 \end{array}$$

Hay 1 decena en cada grupo y sobra 1 decena.

Paso 2 Reagrupa 1 decena como 10 unidades y divide.

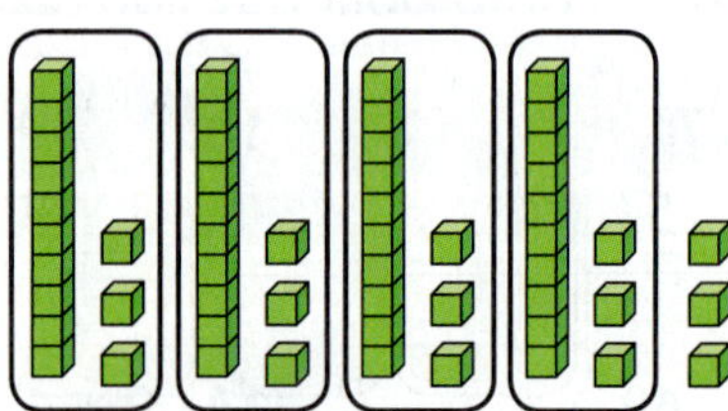

$$\begin{array}{r} 13 \ \text{R3} \\ 4\overline{)55} \\ -4 \\ \hline 15 \\ -12 \\ \hline 3 \end{array}$$

Cambia la decena adicional por diez unidades. La decena y las 5 unidades forman 15. Hay 3 unidades en cada grupo y sobran 3. El residuo se muestra en el cociente como R3.

Los cuatro estudiantes recibirán cada uno 13 platos de papel. Sobrarán 3 platos.

Explícalo

1. En el primer paso de arriba, ¿qué representa el 1 en el cociente?

2. **¿Es razonable?** ¿Cómo puedes comprobar que la respuesta es correcta?

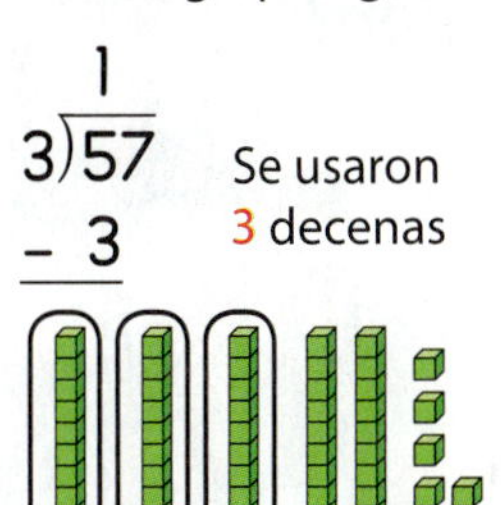

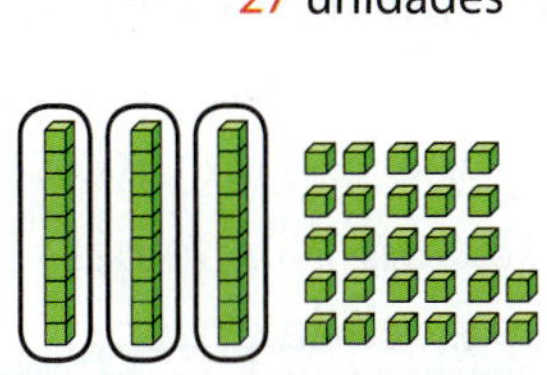

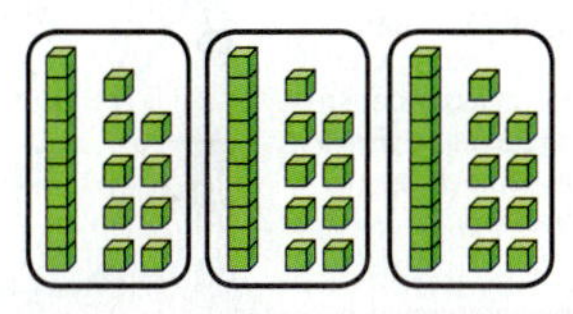

Hay 19 dibujos en cada pared.

Práctica guiada

PRÁCTICAS MATEMÁTICAS

¿CÓMO hacerlo?

En los Ejercicios **1** y **2**, usa bloques de valor de posición o haz dibujos. Indica cuántos hay en cada grupo y cuántos sobran.

1. 58 revistas y 8 cajas

2. 89 canicas y 4 bolsas

¿Lo ENTIENDES?

3. Describe otra manera de mostrar 57 con bloques de valor de posición.

4. Hacerlo con precisión La Sra. Davis exhibió 75 pinturas en 3 conjuntos. Si cada conjunto tenía el mismo número de pinturas, ¿cuántas había en cada grupo?

Práctica independiente

PRÁCTICAS MATEMÁTICAS

Razonar En los Ejercicios **5** y **6**, usa el modelo para completar las divisiones.

5. $68 \div \square = \square$ R2

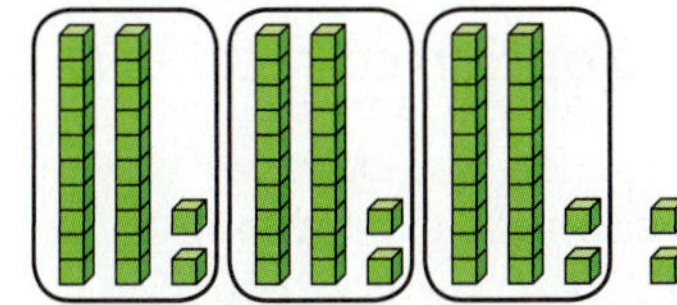

6. $\square \div 4 = \square$

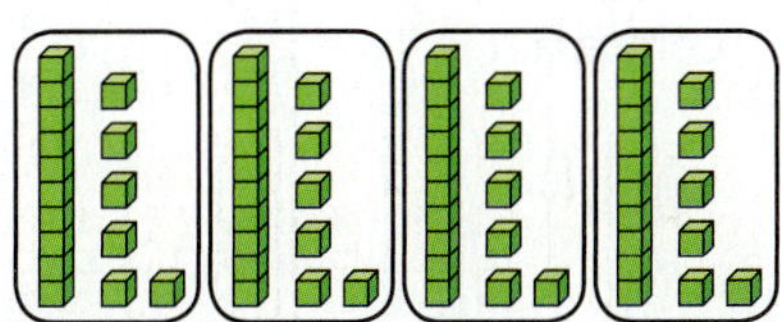

En los Ejercicios **7** a **21**, usa bloques de valor de posición o haz dibujos para resolver los problemas.

7. 4)49   **8.** 6)98   **9.** 3)55   **10.** 2)62   **11.** 5)68

12. 7)97   **13.** 9)94   **14.** 3)81   **15.** 6)63   **16.** 8)92

17. 2)47   **18.** 4)75   **19.** 5)85   **20.** 8)99   **21.** 7)92

DIGITAL
eTools
www.pearsonsuccessnet.com

Estándares comunes

4.OA.3 Resolver problemas verbales de varios pasos con números enteros no negativos y cuyas respuestas son números enteros no negativos utilizando las cuatro operaciones, incluyendo aquellos problemas en los que los residuos deben ser interpretados . . . . Evaluar lo razonable de las respuestas . . . .

Dividir números de 2 dígitos por números de 1 dígito

¿Cuál es una manera común de anotar la división?

Para la colecta de alimentos de la escuela, Alan tiene que poner el mismo número de latas de sopa en cuatro cajas.

¿Cuántas latas de sopa irán en cada caja?

Escoge una operación Divide para hallar el número que hay en cada grupo.

Otro ejemplo ¿Cómo divides con un residuo?

Alan recolecta 58 latas de vegetales. Pone el mismo número de latas en cuatro cajas. ¿Cuántas latas de vegetales irán en cada caja? ¿Cuántas latas sobrarán?

A   14 latas, sobrarán 2 latas

C   16 latas, sobrarán 2 latas

B   15 latas, sobrarán 2 latas

D   18 latas, sobrarán 2 latas

Paso 1

Divide las decenas.

Reagrupa la decena que sobra como 10 unidades.

$$\begin{array}{r} 1 \\ 4\overline{)58} \\ -\,4 \\ \hline 1 \end{array}$$

Divide. $5 \div 4 \approx 1$
Multiplica. $1 \times 4 = 4$
Resta. $5 - 4 = 1$
Compara. $1 < 4$

Paso 2

Baja las unidades.

Divide las unidades.

Multiplica y resta.

$$\begin{array}{r} 14\ R2 \\ 4\overline{)58} \\ -\,4\downarrow \\ \hline 18 \\ -\,16 \\ \hline 2 \end{array}$$

Divide. $18 \div 4 \approx 4$
Multiplica. $4 \times 4 = 16$
Resta. $18 - 16 = 2$
Compara. $2 < 4$

Paso 3

Comprueba multiplicando y sumando: $14 \times 4 = 56$ y $56 + 2 = 58$.

Habrá 14 latas de vegetales en cada caja y sobrarán 2 latas.

La opción correcta es **A**.

Explícalo

1. ¿Cómo se usan los pasos *divide, multiplica, resta* y *compara* en la división?

2. **Comunicarse** Cuando compruebas la división usando la multiplicación, ¿qué haces con el residuo?

Práctica guiada

PRÁCTICAS MATEMÁTICAS

¿CÓMO hacerlo?

En los Ejercicios **1** y **2**, copia y completa los cálculos.

1.
$$\begin{array}{r} 3 \\ 2\overline{)76} \\ -\ \ \\ \hline 6 \\ -1 \\ \hline 0 \end{array}$$

2.
$$\begin{array}{r} 3\ R \\ 4\overline{)95} \\ -\ 8 \\ \hline \\ -\ \\ \hline \end{array}$$

¿Lo ENTIENDES?

3. Construir argumentos Explica cómo estimarías para hallar la respuesta del Ejercicio 1.

4. Alan recolecta 74 latas de fruta. Pone el mismo número de latas en 5 cajas. ¿Sobrará alguna lata? Si así fuera, ¿cuántas latas sobrarían?

Práctica independiente

PRÁCTICAS MATEMÁTICAS

Práctica al nivel En los Ejercicios **5** a **8**, copia y completa los cálculos.

5.
$$\begin{array}{r} \\ 7\overline{)91} \\ -\ 7 \\ \hline 1 \\ -\ 2 \\ \hline 0 \end{array}$$

6.
$$\begin{array}{r} 8 \\ 3\overline{)84} \\ -\ \\ \hline 4 \\ -\ 2 \\ \hline 0 \end{array}$$

7.
$$\begin{array}{r} R \\ 4\overline{)78} \\ -\ 4 \\ \hline \\ -\ 3 \\ \hline 2 \end{array}$$

8.
$$\begin{array}{r} 1\ R \\ 6\overline{)93} \\ -\ \\ \hline \\ -\ \\ \hline \end{array}$$

¿Es razonable? En los Ejercicios **9** a **18**, halla los cocientes. Comprueba tus respuestas.

9. $4\overline{)75}$ **10.** $2\overline{)68}$ **11.** $6\overline{)80}$ **12.** $5\overline{)76}$ **13.** $3\overline{)93}$

14. $5\overline{)95}$ **15.** $3\overline{)79}$ **16.** $2\overline{)81}$ **17.** $4\overline{)88}$ **18.** $6\overline{)72}$

19. Escribir para explicar ¿Por qué $62 \div 5$ tiene dos dígitos en el cociente, mientras que $62 \div 7$ sólo tiene un dígito en el cociente?

Un paso
adelante
7

**Estándares
comunes**

4.OA.4 Hallar todos los
pares de factores de un
número entero no negativo
con rango de 1 a 100.
Reconocer que un número
entero no negativo es un
múltiplo de cada uno de sus
factores . . . .

Factores

¿Cómo usas la multiplicación para hallar todos los factores de un número?

Janet tiene 16 muñecos de juguete. Quiere ordenarlos en grupos de igual tamaño alrededor de su cuarto. ¿Cuáles son las maneras en que Janet puede ordenar los muñecos de juguete? Janet tiene que pensar en todos los factores de 16.

16 muñecos
de juguete

Práctica guiada

**PRÁCTICAS
MATEMÁTICAS**

¿CÓMO hacerlo?

En los Ejercicios **1** a **4**, escribe cada número como un producto de dos factores de dos maneras diferentes.

1. 32

2. 48

3. 60

4. 72

En los Ejercicios **5** a **8**, halla todos los factores de cada número. Usa fichas como ayuda.

5. 24

6. 30

7. 64

8. 80

¿Lo ENTIENDES?

9. Razonar ¿Qué factor, además del 1, tienen todos los números pares?

10. Escribir para explicar ¿Es 6 un factor de 15?

11. Janet compró 2 muñecos de juguete más. ¿Cuáles son todas las diferentes agrupaciones iguales que puede hacer ahora?

12. El hermano de Janet tiene 31 muñecos de juguete. ¿Cuáles son todos los factores de 31?

Práctica independiente

En los Ejercicios **13** a **32**, halla todos los factores de cada número. Usa fichas como ayuda.

Ojo Para cada número, busca todas las maneras en que puedes ordenar las fichas en matrices.

13. 8

14. 38

15. 17

16. 13

17. 9

18. 25

19. 23

20. 44

21. 15

22. 50

23. 41

24. 48

25. 27

26. 21

27. 90

28. 34

29. 72

30. 35

31. 77

32. 19

$16 = 1 \times 16$

Janet puede ordenar
16 muñecos en 1 grupo

ó

16 grupos de 1 muñeco.

Por tanto, 1 y 16 son
factores de 16.

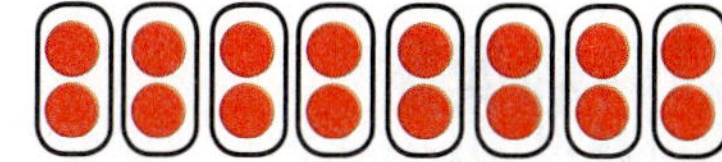

$16 = 2 \times 8$

Janet puede ordenar
2 muñecos en 2 grupos

ó

2 grupos de 8 muñecos.

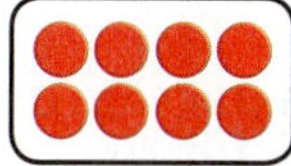 

Por tanto, 2 y 8 son
factores de 16.

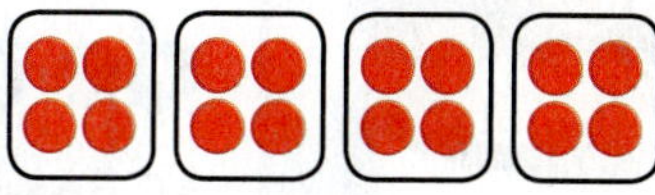

$16 = 4 \times 4$

Janet puede ordenar
4 muñecos en 4 grupos

4 es un factor de 16.

Los factores de 16 son
1, 2, 4, 8 y 16.

Resolución de problemas

33. Susana está haciendo el modelo de una granja eólica. Quiere poner 24 turbinas en su modelo. ¿Cuáles son todas las formas en que puede hacer matrices usando 24 turbinas?

34. **Comunicarse** Amanda quiere incluir una matriz de 35 fotos en su sitio Web. Describe las matrices que puede hacer.

35. ¿Qué opción enumera todos los factores de 58?

   A   1, 58   **C**   1, 2, 58

   B   1, 2, 18, 58   **D**   1, 2, 29, 58

36. **Razonar** Cualquier número que tiene 6 como un factor también tiene 3 como un factor. ¿Por qué ocurre esto?

37. **Razonar** ¿Qué factores tienen en común 16 y 24?

38. Aproximadamente 50 de los 1,500 volcanes posiblemente activos en la Tierra hacen erupción cada año. ¿Cuáles son los factores de 50?

39. En una granja eólica grande, hay 4 filas de 15 turbinas eólicas en cada una y 6 filas de 11 turbinas eólicas en cada una. ¿Cuántas turbinas eólicas hay en la granja eólica en total?

40. El volcán más grande de la Tierra es el Mauna Loa, en Hawái. Mide 30,080 pies de altura desde el fondo del mar hasta su punto más alto. Si 13,680 pies del volcán están por encima del nivel del mar, ¿cuántos pies están por debajo del nivel del mar?

41. Un manatí mide 10 pies de longitud. Si 1 pie equivale a 12 pulgadas, ¿cuántas pulgadas de longitud mide el manatí?

   A   12 pulgadas   **C**   120 pulgadas

   B   24 pulgadas   **D**   144 pulgadas

Estándares comunes

4.NOF.3.d Resolver problemas verbales sobre sumas y restas de fracciones relacionadas a un mismo entero y con el mismo denominador, ...

Representar la suma de fracciones

¿Cómo usas tiras de fracciones para sumar fracciones?

Diez equipos de navegación en rápidos están compitiendo río abajo. Dos equipos tienen balsas rojas y un equipo tiene una balsa azul. ¿Qué fracción de las balsas son ya sea rojas o azules?

Escoge una operación Suma la fracción del total de las balsas que son rojas a la fracción del total de las balsas que son azules.

Práctica guiada

PRÁCTICAS MATEMÁTICAS

¿CÓMO hacerlo?

Razonar En los Ejercicios **1** a **6**, usa tiras de fracciones para sumar las fracciones. Simplifica si es posible.

1. $\frac{1}{4} + \frac{1}{4}$

2. $\frac{1}{5} + \frac{3}{5}$

3. $\frac{2}{5} + \frac{1}{5}$

4. $\frac{1}{4} + \frac{2}{4}$

5. $\frac{2}{6} + \frac{2}{6}$

6. $\frac{1}{6} + \frac{1}{6}$

¿Lo ENTIENDES?

7. Construir argumentos En el problema de arriba, ¿qué fracción de las balsas son amarillas? ¿Qué par de fracciones sumarías para hallar la parte de las balsas que son ya sea rojas o amarillas?

8. ¿Qué par de fracciones se están sumando abajo? ¿Cuál es la suma?

| $\frac{1}{5}$ | $\frac{1}{5}$ | | $\frac{1}{5}$ | $\frac{1}{5}$ | $\frac{1}{5}$ |

Práctica independiente

En los Ejercicios **9** a **23**, halla las sumas. Simplifica si es posible. Puedes usar tiras de fracciones.

9. $\frac{1}{3} + \frac{1}{3}$

10. $\frac{7}{10} + \frac{1}{10}$

11. $\frac{2}{12} + \frac{4}{12}$

12. $\frac{1}{6} + \frac{1}{6} + \frac{2}{6}$

13. $\frac{3}{12} + \frac{3}{12}$

14. $\frac{5}{10} + \frac{2}{10}$

15. $\frac{6}{8} + \frac{2}{8}$

16. $\frac{2}{4} + \frac{2}{4}$

17. $\frac{4}{12} + \frac{3}{12}$

18. $\frac{1}{4} + \frac{2}{4}$

19. $\frac{3}{10} + \frac{5}{10}$

20. $\frac{1}{10} + \frac{2}{10} + \frac{1}{10}$

21. $\frac{3}{6} + \frac{2}{6}$

22. $\frac{1}{3} + \frac{2}{3}$

23. $\frac{1}{8} + \frac{4}{8} + \frac{1}{8}$

$\frac{2}{10}$ de las balsas son rojas y $\frac{1}{10}$ de las balsas son azules. Usa dos tiras de $\frac{1}{10}$ para mostrar $\frac{2}{10}$ y una tira de $\frac{1}{10}$ para mostrar $\frac{1}{10}$.

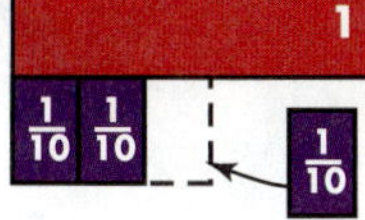

Se necesitan tres tiras de $\frac{1}{10}$.

Suma los numeradores. Escribe la suma sobre el común denominador.

$$\frac{2}{10} + \frac{1}{10} = \frac{3}{10}$$

Tres de diez ó $\frac{3}{10}$ de las balsas totales son ya sea rojas o azules.

Resolución de problemas

PRÁCTICAS MATEMÁTICAS

24. Representar Una pizza se corta en 8 porciones iguales. Haz un dibujo para mostrar que $\frac{3}{8} + \frac{1}{8} = \frac{4}{8}$ ó $\frac{1}{2}$.

25. Tomika tiene 2 gatos. Esponja pesa 9.316 libras y Príncipe pesa 10.54 libras. ¿Cuánto pesan los dos gatos juntos?

26. Razonar Supón que dos diferentes fracciones con los mismos denominadores son menores que 1. ¿Puede su suma ser igual a 1? ¿Puede su suma ser mayor que 1?

27. Una granja de pollos produce un promedio de 1,788 huevos por semana. Hay 12 huevos en una docena. ¿Cuántas docenas de huevos produce la granja en una semana promedio?

28. Escribir para explicar Sofía caminó $\frac{1}{4}$ de milla hasta la casa de Sheila y las dos caminaron $\frac{2}{4}$ de milla hasta la piscina. ¿Cuánto caminó Sofía? Explica cómo hallaste la respuesta.

29. Razonar Los lápices vienen 20 en cada paquete, 48 paquetes en cada caja y 12 cajas en cada cajón. ¿Aproximadamente cuántos lápices hay en un cajón?

30. Halla el valor que falta en la ecuación.

$$\frac{1}{10} + \frac{\square}{10} + \frac{3}{10} = \frac{7}{10}$$

A 2   **C** 4

B 3   **D** 5

31. Piensa en la estructura Maribel tenía 9 calcomanías. Compró 3 más. Luego, le dio a su hermana 6 calcomanías.

¿Qué expresión numérica muestra cuántas calcomanías tiene ahora Maribel?

A $(9 + 3) - 6$ **C** $9 - (3 + 6)$

B $(9 \times 3) \div 6$ **D** $9 - (3 - 6)$

32. Razonar ¿Cuándo es la suma de dos fracciones igual a 1?

Un paso
adelante
9

Estándares
comunes

4.NOF.3.d Resolver
problemas verbales sobre
sumas y restas de fracciones
relacionadas a un mismo
entero y con el mismo
denominador, ...

Representar la resta de fracciones

¿Cómo usas las tiras de fracciones para restar fracciones?

Un huerto está separado en doce secciones iguales.
Si se usan dos secciones para sembrar pimentones
picantes, ¿qué fracción queda para sembrar otros cultivos?

Escoge una operación Quita una parte del
entero para hallar la diferencia.

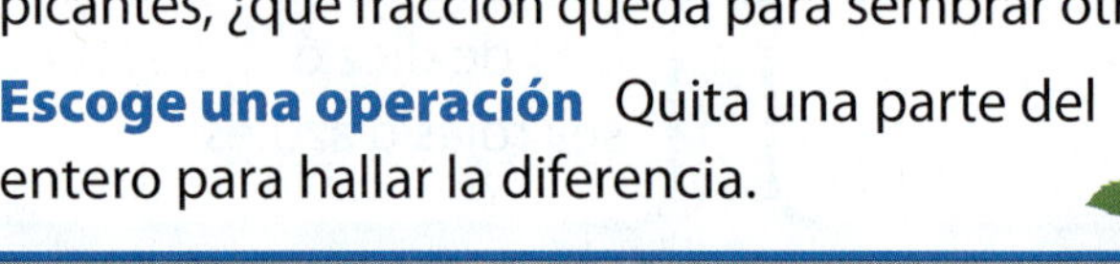

Práctica guiada

PRÁCTICAS MATEMÁTICAS

¿CÓMO hacerlo?

En los Ejercicios **1** a **6**, usa tiras de fracciones
para restar. Simplifica si es posible.

1. $\frac{3}{4} - \frac{2}{4}$ **2.** $\frac{5}{5} - \frac{3}{5}$

3. $\frac{6}{8} - \frac{3}{8}$ **4.** $\frac{8}{10} - \frac{2}{10}$

5. $\frac{11}{12} - \frac{8}{12}$ **6.** $\frac{4}{8} - \frac{2}{8}$

¿Lo ENTIENDES?

7. Razonar En el problema de
arriba, ¿qué parte del huerto está
representado por cada tira de fracción?

8. Comunicarse En el ejemplo de arriba,
si se usan 6 secciones para sembrar
pimentones picantes, ¿qué fracción
queda para sembrar otros cultivos?
Explícalo.

Práctica independiente

En los Ejercicios **9** a **26**, usa las tiras de fracciones para restar. Simplifica si es posible.

9. $\frac{3}{3} - \frac{2}{3}$ **10.** $\frac{4}{5} - \frac{1}{5}$ **11.** $\frac{5}{10} - \frac{4}{10}$

12. $\frac{10}{12} - \frac{6}{12}$ **13.** $\frac{2}{2} - \frac{1}{2}$ **14.** $\frac{2}{4} - \frac{1}{4}$

15. $\frac{6}{6} - \frac{1}{6}$ **16.** $\frac{8}{8} - \frac{3}{8}$ **17.** $\frac{10}{12} - \frac{8}{12}$

18. $\frac{5}{6} - \frac{2}{6}$ **19.** $\frac{6}{8} - \frac{3}{8}$ **20.** $\frac{6}{10} - \frac{5}{10}$

21. $\frac{7}{10} - \frac{4}{10}$ **22.** $\frac{4}{5} - \frac{2}{5}$ **23.** $\frac{5}{6} - \frac{3}{6}$

24. $\frac{3}{5} - \frac{3}{5}$ **25.** $\frac{9}{10} - \frac{5}{10}$ **26.** $\frac{2}{3} - \frac{2}{3}$

Usa doce tiras de fracciones de $\frac{1}{12}$ para representar a todo el huerto.

Quita dos tiras.

Quedan diez tiras. Por tanto, $\frac{10}{12}$ del huerto se usan para otros cultivos.

Escribe la parte que quitaste sobre el común denominador. Resta los numeradores.

$$\frac{12}{12} - \frac{2}{12} = \frac{10}{12}$$

Escríbelo en su mínima expresión, si es posible.

$$\frac{10}{12} = \frac{5}{6}$$

Resolución de problemas

PRÁCTICAS MATEMÁTICAS

27. Representar Dibuja un modelo del huerto según los datos de la tabla de abajo. El huerto está separado en 10 secciones. ¿Qué fracción del huerto será de flores?

Datos

Huerto de la clase	
Cultivo	Número de secciones
Fresas	1
Pimentones picantes	2
Maíz	2
Tomates	4
Flores	El resto

28. Razonar Una colcha de retazos está dividida en 8 partes iguales. Siete partes son azules. Cuatro partes azules se quitan para ser reparadas. ¿Qué ecuación muestra la parte azul de la colcha que queda después de que se quitan cuatro partes?

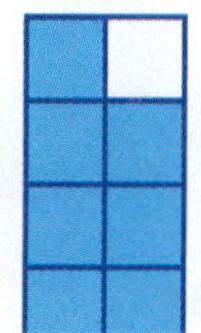

A $\quad \frac{7}{8} - \frac{4}{8} = \frac{5}{16}$ C $\quad \frac{7}{8} - \frac{4}{8} = \frac{3}{8}$

B $\quad \frac{3}{8} - \frac{6}{8} = \frac{3}{8}$ D $\quad \frac{7}{8} - \frac{4}{8} = \frac{9}{16}$

29. ¿Qué fracción del círculo es la parte anaranjada? ¿Qué fracción del círculo no es anaranjada?

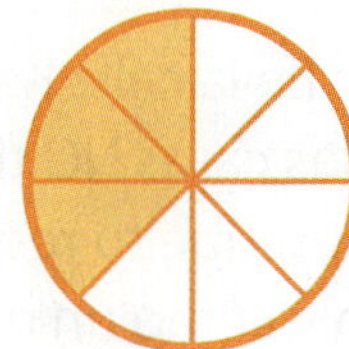

30. María tenía $\frac{4}{6}$ de libra de almendras. Usó $\frac{2}{6}$ de libra para hacer un pastel. ¿Cuántas libras de almendras quedaron? Simplifica si es posible.

31. **Ciencias** Para evitar a los depredadores, los cangrejos fantasma suelen permanecer en sus madrigueras durante el día y alimentarse durante la noche. Supón que un cangrejo fantasma come $\frac{2}{8}$ de su comida antes de las 10:00 P.M. Para la medianoche, ha comido $\frac{6}{8}$ de su comida. ¿Qué parte de su comida la comió entre las 10:00 P.M. y la medianoche?

Fracciones y números decimales

¿Cómo escribes una fracción como un número decimal y un número decimal como una fracción?

En la calle Kelsey, seis de cada 10 casas tienen columpios en sus patios traseros.

Escribe $\frac{6}{10}$ como un número decimal.

Otro ejemplo

Usa un modelo decimal que muestre milésimas para escribir $\frac{317}{1,000}$ como un número decimal.

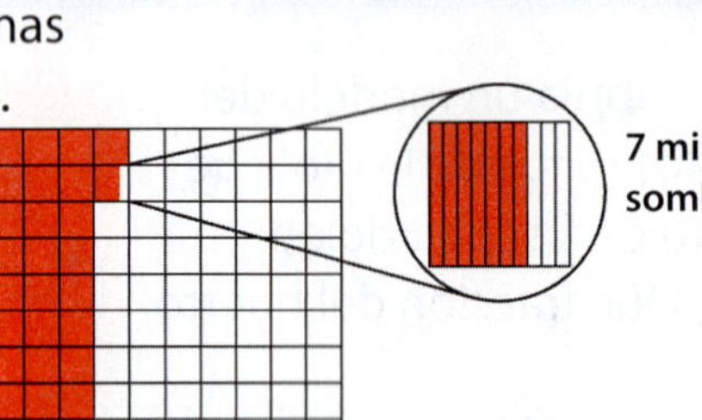

$$\frac{317}{1,000} = 0.317$$

Práctica guiada

PRÁCTICAS MATEMÁTICAS

¿CÓMO hacerlo?

En los Ejercicios **1** a **5**, escribe un número decimal y una fracción para la parte coloreada de cada cuadrícula.

1. 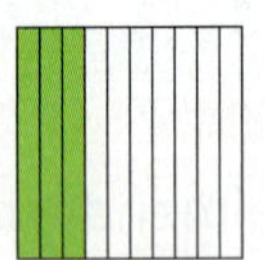

2. 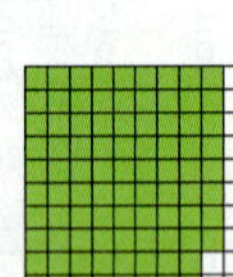

3. 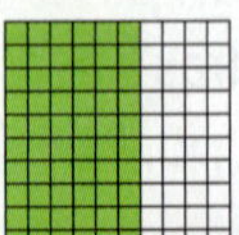

4. 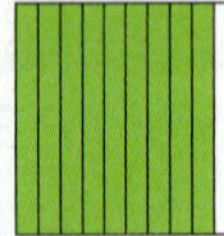

5. 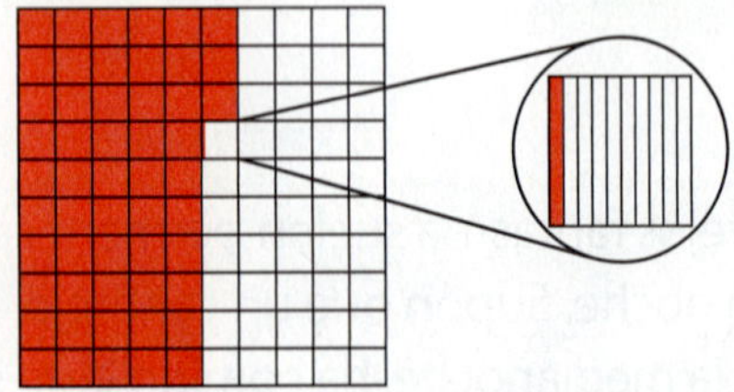

¿Lo ENTIENDES?

6. Escribir para explicar ¿Por qué la fracción $\frac{8}{10}$ no se escribe 0.08?

7. Comunicarse Cuando los números decimales 0.3 y 0.30 se escriben cada uno como una fracción, ¿son las fracciones equivalentes? Explica tu respuesta.

8. Perseverar En la calle Kelsey, ¿qué fracción de las casas NO tienen columpios? Escribe tu respuesta como una fracción y como un número decimal.

9. Vuelve a leer "Otro ejemplo". Escribe 0.317 en palabras.

Escribe $\frac{6}{10}$ como un número decimal.

$\frac{6}{10}$ es seis décimas ó 0.6.

$$\frac{6}{10} = 0.6$$

Por tanto, 0.6 de las casas tienen columpios.

En Rolling Hills, 0.75 de las casas tienen dos pisos.

Escribe 0.75 como una fracción.

0.75 es setenta y cinco centésimos ó $\frac{75}{100}$.

$$0.75 = \frac{75}{100}$$

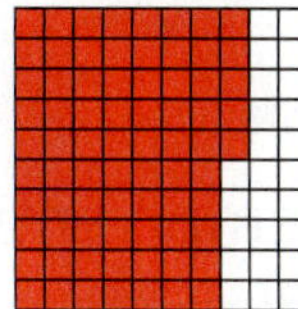

Por tanto, $\frac{75}{100}$ de las casas tienen dos pisos.

Práctica independiente

En los Ejercicios **10** a **24**, escribe un número decimal o una fracción equivalente.

10. $\frac{8}{10}$ **11.** $\frac{21}{100}$ **12.** 0.684   **13.** $\frac{81}{100}$ **14.** 0.934

15. $\frac{500}{1,000}$ **16.** 0.51   **17.** $\frac{9}{10}$ **18.** 0.32   **19.** $\frac{456}{1,000}$

20. 0.082   **21.** $\frac{37}{100}$ **22.** $\frac{206}{1,000}$ **23.** 0.852   **24.** 0.96

Resolución de problemas

PRÁCTICAS MATEMÁTICAS

25. **Estimación** ¿Aproximadamente qué fracción del rectángulo de la derecha está coloreada de verde?

26. **Estudios Sociales**

La arena del Coliseo de Roma era aproximadamente $\frac{3}{20}$ de todo el Coliseo. Escribe esta cantidad como un número decimal.

$$\frac{1}{20} = \frac{5}{100}$$

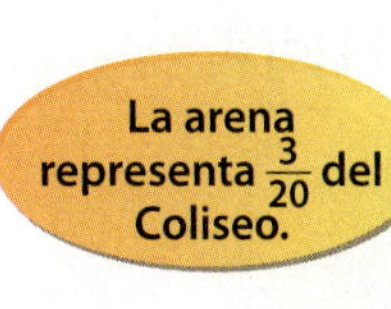

27. ¿Qué fracción es lo mismo que 0.65?

A $\frac{65}{1,000}$ C $\frac{65}{1}$

B $\frac{65}{100}$ D $\frac{65}{10}$

28. **Ciencias** La tabla de la derecha muestra el promedio de precipitación mensual en pulgadas para Vero Beach, Florida. ¿En qué mes o meses es la precipitación mayor que 3 pulgadas?

Promedio de precipitación en pulgadas			
Enero	**Febrero**	**Marzo**	**Abril**
2.89	2.45	4.20	2.88

Glosario

A.M. Tiempo entre la medianoche y el mediodía.

ángulo Figura formada por dos semirrectas que tienen el mismo extremo.
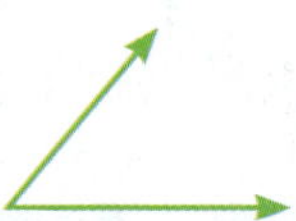

ángulo agudo Ángulo que está menos abierto que un ángulo recto.

ángulo obtuso Ángulo que está más abierto que un ángulo recto.

ángulo recto Ángulo que forma una esquina cuadrada.

área Cantidad de unidades cuadradas que se necesitan para cubrir una región.

capacidad Volumen de un recipiente medido en unidades líquidas.

centésima (decimal)/centésimo (fracción) Una de las 100 partes iguales de un entero, que se escribe como 0.01 ó $\frac{1}{100}$.
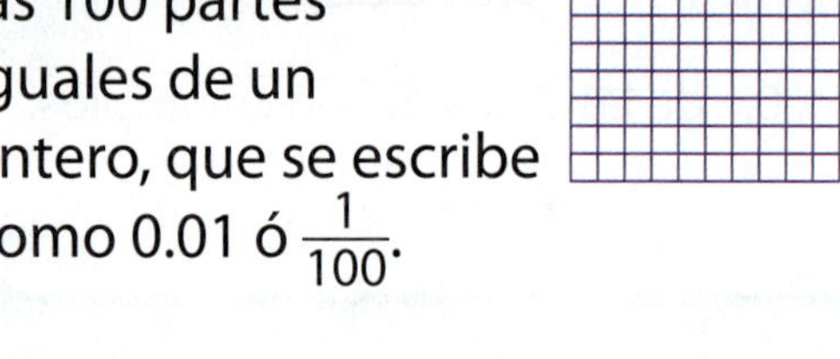

centímetro (cm) Unidad métrica de longitud.

clave Explicación de lo que representan los símbolos de una pictografía.

cociente La respuesta a un problema de división.

comparar Determinar si un número es mayor o menor que otro número.

cuadrado Cuadrilátero con cuatro ángulos rectos y con todos los lados de igual longitud.

cuadrilátero Polígono con 4 lados.

cuarto Una de las 4 partes iguales de un entero.

cuarto de galón (cto.) Unidad usual de capacidad. 1 cuarto equivale a 2 pintas.

cuarto de hora Unidad de tiempo equivalente a 15 minutos.

datos Información recopilada.

decágono Un polígono que tiene diez lados.

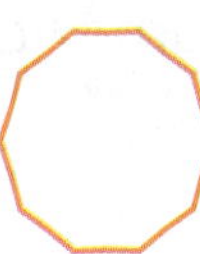

décima (número decimal)/ décimo (fracción) Una de las 10 partes iguales de un entero. Se escribe como 0.1 ó $\frac{1}{10}$.

denominador Número que aparece debajo de la barra de una fracción, y que equivale al número total de partes iguales.

diagonal Segmento de recta que no es un lado, que conecta dos vértices de un polígono.

Diagonal

diagrama de puntos Forma de organizar datos en una recta numérica.

diferencia La respuesta al restar dos números.

dígitos Los símbolos 0, 1, 2, 3, 4, 5, 6, 7, 8 y 9 que se utilizan para escribir números.

dividendo El número que se va a dividir.
Ejemplo: $63 \div 9 = 7$

Dividendo

división Operación que nos dice cuántos grupos iguales hay o cuántos objetos hay en cada grupo.

divisor El número por el que se divide otro número.
Ejemplo: $63 \div 9 = 7$

Divisor

doceavo Una de las 12 partes iguales de un entero.

…na oración numérica que
…gual a).

escala Los números que muestran
las unidades utilizadas en una gráfica.

estimar Dar un número o una
respuesta aproximados.

factores Números que se multiplican
juntos para dar un producto.
Ejemplo: $7 \times 3 = 21$

$$\uparrow \qquad \uparrow$$
Factor   Factor

familia de operaciones Grupo de
operaciones relacionadas que utilizan
los mismos números.

forma desarrollada Número escrito
como la suma de los valores de sus
dígitos.
Ejemplo: $2{,}476 = 2{,}000 + 400 + 70 + 6$

forma estándar Manera de escribir
un número en la que sólo se muestran
sus dígitos.
Ejemplo: 3,845

fracción Símbolo como $\frac{2}{8}$, $\frac{5}{1}$ ó $\frac{5}{5}$,
usado para nombrar una parte de un
entero, una parte de un conjunto o
una ubicación en una recta numérica.

fracción de referencia Una fracción
comúnmente usada como $\frac{1}{4}$, $\frac{1}{3}$, $\frac{1}{2}$,
$\frac{2}{3}$ y $\frac{3}{4}$.

fracción unitaria Fracción con 1 en
su numerador.
Ejemplo: $\frac{1}{2}$

fracciones equivalentes Fracciones
que representan la misma parte de un
entero, la misma parte de un conjunto
o la misma ubicación en una recta
numérica.

galón (gal.) Unidad usual de
capacidad. 1 galón equivale a
4 cuartos.

gráfica de barras Gráfica que utiliza
barras para mostrar datos.

gramo (g) Unidad métrica de masa,
la cantidad de materia que tiene un
objeto.

hexágono Polígono con 6 lados.

hora Unidad de tiempo equivalente a 60 minutos.

kilogramo (kg) Unidad métrica de masa, la cantidad de materia que tiene un objeto. 1 kilogramo equivale a 1,000 gramos.

kilómetro (km) Unidad métrica de longitud. 1 kilómetro equivale a 1,000 metros.

lado Segmento de recta que forma parte de un polígono.

libra (lb) Unidad usual de peso. 1 libra equivale a 16 onzas.

litro (L) Unidad métrica de capacidad. 1 litro equivale a 1,000 mililitros.

marca de conteo Marca utilizada para registrar datos en una tabla de conteo. *Ejemplo:* ⵑ = 5

masa Una medida de la cantidad de materia que hay en un objeto.

matriz Manera de mostrar objetos en filas y columnas.

media hora Unidad de tiempo equivalente a 30 minutos.

metro (m) Unidad métrica de longitud. 1 metro equivale a 100 centímetros.

mililitro (mL) Unidad métrica de capacidad. 1,000 mililitros equivalen a 1 litro.

milímetro (mm) Unidad métrica de longitud. 1,000 milímetros equivalen a 1 metro.

milla (mi) Unidad usual de longitud. 1 milla equivale a 5,280 pies.

mínima expresión Una fracción con un numerador y un denominador que no se pueden dividir por el mismo divisor, excepto por 1.

minuto Unidad de tiempo equivalente a 60 segundos.

mitad (plural, mitades) Cada una de las 2 partes iguales de un todo o entero.

multiplicación Operación que da el número total de elementos que hay cuando juntas grupos iguales.

múltiplo El producto de un número y cualquier otro número entero.
Ejemplo: 0, 4, 8 y 16 son múltiplos de 4.

numerador El número que aparece encima de la barra de una fracción.

número en palabras Número escrito en palabras.
Ejemplo: 9,325 = nueve mil trescientos veinticinco

número impar Número entero que tiene 1, 3, 5, 7 ó 9 en el lugar de las unidades. Número que no es divisible por 2.

número mixto Número que tiene una parte que es un número entero y otra parte que es una fracción.
Ejemplo: $2\frac{3}{4}$

números compatibles Números que son fáciles de sumar, restar, multiplicar o dividir mentalmente.

octágono Polígono con 8 lados.

octavo Una de 8 partes iguales de un entero.

onza (oz) Unidad usual de peso.

ordenar Colocar números de menor a mayor o de mayor a menor.

P

P.M. Tiempo entre el mediodía y la medianoche.

paralelogramo Cuadrilátero en el que los lados opuestos son paralelos.

pentágono Polígono con 5 lados.

perímetro La distancia que hay alrededor de una figura.

período Grupo de tres dígitos en un número, separado por una coma.

peso Una medida de cuánto pesa un objeto.

pictografía Gráfica que utiliza dibujos o símbolos para mostrar datos.

pie Unidad usual de longitud. 1 pie equivale a 12 pulgadas.

pinta (pt) Unidad usual de capacidad. 1 pinta equivale a 2 tazas.

pirámide Cuerpo geométrico cuya base es un polígono y cuyas otras caras son triángulos con un punto común.

polígono Figura cerrada formada por segmentos de recta.

producto La respuesta a un problema de multiplicación.

productos parciales Productos que se hayan descomponiendo un factor en una multiplicación en unidades, decenas, centenas, etc., y luego multiplicando cada una de éstas por el otro factor.

propiedad asociativa (o de agrupación) de la multiplicación La agrupación de factores se puede cambiar sin que se altere el producto.

propiedad asociativa (o de agrupación) de la suma La agrupación de sumandos se puede cambiar sin que se altere la suma.

propiedad conmutativa (o de orden) de la multiplicación Los números se pueden multiplicar en cualquier orden y el producto sigue siendo el mismo.

propiedad conmutativa (o de orden) de la suma Los números se pueden sumar en cualquier orden y la suma sigue siendo la misma.

propiedad de identidad (o del cero) de la suma La suma de cualquier número y cero es ese mismo número.

propiedad de identidad (o del uno) de la multiplicación El producto de cualquier número y 1 es ese mismo número.

propiedad del cero en la multiplicación El producto de cualquier número y cero es cero.

propiedad distributiva Una multiplicación puede descomponerse en la suma de otras dos multiplicaciones.
Ejemplo: $5 \times 4 = (2 \times 4) + (3 \times 4)$

pulgada (pulg.) Unidad usual de longitud.

punto Posición exacta generalmente marcada con un signo de punto.

quinto Una de las 5 partes iguales de un entero.

reagrupar Nombrar un número entero de diferente manera.
Ejemplo: 28 = 1 decena 18 unidades

recta Conjunto de puntos que se extiende infinitamente en ambas direcciones.

recta numérica Recta que muestra números en orden usando una escala.
Ejemplo:

rectas intersecantes Rectas que se intersecan en un punto.

rectas paralelas Rectas que nunca se intersecan.

rectas perpendiculares Dos rectas, segmentos de recta, o semirrectas que se intersecan formando ángulos rectos.

rectángulo Cuadrilátero con cuatro ángulos rectos.

redondear Reemplazar un número por otro para indicar una cantidad aproximada a la decena o a la centena o al millar, etc., más cercanos.
Ejemplo: 42 redondeado a la decena más cercana es 40.

residuo La parte que queda después de dividir.
Ejemplo: 31 ÷ 7 = 4R3
Residuo

rombo Cuadrilátero de lados opuestos paralelos y con todos los lados de igual longitud.

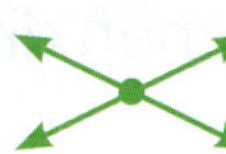

segmento de recta Parte de una recta que tiene dos extremos.

segundo Unidad de tiempo. 60 segundos equivalen a 1 minuto.

semana Unidad de tiempo equivalente a 7 días.

semirrecta Parte de una recta que tiene un extremo y que continúa infinitamente en la otra dirección.

sexto Una de las 6 partes iguales de un entero.

suma o total La respuesta a un problema de suma.

sumandos Números que deben sumarse para obtener una suma o total.
Ejemplo: 2 + 7 = 9
Sumando   Sumando

taza Unidad usual de capacidad.

tercio Una de las 3 partes iguales de un entero.

tiempo transcurrido Cantidad total de tiempo que pasa desde el inicio hasta el fin de un evento.

tonelada (T) Unidad usual de medida.
1 tonelada = 2,000 libras

trapecio Cuadrilátero que tiene solamente un par de lados paralelos.

triángulo Polígono con tres lados.

triángulo acutángulo Triángulo con tres ángulos agudos.

triángulo equilátero Triángulo cuyos lados tienen la misma longitud.

triángulo escaleno Triángulo cuyos lados tienen diferentes longitudes.

triángulo isósceles Triángulo que tiene al menos dos lados de igual longitud.

triángulo obtusángulo Triángulo con un ángulo obtuso.

triángulo rectángulo Triángulo con un ángulo recto.

unidad cuadrada Cuadrado cuyos lados miden 1 unidad de longitud. Se usa para medir el área.

valor de posición El valor que se da al lugar de un dígito en un número. *Ejemplo:* En 3,946, el valor de posición del dígito 9 es el de las *centenas*.

vértice de un ángulo Punto donde se unen dos semirrectas para formar un ángulo.

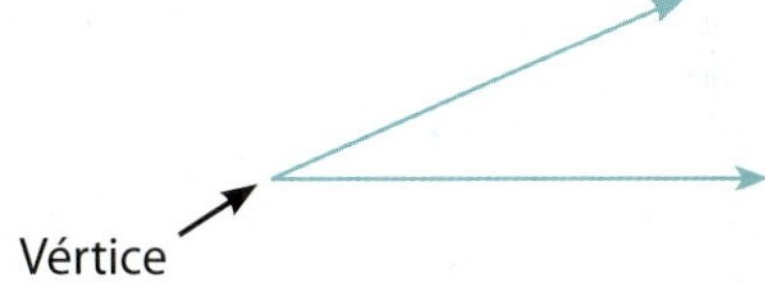

vértice de un polígono Punto donde se unen dos lados de un polígono.

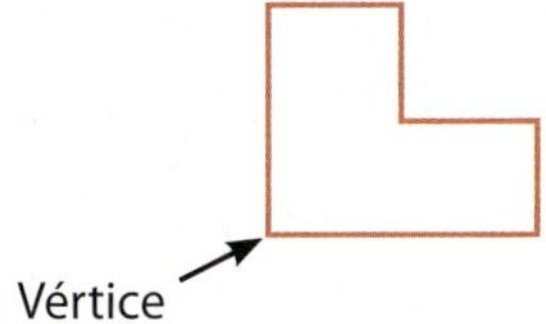

yarda (yd) Unidad usual de longitud. 1 yarda equivale a 3 pies o a 36 pulgadas.

Ilustraciones

142, 372 Kenneth Batelman; **171, 248, 250, 251, 252, 258, 260, 277, 291, 344, 345, 351, 361, 372** Rob Schuster.

Fotografías

Every effort has been made to secure permission and provide appropriate credit for photographic material. The publisher deeply regrets any omission and pledges to correct errors called to its attention in subsequent editions.

Unless otherwise acknowledged, all photographs are the property of Pearson Education, Inc.

Photo locators denoted as follows: Top (T), Center (C), Bottom (B), Left (L), Right (R), Background (Bkgd)

Cubierta

Luciana Navarro Powell

6 (TR) Eric Isselée/Fotolia; **8** (TR) ©Gregory Bergman/Alamy; **18** (R) ©Brad Perks Lightscapes/Alamy, (C) Comstock/Thinkstock, (BC) Getty Images, (BR) sculpies/Fotolia; **21** (CR) 2010/Photos to Go/Photolibrary, (L) Comstock/Thinkstock, (R) pandapaw/Shutterstock, (CL) steve estvanik/Fotolia; **29** (L) NASA Image Exchange; **38** (C) Getty Images, (CL) IT Stock Free/Jupiter Images; **41** (TR) Jefery/Fotolia; **44** (R) Goodshoot/Thinkstock, (TR) Thinkstock; **46** (TR) ©Royalty-Free/Corbis; **63** (L) Getty Images, (L) Hemera Technologies/Thinkstock; **74** (TR) ©imagebroker/Alamy, (TR) hotshotsworldwide/Fotolia; **75** (BR) ©John Luke/Index Open; **84** (BL) David R. Frazier Photolibrary, Inc./Alamy Images; **97** (CL) ©Jill Stephenson/Alamy; **115** (L) Dusty Cline/Fotolia; **141** (L) NASA/JPL-Caltech/M. Kelley (Univ. of Minnesota)/NASA; **156** (TR) Comstock/Thinkstock; **157** (CR) Ian Scott/Fotolia, (BR) ©Mark William Penny/Shutterstock, (TR) Comstock Images/Thinkstock; **169** (CL) Thinkstock/Getty Images, (L) vivalapenler/Fotolia; **183** (CR) Goran Bogicevic/Fotolia; **189** (CL) Goran Bogicevic/Fotolia; **192** (TR) Getty Images; **193** (BR) Goran Bogicevic/Fotolia; **212** (C) hotshotsworldwide/Fotolia, (TR) PB/Fotolia; **219** (CL) Dream Maker Software, (Bkgrd) Photos to Go/Photolibrary; **227** (BL) Keith Levit Photography/Photos to Go/Photolibrary; **233** (BR) Photos to Go/Photolibrary; **243** (L) Getty Images/Jupiterimages/Thinkstock; **277** (L) ©Uyen Le/Getty Images, (BL) Frances A. Miller/Shutterstock; **289** (BR) ©Uyen Le/Getty Images; **301** (CL) NASA; **310** (TR) Getty Images; **325** (L) Jupiterimages/Thinkstock, (C) Photos to Go/Photolibrary; **329** (CR) Jupiterimages/Thinkstock; **339** (CL) Thinkstock; **369** 2010/Photos to Go/Photolibrary; **371** Frogkick/Fotolia, (L) Getty Images; **374** (CL) ©Image Source Limited, (BL) Comstock Inc., (BC) Jupiter Images; **375** (CR) ©Simple Stock Shots; **376** (CL) ©photolibrary/Index Open, (BR) ©Simple Stock Shots; **377** (BR) Amur/Fotolia, (BR) Simple Stock Shots; **378** (BC) Getty Images, (BL) Jupiter Images, (C) Stockdisc; **380** (BC) ©D. Hurst/Alamy, (TR) ©Mark Duffy/Alamy, (CL, BR, BC) Getty Images, (BL) Jupiter Images; **384** (CR) MIXA/Getty Images, (TR) Stockdisc; **385** (CR) ©Lew Robertson/Corbis, 2010/Photos to Go/Photolibrary, Eric Isselée/Fotolia, (TL) Getty Images, (CR) Index Open, (C) Jupiter Images; **389** (BL) Sir_Eagle/Fotolia; **412** (TR) Photos to Go/Photolibrary; **413** (BR) tsach/Fotolia; **415** (BR) SuperStock; **431** (CR) piotrwzk@go2.pl/Fotolia.

Índice